개혁주의 역사

어거스틴(354-430)에서 헤르만 바빙크(1854-1921)까지

개혁주의 역사
어거스틴(354-430)에서 헤르만 바빙크(1854-1921)까지

2022년 8월 25일 1쇄 발행
2022년 8월 30일 1쇄 인쇄

지은이 | 류길선
펴낸이 | 박영호
펴낸곳 | 도서출판 솔로몬

주소 | 서울시 동작구 사당로 143
전화 | 599-1482
팩스 | 592-2104
직영서점 | 596-5225

등록일 | 1990년 7월 31일
등록번호 | 제 16-24호

ISBN 978-89-8255-610-4 03230

2022 © 류길선
Korean Copyright © 2022
by Solomon Publishing Co., Seoul, Korea

저작권법에 의하여 한국 내에서 보호를 받는 저작물이므로
무단전재와 복제를 금합니다.

History of the Reformed Theology

개혁주의 역사

어거스틴(354-430)에서 헤르만 바빙크(1854-1921)까지

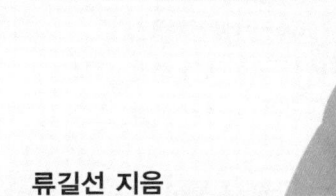

류길선 지음

개혁주의의 역사는 매우 방대하면서도 동시에 매우 뚜렷한 특징을 가지고 있다. 이 책은 개혁주의 신학을 추구했던 역사적 인물들 가운데 주요 신학자들을 위주로 개혁주의 역사의 커다란 경건의 흐름을 살펴 보고 조직신학적 관점에서 개혁주의가 무엇인지, 역사신학적 관점에서 개혁주의의 역사가 어떻게 흘러왔는지를 알게 한다.

솔로몬

| 차 례 |

추천의 글
저자 서문

1부 / 개혁주의의 뿌리 11

1장 서론적 고찰 • 13
2장 교부에 대한 칼빈의 견해: 어거스틴을 중심으로 • 39
3장 어거스틴(354-430)의 신학: 생애와 믿음의 교리들 • 50

2부 / 종교개혁과 개혁파 신학자들 77

4장 종교개혁과 루터파: 루터(1483-1546)와 멜랑히톤(1497-1560) • 79
5장 개혁파 종교개혁: 츠빙글리(1484-1531)와 파렐(1489-1565) • 99
6장 칼빈의 협력자들: 부써(1491-1551), 버미글리(1499-1562), 비레(1511-1571) • 121

3부 / 존 칼빈(1509-1564)의 개혁주의: 하나님의 주권 141

7장 칼빈의 생애와 사상 • 143
8장 칼빈의 예정론: 은혜의 교리 • 172
9장 칼빈의 율법관: 경건의 교리 • 191

4부 / 청교도 개혁주의: 삶의 교리 209

10장 청교도의 율법 이해: 앤서니 버지스(1600-1663)와 윌리엄 스트롱(d. 1654) • 211
11장 청교도의 성경 교육: 로버트 에벗(Robert Abbot, 1588-1662)의 소요리 문답서 • 234
12장 청교도의 준비 교리: 조나단 에드워즈(1703-1758) (15) • 262

5부 / 17세기 정통 스콜라 개혁주의: 신학의 체계화 291

13장 개혁파 스콜라 신학 서론: 페트루스 판 마스트리흐트(1630-1706) • 293
14장 개혁파 스콜라 성경 교리: 프란시스 툴레틴(1623-1687) • 318
15장 개혁파 스콜라 언약 교리: 요하네스 콕세이우스(1603-1669) • 344

6부 / 19-20세기 개혁주의: 기독교 세계관 367

16장 북미의 개혁주의: 벤자민 B. 워필드(1851-1921)의 칼빈주의 • 369
17장 화란의 개혁주의: 카이퍼(1837-1920)와 바빙크(1854-1921)의 기독교 세계관
      • 388
18장 개혁주의 성경론: 바빙크(1854-1921)와 워필드(1851-1921)의 성경론 비교
      • 415

결론 432

참고문헌   436

추천의 글

류길선 교수님은 개혁신학자들의 글을 섭렵하여 원문에 충실하게 읽고 그 역사적 의미를 교리적으로 엄정하게 개진하는 학풍을 견지하고 있습니다. 본서는 『개혁주의의 역사: 어거스틴(354-430)에서 헤르만 바빙크(1854-1921)까지』라는 그 제목부터 여상치 않은데, 초대 교부 어거스틴으로부터 칼빈과 청교도 및 개혁신학자들을 거쳐 카이퍼, 워필드, 바빙크에 이르는 정통 신학자들의 사상을 일목요연하게 소개하고 있습니다. 바람직한 역사신학은 역사와 신학을 이분법적으로 보지 않을뿐더러, 역사 상대주의에 신학을 예속시키지도 않습니다. 인본주의적인 역사적 필연성을 운운하면서 교리의 시대적 변용 혹은 본질을 합리화해서는 안 됩니다. 신학은 그것이 조직신학이든 역사신학이든 실천신학이든, 역사에 순응하는 부분을 넘어서는, 역사에 맞서는 진리의 불변성을 전제해야 하며 그것에 우선적으로 집중해야 합니다.

본서에서 우리가 주목해야 할 것은 가변적 역사적 흐름을 넘어서는 불변하는 신학적 정통성의 맥락입니다. 여기서 어거스틴 사상을 칼빈신학의 입장에서 조명하고 있는데, 시간을 거슬러 후대의 시각으로 선대를 바라보는 그 관점이 시사하는 바가 큽니다. 더불어 칼빈을 과도기적 인물 정도로 치부하지 않고 칼빈신학 자체를 청교도 신학과 17세기 이후 근대에 이르는 개혁신학의 전형(典型) 혹은 정형(正形)으로 소개하고 있음도 깊이 각인됩니다.

평소 우리는 이 신학적 정통성을 자주 입에 담지만, 정작 그것에 대한 포괄적 고찰에 미치기는 만만찮은데, 본서는 이를 주요 신학자들의 주요 사상을 조명하여 훌륭하게 수행하고 있습니다. 부디 본서가 잘 활용되어 하나님께 큰 영광이 되며 독자에게는 큰 유익이 있기를 기원합니다.

문병호 (총신대학교 신학대학원, 조직신학)

초대교회 공동체로 시작된 기독교 역사의 뼈대를 구축하였던 신학적 이데올로기는 유럽 역사의 지평을 펼쳐감에 있어서 매우 중요한 정신적 지주 역할을 감당하였습니다. 기독교 역사를 고찰해보면, 매우 다양한 이단들의 활동과 함께 성경에서 벗어난 인문주의적 신학 사상이 기독교의 본질을 왜곡시키고 구원적 종교가 아닌 도덕적 종교 및 인류 박애주의적 종교로 전락시켰습니다. 이러한 기독교 역사의 험악한 질곡 속에서도 성경의 무오성에 근거한 삶의 신앙과 신학을 추구하였던 개혁주의 신학은 이미 신구약 성경을 위시하여 초대교회, 중세 및 종교개혁 시대에 매우 활발하게 전개되어 왔으며, 근현대 교회 속에서 체계적인 신학을 구축하였습니다. 개혁주의 신학은 성경이 제시하는 진정한 그리스도 교회 공동체의 본질과 위상을 체계적으로 정립하였으며 오늘날에도 여전히 그 진가를 발휘하고 있습니다.

류길선 교수의 저서인 『개혁주의의 역사』는 이러한 개혁주의 신학의 본말을 적나라하게 제시해 주고 있습니다. 그는 개혁주의 역사의 뿌리를 고대 교부들을 통해 찾았으며, 이를 계승 발전시킨 종교개혁자들의 신학에서 개혁주의 신학이 정립되었고 청교도들을 위시하여 개혁파 스콜라주의 신학자들을 통해 집대성되었다는 점을 논리적으로 증명하였습니다. 지금까지 전 세계적으로 개혁주의 역사에 관한 다양한 작품들이 출간되었지만, 류길선 교수는 인물사 중심 또는 교리사 중심, 단편적 연구에 국한되었던 약점들을 보완하여 보다 광범위한 개혁주의 역사를 서술하고자 노력하였습니다. 약 2000년 동안 진행되었던 개혁주의 역사를 단권에 집대성하기에는 불가능하지만, 류길선 교수님의 저서는 초대교회를 위시한 종교개혁, 청교도, 정통주의 및 근현대 개혁주의자들을 개혁주의의 스팩트럼에 담아 체계적으로 다루었다는 점에서 매우 의미 있는 작품이라고 감히 주장하고 싶습니다. 특히 개혁주의를 연구하는 학도들에게 이 작품은 좋은 안내서이자 개론서의 역할을 감당할 수 있을 것입니다.

윤종훈 (총신대학교, 교회사)

교회 역사 가운데 등장한 특정한 신학 사상의 역사와 사상적 요점을 명확하면서도 종합적으로 파악하는 것은 결코 쉬운 일이 아닙니다. 한 신학 전통의 역사적 뿌리와 발전 과정, 그리고 그 열매를 설명하기 위해서는 해당 역사 사료에 대한 정확한 선택과 분석, 그리고 긴 시대를 가로지르는 여러 신학자들과 그들의 주장에 사이의 연관 관계에 대한 정당한 논증이 필수적이기 때문입니다. 개신교 신학의 중요한 전통을 이루는 "개혁주의"에 대한 설명 역시 이 어려움에서 예외일 수 없습니다. 류길선 교수가 이 쉽지 않은 작업을 위해 수년간 여러 논문들과 강의를 통해 연구해 온 결과물들을 종합하여 이번에 단행본으로 출간했습니다. 초대교회의 교부 어거스틴과 16세기 종교개혁자들을 거쳐 칼빈의 신학이 개혁주의의 주된 뿌리로 소개되며, 이어서 17세기 청교도들과 개혁파 정통주의 신학자들이 개혁주의의 중요한 계승자들로 다루어집니다. 그리고 20세기의 개혁주의 신학을 대표하는 워필드, 카이퍼, 바빙크의 신학 사상까지 이 책에 포함되어 있습니다. 더불어 이 책의 각 장에서 다루는 내용들은 각각의 독자적인 의의와 유익을 지니고 있습니다. 독자들은 이 책에서 개혁주의의 역사와 중요한 신학적 요점들, 그리고 여기에서 더 나아가 그 현실적 의의에 대한 설득력 있는 해설을 만날 수 있습니다. 개혁주의 신학의 역사와 신학적 요점에 대해 이해하고 이 분야를 더 연구하기 원하는 모든 독자들에게 이 책의 일독을 적극 추천합니다.
김요섭 (총신대학교 신학대학원, 역사신학)

본서는 개혁주의의 역사에 대한 매우 중요한 연구서로 여겨집니다. 지금까지 개혁주의의 역사에 관한 연구는 매우 다양하고 복잡해서, 개혁주의의 역사를 고찰하려고 하는 자들은 미궁 속에서 헤매는 어려움을 갖게 하였습니다. 반면에 류길선 교수의 이 저서에서는 서론적 진술을 통해 개혁주의의 역사에 대해 어떻게 접근할 것인가에 대한 간략한 안내를 제시합니다. 따라서 개혁주의의 역사를 접근하고자 하는 독자들에게 매우 유익합니다. 또한 류길선 교수의 『개혁주의의 역사』는 개혁주의의 지평을 교회사 전체로, 즉 초대교회까지 확장시켰다는 점에서 의의가 있습니다. 개혁주의의 핵심 원리이자 근본인 '성경적 토대'는 종교개혁 이후의 신학만의 독점적 가치는 아닙니다. 이런 점에서, '개혁주의의 역사'의 지평을 어거스틴을 포함한 초대교회로까지 확장시키고 있다는 점은 주목할 만합니다. 더 나아가 류길선 교수는 개혁주의의 역사를 신학적 발전 과정을 통해 살펴봄으로써 단순히 개혁주의 원리를 무시간적 절대성에서 파악하는 단편적인 이해를 넘어서, 개혁주의의 원리들이 개별적인 역사적 지평에서 어떻게 해석되고 있는지에 대한 안목을 제시하고 있습니다. 이처럼 류길선 교수의 『개혁주의의 역사』는 개혁주의에 대한 역사적·신학적 이해를 도모하는 독자들에게 매우 유익한 안내서이자, 그 자체로도 개혁주의에 대한 훌륭한 연구서라고 할 수 있습니다.
정원래 (총신대학교 신학대학원, 역사신학)

류길선 교수님의 『개혁주의의 역사』가 출간된 것을 매우 감사하게 생각합니다. 그동안 한국 교계에 개혁주의 신학에 관한 많은 책이 나왔지만, 개혁주의의 역사가 어떠한 토양 속에서 시작되었고 16세기 종교개혁을 거쳐 현대에 이르기까지 어떻게 발전해 왔는지에 대해 큰 그림으로 조망하는 책은 거의 없었다는 점에서 본서의 출간이 갖는 의의와 그 중요성은 매우 크다고 할 수 있습니다. 특히 이 책은 개혁주의의 역사를 인물과 사건 중심으로 단순하게 나열하는 것에 그치지 않고, 개혁주의의 주요 원리가 역사 속에서 어떻게 발전했는가를 교리적인 관점에서 상세하게 살핌으로써 개혁주의 전통에 대한 기존의 오해를 극복하고 개혁주의의 신학적 정체성이 무엇인지를 바르게 이해하는 데 매우 중요한 정보와 통찰을 제공하여 줍니다. 본서가 개혁주의의 역사와 신학뿐만 아니라 초대교회 이후 교회의 발전 과정에 관심이 있는 독자들 모두에게 큰 유익을 주리라 확신하면서 기쁜 마음으로 이 책을 추천합니다.
유정모 (횃불트리니티신학대학원대학교, 교회사)

저자 서문

　필자의 신학적 관심은 처음부터 개혁주의에 있었습니다. 총신대학교 신학대학원의 조직신학 수업은 필자에게 개혁주의에 대한 관심과 조직신학적 통찰을 제공해 주었고, 역사신학 수업은 신학 사상에는 일정한 조류가 있다는 것을 발견하게 하였습니다. 신학대학원을 졸업할 때, M.Div. 논문으로 어거스틴과 칼빈의 삼위일체론을 비교 연구했는데, 어찌 보면 우연만은 아니었던 것 같습니다. 이후, Calvin Theological Seminary에서 Th.M. 과정을 거치면서 필자의 관심사는 19-20세기 신학자였던 헤르만 바빙크로 향했습니다. 필자는 존 볼트(John Bolt)와 리처드 A. 멀러(Richard A. Muller)에게 각각 바빙크와 후기 16-17세기 개혁파 신학자들의 사상 및 신학적 방법론을 통전적으로 배우게 됩니다. 그때까지 필자의 전공은 조직신학이었는데, 우여곡절 끝에 전공을 역사신학으로 전환하여 Trinity Evangelical Divinity School에서 더글라스 A. 스위니(Douglas A. Sweeney)의 지도하에 18세기 인물인 조나단 에드워즈의 언약신학이라는 주제로 박사 논문을 작성했습니다. 이러한 신학의 여정은 필자의 신학 방법론을 조성하는 데 중요한 영향을 끼쳤습니다. 그 결과 본서는 조직신학적 관점과 역사신학적 관점을 교호적으로 사용하는 특징이 뚜렷이 나타납니다.

　개혁주의에 대한 관심은 본서의 집필로 이어졌습니다. 미국에서 귀국한 지 근 4년이 다 되어 갑니다. 귀국 당시에는 무슨 글을 어떻게 써야 할지 전혀 알지 못했습니다. 그저 상황에 따라 필요한 글들을 써서 학술지에 게재하느라 바빴습니다. 2년 정도가 지나니 어떤 글을 써야 할지에 대한 어렴풋한 생각이 들기 시작했습니다. 좀 더 시간이 흐른 뒤에는 개혁주의의 역사에 대해 써 봐야겠다는 생각을 굳혔습니다. 개혁주의는 겉으로는 쉬워 보이나, 공부하면 할수록 어려운 주제로 다가왔습니다. 왜냐하면 수많은 인물들과 주제들을 섭렵하는 것은 불가능에 가깝기 때문입니다. 언젠가 박사과정에 있는 지인이 저에게 개혁주의가 무엇인지 아느냐고 물은 적이 있었습니다. 흔히 말하는 대로, 개혁주의는 '한 번 개혁된 교회는 계속해서 개혁되어야 한다'는 슬로건을 말하는 걸까요? 칼빈의 신학을 의미할까요? 칼빈 사후에 형성된 도르트신경의 5대 교리일까요? 『개혁교의학』을 통해 개혁주의의 정수를 보여 준 바빙크의 신학이 가장 개혁주의에 가까운 사상일까요? 사실 이 모든 요소들이 개혁주의를 형성합니다. 이로부터 우리는 개혁주의가 매우 방대하면서도 동시에 매우 뚜렷한 특징을 가진다는 사실을 발견합니다. 지금까지 많은 학자들이 개혁주의와 그 역사에 대한 연구를 해왔습니다. 그러한 훌륭한 책들에 비하면 필자의 글은 부족한 작품일 수도 있겠습니다. 다만 필자는 조직신학적 관점에서 개혁주의가 무엇이고, 역사신학적 관점에서 개혁주의의 역사가 어떻게 흘러왔는지를 알고 싶었습니다. 그 결과 나온 것이 바로 본서입니다.

독자들은 이 책을 읽으면서 필자가 선정한 개혁파 신학자들에 대한 한 가지 의문을 가지게 될 것입니다. '책의 제목에서 알 수 있듯이, 어거스틴(354-430)에서 헤르만 바빙크(1854-1921) 사이에는 수 많은 개혁주의 신학자들이 존재하는데, 왜 저자는 소수의 특정한 사람들의 생애, 신학, 글을 통해 개혁주의의 역사를 말하고자 하는가?' 필자가 연구한 인물들은 개혁주의의 역사를 이해하는 데 매우 중요한 역할을 감당하고 있습니다. 개혁주의 신학을 추구했던 역사적 인물들 가운데 주요 신학자들을 선정하는 일이 필요했습니다. 책에서 다룬 인물들은 때로 인지도가 상당히 높은 인물들이 있는가 하면 그렇지 않은 이들도 몇몇 있습니다. 유명한 신학자들은 글 자체가 탁월할 뿐만 아니라 당대의 교회와 개혁주의 신학자들에게 지대한 영향을 끼쳤습니다. 잘 알려지지 않은 몇몇 개혁주의 신학자들과 그들의 글들은 개혁주의에 대한 오해를 풀어 주고, 개혁주의의 발전을 보여 주는 데 중요한 자료가 되었기에, 비록 그 시대를 대변하는 인물들은 아닐지라도, 개혁주의의 역사가 매우 부요하고 풍부한 역사였음을 보여 주기에 충분합니다. 독자들은 이 글을 통해 개혁주의의 역사의 커다란 조류, 즉 경건의 흐름을 확인하게 될 것입니다.

 글을 쓰면서 도움을 주었던 분들에게 감사를 드립니다. 틈틈이 필자의 글을 읽어 주고 독려해 주었던 친구 곽진수 목사와 필자의 둘째 형인 류일선 목사에게 감사를 드립니다. 추천사를 써 주신 교수님들과 본서의 부족함을 조언해 주신 문병호 교수님께 감사를 드립니다. 도서출판 솔로몬의 사장님과 편집부장님은 본서가 나올 수 있도록 애써 주셨습니다. 출석하는 교회의 담임목사님, 부교역자들, 그리고 담당부서인 3040의 기도와 지지는 필자에게 적지 않은 도움이 되었습니다. 특별히 김지연 집사님은 바쁜 와중에도 원고의 오탈자를 수정하는 작업에 도움을 주었습니다. 글을 쓰는 동안 함께 인내로 동참해 준 아내 박은슬 사모, 아들 호윤, 그리고 딸 은수에게 눈물의 감사를 금할 길 없습니다. 끝으로, 이 부족한 글을 통해 하나님께서만 영광을 받으시길 바라마지 않습니다.

류길선(총신대학교 교회사 교수)

1부
개혁주의의 뿌리

1장 서론적 고찰

2장 교부에 대한 칼빈의 견해: 어거스틴을 중심으로

3장 어거스틴(354-430)의 신학: 생애와 믿음의 교리들

1장

서론적 고찰

1. 개혁주의의 역사에 대한 접근방법

본서는 종교개혁 이후 개혁주의의 원리가 되었던 주요 신학적 주제들을 중심으로 개혁주의의 역사의 의미를 고찰한다. 더 직접적으로 말하면, 신학적 발전 과정을 통해 개혁주의의 역사를 살펴보는 것이다. 이 작업은 개혁주의의 의미와 정체성을 확인하는 데 매우 중요하다. 동서양을 막론하고 다양한 교단들에서 개혁주의라는 용어가 모호한 의미로 사용됨에 따라, 도대체 개혁주의가 의미하는 것이 무엇인지 파악하는 작업이 쉽지 않게 되었다.[1]

---

[1] 개혁주의는 종종 칼빈주의와 동의어로 사용되곤 한다. 개혁파 신학자들은 칼빈주의의 정의를 오랫동안 논구해왔다. 다음을 참고하라. Richard A. Muller, "Was Calvin a Calvinist?" in *Calvin and the Reformed Tradition: On the Work of Christ and the Order of Salvation* (Grand Rapids, MI: Baker Academic, 2012), ibook, 122-172. 이 책의 한국어 번역본은 Richard A. Muller, *Calvin and the Reformed Tradition*, 김병훈 역, 『칼빈과 개혁 전통』(지평서원: 서울, 2017), 85-115 이다. Brian Gerrish, *The Old Protestantism and the New: Essays on the Reformation Heritage* (Chicago: University of Chicago Press, 1982), 22-48; Andreas Rivetus, *Catholicus Orthodoxus, oppositus catholico papistae* (Leiden: Abraham Commelin, 1630), 5; John F. Jamieson, "Jonathan Edwards' Change of Position on Stoddardeanism," in *The Harvard Theological Review* 74/1(1981), 79-99; Douglas A. Sweeney, *Edwards the Exegete: Biblical Interpretation and Anglo-Protestant Culture on the Edge of the*

개혁주의에 대한 해석의 문제를 차치하고서라도, 그 용어에 대한 연대기 및 지리적인 구분 자체는 개혁주의가 매우 다양한 의미로 해석될 수 있음을 보여준다. 칼빈과 그의 동료 신학자들, 칼빈과 후기 16-17세기의 개혁파 정통주의 신학자들, 그리고 18, 19-20세기의 칼빈주의자들 사이에는 개혁주의에 대한 다양한 관점들이 발견되고, 비록 동시대의 신학자들이라고 하여도 지리적인 입지에 따라 신학적 관점의 차이가 존재한다. 어떤 이들은 개혁주의의 뿌리를 츠빙글리에서 찾고, 츠빙글리야말로 개혁주의의 1대 신학자로 불릴 수 있을 것이라고 주장한다. 하지만 그의 신학이 개혁주의 신학의 요체를 제시했던 칼빈의 그것과는 동일하지 않다는 것은 분명하다. 언약사상에 있어서 츠빙글리 전통을 이어 받은 불링거와 칼빈의 관점이 달라서 몇몇 학자들은 '라인 지역' 접근법과 '제네바'의 접근법 사이에 신학적 불일치를 지적하였다.[2]

그렇다면 칼빈과 후기 16-17세기 개혁파 정통 스콜라주의[3] 신학자들과의 비교는 어떨까? 바르트와 그의 추종자들은 개혁파 정통 신학자들을 칼빈으로부터 단절시키는 작업을 진행하였는데, 그 논쟁의 역사 또한 무척 오래되었다. 그들은 칼빈을 인문주의자로 간주하는 반면, 후기 개혁파 정통 신학

Enlightenment (New Your, NY: Oxford University Press, 2016), 209; Abraham Kuyper, *Lectures on Calvinism* (Peabody, MA: Hendrickson Publishers, 2008), 4. 이 책의 한국어 번역본은 Abraham Kuyper, 『칼빈주의 강연』 (파주: CH북스, 2019: 2쇄)이다; Peter S. Heslam, *Creating A Christian Worldview: Abraham Kuyper's Lectures on Calvinism* (Grand Rapids, MI: William B. Eerdmans, 1998); Herman Bavinck, *Christelijke Wereldbeschouwing*, 김경필 역, 『기독교 세계관』 (파주: 도서출판다함, 2020). Benjamin B. Warfield, *Calvin and Calvinism* (Grand Rapids, MI: Baker Book House, 1981; reprint); Alister E. McGrath, *Reformation Thought: An Introduction*, 최재건 · 조호영 역, 『종교 개혁 사상』 (기독교문서선교회: 서울, 2017), 43-44; George M. Marsden, *Jonathan Edwards: A Life*, 한동수 역, 『조나단 에드워즈: 평전』 (서울: 부흥과개혁사, 2017; 3쇄), 139; 류길선, "개혁주의 유산으로서의 칼빈주의 개념 고찰: 벤자민 B. 워필드의 칼빈주의 이해를 중심으로." 「역사신학논총」, 39(2021), 137-175.

[2] Richard A. Muller, *After Cavin*, 한병수 역 『칼빈 이후 개혁신학』(서울: 부흥과개혁사, 2014, 2쇄), 151.

[3] 개혁파 정통 스콜라주의에 대한 선행 연구들이 다음의 책에 잘 설명되어 있다. W. J. van Asselt, *Federal Theology of Johannes Coccceius(1603-1669)* (Leiden: Brill, 2001), 95-105.

자들을 스콜라주의자로 취급하여 그들 사이에 소위 "칼빈과 대립되는 칼빈주의자들"이라는 문구를 만들어 내었다.[4] 칼빈 이후의 개혁파 신학자들 사이에서도 신학적 입장의 불일치가 존재한다. 대륙의 개혁주의라 할 수 있는 화란 개혁파 스콜라 신학자들과 섬나라였던 잉글랜드의 청교도의 신학적 경향 사이에 미묘한 차이가 있음을 아무도 부인하지 못할 것이다. 비록 상호 간의 영향, 즉 메리와 엘리자베스의 통치 시기에 청교도들의 망명 및 제네바에서의 신학 훈련, 그리고 대륙 신학자들이 잉글랜드에 끼친 영향들을 고려할 때, 차이점 보다는 공통점을 강조하는 것이 옳다고 할지라도, 그들이 가지고 있었던 역사적 문맥들을 고려할 때, 미묘한 차이점이 나타나는 것은 지극히 당연한 현상이다. 휘트니 G. 갬블이 잘 지적한 것처럼, 존 오웬과 리처드 백스터의 열띤 논쟁과 웨스트민스터 신앙고백서의 작성 과정 중 발생한 청교도 내부에서의 치열한 논쟁들은 청교도의 의견들이 획일적이지 않

---

4 이러한 주장들은 주로 신정통주의 신학자들에 의해 제기되었다. 그들의 주장들이 담긴 간략한 자료들은 다음과 같다. Karl Barth, Church Dogmatics, vol. IV: The Doctrine of Reconciliation, part 1, trans. G.W. Bromiley (Edinburgh: T. & T. Clark, 1956); Holmes Rolston III, John Calvin versus the Westminster Confession (Richmond, VA: John Knox, 1972); idem, "Responsible Man in Reformed Theology," Scottish Journal of Theology 23, no. 2 (1970), 129-156; James B. Torrance, "Covenant or Contract : A Study of the Theological Background of Worship in Seventeenth-Century Scotland," Scottish Journal of Theology 23, no. 1 (1970), 51-76; idem, "The Covenant Concept in Scottish Theology and Politics," The Covenant Connection: From Federal Theology to Modern Federalism, ed. Daniel J. Elazar and John Kincaid (Lanham, Maryland: Lexington Books, 2000), 143-162; idem, "Strength and Weaknesses of the Westminster Theology," in The Westminster Confession, ed. Alisdair Heron (Edinburgh: Saint Andrews Press, 1982), 40-53; idem, "Calvin and Puritanism in England and Scotland-Some Basic Concepts in the Development of 'Federal Theology,'" in Calvinus Reformator, ed. B J Van Der Walt (Potchefstroom: Potchefstroom University for Christian Higher Education, 1982), 264-277; David N. J. Poole, The History of the Covenant Concept from the Bible to Johannes Cloppenburg: De Foedere Dei (San Francisco: Mellen Research University Press, 1992); Michael McGiffert, "Grace and Works : The Rise and Division of Covenant Divinity in Elizabethan Puritanism," Harvard Theological Review 75, no. 4 (1982), 463-502; idem, "From Moses to Adam: The Making of the Covenant of Works," Sixteenth Century Journal 19, no. 2 (1988), 131-155; R. Sherman Isbell, "The Origin of the Concept of the Covenant of Works," (Master's thesis, Westminster Theological Seminary, 1976).

았음을 시사한다.[5] 안식일과 언약사상에 관한 푸치우스와 콕케이우스 사이의 논쟁 역시 정통 스콜라 신학자들 사이에 신학적 차이점이 존재함을 드러낸다.[6]

18, 19-20세기로 넘어가면, 개혁주의라는 이름이 칼빈주의라는 세계관적 의미로 사용되는 현상이 강하게 나타난다. 18세기 북미의 조나단 에드워즈는 영국의 이신론을 반대하면서 초자연적 계시로서의 성경의 신적 권위를 강조하고 교회의 참된 연합과 일치를 위해 개혁주의 성찬론을 열렬히 지

---

[5] Whitney G. Gamble, *Christ and the Law: Antinomianism at the Westminster Assembly*, 류길선 옮김, 『웨스트민스터 총회의 반율법주의 논쟁: 그리스도와 율법』 (서울: 기독교문서선교회, 2021).

[6] 푸치우스는 콕세이우스를 몇 가지 점에서 신랄하게 비판했다. 첫째, 콕세이우스의 언약사상이 너무 역사적인 국면에 초점을 맞춘다고 비판했다. 둘째, 주일을 단순히 의식적인 법에 불과한 것으로 여김으로서 신자들의 결속을 해친다고 보았다. 마지막으로 콕세이우스는 데카르트에 대해 관용적인 태도를 취한다고 하여 콕세이우스의 신학을 합리주의에 영향을 받은 것으로 비판했다. Joel R. Beeke, *Puritan Reformed Spirituality* (Grand Rapids: Reformation Heritage Books, 2004); Willem J. van Asselt, *The Federal Theology of Johannes Cocceius, 1603-1669*, trans. Raymond A. Blacketer (Leiden; Boston; Koln: Brill, 2001), 72-101; J. Mark Beach, "The Doctrine of the Pactum Salutis in the Covenant Theology of Herman Witsius," in Mid-America Journal of Theology 13 (2002), 101 fn. 2; Gilsun Ryu, *Federal Theology of Jonathan Edwards: An Exegetical Perspective* (Bellingham, WA: Lexham Press, 2021), 개혁파 신학자들의 언약사상에 관해 다음을 참고하라. Mark W. Karlberg, Federalism and the Westminster Tradition (Eugene: Wipf & Stock, 2006), 1; idem, "Reformed Interpretation of the Mosaic Covenant," WTJ 43 (FALL 1980): 1; Mark Beach, Christ and the Covenant: Francis Turretin's Federal Theology as a Defense of the Doctrine of Grace, Reformed Historical Theology (Göttingen: Vandenhoeck & Ruprecht, 2007), 143; Peter Allan Lillback, The Binding of God: Calvin's Role in the Development of Covenant Theology (Grand Rapids: Baker Book House, 2001), 287, 41; Richard A. Muller, "The Covenant of Works and the Stability of Divine Law in Seventeenth-Century Reformed Orthodoxy: A Study in the Theology of Herman Witsius and Wilhelmus à Brakel," Calvin Theological Journal 29, no. 1 (1994): 91; The Confession of Faith and Catechisms, Agreed upon by the Assembly of Divines at Westminster Together with Their Humble Advice Concerning Church Government and Ordination of Ministers (London: the Sign of the Kings Head, 1649), 13; I. John Hesselink, On Being Reformed: Distinctive Characteristics and Common Misunderstandings (Ann Arbor, Mich: Servant Books, 1983), 102; Lyle D. Bierma, German Calvinism in the Confessional Age: The Covenant Theology of Caspar Olevianus (Grand Rapids: Baker, 1996), 11; Joel R. Beeke and Mark Jones, A Puritan Theology (Grand Rapids: Reformation Heritage Books, 2012), 217.

지했던 칼빈주의자였다. 19세기에 이르러 소위 3대 칼빈 신학자로 불리는 아브라함 카이퍼, 헤르만 바빙크, 벤저민 워필드는 현대주의의 공격에 맞서서 칼빈주의 세계관을 제시함으로써 기독교의 진리를 방어하는 데 온 힘을 기울였다. 이들은 서로의 신학 사상들을 공유하였지만, 개혁주의 혹은 칼빈주의를 바라보는 관점들이 동일한 것은 아니었다. 칼빈 신학의 중요성이 이 세 사람에게 정도에 있어서 차이점을 보이는 것은 우연이 아닌 것이다. 문제는 이러한 차이점을 잘 못 이해하는 경우가 발생한다는 점이다. 단적인 예로, 몇몇 복음주의자들은 카이퍼와 바빙크의 관점을 분리시키고, 성경의 무오성을 부정하기 위해 바빙크의 성경 교리 가운데 하나인, '말씀의 성육신' 개념을 가져오기도 한다.[7]

개혁주의의 의미에 관련된 학자들의 주장들과 복잡한 학문적 논쟁들은 개혁주의의 역사를 규명하기가 매우 어렵다는 것을 말해준다. 어느 한 사람의 특정한 관점을 수용하는 것이 개혁주의 전체의 정체성을 대변하는 것은 아니다. 그렇다고 그들 모두의 의견을 수렴한다면 개혁주의의 의미가 너무 방대해져서 개혁주의 역사의 연구에 대한 접근 자체가 처음부터 난관에 봉

---

[7] Peter Enns, *Inspiration and Incarnation: Evangelicals and the Problem of the Old Testament* (Grand Rapids: Baker Academic, 2005), 47, 109. 다음을 보라., James W. Scott, "The inspiration and interpretation of God's word, with special reference to Peter Enns. Part 1, Inspiration and its implications," *Westminster Theological Journal* 71, no. 1 (March 2009), 150; Leonard J. Coppes, "Review of *Inspiration and Incarnation: Evangelicals and the Problem of the Old Testament*, by Peter Enns," *Mid-America Journal of Theology* 17 (Jan 2006): 291-300; Gregory K. Beale, "Myth, history, and inspiration: a review article of *Inspiration and Incarnation* by Peter Enns," *Journal of the Evangelical Theological Society* 49, no. 2 (June 2006), 304; Jack B. Rogers and Donald K. McKim, *The Authority and Inspiration of the Bible: An Historical Approach*, 1st edition (San Francisco: Harper & Row, 1979), 393; Carlos R. Bovell, *Inerrancy and the Spiritual Formation of Younger Evangelical Appropriation of Critical Biblical Scholarship* (Grand Rapids: Baker, 2008), 230; Kenton L. Sparks, *Sacred Word, Broken Word: Biblical Authority and the Dark Side of Scripture* (Grand Rapids: Eerdmans, 2012), 28-29; Carlos R. Bovell, *God's Word in Human Words: An Evangelical Appropriation of Critical Biblical Scholarship* (Grand Rapids: Baker, 2008), 244. 이 주제에 관해 다음을 참고하라. 류길선, "헤르만 바빙크의 성경영감과 권위에 대한 이해: 말씀의 성육신 개념을 중심으로," 「개혁 논총」(2019), 29-59.

착하게 될 것이다. 다행히 이러한 난제가 개혁주의 역사를 신학적 관점에서 살펴보는 시도 자체를 차단하는 것은 아니다. 종교개혁 시대, 정통주의 시대, 그리고 오늘날까지의 개혁주의를 살펴보기 위해 두 가지 전제를 두는 것이 개혁주의 역사에 대한 접근과 이해에 있어서 매우 필수적이다. 첫째, 개혁주의는 기본적으로 개혁신학의 원리와 뿌리의 관점에서 성경과 초대 교부들의 신학에 토대를 두고 있음을 인식할 필요가 있다. 바빙크는 모든 기독교회가 교부들에게 빚을 지고 있다고 말했다.[8] 아무리 다양한 신학적 주제와 논쟁들이 있다고 할지라도, 개혁주의 신학은 성경과 교부들의 신학에서 크게 벗어나지 않는다. 이 사실은 개혁주의의 역사가 비록 종교개혁 이후에 시작되었다고 할지라도, 그 뿌리는 교부들의 신학, 특별히 초대교회의 신학을 집대성했던 어거스틴에게 거슬러 올라간다는 것을 보여준다.

둘째, 개혁주의의 역사는 시대적, 사회적, 그리고 문화적인 문맥 속에서 발전의 과정을 거쳐왔음을 이해해야 한다. 아직 교리가 발전하지 않았던 초대 교회의 신학으로부터 후기의 신학의 역사가 조금도 다르지 않은 것처럼 묘사하는 것은 역사에 대한 몰이해로부터 말미암는다. 어거스틴과 종교개혁, 종교개혁과 개혁파 정통, 개혁파 정통과 18, 19-20세기의 개혁 신학자들 사이에 불일치가 있다고 할지라도, 그 불일치는 상이한 신학적 전통에 기인하는 것이 아니다. 더 나아가 연속성이라는 점은 불일치를 다양성으로 해석할 수 있는 기회를 제공한다. 신학적 입장의 차이는 신학적 전통이 달라서가 아니라, 개혁 신학의 깊이와 부요함을 반증한다. 연속성과 다양성의 관점에서 이해할 때, 개혁주의에 대한 올바르고 건전한 관점을 견지할 수 있다.

---

8 Herman Bavinck, "초판 서문," 『개혁교의학』, 박태현 옮김 (서울: 부흥과개혁사, 2012; 4쇄), 54.

2. 선행연구

현존하는 연구들은 몇몇 단행본들과 소논문들로 이루어져 있다. 문병호는 조직신학적 관점에서 기독론을 교부시대로부터 현대신학에 이르기까지 다루었다. 그는 개혁주의 역사 가운데 있었던 기독론의 흐름을 정리하면서, 칼빈을 중심으로 개혁주의 기독론의 요체를 설명하고, 몰트만과 바르트의 기독론을 비판했다.[9] 리처드 멀러(Richard A. Muller)는 종교개혁 이후의 개혁주의 신학을 다루었다. 그는 칼빈의 신학을 상당한 수준으로 섭렵하였을 뿐만 아니라, 개혁파 정통 신학자들의 방대한 글들을 분석하여 개혁주의 신학을 이해하는 데 매우 중요한 지침들을 제공했다.[10] 로버트 W. 헨더슨(Robert W. Henderson)은 교사 직분에 대한 개혁주의 전통의 이해를 칼빈과 그의 후예들의 관점을 통해 다루었다.[11] 커트 다니엘(Curt Daniel)은 칼빈주의의 역사와 신학을 개관하는 작품을 썼다. 그의 책은 역사와 신학으로 구분하여, 칼빈주의와 관련된 주요 신학자들과 논쟁들을 교회사적 측면에서 다룬 후, 신학적 측면에서는 하나님의 주권과 칼빈주의의 5대교리 및 칼빈주의의 기여

---

[9] 문병호, 『기독론: 중보자 그리스도의 인격과 사역』 (서울: 생명의말씀사, 2016). 개혁주의 사상을 가장 명료하게 해설한 사람은 다름 아닌 칼빈이다. 칼빈은 자신의 대작인 『기독교 강요』에서 개신교 신앙과 개혁주의 사상의 요체를 제공했다. 문병호는 칼빈의 『기독교 강요』를 매우 명쾌하게 해설해 놓은 작품을 썼을 뿐만 아니라, 『기독교 강요』의 최종판인 1559년판의 라틴어 직역을 내놓았다. 독자들은 그의 책들을 통해 칼빈의 사상과 개혁주의 신학의 요체에 보다 쉽게 접근할 수 있다. 문병호, 『30주제로 풀어쓴 기독교 강요: 성경교리정해』(서울: 생명의말씀사, 2011); John Calvin, 『1559년 라틴어 최종판 직역: 기독교 강요』 전 4권, 문병호 역 (서울: 생명의말씀사, 2020). 칼빈의 율법관에 대해 다음을 참고하라. Byung-Ho Moon, *Christ the Mediator of the Law: Calvin's Christological Understanding of the Law as the Rule of Living and Life-Giving* (Milton Keynes, UK: Paternoster Press, 2006).

[10] Richard A. Muller, *Post-Reformation Reformed Dogmatics* vols. I-4(Grand Rapids, Baker Academic, 2003; 2nd edition); idem, *After Cavin*; idem, *Calvin and the Reformed Tradition on the Wo가 of Christ and the Order of Salvation* (Grand Rapids, MI: Baker Academic, 2012).

[11] Robert W. Henderson, *The Teaching Office in the Reformed Tradition: A History of the Doctoral Ministry* (Philadelphia: Westminster press, 1962).

점들에 집중한다.¹² 게르투르드 훅스마(Gerturde Hoeksema)는 미국에서의 개신교 개혁파 교회의 역사를 20세기 초중반에 일어난 일련의 사건들을 통해 묘사한다.¹³ 필립 베네딕트(Philip Benedict)는 자신의 *Christ's Churches Purely Reformed: A Social History of Calvinism*(순전히 개혁된 그리스도의 교회: 칼빈주의의 사회적 역사)에서 개혁파 개신교의 역사를 1520년대의 발흥시기로부터 계몽주의에 의해 변형되어지던 시기인 1700년대까지 다루되, 성찬론을 중심 주제로 분석하고 있다.¹⁴ 미국 개혁주의 신학의 역사적 발전사를 다루었던 데이비드 F. 웰스는 몇몇 저자들과 함께 구프린스턴 신학, 웨스트민스터 신학, 화란 개혁주의, 남부개혁주의, 그리고 신정통주의에 대한 입장들을 정리하였다.¹⁵ 아자 구드리안(Aza Goudriaan)은 그의 소논문에서 알렉산드리아의 아타나시우스(c.296-373)가 어떻게 개혁신학에서 수용되었는지를 고찰하면서, 존 칼빈(Johan Calvin, 1509-1564), 라이너 바코프(Reiner Bachoff, 1544-1614), 아브라함 슐테투스(Abraham Schltetus, 1566-1625), 그리고 아만두스 폴라누스(Amandus Polanus, 1561-1610)의 글에서 아타나시우스 신학의 흔적을 발견한다.¹⁶ 안이섭은 어거스틴과 칼빈의 신학적 관계를 다루는 작품을 썼다.¹⁷ 현재 중국기독교사연구소 소장으로 있는 김학관은 개혁주의 신학을 교리학적 방법으로 분석하였다. 그의 책은 삼위일체론, 예정론, 기독론, 인간론, 성령론, 구원론, 그리고 교회론과 종말론 등으로 전형적인 조직신학 주제들을

---

12 Curt Daniel, *The History and Theology of Calvinism* (Dallas: Scholarly Repints, 1993).

13 Gertrude Hoeksema, *A Watered Garden: A Brief History of the Protestant Reformed Churches in America* (Grand Rapids: Reformed Free Publishing Association, 1992).

14 Philip Benedict, *Christ's Church Purely Reformed: A Social History of Calvinism* (New Haven, CT: Yale University Press, 2004).

15 David F. Wells, *Reformed Theology in America: A History of Its Modern Development*, 박용규 역, 『개혁주의 신학』 (서울: 한국기독교사연구소, 2018; 2판 2쇄).

16 Aza Goudriaan, "Athanasius in Reformed Protestantism: Some Aspects of Reception History (1527-1607)," *Church History and Religious Culture* 90/2-3(2010), 257-276.

17 |안인섭, 『칼빈과 어거스틴: 교회를 위한 신학』 (서울: 그리심, 2009).

따라 설명한다.[18] 이상규는 최근 그의 저서 『개혁주의란 무엇인가?: 개혁신앙의 역사와 특징』에서 개혁주의의 근본 원리를 제시한 후 종교개혁, 칼빈, 신앙고백, 도르트 신경, 그리고 삶에 대한 개혁주의적 관점들을 조명한다.[19] 그는 『개혁신앙 아카데미』라는 단행본의 한 챕터를 맡아 집필했는데, "개혁주의의 역사"라는 제목하에 칼빈의 생애, 칼빈주의, 아르미니우스주의, 종교개혁과 개혁주의의 관계 등을 논한다.[20] 그 이외에 개혁주의의 역사에 관한 소논문들은 주로 특정 교단, 지역, 논쟁, 역사적 배경 등에 한정하는 논문들이 다수를 이루고 있다.[21]

3. 본서의 방법론

위에서 살펴본 선행연구들은 주로 조직신학적·교리적 관점에서 개혁주의 신학의 역사를 다루고 있거나, 혹은 교회사적 관점에서 연구했다고 하여

---

18 김학관, 『개혁주의 교리사』 (서울: 기독교문서선교회, 2017).
19 이상규, 『개혁주의란 무엇인가?: 개혁신앙의 역사와 특징』(학생신앙운동, 2020).
20 이상규, 이환봉, 전광식, 이신열, 황대우, 『개혁신앙 아카데미』, (부산: 개혁주의학술원, 2010), 7-56.
21 Deborah Rahn. Clemens, "A History of Evangelical and Reformed Church musich," *Prism*, 8/1(1993), 53-73; Herman Hanko, *For Thy Truth's Sake: A Doctrinal History of the Protestant Reformed Churches* (Grandville: Roformed Free Publishing Association, 2000); John Bolt, "Faithful Witness: A Sesquicentennial History of Central Avenue Christian Reformed Church, Holland, Michigan, 1865-2015," *Calvin Theological Journal*, 54/1(2019), 221-224; 김요섭, "벨기에 신앙고백의 역사적 배경과 개혁주의 교회론의 특징 연구," 「개혁논총」, 25, 111-147; 안용준, "시어벨트 개혁주의 미학의 역사적 의의: 기독교세계관을 중심으로," 「신앙과 학문」, 20, 75-102; Jared Michelson, "Covenantal History and Participatory metaphysics: Formulating a Reformed Response to the Charge of Legal Fiction," *Scottish Journal of Theology*, 71/4(2018), 391-410; Chauncey Knegt, "That Christ Be Honored: The Push for Foreign Missions in the Seventeenth-Century Reformed Church in the Netherlands," *Puritan Reformed Journal*, 10/2(2018), 263-277; Glanmarco Braghi, "Between Paris and Geneva: Some Remarks on the Approval of the Gallican Confession(May 1559)," *Journal of Early Modern Christianity*, 5/2(2018), 197-219.

도 주로 칼빈과 개혁주의 신앙고백서의 형성 과정에서 이슈가 되었던 특정 논쟁들에 초점을 맞추고 있다. 거의 대부분의 연구들은 교부들의 신학을 취급하지 않았으며, 칼빈주의 5대교리를 개혁주의의 대표적인 신학으로 묘사하고 있거나, 혹은 특정 신학자나 매우 좁은 주제들에 한정된다. 다시 말해, 선행연구들은 초대, 종교개혁, 그리고 종교개혁 이후의 개혁주의 신학 사이에 존재하는 본질적인 연속성과 발전의 모습들을 포괄적으로 제시하지 못한다는 한계를 지닌다. 교회사는 교리사를 고려하지 않고는 연구될 수 없고, 또한 반대로 교리사가 교회사로부터 고립될 경우 올바르게 연구될 수 없다고 멀러는 지적했다.[22] 이런 점에서 개혁주의 신학의 토대가 되었던 교부들의 신학, 그 신학에 대한 종교개혁의 수용, 그리고 후기 개혁파의 발전 과정을 교회사적 관점과 교리사적 관점에서 종합적으로 살펴보는 것은 개혁주의에 대한 더 포괄적이면서도 선명한 이해를 제공할 수 있다.

역사신학의 목적은 교회의 역사 가운데 어떻게 신학이 발전했는지와 신학이 설명되어야 할 역사적 문맥들을 신학의 원자료를 통해 보여줌으로써 왜곡된 이단 사상의 문제점을 경고하고 올바른 성경적 교리에 한걸음 다가설 수 있도록 돕는 역할을 한다는 데 있다.[23] 본서는 교회와 교리사적 방법을 혼용하여 교부들 가운데 중요한 신학적 주제들, 특히 개혁주의에서 여전히 중요한 사안이 되었던 핵심 주제들을 인물 중심으로 다루면서 개혁주의의 역사를 살펴볼 것이다. 구체적으로 말해 교부들에서 시작하여 종교개혁자들과 개혁주의의 대표라 일컬을 만한 칼빈을 거쳐, 후기 16-17세기 개혁파 신학자들 가운데 청교도와 대륙의 스콜라 정통주의자들을 중심으로 구분하여 살펴본다. 그리고 19-20세기 개혁주의 신학자들 가운데 북미의 벤저민 B. 워필드와 화란의 개혁주의자들로는 아브라함 카이퍼와 헤르만 바

---

22 Richard A. Muller, *The Study of Theology*, 김재한 옮김, 『신학 공부 방법』(서울: 부흥과개혁사, 2018; 3쇄), 131.

23 William Stanford. Reid, "Church History as a Reformed Theological Discipline," *The Reformed Theological Review*, 48/3(1989), 81-92.

빙크의 신학적 자료들을 다루면서 비교 분석을 통해 개혁주의 역사를 조망하고자 한다. 물론 모든 시대에 걸쳐 모든 교회의 역사들과 신학자들을 다루는 것은 불가능한 작업이며 그러한 작업이 개혁주의의 핵심 원리들을 드러내고자 하는 본서의 취지에 도움이 되는 것도 아니다.

이에 본서는 교회사적 의미에서 필요할 경우 주요 저술가들의 생애와 사역을 간략히 소개할 것이다. 한 개인의 생애와 사역을 이해하는 것은 그의 사상을 이해하는 데 매우 중요한 통찰을 제공한다. 일일이 교회의 역사 가운데 발생했던 모든 논쟁들을 다루지 않더라도, 역사의 중심에 서 있었던 신학자들의 생애와 사역은 그들의 신학이 형성된 배경을 이해하도록 도울 뿐만 아니라 그들의 신학의 특징들을 선명하게 드러낸다. 교리사적인 관점에서 개혁주의 신학의 배경이 되었던 역사적 논쟁의 한 가운데 있었던 주제들을 당대의 신학자들의 관점을 통해 살펴보는 것은 통일성과 다양성의 측면에서 어떻게 개혁주의 신학이 발전되어 왔는지를 독자들에게 보여 줄 수 있을 것이다.

4. 개혁주의 역사의 신학적 재료

개혁주의의 역사를 신학적 발전의 관점에서 다룬다고 할 때, 시대와 인물 못지 않게 중요한 주제는 신학의 재료 선정, 신학적 성격에 대한 포괄적인 이해의 필요성, 신학의 논제들의 제한 및 초점 등에 관한 문제다. 먼저 사도신경을 바탕으로 신학의 재료들은 체계화 과정을 거치면서 그 형태가 형성되었다는 점을 기억할 필요가 있다. 어거스틴은 교회 신앙의 확고한 기초를 위해 믿어져야 할 요체가 무엇인지를 설명하기 위해 사도신경을 바탕으로 한 그의 작품 『믿음, 소망, 사랑에 관한 입문서』에서 기독교 교리를 설명하였는데, 그 순서는 성부, 성자, 성령, 그리고 교회로 되어 있다.[24] 유사하게, 칼빈은 다음과 같이 진술한다.

> 진정 나는 이를 사도신경이라 부를 때, 그 저자가 누구인지에 대한 의구심을 전혀 가지고 있지 않다. 옛 저자들은 그것을 사도들의 저술로 보는 데에 상당한 일치를 보여 주고 있다. 그들은 그것이 사도들에 의해서 공히 작성되고 편집되었다고 판단했거나, 혹은 사도들의 손을 통하여 전승된 교리에 따라서 충실히 수집된 요체로서 그러한 제명(題名)이 굳어졌다고 간주했다.
>
> 나는 교회의 처음 원천 바로 그곳으로부터, 즉 사도 시대 바로 그때로부터, 사도신경은 그것이 끝내 어디로부터 나와서 어떻게 전개되었든지 간에 공적이며 모든 사람의 가표(可票)를 받고 채택된 고백의 형태를 띤 것이라는 점을 결단코 의심하지 않는다. 그것이 어떤 한 사람에 의해서 사사로이 작성되었다고 여겨지지는 않는다. 왜냐하면 가장 오랜 기억까지 거슬러 반추해 볼 때 그것이 모든 경건한 사람 가운데 신성불가침한 권위를 가지고 있었음이 확실하기 때문이다.
>
> 우리가 권념해야 할 유일한 사실은 다음에는 어떤 논란의 여지도 없다는 점이다. 즉 사도신경에는 우리 믿음의 모든 역사가 간략하고도 분명한 순서를 따라 열거되어 있으며 그 어떤 것도 완전한 성경의 증언들로 인증(引證)되지 않은 것은 담고 있지 않다는 사실이다.[25]

워필드는 칼빈의 『기독교 강요』가 종교개혁기의 혼란한 상황 속에서 개

---

[24] Augustine, *Augustine Catechism: Enchiridion on Faith, Hope, and Charity*. trans. Bruce Harbert, ed. Boniface Ramsey (Hyde Park, NY: New City Press, 1999), 1.4.

[25] John Calvin, 『1559년 라틴어 최종판 직역: 기독교 강요』 2권, 문병호 역 (서울: 생명의말씀사, 2020), 2.16.18.

신교인들의 생각과 신앙을 체계화하는데 큰 도움을 주었다고 주장했다.[26] 칼빈은 1536년 기독교 강요 초판을 신경 위주의 주제를 따라 기독교 교리를 제시하였는데, 사도신경, 주기도문, 십계명 등이 그것이다. 이러한 신학적 체계화 작업을 위해 칼빈은 "단순한 소책자가 방대하면서도 압축되고 철저히 조직화된 신학 교과서로 성장하기까지 계속해서 그것을 수정, 확장, 재배치하느라 분주한 시간을 보냈다."[27] 그 결과 칼빈 역시 그의 기독교 강요 최종판(1559년)을 1권에서는 성부 하나님, 2권에서는 성자 예수님, 3권에서는 성령 하나님, 4권에서는 교회론을 다루었다.

마찬가지로 개혁파 정통 스콜라 신학자들은 학교와 학생들의 생활을 개혁하기 위한 목적 가운데 다양한 형태의 신학 형태를 취하였는데, 주로 신앙고백서, 교리문답, 성경 및 신학 주석, 설교, 경건에 관한 논문 등으로 이루어져 있다.[28] 이러한 신학의 재료들은 기독교 교회가 교리적 이단들의 발흥에 직면하여 조직적인 방식을 따라 하나의 체계로 배열되는 과정을 통해 형성되었다.[29] 17세기 개혁파 스콜라 신학자인 마스트리흐트가 언급하는 신학의 재료들을 잠시 언급하면,

> 사도신경, 니케아 신경, 에베소회의, 칼케돈 신경 등과 교부들의 글들 가운데 알렉산드리아의 클레멘트의 '스트로마타,' 오리겐의 '제1원리에 관하여,' 락탄티우스의 신론, 나지안주스의 그레고리의 5권으로 된 '신학에 관하여,' 어거스틴의 '기독교 교리에 관하여'와 '안내서,' 루피누스의 '사도신경 주석,' 데오도레의 '신적 교리의 요약,' 아퀴테인의 프라스퍼의 소책자인 '문장집,' 다마스커스의 요한의 네권의 책인 '정통 신앙에 관하여,' 피터 롬바르드의

---

26 Benjamin B. Warfield, *The Works of Benjamin B. Warfield, Volume 5: Calvin and Calvinism* (Grand Rapids: Baker Book House Company, reprinted 1981), 7.

27 Warfield, *Calvin and Calvinism*, 7.

28 Muller, 『칼빈 이후』, 77.

29 Petrus Van Mastricht, *Theoretical-Practical Theology: Prolegomena*, vol. I, trans. Todd M. Rester, ed. Joel R. Beeke (Grand Rapids, MI: Reformation Heritage Books, 2018), 67-68.

네권으로 된 '문장집,' 이러한 작품들에 관해 주석가들이 썼던 것들, 예를 들어 대 알버트, 토마스 아퀴나스, 스코투스, 보나벤쳐 등, 특별히 토마스 아퀴나스의 '신학 대전,' 그리고 마지막으로 교황제로부터 벗어난 이들 가운데, 츠빙글리, 루터, 멜랑히톤, 칼빈, 불링거, 무스쿨루스, 아레티우스, 버미글리, 우르시누스, 잔키, 그리고 신학의 표제들을 체계화시키는데 몰두했던 수천의 사람들이 있다.[30]

마스트리흐트는 신학의 재료가 사도신경으로 시작하여 교부들을 거쳐 중세와 종교개혁 신학자들의 글들을 통해 발전하고 확대되고 있는 것으로 묘사한다. 이는 개혁파 정통주의 작품들이 초대교회로부터 시작된 교리의 최종적인 형태에 도달해 있음을 가리킨다. 그가 진술하는 신학 작품들은 개혁주의 신학이 성경에서 시작하여 초대교회의 교리의 형성과 중세 및 종교개혁시대의 교리의 발전 및 후기 개혁파 정통주의 시대에 신학 체계의 완성에 이른다는 것을 보여준다. 예컨대, 피에르 비레(Pierre Viret, 1511-1571)는 사도신경, 십계명, 주기도문에 대한 주석을 쓰고, 기독교 교리를 요약하는 책을 썼다.[31] 바빙크는 『개혁교의학』에서 교의학의 명칭이 교부시대로부터 개혁파 정통의 시대에 이르기까지 다양한 제목으로 사용되었음을 주목하는데, 명칭에는 차이가 있으나 기본적인 교리의 골격은 사도신경을 바탕으로 세워져 있다[32]고 주장했다.

---

[30] Mastricht, *Theoretical-Practical Theology*, 67-68.
[31] Philip Schaff, *History of the Christian Church, vol. 8: Modern Christianity: The Swiss Reformation* (Grand Rapids, MI: WM. B. Eerdmans Publishing Company, 1910), 237.
[32] Bavinck, "초판 서문," 61-64.

5. 개혁주의 역사의 신학적 성격

그렇다면 위와 같은 신학의 재료들은 개혁주의의 역사에서 어떻게 사용되었는가? 이 질문은 우리를 개혁주의 신학의 성격에로 안내한다. 단도직입적으로 말해서 개혁주의의 신학적 성격은 실천적인 적용, 즉 경건을 지향한다. 워필드에 따르면 칼빈은 모든 일에 실천적인 사람이었다. 그는 교회뿐만 아니라 국가의 윤리적 갱신을 위해 수고를 아끼지 않았던 종교개혁자였다. 칼빈의 『시편주석』은 실천신학의 특징을 잘 드러낸다. 칼빈의 시편주석 편집자에 따르면, 칼빈은 "단순히 문자적"이거나 "건조하고 생명력 없는" 실천(praxis)을 추구하지 않았다.[33] 칼빈은 영국의 의전부장관(儀典部長官)[34]이었던, 에드워드 드 베레(Edward de Vere, 1550-1604)에게 쓴 『시편주석』의 헌사에서 다음과 같이 쓴다.

> 저는 지금 각하에게 훨씬 더 위대한 것, 즉 참된 종교, 참된 경건, 참된 미덕에 대해 제시하려고 합니다. 이것이 없이는 어떤 힘도, 정치도, 친선도 아무런 가치가 없을뿐더러, 보통의 의지로는 어떤 도시나 가정, 또는 어떤 회사를 잘 다스릴 수 없으며 어떤 안정적이고 장기적인 지속성을 유지할 수 없습니다.[35]

경건은 국가와 사회 영역의 안정과 지속성을 유지하는 중요한 매개이다. 이는 칼빈이 왜 그토록 성례를 통해 교회 공동체의 순수성을 유지하려 했는지를 보여준다. 성례론에 있어서 칼빈은 권징제도를 강하게 부각시켰는데,

---

[33] James Anderson, "Introductory Notice," *Commentary on the Book of Psalms by John Calvin*, vol. 1(Grand Rapids, MI: Christian Classics Ethereal Library, 1999), 4.

[34] 영국 국무 장관의 하나.

[35] John Calvin, "The Author's Preface," *Commentary on the Book of Psalms by John Calvin*, vol. 1(Grand Rapids, MI: Christian Classics Ethereal Library, 1999), 14.

이는 교회의 경건을 위한 중요한 도구라고 여겼기 때문이다. 칼빈에게 경건이란 그의 모든 생애와 작품에 녹아져 있는 세계관적 요소이다. 유사한 의미에서 페트루스 라무스(Petrus Ramus, 1515-1572)는 신학을 "잘 사는 삶의 교리"라고 정의했다.[36] 라무스의 정의를 따르며, 페트루스 판 마스트리흐트(Petrus van Mastricht, 1630-1706)는 그의 신학 서론에서 신학을 이론과 실천이 함께 동행하는 방식의 "특정한 순서"를 따라 공부해야 한다고 주장하며, 신학을 "그리스도를 통해 하나님을 위해 사는 삶의 교리"라고 정의한다.[37] 신학의 재료 및 실천적 성격은 각 시대들이 제기한 개혁주의의 "주제들과 그 시대들의 다른 특징들"을 잘 보여주고, 역사의 흐름에 대한 이해와 신학적 발전들을 해석하는데 중요한 안내자 역할을 한다.[38]

개혁주의 신학의 성격이 경건을 지향한다는 사실을 고려할 때, 바빙크가 자신의 명저 『개혁교의학 개요』를 어거스틴의 명언에서 영감을 받아 시작한 것은 우연이 아니다. 제1장, "사람의 최고선"이라는 표제하에서 바빙크는 오직 하나님만이 피조물들의 최고선 이라는 명제로 시작한다.[39] 그런 다음, 제1장 마지막 문단에서 자신의 주장을 뒷받침하기 위한 근거로 어거스틴의 고백을 제시하며 마무리 한다. 그 고백은 다름 아닌 어거스틴이 자신의 고백록 1권 1장에서 진술한 것이다. "당신에게 찬양을 드릴 때에 우리에게 기쁨이 있습니다. 왜냐하면 당신께서는 우리를 당신을 위한 존재로 창조하셨기 때문이오며, 그리하여 주님 안에서 안식을 발견하기까지 우리 마음은 평화를 누릴 수 없습니다."[40] 하나님만이 모든 피조물의 근원이시고, 모

---

36 Petrus Ramus, *Commentariorum de religione christiana libri quatuor* (Francofurti: Apud Andream Wechelum, 1576), 6.
37 Mastricht, *Theoretical-Practical Theology*, 63.
38 Muller, 『신학 공부 방법』, 135.
39 Herman Bavinck, 『개혁교의학 개요』, 원광연 옮김 (고양: 크리스챤다이제스트, 2006: 중쇄), 14.
40 아우구스티누스, 『성 어거스틴 참회록』, 김종웅 옮김 (고양: 크리스챤다이제스트, 2007; 중쇄), 1.1.1(31)

든 생명의 원인이시다. 전도서의 말씀처럼, 하나님은 모든 것을 지으시되 때를 따라 아름답게 하셨고 사람들에게 영원을 사모하는 마음을 주셨다(전 3:11). 어거스틴에게 모든 출발점은 인간의 자의식으로, 하나님을 향한 열망과 필요다.[41] 아브라함 카이퍼는 칼빈주의에서 자신의 마음이 안식을 발견했다고 말했는데, 이는 "포괄적이고 광범위한 힘을 가진 삶의 체계"를 제공한다고 보았기 때문이다.[42] 여기에서 말하는 삶의 체계란 개혁주의적 경건에 다름 아니다. 개혁주의의 고유한 원리는 경건이다. 하나님 앞에서의 경건은 인간의 의식에 기쁨을 불어넣고, 그것은 인생의 모든 영역 속에 활력을 불어 넣는다. 이렇게 어거스틴에게서 칼빈으로, 칼빈에게서 바빙크에게로 개혁주의의 실천적 원리가 발전했다. 결론적으로, 개혁주의 역사는 어거스틴으로부터 바빙크에 이르기까지 경건이라는 신학적 성격을 강하게 띄고 있는 역사였다.

6. 개혁주의 역사의 신학적 주제 선정

신학 형태의 발전과 신학 논제에 대한 연구 목적이란 다름 아닌 성경이 제시하는 구원론적 성격에 초점을 맞추어야 한다는 사실에 주목할 필요가 있다. 난해한 신학 논제에 대한 칼빈의 주의를 상기하듯, 에드워즈 레이(Edwards Leigh)는 다음과 같이 말한다.

> 우리는 삼위일체 및 예정론과 같은 경건의 깊은 신비들을 탐구함에 있어서 지나친 호기심을 가져서는 안된다. 우리는 적정선에 머물도록 지혜로운 필요가 있고, 난해하고 무익한 질문 때문에 스스로 분주할 필요가 없으며, 구

---

[41] Herman Bavinck, 『개혁교의학』 1권, 박태현 옮김(서울: 부흥과개혁사, 2012; 4쇄), 198.
[42] Abraham Kuyper, 『칼빈주의 강연』 (파주: CH북스, 2019: 2쇄), 20.

원을 위해 계시된 것들을 아는 것으로 만족해야 한다."[43]

레이는 "신학의 요체"(the Body of Divinity)에 관해 칼빈, 불링거, 잔키우스 등의 학자들이 제시한 제목들을 열거하면서, 신학의 요체에 대한 다양한 관점에도 불구하고 그들의 가장 핵심적인 표제는 네 가지로 구성된다고 말한다. - 무엇이 믿어져야 하는가(Quae Credenda), 무엇이 계명들 가운데 행해져야 하는가(Quae Facienda), 무엇이 주기도에서 간구되어야 하는가(Quae Petenda), 마지막으로 무엇이 성례에서 받아져야 하는가(Quae Recipienda)- 즉, 사도신경, 십계명, 주기도, 그리고 성례이다. 이 내용을 따라 레이는 그의 논문을 성경(1권), 하나님(2권), 하나님의 사역(3권), 인간의 타락(4권), 인간의 회복(5권), 교회와 적그리스도(6권), 그리스도와의 연합(7권), 예전(8권), 십계명(9권), 그리고 마지막으로 영화(10권)라는 주제를 순서대로 다룬다.[44]

레이가 제시한 신학 논제들은 우리에게 개혁주의 신학의 역사를 이해하기 위한 주제 선정에 중요한 통찰을 제시한다. 그것은 무엇을 믿고(사도신경), 무엇을 행하며(십계명: 도덕법으로서의 율법), 어떻게 기도하고(주기도), 유기적 몸으로서의 교회를 세우기 위해 무엇을 할 것인가로 요약될 수 있다. 개혁주의의 역사는 이 논제들의 발전 패턴을 보여주고, 그에 따라 해석학적 방법론을 제공하며, 더 나아가 성경에서는 명시하고 있지 않지만, 충분히 성경으로부터 도출된 필연적 귀결로서의 교리들(예: 언약 교리)의 정당성을 확립할 수 있는 기초를 제공한다. 따라서 본서는 개혁주의 역사를 크게 네 가지 주제인 사도신경, 십계명, 기도, 그리고 교회를 고려하면서 시대 및 인물별로 개관할 것이다. 본서가 교리들의 발전을 다룬다는 점에서 교회사적 설명이 필요하다. 이에 필자는 시대 및 인물별로 각각 인물들과 주요 논쟁들을 교부시대로부터 다룰 것이다. 본서의 목적은 교리사에 관한 연구이면서도 동

---

43 Muller, 『칼빈 이후』, 79, 재인용.
44 Edwards Leigh, "To the Christian and Candid Reader," *A System or Body of Divinity*, (London, 1654), A2-A4.

시에 역사 신학적 연구이기에 필요한 경우 주요 신학자들에 대한 소개와 그들의 주요 작품들을 소개할 것이다.

7. 본서의 구조

본서는 총 6부로 구성되어 있다. 1부는 서론을 포함하여(1장), 어거스틴에 대한 칼빈의 견해(2장), 그리고 어거스틴의 생애와 사역 및 기독교 교리(3장)를 다룬다. 2장은 개혁신학에 원리를 제공했던 교부들에 대한 칼빈의 견해를 살펴보며 시작한다. 칼빈에 따르면, 대부분의 교부들은 어떤 교리에 대하여 모호한 입장을 가지고 있었다. 그러한 교부들 가운데는 오리겐, 터툴리안, 키프리안, 제롬, 크리소스톰 등과 같은 교부들이 있다. 하지만 그 가운데에서도 크리소스톰에 대한 칼빈의 견해는 교부들에 대한 입장을 어떻게 견지해야 하는지에 대한 통찰을 제공한다. 그런가 하면 가장 완성된 형태의 신학을 종합적으로 제시한 신학자는 어거스틴이었다. 개혁주의가 어거스틴을 어떻게 이해했는지 알기 위해 칼빈이 이해한 것만큼 더 정확하고 부요하게 알 수 있는 길은 없다. 이렇게 말하는 것이 근거 없이 보여질 지라도 필자는 어거스틴의 신학을 가장 잘 이해하고 집대성한 신학자는 칼빈이었다고 단언한다. 이에 따라 크리소스톰에 대한 칼빈의 관점을 간단히 소개하고 어거스틴에 대한 칼빈의 이해를 분석하는데 더 많은 초점을 둘 것이다. 3장에서는 개혁주의 신학에 지대한 영향을 끼친 어거스틴의 신학을 서술한다. 이를 위해, 기독교 교리의 입문서로 사도신경을 해설해 놓은 『라우렌티스에게 보내는 입문서 또는 믿음, 소망, 사랑』을 분석하여 어거스틴의 포괄적인 사상을 드러낸다.

어거스틴 이후의 시대는 신학적 퇴보의 길을 걷는다. 이미 잘 알려진 바와 같이 중세는 공로주의를 표방하면서 왜곡된 교리들을 산출하고 삶 역시 도덕적 부패로 치달았다. 공로주의 혹은 행위구원론으로 점철된 다양한 교리들, 예컨대 성인 및 성상 숭배, 7성례, 연옥교리, 면죄부, 교황 무오설 등 비성경적인 미신 사상이 로마 가톨릭 교회의 중심을 형성했다. 이에 본서는 중세의 역사와 신학은 다루지 않고, 곧바로 종교개혁자들로 넘어간다. 2부는 4-6장으로 구성되어 있다. 4장은 루터와 그의 후계자였던 멜랑히톤의 생애와 사상을 살펴본다. 개혁주의는 1세대 종교개혁자인 루터에게 이신칭의 교리의 빚을 지고 있다. 루터와 루터파 신학을 이해하는 것은 개혁주의를 이해하는 데 중요한 역할을 한다. 5장과 6장은 칼빈의 생애에 직간접적으로 영향을 끼쳤던 개혁파 신학자들을 소개한다. 먼저 1세대 종교개혁자이면서도 개혁파에 속한 츠빙글리는 종교개혁과 개혁파 사이의 관계를 연결하는 주요한 열쇠고리 역할을 한다. 또한 칼빈을 종교개혁의 길로 이끌었던 기욤 파렐의 생애와 사상을 간단히 분석한다(5장). 그런 다음 칼빈의 협력자들이었던 마틴 부써, 피터 마터 버미글리, 그리고 피에르 비레(6장)를 간략히 살펴본다.

    3부에서는 2세대 종교개혁자이자 종교개혁과 개신교 신학을 근본적인 의미에서 체계화한 존 칼빈의 생애와 사상으로 시작한다. 칼빈의 생애는 칼빈과 개혁주의를 이해하는데 중요한 길잡이가 된다. 7장에서 다루려는 칼빈의 생애는 단순히 역사적인 일련의 사건들을 나열하는 것이 아니다. 칼빈의 생애는 경건을 향한 여정으로 점철되어 있었다. 이 사실을 가장 잘 파악했던 사람은 다름 아닌 그의 제자 데오도르 드 베자였다. 여기에서 우리는 베자가 쓴 칼빈 전기를 통해 칼빈이 자신의 인생 가운데 가장 중요시 여겼던 것이 무엇인지를 발견할 것이다. 더 나아가 칼빈에 대해 깊이 연구했던 워필드의 관점을 통해 종교개혁자와 신학자로서의 칼빈을 조명한다. 8장과 9장은 칼빈의 교리들 가운데 예정론과 율법에 대해 살펴본다. 칼빈의 사상은 어느 하나의 교리로 꼭 집어 표현할 수 없을 만큼 방대하므로, 모든 교리들을 샅샅이 뒤져보고 분석하는 것은 불가능한 일이다. 그렇게 한다고 하여도 그의 사상을 한 마디로 표현하기란 쉬운 일이 아니다. 이에 칼빈의 예정론을 살펴보고(8장), 삶의 규범으로서의 율법관을 조망한다(9장). 예정론은 개혁주의의 대표교리라고 말하기는 어렵지만, 하나님의 주권과 은혜를 드러낸다는 점에서 개혁주의에서 핵심적인 교리들 가운데 하나였음에는 분명하다. 율법이라는 주제는 복음, 믿음, 그리고 삶의 관계를 이해하는 데 중요한 이정표를 제공한다. 특히 도덕법(십계명)에 대한 칼빈의 이해는 믿음과 삶, 이론과 실천 사이의 관계를 불가분적으로 이해했던 개혁주의적 경건의 성격을 잘 드러낸다. 예정론과 율법에 대한 칼빈의 관점에 흐르는 공통 주제는 하나님의 은총으로 말미암는 경건의 배양에 있다. 예정론이 경건의 교리를 배태하는 원리라면, 율법은 경건의 교리를 삶에 적용하는 실천적 원리였다. 제3부의 내용을 통해 독자들은 칼빈의 생애와 사상이라는 숲속에서 경건이라는 오솔길을 발견하고, 개혁주의의 부요함을 깨달으며, 예정론과 율법관을 통해 복음과 교리와 삶의 조화가 경건의 실천 원리임을 확인할 것이다.

4부는 칼빈 이후 청교도들의 신학 사상을 분석한다. 청교도들은 이미 대중에게 널리 알려져 있다. 유명한 청교도들 가운데 몇 명만 간략히 소개하자면 잉글랜드의 경우 존 쥬엘, 윌리엄 퍼킨스, 토머스 가타커, 윌리엄 구지, 토머스 테일러, 윌리엄 에임스, 리처드 십스, 존 프레스톤, 올리버 크롬웰, 사무엘 러더포드, 토머스 굿윈, 리처드 백스터, 존 오웬 등이 있다. 뉴잉글랜드로 이주했던 청교도들은 토머스 후커, 존 윌슨, 리처드 매더, 토머스 쉐퍼드, 인크리스 매더, 새무엘 윌러드, 솔로몬 스토다드, 코튼 매더, 그리고 뉴잉글랜드 청교도의 후예 조나단 에드워즈 등을 포함한다. 수백명이 넘는 청교도들을 일일이 나열하고 분석하는 것은 본서의 취지에 맞지 않는다. 청교도 신학에 있어서 가장 중요한 지표 역할을 하는 것은 웨스트민스터 총회 표준문서를 주관했던 웨스트민스터 총회라고 해도 과언이 아닐 것이다. 청교도들은 웨스트민스터 신앙고백서의 작성 과정에서 열린 수백번의 모임에서 상당한 논쟁을 벌였다. 청교도 사이에 신학 사상에 공통점과 차이점으로 인하여 수많은 논쟁을 거듭한 결과 도출된 결론이 웨스트민스터 신앙고백서라는 뜻이다. 고백서의 작성 이후 총회 회원들은 각기 자신들의 저술에 돌입하여 작품활동을 이어 갔다.

하지만 총회에 참석했던 이들 가운데 아직까지도 많은 이들이 조명되지 않았다. 이를 위해 10장에서는 앤서니 버지스(Anthony Burgess, 1600-1663)와 윌리엄 스트롱(William Strong, d. 1654)의 언약신학을 비교 분석한다. 이 두 신학자들은 개혁주의 목회자로서 다수의 작품들을 저술했다.[45] 버지스의 언약신학은 학자들 사이에서 제법 논의된 반면 스트롱에 대한 연구는 거의 이루어지지 않았다.[46] 이러한 의미에서 웨스트민스터 총회에 지대한 영향을 미쳤던 버지스와 스트롱의 언약적 관점을 비교하는 것은 중요한 의의를 갖는데, 이는 이들의 비교를 통해 개혁주의 언약사상 안에 통일성과 다양성을 증명하는 중요한 사례연구가 되기 때문이다. 11장은 청교도 로버트 애벗의 소요리 문답서를 분석한다. 16세기의 불링거와 칼빈, 17세기의 퍼킨스와 콕세이우스는 모두 신앙고백에 기초한 개혁주의 전통 위에 서 있었다. 신앙고백의 발전은 신앙을 어떻게 교육할 것인가에 대한 교육학적 방법론에 발전을 가져왔다.[47] 예를 들어, 파렐, 칼빈, 베자는 각각 『신앙고백서』(Confession of Faith), 제네바 1차 신앙교육서(Catechismus, sive christianae religionis institutio, 1538), 『기독교 신앙고백』에서 교리 교육을 통해 성도들에게 성경을 가르침으로써 교회의 연합을 도모했다.[48] 유사하게 개혁주의 전통 위에 서서, 청교

---

[45] 버지스에 관한 간략한 전기를 위해 다음을 보라. Stephen J. Casselli, *Anthony Burgess' Vindiciae Legis and the "Fable of Unprofitable Scholasticism" a Case Study in the Reappraisal of Seventeenth Century Reformed Scholasticism* (Philadelphia: Westminster Theological Seminary, 2007), 28-67.

[46] 현재 스트롱에 관해 알려진 유일한 글은, 최근에 미국 Puritan Reformed Theological Seminary에서 쓰여진 석사논문이 있으나 필자는 아직 접해보지 못했다.

[47] Richard A. Muller, "Approaches to Post-Reformation Protestantism: Reframing the Historiographical Question," in *After Calvin: Studies in the Development of a Theological Tradition* (Oxford University Press, 2003), 9. 멀러는 이 부분을 매우 강조하여, "종교개혁은 고백적이고 교리적인 집대성이 없이는 불완전한 하다"고 단언하는데 이는 그러한 표준적인 체계가 없었다면 종교개혁이 성공할 수 없었다고 보기 때문이다. Richard A. Muller, *Post-Reformation Reformed Dogmatics: The Rise and Development of Reformed Orthodoxy, ca. 1520 to ca. 1725*, vol. 1, Prolegomena to Theology (Grand Rapids: Baker Academic, 2003), 27.

[48] 존 헤셀링크, 『존 칼빈의 제1차 신앙교육서: 그 본문과 신학적 해설』 (서울, 기독교문서선교회,

도들은 신앙고백서의 내용에 기초하여 소요리 문답서를 제작하였다. 야곱 틸만(Jacob Thielman)에 따르면, 1530년대 이래로, 약 200년에 걸쳐 영국에서 청교도의 요리문답서들이 쏟아져 나오기 시작했다. 이는 청교도들이 효과적인 교리교수법(catechesis)을 위해 노력하였는지를 보여준다.[49] 다시 말해 로버트 애벗의 소요리 문답서를 분석하는 것은 교리의 실천과 적용을 통해 경건한 교회를 일구고자 했던 청교도의 삶을 드러낸다. 12장에서는 뉴잉글랜드 청교도의 후예인 조나단 에드워즈의 회심의 교리를 분석할 것이다. 일선의 학자들은 청교도들이 회심을 지나치게 강조하여 회심과 믿음을 준비해야 한다는 행위 구원론에 빠지고 말았다고 비판한다. 하지만 이것은 청교도의 회심론을 오해하는 것이다. 청교도들은 전적 타락으로 부패한 인간은 자력으로 구원을 얻을 수 없다고 못을 박았다. 하지만 동시에 삶의 실천을 강조했던 청교도들은 회심을 위해 영적 훈련을 소홀히 하지 말 것을 강력하게 촉구했다.[50] 조나단 에드워즈의 준비교리는 회심에 대한 청교도의 관점이 공로주의가 아님을 증명한다.

5부에서는 개혁파 정통 신학의 체계화를 단적으로 보여주는 주제들을 세 가지로 선택하여 다루었는 바, 곧 개혁주의의 신학서론, 성경 교리, 그리고 언약 교리가 그것이다. 13장은 페트루스 판 마스트리흐트의 신학서론을 분석하여 신학과 실천의 종합을 드러낸다. 17세기 스콜라 정통주의 학자들은 칼빈 및 종교개혁자들의 저술들을 토대로, 기존의 신학 체계에 수정과 보완작업을 통해 신학의 체계를 정교화 시켰다.[51] 그들은 다양한 역사적 배

2019), 20; 스캇 마네치, 『칼빈의 제네바 목사회의 활동과 역사』, 신호섭 옮김 (서울: 부흥과개혁사, 2019), 146.

49 Jacob Thielman, "John Wallis's Brief and Easie Explanation in the Context of Catechesis in Early Modern England," *The Westminster Theological Journal*, 80/2(2018), 336.

50 George M. Marsden, *Jonathan Edwards: A Life* (New Haven & London, Yale University Press, 2003), 26-29.

51 개혁파 정통주의는 1640년에서 17세기 말까지 개혁주의 신학이 "정통"의 체계를 갖추었던 시기의 신학 사조를 가리킨다. 멀러에 따르면 '스콜라주의'는 교수법과 저술에 있어서의 특정한 방법론을, '정통주의'는 신학 내용에 대한 태도를 각각 의미한다. Muller, 『칼빈 이후 개혁신학』,

경, 예컨대 소시누스주의, 항변파, 로마 가톨릭 등의 공격에 직면하여 성경 석의, 교의, 논쟁들을 종합하고 신학에 다양한 논제들을 추가하고 배열함으로써, 신학서론을 완성하였다. 17세기 중반에는 호른베크(Hoornbeeck), 클로펜부르그(Cloppenburg), 벤델린(Wendelin) 등의 신학자들에 의해 신학서론이 만들어졌으며,[52] 17세기 말에는 마스트리흐트(Petrus van Mastricht, 1630-1706)가 『이론과 실천신학』을 통해 성경적 교리와 신앙적 실천의 조화를 추구한 신학 서론의 방법론적 종합을 이루었다. 14장은 프란시스 툴레틴의 성경 교리를 다룬다. 17세기 개혁파 정통신학의 특징은 신학 서론에서 성경 교리를 두 번째 논제(place)에 위치시켰다는 것이다. 이는 16세기 종교개혁 작품들에서 뚜렷하게 나타나지 않는 특징으로, 17세기에 발생한 성경교리에 대한 이신론자들의 공격을 막고, 모든 신학의 토대를 성경에 기초시키기 위한 그들의 관심을 시사한다. 무엇보다 툴레틴은 17세기 개혁파 정통 신학을 세 권에 이르는 『변증 신학 강요』를 통해 집대성한 인물이다. 독자들은 그의 관점을 통해 17세기 개혁파 스콜라 신학에 있어서 성경 교리의 진면모를 발견하게 될 것이다. 15장은 요하네스 콕세이우스의 언약 교리를 분석한다. 언약 교리는 신학적 체계의 정점을 보여준다. 17세기 개혁파 정통 신학자들 사이에 언약신학으로 개혁주의 신학을 체계화 하는 이들이 많이 있었지만, 가장 독특한 신학자 가운데 한 사람은 콕세이우스이다. 그는 그 당시나 지금이나 여전히 논란의 한 가운데 서 있는 개혁파 신학자이다. 하지만 이러한 문제는 부분적으로는 17세기 개혁파 정통 신학에 대한 왜곡된 관점으로 인하여,

---

67. 멀러는 아래의 작품에서 정통주의 시기와 구분에 대해 자세하게 묘사하고 있다. Richard A. Muller, Post-Reformation Reofrmed Dogmatics: The Rise and Development of Reformed Orthodoxy, ca. 1520 to ca. 1725. 4 vols. 2nd ed., (Grand Rapdis: Baker, 2003), 1:30-32; hereafter PRRD I; idem, "John Calvin and Later Calvinism: the Identity of the Reformed Tradition" in The Cambridge Companion to Reformation Theology, eds. D. Bagchi and D.C. Steinmetz, (New York: Cambridge University, 2004; 3rd printing, 2009), 134-135.

52 PRRD 1:74-75; 이 책의 국문 번역본은 리차드 A. 멀러, 『종교개혁 후 개혁주의 교의학: 신학서론』, 이은선 역(서울: 이레서원, 2002), 47을 참고하라. 단, 국문 번역본은 1987년도의 초판을 번역한 것이며, 필자가 인용한 영역본은 제2판이다.

부분적으로는 그의 작품을 올바로 이해하지 못했기 때문에 발생한 것이다. 우리는 이 장에서 콕세이우스의 언약 교리가 지극히 성경적일뿐만 아니라 개혁주의 전통 안에서 신학적 체계화에 적지 않은 기여를 했음을 증명한다.

6부는 개혁주의 세계관을 다룬다. 17세기 개혁주의가 합리주의에 맞서 개혁파 정통 신학을 집대성했다면, 19세기 북미와 화란의 개혁주의는 18세기에 시작된 계몽주의에서 발현된 현대주의에 맞서 기독교 세계관을 형성하였다. 북미의 경우 찰스 핫지, 아치발드 알렉산더 핫지, 벤저민 워필드 등과 같은 구 프린스턴 신학자들이 자유주의 사상에 맞서 기독교 세계관을 변증했다. 화란(네덜란드)에서는 아브라함 카이퍼와 헤르만 바빙크가 주축이 되어 칼빈의 신학, 좀 더 넓게 말하면 칼빈주의를 기독교의 정당한 세계관으로 내세워, 현대주의 세계관을 배격하고 정통 기독교 세계관의 종합을 제시했다. 본서는 이들 가운데 워필드, 카이퍼, 그리고 바빙크만을 다루려 한다. 16장은 워필드의 칼빈주의 교리 자체를 다룬다. 칼빈주의에 대한 정의를 규정하는 것은 매우 까다로운 문제인데, 다행히도 워필드는 칼빈주의에 대한 보다 명확한 정의를 제시했다. 독자들은 워필드의 관점을 통해 칼빈주의에 대한 이해의 지평을 넓힐 수 있을 것이다. 17장에서는 네덜란드의 신칼빈주의 대표주자인 카이퍼와 바빙크의 기독교 세계관을 비교 분석한다. 워필드가 칼빈주의를 다른 교리들, 예를 들어 루터파나 아르미니우스주의와의 비교를 통해 가장 성경적인 신학 사조로 묘사한 반면, 카이퍼와 바빙크는 현대주의에 맞설 수 있는 보다 포괄적인 세계관으로 칼빈주의를 묘사했다. 특별히 그들은 일반은혜의 관점에서 칼빈주의의 중요성을 부각시키고, 그것이 어떻게 종교적 세계관으로서의 탁월성을 지니는지를 보여주었다. 독자들은 카이퍼와 바빙크의 기독교 세계관을 통해 19-20세기를 관통하는 개혁주의의 거대한 조류를 발견하게 된다. 마지막으로 기독교 세계관의 토대가 되는 성경론을 바빙크와 워필드의 관점을 비교하면서 살펴본다(18장). 이 두 신학자들은 개혁주의 성경론에 있어서 역사적으로 획을 그은 학자라고 해도 과언이 아니다. 그들은 현대주의의 왜곡된 성경 해석에 맞서 유기적 영감론을 확립함으로써, 성경의 무오성을 고수한 인물들로 평가된다.

마지막 결론에서는 본서의 전체 흐름을 간단히 요약하고 개혁주의 역사의 의의를 간략히 제시할 것이다. 참고로 10-13장과 16-17장은 학술지에 게제 된 바 있으며, 본서의 내용을 고려하여 부분적으로 수정을 가하였다. 18장 역시 학술 논문으로 게제 되었으나 문장을 전체적으로 대부분 수정하고 내용을 추가하거나 변경하였다. 필자는 개혁주의의 역사를 설명하기 위하여 신학의 주제, 재료, 성격의 측면에서 일관된 순서를 취함으로써 독자들로 하여금 개혁주의의 역사를 한 눈에 이해할 수 있도록 편리성을 고려했다. 지금까지 살펴본 본서의 구조는 개혁주의 역사의 중심에 신학과 삶의 조화를 이루는 경건이 고요히 흐르고 있음을 드러낸다. 개혁주의의 역사는 성경과 신학을 토대로 경건이라는 나무를 배양한 역사였다. 예수 그리스도께서 말씀하셨다.

또 비유를 들어 이르시되 천국은 마치 사람이 자기 밭에 갖다 심은 겨자씨 한 알 같으니 이는 모든 씨보다 작은 것이로되 자란 후에는 풀보다 커서 나무가 되매 공중의 새들이 와서 그 가지에 깃들이느니라(마13:31-32).

2장

교부에 대한 칼빈의 견해

: 어거스틴을 중심으로

1. 크리소스톰에 대한 칼빈의 견해

칼빈은 종교개혁의 신학이 교부들의 가르침으로부터 위배 되지 않는다는 전제를 가지고 있다. 프랑스 왕에게 바치는 글에서 칼빈은 교부들이 종교개혁의 가르침을 반대한다는 주장을 반박하여, 오히려 교부들의 글들은 종교개혁을 지지하고 있을 뿐만 아니라 자신의 반대자들이야 말로 교부들의 글들을 마구잡이로 사용하고 있음을 비판했다.[1] 교부들의 모호한 표현들은 후세대에 의하여 매우 가변적으로 인용하고 변형된 경우가 많았다. 칼빈 역시 수많은 교부들의 글을 인용하지만 인용에 대한 특별한 원칙이 있는 것은 아니다. 그에 따라 칼빈은 어떤 신학적 주제들을 다룰 때 개별적인 교부들에 의존한 것이 아니라 필요에 따라 교부들의 글을 인용하였다. 칼빈은 자유 의지에 관한 문제를 논할 때 교부들의 글을 인용하는 원리를 다음과 같이 말한다.

---

1 John Calvin, "프랑스 왕에게 드리는 글," 『1559년 라틴어 최종판 직역: 기독교 강요』 1권, 문병호 역 (서울: 생명의말씀사. 2020), 135.

그 누구보다도 헬라인들, 그들 중에서도 특별히 크리소스토무스는 인간 의지의 기능을 도가 지나칠 정도로 높이고 있다. 실상 모든 고대인 중에 아우구스티누스를 제외한 나머지 모두는 이 주제에 대한 말이 너무나 가변적이거나, 요동치거나, 혼란스러워 그들의 저술들로부터는 어떤 확실한 것을 거의 하나도 도출해 낼 수 없다. 그러므로 우리는 개별 저자들의 견해들을 더욱 정확하게 나열하는 것을 고집하지 않고 단지 논지에 대한 설명이 요구되는 대로 이곳저곳에서 몇몇을 무작위로 뽑아 다룰 것이다.[2]

교부들 가운데 크리소스톰에 대한 칼빈의 이해는 교부들에 대한 전체적인 관점들을 제시한다는 점에서 의미가 있다. 칼빈은 『기독교 강요』에서 약 30회 정도 크리소스톰의 글을 인용한다. 그 가운데 위(pseudo)-크리소스톰의 글들이 다수 있으나, 칼빈은 그 글들을 크리소스톰의 글들로부터 분리하여 취급하지 않는다.[3] 비록 크리소스톰의 글들을 많이 인용하지는 않았지만 그에 대한 인용은 교부들에 대한 칼빈의 생각을 드러내는 데 중요한 역할을 한다. 칼빈은 삼위일체 하나님을 아는 지식을 추구함에 있어서 가장 중요한 덕목은 겸손이라는 사실을 강조하기 위해 크리소스톰의 『복음의 시작』(De profectu evangelii)에서 크리소스톰이 철학의 기초가 겸손이라고 한 말을 매우 반갑게 여긴다.[4] 크리소스톰의 다른 작품인 『아노모이오스파에 대한 반박』(Against the Anomoeans)에 실린 다섯 편의 설교는 성경의 은밀한 비밀들에 관해 호기심으로 탐구하여 하나님의 말씀의 경계를 넘어가지 않도록 주의해야 할 것을 말하고 있다.[5] 재난을 죄에 대한 형벌로만 이해하는 관점을 반박하기 위해 칼빈은 크리소스톰이 친구에게 쓴 세 권의 책으로 구성된 『섭

---

[2] Calvin, Calvin, 『1559년 라틴어 최종판 직역: 기독교 강요』, 2.2.4.
[3] 이는 칼빈의 시대에 그러한 글들이 크리소스톰의 것으로 여겨졌기 때문이다. 다음을 참고하라. Calvin, 『1559년 라틴어 최종판 직역: 기독교 강요』, 3.4.8.
[4] John Calvin, 『1559년 라틴어 최종판 직역: 기독교 강요』, 2.2.11.
[5] Calvin, 『1559년 라틴어 최종판 직역: 기독교 강요』, 1.13.21.

리에 관한 설교』(Homilies on providence, to Stagirius)에서 다음의 말을 인용한다. "만약 하나님이 형벌을 부과하는 이유가 그가 악행을 계속하는 자들을 불러 회개에 이르도록 하는 데 있다면 그들이 회개를 보인 후에는 더 이상 형벌이 필요 없을 것이다."[6] 크리소스톰의 말은 재난을 형벌의 결과로만 이해하는 것이 얼마나 어리석은지를 보여준다. 또한 회개에 관한 로마 가톨릭의 고백교리가 고대로부터 하나님이 정하신 교리라는 주장에 반대하여 크리소스톰의 증언은 그러한 고백이 폐지되었음을 보여준다고 칼빈은 주장한다.[7]

    교부에 대한 호소가 그들에 대한 무조건적인 옹호를 의미하는 것은 아니다. 초대 교회의 교부들에게서는 아직 혼동의 상태를 보이는 주장들이 발견된다. 예를 들어 칼빈은 어거스틴을 제외한 나머지 교부들이 자유의지가 죄로 부패했다고 인정하면서도 철학자들의 입장에 가까이 한 나머지, 인간의 능력을 고양시켰다고 안타까워한다. 그러한 낙관적인 관점은 성경의 가르침에 위배된다.[8] 또한 칼빈은 은혜가 인간의 의지와 합력적으로 작용한다는 관점을 비판하면서, "의지 없는 은혜는 은혜 없는 의지와 다름없이 아무것도 할 수 없다"는 크리소스톰의 진술은 잘못되었으며,[9] "그는 그가 이끄시는 것을 원하는 자를 이끄신다"라는 크리소스톰의 반복적인 말은 비난받아 마땅하다고 말한다. 왜냐하면 크리소스톰은 "주님은 단지 손을 내미시고 우리가 기꺼이 그의 도움을 받아들이기를 대망하고 계실 뿐이기 때문"이라는 것을 의미하고 있기 때문이다.[10] 하지만 선택의 자유에 대한 교부들의 관점 자체가 완전히 오류로 가득하다고 주장하는 것은 칼빈의 견해가 아니다. 칼빈은 교부들이 그렇게 한 것은 죄에 대한 게으름에 경각심을 심어주기 위한 선한 의도에 기인하였기 때문이라고 강조한다.

---

6 Calvin, 『1559년 라틴어 최종판 직역: 기독교 강요』, 3.4.35.
7 Calvin, 『1559년 라틴어 최종판 직역: 기독교 강요』, 3.4.8.
8 Calvin, 『1559년 라틴어 최종판 직역: 기독교 강요』, 2.2.4.
9 Calvin, 『1559년 라틴어 최종판 직역: 기독교 강요』, 2.3.7.
10 Calvin, 『1559년 라틴어 최종판 직역: 기독교 강요』, 2.3.10.

분명 당신은 이 글들을 통하여 그 저술가들이 덕성에 대한 사람의 열의에 지나친 가치를 부여하고 있음을 보게 된다. 그들이 이렇게 한 것은 우리가 죄를 짓는 것이 오직 게으름 때문이라고 주장해야만 우리를 일깨워 타고난 게으름을 떨쳐 내게 할 수 있다고 생각했기 때문이다. 그들이 얼마나 능숙하게 그렇게 했는지는 추후에 보게 될 것이다. 그 자리에서 우리가 언급한 이러한 견해들이 더할 나위 없이 거짓되다는 사실이 아주 분명해질 것이다.[11]

자유의지에 대한 크리스스톰과 다른 교부들의 모호한 입장은 사람의 능력을 높이는 것이 아니라 하나님의 은혜를 강조하기 위함이었음이 드러난다. 교부들은 은혜에 합당한 그리스도인의 삶을 어떻게 살아갈 것인가에 관심을 기울였다. 그래서 칼빈은 자유의지에 대한 교부들의 입장에 대한 자신의 견해를 오해하지 않기를 바랬다.

아우구스티누스를 제외한 모든 교회 저술가는 이 사안에 대해서 너무나 모호하고 다양하게 전하기 때문에 내가 그들의 작품들로부터 어떤 확실한 것도 얻을 수 없다는 나의 고백 때문에 나에 대한 많은 편견이 초래된 듯하다. 어떤 사람들은 내가 마치 자기들을 적과 같이 취급하여 자기들에게서 이 사안에 대한 일체의 목소리를 빼앗아 버리기라도 한 듯이 해석할 것이다. 그러나 나의 뜻은 경건한 사람들에게 단순하고 성실한 충고를 하려는 바람밖에 없었다. 왜냐하면 만약 그들이 이 사안에 대해서 그 저술가들의 견해에 의지한다면 그들은 항상 불확실한 것들 때문에 허우적거릴 것이기 때문이다.[12]

칼빈은 인간의 의지를 주장했던 크리소스톰 조차도 인간의 본성이 죄악으로 가득하다는 것을 말하고 있다고 강조했다. 교부들은 과도하게 자유 의

---

11 Calvin, 『1559년 라틴어 최종판 직역: 기독교 강요』, 2.2.4.
12 Calvin, 『1559년 라틴어 최종판 직역: 기독교 강요』, 2.2.9.

지를 드높이는 듯할 때조차도 사람이 자신의 미덕에 대한 확신을 철저히 버리고 모든 힘이 하나님께만 의존하고 있음을 견지하도록 가르쳤다.[13]

2. 어거스틴에 대한 칼빈의 견해

크리소스톰에 대한 인용빈도와 비교해 볼 때, 어거스틴에 대한 칼빈의 의존도는 압도적이다. 『기독교 강요』의 전반에 걸쳐서 가장 많이 인용된 인물이 다름 아닌 어거스틴이라는 사실은 놀라운 일이 아니다. 존 맥닐(John T. McNeill)에 따르면, 칼빈이 어거스틴을 인용할 때는 대부분의 경우 성경의 인용이 함께 동반된다.[14] 이 사실은 칼빈이 신학적 근거에 이어서 최종적 권위를 성경에 두고 교부들 가운데에서는 어거스틴에게서 최종 권위를 가져온다는 것을 의미한다. 비록 칼빈이 다양한 교부들과 그리스 로마의 사상가들(플라톤, 아리스토텔레스, 오리겐 등)을 인용하였을지라도 어거스틴에 대한 인용은 『기독교 강요』의 거의 모든 부분에서 습관적으로 발견된다.

바빙크는 어거스틴이야 말로 교부들 가운데 개혁주의 신학에 가장 가까운 학자였다고 단언했는 데 이는 놀라운 일이 아니다.

> 그는 모든 교부들 중에서 가장 기독교적이며 가장 현대적인 신학자로서, 모든 교부들 가운데 우리와 가장 가깝다. 아우구스티누스는 심미적 세계관을 윤리적 세계관으로, 고전적 세계관을 기독교적 세계관으로 대체했다. 교의학에서 우리의 가장 좋고, 깊고, 풍부한 사상은 그에게서 말미암은 것이다.

---

13 Calvin, *Institutes of the Christian Religion*, 2.2.9.
14 John T. McNeill, "Introduction," *Institutes of the Christian Religion by John Calvin*, Vol 1. ed. John T. McNeill, trans. Ford Lewis Battles (Louisville, KY: Westminster John Knox Press, 2006), 각주 59. 여기에서 맥닐은 칼빈과 어거스틴의 관계에 관한 주목할 만한 연구들을 소개하고 있다.

아우구스티누스는 기독교회 역사상 교의학자의 권위자였다.[15] 크리소스톰뿐만 아니라, 어거스틴 역시 해석의 여지를 많이 남겨둔 교부였다. 어거스틴은 "모든 교회들, 운동들, 분파들에 이르기까지 영향을 미쳤다. 로마교는 교회론, 성례론, 권위에 관한 가르침에서" 어거스틴에게 호소했고, 종교개혁은 예정론, 원죄론, 자유의지론, 은혜론 등의 근거를 어거스틴에게서 발견했다.[16]

바빙크의 주장은 옳다. 칼빈은 그의 작품들 곳곳에서 어거스틴에 대한 로마 가톨릭의 수용과 개혁파의 수용을 비교 분석하고, 로마교회는 어거스틴에 대한 이해에 있어서 실패했다고 주장했다. 『기독교 강요』를 개괄적으로 분석해보면 칼빈이 어거스틴을 인용한 주제들은 하나님을 아는 지식, 삼위일체론, 성경론, 창조론, 섭리론, 원죄론, 자유의지론, 은총론, 속죄론, 예정론, 칭의론, 기독론, 구원론, 교회론, 성찬론, 국가론, 종말론 등 기독교의 모든 교리를 포괄한다. 그렇다면 어거스틴에 대한 칼빈의 견해를 파악하기 위한 한 가지 질문이 제기된다. 어거스틴에 대한 칼빈의 의존을 가장 분명히 알 수 있는 신학적 논제는 무엇이었는가? 어거스틴에 대한 칼빈의 의존을 특별한 신학적 주제로 특정하기가 어렵지만 모두가 인정하듯이 종교개혁은 어거스틴의 은총론을 재천명한 결과였고, 개혁주의는 그의 은총론을 심화시키고 발전시켜·끝내 체계화한 결정체였다. 칼빈이 은총론에 있어서 어거스틴의 신학을 자신의 글에 적용 및 확대하는 부분들을 찾아보는 것은 어거스틴에 대한 칼빈의 견해를 가장 적절하게 확인할 수 있게 해 준다. 이러한 사실은 칼빈이 당대의 잘못된 사상에 대한 관점들을 반박할 때 어거스틴의 글을 의존하고 있다는 점에서 분명해진다.

어거스틴의 글이 교부들 가운데 가장 중요한 권위를 가진다는 점에서, 칼빈이 어거스틴의 글이 그동안 중세 스콜라주의자들에 의하여 잘못 해석

---

15 Herman Bavinck, 『개혁교의학』 1권, 박태현 옮김 (서울: 부흥과개혁사, 2012; 4쇄), 198.
16 Bavinck, 『개혁교의학』 1권, 200.

되었음을 계속해서 지적한다는 것은 전혀 우연한 일이 아니다. 스콜라주의자들은 교회의 권위를 추켜 세우기 위해 "교회의 권위가 자기를 감동시키지 않았더라면 자신은 복음 믿기를 거절했을 것"이라는 어거스틴의 말을 인용했다. 하지만 칼빈에 의하면 이 문장이 쓰인 문맥은 교회의 권위를 높이는 것이 아니라 마니교주의자들의 거짓된 주장을 반박하기 위한 것이었음을 드러낸다. 어거스틴은 정당한 근거 없이 자신들이 진리를 소유했다는 주장을 어느 누가 믿을 수 있겠느냐는 말을 반박하고자 한 것이다. 그러므로 어거스틴은 "경건한 사람들의 신앙이 교회의 권위에 기초하고 있다고 가르치지 않을 뿐만 아니라 거기에 복음의 확실성이 달려 있다고 이해하지도 않는다." 오히려 복음 진리의 확실성에 대해서 객관적 근거로서의 보편 교회의 판단이 필요하다고 말한 것에 불과하다.[17]

칼빈은 섭리론에 대한 반대자들, 예를 들면 세바스챤 카스텔리오(Scbastian Castellio, 1515-1563)와 같은 이들의 주장을 반박할 때 어거스틴의 글을 인용한다. 개혁주의 섭리론은 이 세상이 하나님의 은밀한 계획에 의하여 다스려진다고 주장한다. 반면 섭리를 부정하는 자들은 세상이 단순히 하나님의 뜻으로 정하신 율법의 규범 가운데 운행되는 것으로 여기며 세상의 모든 일들은 하나님의 불가해한 계획에 의하여 다스려지고 있다는 것을 인정하지 않는다. 이를 반박하기 위해 칼빈은 성경의 예시들을 통해 세상의 역사를 은밀한 지혜로 다스리시는 하나님의 사역들을 묘사한다.[18] 그는 시편, 신명기, 로마서, 이사야, 요한복음 등에서 세상을 다스리시는 하나님의 지혜와 사역들을 논한 후 어거스틴의 말을 가져온다.

> 우리는 하나님이 우리와 관련해서 최고의 질서로 행하시는 모든 것을 다 알지 못하므로 오직 선한 뜻을 가지고 법에 따라 행할 뿐이다. 그러나 우리는

---

17 Calvin, 『1559년 라틴어 최종판 직역: 기독교 강요』, 1.7.3.
18 Calvin, 『1559년 라틴어 최종판 직역: 기독교 강요』, 1.17.2.

어떤 것들에 있어서는 법에 따라 행함을 받게 된다. 왜냐하면 그의 섭리가 불변하는 법이기 때문이다.

하나님이 정하신 율법을 하나님의 절대 의지로 간주한 채 하나님의 은밀한 섭리와 같은 것이 없다고 주장하는 이들은 알려진 지식과 알려지지 않은 지식 사이의 구별에 실패한다. 그 결과 소피스트들(궤변론자들)은 불경건하고 속된 구별로써 하나님의 권능을 그의 의로부터 분리하여 섭리를 부정하고 절대의지를 주장한다.[19]

유사한 예가 원죄의 유전과 의지의 자유에 관한 교부들의 관점에 대한 칼빈의 견해에 드러난다. 상당수의 교부들은 아담의 죄가 어떻게 그의 후손들에게 유전될 수 있는가에 대한 질문을 모호하게 다루었을 뿐 아니라 그들이 제공한 설명은 충분히 명료하지 못했다. 그 결과 죄의 유전설에 대한 그들의 관점은 펠라기우스의 주장, 즉 죄는 모방에 의해 유저된다는 주장을 반박하기에 역부족이었다.[20] 하지만 칼빈은 어거스틴이 모방에 의한 부패를 반대하고 어머니의 몸으로부터 생래적인 죄를 물려받았다는 것을 보여주기 위해 노력을 했다는 사실에 주목한다. 칼빈은 교부들의 글들을 잘 읽어보면, 결국 그것들은 펠라기우스주의자들의 주장을 뒷받침하는 것이 아니라, 오히려 그러한 주장이 무모하다는 사실을 알게 할 것이라고 말한다.[21] 주목할 만하게도 칼빈이 어거스틴의 말을 통해 자신의 관점을 지지한다는 사실은 칼빈의 관점과 어거스틴의 관점 사이에 아무런 차이가 없다는 것을 의미하지 않는다는 것이다. 칼빈과 어거스틴은 인류의 통일성을 강하게 주장했던 반면, 그들은 영혼유출설(traducianism)에 있어서 다른 관점을 견지했다. 어거스틴은 영혼 유전설을 주장한 반면, 칼빈을 비롯한 개혁파 신학자들은 영

---

[19] Calvin, 『1559년 라틴어 최종판 직역: 기독교 강요』, 1.17.2.
[20] Calvin, 『1559년 라틴어 최종판 직역: 기독교 강요』, 2.1.5.
[21] Calvin, 『1559년 라틴어 최종판 직역: 기독교 강요』, 2.1.5.

혼 창조설을 따랐다.[22]

또한 칼빈은 의지의 자유에 관한 펠라기우스주의자들의 주장에 반대하여 어거스틴의 글을 소환한다. 중세 스콜라주의자들은 의지의 자유에 있어서 어거스틴의 주장을 따르면서 은혜를 강조했다. 어거스틴은 은혜의 도움으로 선을 선택하고 은혜가 없을 때 악을 택하는 것이 이성과 의지의 기능이라고 가르쳤다.[23] 버나드(Bernard)와 안셈(Anselm)은 의지의 자유에 관해 모호하게 말했던 반면, 피터 롬바르드와 스콜라주의자들은 어거스틴의 관점을 받아들여 하나님의 은혜를 강조하기에 이른다. 그들은 은총이 없다면 의지의 자유는 충분하지 않다고 가르쳤다. 하지만 스콜라주의자들은 자유의지의 힘을 강조하는 경향이 드러나는데 이것은 어거스틴이 의도한 바가 아니었다.[24] 어거스틴은 죄를 변명하지 못하도록 아무도 의지의 결정을 부인하지 못하게 하라고 하였는데, 이러한 의미에서 자유의지라는 단어 사용은 인간 의지의 능력을 높이기 위한 목적이 아니었다.

이를 증명하기 위해 칼빈은 여느 교부들과 어거스틴에게 있어서 자유의지의 기원은 사람의 이성이나 의지, 혹은 은혜의 주입으로 인해 힘을 받은 이성과 의지의 합력적 능력에 있는 것이 아니라 성령의 능력에 있음을 강조한다. 어거스틴은 명백히 고백하기를 "성령이 없다면 사람의 의지는 자유롭지 않다. 왜냐하면 그것은 속박하고 지배하는 욕심 아래 놓여 있기 때문이다"라고 했다. 심지어 어거스틴은 자유의지라는 단어의 사용에 대해 조롱하듯 표현하기를 의에 대해서는 자유로우나 죄에 대해서는 노예라고 말했다.[25] 칼빈은 계속해서 의지의 자유가 아닌 노예의지를 주장하는 어거스틴의 글들을 제시한다.[26] 자유의지의 기원이 성령이라는 사실은 다른 교부들,

---

22 Calvin, 『1559년 라틴어 최종판 직역: 기독교 강요』, 2.1.7, fn. 43.
23 Calvin, 『1559년 라틴어 최종판 직역: 기독교 강요』, 2.2.4-8.
24 Calvin, 『1559년 라틴어 최종판 직역: 기독교 강요』, 2.2.4.
25 Calvin, 『1559년 라틴어 최종판 직역: 기독교 강요』, 2.2.8.
26 Calvin, 『1559년 라틴어 최종판 직역: 기독교 강요』, 2.2.8.

키프리안, 크리소스톰의 글들에서도 발견된다.[27] 칼빈은 자유의지를 높이는 듯한 크리소스톰의 표현을 비판한 반면, 다른 곳에서는 사람의 타락으로 인하여 선을 행할 능력이 제거되고 공로의 가치가 존재하지 않는다는 것을 뒷받침하기 위해 은혜의 탁월성을 높였던 다음의 문장을 인용하기도 한다. "우리의 행위가 우리를 향한 하나님의 값없는 부르심에 뒤따르는 무엇이라면 그것은 갚음이며 빚이다. 그러나 하나님의 선물은 은혜이자 은총이며 후한 베푸심이다."[28]

3. 소결론

종합하면 칼빈은 교부들의 의견을 부분적으로는 수용하고 또 부분적으로는 그들의 의견에 문제점을 지적했다. 이로부터 교부들에 대한 칼빈의 견해에 관해 알 수 있는 것은 무엇인가? 이것은 교부들의 신학을 부분적으로는 수용하고 부분적으로는 배척한다는 표면적인 태도를 의미하지 않는다. 오히려 교부들의 표현들이 모호한 상태여서 어떻게 이해하느냐에 따라 해석의 여지가 달라질 수 있음을 시사한다. 칼빈은 교부들의 글들에 오류가 있음을 부인하지 않았다. 그는 다음과 같이 쓴다.

> 때때로 옛날 사람들의 말이 다소 무모했음을 나는 알고 있다. 앞에서 말했듯이, 나는 그들에게 잘못이 있었다는 것을 부인하지 않는다. 그러나 몇몇 오점들이 흩어져 있었던 그들의 작품들에 저 사람들의 닦지 않은 손이 닿았을 때에는 완전히 더럽혀지고 말았다. 만약 우리가 옛 사람들의 권위에 의지해서 논쟁을 해야 한다면, 선하신 하나님이여, 그들은 우리에게 그 옛 사람들

---

27 Calvin, 『1559년 라틴어 최종판 직역: 기독교 강요』, 2.2.9.
28 Calvin, 『1559년 라틴어 최종판 직역: 기독교 강요』, 3.15.2.

중 누구를 억지로 받아들이게 하려고 합니까?[29]

칼빈은 스콜라주의자들이 교부들의 권위에 의존하는 것이 아니라 오히려 그들의 가르침을 왜곡하고 있음을 비판한다. 그 예로서 교부들의 이름을 사칭할 뿐 엉뚱한 자료에 근거하여 교부들의 이름을 가져다 쓴 롬바르드의 주장들을 맹렬하게 비난한다. 실상 어거스틴의 것으로 인용된 작품은 어거스틴의 것이 아니었다는 것이다.[30] 어거스틴은 일반적인 의미에서 교부들의 사상을 인정하였던 반면, 그들의 오류들의 한계와 차이점들을 항상 인식하고 있었으며, 성경의 권위보다 우월한 것으로 여기지 않았다.

지금까지 우리는 교부들의 글에 관한 칼빈의 입장을 살펴보았다. 비록 간략히 살펴보았지만, 교부들에 대한 칼빈의 견해를 크게 세 가지로 나누어 볼 수 있다. 첫째, 교부들의 의도와 상관없이 특정 교리를 지지하기 위해 그들의 글을 근거로 삼는 스콜라주의자들의 행위는 어리석은 것이다. 둘째, 교부들의 글에 접근할 때에 표현들이 불분명하고 오해의 소지들이 있는 문장들이 있으므로 그들의 글을 주의하여 읽을 필요가 있다. 칼빈이 동일한 주제에 대해 상반되어 보이는 동일 교부의 관점들을 때로는 비판하고 때로는 지지하는 이유가 여기에 있다. 마지막으로, 다양한 교부들이 있을지라도 칼빈에게 있어서 개혁신학의 원리를 제공한 인물은 오직 한 명의 교부 어거스틴이었다.

---

29 Calvin, 『1559년 라틴어 최종판 직역: 기독교 강요』, 3.4.39.
30 Calvin, 『1559년 라틴어 최종판 직역: 기독교 강요』, 3.4.39.

3장

어거스틴(354-430)의 신학

: 생애와 믿음의 교리들

1. 『고백록』을 통해 본 어거스틴의 생애: 경건의 여정

어거스틴은 A.D. 354년 11월 13일에 타가스테(Tagaste)라고 하는 북아프리카의 한 작은 마을에서 태어났다. 그의 아버지 파트리키우스(Patricius)는 이교도였던 반면 어머니 모니카(Monnica)는 기독교의 역사 속에서 가장 독실한 기독교 신자 가운데 한 사람이었다. 어거스틴의 경건은 어머니의 신앙생활로부터 대단히 영향을 많이 받았다. 그의 어머니는 늘 주의 명령에 순종하고 경건한 삶을 통해 남편에게 감동을 주며 살았다.[1] 어머니가 끼친 경건에 대한 영향을 고려해 볼 때 어거스틴이 어려서부터 하나님을 발견하는 데 초점이 맞추어져 있었던 것은 놀라운 일이 아니다. 필킹톤(J.G. Pilkington)은 어거스틴의 『고백록』 서문에서 어거스틴이 남긴 불후의 명작을 두 개로

---

[1] Augustine, "Confession of Faith," in *A Select Library of the Nicene and Post-Nicene Fathers of the Christian Church*, vol. 1: the Confessions and Letters of St. Augustin, with A Sketch of His Life and Work, ed. Philip Schaff (Grand Rapids, MI: WM B. Eerdmans Publishing Company, 1988; reprint), 1.11.17.

꼽는다. 하나는 『하나님의 도성』이고 또 다른 하나는 『고백록』이다.[2] 대중에게 잘 알려진 대로 어거스틴은 그의 『고백록』에서 다음과 같은 말을 남겼다. "당신께서는 당신을 위하여 우리를 만드셨으므로, 당신 안에서 안식할 때까지 우리의 마음은 평화를 누릴 수 없습니다!" 이 말은 어거스틴의 인생 여정과 하나님에 대한 그의 생각을 이해하는 데 매우 중요한 단서를 제공한다. 한 마디로 그의 『고백록』의 서두에서 시작하는 이 짧은 외마디 고백은 어거스틴의 마음에 있는 하나님을 향한 갈망을 잘 표현한다.

『고백록』[3]은 그의 유년 시절부터 회심에 이르기까지의 신앙의 여정을 담고 있다. 어거스틴은 소년 시절에 영원한 생명에 관한 이야기를 들었는데, 주로 어머니를 통해서였다. 한번은 위통으로 인해 죽을뻔한 적이 있는데 이 사건을 계기로 그의 어머니 모니카는 아들이 세례를 통해 신자가 되길 원했다. 세례를 통해 예수 그리스도를 믿음으로 죄 용서와 병의 치유를 기원했던 것이다. 어머니의 신앙의 영향으로 어거스틴과 아버지를 제외한 나머지 가족들은 모두 신자가 되었다. 청년 때에는 학문을 접하기 시작했지만 공부를 썩 좋아하는 편은 아니었다.[4] 후에는 왜 자신이 그토록 공부를 싫어했는지를 이해하지 못하겠다고 말했다. 비록 싫어하는 공부였을지라도 공부의 유익은 제대로 누렸다. 그는 호메로스의 『아이네아스』를 읽는 교육을 받았고 그와 같은 기초 학문을 통해 "기록된 것을 읽고 뜻하고자 하는 것을 쓸 수 있는 능력"을 획득할 수 있었다.

문제는 학문의 여정이 그를 진리로 가까이 가게 만드는 것이 아니라 오

---

[2] 어거스틴은 회심 이후 히포의 주교로 섬기면서 A.D. 377-401 사이에 『고백록』을 집필했다.

[3] 『고백록』이 자서전인지 아닌지에 대한 의견은 학자들에 따라 나뉜다. J. G. Pilkington, "Translator's Preface," in *A Select Library of the Nicene and Post-Nicene Fathers of the Christian Church*, vol. 1: the Confessions and Letters of St. Augustin, with A Sketch of His Life and Work, ed. Philip Schaff (Grand Rapids, MI: WM B. Eerdmans Publishing Company, 1988; reprint), 29(29-32); Roy W. Battenhouse, "성 아우구스티누스의 생애," 『아우구스티누스 연구핸드북』, 현재규 옮김, ed. 로이 배튼하우스(고양: 크리스챤다이제스트, 1994), 31.

[4] Augustine, "Confession of Faith," 1.12.19.

히려 하나님으로부터 멀어져 영적인 죽음의 상태로 몰아가고 있었다는 것이다.[5] 어린 시절부터 어거스틴은 세속적인 삶을 동경하며 살게 된다. 경건한 가정에서의 언어와 행동, 학문적 교육과는 다르게 세상 적인 탐욕에 눈길을 돌렸다. 그는 다음과 같이 고백한다.

> 저는 부모님의 장롱과 책상으로부터 좀도둑질을 행하기도 했습니다. 비록 그들이 저처럼 그것을 팔고 좋아했을 지라도, 탐욕이나 또는 저를 그들의 놀이거리로 팔았던 소년들에게 줄 무언가를 가졌던 것에 의해 노예가 되었습니다.[6] 마찬가지로, 이 놀이에서 저는 종종 정직하지 않은 승리를 추구했으며, 뛰어나고자 하는 헛된 바램에 사로잡혔습니다.[7]

열여섯 살이 되었을 때, 어거스틴은 세상의 정욕에 이끌리며 방황했다. 그에 따르면 "정욕의 광란"속에 헤메던 시절을 보냈다.[8] 그의 아버지는 아들의 성공을 위해 어거스틴을 카르타고로 유학을 보냈다. 한편 그의 어머니는 아들이 신앙으로 살아가기 위해 노력했다. 그럼에도 불구하고 그는 계속해서 방탕한 삶에 사로잡힌 결과, 심지어 남의 과일 나무의 열매를 따먹는 도둑질도 하게 된다.[9]

청소년기를 지나 청년기에 접어들었을 때, 어거스틴은 카르타고에서 수사학을 공부한다. 그의 나이 열아홉에, 키케로의 『호르텐시우스』를 접하고서 철학에 대한 관심이 일어났고, 과거와는 달리 세상적 쾌락이 아닌 참된 지혜를 갈구하게 된다. 철학에 대한 사랑은 처음에 어거스틴으로 하여금 성

---

[5] Augustine, "Confession of Faith," 1.13.20.
[6] 어거스틴은 여기에서 자신이 부모에게서 훔친 것 때문에 친구들이 자신과 사귀어 주었다고 말한다.
[7] Augustine, "Confession of Faith," 1.19.30.
[8] Augustine, "Confession of Faith," 2.2.4.
[9] Augustine, "Confession of Faith," 2.6.12.

경연구에 관심을 가지게 만들으나, 이내 성경에 대한 실망감을 가지게 된다. 키케로의 것과 비교하면 성경은 너무 단순한 수준에 머물렀던 것이다.[10] 이 과정에서 어거스틴은 악의 존재에 대한 수수께끼에 봉착하고 급기야 마니교에 빠진다. 마니교에 심취한 아들을 위해 모니카는 암브로스를 찾아가 도움을 요청하였는데, 암브로스 역시 이전에 마니교에 빠졌던 경험이 있었던 터였다. 모니카에게 준 그의 답변은 매우 유명한 금언이 되었다. "당시의 길을 가십시오. 그러면 하나님이 당신을 축복할 것입니다. 왜냐하면 이러한 눈물의 아들이 망한다는 것은 불가능한 일이기 때문입니다."[11]

유년시절부터 청년기에 이르기까지의 어거스틴의 생애는 그의 어머니 모니카가 얼마나 어거스틴에게 신앙적인 영향을 끼쳐왔는지를 보여준다. 어거스틴은 과거의 사건들을 회상하면서 그 모든 일들이 어머니의 손길을 통하여 하나님께서 자신을 용서하시고 참으시고 은혜를 베푸신 결과였다고 고백한다. 그 모든 신앙의 여정은 참된 지혜와 경건을 향한 어거스틴의 갈망을 드러내는데 그가 마니교에 빠진 것도 이와 같은 이유에서였다. 이후의 모든 신앙의 여정에 대한 고백에 있어서 어머니의 독실한 신앙과 경건은 계속해서 어거스틴의 삶을 따라다녔다.

어거스틴은 지혜에 대한 욕구를 가지고 있었지만, 마니교의 정통 학자로 여겨지는 파우스투스가 인문학에 문외한이라는 사실을 발견하고서 마니교에 대한 회의감을 가진다. 이후, 그는 마니교로부터 점점 멀어져 카르타고를 떠나 로마로 가기로 결심하게 된다. 이 때 그의 나이는 29세였다. 마니교를 떠난 후에도 어거스틴은 메시야의 기원과 죄의 문제를 해결하지 못해 방황했다. 그러던 중 수사학을 가르칠 만한 교사를 보내 달라는 밀라노로부터의 요청이 로마 시장(심마쿠스)에게 전달되면서, 어거스틴은 지원 및 시험을 통과하여 교사에 발탁된다. 드디어 밀라노의 수사학 교사로 파송된 어거스틴

---

10 Augustine, "Confession of Faith," 3.4.7-3.6.10.

11 Augustine, "Confession of Faith," 3.12.21.

은 그곳에서 암브로스 주교를 만나면서 구원에 대한 가르침을 접하고, 30세가 되었을 때 암브로스와의 대화를 통해 기독교 교리에 한층 더 가까이 다가가게 된다.12 그의 어머니 모니카는 로마에까지 따라와 아들의 기독교 신앙을 위해 기도했다. 어머니의 경건에 대한 어거스틴의 묘사가 인상 깊다.

> 세상의 열매들로 가득찬 바구니 대신에, 그녀는 더 순결한 간구로 가득한 마음을 순교자들의 기념관에 가져오는 것과 가난한 자들에게 할 수 있는 모든 것을 주는 것을 배웠기에, 주님의 고난의 예를 따라 순교자들이 희생되고 면류관을 받았던 주의 만찬이 올바르게 거행될 수 있었습니다… 그[암브로스]는 진실로 그녀를 사랑했는데 이는 그녀와의 가장 경건한 대화 때문이었습니다. 선행에 있어서 그녀는 '열심을 품고 주를 섬겼습니다.' 그래서 그는 종종 나를 볼 때 갑자기 그녀에 대한 칭찬을 하기 시작하면서 내가 그런 어머니를 두고 있다는 것을 칭찬해 주었습니다.13

어거스틴은 31살이 되었을 때, 하나님의 속성에 관한 질문과 성경 해석의 원리, 그리고 특별히 악의 기원에 관한 질문에 대한 답을 찾기 위해 씨름한다. 이 과정을 통해 하나님은 선하신 분이며 그가 모든 것을 선하게 창조하셨다는 사실을 깨닫는다. 마니교는 이 세상을 이원론적으로 이해하여 선한 신과 악한 신을 구분하고, 각각 다스리는 영역이 다르다고 이해를 하였다.14 이러한 마니교도들의 주장은 하나님이 영원히 불변하시는 분이라는 사실을 설명하지 못했다. 어떤 의지가 선한지에 대한 마니교의 주장은 불합리하다. 그들은 마니교의 사상을 따르는 것만이 선한 의지라고 말하였는데 어거스틴은 이것을 악이라고 했다. 마니교는 선이 하나이면 나머지 다른 것은 악이며, 이에 따라 의지란 선한 의지와 악한 의지로 단지 두 개만이 존재

---

12 Augustine, "Confession of Faith," 5.1.1-5.14.15.
13 Augustine, "Confession of Faith," 6.2.2.
14 Augustine, "Confession of Faith," 7.2.3.

한다고 가르쳤다. 하지만 인간 속에는 단지 두 가지의 의지만이 아니라 여러 가지의 의지가 작용한다는 점을 그들은 이해하지 못했다고 어거스틴은 비판한다.[15]

또한 마니교는 성경에 대한 해석에 있어서 알레고리적 해석을 이해하지 못했다. 어거스틴은 암브로스가 고린도후서 3:6[16]의 본문으로 한 설교를 통해 영적인 해석의 유익을 발견한다.[17] 그리하여 성경의 권위를 경멸했던 마니교의 입장을 거부하고 성경의 신적 권위를 인정할 뿐만 아니라 구약성경에서 그리스도를 발견할 수 있는 성경 해석학의 원리를 터득한다. 그는 다음과 같이 진술한다.

> 지금까지 성경에서 저에게 이해되지 않아 보이고 저를 괴롭히던 이러한 것들이 이제는 그것들 가운데 다수가 타당하게 들려졌습니다. 저는 그 신비의 심연으로 회부되었으며, 성경의 권위는 저에게 경건한 믿음의 더욱 경외할 만하고 가치있는 모든 것처럼 보였습니다.[18]

마니교가 해결하지 못한 어거스틴의 고민은 플라톤주의에서 어느 정도의 해결점을 보았다. 모든 것의 기원이 하나님이시라는 것과 그리하여 악이란 선의 결핍이라는 플라톤주의의 논리적인 주장은 어거스틴에게 매력적으로 다가왔다. 하지만 플라톤주의자들은 창조주와 피조물의 관계를 선명하게 구분하지 못했다. 최고의 존재에게서 유출된 그 무엇이 떨어져 나가면서 우주적인 계급들이 형성되는 과정에서 악은 선의 결핍으로 이해되었다. 이를 거꾸로 말하면 선이란 그 절대자에게 가까워 지는 것에 다름 아니다. 이 주장은 어거스틴에게 중대한 의문을 야기했는데 이는 하나님과 피조물 사

---

15 Augustine, "Confession of Faith," 8.10.23.
16 "의문으로 하지 아니하고 오직 영으로 함이니 의문은 죽이는 것이요 영은 살리는 것임이니라."
17 Augustine, "Confession of Faith," 6.4.5.
18 Augustine, "Confession of Faith," 6.5.8.

이에 그 어떠한 차이를 지워버리기 때문이다. 이에 어거스틴은 플라톤주의자들이 롬1:23에 기록된 것처럼 "썩어지지 아니하는 하나님의 영광을 썩어질 사람과 새와 짐승과 기어다니는 동물 모양의 우상으로 바꾸어" 놓고 말았다고 비판한다.[19] 자연스럽게도, 플라톤주의자들의 유출 개념에는 겸손과 참된 경건이 일어나지 않는다. 어거스틴은 플라톤주의자들의 저술에서 단 한 번도 "겸손"이라는 단어를 보거나 배운 적이 없었다고 토로한다.[20] 그는 다음과 같이 고백한다.

> 제가 먼저 그들[플라톤주의자들]의 유사한 용법으로 당신의 성경에 강한 영향을 받았더라면, 당신께서 저에게 달콤한 은혜를 주었더라면, 그리고 제가 이러한 책들[플라톤주의자들의 책들]에 빠진 이후였더라면 그것들은 아마도 저를 경건의 견고한 기초로부터 물러나게 만들었을 것입니다. 혹은, 제가 흡입하였던 건전한 상태 가운데 확고히 서 있었더라면 저는 이러한 책들에 대한 연구에 의해서만 그것[경건의 견고한 기초]이 얻어질 수 있었을 것이라고 생각했을 것입니다.[21]

어거스틴이 지적하는 플라톤주의자들의 맹점은 창조주와 피조물의 경계를 지움으로써 참된 경건을 도출할 수 없다는 데 있다. 그는 플라톤주의에서 배운 내용들이 성경에도 기록되어 있다고 말하면서도 그 둘 사이의 결정적인 차이점이 은혜의 교리에 있음을 발견한다. 예수그리스도의 죽으심으로 말미암아 우리의 죄를 사하신 하나님의 은혜는 플라톤주의자들의 책에서 발견될 수 없었다. 그들의 책장에는 하나님을 향한 경건의 모습이나 눈물의 고백을 찾아볼 수 없다. 플라톤주의자들은 성경이 말하는 상한 심령과 통회하는 마음(시51:17)이나, 민족을 위한 구원이나 성령의 간구하심, 우리를

---

19 Augustine, "Confession of Faith," 7.9.15.
20 Augustine, "Confession of Faith," 7.20.26.
21 Augustine, "Confession of Faith," 7.20.26.

구하시는 구원의 잔(시116:13)에 관해 침묵한다.[22] 플라톤주의에 대한 어거스틴의 관점에 관해 비검(Thomas J. Bigham)과 몰레겐(Albert T. Mollegen)은 어거스틴이 신플라톤주의로부터 "자족하는(self-enjoying) 하나님에 대한 교리와 존재의 위계를 올라감으로써 하나님을 직관하는 것으로 자신의 목적을 삼는 자기추구적인 인간에 대한 교리"를 수용하고, 특히 자기추구적인 인간의 교리를 변형시키려 하였으나 깨뜨리지는 못했다고 하였는데, 이는 반은 맞고 반은 틀린 말이다.[23] 아래에서 볼 것이지만 어거스틴에게 플라톤주의의 맹점은 중보자 없는 하나님과의 연합에 있고, 그 결과 겸손이 없다는 데 있다. 이를 고려한다면 우리는 이제 어거스틴이 왜 그토록『고백록』의 처음부터 마지막까지 자신의 교만과 하나님 앞에서의 겸손을 대조하면서 서술했는지를 이해할 수 있다.

지금까지『고백록』을 통해 살펴본 어거스틴의 생애에 대한 간략한 분석은 두 가지 중요한 특징을 드러낸다. 첫째, 어거스틴의 생애에 대한 회고 가운데 가장 중요한 인물은 자신의 어머니 모니카였으며 특별히 그녀의 경건이었다. 둘째, 마니교와 플라톤주의 등의 이단들은 상호간의 의견이 다를지라도 하나님을 경외하지 못한다는 공통점을 보인다. 어거스틴은 기독교의 하나님만이 인생에 진정한 경건을 불러 일으킨다는 것을 증명한다. 그리고 그 경건의 핵심은 겸손이다. 비록 필자는 어거스틴의 사역과 작품들을 다루지 않을 것이지만, 독자들이 어거스틴의 모든 작품들과 사역을 이와 같은 경건이라는 신앙고백적 관점에서 읽어야 한다는 사실을 기억하길 바란다.

---

[22] Augustine, "Confession of Faith," 7.21.27.
[23] Thomas J. Bigham & Albert T. Mollegen, "기독교 윤리,"『아우구스티누스 연구핸드북』, 현재규 옮김, ed. 로이 배튼하우스(고양: 크리스챤다이제스트, 1994), 463.

2. 기독교 교리: 무엇을 믿을 것인가?

어거스틴은 "성경, 전통, 철학에서 흘러나온 재료를 자신의 풍부한 인격을 통해 확대하고 증대시켰으나 그 모든 재료를 곧바로 개관하거나 체계화"하지 않았던 반면 신앙의 주요한 진리들을 드러낸 작품이 하나 있다. 그것은 『라우렌티스에게 보내는 입문서 또는 믿음, 소망, 사랑』이다. 라우렌티스는 어거스틴에게 신앙생활에 있어서 무엇을 추구해야 하고, 또 무엇을 피해야 할지에 대해 일종의 안내서를 써 달라고 부탁하였다. 이에 어거스틴은 손에 들고 다닐 수 있을 만한 간결한 내용의 책을 쓰고자 믿음, 소망, 사랑이라는 주제를 중심으로 신앙안내서를 썼다.[24] 바빙크에 따르면 이 작품은 신앙의 가장 주요한 진리들을 사도신경을 통하여 해설한다. 그의 확고한 출발점은 "선에 대한 근절할 수 없는 인간의 열망과 필요였다."[25] 따라서 이 작품은 본서의 주제인 참된 믿음과 경건의 관계의 원리를 발견하는 데 매우 중요한 자료가 된다. 우리는 어거스틴에게서 경건의 원리를 도출하기 위한 목적 가운데 믿음, 소망, 사랑의 관계에 관한 어거스틴의 관점을 드러내는 책의 서문과 사도 신경의 전체 주제들, 즉 창조주 하나님, 구속주 그리스도, 그리고 성령과 교회에 대한 믿음에 대해서 다룰 것이며 이를 통해 믿음의 내용이 어떠한 성격을 가지는지를 고찰할 것이다.

2.1 경건으로서의 지혜

어거스틴이 마니교와 플라톤주의의 철학에서 안식을 누릴 수 없었던 것은 하나님 앞에서의 참된 경건을 창출할 수 없었다는 데 있다. 세상 철학의 지혜는 지혜가 아니라 교만을 초래한다. 기독교의 지혜와 세상의 지혜의 차

---

24 Augustine, "Prologue," *Augustine Catechism: Enchiridion on Faith, Hope, and Charity.* trans. Bruce Harbert, ed. Boniface Ramsey(Hyde Park, NY: New City Press, 1999), 1.4-1.6.
25 Herman Bavinck, 『개혁교의학』 1권, 박태현 옮김(서울: 부흥과개혁사, 2012; 4쇄), 197-198.

이점이 바로 여기에 있다. 어거스틴이 라우렌티스(Laurence)에게 쓴 서문에서 세상의 지혜와 하나님의 지혜를 대조하며 시작하는 것은 결코 우연이 아니다. 어거스틴은 참된 지혜가 경건(religion)과 일치한다고 강조한다.[26] 욥기 28:28의 "주를 경외함이 지혜"라는 말씀에서 쓰인 경외함라는 단어는 그리스어로 에우세베이아(eusebeia)인데, 이는 "경외"를 가리키고, 이는 다시 "하나님에 대한 예배"를 의미한다.[27] 하나님을 예배한다는 것도 다양한 의미로 해석될 수 있을 것이지만, 참된 예배란 "믿음, 소망, 사랑"으로 드려지는 것이다. 믿음은 무엇을 믿어야 하는지를, 소망은 무엇을 바라볼 것인지를, 그리고 사랑은 무엇을 사랑해야 하는지를 각각 가리킨다. 이 세 가지는 경건에서 가장 중요한 요소이자 따라야 할 유일한 것이다. 이 세 가지를 알지 못하면 그리스도의 이름을 전혀 모르거나 이단에 다름 없다.[28] 이 점은 칼빈에게서도 동일하게 나타난다. 문병호가 잘 지적하는 것처럼,

> 칼빈에게 있어서 지식은 확실한 경건의 경험에 다름 아니다. 그 경건은 그리스도와 연합하여 위로부터 하나님의 지식을 받고 아래로부터 예배를 올려드리는 데 핵심이 있다.[29]

어거스틴은 믿음과 소망과 사랑을 분리시켜 이해하지 않는다. 그에게 예배란 믿음(faith)으로 시작하여 바라봄(vision)으로 끝이 난다. 이것이 "기독교 교리의 요체"이다. 그 이유는 보편 교회 신앙의 가장 확실하고 적절한 기초가 바로 예수그리스도이기 때문이다. 그리스도를 믿고, 그분을 바라보며 그분의 이름으로 기도하는 것이 기독교 교리의 전부다.[30] 이는 다시 사도신

---

[26] Augustine, "Prologue," 1.1-1.2.
[27] Augustine, "Prologue," 1.3.
[28] Augustine, "Prologue," 1.4.
[29] 문병호, "본서의 이해를 돕는 역자의 논단," 『1559년 라틴어 최종판 직역: 기독교 강요』, 49.
[30] Augustine, "Prologue," 1.5.

경과 주기도문으로 각각 대표될 수 있다. 사도신경은 무엇을 믿을 것인지를 설명한다. "주의 이름을 부르는 자는 구원을 얻으리라"[31]는 말씀처럼 죄악된 인간은 믿음으로 구원을 얻는데, 그렇다면 무엇을 믿을 것인가에 대한 설명이 필요하다. 그 믿음의 내용을 담고 있는 것이 사도신경(the Creed)이다. 믿음 없이는 하나님을 부를 수 없다. 소망과 사랑은 바라봄의 영역에 속한다. 바라봄은 기도에 다름 아닌데, 이는 믿은 다음에는 그 믿은 것을 소망하고 바라본다는 점에서 소망과 사랑이 기도에 속하기 때문이다. 믿음과 바라봄 사이의 구분에도 불구하고, 이 둘의 상호 불가분의 관계는 다음과 같이 짧게 요약될 수 있다. 소망과 사랑은 기도 없이는 가능하지 않으며 믿음은 기도한다.[32] 사랑 없이는 믿음은 아무것도 아니다. 어거스틴은 말한다. "이제 저는 사랑에 대해 무엇을 말해야 합니까? 사랑 없는 믿음은 가치가 없습니다. 하지만 소망은 사랑 없이 존재할 수 없습니다." 귀신들은 믿고 떨지만(약 2:19), 소망하거나 사랑하지 않는다. 이것이 바로 사도바울이 "사랑으로 역사하는 믿음"이라고 말한 이유다(갈 5:6).[33] 믿음과 소망·사랑의 관계, 그리고 사도신경과 주기도문의 관계는 믿음, 소망, 사랑이 함께 역사한다는 사실을 말해준다. 유사한 의미에서 칼빈은 사랑이 없는 믿음은 헛되다고 말하면서 믿음을 "우리를 향한 하나님의 선하심을 아는 지식과 그 진리에 대한 확실한 감화"라고 정의하였는데,[34] 어거스틴이 강조하는 믿음과 사랑의 관계에서 나타나는 경건의 개념이 강하게 엿보인다.

---

[31] 행 2:21; 롬 10:13.
[32] Augustine, "Prologue," 1.7.
[33] Augustine, "Prologue," 1.8.
[34] Calvin, 『1559년 라틴어 최종판 직역: 기독교 강요』, 3.2.12.

2.2 세 가지 종류의 믿음: 삼위일체 하나님을 믿는 믿음

2.2.1 창조주 하나님을 믿는 믿음

어거스틴은 사도신경을 다섯 가지 종류의 믿음으로 분류한다. 그것은 창조주를 믿는 믿음, 구속주 그리스도를 믿는 믿음, 성령과 교회에 대한 믿음, 죄용서에 대한 믿음, 그리고 부활과 영생에 대한 믿음이다. 본서는 세 가지 믿음의 내용인 삼위일체 하나님, 즉 성부, 성자, 그리고 성령과 교회에 대한 내용을 중심으로 살펴본다. 죄용서에 대한 믿음은 성령론에 속한 주제이므로 조금만 건드리는 선에서 멈출 것이다. 먼저, 창조주 하나님을 믿는 믿음에서 어거스틴의 마음을 사로잡은 주제는 악의 원인에 관한 것이었다. 선하신 하나님이 창조한 것은 모두 선할 텐데, 어떻게 악이 존재할 수 있는가? 어거스틴은 하나님을 믿는 믿음에 대하여 선과 악에 대한 선명한 이해를 요구한다. 창조된 모든 것의 원인은 하나님의 선하심에 기인한다. 그리스도인들은 보이는 것이든 보이지 않는 것이든 어느 것 하나라도 삼위일체 하나님에게서 나오지 않은 것이 없다는 사실을 믿어야 한다. 삼위 하나님은 최상으로(supremely), 동일하게(equally), 변하지 않으시는(unchangeably) 선이시며 그로 말미암아 만물이 지으심을 받았다. 따라서 비록 피조물들이 하나님처럼 완전하지도 않고 가변적이라고 할지라도 그 모든 것들이 선하다. 동시에 그 모든 피조물 가운데 우주의 조화가 있다는 점에서 모든 것들은 선하다.[35] 그렇다면 악이란 무엇인가? 악이란 그 자체로 피조물 가운데 깃들어 존재하는 물질적인 것이 아니다. 오히려 선의 결핍이다. 어거스틴은 악의 기원과 성격에 관해 상당히 장황하게 늘어 놓는다. 이를 통해 어거스틴은 하나님을 믿는 믿음에 대해 처음부터 마지막까지 계속해서 악의 원인이 하나님이 아니라는 사실을 믿는 것임을 증명하고자 한다.

독자들도 눈치를 챘겠지만, 창조주 하나님을 믿는 믿음과 구속주 그리스

---

[35] Augustine, *Augustine Catechism*, 3.9.

도를 믿는 믿음에 대한 구분은 하나님을 아는 지식에 있어서 칼빈이 제시한 구분과 유사하다. 칼빈은 하나님이 창조하실 뿐만 아니라 죄로 타락한 세상을 구속하시는 분임을 아는 것이 중요하다고 말한다. 마찬가지로 하나님을 아는 지식에 대한 어거스틴과 칼빈의 관점에 공통점이 부각된다. 어거스틴이 신앙의 요체를 하나님을 믿는 믿음으로 시작한 것처럼, 칼빈은 하나님을 아는 지식으로 시작한다. 칼빈은 하나님을 아는 지식과 인간의 죄악된 상태의 비참함을 알기 위해서는 하나님을 아는 지식, 즉 그분의 선하심을 아는 것이 필수적이라고 주장한다. 칼빈은 다음과 같이 쓴다.

> 반면에 사람은 먼저 하나님의 얼굴을 묵상하고 하나님에 대한 직관적 지식을 얻음으로 낮아져서 자기 자신을 면밀히 바라보기 전에는 결코 자기 자신을 아는 순수한 지식에 이를 수 없다. 우리 모두는 교만을 타고났기에, 확실한 증거에 의해서 우리 자신의 불의, 추함, 어리석음, 불순에 대하여 유죄 판결을 받지 않는 이상, 항상 자기를 의롭고, 순수하고, 지혜롭고, 거룩하다고 여기기 때문이다.[36]

어거스틴에게 믿음은 아는 것과 다른 것이 아닌 것처럼 칼빈에게도 지식이란 그저 정보가 아니라 참된 앎, 참된 믿음을 전제한다. 또한 두 신학자 모두 하나님의 선하심과 죄악의 관계를 다루고 창조주 하나님의 어떠하심으로 시작한다. 얼핏 보기에는 두 신학작의 강조점이 달라보인다. 어거스틴은 하나님은 선하시기에 그가 창조한 모든 것이 선하므로, 죄악의 원인은 하나님이 아니시라는 것을 증명하고자 하며, 그 사실을 믿어야 한다고 강조한다. 반면 칼빈은 인간이 죄로 타락한 존재이므로 인간의 비참한 상태를 알기 위해서는 오직 하나님의 선하심을 아는 지식이 필수적이라고 말한다. 하지만, 칼빈이 말하고 있는 하나님을 아는 지식과 인간을 아는 지식의 연관성은 구속

---

36 Calvin, 『1559년 라틴어 최종판 직역: 기독교 강요』, 1.1.2.

주 그리스도를 믿는 믿음에 관한 어거스틴의 논의에서 명백하게 나타난다.

2.2.2 구속주 그리스도를 믿는 믿음

성부 하나님에 대한 믿음에 대한 어거스틴의 해설은 어떻게 하나님이 선의 기원이시자, 동시에 악의 기원이 아니신가를 변증하는데서 만족하고자 한다. 하지만 곧바로 구속주 그리스도를 믿는 믿음에 대한 논의에서 선하신 하나님과 죄로 타락한 인간의 관계를 설명한다. 하나님은 모든 선의 기원이시며, 악의 기원은 아니시다. 그렇다면 악의 원인은 무엇인가? 그것은 죄로 타락한 천사와 사람의 의지에 놓여 있다. 그리고 타락한 인간과 세상은 하나님의 구속사역으로 회복된다. 칼빈과 비교해 보면 창조주와 구속주로서의 하나님을 아는 지식의 구분이 어거스틴에게는 선명하게 드러나지 않지만, 구속주 그리스도를 믿는 믿음에 대한 논의의 도입부에서 역시 하나님을 아는 지식에 대한 내용이 등장하는 것이다. 이것은 어거스틴의 논의가 칼빈의 것보다 덜 체계적이라는 사실을 드러낸다.

구속주 그리스도를 믿는 믿음의 시작은 악의 기원이 이성적 피조물의 의지에 있다는 것을 수반한다. 어거스틴은 다음과 같이 쓴다.

> 우리는 선과 악의 원인들을 알아야만 합니다. 이는 우리를 사망 없는 생명, 오류 없는 진리, 근심없는 행복이 있는 천국(kingdom)으로 인도하는 길을 따라 여행할 수 있도록 하는데 필수적이기 때문입니다. 그렇기 때문에 우리에게 오는 좋은 일의 유일한 원인은 하나님의 선하심이라는 것, 반면 우리의 악들의 원인은 변할 수 없는 선함으로부터 타락하여 변할 수 있는 선의 의지인데, 먼저는 천사의 의지이며 그 다음 인간의 의지라는 것은 의심의 여지가 없습니다.[37]

---

37 Augustine, *Augustine Catechism*, 8.23.

죄로 타락한 이성적 피조물은 더이상 선을 바라지 않는다. 인간에게 무지(ignorance)가 임하고 사람의 마음에 두려움이 찾아왔다. 더 나아가 사람은 자신의 참된 본성을 지각할 수 없게 되었고, 그로 인하여 해롭고 공허한 것을 바라게 되었다.[38] 아담의 죄는 전인을 손상시켰다. 이제 아담과 하와 사이에 육체의 정욕(concupiscence)을 통하여 출생한 모든 후손들은 그들의 조상이 보여주었던 불순종을 담지하고서 원죄 가운데 태어나게 되었다. 전 인류는 죄악 앞에 엎드리고 죄악을 향하여 질주한다(원죄론).[39]

원죄에 대한 어거스틴의 관점은 곧바로 구속주 하나님에 대한 믿음으로 이어진다. 구속주 하나님의 핵심은 하나님의 선하심과 언약 사상에 있다. 하나님은 아담에게 자유의지를 주시면서 죄를 범할 경우 죽을 것이라는 위협을 가하심으로, 한편으로는 하나님의 권위 아래에서 그를 다스리시면서도 다른 한편에서는 명령에 순종할 시 낙원의 복을 하사하기로 하셨다.[40] 인류의 타락 후에도 창조주의 선하심은 사라지지 않는다. 하나님은 천사들에게 생명과 권능을 주시기를 멈추지 않으셨다. 그렇지 않았더라면 그들은 죽었을 것이고, 인류는 존재하지 못했을 것이다.[41] 그렇다면 어떻게 인류는 회복의 길로 돌이킬 수 있는가? 원리는 간단하다. 죄악이 자유 선택(free choice)[42]에 의하여 의지를 부패시켰다면, 참된 자유는 선을 행함 안에서 참된 행복을 발견할 때에만 가능하다. 하지만 어떤 종류의 자유의지도 노예의지에 묶여 있게 되었으므로, 죄로부터 해방되고 의의 노예가 되지 않는 이상에는 인류는 자유롭게 행동할 수 없다.[43] 따라서 사람이 다른 이에 의하여 구속함을 받지 않는다면 어떻게 그가 죄의 종으로 묶여있으면서 선을 행할 자유가

---

38 Augustine, *Augustine Catechism*, 8.24.
39 Augustine, *Augustine Catechism*, 8.26-27.
40 Augustine, *Augustine Catechism*, 8.25.
41 Augustine, *Augustine Catechism*, 8.27.
42 어거스틴은 자유의지와 자유선택이라는 단어를 혼용하여 사용한다.
43 Augustine, *Augustine Catechism*, 8.30.

있다고 말할 수 있겠는가!(언약신학)[44]

사람이 원죄로 인하여 하나님의 진노 가운데 있으므로 구원을 위해 중보자가 필수적이다. 로마서의 말씀처럼, "우리가 원수 되었을 때에 그의 아들의 죽으심으로 말미암아 하나님과 화목하게 되었은즉 화목하게 된 자로서는 더욱 그의 살아나심으로 말미암아 구원을 받"(롬5:10)게 된다. 중보자에 의한 화목은 원수였던 우리들을 하나님의 자녀로 만든다. "이것이 우리 주 예수 그리스도를 통한 하나님의 은혜"이다.[45]

중보자 그리스도의 신성과 인성

동정녀 마리아에게 나심은 사도신경에서 중보자 그리스도에 대한 믿음의 첫 번째 내용을 차지한다. "말씀이 육신이 되어 우리 가운데 거하신다"(요1:14)는 진리를 적절한 단어로 표현할 수 있는 사람은 없지만, 말씀이 육신이 되어 육신이 본체(the Godhead)에 의하여 취함을 입었다고 말할 수 있다. 그리스도의 육체를 취하심은 그 인성이 죄에 얽혀 있는 것이 아니라, 오직 동정녀로부터 출생하였음을 의미한다.[46] 그리하여 중보자는 신성과 인성을 취하셔서 참 하나님이시자 참 사람이 되셨다. 세상이 창조되기 전에는 하나님으로만 계시다가 사람이 되셔서 세상에 거하셨다. 그분이 하나님이신 이유는 하나님의 말씀(the Word of God)이기 때문이며, 그분이 사람인 것은 "한 인격 안에 이성적 영혼과 육체"가 포함되어 있기 때문이다.[47] 그분은 은혜에 의해서가 아니라 본성적으로 하나님의 아들이시며, 동시에 사람의 아들로서 은혜가 충만하셨다. 자기를 비우시고 종의 형체를 취하셨으나 하나님의 형체(form)를 잃어버리거나 감소하시지 않는다. 말씀으로서 그는

---

44 낙원에서 주어진 명령에 대한 어거스틴의 해석은 종교개혁 이후 발전된 언약신학에 중요한 영향을 끼쳤다.
45 Augustine, *Augustine Catechism*, 10.33.
46 Augustine, *Augustine Catechism*, 10.34.
47 Augustine, *Augustine Catechism*, 10.35.

하나님과 동등되시나 사람으로서는 낮아지셨다. 그렇다고 하나는 신적이고 또 다른 하나는 인간적인 두 명의 아들이 있는 것이 아니다. 오직 하나님의 한 아들이 있는데, 그분은 시작도 없으시나 사람으로서는 시작이 있으신 분이 우리 주 예수그리스도이시다.[48]

어거스틴은 신인양성의 위격적 연합을 통한 속성의 교통을 어렴풋이 논한다. 그 이유는 "하나님의 은혜가 아주 분명하고도 대단히도 명백하게 이루어졌음"을 드러내기 위함이다. 그는 다음과 같이 묻는다. 무엇이 사람이신 그리스도 안에 있는 인성으로 하여금 하나님의 한 아들의 인격의 연합(unity)속으로 받아들여지게 만드는가? "무슨 선한 의지가, 선한 의도를 실행하는 무슨 돌봄이, 전에 행해졌던 무슨 선행들이 하나님의 한 인격에 대하여 가치가 있는가?" 그 인성은 이전에 행한 공로 없이 주어진 값없는 선물인 그렇게나 큰 영광을 어디에서 받았는가? 어거스틴은 이에 대한 답변을 요한복음 1:14의 말씀에서 발견한다. 말씀이 육신이 되었다고 할 때 요한은 말씀이 은혜로 가득했다는 것을 의도했다. 아버지의 독생자의 영광이라고 할 때, 요한은 진리로 가득했다고 말한다. 여기서 진리라는 단어는 은혜에 의해서가 아닌 본성상 하나님의 아들이신 그분께서 은혜에 의하여 인격의 연합 속으로 사람의 몸을 취하셨음을 가리킨다.[49] 어거스틴의 속성교통에 대한 이해는 칼빈의 관점과 비교 대조되기 쉽다. 칼빈에게 신인양성의 속성 교통은 인성으로의 사역의 공로가 제2위의 인격으로 여겨진다는 데 핵심이 있다. 하지만 위에서 살펴본 바와 같이 어거스틴은 칼빈의 주장만큼 확실한 내용을 언급하지 않는다. 어거스틴의 관심은 어떻게 한 인격 안에 참 하나님이시면서 동시에 참 사람일 수 있는지에 초점이 맞추어져 있다(기독론: 신인양성의 연합교리).

예수 그리스도가 성령으로 잉태하셨다는 사실은 성령이 그리스도의 아

---

48 Augustine, *Augustine Catechism*, 10.35.

49 Augustine, *Augustine Catechism*, 11.36.

버지라는 것을 말하는 것이 아니다. 하나님 아버지는 말씀을 나으시고 성령께서는 사람을 낳으셨다거나 그렇게 하여 하나의 그리스도가 두 개의 실체들,⁵⁰ 즉 말씀으로서의 본성에 따라 성부 하나님의 아들과 그의 인성에 따라 성령 하나님의 아들이라고 말하는 것은 오류다. 그저 예수 그리스도는 하나님으로부터 나신 하나님이요, 성령과 동정녀 마리아를 통하여 사람으로 태어나셔서 그분의 실체가 신성과 인성으로 되었다는 것을 의미한다.⁵¹ 어거스틴은 그리스도께서 동정녀 마리아의 아들로서가 아니라 성령으로 나신 것은 하나님께서 우리에게 은혜를 보여주시는 방법이라고 말한다. 왜냐하면 "어떤 본성적 존재의 시작에 있어서 사람이 선행하는(preceding) 공로 없이 그렇게나 커다란 인격적 연합 안에서 하나님의 말씀에 참여하게 된 것"은 다름 아닌 하나님의 은혜로 말미암기 때문이다.⁵²

신인양성의 연합은 곧바로 의의 전가 교리로 이어진다. 의의 전가 교리에서 핵심은 어떻게 그리스도께서 죄에 대하여 죽으실 수 있는가에 대한 질문으로 이어진다. 그리스도는 처음부터 죄가 없으셨다. 하나님의 은혜로 성부의 독생하신 말씀으로의 인격적 연합 안에서 경이롭고 형언할 수 없는 방법으로 연합되셨다. 로마서 8:3은 다음과 같이 말씀한다. "율법이 육신으로 말미암아 연약하여 할 수 없는 그것을 하나님은 하시나니 곧 죄로 말미암아 자기 아들을 죄 있는 육신의 모양으로 보내어 육신에 죄를 정하사(롬 8:3)." 그리스도께서 죄 있는 육신의 모양으로 오셔서 죄로 삼으신 바 되신 것은(고후5:21) 친히 하나님과 우리 사이를 화목하게 하기 위함이셨다. 그가 죄(sin)

---

50 여기에서 사용하는 "실체"라는 단어는 원래 "인성"을 의미한다. 실체라는 단어는 터툴리안으로부터 대 레오에 이르기까지 라틴교부들에게서 자주 사용되었으며, 칼케돈 공의회(A.D. 451)는 그 단어를 "본성"(nature)으로 사용하였다. 아우틀러(Albert C. Outler)에 따르면, 비록 어거스틴의 사고는 일관되이 하나님 중심적이기는 하였을지라도, "통상적으로 아우구스티누스는 성육신의 신비와 예수 그리스도의 구원사역에 관한 전통적인 정통 기독교 가르침의 충실하고 유력한 해석자"였다. Albert C. Outler, "그리스도의 위격과 사역," 『아우구스티누스 연구핸드북』, 407.

51 Augustine, *Augustine Catechism*, 12.38.

52 Augustine, *Augustine Catechism*, 12.40.

가 되셔서 우리는 우리의 의가 아닌 하나님의 의로 의롭게 되었다. 인성으로 육체에 대하여 죽으셨을 때, 그는 죄에 대하여 죽으셨다고 말할 수 있다. 죄 있는 육체의 모양으로 십자가에 못 박혀 죽으신 것은 우리에게 새로운 생명을 주시기 위함이었다. 그 증거는 그분의 부활 가운데 드러난다. 예수 그리스도의 부활은 "죄 가운데 죽었던 옛 죽음으로부터의 새생명의 회복을 의미한다."[53]

위에서 어거스틴이 원죄론에 대해 간단히 언급했던 반면 원죄론에 대한 상세한 설명은 의의 전가 교리를 설명한 다음에 등장한다. 하지만 이것은 어거스틴이 기독교의 교리들을 매우 질서 정연하게 설명하고 있음을 의미하지 않는다. 그는 원죄론에 대한 상세한 설명 이후에 또다시 의의 전가 교리에 대한 설명을 덧붙인다. 원죄론의 세부 내용이란 원죄의 기원이 무엇인지, 원죄가 어떻게 아담의 후손들에게 심지어 아담의 원죄뿐만 아니라 부모들의 죄가 유아들에게 유전될 수 있는지, 어떻게 중생이 일어나는지 등이다. 의의 전가 교리에 대한 추가설명은 중보자 그리스도의 중생과 세례의 의미를 해설하고, 결국 그것이 그리스도의 신비임을 드러낸다. 그리스도께서 당하신 모든 고난들은 모두 다 신비들인데, 이는 그것들로 인하여 우리들이 살게 되기 때문이다. 어거스틴은 다음과 같이 쓴다.

> 바울이 그리스도 예수의 사람들은 육체와 함께 그 정욕과 탐심을 십자가에 못 박았느니라(갈 5:24)라고 말했던 것은 그분의 십자가 때문이다. 그가 '그러므로 우리가 그의 죽으심과 합하여 세례를 받음으로 그와 함께 장사되었나니 이는 아버지의 영광으로 말미암아 그리스도를 죽은 자 가운데서 살리심과 같이 우리로 또한 새 생명 가운데서 행하게 하려 함이라(롬 6:4)'라고 말했던 것은 그분의 장사되심 때문이다. 그가 '그러므로 너희가 그리스도와 함께 다시 살리심을 받았으면 위의 것을 찾으라 거기는 그리스도께서 하나님 우편

---

53 Augustine, *Augustine Catechism*, 13.41.

에 앉아 계시느니라 위의 것을 생각하고 땅의 것을 생각하지 말라 이는 너희가 죽었고 너희 생명이 그리스도와 함께 하나님 안에 감추어졌음이라(골 3:1-3)'라고 말했던 것은 그분의 승천과 아버지의 보좌 우편에 재위 때문이다.[54]

어거스틴은 수사적 표현을 통해서 예수그리스도의 강하와 승귀의 사역이 어떻게 우리의 의가 될 수 있는지를 효과적으로 설명하고 있다. 유사하게, 칼빈은 『기독교 강요』 제2권에서 사도신경을 해설하면서 우리의 구원의 요체가 예수 그리스도 안에 있다는 것을 보여주기 위해 다음과 같이 쓴다.

만약 우리가 구원을 구한다면 우리는 예수라는 이름 그 자체로 인해서 구원이 그의 수중에 있음을 배우게 될 것이다(고전 1:30). 만약 우리가 성령의 어떤 다른 은사들을 진심으로 구한다면 그리스도의 기름부음 가운데서 그것들을 발견하게 될 것이다. 만약 우리가 힘을 구한다면 그것은 그리스도의 주권에, 순수함을 구한다면 그의 잉태되심에서, 너그러움을 구한다면 그의 태어나심에서 찾을 수 있을 것이다. 왜냐하면 그의 태어나심을 통해 그는 모든 면에서 우리와 같이 되셔서(히2:17) 아파하는 것을 배우셨기(참조. 히 5:2) 때문이다.

만약 우리가 대속을 구한다면 그것은 그의 수난에 있다. 방면(放免)을 구한다면 그의 정죄받으심에서, 저주로부터 사함을 구한다면 그의 십자가에서(갈 3:13), 값의 무름을 구한다면 그의 희생제물에서, 정결함을 구한다면 그의 피에서, 화목을 구한다면 그의 지옥 강하에서, 육신에 대한 죽음을 구한다면 그의 무덤에서, 새로운 생명을 구하다면 그의 부활에서, 불멸을 구한다면 역시 부활에서, 하늘 나라의 유업을 구한다면 그가 하늘로 들어가신 것에서, 만약 보호와 안전과 모든 복의 부함과 넘침을 구한다면 그의 나라에서, 심판에 대한 떨림 없는 대망을 구한다면 그에게 주어진 심판하는 권세에서 발견

---

54 Augustine, *Augustine Catechism*, 14.53.

하게 될 것이다.[55]

칼빈의 수사적 표현은 어거스틴의 것과 매우 닮아있을 뿐만 아니라, 강하와 승귀의 지위 가운데 행하신 그리스도의 의의 전가 내용도 유사하다.

더 나아가 사도신경의 마지막 부분인 '산자와 죽은 자의 심판'에 대한 해설도 비슷하다. 어거스틴은 '산 자와 죽은 자를 심판하기 위하여'라는 문구에 대한 해설로 '구속주 그리스도를 믿는 믿음'의 대미를 장식한다. 흥미로운 사실은 방금 위에서 살펴본 바와 같이 그리스도의 강하와 승귀의 지위 가운데서 행하신 모든 일들을 의의 전가의 내용을 삼는 반면, 그리스도의 심판 사역에 있어서는 미래에 행해질 것으로 이해하고 있다는 점이다. 어거스틴에 따르면 '산 자와 죽은 자의 심판'은 그리스도께서 행하신 일들이 아니라 앞으로 세상 끝에서 행하시게 될 일에 속한다.[56] '산 자와 죽은 자'는 두 가지 의미로 이해될 수 있다. 먼저, '산 자'는 심판의 순간에 자연적 육체의 죽음을 보지 않고 살아있게 될 인간을, '죽은 자'는 그리스도의 재림 이전에 육체의 죽음을 맞이했을 이들을 각각 가리킨다. 그런가 하면 이 문구는 의인과 악인으로 이해될 수도 있는데, 이 경우는 요한복음 5:29, 시편 54:1, 시편 43:1에 의해 지지를 받는다.[57] 칼빈 역시 어거스틴처럼, 두 가지 의미로 이해하고 있다.[58]

이러한 유사성에도 불구하고, 어거스틴과 칼빈의 관점에는 차이가 존재한다. 어거스틴은 '산 자와 죽은 자의 심판'을 미래에 나타나게 될 역사적

---

[55] John Calvin, 『1559년 라틴어 최종판 직역: 기독교 강요』 2권, 문병호 역 (서울: 생명의말씀사, 2020), 2,16,19.

[56] Augustine, *Augustine Catechism*, 14.54.

[57] 요5:29, 선한 일을 행한 자는 생명의 부활로, 악한 일을 행한 자는 심판의 부활로 나오리라; 시54:1, 하나님이여 주의 이름으로 나를 구원하시고 주의 힘으로 나를 변호하소서; 시43:1, 하나님이여 나를 판단하시되 경건하지 아니한 나라에 대하여 내 송사를 변호하시며 간사하고 불의한 자에게서 나를 건지소서.

[58] Calvin, 『1559년 라틴어 최종판 직역: 기독교 강요』, 2,16,17. 여기에서는 어거스틴의 설명과 중복되는 것이 많으므로 구체적인 설명은 생략한다.

사건으로 단순 묘사하는데 그치는 데 반면, 칼빈은 미래의 심판을 그리스도인의 위로라는 관점에서 이해한다. 칼빈은 다음과 같이 쓴다.

> 이로부터 놀라운 위로가 샘솟는다. 우리를 형제자매 삼으셔서 우리로 하여금 자기와 함께 심판하는 영예를 나눠 갖도록 미리 지정하신(마 19:28) 그리스도의 수중에 심판이 있다는 소식을 우리가 듣기 때문이다. 그가 심판좌에 오르시는 것은 추호도 우리를 정죄하려 하심이 아니다. 가장 관대하신 임금이 어찌 자기의 백성을 파멸에 이르도록 하시겠는가? 어찌 머리가 자기의 지체들을 흩으시겠는가? 어찌 우리의 수호자가 그에게 피하는 자들을 저주할 수 있으시겠는가?[59]

그리스도의 의의 전가에 대한 어거스틴과 칼빈의 설명에서 유사점과 차이점과 관련하여 몇 가지 특징이 나타난다. 첫째, 칼빈의 수사적 표현과 의의 전가의 내용은 어거스틴의 것에서 온 것으로 드러난다. 둘째, 의의 전가의 원리와 내용 역시 동일하게 묘사된다. 셋째, 어거스틴의 경우 심판의 내용은 의의 전가 부분에서 현재적인 것이 아니라 미래적인 것인 반면, 칼빈은 최후 심판을 성도의 위로라는 점에서 의의 전가 내용으로 삼았다. 두 신학자 사이의 공통점과 차이점이란, 의의 전가 교리를 포함하여 사도신경에 나타난 어거스틴의 기독론은 순서가 일관적이지 않으며 그 내용 역시 상세하게 묘사되지 않은 반면, 칼빈의 경우는 중보자 그리스도의 인격과 사역 모두를 의의 전가의 내용을 간주하고 있으며, 서술 순서와 체계가 상당히 균형 잡혀 있다는 데 있다. 넷째, 칼빈은 위로의 관점에서 의의 전가의 효과를 다룬다는 점에서 중보자 그리스도의 사역이 신자의 경건에 실제적으로 얼마나 중요한지를 보여주었다. 둘 모두 경건에 대한 강조로 시작한 반면, 구체적으로 확대 발전된 칼빈의 표현들은 경건의 실질적인 적용에 대한 관

---

[59] Calvin, 『1559년 라틴어 최종판 직역: 기독교 강요』, 2.16.18.

심을 표명하고 있다.

2.2.3 성령과 교회에 대한 믿음

성령에 대한 믿음으로 삼위일체에 대한 믿음은 완성된다. 어거스틴은 성령 하나님에 대한 믿음을 교회에 대한 것과 분리시키지 않는다. 사도신경에서 '성령을 믿사오며 거룩한 공회'에 대한 믿음을 고백하는 것은 교회가 성령의 거룩한 전이기 때문이다. 그렇다고 보편교회가 하나님을 대신하여 예배를 받거나 어느 일개 성도가 교회라는 이름으로 다른 이들에 대하여 신으로 여김받는 것이 아니다. 성도들은 그리스도의 지체로서 한 몸을 이루고 그 가운데 성령뿐만 아니라 성부와 성자가 거하신다. 하나님의 전, 즉 거룩한 삼위일체의 성전은 하늘과 땅에 있는 거룩한 보편교회이다.[60]

교회는 하늘에 있는 것과 땅에 있는 것으로 구분되면서도 그 둘은 분리되지 않고 화목을 이룬다. 하늘에 있는 교회는 천사들의 모임으로 이루어져 있다. 지상의 교회는 순례자적인 교회로 우리가 이 땅에 있는 동안 지구상에 존재하는 교회이다. 지상의 교회는 중보자의 보혈로 죄의 씻음을 받았다. 그리스도의 십자가의 죽으심은 천사들을 위함이 아니라 인간의 죄악으로부터의 구속과 자유를 위함이셨다. 하지만 천상의 교회와 지상의 교회는 분리되지 않는다. "하늘에 있는 것이나 땅에 있는 것이 다 그리스도 안에서 통일되게 하려 하심이라"(엡 1:10)는 말씀처럼, 거룩한 천사들은 지상의 성도와 긴밀한 관계를 맺는다. 하늘에 있는 것들은 천사의 타락으로 발생한 손실이 인간 사이에서 회복될 때 새롭게 된다. 지상에 있는 것들은 사람이 영생으로 예정되고 옛 타락으로부터 자유롭게 되어 새롭게 될 때 회복된다. 이렇게 중보자 예수 그리스도 안에서 하늘에 있는 것과 지상에 있는 것이 화목하게 된다.[61] 마지막으로 어거스틴은 하늘과 지상의 교회가 통일되고 천사

---

[60] Augustine, *Augustine Catechism*, 15.56.
[61] Augustine, *Augustine Catechism*, 16.61-62.

와 인간 사이의 화목과 회복이 이루어지는 것이 바로 십자가의 보혈을 통한 평화라고 말한다. 이 평화는 인간에게 알려진 모든 것을 초월하는 개념으로 그 놀라운 심연의 깊이를 헤아리기 어렵다. 평화란 지성적 피조물들 사이에서와 그 지성적 피조물과 창조주 사이에 있게 되는 그 무엇이다.[62]

교회에 대한 이 믿음은 보편교회의 중요성을 시사한다. 어거스틴은 네 번째 믿음의 항목으로 '믿음과 죄의 용서'라는 표제 하에 죄용서에 대한 믿음을 다루는데, 이 항목은 앞에서 다루었던 성령과 교회에 대한 믿음과 매우 밀접한 연관성을 갖는다. 그는 어떤 의미에서 참회를 위한 특별한 시간들이 교회를 다스리는 이들에 의해 올바르게 확정될 수 있다고 본다. 그는 다음과 같이 쓴다.

> 한 사람의 마음의 애통은 대개는 다른 이들로부터 숨겨져 있고 말이나 어떤 다른 표시들에 의해서 조차도 다른 이들에게 알려지지 않기 때문에… 참회(penance)의 시간들이 교회를 통치하는 이들에 의해 확정된다. 그렇게 하여 보속(satisfaction)이 또한 교회에 대해서 이루어지고, 그 가운데 죄들이 용서를 받는다. 참으로 교회 밖에는 그것들이 용서를 받지 못한다. 왜냐하면 맹세로써 교회 자신의 것으로 성령을 받았던 것은 교회이기 때문인데, 그것 없이는 어떤 죄도 죄용서를 받은 자들만이 영생을 받게 되는 방식으로 사함을 얻지 못한다.[63]

어거스틴의 주장은 결코 로마 가톨릭이 주장하는 것처럼 인간의 참회 행위 자체에 구원을 위한 의의 질료가 있다는 뜻이 아니다. 오히려 어거스틴이 사용한 참회(penance; 회개)라는 단어는 두 가지 의미에서 중요한 주제이다. 첫째, 참된 회심의 증거를 강조하는 데 초점이 맞추어져 있다. 칼빈 역시

---

62 Augustine, *Augustine Catechism*, 16.63.
63 Augustine, *Augustine Catechism*, 17.65.

이러한 참회는 성경의 구분법에 따라 '죽임'(mortification)과 '살림'(vivification)으로 나뉜다고 하였다. '죽임'이란 죄에 대한 인식 및 죄에 대한 하나님의 심판에 대한 영혼의 고통을 의미한다. 이것은 회개의 첫 번째 부분이다. 반면 '살림'이란 거룩하고 경건한 방식으로 살아가고자 하는 삶의 욕구(desire)를 가리킨다. 이것이 사람이 자신에 대하여 죽고 하나님에 대하여 살기 시작한다는 말의 의미이다.[64] 신자는 단번에 완벽한 성화에 이르지 못한다. 그리하여 자신의 죄악을 죽이며 살면서 동시에 죄악에 머물러 있기도 하다. 하지만 그가 구원을 받는 것은 자기 행위로 말미암음이 아니라 오직 구원자 예수 그리스도로 인함이다. 이 믿음이 비록 행실이 온전치 않은 이들이라고 할지라도 구원에 이르게 한다. 그리스도의 깨끗게 하심으로 세례받은 이들 가운데 이단 분파에 의하여 잘려나가지 않은 무리들이 있다. 그들이 교회에 속하여 있는 한, 비록 그들의 죄를 단번에 회개하지 못하고 지속하게 된다고 할지라도, 그들은 구원을 받는다. 그것이 고전3:15에서처럼 마치 불 가운데 건짐을 받는 것처럼 될 지라도 말이다.[65] 바울의 말처럼 죄를 지속하는 사람조차 그리스도를 믿는 믿음으로 인하여 구원을 얻게 될 때 어떻게 그들이 하나님 나라 안에 있지 않다고 할 수 있겠는가?[66]

동일한 의미에서 어거스틴은 죄에 대한 회심을 다룬 후 '살림'에 대한 내용을 원수 사랑에 대한 해설을 통해 설명한다.[67] 비록 '살림'에 대해 명확히 언급하지는 않지만 그는 계속해서 행함이 없는 믿음은 죽은 것임을 강조한다. 그 행함은 원수를 사랑하고 그들을 선하게 대하는 것이다. 이것이 신실한 하나님의 자녀의 특징이다. 교회는 삼위일체 하나님이 거하시는 성전이기 때문에 성전으로서의 그리스도인들은 자신의 죄를 죽이는 과정에서 죄

---

64 Calvin, 『1559년 라틴어 최종판 직역: 기독교 강요』, 3.3.3.
65 고전3:15, "누구든지 그 공적이 불타면 해를 받으리니 그러나 자신은 구원을 받되 불 가운데서 받은 것 같으리라."
66 Augustine, *Augustine Catechism*, 18.67.
67 Augustine, *Augustine Catechism*, 18.67-20.76.

인임을 인식하고 비참함을 깨달으며, 하나님의 심판을 두려워하는 동시에 거룩한 백성으로서 경건한 삶을 향한 열망을 가지고 원수를 사랑하며 그들을 위해 기도한다. 어거스틴이 교회 밖에는 구원이 없다고 주장한 것은 기관으로서의 교회가 아니라 성령의 전인 유기체적 몸으로서의 교회를 일컫는다. 이와 같은 의미에서 교회의 성도들은 참된 회개와 거룩한 삶을 향해 그리스도의 장성한 믿음의 분량에 이르도록 자라간다.

지금까지 우리들은 사도신경에 대한 어거스틴의 해설을 크게 세 가지 주제로 살펴보았다. 창조주 하나님을 믿는 믿음, 구속주 그리스도를 믿는 믿음, 성령과 교회에 대한 믿음이다. 이 세 가지는 때로 내용이 섞여 있기도 하고 그 순서가 논리정연하게 되어 있지 않거나 중복되어 나타나기도 한다. 그렇지만 한 가지 분명한 사실은 믿음에 대한 어거스틴의 해설에서 창조주 하나님, 구속주 하나님, 성령 하나님에 대한 올바른 믿음이란 참된 앎에 기초한 경건의 삶을 지향하는 것임을 드러낸다. 어거스틴에게 삼위일체 하나님을 믿는 믿음은 교회라는 유기적 몸으로서의 성전의 삶을 시작하고 지속하는 토대가 된다. 삼위일체에 대한 믿음은 교회에 대한 믿음에서 특별히 회개와 거룩한 삶의 관계에 대한 통합적 이해에서 정점을 이룬다. 삼위일체 신앙과 교회에 대한 신앙은 분리되지 않고 연합되어 그리스도의 몸으로 자라간다.

2부
종교개혁과 개혁파 신학자들

4장 종교개혁과 루터파: 루터(1483-1546)와 멜랑히톤(1497-1560)

5장 개혁파 종교개혁: 츠빙글리(1484-1531)와 파렐(1489-1565)

6장 칼빈의 협력자들: 부써(1491-1551), 버미글리(1499-1562), 비레(1511-1571)

4장

종교개혁과 루터파

: 루터(1483-1546)와 멜랑히톤(1497-1560)

1. 서론

제임스 브렛(James D. Bratt)은 기독교 개혁교회와 같은 교단의 역사를 집필하는 데는 두 가지 방법이 있다고 언급한다. 첫째, 역사 자료와 사실들과 역사학적 논쟁들을 서술하는 것이다. 둘째, 주변에 있는 다른 교단들을 연구하고 비교함으로써 과거에 연구되지 않았던 부분들을 드러내 보이는 것이다.[1] 개혁주의의 역사에서 칼빈에게 중요한 영향을 끼친 이들을 살펴보는 것은 더 할 나위없이 중요한 일이지만 개혁주의가 아닌 다른 교파들에 대한 이해가 필요하다. 초대교회의 신학이 이단 사상들에 대한 반박으로부터 발전한 것과 같이 개혁주의도 다른 교파에 영향을 받기도 하고, 이단들의 경우에는 반박을 통해 진리를 옹호하는 방식으로 신학을 발전시키게 되었다. 따라서 개혁주의를 이해하기 위해서 개혁파와 구별된 견해들을 살펴보는 것이 유익하다.

---

1 James D. Bratt, "Christian Reformed History in German Mirrors," *Calvin Theological Journal*, 42/1 (2007), 9.

개혁주의의 역사를 이해하기 위해서 모든 교파들을 모두 살펴볼 필요는 없다. 오늘날 개신교는 다양한 교파들이 존재하지만 종교개혁의 정신과 역사에 관점에서 개신교는 오직 두 개의 교파가 그 출발점이었다. 첫째는 루터파이며, 둘째는 개혁파이다. 루터파와 개혁파의 분리는 근본적으로 성찬 논쟁에서 비롯되었다. 루터파는 성찬 시에 나누는 빵과 포도즙에 그리스도의 육체적 현존, 즉 인성으로서의 살과 피가 공재한다고 보았다. 이러한 주장은 그리스도의 위격적 연합 안에서 이루어지는 인성과 신성의 속성교통을 잘못 이해한 결과 마치 그리스도의 육체가 신성의 영향을 받아 어느 공간이든 편재(遍在)할 수 있다는 발상에서 비롯되었다. 루터파와 관련하여 살펴볼 두 번째 인물은 루터의 후계자였던 필립 멜랑히톤이다. 칼빈은 멜랑히톤과 친밀한 관계를 유지하였고 다수의 서신들을 통해 다양한 의견들을 공유하기도 하였고 견해를 피력하기도 하였다. 하지만 그는 멜랑히톤이 하나님보다 사람의 눈을 의식하는 점을 강하게 비판했다. 칼빈은 1552년 제네바 영주들에게 보내는 서신에서, 멜랑히톤의 『신학총론』(Loci Theologici)의 내용이 자신의 책에서 다룬 것과 다르지 않다고 말한 반면, 그것의 방법론적 체계가 자신의 것과는 다르다고 주장했다.[2] 멜랑히톤은 "겁 많은 사람"으로 "인류의 일반적인 감정"에 너무 많이 의존했다. 신학자가 아닌 철학자로서의 질문을 제기했던 사람으로서 그는 플라톤의 권위보다 더 나은 권위를 보여주지 못했다.[3] 멜랑히톤은 사람들이 자신의 이야기를 듣지 않을 것을 걱정하여 자신이 진리라고 믿고 있는 것을 말할 엄두를 내지 못했다.[4] 멜랑히톤의 태도에 대해 루터 역시 비슷한 지적을 한 적이 있다. 1531년 멜랑히톤은 아우구스부르크 신앙고백서에 대한 변증서를 출간하게 되는데 이 변론

---

[2] John Calvin, "To the Seigneurs of Geneva," *Letters of John Calvin, vol. II of 4vols. Compiled from the Original Manuscripts and Edited with Historical Notes*, trans. Jules Bonnet (Philadelphia: Presbyterian Board of Publication, 2014), 352-353.
[3] Calvin, "To the Seigneurs of Geneva," *Letters of John Calvin*, vol. II, 353.
[4] Calvin, "To the Seigneurs of Geneva," *Letters of John Calvin*, vol. II, 354.

서에 대해 루터는 화를 내며 다음과 같이 말했다. "나는 변론이란 문서를 받았고 멜랑히톤에게 이 문서를 통해 그가 성취하기를 원하는 것은 무엇이며 교황주의자들에게 어느 정도까지 양보할 것이냐고 물었습니다."[5] 이러한 루터파의 허점, 루터의 공재설과 멜랑히톤의 소심함을 잘 보완했던 사람은 츠빙글리였다. 그는 칼빈과 그의 후예들처럼 온전한 형태의 개혁주의 노선을 걸은 것은 아니었지만, 개혁주의의 성찬론의 형성에 중요한 역할을 감당한다는 점에서는 매우 중요한 인물이다.

이 외에도 루터파와 개혁파 교회의 차이점들은 다수 존재한다. 먼저 루터는 종교개혁 1세대였던 반면, 칼빈은 종교개혁 2세대에 속한다. 루터파의 종교개혁은 독일 영토에서 시작되었으며, 비텐베르크 대학의 학문적 배경에서 비롯되었다. 이신칭의 교리가 모든 신학의 맨 앞자리를 차지한다. 반면 개혁파 종교개혁은 스위스 연방에서 진행되었으며, 학문적이라기 보다는 그리스도인의 참된 예배와 삶에 초점을 두었다. 그 결과 이신칭의 교리는 점진적 성화 교리와 조화로운 관계를 형성하게 된다. 루터파는 루터라는 한 개인의 영향이 지대한 반면, 개혁파는 칼빈을 포함하여 파렐, 비레, 마틴 부써, 피터 마터 버미글리 등 다수의 영향력들이 함께 작용한다. 이러한 차이점들은 시간이 흐르면서 루터파의 경우 교리와 삶의 이원화를 초래하게 된다. 여기에서는 먼저 개혁주의와 구별된 교파인 루터파를 다루기 위해 루터파의 시조인 루터와 그의 후계자였던 멜랑히톤을 다룬다.

---

[5] 헤르만 셀더하위스, 『루터, 루터를 말하다』, 신호섭 옮김 (서울: 세움북스, 2016), 397, 재인용.

2. 마틴 루터(Martin Luther, 1483-1546)

2.1 루터의 생애

루터의 생애는 세 개의 기간으로 구분하여 살펴볼 필요가 있다. 첫 번째 기간은 출생에서 종교개혁자로서의 성장기 과정을 보여주는 비텐베르크 대학에 들어가기까지이다. 두 번째 기간은 1517년 『95개 반박문』을 통해 로마 가톨릭 교회의 면죄부 교리를 반박하면서부터 시작된 종교개혁과 그 이후에 시작된 로마 교황주의자들과의 논쟁 및 신성로마제국의 황제 찰스5세의 보름스 칙령으로 인한 루터의 파문까지이다. 마지막으로 세 번째 기간은 파문 이후 작센의 선제후 프리드리히의 보호 가운데 바르트 부르크(독일 튀링겐(Thüringen)주의 아이제나흐(Eisenach)에서 시작된 종교개혁 운동부터 그의 임종 때까지이다.

루터의 종교개혁은 하루 아침에 진공상태에서 일어나지 않았다. 오히려 그의 출생으로부터 시작하여 자라나면서 보고 배웠던 모든 환경들은 그로 하여금 진리의 문제에 다다르게 만든다. 그는 1483년 11월 11일에 만스펠트의 한 도시였던 아이슬레벤에서 광부의 아들로 태어났다. 그가 살던 시대에는 로마 가톨릭 교회의 왜곡된 교리가 온 세상에 만연했다. 성인 숭배 사상이 극에 달했고 마리아는 성인들 가운데 최고의 성인으로 찬사를 받았다. 주일이 그리스도를 위한 날이라면 토요일은 마리아에게 봉헌된 날이었다.[6] 마리아는 그리스도의 어머니로서 모든 죄를 용서하시는 반면 그리스도는 죄를 벌하는 심판주라고 가르쳤던 로마교회의 미신 아래에서 신앙생활을 했다. 그는 다음과 같이 말한다.

---

6 Walther von. Loewenich, *Martin Luther: The Man and His Work*, 『마르틴 루터, 그 인간과 그의 업적』, 박호용 옮김 (서울: 성지출판사, 1988), 46.

그렇기 때문에 교황주의 하에서 그리스도로부터 도망치라고 사람들을 가르쳤다는 것은 분명 가증스러운 일이었습니다. 나는 그들의 입에서 그리스도의 이름이 언급되지 않기를 소망했습니다. 왜냐하면 그들이 나의 죄를 위한 보속을 스스로 준비하여 제공해야 하며, 그러면 마지막 심판의 날에 그리스도께서 '너는 얼마나 십계명을 준수했느냐? 너의 상태는 어떠하냐?' 물으실 것이라고 가르쳤기 때문입니다. 그리스도를 이런 식으로 내게 가르칠 때마다, 마귀에게 속한 자 같은 나는 그의 심판을 견딜 수 없기 때문에 그리스도로 인해 간담이 서늘해지고 말았습니다.[7]

또한 루터는 세상의 모든 현상을 마귀적인 존재의 영향이 직접적으로 가해진 행위로 이해하려고 했다. 마귀에 대한 왜곡된 관념은 루터의 종교개혁 이후에도 그 흔적을 찾아볼 수 있다. 1527-1529년 사이 어느 즈음에 루터는 찬송가 585장의 "내 주는 강한 성이요"라는 찬송을 작사한다. 이 찬송가의 3절은 마귀가 세상에 들끓는다는 표현을 쓴다. 실제로 루터는 후에 자신들의 제자들과 나눈 탁상담화에서 유년시절에 있었던 마귀들에 대한 자신의 견해를 이야기 하곤 했다. 루터는 그렇게 중세의 암흑기 상태에서 온갖 미신과 우상숭배로 가득한 세상에서 태어나 로마 가톨릭 교회의 교황주의적 가르침에 사로잡혀 살았다.

루터의 청년기(1501-1505) 대학생활은 루터로 하여금 로마 가톨릭의 미신에서 깨어나기 시작한 시점이라고 해도 과언이 아니다. 아들이 대학에 들어가 부요한 사람이 되기를 바랬던 아버지 한스 루터는 아들을 당시 유명한 대학으로 급부상하고 있던 에르푸르트 대학으로 보낸다. 루터는 18세가 되던 1501년 4월 말에 대학교에 등록하여 당시 중세 대학교의 일반적인 커리큘럼인 3학(문법, 논리학, 수사학) 4과(천문학, 기하학, 수학, 음악)의 과정을 밟는다.

---

[7] 셀더하위스, 『루터, 루터를 말하다』, 44, 재인용. 이하의 내용은 뢰뵈니히와 셀더하위스의 책을 참고한 것임을 밝힌다.

흥미롭게도 루터가 성경을 처음 접한 것은 그의 나의 20세 때였다. 그가 펼쳐서 읽었던 본문은 사무엘의 어머니 한나에 관한 부분이었는데, 왜냐하면 그 때까지 루터가 읽은 것들은 복음서나 서신서들이 아니었기 때문이다. 성서는 매우 값비싸고 희귀한 책이었기에 도난 방지를 위해 도서관 테이블에 쇠사슬 장치가 되어 있었다. 하물며 에르푸르트 대학에서는 성경 해설과 같은 공부 과정은 존재하지도 않았다.

2.2 회심의 여정

루터는 갑자기 직면한 지인들의 죽음과 슈토터하임에서의 번개 사건으로 대학교의 법률 공부로부터 수도원의 수도사로 전향하게 된다. 로마 가톨릭의 행위구원론이 유년시절부터 루터를 괴롭혔더라면 그가 대학을 졸업할 즈음에는 죽음에 대한 생각이 그를 엄습했다. 1505년 루터의 동생 하인츠와 바이트가 패스트로 세상을 떠났다. 당시 유명한 법률 교수들이 임종시에 수도사가 되었더라면 좋았을 것이라는 말을 남기고 세상을 떠났다. 말랑히톤에 따르면 루터는 친구의 죽음으로 수도원 생활을 결심했다고 말한다. 그러던 중 법학을 공부하게 된 루터는 2달도 되지 않은 채 법학을 갑자기 포기하게 된다. 1505년 7월 2일 고향을 방문했다가 에르푸르트로 돌아오는 길에 루터는 슈토터하임 지역에서 낙뢰로 인하여 말에서 떨어졌는데, 그 때 일마디 외침이란, "나를 도우소서 성 안나여 저는 수도사가 되겠나이다." 였다. 루터의 다메섹 도상 체험 사건은 단순히 그가 체험한 극적인 죽음의 공포와 그로 인해 외쳤던 성 안나에 대한 서원으로 설명되기 어렵다. 이러한 것들은 왜 루터가 엄격하기로 소문난 어거스틴 수도회로 입회하게 되었는지를 설명하지 못한다.

에르푸르트엔 여러 개의 수도회들이 있었다. 예를 들면 어거스틴 탁발 수도회, 베네딕트 수도회, 카르투지오 수도회, 도미니크 수도회 등이다. 여러 수도회들 가운데 루터는 가장 금욕적인 수도원으로 유명한 어거스틴 탁발 수도회로 들어간다. 1년의 수련과정을 거쳐 1506년 9월에 정식 수도사가 되었다. 그는 그곳에서 엄격한 생활을 통해 구원을 얻고자 노력하였으나, 돌아온 것은 실망뿐이었다. 어떤 누구도 그에게 은혜로우신 하나님을 소개해 주지 못했다. 그러던 중, 루터는 요한 폰 슈타우피츠의 조언을 따라 비텐베르크 대학교에 들어가 성경을 공부하고 1512년 4월에 성서학으로 박사학위를 취득한다. 같은 해 루터는 슈타우피츠의 추천으로 비텐베르크대학의 성서교수에 임명된다. 그러던 중 수도회에서 슈타우피츠를 반대하는 에르푸르트와 뉘른베르크의 수도원장들이 교황에게 수도사를 파견하여 슈타우피츠를 반대하라고 루터를 로마로 파송한다. 루터는 그토록 갈망했던 순례지 로마를 방문하고서 잇속(利贖)을 채우기 위해 진행되는 미사의 모습을 보면서 로마교회에는 진정한 구원을 발견할 수 없음을 확인하게 된다. 비텐베르크에서 성서학 교수로 활동하면서 그는 로마서, 시편, 갈라디아서를 연구 및 강의하게 되고, 그 결론으로 이신칭의 교리를 확신하기에 이른다. 그는 자신이 발견한 은혜의 교리를 동료 인사들에게 기쁨으로 알리면서 두터운 지지층을 얻게 된다.

2.3 이신칭의 교리의 역사적 배경과 루터의 3대 종교개혁 문서들

우리는 루터의 나머지 생애와 사역을 다 살펴볼 필요는 없다. 여기에서는 두 가지 주제를 살펴보는 것이 유익하다. 첫째는 이신칭의 교리의 역사적 배경이다. 이는 루터가 직면했던 로마교회의 신학적 문제의 민낯을 드러내고 개혁주의가 함께 공유했던 이신칭의 교리의 핵심을 안내해 준다. 둘째는 소위 루터의 종교개혁의 3대 문건으로 알려진 작품이다. 종교개혁을 위한 신학작업을 본격적으로 시작할 무렵 루터는 3개의 작품을 쓰는데, 이 작품들은 루터의 고유한 생각을 드러낸다.

이신칭의 교리가 본격적으로 표면에 드러난 것은 1517년이었다. 로마교황은 성 베드로 대성당을 건축하기 위해 푸거가로부터 막대한 양의 은행 빚을 지게 되는데 원금은 고사하고 이자도 갚을 처지가 못되어 급전이 필요했다. 교황은 1515년 3월에 면죄부를 발행할 칙령을 공포하고 1517년 초에 본격적으로 면죄부가 판매되기 시작한다. 면죄부 판매를 위해 교황이 사용한 사람은 막데부르크의 대주교인 브란덴 부르크의 알브레히트(1490-1545)였다. 그는 1513년 23살이라는 어린 나이에 막데부르크의 대주교가 되었는데, 교황에게 면죄부의 일정액을 헌납하는 조건으로 마인츠의 대주교로 임명되었다. 알브레히트는 당시 설교로 유명했던 도미니크 수도회의 윌리엄 테첼을 고용하여 면죄부 판매금을 회수했다. 루터는 『95개 반박문』 27조에서 언급한 것처럼 테첼의 광고 표어, "주화가 돈궤에 쨍그랑 하고 떨어지는 순간 연옥에 있는 영혼이 튀어 오른다"는 주장을 반박하고 죄의 사면은 면죄부가 아니라 오직 하나님의 은혜임을 주장하며, 1517년 10월 31일 모든 성인의 날을 하루 앞두고 비텐베르크 성벽교회에 『95개 반박문』을 내건다. 이 논제는 라틴어로 제작되었는데 금새 독일어로 번역되어 불과 14일 만에 독일 전 지역으로 확산된다. 그러한 현상들을 보면서 루터는 다음과 같이 말했다.

> "나는 내가 행하는 일은 무엇이든지 인간적인 야망이나 통찰력으로 하는 것이 아니라 하나님의 크신 뜻과 통찰력을 통해 하기를 소망합니다. 만일 지금 벌어지고 있는 일들이 하나님으로부터 나온 것이라면 누가 그것을 되돌릴 수 있겠습니까? 그리고 만일 이것이 하나님으로부터 나온 것이 아니라면 누가 그것을 계속 수행할 수 있다는 말입니까?"[8]

둘째, 루터의 작품들은 대단히 많지만, 그 중에 가장 영향력 있는 것들은 소위 루터의 종교개혁의 3대문서이다. 이 작품들은 1520년에 쓰여졌다. 첫째 작품은 1520년 8월 5일에 출간된 『기독교의 개혁에 관하여 독일 왕국의

---

8 셀더하위스, 『루터, 루터를 말하다』, 164, 재인용.

그리스도인 귀족들에게 고함』으로, 교회와 세상의 관계에 대한 주장들을 담고 있다. 이 작품에서 루터는 귀족들이 나서서 교회의 개혁을 단행해야 할 것을 요청한다. 현재 개혁되어야 할 교회의 문제점들은 크게 세 가지였다. 첫째, 교회의 권위가 세속 정부의 권위보다 높다는 것은 잘못되었다. 둘째, 오직 교황만이 성경의 해석권을 갖는다는 것은 어불성설이다. 마지막으로 교황의 권위가 공의회의 권위보다 높다는 것은 옳지 않다.

두 번째 작품은 1520년 10월 1일에 출간된 『교회의 바벨론 유수』이다. 이 작품은 두 가지 목적으로 작성되었는데, 먼저 로마교회가 미사를 행할 때 평신도에게 포도즙을 쏟는 신성모독죄를 범할 수 있다고 염려하여 분잔을 시행하지 않음을 꼬집는다. 이 작품은 1520년 6월 15일에 교황 레오 10세가 루터의 『95개 반박문』의 오류를 지적하며 발표한 '주여 다시 일어나소서'라는 교서에서 루터의 파문 위협 칙령을 비판하기 위한 목적을 가지고 있다. 주요 내용은 주로 로마교회의 7성례, 그 가운데 특별히 성찬식과 미사가 성도들의 양심을 옥죈다고 비판하였다. 구체적으로 만찬 시 평신도들에게 포도주를 마시는 것을 금한 것은 주의 말씀에 위배되는 것이다. 둘째, 떡과 포도주가 그리스도의 살과 피로 변한다는 것은 미신적이다. 마지막으로 미사는 헌신의 제사라고 하는 가르침은 어리석은 견해이다.

세 번째 작품은 1520년 11월에 출간된 『그리스도인의 자유』이다. 이 작품은 루터가 『교황 레오 10세에게 보내는 공개 서한』의 서문 역할을 하는 것으로 변증적인 성격을 띤다. 루터는 로마교회와 화해하기 위한 목적으로 이 글을 썼는데, 주요 내용은 그리스도인의 자유란 그리스도께서 요구하시는 것을 찾아 수행할 자유와 이웃에게 해가 되는 것을 피할 자유에 대해 다루고 있다.

2.4 회담과 협약

지금까지 살펴본 루터의 생애와 작품들은 그의 은혜의 교리가 평생동안 고민했던 문제였으며 그 과정에서 성경을 통하여 그 해답을 얻을 수 있었음을 보여준다. 혹자는 루터의 이신칭의 교리는 성화를 강조하지 않는다고 지적하기도 하지만 종교개혁 1세대로서 루터의 이신칭의 교리를 저평가 해서는 안된다. 신학의 역사적 발전 과정을 고려한다면 루터만큼 이신칭의 교리를 확고히 붙잡고 발전시킨 인물은 없었다. 개혁주의는 루터의 이신칭의 교리의 재발견에 빚을 진다. 그럼에도 불구하고 루터는 자신의 성찬론을 고집스럽게 주장한 결과 개신교 전체의 화합에 선을 긋는 우를 범한다. 이는 루터파와 개혁파 사이의 성찬론 문제를 해결하기 위해 시도했던 회담과 협약의 의의에서 잘 드러난다.

2.4.1 마부르크 회담(Colloguy of Marburg)

1526년 오스만 제국의 술탄 슐레이만(1520-1566)은 제국을 확장하여 헝가리의 부다페스트 시를 점령하기에 이른다. 독일제국의 위협을 느낀 찰스 5세는 개신교 영주들의 군사력이 필요하였기에 1526년 1월, 제1차 슈파이어 제국회의를 열고 루터파 문제를 영주들의 재량에 따라서 처리할 것을 허락하였다. 하지만 1529년 3월, 전세의 역전을 되찾은 찰스 5세는 2차 슈파이어 제국회의를 개최하여 제1차 슈파이어 제국회의의 결정을 취하하고 보름스 칙령(1521)을 복원시킨다. 헤세의 영주는 개신교 세력을 결집시키고자 1529년 10월 루터와 츠빙글리 사이의 화해를 도모하기 위해 마부르크 회담을 개최한다. 주요 사안은 다름 아닌 루터와 츠빙글리의 성찬론 논쟁에서 절충점을 찾는 것이었다. 루터쪽에서는 루터와 멜랑히톤이, 다른 한편에서는 취리히의 츠빙글리와 스트라스부르의 부처가 각각 참여하여 성찬론 문제를 해결하고자 하였다. 하지만 루터의 완고한 태도로 인하여 마부르크 회담은 파국을 맞는다. 회담의 결렬 후, 루터파는 이듬해 아우구스부르그 신앙고백서를 작성하고, 츠빙글리는 독일 남부의 4개 도시 신조(스트라스부르, 멤밍겐, 린다우, 콘스탄스)를 각각 작성했다.

2.4.2 비텐베르크 일치신조(Wittenberg Concord)

1531년 츠빙글리가 죽자, 그의 후계자인 하인리히 불링거는 성찬론을 주제로 공개토론을 제안한다. 이는 스트라스부르의 마틴 부써가 원했던 바였다. 하지만 스위스 신학자들에게 비텐베르크의 성찬론 만큼은 너무나 먼 이웃나라였다. 결국 스트라스부르와 비텐베르그 신학자들은 성찬론을 제외하고서 대부분의 신학요점들에 대해 일치를 표명하는 협약을 맺는다.

칼빈은 루터를 존경했다. 그러면서도 비판해야 할 부분은 그냥 간과하지 않았다. 그는 1538년 1월, 마틴 부써에게 쓴 편지에서 비텐베르그 일치신조를 비판하며 루터의 성찬론을 지적한다.

> 나의 부써여, 나는 우리가 경건한 자들을 피 흘리며 처벌받고 죽게 만드는 이 일치[9]에 대해 심사숙고하지 않을까 봐 두렵습니다. 이 서식은 뜻있는 자의 발을 되돌리지 못하고 오히려 많은 선한 이들이 우리와 결합할 수 있는 화합을 탐욕적인 것으로 만듭니다. 정녕 우리에게 마음이 쓰인다면, [우리같이] 보다 소심한 자들을 방해할 수 있을 것으로 보이는 모든 덮개들이 제거되어야 할 것입니다. 그런데 이 덮개들은 우리가 우리 자신들에게 대립되는 것으로 여긴 것들입니다. 이것들의 목적은 루터가 우리의 몸이 그리스도의 몸으로, 또는 그리스도의 몸이 우리의 몸으로 상호 소통한다며 잠꼬대 소리를 하는 것으로, 그리스도에게 무한한 몸을 덧붙이는 것으로, 그리고 장소적 임재를 강요하는 것으로 보이지 않게 하기 위함입니다. 이제껏 항의한 자들 가운데 무언가 의심을 받지 않은 이는 아무도 없습니다. 만일 루터가 신앙고백[10]과 더불어 우리를 포용할 수 있다면, 나는 그 이상 원하는 것이 없습니다. 그렇다고 해서 하나님의 교회에서 루터만 소중히 여겨져서는 안 됩니다.

---

9 1536년 마틴 부써는 성찬론에 대한 자신의 생각을 루터에게 양보함으로써 비텐베르그 일치신조에 조인한다. 이 신조는 비텐베르그의 루터와 스트라스부르의 부써 사이에 성사된 성찬론 합의 문서였는데, 부써는 교회의 연합을 위하여 성찬론에 대한 개혁주의적 입장에서 한 걸음 물러섰다. 하지만 이 문서는 루터 측과 츠빙글리 측에서 모두 환영받지 못했다.

10 스위스 제1 신앙고백서.

만일 그렇게 된다면 우리는 특별한 이유가 없는 한 포악하고 야만적이 될 것입니다. 우리는 아마도 그의 신조가 유치하다고 맹렬히 조롱하는 자들이 될 것이니까 말입니다. 루터에 대해 어떻게 생각해야 할지 모르겠지만, 경건에 관해서만큼은 그가 매우 훌륭하다고 확신합니다. 하지만 다른 관점에서 그에게 부당한 것이 있기를 원하지 않는 대부분의 사람들이 입 밖에 내는 말-그의 변함없는 완고함이 다소 개입되어 있다는 것-은 제발 거짓이기를 바랍니다. 루터는 이 사건에 적지 않은 의혹을 드러내고 있습니다.[11]

칼빈은 비텐베르그 일치신조의 건으로 개신교 진영들인 루터파와 츠빙글리파 사이에 다툼이 일어나는 것을 보고 두 진영 모두 과거의 일을 덮고 자신의 입장을 완고하게 고수하지 말 것을 권면하고 있다. 칼빈은 부써가 스위스 개혁자들에게 완고한 고집을 내려놓으라고 종용하는 것에 대해 공평하지 않은 처사라고 지적한다. 만일 루터파와의 화합을 원한다면 그만큼 루터도 독선을 버려야 할 것이었다. 칼빈은 루터야말로 완고함을 겪지 않고 있으며 상식적으로 공재설을 주장하는 것은 이치에 맞지 않는다고 역설한다. 그는 말하길,

만일 루터가 그토록 승리의 명성을 추구한다면, 하나님의 순수한 진리 안에서의 진실한 화합은 뿌리를 내릴 수 없을 것입니다. 그가 잘못을 저지른 것은 공판 방식과 비방으로서가 아니라 무지와 매우 투박한 환상으로서입니다. 처음에 그가 빵이 바로 몸이라고 말했을 때 얼마나 부조리하게 밀어붙였는지요? 만일 그가 그리스도의 몸이 빵에 빠져 있다고까지 생각한다면, 나는 그가 매우 치욕스러운 잘못을 저지르고 있다고 공언할 수 있습니다. 다른 사람들이 그의 명분에 동조하는 이유는 무엇입니까? 만일 그런 과오들을 신랄

---

11 존 칼빈, "칼뱅이 마르틴 부처에게," 『칼뱅 서간집 1』, 박건택 역 (서울: 크리스천 르네상스, 2014), 186.

하게 비판하는 일이 스위스 정신에 도입되었다면, 과연 화합으로 가는 길이 이렇게 평탄하게 되었을까요? 그러므로 만일 은총으로나 당국에 의해 마르틴 옆에서 무언가를 할 수 있다면, 그에게보다 그리스도에게 복종하기를 더 원하듯이 하십시오. 그들과의 논쟁은 여전히 가장 불행한 투쟁입니다. 그가 분명히 잘못을 저지르고 있는 진리 그 자체에 항복하지 않는 한 말입니다.[12]

칼빈이 보기에 루터파는 성찬론에서 너무 고압적인 자세를 보였다. 결국 루터파와 개혁파가 갈라지게 된 것은 그들의 성찬론이 달라서였기보다는 루터의 완고한 태도가 한 몫 했다고 볼 수 있다. 루터는 그의 후예들에게 좋지 않은 선례를 남겨주고 만다. 루터가 죽은 후 6년이 되던 1552년에, 루터파였던 요아킴 베스트팔은 칼빈의 성찬론을 비판하기 위해 '칼빈주의자'라는 용어를 만들어 개혁파를 비판했다. 그 결과 개혁파는 칼빈주의의 부정적인 이미지를 해소하는 데 많은 애를 써야만 했다. 루터가 『그리스도인의 자유』에서 강조했던 주장인 타인에게 해를 끼치는 것을 피할 자유는 그의 성찬론에서 발견되지 않았다.

3. 필립 멜랑히톤

3.1 인문주의자

멜랑히톤은 1497년 2월 16일 팔츠(Palatinate)의 브레덴(Bretten)에서 출생했다. 그의 어머니 바바라 로이터(Barbara Reuter)는 상류층에 속했으며, 아버지 게오르그 슈바르제르(Georg Schwarzerdt)는 팔츠의 선제후 필립(Philip)의 무기 제조공이었다. 아버지는 자신이 존경했던 선제후의 이름을 따라 아들

---

12 칼빈, "칼뱅이 마르틴 부처에게," 186-187.

의 이름을 필립이라 지었다. 멜랑히톤은 어려서부터 학문적 재능을 드러내었다. 일찌감치 그의 재능을 알아보았던 아버지는 개인 교사를 붙여 라틴어를 공부시켰다. 하지만 필립이 11살이 되던 해에 전쟁으로 인해 아버지는 별세하고, 함께 살던 그의 할아버지 마저도 세상을 떠나고 만다. 멜랑히톤은 자신의 동생과 함께 친척 로이힐린(Reuchlin)의 누이의 집에 맡겨져 지내며 학업을 이어갔다.

1509년 10월, 불과 12세의 나이에 말랑히톤은 하이델베르크대학에 입학한 후 2년도 채 안된 15011년 6월에 문학사 학위를 마친다. 당시 문학사 학위를 마치는데 평균 4-5년 정도가 걸렸음을 고려한다면 최단기에 가까운 그의 졸업은 학문성을 증명해 준다. 이듬해인 1512년 9월, 그는 튀빙겐 대학의 석사 과정에 수석으로 입학하여 인문주의를 깊이 있게 공부했다. 1516년 그는 로마 공화정 시대의 희극 작가인 테렌스(Terence)에 대한 비평서를 출간하여 당대 최고의 기독교 인문주의자였던 에라스무스에게 호평을 받았다. 실력을 인정받은 멜랑히톤은 1518년 비텐베르그 대학의 헬라어 교수로 초빙되었으며, 강의 실력 또한 탁월하여 많은 학생들에게 인기를 얻었다.

3.2 종교개혁으로

인문주의자 멜랑히톤을 종교개혁자로 만든 것은 루터의 영향력과 성경의 가르침이었다. 당시 비텐베르그 대학 헬라어 교수는 헬라어만이 아니라 신약성경을 가르치는 일이 포함되었다. 이에 비텐베르그에 도착하자마자 그는 신학부의 수업을 듣게 되면서 루터의 강의를 접한다. 때는 1517년의 『95개 반박문』 사건 이후였으며, 루터는 이미 신학부의 성서학 교수로 일하고 있었고, 비텐베르그 대학에서 루터의 영향은 지배적이었다. 루터는 『95개 반박문』 사건으로 로마 교황의 소환 및 취조를 받게 되었는데, 이것이 그 유명한 1519년의 요한 엑크(Johann Eck)와 치러진 라이프치히 논쟁(Leipzig disputation)이다. 이 논쟁은 루터와 칼 슈타트(Karlstadt)가 연사로 참여하여 6

월 27일에서 7월 15일까지 3주간에 걸쳐 작센 공국의 수도인 라이프치히에서 로마교회 측 인사와의 사이에서 발생했다. 로마교회는 잉골슈타트의 교수였던 요하네스 엑크를 내세워 루터측을 공격했다. 루터는 엑크의 궤변에 의해 참패를 하게 된다. 루터는 로마교회 사제들의 부조리를 비판했던 존 위클리프는 잘못한 것이 없다고 주장했다. 이에 대해 엑크는 1514년 콘스탄스 공의회에서 존 위클리프와 얀 후스에 대해 내려진 화형 결정을 부정하는 것이니, 교회 공의회에 대한 권위를 멸시한다고 하여 루터를 공격하였다. 카터 린드버그에 따르면 이 시기에 멜랑히톤은 아마도 교회 회의에 오류가 있을 수 있다는 것을 깨달았을 것이라고 말한다.[13] 멜랑히톤을 로마교회의 미신으로부터 일깨워 준 것은 루터였다. 그는 1553년에 쓴 자신의 역작『신학총론』에서[14]에게 헌정사에서 작품의 저술 동기를 다음과 같이 쓴다.

> 전능하신 "하나님의 아들" 예수 그리스도께서 존경스러운 마르틴 루터 박사를 통해 그의 교리가 다시 한 번 빛나도록 은혜롭게 허용하신 후에, 또한 그가 교황들과 수도사들의 잘못과 우상숭배를 꾸짖은 후에, 그리고 미약한 학도인 나 자신이 감히 작센 교회의 학교 개혁문과 신앙고백서를 작성한 후에, 나는 여러 사람들과 여러 문제에 대해서 논의하게끔 되었습니다. 이것이 내게 입문서라고 할 수 있는『신학총론』(Locos Theologicos)를 쓰게 된 동기라고 할 수 있습니다.[15]

---

13 Heinz Scheible, "필립 멜랑히톤,"『종교개혁과 신학자들』, 조영천 옮김, ed. 카터 린드버그 (서울: 기독교문서선교회, 2012), 135.

14 멜랑히톤은 헌정사를 1553년 요아킴 카메라리우스(Joachim Camerarius, 1500-1574)에게 썼다. 카메라리우스는 독일의 고전학자로 라이프치히, 에르푸르트, 비텐베르그에서 공부하였으며 멜랑히톤과 친밀한 관계를 가지고 있었다. 뉘렘베르그의 언어학교에서 역사와 헬라어 교사를 역임하였으며, 후일 멜랑히톤이 아우구스부르그 제국회의에서 아우구스부르그 신앙고백서(1530)를 작성할 때 도움을 주었다.

15 필립 멜랑히톤, "멜랑히톤의 헌정사,"『신학총론』, 이승구 옮김 (고양: 크리스챤다이제스트, 2000), 65.

멜랑히톤의 인문주의를 종교개혁으로 전향시킨 것은 성경이었다. 비록 그 가르침은 루터의 영향력에 기인하지만, 루터를 통하여 성경의 복음으로 직접 다가갈 수 있었다. 멜랑히톤은 신학에 정진하여 1519년 9월에 성경 학사 학위를 받았다. 그의 신학사상은 그가 썼던 학위 논문에 잘 드러난다. 그는 성경 학사 학위 논문을 쓰면서 세 가지 주제를 삼단논법을 통해 제시했다.

> ① 성경이 증언하지 않는 신앙의 조항에 대해서는 믿어야 할 필요가 없다.
> ② 교회 회의의 권위는 성경의 권위 아래에 놓여 있다.
> ③ (그러므로) 불멸의 특징(charatcter indelebilis)이나 화체설 또는 그 밖의 교리들을 믿지 않는다고 해서 이단이라는 비난을 받을 수는 없다.[16]

비텐베르그에서 신학을 공부하던 시기에 멜랑히톤은 당시 조직신학 교본이었던 피터 롬바르드(Peter Lumbard)의 교과 과정에 의거하여 복음에 대한 내용을 배웠다. 하지만 루터가 제시한 복음과 율법의 구별의 중요성을 인식하면서, 점점 롬바르드의 스콜라주의로부터 신약성경인 로마서의 논리를 따라 복음과 율법의 관계를 파악하기 시작했다. 1521년 멜랑히톤은 그의 역작 『신학총론』(*Loci Theologici*)을 출간했다. 이 작품이 특별한 의미를 갖는 것은 그의 신학이 성경에 기초하고 있음을 보여주기 때문이다. 그는 복음을 인간의 성취로 얻을 수 없는 하나님의 선물이라고 강조한다.

> 독자들은 이 이야기와 교리 모두를 주목해 보고서, 각 교리의 독특성들을 염두에 두고, 특히 율법과 복음의 차이를 자세히 주목하며, 특히 복음이 우리의 공로를 통해 오는 것이 아니라 믿음으로 하나님의 아들을 통해서 얻게 되는 구주의 약속과 구속임을 잘 알아야 할 것이다. 율법과 복음 또는 약속의 차이는 이 책의 뒷부분에서 설명될 것이다. 이를 잘 구별하는 것은 아주 중

---

16 Scheible, "필립 멜랑히톤," 136, 재인용.

요한 일이다. 왜냐하면 복음 즉 하나님의 아들을 통한 은혜와 구속의 약속은 하나님의 백성과 세속적인 불경건한 무리들을 구별하기 때문이다. 이방인들은 합리적인 사람들로서 문제를 자연의 빛에 따라서 어떻게 해결해야 하는지 안다. 그들은 또한 율법, 즉 덕스러운 일들에 대해서도 조금은 아는 것이다.… 그러나 이방인들은 복음과 은혜에 대해서는 아무것도 모른다. 왜냐하면 이것은 모든 천사들과 사람들의 자연적 이성 너머에 있는 특별하신 하나님의 경륜을 통해 오는 것이기 때문이다.[17]

『신학총론』은 1535년과 1543년에 개정을 거치면서 당대에 새로운 형태의 조직신학 교과서로 자리매김하게 된다. 루터는 1542-1543년 겨울에 있었던 탁상담화에서 제자들을 향해 멜랑히톤의 『신학총론』이 "해 아래 있는 책들 중 『신학총론』만큼 신학 전체를 온전하게 설명한 책은 없다."고 말했다. 루터는 멜랑히톤의 지적 능력을 극찬했다. 그는 에라스무스를 내용은 있지만 표현력이 없는 사람으로, 칼슈타트를 내용도 없고 표현력도 부족한 사람으로 각각 묘사한 반면, 멜랑히톤은 내용과 표현력 모두를 갖춘 사람으로 호평하였다.[18]

3.3 신학총론(Loci Theologici)

『신학총론』은 칼빈의 『기독교 강요』가 나오기 15년 전에 출간된 작품이라는 점에서 높이 평가될만 하다. 칼빈 역시 멜랑히톤의 작품을 인용한 것으로 나타난다. 멜랑히톤은 이 작품에서 사도신경, 니케아 신경, 그리고 아타나시우스 신경의 구조에 따라 신앙의 내용을 기술 및 배열했다.[19] 그의 책은 신론으로 시작해서 인죄론, 구원론, 교회론 등의 순서로 되어 있다. 하

---

[17] 멜랑히톤, "멜랑히톤의 서문," 71-72.
[18] Scheible, "필립 멜랑히톤," 142.
[19] 멜랑히톤, "멜랑히톤의 서문," 73.

지만 칼빈의 『기독교 강요』와 비교해 볼 때 덜 체계적인 형태를 띠고 있다는 것은 쉽게 알아차릴 수 있다. 논증의 방법에 있어서도 성경적인 주장보다는 인문주의적인 입장에서 이해하는 경향이 강하다. 그는 인간의 자유의지와 이성의 능력에 어느 정도 관대한 입장을 취한다. 물론 멜랑히톤은 그러한 자유의지를 논하면서 인간이 스스로 구원할 수 있다는 가능성을 열어주는 것이 아니다. 이를 잘 이해하기 위해 그는 능력과 의지를 구분하여 설명한다. 죄로 타락한 인간의 능력은 하나님 보시기에 그저 황폐할 따름이다. 선을 행하기에 무능한 인간은 자신의 자유 의지로 하나님을 기쁘게 하기보다 불순종한다. 그럼에도 불구하고 그는 물리적인 행위들에 대한 통제는 인간의 자유 의지에 의해 언제든지 자유롭게 이루어질 수 있다고 강조한다. 그는 다음과 같이 말한다.

> 이 타락한 본성 안에서의 자유 의지에 대한 질문에 대하여 이것이 첫째 대답이 되도록 하자. 비록 그들이 아직 중생되지 않았고, 성령을 통해서 성화되지 않았다고 해도, 사람들은 그들이 생각하고 원하는 대로 몸의 외적인 지체들을 움직이고 제어할 수 있는 능력을 가지고 있다. 외적인 행동에 관한 한, 자신의 손을 의도적으로 금하는 목마른 사람에 대해서 앞서 말한 바와 같이, 사람 안에 자유 의지가 남아 있는 것이다.[20]

멜랑히톤은 비록 사람이 중생이나 성화가 없을지라도 자신들이 원하는 대로 생각하고 행동할 수 있는 능력이 있다고 보았다. 만약 이 자유의지가 없다면 인간의 시민생활은 가능하지 않았을 뿐만 아니라 사회의 발전은 설명될 수 없을 것이다.

자유의지에 대한 멜랑히톤의 설명은 칼빈의 견해만큼 인간 본성에 대한 명확한 구별을 하지 못하는 것이 분명해 보인다. 멜랑히톤은 시민 생활

---

[20] 멜랑히톤, 『신학총론』, 149-150.

과 사회의 발전을 인간의 자유의지의 효과로 보았다. 하인츠 샤이블레가 잘 묘사한 바와 같이 멜랑히톤은 "하나님께서는 자연을 그것의 본질에 따라 유지하시고 지배하시는 반면 인류에게 이성과 선택의 자유를 주셨다."고 믿었다.[21] 멜랑히톤은 자연을 움직이는 하나님의 섭리의 손과 이성적 피조물의 활동을 일으키는 인간 고유의 본성을 구분한다. 하지만 칼빈은 하나님께서 인간에게 창조시 부여해 준 본성 혹은 동물적 본능의 결과조차도 하나님의 섭리의 영역속에서 설명한다. 칼빈에게 인간의 사회적 활동은 자유의지가 아니라 인간 고유의 본성의 결과이며, 더 넓게는 하나님의 섭리적 은혜의 효과이다. 칼빈은 하나님과 인간의 의지의 관계를 일반은총적 관점에서, 특별히 섭리론과 원죄론에서 분명하고 지속적으로 언급한다. 그는 타락한 인간 지성에 관해 다음과 같이 진술한다.

> 사람은 사회적 동물이므로, 본능에 의하여 사회를 이루고 보존하는 성향을 지니고 있다는 것이다. 따라서, 우리는 모든 사람의 마음에 특정한 시민의 공평한 관계와 질서에 대한 보편적인 생각들이 존재하고 있음을 보게 된다. 그렇기 때문에, 인간의 조직들이라면 그 종류를 막론하고 반드시 법에 의하여 규정되어야 한다는 것을 이해하지 못하거나, 혹은 그런 법들의 원리를 납득하지 못하는 사람이 하나도 없는 것이다.[22]

타락에도 불구하고 인간은 하나님의 일반은총의 덕택으로 본능적인 욕구에 따라 본성 가운데 내재하는 보편적인 법적 원리를 추구한다. 실로 고대의 입법자들이 수립한 시민 질서와 규율, 철학자들이 관찰하여 설명해 놓은 자연의 이치, 인간의 수사학적 능력, 의학의 발전과 수학은 칭찬할 만한

---

21 Heinz Scheible, "필립 멜랑히톤," 『종교개혁과 신학자들』, 조영천 옮김, ed. 카터 린드버그 (서울: 기독교문서선교회, 2012), 140.

22 John Calvin, 『1559년 라틴어 최종판 직역: 기독교 강요』 2권, 문병호 역 (서울: 생명의말씀사, 2020), 2.2.10.

것들이다. 그러나 더 중요한 사실은 이 모든 것들이 "하나님께로부터 온다는 것을 인정"하도록 만드는 데 있음을 칼빈은 강조한다.[23] 타락한 인간의 행위는 자유의지를 의미하는 것이 아니라 동물적 욕구로서 인간의 타락에도 불구하고 하나님의 섭리로 인해 발생한 은혜, 곧 일반은혜로 말미암는다.

---

23 Calvin, 『1559년 라틴어 최종판 직역: 기독교 강요』, 2.2.15.

5장

개혁파 종교개혁

: 츠빙글리(1484-1531)와 파렐(1489-1565)

1. 울리히 츠빙글리(Ulrich Zwingli, 1484-1531)

1.1 회심의 여정

츠빙글리는 1484년 1월 1일 토겐부르크(Toggenburg)의 빌드하우스(Wildhaus)라는 마을의 수령(magistrate)의 아들로 태어났으며 외가는 가톨릭 사제 가문이었다. 그의 삼촌은 베젠(Wesen)의 학장으로 있었으며 7남 2녀 중 세 번째 아들로 태어났다. 빌드하우스는 스위스 북동부에 위치해 있으며 주요 산업은 유목이었다. 1523년 종교개혁이 이 마을에 소개되었다. 츠빙글리는 경건한 부모의 가정에서 로마 가톨릭 교회의 교육을 받고 자랐다. 특별히 그의 삼촌이 베젠의 학장으로 있었기에 인문주의 학문을 접할 수 있었다. 또한 성품도 올곧아 거짓말을 할 줄 몰랐다. 10살이 되었을 때 베젠에서 바젤에 있는 라틴어 학교로 옮겨 라틴어 문법과 음악과 변증학을 공부하게 된다. 이후 1498년 그의 나이 14세에 베른에 있는 한 전문학교에 입학한다. 1500년부터 1503년까지는 비엔나 대학에서 공부했는데, 그 대학은 인문주의로 정평이 난 학교였다. 비엔나 대학에 있으면서 츠빙글리는 열렬한 인문주의자가 되었다. 그는 다양한 악기들도 다룰 줄 알았는데 하프, 바이올린, 플롯, 덜시머,[1] 호른 등을 상당한 수준까지 연주할 수 있었다.

인문주의를 공부한 후 츠빙글리는 1502년에 바젤로 돌아와 성 마틴(St. Martin) 학교에서 라틴어를 가르치면서 고전 연구를 진행하여 4년 후인 1506년에 석사학위를 취득했다. 그 이후로 석사 울리히라는 이름으로 불렸는데, 아쉽게도 신학박사 학위는 없었다. 인문주의 교육은 츠빙글리에게 종교개혁으로 단번에 길을 열어주지는 못했다. 종교개혁에 눈을 뜨게 해 준 것은 츠빙글리 자신의 신실한 교사였던 토마스 비텐바흐(Thomas Wyttenbach)였다. 츠빙글리는 비텐바흐를 통해 로마교의 문제점들, 특별히 면죄부의 문제를 발견할 수 있었다.[2] 하지만 그때까지도 츠빙글리는 로마교의 미신에서 벗어나지 못하고 있었다. 1506-1516의 10년이라는 기간 동안 그는 스위스의 글라루스(Glarus)주의 수도인 글라루스에서 사제로 임명되어 설교, 교수, 목회, 연구 사역으로 시간을 보냈다. 이때 헬라어와 히브리어 실력을 상당히 발전시켰다. 1522년 츠빙글리는 에라스무스에게 학자로 인정받았으며, 에라스무스가 취리히에서 정착하도록 초청한 적이 있다.

츠빙글리에게 로마교회와의 결별을 안겨다 준 것은 다름 아닌 성경연구였다. 그는 성경연구에 몰두하면서 로마교회의 성경해석에 문제가 있음을 발견하게 된다. 그는 에라스무스의 신인협력 사상을 반대했다. 종교개혁이 진행되면서 츠빙글리와 에라스무스 사이의 우정에 금이 가기 시작했다. 츠빙글리는 글라루스를 떠나기 전 스위스에서 대단히 유명한 인사가 되어 있었지만 여전히 신학자나 종교개혁가라기보다는 인문주의자에 가까웠다. 왜냐하면 이 때까지만 해도 그는 교회의 영적인 상태보다는 지성적인 문화나 정치문제에 더 많은 관심을 가지고 있었기 때문이다. 루터, 칼빈, 파렐, 비레

---

[1] 두 개의 나무망치로 철선을 두드려 소리를 내는 타악기.

[2] Philip Schaff, *History of the Christian Church, vol. 8: Modern Christianity: The Swiss Reformation* (Grand Rapids, MI: WM. B. Eerdmans Publishing Company, 1910), 237. (Hearafter, *The Swiss Reformation*), 21-23.

와는 다르게 츠빙글리는 인생의 여정 속에서 점진적인 회심의 과정을 밟게 된다. 하지만 그가 성경을 자신의 유일한 규범으로 선택한 후에는 전혀 뒤돌아보지 않은 채 로마교회의 전통으로부터 벗어날 수 있었다. 그렇게 글라루스에서 시작된 종교개혁으로의 여정은 취리히에서 완성에 이른다.[3]

츠빙글리가 성경연구에 몰두하고 로마교회의 문제점을 고발하기 시작한 것은 1516년 그가 글라루스를 떠나 같은 스위스 연방의 아인지델른(Einsiedeln)으로 거처를 옮겼을 때이다. 그곳은 베네딕트 수도회가 있는 마을로 검은색 목각 성모 마리아상이 있었기에, 유럽 전역에서 순례자들이 오는 장소였다. 츠빙글리는 그곳에서 성경을 깊이 있게 연구하고 에라스무스의 주석을 포함하여 교부들의 주석들, 예를 들어 오리겐, 암브로스, 제롬, 크리소스톰의 주석들을 읽을 수 있었다. 츠빙글리는 어거스틴의 글을 많이 인용하긴 했지만, 동방 교부들인 오리겐, 제롬, 크리소스톰을 더 선호했다. 1517년에는 바울서신과 히브리서를 소책자 형태로 필사하기도 했다. 1518년에는 설교단에서 로마교회의 면죄부를 강하게 비판하기 시작했다. 그는 교황이 성경에 무지하다고 비판하고 자신의 사람들에게 마리아가 아니라 예수 그리스도를 예배할 것을 설교했다.[4]

츠빙글리의 종교개혁 활동을 연구한 학자들은 스위스 종교개혁이 독일 루터의 것보다 1년이나 더 빨리 시작되었다고 주장한다. 하지만 츠빙글리의 주장들은 루터의 95개조 반박문만큼 체계적인 것이 아니었다는 점에서 이러한 주장들은 확고한 개연성을 지니지는 않는다. 또한 1516년에 츠빙글리는 에라스무스적인 사상을 견지하고 있었고, 종교적인 관심이라기보다는 정치적인 관심에 더 매료되어 있었다. 심지어 츠빙글리는 1515-1520의 5년이라는 기간 동안 연구비 지원이라는 명목으로 로마교회로부터 상당한 액수의 연금을 지급 받았으며, 1518년에는 로마 교화의 대사였던 안토니오 푸

---

[3] Schaff, *The Swiss Reformation*, 24-28.
[4] Schaff, *The Swiss Reformation*, 30-32. 아쉽게도 츠빙글리는 성경적인 근거보다는 교부들 가운데 오리겐이나 제롬을 많이 의존했다.

치(Antonio Pucci)에 의해 취리히에서 교황의 사목(chaplain)으로 임명을 받았다. 츠빙글리가 그 모든 지원들을 거부한 것은 1520년이 지나서였다.[5]

1.2 취리히의 종교개혁(1519-1526)

독일에 비텐베르크가 있다면 스위스에는 취리히가 종교개혁의 시발점이었다. 츠빙글리는 루터와 거의 유사한 시기에 종교개혁 운동을 시작한 1세대 종교개혁자였다. 위에서 살펴본 바와 같이 아인지델른에 왔었던 취리히 지역의 순례자들은 츠빙글리의 설교를 들은 적이 있었다. 츠빙글리는 1518년 12월 27일에 취리히에 도착한 후, 주민들의 환대를 받으며 마태복음 주해를 시작했다. 이는 정해져 있는 복음서와 서신서들을 중심으로 설교했던 로마교회의 관행에서 벗어난 행동이었다. 츠빙글리는 교부들의 예를 따라 임의로 마태복음으로 정한 것이었으며, 이는 종교개혁자들이 본문 선택의 자유를 존중하고 있었음을 시사한다.[6]

취리히의 종교개혁을 이해하기 위해 취리히의 간략한 역사를 살피는 것이 도움이 될 것이다. 취리히의 역사는 독일의 왕 루이스(Louis)가 프라우뮌스터(Fraumünster) 수도원을 건립했던 9세기 중반으로 거슬러 올라간다. 이 지역은 옛로마로 알려져 있는 황제의 도시였다. 12세기에는 그로스 민스터(Grossmünster (Great Minster)) 성당이 설립되었으며, 이 사원은 후일 츠빙글리의 종교개혁의 거점 역할을 하게 된다. 취리히는 1315년에 스위스 연방에 편입되었다. 16세기 초에 취리히는 7천명의 주민이 거주하고 있었으며 스위스의 국제 활동의 중심지가 되었다.

1519년, 츠빙글리는 36세의 사뭇 늦은 나이에 본격적인 사역을 시작했다. 그는 타고난 설교자이자 목회자였다. 4년동안 주일 예배는 요한계시록

---

5 Schaff, *The Swiss Reformation*, 32-33.

6 Schaff, *The Swiss Reformation*, 38.

을 제외한 대부분의 신약성경을 설교하였으며 주중에는 시편을 설교했다. 헬라어에 능숙하였기에 그는 신약 원문 성경에 입각하여 설교를 준비했다. 그의 설교 주제는 언제나 그리스도였다. 성경에서 증명할 수 없는 것은 설교하지 않았는데 이는 성경만이 유일한 그리스도인의 믿음과 삶의 규범이라고 보았기 때문이다. 이는 종교개혁의 원리와 맥을 같이 한다. 종교개혁의 목표는 신약의 기초인 그리스도를 제시하고 그를 믿는 믿음의 삶을 교회 안에서 새롭게 하는 데 있었다. 그와 같은 설교사역은 성도들에게 일관적인 그리스도의 생애와 사역에 대한 감각을 불러일으켰다. 사람들은 "그런 설교는 들어본 적이 없다"고 극찬하였다.[7] 츠빙글리는 설교뿐만 아니라 목회에 타고난 기질을 가지고 있었다. 그는 "명랑하고, 친절하고, 정중하며, 자비로운 헌신된 목회자"였다. 특별히 젊은 이들을 교육하는데도 많은 관심을 기울였다.[8]

1522년, 츠빙글리는 사순절에 고기를 금하는 로마교회의 관례가 성경적 근거를 가지지 못한다고 설교했다. 그로 인하여 콘스탄스의 주교는 취리히에 사절을 보내어 관례적인 금식을 지킬 것을 명령하였다. 행정 당국은 로마교회의 관례를 어길 시 형벌을 가할 것이라고 협박했다. 이에 응수하여 츠빙글리는 고기 섭취의 자유에 관한 소책자를 썼는데, 이 책은 그가 처음으로 출판한 것이었다. 그는 고린도전서의 말씀에 호소하면서 그리스도인들은 음식을 먹는 것과 먹지 않는 데 있어서 자유를 가지고 있음을 강조했다. 반면 콘스탄스 주교는 시민 당국에 교회의 절기들을 보호할 것을 권하면서 행정 당국에 압력을 가하여 츠빙글리를 위험한 상황으로 몰아갔다. 츠빙글리는 살해 위협을 몇 번이나 받았지만 전혀 두려워하지 않았으며, 그들의 위협에 아르케텔레스(Archeteles , "처음과 끝")라는 작품을 통해 성경의 권위에 호소했다. 이 책에서 그는 자신에게는 잘못이 없으며 오직 시민들을 하

---

[7] Schaff, *The Swiss Reformation*, 40-41.
[8] Schaff, *The Swiss Reformation*, 41.

나님께 가까이 인도하기 위한 것이었음을 항변하고, 로마교의 위선을 꼬집었다. 이를 통해 성경의 권위가 교회의 권위에 앞선다는 것을 주장하였다.

위에서 본 것처럼 종교개혁은 성경의 권위에 입각하여 로마교회의 각종 교리들의 허점을 지적하였다. 성직자의 독신 문제도 대표적인 예 가운데 하나이다. 종교개혁자들은 로마교의 독신 개념이 위선에 불과하고 스스로의 정욕을 절제하지 못하는 인간의 정욕을 가볍게 생각한다고 비판했다. 독신은 하나님의 특별한 은사가 아니면 가급적 기피해야 할 것이었다. 그들은 몸소 독신의 문제를 지적할 뿐 만 아니라, 결혼을 통하여 성직자에 대한 로마교의 왜곡된 관점을 바로 잡고자 했다. 1522년 츠빙글리가 로마교의 강제적인 독신 교리의 오류를 해결하기 위한 치료책으로 성직자의 결혼을 허용할 것을 요구한 것도 이러한 취지에서였다. 결혼은 하나님이 제정하신 거룩한 예식이다. 비록 그의 탄원은 받아들여지지 않았으나 몇몇 사제들은 당국의 명령을 얻기고 결혼을 하였으며, 츠빙글리 자신도 같은 해에 결혼하였다. 하지만 문제가 커질 것을 생각하여 공적인 결혼식은 1524년 4월 5일에 치르게 된다. 이때는 루터가 결혼하기 1년 전이었다. 츠빙글리는 다른 종교개혁자들처럼 아내를 소중히 여기고 아끼는 사람이었다. 그의 아내는 한스 마이어 폰 크노나우(Hans Meyer von Knonau)의 미망인으로 이미 세 자녀의 엄마였다. 그녀는 츠빙글리보다 두 살이나 더 많았다. 츠빙글리의 결혼을 빌미로 그의 대적들은 츠빙글리가 외모와 돈을 밝힌다고 험담을 하였으나 이는 풍문에 불과했다. 츠빙글리의 아내는 부자가 아니었으며 결혼 후에는 귀금속 장신구들을 착용하지 않았다. 츠빙글리는 평소에 검소한 삶을 살았으며 세상을 떠날 때 재산을 남기지 않았다.[9]

1517년 루터가 『95개 반박문』을 제시했다면, 츠빙글리는 6년 후인 1523년에 『67개 신조』(The Sixty-seven Articles)라는 신앙고백서를 작성했다. 『95개 반박문』과 『67개 신조』는 모두 로마교회의 면죄부 교리를 비판하는 것이었

---

9 Schaff, *The Swiss Reformation*, 47-50.

는데, 츠빙글리의 신조는 루터의 반박문보다 더 체계적이며 풍성한 종교개혁 내용을 담고 있다. 츠빙글리는 이 신조에서 구속주 그리스도를 강조하고, 성경을 유일한 신앙의 규범으로 제시하며, 로마교회의 다양한 교리들인 교황의 수위권, 미사, 성인들에 대한 기도, 공로주의, 종교 금식, 순례 여행, 독신, 연옥 등을 비성경적인 가르침이라고 비판했다. 아래에 몇 가지 신조들을 간단히 적어본다.

1. 교회의 승인 없이는 복음이 아무것도 아니라고 하는 이들은 하나님께 잘못과 모욕을 범한다.
3. 그리스도는 과거나, 지금이나, 앞으로 올 모든 이들에게 구원의 유일한 길이시다.
16. 복음으로부터 우리는 사람의 교리와 전통들이 구원에 무익하다는 것을 배운다.
19. 그리스도는 하나님과 우리 사이에 유일한 중보자이시다.
57. 성경은 이생 이후의 연옥에 대해 전혀 알지 못한다.

이 외의 신조들도 대부분 그리스도께서 유일한 구속주이시며 사람의 행위가 아니라 하나님의 은혜만이 죄를 씻을 수 있으며, 성경이 우리가 믿어야 할 표준임을 강조하고 있다.[10]

1.3 성찬에 대한 관점들

츠빙글리를 이해함에 있어서 빼놓지 말아야 주제는 성찬이다. 1524년에서 1529년까지 5년에 걸쳐서 츠빙글리와 루터는 성찬논쟁을 했다. 츠빙글리는 1525년에 성찬에 관한 두 개의 소책자를, 그리고 1526년에 보다 정교

---

10 Schaff, *The Swiss Reformation*, 51-53.

한 형태의 소책자를 출판했다. 1525년 바젤의 종교개혁자 오에콜람파디우스도 개혁파의 대열에 참여하여 논문을 출간했다. 1528년에는 부써와 오에콜람파디우스, 그리고 츠빙글리가 연합하여 실재적 임재설은 성경적 근거가 없는 것이라고 루터파의 공재설을 비판했다. 한편 루터는 개혁파의 관점에 동의할 수 없었다.[11] 이에 마부르크 회담에서 그 문제를 해결하려다가 도리어 둘 사이의 관계는 악화일로로 치달았다. 더 나아가, 성찬론은 루터파와 개혁파 사이에도 영원한 분리를 초래했다. 츠빙글리의 종교개혁을 다룸에 있어서 성찬을 논하는 것은 시의 적절하다. 왜냐하면 이 주제는 츠빙글리의 기여점과 한계를 잘 드러냄으로서, 개혁주의의 역사에서 츠빙글리의 위치를 분명히 드러내기 때문이다. 필자는 많은 내용들을 다루기 보다 성찬에 대한 제 관점들을 간략히 구분하고 그에 따른 츠빙글리의 기여점과 한계를 드러내는 데 만족하고자 한다.

츠빙글리의 종교개혁의 결과 취리히에서 미사는 사라지고 그 자리에 복음 설교와 성찬식이 거행되었다. 츠빙글리는 성경과 중보자 그리스도에 대한 종교개혁의 모토를 공유하였다. 바빙크는 성례에 대한 종교개혁의 관점이 츠빙글리, 루터, 칼빈에게 있어서 일치하는 점이 있음을 인정한다.

> 종교개혁은 이 세 가지 점에 있어 모두 로마교의 성례 교리를 성경에 비추어 교정하고 수정했다. 츠빙글리, 루터, 칼빈은 이런 맥락에서 서로 일치했고 다음과 같이 공동으로 선언했다. (1) 성례 가운데 전달되는 은혜는 일차적으로 사죄의 은혜이며, 이 은혜는 추가도니 선물이 없는 더 낮은 본성이 아니라 죄와 관련된다. (2) 성례는 말씀에 덧붙여진 표시와 인이며, 말씀에 의하지 않고는 그 어떤 은혜도 전달하지 않고 따라서 말씀이 없이는 그 어떤 가치도 없다. (3) 그리고 성례의 효과와 열매는 성례 자체가 아니라 믿음에 기초하

---

11 Richard Gamble, "Sacramental Continuity among Reformed Refugees: Peter Martyr Vermigli and John Calvin," in Peter Martyr Vermigli and the European Reformations: Semper Reformanda, ed. Frank A. James III (Leiden · Boston: Brill, 2004), 98-99.

> 고 따라서 성례를 받는 자 안에 항상 구원하는 믿음을 전제한다.[12]

하지만 이것이 츠빙글리가 다른 종교개혁자들과 동일한 신학을 추구했다는 것을 의미하지는 않는다. 가장 대표적인 예가 성찬에 대한 관점이다. 성례로서의 성찬에 대한 관점은 크게 네 가지로 나뉜다. 로마교, 루터파, 츠빙글리, 그리고 개혁파의 관점이다. 먼저 성찬식에 대한 츠빙글리의 이해는 기념설이다. 그는 누가복음 22:19의 "또 떡을 가져 감사 기도 하시고 떼어 그들에게 주시며 이르시되 이것이 너희를 위하여 주는 내 몸이라 이를 행하여 나를 기념하라 하시고"라는 말씀을 통해 성찬식 거행 시 신자가 해야 할 의무는 마가 요한의 다락방에서 있었던 성찬을 기념하는 것이라고 주장했다. 이 관점은 로마교회의 화체설과 루터의 공재설을 직접적으로 비판하고 그들의 문제점을 고스란히 드러내었다는 점에서 의의가 있다. 로마교회는 사제가 성찬식에서 나누는 빵과 포도주를 축성하면 그것이 곧 그리스도의 살과 피로 변한다고 주장했다. 또한 성찬식을 거행할 때 잔에서 포도주를 흘리는 것을 우려하여 분병만 하고 분잔은 사제들만 참여하게 했다. 이러한 로마교회의 성찬식에 대해 칼빈은 다음과 같이 비판한다.

> 주님은 떡을 보여 주시며, 그것이 자기의 몸이라고 하신다. 잔을 보여 주시며, 자기의 피라고 하신다. 이와 반대로, 인간 이성의 무모함은 떡이 피이고 포도즙이 몸이라고 주장한다. 마치 주님이 말씀과 표징 두 가지 모두로써 자기의 몸을 피와 구별하신 것이 아무 이유가 없기라도 하듯이, 마치 그리스도의 몸 혹은 그리스도의 피가 하나님과 사람이라고 불리는 것을 들은 적이 있기라도 하듯이 말이다! "이것이 내 피다."라고 하시지 않고, "나는 이것이다."라고 말씀하실 수 있었을 것이다. 성경에서 보듯이, 그는 이런 표현에 익숙하시다(마 14:27; 요 18:5; 눅 24:39). 그러나 주님은 우리 믿음의 연약함을 도우

---

12 Herman Bavinck, 『개혁교의학』 4권, 박태현 옮김 (서울: 부흥과개혁사, 2012; 4쇄), 553.

시려고 떡과 잔을 따로 제정하심으로써 자기가 양식 못지 않게 음료가 되셔서 우리를 채워 주신다는 것을 가르치고 계신다. 그런데 만약 그 절반이 제거된다면, 우리는 그 안에서 절반의 영양만 발견하게 될 것이다. 그러므로 설혹 피가 떡에 있고 몸이 잔 안에 있다고 그들이 구실을 삼는 것이 사실이라고 할지라도, 여전히 그들은 경건한 영혼들을 속여서 그리스도가 우리에게 필요하다고 주신 믿음의 확정을 그것들에게서 빼앗게 될 것이다.[13]

칼빈이 지적하는 화체설의 문제는 두 가지다. 첫째, 그들은 성찬식에서 주어진 말씀과 표징을 구분하지 못했다. 떡과 포도즙은 그리스도의 살과 피를 표시하는 표징이라는 단순한 사실을 망각했다. 둘째, 믿음의 연약함을 돕기 위해 주시는 은혜의 방편으로서의 성찬식을 온전히 거행하는데 실패했다. 주께서 명령하신 분병과 분잔 가운데 분잔을 제한한 것은 그들의 어리석은 생각의 결과였다.

칼빈과 마찬가지로, 루터는 빵과 포도주는 그저 빵과 포도주일 뿐 그리스도의 몸이 될 수 없다고 하며 로마교회를 비판했다. 루터에 따르면, 그리스도께서 승천하신 이후, 그분의 인성이 신성과의 속성 교통으로 신적인 능력을 부여 받는다. 그 결과 교회에서 성찬식을 거행할 때, 그리스도의 인성이 빵과 포도주 주변 즉 위, 아래, 옆, 안에 함께 공재한다. 공재설은 루터가 로마교회의 화체설에서 완전히 자유롭지 못했음을 보여준다. 그리스도의 신성과 인성의 관계를 보다 잘 파악한 사람은 츠빙글리였다. 그는 그리스도의 인성은 승천 이후 하나님의 보좌 우편에 있다고 말하였다. 인성은 시간과 공간의 제약을 받기 마련이다. 아무리 승천한 이후여도 그리스도께서 인성을 취한 이상 그 인성은 신성으로 변하지 않으며 인성으로서의 고유한 성질을 유지하는 것이 마땅하다. 그렇다면 빵과 포도주를 통한 성찬식은 그저 예수님의 죽

---

[13] John Calvin, 『1559년 라틴어 최종판 직역: 기독교 강요』 4권, 문병호 역 (서울: 생명의말씀사, 2020), 4.17.47.

으심을 기념하는 의식에 다름 아니다. 츠빙글리는 성찬식에서 분잔과 분병의 표시가 어떻게 신자들에게 은혜로서 전달될 수 있는지를 로마교회나 루터파보다 잘 설명하였다. 이 점에 있어서 바빙크는 다음과 같이 말한다.

> 하나님이 자신의 은혜를 나누어 주기 위해 성례를 어떻게 사용하는지의 문제는 칼빈과 또한 후기 개혁파에게 있어서 분명하게 드러나지 않는다. 따라서 다음과 같은 온갖 질문들이 계속 제기된다. 은혜는 항상 표시와 연관되어 있어 성례는 객관적으로 계속 동일하게 머무는가? 또는 성례가 신자들에 의해 받아들여질 때만 하나님은 은혜를 표시와 연관시키는가? 또는 하나님은 표시와 함께 은혜를 불신자들에게 주는데, 그들이 단지 표시만 취하고 받아들인다면 이것은 그들이 허물인가? 성례적 은혜는 신자들이 이미 과거에 받은 은혜와 어떻게 구별되고, 성례에 대해 신자들의 눈을 뜨게 하고 그들의 마음을 여는 성령의 주관적인 작용과 어떻게 다른가?…루터와 칼빈을 본받아 성례의 객관적인 성격을 주장하는 루터파 교회와 개혁파 교회 밖에서는 츠빙글리의 교리가 갈수록 더욱 수용되었다.[14]

츠빙글리는 화체설과 공재설의 문제점을 잘 지적하였다. 또한 츠빙글리는 성찬에 있어서 신자들의 신앙고백을 통한 연합을 강조했다는 점에서 기여점이 있다.[15] 그레고리 밀러(gregory J. Miller)에 따르면 츠빙글리의 기념설이 실재론을 부정한다고 말함으로써 그가 제시한 기념설의 기여점을 일축하는 것은 정당하지 못하다. 츠빙글리에게 "주님의 성찬은 단순히 과거를 회상하는 것 이상의 의미"를 가진다. 기념되는 대상과 기념하는 사람들 사이의 관계에 일종에 "임재"가 형성된다는 점에서 그렇다. 성찬을 통해 신앙을 고백하는 공동체에 일종의 영적인 연합이 이루어지는 것이다.[16]

---

14 Herman Bavinck, 『개혁교의학』 4권, 박태현 옮김 (서울: 부흥과개혁사, 2012; 4쇄), 555.
15 Herman Bavinck, 『개혁교의학』 4권, 박태현 옮김 (서울: 부흥과개혁사, 2012; 4쇄), 555.
16 Gregory J. Miller, "홀드리히 츠빙글리," 『종교개혁과 신학자들』, 조영천 옮김, ed. 카터 린드버

하지만 츠빙글리는 성찬 교리의 전통적인 가르침인 실재적 임재 자체를 부정하는 오류를 범한 것은 사실이다. 그의 기념설은 은혜가 전달되는 과정에 있어서 성찬식의 의의를 온전히 살리지 못했다. 은혜의 방편으로서의 성찬식에서 가장 중요한 요소는 그리스도의 몸과의 연합에 참여한다는 사실에 있다. 성찬은 단순히 과거의 사건을 기념함으로써 신앙고백을 통해 그리스도와의 연합의 계속을 확인하는 고백의 행위에 머물지 않는다. 그것은 그리스도와의 연합을 실재적으로 경험하는 성례로서, 하나님의 직접적인 행위와 신자의 고백이 함께 작용하여 그리스도와의 연합을 확인하는 은혜의 방편이다. 바빙크는 개혁파야말로 루터파와 츠빙글리의 양극단을 해결한 관점이라고 묘사한다.

> 성례에 대한 개혁파의 정의는 하나님의 행위와 신자들의 고백이 성례 가운데 나타나도록 서로 연합시킨다는 점에서 독특하다. 칼빈은 이런 방식으로 루터와 츠빙글리를 서로 조화롭게 만들었다. 칼빈은 루터와 마찬가지로 하나님의 행위가 성찬에서 일차적이고 가장 중요한 자리를 차지한다고 했다. 하지만 그는 츠빙글리와 마찬가지로 신자들이 성찬에서 또한 하나님과 천사들과 사람들 앞에서 자신들의 신앙과 사랑을 고백했다고 생각했따. 하나님은 성찬에서 자신의 유익들을 신자들에게 보여 주고 인 치기 위해 그들에게 먼저 다가온다. 하나님은 자신이 그들의 하나님이며 그들 후손의 하나님이라는 가시적인 보증으로 그들을 확신시킨다. 하나님은 자신의 말씀에 대한 그들의 믿음을 강화하기 위해 자신의 말씀에 인을 덧붙였다. 하지만 다른 한편, 성례는 또한 고백의 행위이기도 하다. 신자들은 성례 가운데 자신들의 회개, 믿음, 순종, 그리스도와의 교제, 상호 간의 교제를 고백한다. 하나님은 그들에게 자신이 그들의 하나님이심을 확신시키는 반면, 그들은 자신들이 하나님의 자녀임을 엄숙하게 증거한다. 모든 성례의 사용은 언약의 갱신이

그 (서울: 기독교문서선교회, 2012), 301.

고, 충성의 서약이며, 그리스도를 섬기기로 다짐하는 맹세다.[17]

바빙크는 성례의 하나인 성찬식은 하나님의 직접적인 행위와 신자의 고백을 포함하는 사건이라고 말한다. 성찬식은 단순한 기념이 아니라, 하나님이 일하고 역사하시는 방편이다.

하나님의 일하심과 신자의 고백 사이의 조화에 대한 바빙크의 지적은 정확하다. 칼빈은 성찬이 자주 거행되어야 할 이유를 설명하면서, 그리스도와의 연합이 단순한 기념이 아니라 표징을 통한 그분과의 교통을 통해 이루어짐을 주장한다.

> 지금까지 우리가 논의해 왔던 것들이 충분히 보여 주는 바, 오늘날의 일반적인 관습과는 달리 성찬은 그저 형식적으로 일 년에 한 차례만 받는 것이 아니라 그리스도인들이 그리스도의 고난을 반복해서 기억하며 회고하게끔 자주 시행되도록 제정되었다. 그 고난을 회상함으로써 그들은 자기들의 믿음을 지키고 강화시키며, 하나님을 향한 고백을 담은 찬미의 노래를 드리고 그의 선하심을 선포하게끔 그들 자신을 권고하며, 서로 간의 사랑을 자라게 하고 자기들 가운데서 그 사랑을 서로 입증하며, 그리스도의 몸의 하나됨 가운데서 그 사랑의 유대를 바라보고자 한다. 우리는 주님의 몸의 징표와 교통하게 될 때마다, 마치 패찰(牌札)이 우리에게 주어지고 받아들여진 것처럼, 모든 사랑의 직분에 서로가 서로를 번갈아 묶어서 우리 중에 그 누구도 우리의 형제를 해칠 수 있는 것이라면 그 무엇도 할 수 없게끔 하거나, 필요성이 있고 재능이 미치는 것으로서 형제를 도울 수 있는 것이라면 그 무엇도 간과하지 않게끔 한다.[18]

---

17 Herman Bavinck, 『개혁교의학』 4권, 561-562.
18 John Calvin, 『1559년 라틴어 최종판 직역: 기독교 강요』 4권, 문병호 역 (서울: 생명의말씀사, 2020), 4.17.44.

위에 인용된 문단에서 가장 중요한 단어는 "그리스도의 몸의 하나됨"에 있다. 어떻게 그리스도의 몸의 하나됨을 이룰 수 있는가? 로마교회의 주장과는 달리 떡과 포도주라는 물질은 그리스도의 본체로 변화되지 않는다. 만일 그렇게 된다고 하더라도 그것이 신자에게 그리스도와의 연합을 가져다 주지 못하는데, 왜냐하면 신자의 신앙고백이 매우 중요한 요소로 작용하기 때문이다. 그런가 하면 루터파의 주장처럼 그리스도의 몸이 떡과 함께, 떡 안에, 그리고 떡 아래에 있다는 말도 불합리하다. 그리스도의 인성은 편재할 수 없기 때문이다. "부활하신 그리스도의 몸은 인성에 따라 유한했으며 마지막 날까지 하늘에 받아들여져 있다고 가르치시는 분은 성령이시다."[19] 예수께서는 '나는 항상 너희와 함께 있지 아니하리라'고 말씀하셨다. 그리스도께서는 "참된 몸의 방식으로 인하여 하늘의 어느 장소에 계신다."[20] 한편 츠빙글리는 그리스도의 몸과의 교통을 배제해 버렸다. 보이는 표징은 그저 기념을 위한 신자들의 신앙 고백에 무게 중심을 두지 않는다. 오히려 보이지 않는 것을 지시한다. "징표는 물질적이고 가시적인 반면에 의미된 본체는 영적이고 천상적이기 때문에 이 둘은 본질에 있어서" 다르지만, 징표는 "참되게 본체를 제시한다."[21]

칼빈은 표징과 표징이 의미하는 본체와의 관계를 설명하면서 본체와의 연합을 이룰 수 있는 방법으로 성령의 역사를 주장한다. 그리스도께서는 육체적 현존이 아니라 성령의 능력을 통한 영적인 현존으로 임재하시고 하늘의 은혜를 신자에게 부어주신다. 칼빈은 어거스틴의 말을 인용한다. "이런 맥락에서 그는 '아버지와 함께 구원하시기 위하여' 라는 말을 덧붙임으로써 그리스도가 성령을 통하여서 자기의 은혜를 하늘로부터 우리에게 부어 주신다는 사실을 분명하게 표현하고 있다."[22] 성찬에서 신자가 "그리스도의

---

19 Calvin, 『1559년 라틴어 최종판 직역: 기독교 강요』, 4.17.26.
20 Calvin, 『1559년 라틴어 최종판 직역: 기독교 강요』, 4.17.28.
21 Calvin, 『1559년 라틴어 최종판 직역: 기독교 강요』, 4.17.21.
22 Calvin, 『1559년 라틴어 최종판 직역: 기독교 강요』, 4.17.28.

살과 피와 교통하게 되는 것은 성령의 불가해한 능력"으로 말미암는다.[23] 그리고 성찬에 참여하는 신자는 오직 믿음으로 참여할 때에야 그 가시적인 표징이 의미된 본체인 그리스도의 영적인 몸의 현존에 참여하게 된다. 성례에 의해 제시되는 본체와의 연합은 성령의 능력으로 역사하는 믿음에 의하여 가시적인 표징이 의미하는 불가시적인 그리스도의 영적 본체, 즉 그리스도의 몸에 참여하게 됨을 의미한다.[24]

위에서 살펴본 바와 같이 성례 교리 가운데 성찬론은 츠빙글리, 루터, 칼빈의 관점에 있어서 매우 분명하게 구별되는 교리였다. 루터파는 육체적 현존을, 츠빙글리는 단순한 기념설을, 그리고 칼빈은 한편으로는 루터의 실재론을 극복하고 다른 한편으로는 츠빙글리의 지나친 영적 해석을 극복했다. 그럼에도 불구하고 츠빙글리는 화체설과 공재설의 문제를 지적하고 그리스도인의 신앙고백의 중요성을 강조했다는 점에서 중요한 의의가 있다. 루터처럼 츠빙글리 역시 종교개혁 1세대였음을 고려할 때, 츠빙글리는 분명 루터보다 발전된 신학을 제시 및 개진하였으며, 이러한 논의가 있었기에 종교개혁 2세대인 칼빈은 완성된 형태의 성찬 교리를 집성할 수 있었다. 원하든 원하지 않든 츠빙글리는 칼빈의 신학에 있어서 디딤돌이 되어 주었다.

2. 뇌사텔(Neuchâtel)의 기욤 파렐(Guillaume Farel, 1489-1565)

2.1 칼빈과의 관계

칼빈은 많은 종교개혁자들과 만남을 가지고 친밀함을 유지하고 서신을 주고 받았지만, 그 중에서도 자신의 마음을 가장 깊이 표현했던 사람은 다

---

[23] Calvin, 『1559년 라틴어 최종판 직역: 기독교 강요』, 4.17.33.
[24] Calvin, 『1559년 라틴어 최종판 직역: 기독교 강요』, 4.17.34..

름 아닌 기욤 파렐이었다.²⁵ 파렐은 칼빈을 제네바의 종교개혁에 참여시킨 장본인이었을 뿐만 아니라, 칼빈과 함께 1차 제네바 종교개혁을 단행했던 사람이었다. 위에서 언급한 것처럼 파렐은 칼빈의 생애에 전환점을 제공했다. 칼빈은 평생에 거쳐 파렐을 의존했는데 파렐에게는 누구도 따라가지 못할 열정과 에너지가 넘치고 무쇠같은 힘과 용기가 있었기 때문이다. 칼빈은 1537년 4월 비레에게 보내는 편지에서 파렐을 "강철"같은 성정의 사람이긴 하지만 파렐이 염려로 인해 탈진해 있음을 언급하면서 그를 잃지 않기 위해 파렐을 위한 어떤 도움을 제공해야 할 것을 강조했다.²⁶ 제네바에서 사역할 때 칼빈이 파렐에게 도와주기를 바랬던 것도 파렐의 강한 마음이 그에게 큰 도움이 되리라 생각해서였을 것이다.

파렐은 스위스 서부지역에서 개신교를 개척한 선구자로 이름을 날렸던 경험 많은 종교개혁가였다. 그는 한때 열렬한 교황주의자였지만 프랑스 종교개혁의 엘리야로 불릴 만큼 대단한 열정을 가진 복음주의자가 되었다. 그의 열의와 소명의식은 실로 대단하여 안수를 받지 않은 상태에서도 스스로를 하나님이 부르신 선지자로 생각할 정도였다. 언젠가 그가 총에 맞았을 때 그는 말하기를, "나는 당신의 총알이 두렵지 않다"고 했다. 그는 교황을 적그리스도로 간주하고 로마 가톨릭 교회의 부패와 우상숭배를 비성경적인 것으로 간주하여 우상처럼 파괴해야 한다고 생각했다.²⁷ 파렐은 매우 담대한 성격의 소유자였으며 목소리 또한 우렁차서 그가 설교를 할 때면 두려움 없이는 못 들을 정도였다고 한다.²⁸ 그의 성정은 베른과 제네바에서의 종교

---

25 칼빈은 파렐에게 자신의 심경을 세세하게 묘사하는 편지를 쓰곤 했다. 다음의 편지가 대표적인 예이다. John Calvin, "To Farel," *Letters of John Calvin*, vol. II of 4vols, Compiled from the Original Manuscripts and Edited with Historical Notes. trans. Jules Bonnet(Philadelphia: Presbyterian Board of Publication, 2014), 9.

26 Calvin, "To Viret(July 15, 1546)," *Letters of John Calvin*, vol. II, 53.

27 Philip Schaff, *History of the Christian Church, vol. 8: Modern Christianity: The Swiss Reformation* (Grand Rapids, MI: WM. B. Eerdmans Publishing Company, 1910), 237. (Hearafter, *The Swiss Reformation*).

28 Théodore de. Bèze, The Life of John Calvin, trans. Francis Sibson (Philadelphia: J.

개혁에 고스란히 적용되었다. 그는 성미가 급한 사람이었으며 종교개혁을 단행할 때에는 성상파괴도 서슴치 않았다.

2.2 파렐의 회심

로마 가톨릭 교회에 대한 파렐의 공격성과 그의 불같은 성격은 어쩌면 그가 살아온 배경과 관련이 깊다. 로마 가톨릭 교회에 대한 비판은 그의 유년 시절과 복음의 발견에 기인한다. 파렐은 1489년 프랑스 남동부에 있는 도피네(Dauphine)의 한 마을에서 가난한 귀족 가문의 7남매 중 장남으로 태어났다. 부모님이 로마 가톨릭의 신앙을 가졌기에 파렐 역시 어려서부터 로마교회의 온갖 미신을 믿으며 자라났다. 성화와 유물들에 대한 미신적인 경외감을 가졌으며 수도사들과 사제들의 권위라면 맹종했다. 로마교회보다 더 로마교적인 사람이었다. 한편 지식에 대한 갈망이 있어서 파리에 있는 학교에 가서 히브리어와 철학과 신학을 공부했다. 그의 스승은 프랑스 인문주의자 자크 르페브르 데타플(Jacques Lefèvre d'Étaples, 1450-1537)로서 프랑스 종교개혁의 선구자였으며 성경번역가로 활동했던 복음주의자였다. 르페브르는 파렐에게 바울서신을 소개하고 믿음에 의한 칭의교리를 가르쳐 주었다. 1512년에 르페브르는 파렐에게 다음과 같이 말했다. "내 아들아, 하나님께서 세상을 새롭게 하실 것이니 너는 그것을 증거하거라." 파렐은 1517년 1월에 인문학 석사를 취득하여 레모인 추기경 대학(the college of Cardinal LE Moine)에서 교사로 임명되었다.[29]

르페브르의 영향 및 성경 연구를 통해 파렐은 구원이 오직 예수 그리스도로 말미암는다는 확신을 가지게 된다. 이는 그동안 믿어왔던 로마 가톨릭 교회의 가르침을 통째로 거부하는 발상이었다. 파렐은 성경 어디에서도 교

Whetahm, 1836), 28.
29 Schaff, *The Swiss Reformation*, 239-240.

황, 면죄부, 연옥, 미사, 성직자의 독신 제도, 마리아 및 성인 숭배사상을 발견할 수 없었다. 유사한 관점을 견지했던 르페브르는 소르본 대학의 교수들에 의해 이단으로 정죄를 당하고 1521년에 자신이 맡고 있던 자리를 친구인 윌리엄 브리코넷(William Briconnet)에게 물려주었다. 그 역시 신약성경을 프랑스어로 번역하여 1523년 출판을 한다. 그의 친구들 가운데 파렐, 제라드(Gerard), 러셀(Roussel), 마이클 드 아란데(Michel d'Arande) 등이 처음에는 그와 함께 했다. 하지만 브리코넷이 로마 가톨릭교회와의 결별없이 내적인 종교개혁의 필요성을 확신하고 타협적인 자세를 보이자 파렐은 그러한 종교개혁에 만족할 수 없었다. 파렐은 프랑스의 갭(Gap)지역에서 몇몇 이들을 회심시켰다. 이내 프랑스는 개신교도들을 박해하기 시작하여 파렐은 망명의 길을 떠난다.[30]

2.3 종교개혁 활동

파렐은 망명과 고난으로 점철된 삶을 살았다. 복음을 전하면서 수많은 대적들을 만나고, 도시에서 거듭 추방당하기도 하였는데, 이렇게 조금씩 종교개혁자의 삶을 살아가면서, 파렐은 복음의 명료성에 집중할 필요가 있었다. 프랑스를 떠나 파렐이 간 곳은 스위스 연방 도시였던 바젤이었다. 1524년 파렐은 신학 논쟁을 통해 성경의 완전성, 그리스도인의 자유, 복음을 설교해야 할 목회자의 의무, 믿음에 의한 칭의 교리등을 주장했으며, 형상숭배와 금욕, 독신과 유대주의적인 의식들을 서슴없이 비판했다. 신학 논쟁은 성공적이었다. 오에콜람파디우스는 루터에게 보내는 서신에서 이 논쟁에서 파렐이 소르본 교수들에 필적했다고 말했다. 프란시스코회 수사인 펠리칸(Pellican)이 회심을 하게 되었는데, 이 인물은 후에 취리히에서 교수가 된다. 하지만 파렐은 '발람'이라고 부르며 비겁한 인물로 묘사했던 에라스무스에

---

30 Schaff, *The Swiss Reformation*, 240.

의해 그 도시에서 추방되었다.

또 다시 망명 길에 나선 파렐은 취리히, 샤프하우젠(Schaffhausen), 콘스탄스(Constance)를 잠깐 들러 유명한 종교개혁자인 츠빙글리, 미코니우스(Myconius), 그레벨(Grebel)등을 만난다. 독일 서남부 지역의 뷔르템베르크(Württemberg)의 공작인 울리히(Ulrich)의 요청으로 몽벨리아르(Mömpelgard, 묌펠가르트)에서 설교했다가 거센 반대에 부딪혀 스트라스부르로 도피한다. 그런 다음 그곳에서 부써(Bucer)와 카피토(Capito)와 함께 1년 정도 거했다가 1526년에 다시금 스위스에 가서 잠시 머문다. 파렐은 1528년 1월에 베른에서 종교개혁의 승리를 결정했던 역사적인 노회에 참석하고서 베른 지역 전체를 돌아다니며 복음을 설교할 임무를 부여받는다. 베른의 여러 지역에서 선교사역을 감행하면서 무수한 수도사들과 사제들의 분노를 사서 가진 위협을 당하였다. 1529년 파렐이 뇌사텔에 도착했을 때 역사적인 사건 두 가지가 일어났다. 먼저 뇌사텔에 종교개혁을 소개하는 데 성공하였다. 둘째, 파렐은 칼빈의 사촌인 로버트 올리베탕(Robert Olivetan)에게 프랑스어 성경을 번역할 것을 권하였는데 그 결과 1535년에 프랑서 성경이 뇌사텔에서 출판된다.[31]

1535년 제네바에 도착했을 때, 제네바 종교개혁의 첫 번째 역사가 시작되었다. 파렐의 순례의 여정은 칼빈의 제네바 종교개혁의 역사적 배경을 고스란히 담고 있다. 제네바에서의 종교개혁은 도전과 고난의 연속이었다. 제네바에 도착한 다음 날 제네바의 지도자들이 찾아왔을 때, 파렐은 성경을 통해 개신교 교리들을 설명하였는데 정치적인 문제를 곁들이는 바램에 적지 않은 오해를 샀다. 그들이 파렐을 마귀라고 칭하며 도시를 떠날 것을 종용하자, 파렐은 베른에서 받은 복음 설교의 권한을 보여주었다. 그들은 파렐이 세례를 받았는지 물었다. 그러자 파렐은 다음과 같이 답했다.

---

[31] Schaff, *The Swiss Reformation*, 241-242.

저는 마귀가 아니라, 성부와 성자와 성령의 이름으로 세례를 받았습니다. 저는 우리의 죄를 위해 죽으시고 우리의 칭의를 위해 살아나신 그리스도를 설교하려 합니다. 저는 하나님에 의해 그리스도의 대사로 보내심을 받았고 나의 말을 듣는 모든 이들에게 그분을 설교해야만 합니다. 저는 당신들과 논쟁하고 제 믿음과 사역을 설명할 준비가 되어 있습니다. 엘리야는 아합왕에게 말했습니다. '이스라엘을 괴롭게 하는 자는 내가 아니라 당신입니다.' 그래서 저는 말합니다. 여러분의 전통들, 여러분의 인간적인 고안물들, 그리고 여러분의 방종한 삶들에 의해 세상을 괴롭히는 것은 당신과 여러분들입니다.[32]

파렐은 3시간 내에 그 지역을 떠날 것을 명령 받았으며 다수의 사제들과 패거리들에게 침뱉음을 당하고 두들겨 맞았다. 그는 몇몇 사람들의 도움을 받아 겨우 그 자리를 피할 수 있었다.

파렐은 어딜 가든지 복음을 설교하기 위해 애를 썼으며 그 때마다 거센 반대를 받았다. 제네바에 있을 때 로마 가톨릭 사제들이 종교개혁을 공격하는 것을 보고서는 지체하지 않고 강단에 올라 공개적으로 반박하였다. 비록 사보이 공국이 전쟁으로 위협하였으나 베른이 제네바의 편에 서서 도움을 주었기에, 제네바는 조금씩 자유를 찾을 수 있었다. 정치적인 이유가 없지 않았으나 그 때 베른이 제네바의 편이 된 것은 제네바가 개신교 도시가 되게 한 결정적인 계기가 되었다. 그 결과 사제, 수도사, 수녀들이 점차적으로 도시를 빠져 나가 마침내 200인 의회[33]는 1535년 8월 27일에 종교개혁 칙령을 공포했다.[34]

그 이후 제네바의 예배생활은 모든 면에서 변화가 일어났다. 미사는 폐지 및 금지되었고, 형상들과 유물들은 제거되었다. 시민들은 성경의 가르침

---

32 Schaff, *The Swiss Reformation*, 244.
33 제네바에는 세 개의 의회인 소의회, 60인회, 그리고 200인회로 구분되어 있다.
34 Schaff, *The Swiss Reformation*, 246.

을 따라 살겠노라고 서약했다. 리베(Rive) 수녀원에는 젊은이들의 기초 종교 교육을 위한 학교가 설립되었고 주교의 궁전은 감옥으로 바뀌었다. 네 명의 목회자와 두 명의 안수 집사들이 일정한 봉급을 받으며 교회 업무를 보았다. 성 베드로(St. Pierre) 교회와 성 제르베(St. Gervais) 교회에서 매일 설교가 있었으며, 취리히의 단순한 형태의 성찬식이 1년에 네 번 거행되었다. 모든 매장들은 주일에는 휴업을 했고 결혼식 신부의 면사포에 관한 규정까지 관여하는 엄격한 규율이 자리를 잡기 시작했다.[35]

1564년, 파렐은 69세의 말년에 18세의 젊은 처자와 결혼하여 동료들의 질책을 받았다. 그럼에도 불구하고 복음을 향한 그의 열정은 식을 줄을 몰랐다. 파렐은 이듬해인 1565년 5월에 메츠(Metz)에 있는 개신교도들을 만나러 갔다. 그곳에서도 그는 열정을 다해 설교했다. 그 이후 뇌샤텔로 돌아와 9월 13일에 76세의 나이에 숨을 거둔다. 파렐이 죽기 1년 4개월 전인 1564년 5월 칼빈은 자신의 건강이 나빠진 것을 인식하고서 다음과 같이 썼다.

> 안녕하시지요. 저의 가장 가깝고 진실한 형제여! 당신이 세상에서 제 뒤에 남는 것이 하나님의 뜻이기 때문에 우리의 우정을 하나님의 교회에 유익한 것처럼 생각하여 그 열매가 하늘에서 우리를 기다릴 수 있도록 사십시오. 저 때문에 당신이 약해지지 않도록 기도하십시오. 저는 숨을 들이쉬는 것도 어려움이 있으니, 모든 순간이 마지막이 되기를 기대합니다. 삶과 죽음 모두에 있어서 그의 제자들의 상급이신 그리스도를 위해 살고 죽는 것으로 충분합니다. 형제여 안녕히 계십시오.[36]

칼빈이 제네바에 도착하기 전, 파렐은 제네바의 종교개혁의 기초를 닦아 놓았다. 칼빈은 그 기초 위에 참된 교회의 거푸집을 지어 올릴 것이었다. 파

---

[35] Schaff, *The Swiss Reformation*, 246-247.
[36] Schaff, *The Swiss Reformation*, 248-249, 재인용.

렐은 칼빈의 종교개혁을 후원하였으며, 자신의 주도권을 내세우지 않았다. 기꺼이 칼빈의 뒤에서 조용히 자신의 역할을 감당하였으며 종교개혁을 위한 밑거름이 되어 주었다.

6장

칼빈의 협력자들

: 부써(1491-1551), 버미글리(1499-1562), 비레(1511-1571)

1. 스트라스부르(Strasbourg)의 마틴 부써(Martin Bucer, 1491-1551)

1.1 부써의 생애

종교개혁에서 루터, 멜랑히톤, 츠빙글리, 그리고 칼빈 다음으로 가장 영향력 있는 개혁파의 신학자는 마틴 부써이다.[1] 파렐이 뇌사텔과 제네바에 종교개혁을 소개했다면, 부써는 스트라스부르에 종교개혁을 소개할 뿐만 아니라 개혁교회를 세웠다. 1538년 칼빈이 제네바 시의회에 의해 추방당했을 때 스트라스부르의 마틴 부써의 집에 갔던 것은 우연이 아니었다. 칼빈은 스트라스부르에서의 망명(1538-1541) 기간 동안 부써의 집에서 살았다.

부써는 1491년 11월 11일에 남부 독일 지역인 알자스(Alsace)의 쉴레트타트(Schelttstadt)에서 태어났다. 어려서부터 고전 라틴어 학교를 다니면서 학문적 소양을 길렀다. 1507년에는 도미니쿠스 수도회에 입회하여 1년의 수

---

[1] Wilhelm Pauck, "Editor's Preface," *Melanchthon and Bucer*, edited and complied by Wilhelm Pauck (Philadelphia: The Westminster press, 1969), xix.

런 생활을 마친 후 스트라스부르 교회에서 미사 집전을 돕는 복사(服事, 로마 가톨릭 교회의 성당에서 사제의 미사 집전을 보조하는 평신도)가 되었다. 1515년에는 하이델베르크에 있는 도미니쿠스회 수도원으로 거취를 옮기고 이듬해(1516) 마인츠(Mainz)의 사제로 임명된다. 이 무렵 그는 인문주의의 영향을 강하게 받았으며, 특히 에라스무스의 책들을 탐독한다.

1.2 종교개혁자로서의 부써

부써가 종교개혁자가 된 계기는 1518년 4월에 있었던 하이델베르그 논쟁 사건이었다. 잠시 하이델베르그 논쟁을 설명할 필요가 있다. 1517년 루터의 『95개 반박문』이 독일어로 번역되어 2주만에 독일 전지역에 뿌려지면서 어거스틴수도회에서 이 문제를 어떻게 처리해야 할지 결정하기 위해 루터의 주장을 확인할 필요가 있었다. 이에 어거스틴수도회의 총대주교였던 요한 폰 스타우피츠(Johannes von Staupiz)는 1518년 4월 26일에 하이델베르크에서 어거스틴수도회 총회를 개최하기로 하고 루터에게 자신의 입장을 변호할 기회를 제공하다. 루터는 1518년 4월 11일에 동료 수도사였던 레온하르트 바이어(Leonhard Beier)와 도보로 출발하여 4월 21일에 하이델베르크에 도착한다. 4월 26일 토론이 시작되자 루터는 율법, 선행, 그리고 의지의 자유에 대한 자신의 입장을 피력하고 그 유명한 십자가 신학, 즉 율법은 구원으로 인도하는 것이 아니라 인간의 죄를 깨닫게 할 뿐이며 오직 인간의 눈에는 구원의 길로 보이지 않는 방법인 십자가를 통해서 죄를 속할 수 있다는 내용을 변증한다. 루터의 십자가 신학은 당시 로마교회의 신학, 즉 인간이 스스로 그리스도 안에 있는 구원을 성취할 수 있다는 '영광의 신학'을 정면으로 겨냥하고 있었다.[2] 루터의 신학적 변증에 대한 반응은 다양했는데, 어떤 이들은 분노했고, 또 어떤 이들은 그의 무례한 태도를 흉보았으며, 또

---

[2] 헤르만 셀더하위스, 『루터: 루터를 말하다』, 신호섭 옮김 (서울: 세움북스, 2016), 172.

다른 이들은 루터의 신학에 열광하였다. 이때 루터를 지지한 이들은 요한 브렌쯔, 에르하르트 슈네프, 테오발트 빌리칸, 그리고 스트라스 부르의 마틴 부써였다.[3] 부써는 대부분의 시간과 힘을 루터와 츠빙글리의 화목을 위해 썼다.[4] 루터의 지대한 영향을 고려한다면, 왜 부써가 성찬론 문제를 놓고서 루터파와 개혁파 사이의 화합을 위해 그토록 노력했는지 알게 된다.

무엇이 부써로 하여금 이전의 토마스주의와 에라스무스의 인문주의를 버리고 루터를 따르게 했는가? 그는 에라스무스의 소심한 주장보다 루터의 대담한 성경적 주장에 매료되었다. 부써는 평생에 걸쳐 루터를 존경했지만, 루터의 신학적 견해와 완전히 일치하는 것은 아니었다. 부써의 개혁주의적 공헌은 스트라스부르에 교회의 체계를 세우고 신앙을 그리스도인의 삶 속에 구현했다는 사실에 있다. 윌헴 퍽(Wilhelm Pauck)에 따르면, 부써는 단지 스트라스부르에 제도적 교회를 설립했을 뿐만 아니라, 전체 인간의 삶 즉 개인과 사회적 삶이 성경에 계시된 하나님의 뜻에 따라 실현되어야 한다는 신앙윤리, 즉 성경에 따른 통일적인 삶의 체계를 확립시켰다. 성경은 모든 법률 제정의 근원이자 행동 양식(樣式)이었다. 이러한 점에서 부써의 종교개혁은 루터의 것을 능가했다.[5]

1.3 『그리스도의 왕국에 관하여』(On the Kingdom of Christ)

부써의 개혁주의적 영향을 가장 명확히 보여주는 작품은 1550년 초가을 무렵에 쓴 『그리스도의 왕국에 관하여』(On the Kingdom of Christ)이다. 그는 이 작품에서 종교개혁의 심장은 교리와 실천의 조화에 있음을 강조한다. 이 작품의 목적은 세속 국가의 왕이 하나님의 말씀에 따라 세상을 통치하는 방

---

[3] Walther von. Loewenich, *Martin Luther: The Man and His Work*. 『마르틴 루터, 그 인간과 그의 업적』. 박호용 옮김 (서울: 성지출판사, 1988), 178.
[4] Pauck, "Editor's Introduction," *Melanchthon and Bucer*, 155.
[5] Pauck, "Editor's Introduction," *Melanchthon and Bucer*, 156.

법과 수단들을 제공하는 것이다. 이러한 법과 수단들을 통해 국가는 종교뿐만 아니라 일상에서 발생하는 모든 일들이 왕이신 그리스도의 통치 가운데 있을 수 있도록 하는 기독교적 윤리를 확보할 수 있다.[6] 그 법들을 간략히 요약하면 다음과 같다. 1. 종교 교육에 대한 실시, 2. 주일과 공휴일의 구별(sanctification), 3. 교회 건물의 구별, 4. 목회사역의 개혁. 5. 교회 재산의 보호, 6. 집사제도를 통한 빈민 구제, 7. 결혼과 이혼에 대한 법률, 8. 공교육과 게으름의 극복, 9. 음식, 10. 시민 법률 제정, 11. 시민의 봉사, 12. 법정, 13. 형벌 제도, 14. 형법과 사형 등이다.[7] 제시된 내용들을 살펴보면, 1-6까지는 교회에 관한 법들이며 그 다음 7-14까지는 일반 사회에 대한 법들임을 어렵지 않게 발견할 수 있다.

통일적 삶의 체계에 대한 부쎄의 관심을 고려할 때, 그가 세상 나라와 그리스도의 나라 사이의 공통점을 강조하는 것은 자연스러운 현상이다. 그는 공통점을 7가지로 제시한다. 첫째, 오직 한 사람이 세상의 최상위 권력을 행사한다. 둘째, 세상 나라와 그리스도의 나라는 "세상의 왕들은 시민들이 하나님을 인정하고 예배하며, 이웃들을 행동으로 참되이 돕는 경건하고 의로운 사람으로 만드는 수단들을 확립하고 증진시켜야 한다는 점에서" 공통된 목적을 가진다. 셋째, 두 나라들은 선한 자들 사이에 숨어 섞여 사는 악인들을 참아주어야 하는 반면, 악행을 할 때에 세상 나라는 죄악을 응징해야 하는 것은 물론이거니와 주께서도 세상에서의 범죄들을 근절할 것을 명령하셨다.[8] 넷째, 세상의 왕들이 백성들을 교도하고 안전히 보호하고자 하는 것처럼, 그리스도께서는 언약과 성례의 방식을 통해 당신의 백성들을 다스리기 위한 방법으로 말씀을 들을 수 있는 모임들을 원하신다. 이를 위해 사역

---

6 Pauck, "Editor's Introduction," *Melanchthon and Bucer*,161.
7 Pauck, "Editor's Introduction," *Melanchthon and Bucer*, 162.
8 Martin Bucer, "De Regno Christi: The Text Dedicated to Edwards VI, King of England, Book One," *Melanchthon and Bucer*, edited and complied by Wilhelm Pauck (Philadelphia: The Westminster press, 1969), 181.

자와 목회자를 세우셨다. 다섯째, 그리스도께서는 삶에 필요한 양식을 채워 주시고 그리하여 아무도 핍절한 가운데 있기를 원하지 않으신다. 세상 나라가 복지를 위해 세금을 거두는 의무가 있는 것처럼, 그리스도의 나라는 주님이 주신 축복에 대해 하나님께 감사를 표현하고 가난한 자를 구제하기 위해 집사(deacoms)를 둔다. 여섯째, 두 나라는 악한 자들과 싸운다. 일곱째, 두 나라는 상호간에 종속적인 성격을 가진다. 그러므로 세상의 왕들은 자신만을 위한 것이 아닌 백성의 경건을 발전시키기를 열망해야 한다.[9]

부써는 성경을 통해 신앙을 교육하는 것을 출발로 하여 교회를 온전히 세워 사회의 삶 속에 하나님의 뜻이 이루어질 수 있는 체계를 만들고자 했다. 세상과 교회의 관계에 관한 부써의 관점은 칼빈의 종교개혁에서 매우 중요한 역할을 차지할 것이었다. 1551년 칼빈은 마틴 부써의 죽음에 대해 자신의 심경을 비레에게 표현했다.

> 저는 부써의 죽음으로 하나님의 교회가 유지했었던 커다란 손실에 대해 생각할 때 마음이 부서지는 것 같이 느낍니다. 주님께서는 제가 인생에서 슬퍼해야 할 이들의 죽음을 남겨놓기를 허용하셔서 제가 더 기쁘게 이 세상을 떠날 수 있게 되기를 바랍니다.[10]

교회가 유지했었던 커다란 손실은 무엇이었을까? 단순히 부써의 죽음만을 의미하지는 않을 것이다. 그것은 부써가 이루어 놓은 교회와 국가의 관계 또는 교회와 사회의 체계에 관한 부써의 전체 사역을 포함하고 있을 것이다. 1541년 스트라스부르에서 제네바로 귀환하여 제2차 종교개혁을 단행할 때, 칼빈은 이전에 경험했던 제네바 행정당국의 월권을 의식했을 것이다.

---

9 Bucer, "De Regno Christi," 179-186.
10 John Calvin, "To Viret(May 10, 1551)," *Letters of John Calvin*, vol. II of 4vols, Compiled from the Original Manuscripts and Edited with Historical Notes. trans. Jules Bonnet(Philadelphia: Presbyterian Board of Publication, 2014), 295

마네치는 제네바 당국과 교회의 관계에 대한 칼빈의 관점을 다음과 같이 묘사한다.

> 만일 칼빈이 개신교 제네바의 새로운 신앙 질서를 세우는 주요 설계자였다면, 과연 칼빈은 어떤 유형의 교회 구조를 세우고자 했던 것일까? 제네바 시가 신정국(theocracy)이었고 칼빈은 제네바의 독재자였다는 통속적인 전설은 모두 다 과녁을 빗나간 억측이다. 칼빈의 목적은 국가를 교회에 종속시키는 것이 아니라 취리히와 바젤, 베른, 그리고 심지어 스트라스부르와 같은 다른 종교개혁의 도시에서 발생했던 것처럼 교회를 부속기관으로 합병하려는 정부로부터 교회를 보호라는 것이었다.[11]

스트라스부르에서 부써로부터 배웠던 종교개혁의 원리로 인해 칼빈은 보다 성숙해졌고 행정당국과 교회의 관계에 있어서 보다 분명한 입장을 견지할 수 있었다.

부써의 생애와 연구 작품은 개혁주의의 역사를 이해함에 있어서 한 가지 분명한 사실, 즉 종교개혁자들 사이에, 그리고 개혁주의 신학자들 사이에 각각 공통점과 다양성이 공존한다는 점이 드러난다. 루터의 영향이 마틴 부써에게, 마틴 부써의 영향은 다시금 칼빈에게 이어진다. 그렇지만 개혁주의는 율법과 복음, 교회와 세상, 그리고 교리와 삶의 관계를 보다 통합적으로 이해하여 발전하고 있음을 어렵지 않게 발견할 수 있다.

---

[11] 스캇 마네치, 『칼빈의 제네바 목사회의 활동과 역사』, 신호섭 옮김(서울: 부흥과개혁사, 2019), 61.

2. 피터 마터 버미글리(Peter Martyr Vermigli, 1499-1562)

2.1 버미글리의 생애

버미글리는 이탈리아 출신의 종교개혁자로 다양한 지역들에서 활동하였으나 주요 사역은 신학 교수로서의 강의와 작품활동에 집중되어 있다. 칼빈이 『기독교 강요』를 저술할 때 버미글리에게 자문을 구했으며, 마틴 부써 역시 버미글리와 상의하지 않고는 어떤 결정도 내리지 않았다고 할 정도로 그의 학문성은 탁월했다.[12] 부써는 칼빈에게 보내는 1542년 10월 28일자 서신에서 다음과 같이 쓴다.

> 우리 문학 학교는 잘 갖추어져 있습니다. 한 사람이 이탈리아에서 도착했는데, 그는 헬라어, 히브리어, 라틴어에 박식하며 복되게도 성경에 정통합니다. 44세의 나이에 좋은 재능과 예리한 천재성을 지니고 있습니다. 그의 이름은 피터 마터입니다. 그는 롬바르디아(Lombardy)의 루카(Lucca)에서 법전 학장이었습니다.[13]

버미글리의 학문성과 생애에 대한 기록은 동시대 인물이었던 요시아 시믈러(Josiah Simler, 1530-1576)[14]에 의해 남아 있다. 시믈러는 어떤 누구도 버미글리를 대체할만한 사람이 없을 정도로 탁월한 교사였다고 강조한다.[15]

---

12 김진흥, 『피터 마터 버미글리: 신학적 평전』 (부산: 고신대학교출판부, 2018), 47.

13 Théodore de. Bèze, *The Life of John Calvin*, trans. Francis Sibson (Philadelphia: J. Whetahm, 1836), 39, 각주.

14 시믈러는 카펠(Kappel)에서 개신교 목사의 아들로 태어났다. 14살이 되었을 때 취리히로 가서 대부였던 하인리히 불링그의 지도하에 신학교육을 받는다. 이후 바젤과 스트라스부르에서 공부를 마친후 취리히로 돌아와 목회사역을 하다가 1552년 취리히 카롤리눔(Carolinum) 아카데미에서 신약 주해 교수로 있다가 1560년 신학 교수가 된다.

15 Josiah Simler, "Oration on the Life and Death of the Good Man and Outstanding Theologian, Doctor Peter Martyr Vermigli," in *Life, Letters, and Sermons*, trans. and ed.

버미글리의 학문성은 그의 유년기 시절부터 시작되어 생애 초반인 1499-1542년 사이에 지난한 여정을 거쳐 형성되었다. 버미글리의 생애는 크게 다섯 기간으로 구분해 볼 수 있다. 생애의 초반 40년(1499-1542), 제1차 스트라스부르 시절(1542-1547), 옥스퍼드 시절(1547-1553), 제2차 스트라스부르 시절(1553-1556), 그리고 마지막으로 인생 말년의 취리히 시절(1556-1562)이다. 칼빈과 마찬가지로 학자와 종교개혁자로서의 생애를 다루는 것은 개혁주의의 역사적 맥락에서 그의 위치와 영향을 이해하는 데 매우 중요하다. 지면을 고려하여 1499-1542년까지의 그의 생애 가운데 학문의 여정과 종교개혁으로의 전향 과정을 간략히 살펴보고, 그의 역작 『신학총론』에 대해 간략히 소개한다.[16]

버미글리는 1499년 이탈리아 토스카나 지방의 중심 도시인 플로렌스(Florence)에서 제화업자인 아버지 스테파노 버미글리(Stefano Vermigli)와 어머니 마리아 푸만티(Maria Fumanti) 사이에서 태어났다. 그의 유년시절은 거의 알려진 바가 없지만 1510년경 11세의 어린 나이에 라틴어 공부를 했고, 이듬해에는 교회의 미사와 청소에 관련된 일을 맡았다. 그는 후일 취리히 신학교의 취임연설에서 자신의 유년시절을 회상하며 다음과 같이 말했다.

> 내가 아직 이탈리아에 살고 있었던 어린 시절부터 이미 나는 다른 인문적 기예들과 학문들보다 먼저 이 한 가지를 추구하기로 결심하였는데, 즉 일차적으로 하나님의 말씀들을 배우고 가르치려 한다는 결심이었다.[17]

John Patrick Donnelly (Kirksville, MO: Sixteenth Century Essays & Studies, 1999), 10.

16 개혁주의 역사에서 중요한 신학 주제들은 여러 가지가 있겠지만, 그 중에서도 가장 중요한 주제를 두 가지로 선별하라고 한다면 그것은 예정론과 성찬론이다. 이 두 주제는 종교개혁시대에 주요 논쟁의 대상이었고, 교파간의 오해와 갈등을 초래하였다. 마찬가지로 버미글리에게 있어서 예정론과 성찬론은 매우 중요한 주제였다. 여기서는 『신학총론』에서 예정론과 성찬론이 버미글리의 신학에서 매우 중요한 것이었음만을 밝힌다.

17 김진홍, 『피터 마터 버미글리: 신학적 평전』, 13-14, 재인용.

김진홍이 잘 지적하는 것처럼 버미글리의 생각은 그가 어려서부터 수도원 생활을 하기로 마음먹었다는 것을 암시한다. 버미글리는 15세가 되던 해인 1514년에 아우구스티누스 수도회에 속한 산 바르톨로메오(San Bartolomeo) 수도원의 수련수사가 된다.[18] 스밀러에 따르면 버미글리가 수도원의 거룩한 삶에 이끌린 것은 그러한 삶이 편안해 보였기 때문이 아니라 값진 책들이 많이 소장되어 있어 공부를 할 수 있었기 때문이었다.[19] 4년 후인 1518년에는 정식적인 수도원 서약과 함께 피터 마터(Peter Martyr)라는 이름을 수여 받는데, 이는 실상 그의 부모들이 아들이 밀란의 피터 마터(Peter Martyr of Milan)[20]처럼 살아가길 원했음을 보여준다. 그의 탁월한 지적 능력은 금새 수도회로부터 인정을 받아 같은 해 파두아 대학에 입학하여 신학과 철학을 공부하게 된다. 처음에 그의 관심을 사로잡은 것은 철학이었다. 특히 아리스토텔레스의 철학은 정확한 방법론을 제공한다는 관점에서 매우 탁월했다. 그는 파두아 대학 시절에 당대에 유명한 철학자들에 대해 배운다. 그는 '옛 길'(Via Antiqua)로 대변되는 토마스 아퀴나스(Thomas Aquinas, 1225-1274)의 신학을 배웠다. 또한 어거스틴 신학에 대해 박식했던 리미니의 그레고리(Gregory of Rimini, c. 1300-1358)의 수하에서 중세 후기 스콜라 신학을 배우고, 당대에 신학 교과서였던 피터 롬바르드(Peter Lombard, c. 1096-1160)의 '명제집'을 공부했다.[21] 흥미롭게도 버미글리는 당시 원천으로 돌아가자(Ad fontes)는 인문주의의 슬로건을 중세 스콜라주의와 대립시키지 않았다.

제임스에 따르면 버미글리의 학문은 세 기간에 걸쳐 발전했다.[22] 처음에

---

18 김진홍, 『피터 마터 버미글리: 신학적 평전』, 15.
19 Simler, "Oration," 14.
20 밀란의 피터마터는 베로나의 피터로 불렸으며 1205년경 태어나 1252년에 세상을 떠났다. 그는 열렬한 설교자로서 종교개혁을 단행했다가 신마니교도의 분파인 카타리파(the Cathari) 이단에 의해 살해당했다.
21 김진홍, 『피터 마터 버미글리: 신학적 평전』, 16-17.
22 다음을 참고하라. Frank A. James, *Peter Martyr Vermigli and Predestination: The Augustinian Inheritance of an Italian Reformer* (epub: Oxford University, 1998).

는 파두아(Padua)에서, 그 다음 볼로냐(Bologna)에서, 마지막은 나폴리(Naples) 에서 였다. 1525년 버미글리는 26세의 젊은 나이에 사제 서품을 받고 파두아 대학을 졸업하여 신학박사 학위를 딴 것으로 여겨진다. 1530년에는 볼로냐에 위치한 어느 수도원에서 3년 동안 수도원장 대리 자격으로 있었던 적도 있다. 이 기간 그는 유대인 의사로부터 히브리어를 습득했을 뿐만 아니라 아람어, 시리아어, 그리고 갈대아어 등에도 박식했다.

1537년에는 나폴리에서 수도원장이 되었는데 이때부터 그의 관심은 주로 참된 교회의 개혁에 초점이 맞추어져 있었다. 그는 내적으로 로마교회의 문제점들을 보다 분명히 인식하였으며 외적으로는 종교개혁자들의 저서들을 접하며 신학적 진보를 거듭하게 된다. 당시에 그가 읽었던 작품들은 다양한 가명들로 출판되었는데, 부써와 츠빙글리 그리고 멜랑히톤과 에라스무스의 작품들이었다.[23] 이 세 번째 기간에 부써와 츠빙글리의 신학이 버미글리의 신학에 중요한 영향을 끼친 것으로 보인다.[24]

버미글리는 이탈리아 출신이었기에, 학자들 사이에 그의 개혁주의가 어디로부터 유래되었는지를 두고 의견이 분분하다. 세 가지 관점이 존재한다. 첫째는 버미글리의 신학은 북유럽 개혁주의와 달리 독자적인 노선을 걸었다는 관점이다. 둘째는 이탈리아의 종교개혁이 북유럽 종교개혁의 결과였다고 주장하는 견해다. 마지막 관점은 이탈리아 종교개혁이 독자적인 기원을 가지면서도 북유럽 종교개혁의 사상이 이탈리아에 들어와 함께 상호작용하며 발전되었다고 본다. 제임스에 따르면 이 세 번째 견해가 가장 타당하다.[25] 왜냐하면 버미글리는 칼빈보다 10년 정도 먼저 태어났으며 그의 성찬론이나 예정론에는 독자적인 관점이 발견된다. 또한 북유럽 종교개혁자

---

[23] 김진홍, 『피터 마터 버미글리: 신학적 평전』, 20-26.

[24] Richard Gamble, "Sacramental Continuity among Reformed Refugees: Peter Martyr Vermigli and John Calvin," in Peter Martyr Vermigli and the European Reformations: Semper Reformanda, ed. Frank A. James III (Leiden · Boston: Brill, 2004), 97. fn. 1(97-112).

[25] James, *Peter Martyr Vermigli and Predestination*, 8.

들의 책들이 이탈리아로 많이 유입되었는데 버미글리가 그러한 책들을 접했다는 사실 역시 근거로 들 수 있다.

2.2 종교개혁으로의 과정

1537년경 버미글리는 스페인 출신의 인문주의자 발데스(Juan Valdes, c. 1498-1541)를 중심으로 이루어진 인문주의자들의 모임에 참여하게 된다. 인문주의 모임을 통해 그는 성경을 토론하고 참된 신앙을 위해 교재하면서 더욱 더 종교개혁으로 마음이 움직여 결국 성경과 교부들에 대한 연구를 시작하기에 이른다. 1539년의 대강절(Advent)과 1540년의 사순절(Lent)에는 고린도전서 강해 설교에서 공적이면서도 간접적으로 연옥설을 비판했다. 버미글리가 궁극적인 종교개혁으로 전향한 것은 그가 루까(Lucca)의 수도원장으로 지내던 시절(1541-1542)에 일어났다. 루까는 사회적 엘리트 계층이 다스리는 도시 국가로, 종교개혁자들의 사상에 개방적인 태도를 취하고 있었다. 버미글리는 참된 개혁을 위해 루까라는 도시가 가지고 있는 장점을 적극 활용하였다. 버미글리는 이 곳에서 참된 교회의 개혁을 위해 성경 강해와 설교, 권징의 실시와 윤리적 모범의 강조, 그리고 교부들과 종교개혁자들의 저작들을 소개하는 파격적인 개혁을 단행한다. 그 결과 후일 루까에서는 훌륭한 종교개혁가들이 배출되었다. 대표적인 인물로서 지오바니 디오다티(Giovanni Diodati)는 베자의 뒤를 이어 제네바 아카데미의 교수가 되었으며, 프란시스 툴레틴(Francis Turretin, 1623-1687)은 제네바에서 칼빈의 신학을 이어『변증강요신학』라는 역작을 탄생시킴으로써 개혁파 정통신학을 집대성하였다. 또한 후일 개혁파 교의학자로 이름을 날린 기롤라모 장키(Girolamo Zanchi, 1516-1590)는 버미글리의 영향 아래에서 신학을 공부했으며[26] 칼빈의 사후 개혁신학의 발전에 크게 이바지 하였다. 장키는 부써, 멜랑히톤, 루터

---

26 김진홍,『피터 마터 버미글리: 신학적 평전』, 28-31.

의 저서들을 읽었으나 그에게 가장 큰 영향을 끼친 인물은 칼빈으로 알려져 있다.

종교개혁자가 된 버미글리는 다양한 박해를 당하면서 망명 생활을 이어갔다. 그는 1547년 11월 영국으로 건너가 2년 후 에드워드 6세에 의해 옥스퍼드에서 신학 교수가 되었다. 그는 수녀원에서 탈출한 수녀와 스트라스부르에서 결혼했다. 그녀는 버미글리가 옥스퍼드에서 머무는 동안 죽었다. 1553년 에드워드 6세의 별세 후 메리 여왕의 즉위로 개신교에 대한 박해가 더욱 심해지자, 그는 스트라스부르로 돌아왔다. 그 사이 교황주의자들은 그의 아내의 시체를 파내서 퇴비에 묻어버렸다. 버미글리는 남은 생애 7년 동안 취리히의 교수로 노후를 보내다가 1561년 베자와 푸아시에서 회담을 가진 후 이듬해 하나님의 부르심을 받았다.[27]

2.3 버미글리의 『신학총론』(Loci communes, Common Places)

버미글리는 조직신학자가 아닌 성경신학자였음에도 불구하고 그의 작품들 가운데 가장 잘 알려진 작품은 조직신학 저서인 『신학 총론』이다. 버미글리는 그러한 책을 쓰지도 않았고, 쓰려고 계획한 적도 없었는데, 어떻게 조직신학 책이 출간될 수 있었을까? 책의 제목과 출간 과정을 잠시 살펴 볼 필요가 있다. 이 책의 제목 Loci(places)는 당시 신학적 출처 또는 주제별 위치를 가리키는 신학 방법론에서 따온 것이다. 16세기 및 17세기 학자들은 자신들의 저서를 성경 본문에서 시작하여 간단한 주해를 제공하고 논리적 순서에 따라 신학의 주제들을 배열하는 방식을 공유했다. 일반과 구체적 의미로의 구분을 따르는 신학 논제의 배열은 17세기 개혁파 정통주의가 추구한 일반적인 신학 논제 방법론이었다. 그 전형은 칼빈의 동시대 인물이었던 히페리우스(Andreas Hyperius, 1511-1564)의 신학 방법론에서 발견된다. 리

---

27 Bèze, *The Life of John Calvin*, 39, 각주.

처드 멀러(Richard A. Muller)에 따르면 히페리우스는 "당대에 개혁주의 신학자들 가운데에서 교리의 조직적인 구성을 위한 타당성 있는 이유를 분명히 진술하고 완전한 체계의 개념을 충분히 고려하여 글을 쓰기 시작한 유일한 인물"이었다. 멀러가 주장하는 바와 같이 히페리우스의 논제 방법론은 "종합적 혹은 인과적으로 유(genus)에서 종(species)으로의, 즉 차이의 수단에 의해 첫째 원리들로부터 특별한 것으로의 이동에 따라 통제되고 모형되어"졌다. "첫째 원인으로부터 마지막 목표로의 논리적 이동, 그리고 첫째 원리들에 관련된 조직적 체계화"를 보여주는 구성과 배열은 "정통파의 체계와 신학 서론에 지대한 영향을 끼쳤다."[28]

흥미롭게도 조직신학적 성격을 가지고 있는 버미글리의 『신학총론』은 버미글리가 직접 쓴 작품은 아니었다. 이 책의 출간은 버미글리 사후에 베자가 불링거에게 버미글리의 글들을 모아 단행본으로 출간할 것을 제의하면서 시작되었다. 버미글리가 남겨놓은 주석학적 작품들이 베자의 제안에 따라 조직적 체계를 갖추어 한 권의 단행본으로 출간된 것이다. 버미글리가 소천한 후 14년이 되어서 위그노파 교회의 목사 르 마송(Robert Le Mason)이 편집하여 『신학총론』이라는 제목으로 출판하였다. 이 판본은 칼빈의 『기독교 강요』의 체계를 따라 편집되어 성부, 성자, 성령, 그리고 교회라는 주제를 따라 배열되었다.[29] 『신학총론』의 편집자는 버미글리의 글들을 4부로 나누어 구성하였다. 1부에서는 칼빈의 주장처럼 신학이란 하나님을 아는 참된 지식으로부터 시작하는데, 이 지식은 창조주 하나님을 아는 지식과 구속주 그리스도를 아는 지식을 가리킨다. 2부는 인죄론을, 3부는 구원론을, 4부는

---

28 Richard A. Muller, *Post-Reformation Reofrmed Dogmatics: The Rise and Development of Reformed Orthodoxy, ca. 1520 to ca. 1725*. 4 vols. 2nd ed., (Grand Rapdis: Baker, 2003), 1:107-108. 히페리우스의 사후 그의 신학 방법론이 출간되었다. Andreas Hyperius, *Methodi Theologiae, siue praecipuorum Christianae religionis Locorum Commvnivm Libri tres, ian denuo in lucem editi. Cum loculete Rerum & uerborum praecipuè in ijsdem memorabilium Indice. Adiecta est etiam, de eiusdem D. Hyperii uita & obitu, D. VVigandi Orthii Oratio: unà cum Doctorum, de eiusdem morte Epicedijs* (Basel, Oporinus, 1568).

29 김진홍, 『피터 마터 버미글리: 신학적 평전』, 156-158.

성령론과 그리스도인의 삶을 각각 다룬다.[30]

개혁주의 교리와 관련하여 칼빈과 버미글리의 관계는 각별하다. 성찬론과 예정론은 개혁교회에서 핵심적인 교리였는데, 버미글리와 칼빈은 이 교리들에 대한 관점들을 공유했다. 칼빈은 버미글리의 성찬론 관련 논문인 『옹호』를 격찬하며 대단히 높이 평가했다.[31] 김진홍은 개혁주의 성찬론의 정수를 경험하려면 칼빈 뿐만 아니라 버미글리의 글을 읽어봐야 한다고 주장했다.[32] 리처드 갬블(Richard Gamble)은 성찬론에 대한 버미글리와 칼빈의 견해가 "놀라울 정도"로 닮아 있다고 평한다.[33] 리처드 멀러(Richard A. Muller)는 버미글리가 칼빈의 멘토와 같은 역할을 감당했으며, 서신교환을 통해 칼빈의 신학에 크게 기여했을 것이라고 주장한다.[34]

예정론 또한 마찬가지다. 예정론은 어거스틴에 의해 자리를 잡고, 칼빈에게서 상당한 발전을 이룩했다. 하지만 버미글리가 개혁주의 예정론에 끼친 영향도 상당하다. 칼빈처럼 버미글리 역시 예정과 유기를 강조하여 이중예정을 가르쳤다. 그는 3부 1장에서 예정에 관해 논하면서 선택에 대해 다음과 같이 말한다.

> 앞의 질문(선택)에 관해서 이것이 이해되어야 하는데, 바로 하나님의 여러 가지 작정들이 있다는 것입니다. 왜냐하면 한 나라 또는 사도직과 같은 특정한

---

[30] Peter Martyre Vermigli, *The Common Places of the Most Famous and Renowned Divine Doctor peter Martyer, Divided into Foure Prencipal Parts: with a Large Addiition of Manie Theologcialal and Necessarie Discourses, Some newer Extant before*, trans. and partlie gathered by Anthonie Marten, (Early English Books Online, 2019).

[31] 김진홍, 『피터 마터 버미글리: 신학적 평전』, 6.

[32] 김진홍, 『피터 마터 버미글리: 신학적 평전』, 6.

[33] Richard Gamble, "Sacramental Continuity among Reformed Refugees: Peter Martyr Vermigli and John Calvin," in Peter Martyr Vermigli and the European Reformations: Semper Reformanda, ed. Frank A. James III (Leiden · Boston: Brill, 2004), 97.

[34] Richard A. Muller, *Calvin and the Reformed Tradition: On the Work of Christ and the Order of Salvation* (Grand Rapids, MI: Baker Academic, 2012), 20.

> 직분을 수행하기로 섬기는 이들이 있으며, 그리고 영생을 위해 택함받은 사람들이 있습니다. 이러한 선택들은 뿔뿔이 나뉩니다. 왜냐하면 하나님의 나라로 선택을 받은 이가 곧바로 영생으로 선택되지 않은 일들이 종종 일어나기 때문입니다. 유다(가룟유다)처럼 사도직에 대해서도 마찬가지입니다. 그럼에도 불구하고, 그들은 때때로 함께 참여되기도 합니다. 따라서 우리는 일시적인 선택에 대해 말하는 반면, 또한 그 같은 것이 영생에 대해서도 그렇습니다 …

하나님의 선택은 다각도로 이해된다. 어떤 이는 예정으로, 어떤 이는 가룟유다처럼 유기로 선택된다. 더 나아가 선택은 단순히 영생으로의 예정만이 아닌 직분에 대한 선택까지도 구분된다. 버미글리에게 예정이란 그 선택이 목적에만 한정되지 않고 방법까지도 되어 있음을 의미한다. 버미글리는 어거스틴과 펠라기우스 사이에 벌어진 예정론 논쟁의 문제점을 잘 인식하고 있었다. 그에 따르면 예정론이 설교의 필요성을 제거한다는 펠라기우스주의의 주장들은 선택에 대한 오해로부터 말미암는다. 특정한 숫자가 선택되었고 그 숫자는 감하지도 않고 더해지지도 않는다고 하면 설교자들은 헛되이 설교하게 될 뿐이라는 주장과, 인간의 노력은 그저 수포에 불과하다고 말하는 것은 비성경적인 가르침이다. 그리스도께서는 아버지께서 보내지 않으시면 누구도 그분에게 올 수 없다고 분명히 말씀하셨다. 또한 예정론 교리가 무익한 교리라는 것도 속임수이다. 경건한 자들에게 예정론은 아주 유익한데 이는 그들이 자신들이나 다른 이들에게 어떤 자만심을 가지지 않을 수 있기 때문이다.[35]

개혁파 내에도 불링거와 같이 이중예정을 지지하지 않는 이들이 있었던 상황에서 버미글리는 이중예정을 확고히 가르쳤으며,[36] 더 나아가 그의 제

---

35 Vermigli, *The Common Places*, 3.1.1-3.1.4.
36 김진홍, 『피터 마터 버미글리: 신학적 평전』, 122-124.

자였던 잔키우스(장키)의 예정론은 당대에 대단한 영향력을 발휘했다.[37] 버미글리의 예정론은 취리히의 불링거로 하여금 관대한 태도를 불러일으켰고, 그 결과 취리히 내에서 발생한 예정론 논쟁에서 취리히가 개혁주의 이중 예정론을 받아들이게 하는데 중요한 역할을 감당했다.[38] 버미글리는 "칭의론, 예정론, 성찬론 등에서 칼빈과 비견되는 최상의 교의학자"라고 해도 과언이 아니다.[39]

3. 로잔(Lausanne)의 피에르 비레(Pierre Viret, 1511-1571)

3.1 회심의 여정

제네바 도시의 개혁 운동은 파렐 혼자만의 산물이 아니었다. 종교개혁자 피에르 비레(Pierre Viret, 1511-1571)는 파렐과 함께 베른의 종교개혁을 이끌었고 제네바 종교개혁을 위해 힘썼다. 비레는 루터의 작품을 통해 종교개혁운동에 참여하게 된 인물로 파렐과의 인연으로 종교개혁 설교자로서 활동을 시작한다. 대부분의 스위스 종교개혁자들이 프랑스에서 망명을 왔던 반면 비레는 유일하게 스위스 본토 출신이었다. 그는 1511년 스위스의 도시 오르브(Orbe)에서 태어났다. 유년 시절부터 사제가 되기 위한 교육을 받으며 자라났기에, 상당한 양의 고전과 신학 지식을 습득할 수 있었다.[40] 하지만 비레 역시 여느 종교개혁자들처럼 의롭게 되는 방법에 대해 고민하게 된다. 과연 참된 진리와 양심의 평화를 윤리적인 행위로 해결할 수 있는가? 그는 그럴 수 없다고 결론을 내린다. 성경에 대한 연구는 그로 하여금 로마 가톨

---

37 김진홍, 『피터 마터 버미글리: 신학적 평전』, 6.
38 김진홍, 『피터 마터 버미글리: 신학적 평전』, 124.
39 김진홍, 『피터 마터 버미글리: 신학적 평전』, 7.
40 Schaff, *The Swiss Reformation*, 250.

릭 교회와 결별하게 만든다. 회심 이후 비레는 로마교회를 비난하고서 스트라스부르로 돌아와 파렐의 종교개혁에 참여한다. 파렐의 권면으로 그는 오르브(Orbe)에서 설교사역을 시작한다. 그의 설교 사역은 대단한 성공을 거두었는데 그의 부모 뿐만 아니라 200여명이나 되는 사람들을 회심시켰다. 반대 역시 극심하여 한번은 독을 탄 음식을 먹었다가 건강에 영구적인 치명상을 입었다.[41]

3.2 종교개혁 활동

비레의 종교개혁 무대는 로잔으로 그의 사역에 있어서 로잔에서 벌어진 공개논쟁은 유명하다. 1536년 10월 1일, 베른 정부는 공개논쟁을 열고 종교개혁 진영의 학자들에게 개혁주의 교리를 변호할 것을 요청했다. 비레, 파렐, 칼빈, 파브리(Fabri), 마르코트(Marcourt), 그리고 카롤리(Caroli)가 종교개혁 진영에 섰다. 로마교회의 학자들은 드로지(Drogy), 미마드(Mimard), 로이스(Loys), 베릴리(Berilly), 그리고 클라우데 블렌체로스(Claude Blancherose)였다. 베른의 의원이 좌석한 상황에서 논쟁은 프랑스어로 진행되었다. 파렐은 로마 가톨릭의 교리를 조목 조목 비판하기 위한 열 가지 논제를 준비했고, 파렐과 비레가 주요 연사로 논쟁을 이끌었다. 파렐이 주장한 내용들은 종교개혁자들이 공유하고 있던 것들이었다. 그들은 로마교회의 교회관과 교황 교리를 비판하며 성경의 우월성을 제시했다. 또한 로마교회의 행위구원론을 반박하며 믿음에 의한 칭의를 주장했다. 중보자는 사제나 교황이 될 수 없고 오직 그리스도의 대제사장직과 중보만이 유효하다. 예배는 보이는 상징에 머무는 의식(ceremony) 혹은 형상에게 미신적인 신앙을 적용하는 저급한 물리적인 예배가 아니라 영적인 예배(spiritual worship)여야 한다. 육체의 눈에 보이지 않으시는 하나님은 영과 진리로 예배할 대상이다. 독신은 육체

---

41 Schaff, *The Swiss Reformation*, 250.

의 정욕을 너무 가볍게 보고 어리석은 자만심에 빠질 뿐 하나님이 만드신 남자와 여자의 결혼은 거룩한 결합이다. 금식이나 축일과 같은 중립적인 문제는 순종하든 순종하지 않든지 간에 죄를 짓는 문제가 아니므로 그리스도인들은 언제든지 양심에 따라 행할 자유를 가지고 있다. 파렐이 준비한 논제들은 비레와 파렐에 의해 주장되었다. 그 다음 달에는 비레와 카롤리[42]가 주요 연사(the main speaker)로 등판하여 논쟁을 치뤘다.[43] 그 결과 로마 가톨릭 진영의 다수가 종교개혁으로 전향하게 된다. 1540년 비레는 베른이 설립한 한 학교(로잔 아카데미)에서 교수 사역을 감당했으며, 베른 정부와의 마찰로 투옥되기도 했다.[44]

칼빈은 제네바 종교개혁을 위해 비레의 도움을 요청했었다. 1546년 3월 8일 비레의 아내가 죽은 후 칼빈은 비레에게 제네바 종교개혁을 함께 해 줄 것을 요청하는 편지를 썼다. 비레가 가겠다고 대답하고서는 연락이 없자 칼빈은 1주일 후에 다시 편지를 써서 빨리 와 줄 것을 종용했다.[45] 비레는 칼빈의 요청에 응하여 3월 말에 제네바로 향했으며 1546년 4월 2일경에 제네바에서 환대를 받았다. 비레는 교수 사역뿐만 아니라 설교에도 탁월한 재능을 보였다. 당시 그의 설교는 칼빈보다 더 유명했고 환대를 받았다. 베자는 그의 『칼빈 전기』에서 파렐, 비레, 칼빈의 설교를 다음과 같이 묘사한다.

> 파렐은 담대하고 비장한 마음이 탁월했습니다. 천둥같은 그의 설교는 떨림

---

[42] 카롤리는 한 때 소르본대학의 교수였으나, 바울서신에 대한 논문이 당국의 도서검열에 걸려 소르본대학에서 퇴출당했다. 개신교인이었던 나바르의 여왕 마가레트의 후원을 받았으며 1535년 제네바에 들렀다가 파렐의 종교개혁에 참여하게 된다. 이듬해 발생한 로잔논쟁에서 종교개혁자로 명성을 얻었다가, 후에 변심하여 칼빈, 파렐, 비레와 같은 이들을 아리우스주의자들이라고 비판하고, 로마가톨릭교회로 되돌아 갔다.

[43] Schaff, *The Swiss Reformation*, 250-251.

[44] Bèze, *The Life of John Calvin*, 12. 비레는 한 때 베자와 함께 로잔 아카데미에서 교수로 사역한 적이 있었다. 1553년 5월 16일, 당시 비레와 베자가 가르쳤던 다섯명의 프랑스 청년들은 복음을 설교하기 위해 고국으로 돌아갔다가 프랑스 당국에 의해 화형을 당했다. Schaff, *The Swiss Reformation*, 251.

[45] John Calvin, "To Viret(March 8, 1546)," *Letters of John Calvin*, vol. II of 4vols, 23-24.

없이 들을 수 없었으며, 그의 가장 열렬한 기도는 영혼이 거의 천국으로 들려 올라가지 않고서는 느낄 수 없었습니다. 비레는 부드러운 설득조의 웅변이 뛰어났는데, 그의 청중들은 그의 입술에 귀를 기울였습니다. 칼빈은 청중의 마음을 말을 하는 만큼 가장 무거운 감정으로 채웠습니다. 따라서 저는 종종 어느 정도에서 이 세 사람의 연합된 탁월성으로 형성된 설교자가 완벽한 것으로 보일 것이라고 생각했습니다.[46]

비레의 생애와 사역은 종교개혁자들에게 나타나는 전형적인 현상들을 보여준다. 로마교회의 미신에 사로잡혔던 일이며, 성경을 통해 이신칭의를 확신하게 된 일이며, 복음 설교를 위해 힘쓰다가 박해를 받은 일들은 칼빈 및 파렐의 그것과 매우 유사하다. 교회와 국가의 관계에 대해서도 비레는 칼빈의 노선과 같이 했다. 비레는 칼빈처럼 권징의 수단으로서 수찬 정지(the ban)를 강하게 주장했는데, 이는 베른(Bern)의 종교정책에 반하는 행동이었다. 당시 베른은 수찬 정지를 승인하지 않았을 뿐만 아니라 엄격한 예정교리의 설교도 허용하지 않았다. 베른의 지나친 간섭으로 비레와 베자는 각각 1558년과 1559년에 제네바로 가게 된다. 비레는 주로 로잔에서 활동하며 20년에 걸쳐 목회자와 교수로 사역하며 다수의 작품을 집필하였다.

---

46 Bèze, *The Life of John Calvin*, 28.

3부
존 칼빈(1509-1564)의 개혁주의:
하나님의 주권

7장 칼빈의 생애와 사상
8장 칼빈의 예정론: 은혜의 교리
9장 칼빈의 율법관: 경건의 교리

7장

칼빈의 생애와 사상

1. 들어가는 말: 칼빈과 개혁주의에 대한 부정적인 인식

개혁주의를 메마르고 건조한 신학 또는 죽은 신학이라고 비판하는 이들을 종종 만나게 된다. 그들은 개혁주의를 예정론이나 노예의지론 혹은 도르트 신경의 5대교리(전적타락, 무조건적 선택, 제한 속죄, 불가항력적 은혜, 성도의 견인)로 간주하면서 다른 교리들을 용납하지 않는 비관용적인 입장을 취한다고 비판한다. 이러한 현상들은 칼빈의 적대자들에게서도 어렵지 않게 발견된다. 미카엘 세르베투스(Michael Servetus, 1511-1553)는 삼위일체에 대한 부인으로 로마 가톨릭 교회에 의해 감옥에 갇혀있다가 탈옥을 감행하여 제네바에 들렀다가 붙잡혔다. 세르베투스는 이단에 대한 처벌에 관해 자신의 입장을 피력하면서 자신이 구류당한 것이 칼빈 때문이었다고 말했다. "존경하는 의원님들, 존 칼빈 때문에 범죄 고발로 구속되어 있습니다. 그는 저를 잘못되이 고소하였습니다."[1] 세르베투스는 마치 칼빈이 자신을 오해하여 악의적으로

---

[1] Théodore de. Bèze, *The Life of John Calvin*, trans. Francis Sibson (Philadelphia: J. Whetahm, 1836), 194.

고소하였다고 주장하였지만 결과적으로 제네바 의회의 결정에 의해 화형을 당했다.

세바스찬 카스텔리오(Sebastian Castellion, 1515-1563)는 칼빈이 세르베투스의 처형 사건에서 자문역할을 했다고 하여 통렬하게 비난했다.[2] 하지만 카스텔리오의 비난은 칼빈의 인격에 대한 객관적인 정당성을 지니고 있지 못하다. 그가 제시한 근거들은 근본적으로 칼빈에 대한 관점이 아니라 자신의 왜곡된 이해에 기초하여 제시되었기 때문이다. 신학에 대한 카스텔리오의 관점은 이미 처음부터 칼빈과 노선을 달리하고 있었다. 칼빈이 카스텔리오를 처음 만난 것은 스트라스부르에서 목회 사역을 할 때였다. 개혁 사상을 공부하기 위해 프랑스에서 제네바로 이주해 온 카스텔리오는 처음에 칼빈에게 좋은 인상을 심어주었다. 제네바로 이주한 환자들을 돌보는 모습에 감동을 받은 칼빈은 동료들에게 카스텔리오를 칭찬했다. 스트라스부르에 거주할 당시(1438-1541), 칼빈은 카스텔리오를 스트라스부르의 신학교에 언어 교사로 소개하였을 뿐만 아니라 1541년 제네바로의 귀환시에는 카스텔리오를 제네바의 한 문법학교 교수직에 추천하였다.[3] 칼빈은 다음과 같이 쓴다.

> 우리는 간략하게 증언합니다. 그가 우리와 함께 행했다는 것, 우리의 일치된 동의에 의해 그는 이미 목회직을 위한 사람입니다. 그러므로 누가 의심하기를, 세바스찬이 우리에게서 떠난 것은 다른 이유가 있었다는 것, 우리는 그가 가는 어느 곳이든 이러한 증언을 할 것입니다. 그는 학교 직무라는 자신만의 이유로 떠났습니다. 그는 맡은 일에 있어서 성실히 행하였기에 우리는 그가 거룩한 사역에 합당하다고 판단합니다. 그의 삶에 우리 믿음의 조항에 반하여 나아갔던 얼마간의 흠과 불경한 견해들이 없었더라면, 그는 이 직무

---

[2] 카스텔리오로부터 시작하여 다양한 이들이 칼빈의 인격을 부정적으로 묘사하였다. 다음을 보라. Herman Selderhuis, ed., The Calvin Handbook, 김귀탁 역, 『칼빈 핸드북』 (서울: 부흥과개혁사, 2013), 16-19.

[3] Bèze, *The Life of John Calvin*, 31, 각주.

를 받았을 것입니다.⁴

하지만 카스텔리오의 사생활에 대한 문제점들이 불거지기 시작했으며 얼마 지나지 않아 그의 이단성이 발견되었다. 카스텔리오는 칼빈의 사촌형인 올리베탕의 성경 번역을 조잡하다고 비판하는가 하면 원어 실력의 부족에도 불구하고 자신만의 성경 번역서를 출판하고자 하였다가 칼빈과 마찰을 빚었다. 그 둘 사이의 결정적인 결별은 정경에 대한 관점이었다. 칼빈은 전통적인 해석에 따라 아가서 본문을 하나님과 신자 사이의 사랑 또는 그리스도와 교회의 사랑으로 이해했다. 반면 카스텔리오에게 아가서에 등장하는 두 연인의 이야기는 그저 멜로물에 불과했다. 칼빈의 관점에서 이러한 해석은 아가서를 정경으로 받아들일 수 없는 위험을 내포하고 있었고 실제로 카스텔리오는 아가서가 실수로 구약 성경에 포함되었을 것이라고 하여 결국 제네바에서 추방되었다.⁵ 칼빈과 카스텔리오 사이의 마찰을 고려하면 칼빈이 세르베투스의 화형 사건에 적극적으로 개입하여 비관용적인 태도를 보였다고 했던 카스텔리오의 말은 재고할 필요가 있다. 칼빈은 세르베투스가 모진 고통을 수반하는 화형을 당하길 원하지 않았다. 이에 의회에 참수형을 주장하였으나 받아들여지지 않았다.⁶

칼빈에 대한 부정적인 관점은 제롬 볼섹(Jerome Bolsec, d. 1584)에 의해 한층 더 심화되었다. 그는 1550년 제네바로 이주한 이듬해 칼빈의 예정론을 강하게 비판하였다. 그는 선택과 유기는 하나님의 예정이 아니라 한 개인의 신앙에 따른 결과라고 주장하면서 칼빈의 예정론은 하나님을 은혜로운 분이 아니라 무자비한 분으로 묘사하는 거짓된 신학이라고 비판하였다. 만세 전에 하나님이 모든 것을 예정하셨다면 역사 속에 존재하는 모든 이들의 자유의지는 파괴된다. 모든 것이 인간의 선택과는 무관하게 결정되어 있다면

---

4 Bèze, *The Life of John Calvin*, 31, 각주.
5 Bèze, *The Life of John Calvin*, 35.
6 당시 이단에 대한 제국법의 관례는 화형으로 다스려졌다.

그것은 하나님을 폭군으로 만드는 것이다. 또한 어떤 이는 영원한 생명으로 또 다른 이는 영원한 사망으로 미리 정하셨다는 것은 가혹하기 짝이 없는 교리라고 비판했다. 더 나아가 볼섹은 칼빈을 이단으로 낙인찍기 위해 온갖 노력을 다할 뿐만 아니라 비인격적인 성품을 가진 사람으로 묘사했다. "폭식가, 간부(姦夫), 매춘녀들의 기둥서방, 동성애자, 수전노"로 묘사하는 가 하면, "이기심, 교만, 완고함, 복수, 새 것 좋아하기에 빠진 혁명가"라고 주장했다.[7] 볼섹의 묘사는 세월이 흐르면서 칼빈에 대해 부정적인 인식을 가진 이들에 의해 고착되었다.

2. 칼빈의 생애와 사상을 이해하기 위한 본서의 접근 방법

칼빈에 대한 부정적인 이미지는 칼빈의 삶이 경건과 동떨어져 있는 듯한 인상을 준다. 하지만 그것은 언제까지나 칼빈의 대적들이 칼빈을 폄하하기 위한 묘사에 지나지 않는다. 어느 학자가 말한 것처럼 선한 이들은 그를 사랑했으나 악한 이들은 그를 미워했다. 왜냐하면 칼빈의 대적자들은 그를 두려워했기 때문이다.[8] 칼빈보다 10년 먼저 태어났던 피터 마터 버미글리(Peter Martyr, 1499-1662)는 칼빈에게 보내는 서신에서 이단들이 하나님의 영원한 작정 교리와 이단 형벌에 대하여 "어리석고 잘못된" 소문들을 퍼뜨리고 있음을 개탄하면서 잔키우스(Zanchius)와 함께 힘이 닿도록 칼빈의 편을 변호하고 있다고 적은 바 있다.[9] 칼빈은 폐결핵으로 죽음을 맞이하기 한 달 전에 자신의 동료들을 모아놓고 종교개혁 시 직면했던 극심한 반대를 회

---

[7] 셀더하위스 eds., 『칼빈 핸드북』, 19-20.

[8] The American Editor, "Preface," *The Life of John Calvin by Théodore de Bèze*, trans. Francis Sibson (Philadelphia: J. Whetahm, 1836). iii-iv.

[9] "A Letter of Peter Martyr to Calvin," in *The Life of John Calvin by Théodore de Bèze*, trans. Francis Sibson (Philadelphia: J. Whetahm, 1836). 193-194.

상했다. 그리고 그들에게 언젠가 발생하게 될 이단 사상에 대해 경계할 것을 당부하였다.[10] 칼빈에 대해 가장 잘 알았다고 여겨지는 사람의 묘사로 직접 들어가 보는 것이 칼빈에 대한 오해와 편견을 지우고 개혁주의의 정수를 이해하는데 필수적이다. 이를 위해 본서는 칼빈의 생애와 사상을 분석했던 두 명의 신학자들의 글을 살펴보려 한다. 첫째는 칼빈의 직계 후계자였던 데오도르 드 베자(Théodore de Bèze, 1519-1605)[11]이다. 칼빈이 베자를 만난 것은 1548년 가을이었다. 베자는 브루고뉴 남부 귀족 출신으로 학문적 훈련과 지적 능력이 뛰어난 사람이었다. 베자의 재능을 일찌감치 알아봤던 칼빈은 1559년 제네바 아카데미를 설립하고 그 학교의 원장으로 베자를 임명한다. 그는 다음과 같이 말했다.

> 만일 나를 형제보다 더 사랑하고 아버지보다 더 존경했던 베자를 주의 깊게 돌보지 않았다면 나는 아주 냉담하고 무정한 사람이 되었을 것이다.[12]

이후에도 베자는 제네바에서 칼빈과 함께 목회사역을 하였으며 1564년 5월 칼빈의 사후 제네바 교회를 이끄는 후계자가 되었다. 칼빈을 가장 잘 알고 이해했던 사람은 베자였다.

두 번째 학자는 칼빈의 신학과 종교개혁을 경건이라는 측면에서 가장 잘 이해하고 있는 것으로 여겨지는 B. B. 워필드이다. 워필드는 칼빈에 정통한 신학자였다. 그는 칼빈의 생애에 흐르고 있는 가장 중요한 사상을 잘 파악했다. 워필드는 프린스턴 신학교에 교수로 초빙되어 아치발드 알렉산드와 찰스 핫지 등의 개혁 신학적 유산을 이어 받았다.[13] 특히 그는 칼빈의 생

---

10 스캇 마네치, 『칼빈의 제네바 목사회의 활동과 역사』, 신호섭 옮김(서울: 부흥과개혁사, 2019), 13-14.
11 Bèze, *The Life of John Calvin*, trans. Francis Sibson.
12 스캇 마네치, 『칼빈의 제네바 목사회의 활동과 역사』, 83-84.
13 David F. Wells, 『개혁주의 신학: 현대 개혁주의 역사』, 박용규 역 (서울: 한국기독교사연구소, 2018), 117.

애와 신학을 깊이 있게 연구하였으며 칼빈과 칼빈주의에 대한 오해를 바로 잡는데 크게 기여했다. 필자의 연구에 따르면 오늘날 개혁주의에 대한 오해들은 크게 두 가지 잘못된 관점에 기인한다. 첫째는 개혁주의 신학을 근본주의로 치부하고 마치 실천과 관계없는 메마른 신학으로 주장하는 관점이다. 둘째는 개혁주의를 중심교리를 표방하는 신학 사조로 이해하여 칼빈이나 개혁파 정통 신학을 예정론의 관점에서 접근하여 개혁주의의 역사에 수많은 단절을 초래하는 경우다.[14] 이러한 주장들은 공통적으로 칼빈의 생애와 신학을 균형 있게 이해하지 못할 뿐만 아니라 개혁주의가 추구했던 교리와 경건의 깊은 관계를 간파하지 못한다.

그러므로 우리는 베자가 쓴 칼빈 전기를 통하여 칼빈의 생애를 잠시 살펴보며 시작하려 한다. 물론 칼빈의 생애 전체를 다루지는 않을 것이다. 그의 생애 가운데 출생으로부터 시작하여 학문의 여정, 회심과 제네바 종교개혁, 그리고 그가 겪었던 다양한 어려움들을 간단히 소개하는데서 그치려 한

---

14 "종교개혁과 정통주의의 관계에 대한 다양한 접근법들이 존재해왔다. 멀러에 따르면 이러한 접근법들은 크게 다섯 가지로 분류된다. 첫 번째 접근법은 슈바이처, 헤페, 베버, 비처 등이 시도한 방법으로 예정론을 개혁주의 신학의 중심적인 교리로 이해한다. 두 번째 접근법은 칼빈의 예정론이 건조하고 차가운 신학적 경향을 보인다고 주장하면서 이를 상쇄하기 위한 일환으로 불링거가 언약신학을 발전시켰다는 입장이다. 세 번째 접근법은 칼 바르트를 위시한 신정통주의 학자들의 견해로서 개혁파 정통 신학자들을 칼빈과 대립되는 신학을 추구한 칼빈주의자들로 묘사하다. 네 번째는 개혁파 스콜라주의의 기원을 칼빈이 아닌 베자와 버미글리와 같은 인물들 속에서 찾으려는 시도이다. 마지막으로 다섯 번째 접근법은 종교개혁과 개혁파 정통 주의 사이에 발전의 연속성과 불연속성, 신학의 통일성과 다양성을 강조하여 보다 포괄적인 관점에서 개혁파 정통주의를 중세, 종교개혁, 개혁파 정통 시대의 연결을 시도한다. 위에서 나열한 접근법 가운데 세 가지 접근법들은 입장은 다르지만 한 가지 공통된 관점을 공유한다. 즉 첫 번째에서 세 번째에 이르는 접근법들은 종교개혁과 정통주의, 혹은 칼빈과 칼빈주의자들 사이의 관계에 대한 해석을 정당하게 제공하지 못한다. 개혁파 정통주의 신학자들의 글을 연구해보면 개혁파 신학자들 가운데 예정론을 개혁주의 신학의 중심적인 교리로 이해한 자들은 거의 없었으며, 칼빈의 예정론을 건조하거나 메마르다고 간주한 이들도 없었다. 오히려 칼빈주의를 따랐던 개혁주의 신학자들은 칼빈의 신학에 기초하여 교리와 경건, 신학과 실천의 통합을 구현함으로써 개혁주의 신학을 발전시켰음을 어렵지 않게 발견할 수 있다." 류길선, "개혁주의 유산으로서의 칼빈주의 개념 고찰: 벤자민 B. 워필드의 칼빈주의 이해를 중심으로." 「역사신학논총」, 39(2021), 140 fn. 10 재인용. 멀러는 위에 언급한 다섯 가지 접근법들에 대한 다음의 책에서 자세히 설명하고 있다. Richard A. Muller, *After Calvin*, 한병수 역, 『칼빈 이후 개혁신학』 (서울: 부흥과개혁사, 2014; 2쇄, 2014), 149-194.

다. 이를 통해 칼빈의 생애가 경건에 대한 그의 관심으로 점철되어 있으며 그의 인격이 매정하거나 차가운 것이 아니라 매우 인간적이었음을 보여준다는 것을 발견하게 될 것이다. 그런 다음 워필드의 관점을 통하여 칼빈의 생애 가운데 부각되었던 신학 사상과 종교개혁의 성격을 포괄적인 관점에서 분석할 것이다.

3. 베자의 묘사를 통해 본 칼빈의 생애: 경건을 향한 열망

칼빈은 1509년 7월 10일에 누아용(Noyun)에서 태어났다. 그의 아버지 제라드 칼빈(Gerard Calvin)은 명민한 사람인지라 귀족들에게 사랑을 많이 받았다. 칼빈은 그 지역에서 최고의 명문가였던 몽모르가(the Mommors)의 자녀들과 함께 교육을 받고 자랄 수 있었다. 처음에 제라드는 칼빈에게 신학 교육을 시켰다가 마음을 바꾸었는데 칼빈도 아버지의 뜻을 따른다. 이는 두 가지 이유 때문이다. 모든 부모들이 그런 것처럼 제라드는 자신의 아들이 부귀와 명예를 얻을 수 있는 법률가가 되길 바랬다. 한편 칼빈은 기존 로마 가톨릭의 고위 성직자의 위계(hierarchy)에 대한 반감이 있던 차에, 그의 사촌 로베르 올리베탕(Robert d'Olivet)의 영향을 받아 순수한 종교(the pure religion)에 대한 관심을 가지게 된 것으로 보인다.[15] 칼빈은 시빈법을 공부하기 위해 오를레앙(Orleans)으로 가서 당대 최고의 법학자인 피에르 드 에트왈(Peterde l'E'toile) 밑에서 법률 공부를 했다. 칼빈은 짧은 시간 내에 대단한 진전을 보여 그의 스승들로부터 찬사를 받았으며 23세라는 젊은 나이에 법학 박사학위를 받았다.

하지만 칼빈의 마음 한 켠에는 성경 연구에 대한 갈망이 자리 잡고 있었

---

[15] 당시 올리베탕은 성경 연구에 대한 열정으로 히브리어 성경을 프랑스어로 번역하였으며, 로마 가톨릭 교회의 미신을 혐오하기 시작했다.

다. 칼빈은 평생동안 특이한 연구 습관이 있었는데 그것은 간단한 저녁 식사 후에 자정이 되도록 공부를 하고 아침에는 지난 밤에 연구한 내용들을 다시금 묵상하고 되뇌이는 것이었다. 그 시간에는 어떤 방해거리들도 쉽게 허용하지 않았다. 이러한 훈련은 칼빈의 박식함과 훌륭한 기억력을 증진시켜 주었다. 그의 박식함과 열정은 늘 동료 종교개혁자들에게 존경의 대상이 되곤 했다. 모든 위대한 신학자들이 그러하듯 공부에 대한 열정은 신체의 질병을 가져오기 마련이다. 칼빈 역시 예외는 아니었다. 그는 소화 기관이 약하였고, 다양한 질병들에 자주 걸리는가 하면, 결국 때아닌 이른 나이에 죽음을 맞이하게 된다.

인문주의와의 만남은 칼빈에게 경건에 대한 인상을 남긴다. 그의 인문주의에 대한 관심은 당시 브루쥬(Bourges)에서 헬라어 교수로 활동하던 유명한 인문주의자이자 법학 교수였던 멜키오르 볼마르(Melchior Wolmar)[16]와 친밀한 관계 형성에서 나타난다. 그는 볼마르를 통해서 그리스 문학에 대한 지식을 습득하였을 뿐만 아니라 다음 세대들을 위한 볼마르의 훈계와 조언에 영향을 많이 받았다. 칼빈은 고린도후서 주석을 볼마르에게 헌정하면서 볼마르가 상당한 호의와 친절함을 가지고 자신을 지도해 주었던 사실에 감사를 표했다.[17] 그 이후 1529년 가을부터 1531년 부친의 사망 시까지 칼빈은 브루쥬 대학에서 이탈리아 출신의 교회법학자인 안드레아 알치아티(Andrea Alciati)에게서 교회법을 수학했다. 이 과정에서 칼빈은 당대 최고의 인문주의자가 되고자 했던 것으로 보인다. 그의 나이 23세에 세네카의 『관용론 주석』을 출판하여 명성을 날렸다.

---

[16] 볼마르는 베자의 어린 시절(9세)부터 성년기에 이르기 까지 라틴어, 헬라어, 그리고 인문주의의 스승이었다. 그들의 인연은 오를레앙에서 시작되었으며, 후에 볼마르가 브루쥬로 떠나자, 베자도 그를 따라 브루쥬로 거처를 옮겨 인문학을 배우게 된다. 베자에 따르면, 볼마르는 대단한 학식과 미덕들뿐만 아니라 특별히 젊은이들을 가르치는 기술이 뛰어났다. Bèze, *The Life of John Calvin*, 5.

[17] John Calvin, "The Author's Preface," *Commentaries Second Epistle of Paul the Apostle to the Corinthians*, trans. John Pringle(Grand Rapids, MI: Christian Classics Ethereal Library, 1999), 70.

종교개혁을 처음 접하게 된 것은 파리에서 머물던 때였다. 아버지의 갑작스런 죽음 이후 칼빈은 파리로 이사하였고, 그곳에서 다양한 종교개혁자들과 만남을 가지게 된다. 종교개혁자들과의 만남은 칼빈을 인문주의에서 종교개혁으로 전향하게 만들었다. 그에게 종교개혁의 영향을 끼친 첫 인물은 부유한 상인이자 종국에는 그리스도의 이름으로 화형을 당했던 스티븐 포르쥐(Steven de la Forge)였다. 칼빈은 그의 순교를 칭송하였으며, 특별히 그의 경건에 상당한 감화를 받았다. 베자에 따르면 칼빈이 이전의 모든 학문을 버리고 하나님께 헌신하기로 한 것은 바로 이때였다. 칼빈에게 종교개혁의 영향을 끼친 두 번째 인물은 스위스 바젤 출신이자 왕의 주치의였던 니콜라스 콥(Nicolas Cop)으로 한 때 파리 대학의 학장을 역임했던 사람이었다. 1533년 10월 31일 니콜라스 콥은 "모든 성직자들의 기념일"(the feast of All Saints)을 맞아 관례에 따른 취임연설을 하였는데, 칼빈은 니콜라스 콥의 연설문을 준비해 주었다.[18] 이 연설문은 로마 가톨릭 교회의 위선을 지적하고 "더 위대한 순수성과 대담함을 가진 종교의 주제"를 다루었다. 콥은 소르본(the Sorbonne) 대학 교수들의 공격으로 소환 명령을 받았으나 친구들의 권면을 받아 파리를 떠나 바젤로 돌아갔다. 소르본 대학 일파는 곧장 칼빈의 거처로 향하였으나 칼빈 역시 파리를 떠나 생명의 위협을 모면하였다. 이후에도 프란시스 1세의 여동생이었던 나바르(Navarre)의 여왕의 도움이 아니었다면 칼빈의 생명은 보장받을 수 없었을 것이다.[19]

칼빈은 다양한 종교개혁 운동을 했던 이들과 만남을 가졌는데, 그 가운데 인상 깊은 한 사람은 제라드 드 러셀(Gerard de Rousel)이었다. 러셀은 프랑스의 근교 모(Meaux) 지방에서 복음주의 공동체를 형성했던 프랑스 인문주의자 자크 르페브르 데타플(Jacques Lefèvre d'Étaples, 1450-1537)의 문하생이었다. 그는 어거스틴 수도회 소속으로 소르본 대학교의 교수로 재직하면서 나

---

[18] 칼빈이 연설문을 써 주었는지 아닌지에 대해 학자들 사이에 의견의 차이가 있다. 하지만 베자는 칼빈이 그 연설문에 깊이 관여하고 있다고 진술한다.
[19] Bèze, *The Life of John Calvin*, 6-7.

바르 여왕의 후원 아래에서 파리의 복음주의 신앙을 위한 운동에 힘쓴 인물이었다. 복음주의 운동 초기에 그는 로마 가톨릭 성직자들을 강도 높게 비판하곤 했다. 심지어 설교 도중 강대상에서 끌어 내려져 감옥에 투옥되기도 했다. 하지만 이후 러셀은 로마 가톨릭 진영 안에 머무르면서 초기 복음주의 운동의 모습이 약화 되었기에 칼빈의 비판을 피하지는 못했다.

칼빈은 파리에서 스트라스부르로, 다시금 스트라스부르에서 바젤로 망명 생활을 거듭하면서 인생의 역작인 『기독교 강요』를 1535년 8월에 완성하고, 마침내 1536년 3월에 출판한다. 칼빈은 프랑스에서 많은 친구들이 화형 당하는 것을 지켜보았다. 프랑스 법정은 갖은 중상과 모략으로 종교개혁자들을 처단하였다. 프랑스 당국과 로마 가톨릭교회의 박해는 칼빈이 『기독교 강요』를 출판하게 된 동기를 제공했다. 칼빈은 이 작품을 통해 로마 가톨릭 교회의 주장이 거짓에 불과하다는 사실을 증명하면서 다른 한편에서는 복음주의자들의 순교가 하나님께 얼마나 귀한 것인지를 역설하고자 했다.[20] 베자에 따르면 이 작품은 그 어떤 작품과도 비교할 수 없는 것이었다. 『기독교 강요』의 출판 이후 1536년 여름에 칼빈은 이탈리아 북부에 위치한 페라라 공국(the Duchess of Ferrara)의 공작부인이었던 프랑스 왕 루이 12세의 딸 르네(Renée of France, 1510-1574)를 만나기를 원했는데, 이는 기독교 강요의 회람을 통해 이웃 나라들이 종교개혁자들에게 가혹하게 대하지 않기를 원했기 때문이다.[21] 일찌감치 르네의 경건은 대단히 칭송받고 있던 터였다. 칼빈은 르네를 만나서 "종교에 대한 신실한 열정"으로 그녀를 지도해 주었으며 그 결과 칼빈의 『기독교 강요』 초판이 르네의 궁궐에서 회람될 수 있었다. 칼빈 사후에도 르네는 칼빈에 대한 감사의 마음을 견지했다.[22]

---

[20] John Calvin, "The Author's Preface," *Commentary on the Book of Psalms by John Calvin*, vol. 1 (Grand Rapids, MI: Christian Classics Ethereal Library, 1999), 23.

[21] Calvin, "The Author's Preface," *Commentary on the Book of Psalms by John Calvin*, vol. 1, 24.

[22] Bèze, *The Life of John Calvin*, 11.

이탈리아에서 돌아온 칼빈은 프랑스에 있던 동생 안토니 칼빈(Anthony Calvin)을 데리고 바젤이나 스트라스부르로 향하기로 계획했다. 하지만 프랑스의 다우피니(Dauphiny)[23]와 사보이 공국(Savoy) 사이의 전쟁으로 길이 막혀 의도치 않게 제네바에 머물게 된다. 당시 제네바는 기욤 파렐(William Farel)에 의해 이제 막 개혁도시가 되어 있던 참이었으며, 최소한의 종교개혁이 수립된 상태였다. 파렐은 투지 넘치는 정신으로 이미 베른(Berne)과 프리부르(Friburgh) 주(州)에서 왕성한 종교개혁을 펼치고 있던 종교개혁가였다. 그는 칼빈을 설득하여 제네바에서 함께 종교개혁을 이어갈 것을 종용하였으나, 칼빈은 그저 시큰둥한 반응을 보였다. 이에 화가 난 파렐은 칼빈에게 엄포를 놓는다.

> 저는 전능하신 하나님의 이름으로 당신을 비난합니다. 만일 당신의 연구를 지속한다는 핑계로 주님의 사역을 우리와 함께 감당하기를 거절한다면, 주님이 당신을 저주하실 것입니다. 이는 당신이 그리스도 보다 당신 자신이 필요로 하는 것을 추구하기 때문입니다.[24]

이 말을 듣고 겁에 질린 칼빈은 곧바로 설교자와 신학 교수직을 수락하였는데, 이때는 1536년 8월이었다.[25] 칼빈은 파렐의 요청과 저주를 하나님의 뜻으로 받아들였다.

베자는 제네바에서의 1차 종교개혁 활동(1536-1538)과 스트라스부르에서의 즐거운 목회생활(1538-1541) 등을 간단히 스케치한다. 칼빈이 건전한 예배를 위해 썼던 작품들, 로마 가톨릭 교회의 미사제도를 비판했던 일들, 제네바 당국과의 마찰, 스트라스부르의 목회 생활, 『기독교 강요』의 증보, 『로마서 주석』과 '주의 만찬'에 관한 논문 집필, 로마 가톨릭과 개신교 사이의

---

23 프랑스의 남동부 지역에 속한 도시(縣, province)로 1349년에 프랑스에 귀속된다.
24 Bèze, *The Life of John Calvin*, 12, 재인용.
25 Bèze, *The Life of John Calvin*, 12-13.

평화를 위한 목적으로 찰스 5세가 개최한 보름스 회의 참석, 필립 멜랑히톤(Philip Melancthon)과 게스퍼 크루시거(Gasper Cruciger)와의 만남, 제네바로의 귀환 등을 소개한다.[26]

제네바 제2차 종교개혁은 1541년 9월 13일, 칼빈이 제네바로 복귀했을 때 시작되었는데, 이때 칼빈이 제2차 제네바 종교개혁에서 가장 중요시 여겼던 문제가 무엇인지를 보여주는 진술이 있다.

> 만일 여러분이 저를 여러분의 목회자가 되기를 원한다면 여러분의 삶의 무질서를 교정하십시오. 만일 여러분이 저의 추방으로부터 진실되이 저를 복귀시킨 것이라면 여러분들 가운데 만연해 있는 범죄와 방탕을 제거하십시오. 저는 여러분들의 성벽 안에서 발에 짓밟힌 규율(discipline)을, 그리고 처벌 없이 자행된 범죄들을 극도의 불쾌함 없이는 지켜볼 수 없습니다. 저는 그토록 지독한 비도덕적인 곳에서는 살 수 없을 것입니다. 사악한 영혼들은 너무나 더러워서 복음의 순수함과 제가 여러분들에게 가르치는 영적 예배를 받을 수 없습니다. 죄로 얼룩진 인생은 예수 그리스도에 적대적이어서 용서받을 수 없습니다. 복음의 주적(酒積)들은 로마의 교황도, 이단들도, 유혹자들도, 폭군들도 아니라 그러한 나쁜 그리스도인들이라고 생각합니다. 왜냐하면 전자(the former)는 교회 밖에서 자신들의 분노를 행사하기 때문입니다. 반면 술취함, 사치, 위증, 신성모독, 불경, 음행, 그리고 여느 끔찍한 악들은 제 가르침을 내팽겨쳐버리고 우리의 대적들의 분노에 무방비 상태로 노출시키기 때문입니다. 로마[가톨릭 교회]는 제 두려움의 주요한 대상을 되지 못합니다. 저는 여전히 무한한 수의 수도승들에 대해 염려하지 않습니다. 지옥의 문, 즉 악한 영들의 나라와 권세들은 저를 전혀 동요시키지 못합니다. 저는 더 위험한 다른 적들 때문에 떱니다. 그리고 저는 이러한 육체적 탐욕, 선술집과 사창가와 도박의 방탕함들, 고대 미신의 악명높은 유물들, 죽음의 염병

---

26 Bèze, *The Life of John Calvin*, 14-25.

(the pest: 역주-칼빈은 도덕적 패악들을 가리키고 있음), 여러분의 마을의 불명예, 개혁주의 명성에 대한 수치에 몹시 두려워 떱니다.[27]

종교개혁은 복음과 교리의 순수성이 성도의 삶과 긴밀한 관계를 갖는다고 보았다. 칼빈이 종교개혁의 가장 큰 걸림돌로 여겼던 것은 로마 가톨릭 교회의 왜곡된 교리가 아니라 오히려 그리스도인의 삶이었다. 삶이 뒷받침되지 않는다면 복음의 순수성은 성도들의 마음속으로 파고 들어가지 못할 것이었다. 뿐만 아니라 복음적 교리들이 쉽게 왜곡될 것이다. 더 나아가 로마 가톨릭 교회에게 종교개혁을 비난하고 깎아 내릴 빌미를 제공하고 말 것이었다.

칼빈의 염려는 당시 종교개혁자들에게 공유된 것으로 보인다. 루터는 1540년의 『탁상담화』에서 윤리적 문제에 민감한 반응을 드러내었다. 루터는 자신의 조카였던 한스 폴너(Hans Polner)를 술고래였던 것으로 비난한 적이 있는데 이유인즉, 자신의 적대자들에게 험담의 빌미를 제공했다고 책망한 것이었다. 사실 당시에 술취함에 대한 비난은 음주에 대해 개혁자들을 폄하하기 위한 것이었다.[28] 경건은 내적으로는 복음의 가르침을 신자의 마음 밭에 심겨지게 하고 교리의 순수성을 보존하며, 외적으로는 사탄의 공격을 막아내는 성벽이었다-고린도후서 6:3, 6-7, "우리가 이 직분이 비방을 받지 않게 하려고 무엇에든지 아무에게도 거리끼지 않게 하고," "깨끗함과 지식과 오래 참음과 자비함과 성령의 감화와 거짓이 없는 사랑과 진리의 말씀과 하나님의 능력으로 의의 무기를 좌우에 가지고"-. 복음의 순수성과 경건의 관계를 고려할 때 칼빈이 교리문답서를 작성하여 교회에서 가르칠 수 있도록 해야 한다는 일종의 사명감을 가졌다는 것은 놀랍지 않다. 칼빈은 제네바로 귀환하자마자 제2차 신앙교육서를 만들었다. 제『1차 신앙교육서』

---

27 Bèze, *The Life of John Calvin*, 25-26, ff. 각주 재인용.
28 Walther von. Loewenich, *Martin Luther: The Man and His Work*, 『마르틴 루터, 그 인간과 그의 업적』, 박호용 옮김 (서울: 성지출판사, 1988), 63-64.

(1537)에 비교할 때, 내용은 크게 다르지 않았지만 더 풍성한 내용으로 채우고 질문과 답변으로 나누어, 보다 효과적인 교리 교육이 이루어질 수 있도록 하였다. 그는 『기독교 강요』의 순서를 따라 교리들과 그리스도인의 의무들과 은혜의 수단들을 다루었다. 제2차 신앙교육서는 다양한 언어들(독일어, 영어, 화란어, 스페인어, 히브리어, 헬라어)로 번역되어 대단한 인기를 누렸다.[29] 1643년에 웨스트민스터 총회 신학자들은 칼빈의 『제2차 신앙교육서』를 요리문답의 모델로 삼았다.[30]

제네바에서의 종교개혁은 결코 쉽지 않았다. 목회 사역은 칼빈에게 대단한 노동을 요구했다. 칼빈은 다수의 설교, 3주마다 이루어지는 강연들, 목요일에는 장로회 모임을 가졌으며, 금요일에는 정기적인 성경연구모임에서 성경을 강해하였다.[31] 이 과정에서 칼빈이 다룬 자료들은 너무나 방대하였기에 그가 쏟아부은 노동의 시간은 실로 어마 어마했다.[32] 일례로, 칼빈은 교회 권징의 필요성을 역설하기 위해 당대에 가장 박식한 이들로 알려졌던 오에콜람파디우스(Oecolampadius), 츠빙글리(Zwinglius), 즈위키우스(Zuichius), 멜랑히톤(Melancthon), 부써(Buccer), 카피토(Capito), 그리고 미코니우스(Myconius) 등의 글에 호소했다. 둘째, 칼빈 혼자서 종교개혁을 감당하기란 너무나 벅찬 일이었다. 칼빈은 비레와 파렐과 같은 가장 가까운 동료 개혁자들이 절실히 필요했지만 비레는 로잔(Lausanne)으로 돌아갔고 파렐은 뇌사텔에 머물렀기에 딱히 큰 도움을 기대할 수 없었다.[33] 셋째, 파괴적인 자연재해가 제네바에 닥쳐왔다. 식량의 감소와 흑사병이 창궐하여 수많은 이들이 죽어 나갔다. 넷째, 신학적인 대적들이 칼빈을 적대자로 지목하고 지

---

29 Bèze, *The Life of John Calvin*, 27.
30 Bèze, *The Life of John Calvin*, 28, 각주.
31 목요일에 모인 장로회 모임은 권징문제를 다루기 위한 목적을 가지고 있었으며, 금요일에 진행한 성경공부모임은 목회자와 평신도들이 성경주해와 신학 문제를 토론하기 위한 모임이었다.
32 Bèze, *The Life of John Calvin*, 27.
33 Bèze, *The Life of John Calvin*, 30.

상(紙上) 논쟁으로 공격했다. 화란의 알버트 피기우스(Albert Pighius)는 당대에 매우 능숙한 궤변론자로 칼빈을 신학적으로 공격한 대표적인 인물이었다.[34] 또한 1544년 제네바에 있던 카스텔리오는 서서히 어리석은 야망을 드러내기 시작했으며 자신의 프랑스어 신약성경에 대해 칼빈이 반색을 표하자 칼빈에게서 돌아섰다.[35] 교황의 공격은 언제나 멈추지 않았다. 교황 바오로 3세는 1543년 경 신성로마 제국의 황제 찰스5세와 결탁하여 로마 가톨릭교회와 개신교의 동등한 권리를 주장하고자 했던 프란시스 1세에 대항하여 개신교를 이단으로 정죄하기 위해 시도하였다.[36] 이후에도 크고 작은 시련들이 칼빈의 종교개혁에 연거퍼 찾아왔다.

고통과 시련은 필요악의 요소인 반면, 그리스도인의 삶과 경건의 유익을 위해 필연적인 요소이기도 했다. 베드로전서 4:12의 말씀처럼[37] 시련은 경건의 과정을 위한 수단이었다. 16세기 제네바는 전쟁, 질병, 기근, 다양한 자연 재앙으로 가득한 세상이었다. 전염병이 주기적으로 발생하여 교회 성도들뿐만 아니라 목회자의 가정에 슬픔을 안겨다 주었다. 수많은 목회자가 사랑하는 가족을 잃었다. 하지만 다양한 환란 속에서도 교회는 디모데후서 4:2의 말씀처럼, "때를 얻든지 못 얻든지 항상"말씀을 전파하는 사역을 지속했다. 그 이유는 개혁교회의 목회자들이 재난을 하나님이 은혜를 베푸시는 수단이며 전체 역사를 하나님의 섭리의 관점에서 이해했기 때문이다. 하나님은 뒷짐을 지고 세상이 알아서 돌아가는 것을 방관하는 신이 아니라 자기 백성의 고난을 돌보는 분이시다. 다만 잠시 받은 환란의 경한 것은 장차

---

34 Bèze, *The Life of John Calvin*, 33. 피기우스는 펠라기우스주의자로 원죄론와 신적 예정, 효과적인 부르심과 값없는 은혜를 부인했다. 당대에 최고의 소피스트(궤변론자)로 명성을 얻었으며, 로마 교황과 추기경 사돌레트(The Cardinals Sadolet)의 후원을 받았다. Bèze, *The Life of John Calvin*, 34, 각주

35 Bèze, *The Life of John Calvin*, 35.

36 Bèze, *The Life of John Calvin*, 35.

37 "사랑하는 자들아 너희를 연단하려고 오는 불 시험을 이상한 일 당하는 것 같이 이상히 여기지 말고"

올 영광의 중한 것을 이루기 위함이었다(고후 4:17). 재난은 하나님의 섭리 가운데 당신의 백성들의 경건을 강화하기 위한 훈련의 수단이다. 칼빈은 욥기 설교에서 고통의 문제에 관해 다음과 같이 진술한다.

> 우리가 고난을 당할 때, 그것이 이유 없이 발생한다고 생각하지 말아야 한다는 괴로움을 가지는 것으로 족합니다. 차라리 그런 일이 일어나도록 하는 분은 하나님이십니다. 우리가 화가 나고 근심이 있을 때조차, 하나님을 의지합시다. 우리가 기도할 때, 하나님이 정하신 바가 아니면 어떤 일도 발생하지 않는다는 것을 알도록 하실 것입니다. 그가 모든 것을 항상 우리의 구원을 위해 역사하는 그러한 방식으로 정하셨다는 것이 명백하고 확실합니다. 그리고 우리가 이러한 지식을 가질 때, 그분이 우리에게 보내신 고통들을 인내로써 견딜 수 있게 할 것입니다. 우리가 그분 앞에서 겸손케 되고 그의 부성적 선하심을 맛볼 때, 우리는 고통과 번영과 상관없이 그분을 영화롭게 하기만을 구할 것입니다.[38]

칼빈의 대적들은 칼빈을 매우 감정이 메마르고 차가운 사람으로 묘사했지만 그것은 칼빈이 경험했던 고통과 시련을 조금도 고려하지 않은 일방적이고 왜곡된 표현이다. 칼빈은 몸소 고통의 정수를 체험했으며, 성도들의 삶

---

[38] 본문은 칼빈의 욥 1:20-22에 대한 설교이다. C'est assez d'avoir monstre, que si nous sommes affligez, il ne faut point que nous pensions que cela adviene sans raison, mais que c'est Dieu qui a iuste cause de ce faire. Et pourtant quand nous serons faschez et angoissez, que nous recourions a luy, que nous le prions qu'il nous face la grace de cognoistre que rien ne nous advient en ce monde, sinon qu'il le dispose: voire et d'estre certains quil le dispose en telle sorte que le tout revient tousiours a nostre salut. Et quand nous aurons ceste cognoissance-la, elle nous fera porter patiemment les afflictions qu'il nous envoyera. Ce sera aussi pour nous faire humilier devant luy, et que luy nous ayant fait gouster sa bonte paternelle, nous ne demanderons sinon de le glorifier en tout et par tout, tant en affliction comme en prosperite. John Calvin, *Three Volumes of Sermons*, in Calvini opera Vol. xxxiii (online, https://ccel.org/ccel/calvin/sermons/sermons.i.ii.html 2022년 7월 12일 오전 10시 접근).

속에 가득한 고통들을 잘 알고 있었다. 역병 환자들을 돌보는 일로 희생자들이 늘어가는 현상을 보면서 칼빈은 파렐에게 다음과 같이 토로한다.

> 마테외(Matthaeus)는 역병으로 고난을 당하고 있는 이들을 간호하는 데 몰두하고 있습니다. 당신에게 이곳으로 오실 것을 요청하는 동안, 우리는 그 사이, 가장 뛰어난 형제이자 신실한 동료인 제니스통(Geniston)을 잃었습니다. 만일 다른 이들도 이렇게 떠나게 된다면 어쩌지요? 만일 한 사람만 살아 남게 된다면, 그게 나라면 어쩌지요? …중략… 제니스톤의 아내는 지금 죽을 고비에 놓여 있고, 그의 어린 딸은 지쳐가고 있으며, 그의 어린 아들은 지금 다른 이에게 맡겨졌습니다 …[39]

1542년 칼빈은 교회 예전에 관한 지침에서, 목회자가 병자를 방문하고 말씀으로 위로하는 것은 이 세상에 발생하는 모든 환난이 하나님의 선한 섭리 가운데 발생하며, 그 섭리에 따라 그리스도인들이 당하는 고통이 그들에게 유익한 일이라는 점을 상기시키기 위함이라고 밝힌 바 있다.[40] 칼빈은 "그가 설교했던 복음이 단순히 사색적인 교리가 아니라 경건한 그리스도인의 삶을 구성하고 있다는 사실을 증명하는 데" 많은 시간을 할애했다.[41] 마네치가 잘 지적한 것처럼 이러한 이유들로 칼빈과 제네바 목회자들은 성도들 위한 가정심방을 쉬지 않았다. 그는 다음과 같이 말한다.

> 목회자들은 하나님 말씀의 진리를 특정한 삶의 환경에 적용할 수 있도록 돕고 개인적 경건과 영적 개혁을 증진시키도록 도전하기 위해 그들의 교구에

---

[39] John Calvin, "To Farel," *Letters of John Calvin*, vol. II of 4vols, Compiled from the Original Manuscripts and Edited with Historical Notes. trans. Jules Bonnet(Philadelphia: Presbyterian Board of Publication, 2014), 9.
[40] 마네치, 『칼빈의 제네바 목사회의 활동과 역사』, 533.
[41] Bèze, *The Life of John Calvin*, 41.

사는 남녀 신자들을 위한 인격적인 돌봄을 알아야 하고 나타내야 할 필요성이 있다는 것을 믿었다.

제네바 목사회는 제네바의 모든 목사들이 그들의 교구민을 위해 기도하고 교리문답으로 가르치며, 성찬으로 자양분을 주고 영적 조언과 위로를 제공하며, 권징을 통해 그들의 죄악 된 행위를 교정하고 심방을 통해 집을 방문하기를 기대했다.[42]

이후에 계속되는 베자의 묘사는 사랑하는 아내 이델레트(Idelette Stordeur de Bure Calvin, 1500-1549)의 죽음을 포함하여 칼빈이 직면했던 다양한 공격들과 시련들로 가득차 있다. 칼빈은 아내의 죽음에 대한 비통한 심경을 친구 비레에게 전했다. 1545년 칼빈은 아내와의 사이에서 낳았던 아들의 죽음을, 그리고 4년후인 1549년 아내의 죽음을 경험한다. 그는 자신의 친구 비레에게 보내는 서신에서 다음과 같이 쓴다.

주님이 확실히 우리에게 우리 어린 아들의 죽음으로 무겁고 심한 상처을 주셨습니다. 하지만 그분은 우리의 아버지이시며 자신의 자녀들을 위한 처방책이 무엇인지를 알고 계십니다.[43]

제가 할 수 있는 한 제 마음의 슬픔을 억누릅니다. 체 친구들의 모든 노력으로도 제가 표현하고픈 제 슬픔을 억누르는데 효과가 없습니다. 하지만 제가 경험하는 위로들을 표현할 수 없습니다. 당신은 제 마음의 온유함, 또는 이 시련 아래에서 드러내는 유약함을 아십니다. 많은 절제의 연습 없이는 저는 제 슬픔의 압력을 버틸 수 없었을 것입니다.[44]

---

42 마네치, 『칼빈의 제네바 목사회의 활동과 역사』, 527.
43 Bèze, *The Life of John Calvin*, 22, 각주 재인용.
44 Bèze, *The Life of John Calvin*, 105, 재인용.

칼빈은 『기독교 강요』와 성경 주석들에서 개인적인 이야기를 거의 하지 않는다. 한편 서신에서는 동료 신학자들과 목회자들에게 더없이 솔직할 정도로 개인의 심경을 털어놓는다. 그는 성경에서 강조하는 하나님의 영광을 위한 인생의 목적에 따라 살기 위해 몸부림 쳤던 인물이다. 자신의 학식을 자랑하는 것이 아니라 예수그리스도를 높이는 신학자였으며, 자신의 안위를 생각하기 보다 성도들의 삶을 고민했던 목회자였고, 개인의 안일을 걱정하는 것이 아니라 하나님의 영광을 위해 자신의 심장을 바쳤다. 1541년 8월 칼빈이 스트라스부르에 있을 때, 제네바로의 귀환을 요청한 파렐에게 쓴 편지에서 칼빈은 다음과 같이 썼다.

"주님께 희생제물로 바쳐진 저의 심장을 당신께 바칩니다."[45]

지금까지 베자의 묘사를 통해 칼빈의 생애를 살펴보았다. 필자는 독자들이 단순히 그의 생애를 역사적인 사건들의 기록을 따라 묘사하지 않았음을 기억하길 바란다. 오히려 경건에 대한 그의 관심과 개인의 인격이 칼빈에 대한 부정적인 이미지와는 달리 하나님 중심적이며 또한 형제 자매를 향한 인간적인 측면을 보여주고자 했다. 이것은 필자의 개인적인 견해가 아니라 칼빈을 가장 잘 알고 있었던 베자의 관점이면서 동시에 가장 건전한 관점이기도 하다.

---

[45] John Calvin, "73. To Farel(August 1541)," *Letters of John Calvin*, vol. I of 4vols, Compiled from the Original Manuscripts and Edited with Historical Notes. trans. Jules Bonnet(Philadelphia: Presbyterian Board of Publication, 2014),

4. 칼빈의 사상: 워필드의 묘사

4.1 칼빈: 신학자와 종교개혁자[46]

워필드는 칼빈의 생애를 출생, 그의 사역과 작품, 그리고 칼빈에 대한 후대 학자들의 평가의 순서를 따라 묘사한다. 하지만 워필드는 단순한 전기 형식의 칼빈 생애와 작품을 서술하는 것이 아니라 두 가지 주요한 특징인 학자이자 종교개혁자로서의 칼빈에 주목한다. 칼빈의 생애와 업적에 대한 워필드의 묘사는 칼빈의 학문이 인문주의에서 출발하여 회심의 과정을 거쳐 신학적 탁월성에 이르게 되었는지에 초점이 맞추어져 있다. 워필드는 학자로서의 칼빈에 주목한다. 칼빈은 "성격, 재능, 훈련, 즉 타고난 기질과 획득된 능력 둘 모두에서 '문인'(man of letters)"이었다. "우리가 열렬히 말할 수 있는 바는, 그가 자신의 모습 그대로를 하나님께 바치기를 진정으로 바랬다는 것이다. 이것이 그가 자신에 대해 정해 놓은 삶"이었다. 비록 "강제에 의해서만 이 삶으로부터 벗어난 적이 있었으나 원칙상 한 번도 버린 적이 없었다." 학자의 삶에서 벗어난 적이 있다는 말은 파렐(Guillaume Farel, 1489-1565)이 제네바에 들렸던 칼빈에게 비난의 말을 퍼부은 결과, 칼빈이 의도치 않게 제네바 종교개혁에 관여하게 된 사건을 일컫는다. 워필드는 제네바에서 머물던 2년간의 활동이 학자로서의 칼빈에게 적합하지 않은 "고된 노동"의 시간이었다고 묘사한다. 제네바에서의 강제 퇴출 이후, 칼빈은 바젤에 정착하여 그의 "사랑하는 연구"에 집중했다. 마틴 부써(Martin Bucer, 1491-1551)[47]의 요청에 의해 스트라스부르에서의 사역을 받아들인 이유도 칼빈이

---

[46] 이하에 기술된 신학자와 종교개혁자로서의 칼빈에 대한 워필드의 묘사는 다음의 논문에서 발췌한 것이다. 류길선, "개혁주의 유산으로서의 칼빈주의 개념 고찰: 벤자민 B. 워필드의 칼빈주의 이해를 중심으로."「역사신학논총」, 39(2021), 137-175.

[47] 마틴 부써는 칼빈이 스트라스부르에서 머물면서 목회사역을 가르쳐주었던 영적 아버지였다. 칼빈은 그의『시편주석』서문에서 자신의 시편주석을 출판하지 않을 것을 밝히면서, 그 이유로 "하나님의 교회의 가장 신실한 교사"이 마틴 부써가 이미 시편에 대한 훌륭한 작품을 썼기 때문이

보기에, "학문 연구"(literary labors)를 위한 여유가 있다고 판단해서였기 때문이다.[48]

워필드는 회심 이후 칼빈의 학문이 당대의 기독교 인문주의와는 구별되어야 한다고 믿는다. 이는 칼빈이 기독교 강요를 하나님을 아는 지식과 인간을 아는 두 가지 종류의 지식으로 시작하여 죄로 타락한 인간이 참된 지식에 이르는 유일한 방법을 성경이라고 주장하는 데서, 그리고 그 성경을 하나님의 계시로 받아들이도록 인간의 의식에 역사하는 성령의 역사를 주장한다는 점에서 명확해진다. 워필드에 따르면, 칼빈에게 신학의 인식론적 원리는 인문주의나 이성이 아니라 성경이라는 하나님의 계시이다. 그 계시를 수납하는 도구는 인간의 믿음이지만, 이 믿음의 행위는 궁극적으로 성령의 "증언"(testimony)으로 말미암는다. "하나님에 대한 우리의 인식으로부터 성령의 활동은 분리되지 않는다."[49] 인간은 본성상 성경의 신적 기원과 권위를 확신할 수 없는 반면, 성령의 초자연적인 역사로 인하여 "외부로부터" 성경 내용의 계시적인 본질에 대한 확신에 이른다.[50]

성경의 계시와 성령의 내적 증거에 대한 칼빈의 이해로부터, 워필드는 칼빈이 성경적 방법에 따라 그의 신학을 개진한다는 사실을 강조한다. 그가 "신학자 존 칼빈"이라는 글에서 주장하는 것처럼, 칼빈의 연구 방법은 "선험적 추론(priori reasoning)"이 아닌 "주해 연구"였으며, 한마디로 말하자면 성경 신학 방법이었다.[51] 비록 칼빈이 인문학적인 방법론들을 신학을 위한 학문적 기술로 사용하고는 있지만, 워필드가 신학자로서의 칼빈을 강조

라고 말한다. John Calvin, "The Author's Preface," *Commentary on the Book of Psalms by John Calvin*, vol. 1(Grand Rapids, MI: Christian Classics Ethereal Library, 1999), 20.

48 Benjamin B. Warfield, *The Works of Benjamin B. Warfield, Volume 5: Calvin and Calvinism* (Grand Rapids: Baker Book House Company, reprinted 1981), 5.
49 Warfield, "Calvin's Doctrine of the Knowledge of God," *Calvin and Calvinism*, 5:111.
50 Warfield, "Calvin's Doctrine of the Knowledge of God," 111.
51 Benjamin B. Warfield, *Calvin as a Theologian Calvinism Today*, ed. W. J. Grier (London: Sovereign Grace Union, 1909; reprint. 1951), 5.

하는 것은 기독교 인문주의 배경에 있는 것이 아니다. 오히려 칼빈 사상의 근저에는 "성경의 신적 기원, 성경의 권위, 성경의 계시적 특성"이 놓여 있다.[52] 문병호가 지적하는 것처럼, 칼빈은 회심 이후에는 "기독교 인문주의를 버리고, 성경의 주제를 성경적 방법으로 다루는 자리에 서게" 되었다.[53]

칼빈의 성경적 방법은 그의 신학적 성격을 올바로 가늠하는 데 매우 중요한 지평을 제공한다. 바로 이 점이 워필드가 칼빈의 『기독교 강요』와 성경 주석의 영향력을 조명하는 이유다. 워필드가 칼빈의 『기독교 강요』에서 주목하는 부분은 전혀 새로운 내용의 발견이 아니라 그 책이 담고 있는 구성과 체계다. 칼빈이 신학자로서 대단한 영향력을 끼칠 수 있었던 이유는 그의 천재성이 독창성에 있었기 때문이 아니라, 교의학적 개념을 체계화하는 그의 능력에 있었다.[54] 다시 말해, 칼빈의 시대로부터 시작하여 오늘날에 이르기까지 그 영향력을 발휘할 수 있는 이유는 "구성의 원리"(constructive principle)였으며, 이 원리가 개신교 대중들에게 호소력 있게 적용된 결과다. 워필드는 다음과 같이 진술한다.

> 그의 저술 목록의 맨 앞에는 그의 위대한 교의학 논문인 "기독교 강요"가 놓인다. 문자적 의미 그대로 이 책은 실로 그의 생애의 역작이다. 그것은 그가 "하나님께 헌신한" 후 출간한 첫 번째 책이었으며, 그렇게 그는 경건[religion]의 전파를 위해 구별된 일련의 작품들을 소개한다. 그러나 1536년 봄에 첫 출시로부터 1559년의 최종판의 발행에 이르기까지, 거의 반세기를 거쳐서, 칼빈은 구성의 원리가 없는 단순한 소책자가 방대하면서도 압축되고 철저히 조직화된 신학 교과서로 성장하기 까지 계속해서 그것을 수정, 확

---

52 Warfield, "Calvin's Doctrine of the Knowledge of God," 110.
53 문병호, "본서의 이해를 돕는 역자의 논단," 『1559년 라틴어 최종판 직역: 기독교 강요』 1권, 문병호 역 (서울: 생명의말씀사, 2020), 23.
54 Warfield, "John Calvin: The Man and His Work," *Calvin and Calvinism*, 5:21.

장, 재배치하느라 분주한 시간을 보냈다.[55]

워필드가 사용하는 단어, 경건(religion)은 1차적인 의미에서 종교를 뜻하지만, 해석은 경건을 가리킨다. 종교(religion)는 그리스도인의 삶과 관련하여 사용될 때, 경건의 의미로 해석된다. 반면, 다른 종교와의 구별을 논의할 때에, 워필드는 religion을 종교로 이해한다.[56] 워필드에 의하면 칼빈이 강조한 '경건'은 『기독교 강요』의 방법론적 구성을 통해 16세기 당대와 오늘날에 지대한 영향을 끼쳤다. 그 이유는 단순히 이 작품이 16세기 교의학에서 가장 뛰어나고 영향력 있는 문학 작품이었기 때문이 아니라 "역사적 사건"이라는 점에서 그러하다. 워필드에 따르면, 『기독교 강요』의 출간은 "혼란스럽고 어려운 처지에 있는 개신교에 종교개혁을 위한 충분히 실제적인 계획"을 제공함으로써, 개신교인들에게 자신들의 생각을 체계화하고 신앙을 분명히 표현할 수 있도록 도움을 주었다.[57] 헤르만 셀더하위스(Herman Selderhuis)에 따르면, 이러한 연유로 칼빈은 "주석과 교의학을 분리시키지"

---

[55] Warfield, "John Calvin: The Man and His Work," 7.
[56] 필자는 이러한 문맥적 차이를 고려하여, religion을 경건이라는 의미로 해석하기로 한다.
[57] 칼빈의 탁월한 성경적 방법은 칼빈의 주석들에 분명히 드러난다. 칼빈의 주석들 가운데 나타나는 "날카로운 문헌학적 감각과 정확한 언어 감각은 의심의 여지없이 부분적으로 그의 인문학적 훈련에 신세를 지고 있다." "그렇지만 칼빈은 타고난 주석가였고, 문헌학적 지식과 본문 해석의 숙련된 기술에 분명하고 통찰력있는 지성, 뛰어난 지적 공감능력, 부패하지 않은 정직성, 남다른 역사적 인식, 그리고 사고 과정으로의 비할 데 없는 통찰을 더했다." 이 모든 요소들은 칼빈의 심오한 종교적 이해에 의해 조명(illumination) 되었을 뿐만 아니라, 이 모든 요소들을 동원하여 만든 교리체계는 전혀 새로운 것이 아니라, 성경에 기초한다. Warfield, *Calvin and Calvinism*, 9. 칼빈의 주해가 오늘날까지도 사용되고 재간행되며 앞으로도 계속해서 읽힐 것은 그의 주석들이 "성경에 대한 건전하고 경건한 주해"를 내포하기 때문이다. 칼빈은 "성경 안에서 마치 하나님이 입브로 발음하고 있는 것처럼 하나님의 말씀을 들었다." 그는 "자연의 책이나 계시의 책에 명백히 '기록된' 것을 넘어 가는 것"을 거부했기에, 하나님께서 자신의 사역과 말씀으로 우리에게 알려지도록 택한 방법을 제외하고서는 하나님을 알 수 없다고 했다. 이것을 넘어가는 것은 '뇌에서 떠도는' 공허한 망상에 불과하다." Benjamin B. Warfield, *Selected shorter writings of Benjamin B. Warfield: Professor of Didactic and Polemic Theology Princeton Theological Seminary 1887-1921*, Vol. 1, ed. John Edward Meeter (Nutley, NJ. : Presbyterian and Reformed Pub. Co., 1970), 1:397; 1:399; Warfield, *Calvin as a Theologian*, 6.

않고, 오히려 "성경신학과 조직 신학, 목회신학을 조화시킨다."[58]

칼빈의 경건에 대한 관심은 그의 신학뿐만 아니라 교회와 국가의 경건을 개혁하기 위해 땀 흘렸던 종교개혁자로서의 모습에서도 명백히 드러난다. 따라서, 워필드가 칼빈이 수행했던 제네바 종교개혁을 경건과 연결지어 어떻게 실천적으로 개혁을 추진하였는지를 서술하는 것은 전혀 놀랍지 않다. 워필드는 종교개혁자 칼빈이 행했던 다양한 사역들을 일일이 언급하지 않는다. 다만 학자로서의 칼빈을 묘사할 때처럼, 교리적 체계자로서의 칼빈을 부각시키고, 그의 교리 체계가 복음에 기초하고 있다는 사실을 반복한다. 그리고 다시금 칼빈의 교리 체계를 실천적인 의미에 연결시킨다. 종교개혁은 신학적인 관점에서 아우구스티누스의 신학을 향한 부흥운동이었으며, 동시에 영적인 관점에서 경건(religion)의 위대한 부흥 운동"이었다.[59] 칼빈의 가장 독보적인 특징은 "정확히 그의 모든 사상을 지배하는 실천적인 관심과 그의 사상 전체에 퍼져 있는 경건의 심오함"이었다고 워필드는 강조한다.[60] 칼빈에 대한 워필드의 이해는 회심 이후의 칼빈의 신학과 그의 종교개혁 운동에 초점이 맞추어져 있지만, 경건에 대한 칼빈의 자신의 갈망은 그의 신학적 배경에서도 찾아볼 수 있다. 안인섭에 따르면 칼빈은 몽테규 대학 시절에 아우구스티누스와 근대적 경건에 관련된 작품들을 접한 것으로 추정된다.[61]

4.2 칼빈의 신학

그렇다면 칼빈의 신학에 대하여 워필드는 어떠한 관점을 가지는가? 워

---

[58] Herman Selderhuis, ed., *The Calvin Handbook*, 김귀탁 역, 『칼빈 핸드북』(서울: 부흥과개혁사, 2013), 754.

[59] Warfield, "John Calvin: The Man and His Work," 22.

[60] Warfield, "John Calvin: The Man and His Work," 23.

[61] 안인섭, "칼빈의 경건 사상," 역사신학논총 11권(2006), 89-91.

필드가 강조하는 경건은 칼빈의 신학 자체에 토대를 두고 있다. 이를 고려할 때, 『기독교 강요』에 대한 워필드의 신학적 분석을 간략히 살펴보는 것이 유익하다. 칼빈의 사상에 관한 워필드의 주요 작품은 크게 네 가지로, 신지식, 신론, 삼위일체론, 창조론에 관한 교리로 나뉘어 있다. 지면을 고려하여 필자는 앞의 세 가지 주제, 즉 신지식, 신론, 삼위일체론에 나타난 경건의 의미를 살펴본다. 먼저, 하나님을 아는 지식에 관하여 워필드는 칼빈의 『기독교 강요』의 순서를 따라 칼빈의 가르침을 상세히 다룬다. 죄로 타락한 인간에게 자연적 증거는 하나님을 아는 지식에 "불충분하다."[62] 하나님을 올바로 알기 위한 지식은 인간의 자연적 수단을 통해서는 얻을 수 없고, 오직 하나님의 특별계시인 성경을 통해서만 가능하다.[63]

중요한 사실은 이 초자연적 계시로서의 성경에 계시된 구원하는 지식은 "택자," 즉 "하나님이 자신에게 더 가깝고 친밀하게 연합하도록 의도한 사람들"에게만 인식된다.[64] 워필드에 의하면, 이것이 그동안 계속해서 강조해왔던 것처럼, 칼빈의 "실천적인 목적과 열정"에 따라 전체 논의를 지배하고 있는 요소이다.[65] 워필드는 택자에 대한 구원지식을 언급하면서 "실천적인 목적과 열정"이라는 칼빈의 의도를 접목시킴으로써, 칼빈이 하나님을 아는 지식에서 다루고자 하는 의도가 다름 아니라, 그리스도인의 경건의 함양에 있음을 증명한다. 유사한 목적을 가지고 워필드는 성경의 정경성에 관한 칼빈의 관점을 논한 후 성경의 권위와 영감 교리, 성령의 내적 증거를 다루고, 곧바로 성경론을 그리스도인의 경건한 삶과 연관짓는다. 워필드가 칼빈의 성경론에서 경건한 삶을 강조하는 것은 그동안 칼빈을 딱딱하고 메마르고, 율법주의적인 가르침을 가진 사람으로 묘사하는 왜곡된 관점을 비판하

---

[62] Warfield, "Calvin's Doctrine of the Knowledge of God," 32.
[63] Warfield, "Calvin's Doctrine of the Knowledge of God," 48.
[64] Warfield, "Calvin's Doctrine of the Knowledge of God," 47.
[65] Warfield, "Calvin's Doctrine of the Knowledge of God," 48.

기 위해서다.⁶⁶ 워필드는 다음과 같이 말한다.

> 반면에 루터는 구원의 조건으로써의 율법으로부터 해방되어 하나님의 자녀에 속하는 삶의 자유로 안내된 기독교인의 자유를 더 강조했을 것이다. 이 차이로 우리는 개신교의 두 형태-루터파와 개혁파- 사이에 근본적인 차이점을 발견할 수 있을 것인데, 개혁파는 항상 사상과 실천에 있어서 강한 윤리적 경향으로 특징지워질 수 있었다. 하지만 칼빈이 제시한 성경의 신성에 대한 성령의 증거와 내적인 그리스도인의 삶과의 연관성이 불충분한 관계라는 이유로 그와 같이 제시하는 것은 오해하는 것이다.⁶⁷

워필드는 계속해서 칼빈의 신학을 경건과 연관하여 방어한다. 이는 안인섭이 잘 묘사하는 것처럼 칼빈에게 경건이란 하나님에 대한 참된 지식에서 토대를 두고 있으며, 그러한 지식은 오직 성경을 통해 인식되기 때문이다.⁶⁸ 워필드는 칼빈의 사상 가운데 경건이라는 주제가 매우 독보적인 주제임을 증명한다.

하나님에 관한 교리에 대한 워필드의 분석에서도 경건은 전면에 등장하는 주제이다. 워필드는 칼빈이 자신의 신론을 오늘날의 잘 정리된 조직신학처럼 학문적으로 정립하여 글을 쓰지 않았음을 강조한다. 그 이유는 전문성이나 학문성이 부족해서가 아니라, 경건을 함양하기 위함이라는 글쓰기의 목적 때문이었다. 워필드는 하나님에 관한 교리에 대한 분석에서 다음과 같이 말한다.

> 그렇지만 이러한 장들(역주-1권 10-13장)에서 일반 교의학에 있는 신론의 위치(locus de Deo)를 구성하는 몇 가지 주제들에 대한 정돈된 논의를 개대하는

---

66 Warfield, "Calvin's Doctrine of the Knowledge of God," 103-105.
67 Warfield, "Calvin's Doctrine of the Knowledge of God," 106.
68 안인섭, "칼빈의 경건 사상," 94.

이는 실망을 마주할 것이다. 칼빈은 추상적인 학문적 충동으로 글을 쓴게 아니라 영혼의 필요를 가지고 특히 마음속에 그 시대의 특별한 요구를 채우기 위해 글을 썼다. 그리고 그의 목적이 특별히 경건에 관한 것이었던 것이었던 만큼, 그의 방법도 스콜라적이라기보다는 문학적이었다.[69]

경건이라는 목적을 고려하여 칼빈은 스콜라적 방법의 글쓰기가 아닌 "문학적 방법"을 사용했다.[70] 『기독교 강요』에 신론의 주요 주제인 "존재," "본성," "속성"을 체계적으로 논의하지 않았다는 것은 "경건의 실천적인 목적에 필연적인 모든 것"을 지속적으로 제시해왔던 그의 의도에 기인한다.[71] 워필드는 하나님의 교리에 관한 칼빈의 글을 이러한 관점에서 바라보고, 이것이 바로 칼빈의 글을 읽어내는 방법이라고 확신한다.

칼빈이 사용하는 문학적 방법은 성경을 철학적 사색으로 읽는 것을 반대하고자 했던 자신의 의도를 드러낸다. 칼빈은 하나님의 교리에서도 "경건을 전면에 세운다."[72] 칼빈은 "경건한 신앙인"이었다.[73] 그에게 "하나님을 향한 경외는 큰 일이었으므로" "하나님의 본질과 속성에 관한 지식은 이해보다 마음의 문제였다."[74] 이러한 차원에서 칼빈은 하나님의 지식을 철학적으로 해석하는 것을 반대하였으며, 오히려 하나님을 경외하는 마음으로 "하나님의 지식의 원천"인 성경을 읽을 것을 강조했다.[75] "종교적인 진리에 대한 그의 일반적인 태도뿐만 아니라 하나님에 대한 특별한 교리에서 칼빈은 가능한한 단순히 논리적인 효과에 만족하는 데서 멀다. 그에게서 이러한 고상한 주제들에 대해 들을 때, 우리는 그의 변증적인 연출보다 마음의 고동소리를

---

69 Warfield, "Calvin's Doctrine of God," *Calvin and Calvinism*, 5:133.
70 Warfield, "Calvin's Doctrine of God," 133.
71 Warfield, "Calvin's Doctrine of God," 135.
72 Warfield, "Calvin's Doctrine of God," 140-41.
73 Warfield, "Calvin's Doctrine of God," 141.
74 Warfield, "Calvin's Doctrine of God," 141.
75 Warfield, "Calvin's Doctrine of God," 141.

듣고 있는 것이다."⁷⁶

마지막으로 칼빈에게 삼위일체론은 매우 중요한 주제였다. 유명한 반삼위일체론자였던 세르베투스에 대한 언급이 그의 기독교 강요 2판(1539)을 비롯하여 거의 모든 작품에 나타난다.⁷⁷ 비단 이단에 대한 경계뿐만 아니라, 칼빈은 삼위일체 하나님에 대한 지식이 인간으로 하여금 하나님께 참된 영광을 올려 드릴 수 있다고 보았다. 정확히 이것이 워필드가 칼빈의 삼위일체 교리를 분석함에 있어서 가장 눈여겨 보는 점이다. 워필드는 칼빈의 말을 인용한다. "만일 우리가 이러한 것들[신적 통일성 안에 있는 세 위격]을 붙잡지 않는다면 참 하나님이 아니라 우리의 머릿속에 떠다니는 아무것도 없고 공허한 하나님의 이름만을 가지는 것이다."⁷⁸ 삼위일체를 단일체로 여긴다면, 그것은 실체는 없고 그저 공허한 명칭만 지닌 하나님을 가리킬 뿐이다. 워필드는 칼빈이 삼위일체의 타당성을 증명하기 위하여 그 교리에 대한 성경적인 근거와 정교한 변론을 개진하고 있음을 주목한다. 그렇다면 칼빈이 교리의 정확성과 필요성을 강조하는 이유는 무엇인가? 그것은 "초보적인 기독교인들의 마음을 논리적인 설명의 정교함으로 혼란스럽게 하려고 하는 것"이 아니다. 차라리, 그 목적은 "그들이 섬겨야 할 유일하신 하나님이 계시다는 것뿐만 아니라, 우리의 구속주이신 예수 그리스도와 우리를 거룩케 하시는 성령이 성부 하나님과 동일하신 분이라는 것을 믿어야 한다는 것"에 있다.⁷⁹

워필드의 관점을 통해 살펴 본 칼빈과 그의 신학에서 크게 세 가지 특징을 보인다. 첫째, 학자와 종교개혁자로서의 칼빈은 인문주의의 영향을 받았으나 회심 이후에는 그의 모든 신학 방법이 성경의 플랫폼 위에 세워졌다는

---

76 Warfield, "Calvin's Doctrine of God," 142.
77 한성진, "칼빈과 다양한 분파와의 관계 연구-초대 부 자료 사용과 초기 이단에 대한 언급을 덧붙여서," 「역사신학논총」 10권: 71.
78 Warfield, "The Doctrine of the Trinity," *Calvin and Calvinism*, 5:191.
79 Warfield, "The Doctrine of the Trinity," 198.

점이다. 둘째, 칼빈은 택한 신자 즉 그리스도인의 경건을 함양하기 위한 목적으로 그의 작품들을 썼다는 점이다. 마지막으로, 경건은 그의 학문과 종교개혁 활동뿐만 아니라 그의 신학 전체를 포괄하는 세계관적인 요소이다. 워필드의 이러한 이해는 칼빈의 경건의 원리가 인간의 사색이 아닌 하나님을 아는 지식의 원천인 성경에 기초하고 있음을 드러내고 개혁주의와의 깊은 연관성을 내비친다. 칼빈의 신학이 참된 종교의 요체인 경건이라는 토대 위에 서 있는 것처럼, 개혁주의에 대한 관점에서도 경건은 가장 핵심적인 주제이다.

8장

칼빈의 예정론
: 은혜의 교리

1. 들어가는 말

일선의 학자들은 칼빈과 그의 후세대였던 개혁파 정통 신학자들 사이에 날카로운 단절을 시도한다. 이러한 주장들은 다수가 존재한다. 칼빈은 인문주의자인 반면, 개혁파 스콜라 신학자들은 중세의 아퀴나스 전통을 재도입한 스콜라주의자들이라고 비판한다. 칼빈에게서는 은혜언약만 있는 반면, 후기 16-17세기 학자들은 행위언약을 통해 인간의 책임을 강조했다고 말한다. 칼빈이 전적타락을 가르쳤다면, 이후 세대 신학자들은 이성의 기능을 긍정했다고 주장한다. 칼빈은 오직 은혜만을 주장한 반면, 청교도들은 인간의 행위 구원론을 주장하는 로마교회의 교리로 다시 돌아갔다. 청교도들은 칼빈의 신학을 저버린 반면, 조나단 에드워즈(Jonathan Edwards, 1703-1758)는 칼빈의 신학을 회복시켰다. 이러한 논의들 가운데 가장 문제시되는 것이 예정론이다. 그들에 따르면, 칼빈의 신학에서 예정론은 그저 다른 교리들 가운데 있는 일반적인 교리에 지나지 않는 반면, 그의 후예들은 예정론을 '중심교리'로 삼았다. 그 결과 지나치게 사색적이고 메마르며 건조한 신학으로 변하였다. 19-20세기, 그리고 현대의 몇몇 루터파 학자들은 칼빈을 이성주의

자와 교리 중심의 신학자로 비판했다.¹ 하지만 이러한 관점들은 잘못된 전제 위에 자신들의 관점을 올려놓기에 정당한 주장들이 되지 못한다.

물론 개혁주의 안에서 예정론에 공통된 관점만 있는 것은 아니다. 일반적으로 예정론은 칼빈의 신학으로부터 발전한 것으로 알고 있지만, 이미 10년 먼저 태어났던 버미글리에 의해 상당한 발전을 이루었다. 버미글리는 칼빈과 별개로 독자적인 작업을 통해 예정론 교리를 다루었다는 점도 특기할 만하다.² 또한 칼빈과 그의 동료 또는 후예들 사이에도 예정론에 대한 강조점의 차이가 발견된다. 칼빈은 이중예정을 주장한 반면, 불링거는 오직 단일한 예정만을 인정하여 유기를 받아들이지 않았다. 더 나아가 그들의 조직신학 저술들은 칼빈의 『기독교 강요』가 가지고 있는 체계와 다른 것으로 나타난다.³ 하지만 이것이 개혁주의 내에 다른 전통이나 단절이 있다는 것을 의미하지는 않는다. 개혁주의는 어거스틴의 전통을 따라 펠라기우스주의와 아르미니우스주의를 비판하면서 하나님의 절대 주권을 강조하며 예정론을 강조했다는 데 동의했다. 특정한 주제에 초점을 맞추어 읽는 좁은 관점은 예정론을 이해하는데 실패한다. 개혁주의 예정론은 일개 신학자의 고안물이나 모조품이 아니다.

예정론은 성경에 기초한 은혜의 교리라는 관점에서 이해할 때, 성경적이고 참되며 건실하게 이해된다. 성경은 하나님께서 자신을 드러내시는 특별한 계시이다. 이 특별계시는 죄로 타락한 인간을 구원하시기 위해 하나님께

---

1 R. 스코트 클락, "제5장, 선택과 예정: 하나님의 주권적인 표현," 『칼빈의 기독교 강요 신학』, 나용화 외 옮김, 데이비드 W. 홀 & 피터 A. 릴백 편집 (서울: 개혁주의신학사, 2009), 145; Richard A. Muller, *Calvin and the Reformed Tradition*, 김병훈 역, 『칼빈과 개혁 전통』(지평서원: 서울, 2017), 85-115.

2 Richard Gamble, "Sacramental Continuity among Reformed Refugees: Peter Martyr Vermigli and John Calvin," in Peter Martyr Vermigli and the European Reformations: Semper Reformanda, ed. Frank A. James III (Leiden · Boston: Brill, 2004), 98, fn. 5(97-112).

3 Richard A. Muller, *Christ and the Decree: Christology and Predestination in Reformed Theology from Calvin and Perkins* (epub: Oxford University Press, 1998), 46.

서 자신을 낮추어 우리의 수준에서 이해할 수 있도록 주신 뜻이며 역시 그러한 관점에서 이해되어야 한다. 구속사적 관점에서 예정론을 이해할 때, 인간에게 구원을 베푸시는 하나님의 은혜의 숨결이 그 교리 속에 녹아있음을 발견하게 된다. 예정론은 성경에 기초하고 있으므로 메마르고 건조한 신학이 아니라 따뜻하고 은혜로운 신학이며 그에 대한 반응인 신자의 경건을 함양하는 신학이다.

2. 칼빈의 예정론

2.1 예정 교리에 대한 접근 자세

어거스틴은 "예정에 관한 설교를 너무나 거침없이 한다고 자주 비난을 받았음을 인정"하였다.[4] 그만큼 어거스틴의 예정론을 반대하는 이들이 많았다. 마찬가지로 칼빈은 예정론에 연루된 다양한 오해들을 알고 있었다.

> 어떤 사람들에게는 구원이 값없이 저절로 주어지는 데 반해서 다른 사람들에게는 하나님의 지시에 의해서 구원에 나아가는 길이 차단된다고 하면 즉시 크고 어려운 질문들이 부상(浮上)될 것이다. 이 질문들에 대해서 설명하려면, 필히 우리는 선택과 예정에 관하여 마땅히 견지해야 할 것이 이미 제정되어 있다는 사실을 경건한 마음으로 받아들여야 한다.[5]

칼빈은 예정론에 연루된 오해를 종식시키기 위해 가장 먼저 예정론에 대한 접근방법을 새롭게 할 것을 제시한다. 예정론은 이성으로 대하는 교리가

---

[4] John Calvin, 『1559년 라틴어 최종판 직역: 기독교 강요』 3권, 문병호 역 (서울: 생명의말씀사, 2020), 3.21.4.
[5] Calvin, 『1559년 라틴어 최종판 직역: 기독교 강요』, 3.21.1.

아니라 경건한 마음 즉, 믿음으로 받아들이는 교리이다. 예정론의 핵심은 죄로 타락한 인간이 지옥불에 들어가는 것이 마땅하나, 하나님께서 자비와 은혜를 베푸셔서 선택하신 하나님의 은혜를 찬미하는 데 있다. 하나님의 영원한 선택하심을 알지 못하면 "우리의 구원이 그의 값없는 자비의 샘에서 흘러나온다는 사실에 대한 분명한 감화에 이르지 못한다."[6] 하나님의 선택하심을 묵상할 때 주어지는 은혜의 유익들은 세 가지로 하나님의 자비하심, 하나님의 영광, 그리고 겸손이다. 이러한 유익들은 근본적으로 하나님의 선택이 은혜라는 사실에서 흘러나오는 것들이다. 칼빈은 로마서 본문을 인용한다.

> 지금도 은혜로 택하심을 따라 남은 자가 있느니라 만일 은혜로 된 것이면 행위로 말미암지 않음이니 그렇지 않으면 은혜가 은혜 되지 못하느니라(롬11:5-6).

예정론의 유익은 달리 말하면 은혜가 은혜 되게 하는 이유를 설명한다. 첫 번째, 예정 교리의 유익은 택하심이 하나님의 은혜에 기인한다는 점이다, 택하심은 인간의 행위가 있기 전에 시작된 하나님의 너그러우심 또는 자비하심에 기초한다. 이러한 연유로 칼빈은 은혜의 유익 가운데 가장 먼저 하나님의 자비하심을 강조한다.[7] 만일 행함이 먼저 오고 그 다음 선택과 구원이 온다면 그것은 그저 행위에 따른 보상에 불과할 뿐, 은혜라 할 수 없다. 행위 구원론은 성경의 가르침에 정면으로 배치되며 인간의 교만을 조장할 뿐이다. 반면 선택이 은혜를 은혜되게 하면 그 은혜에 따른 유익들이 자연스럽게 뒤따른다. 두 번째 유익은 선택의 은혜에 대한 참된 지식이 하나님께 영광을 돌려드리게 한다는 데 있다. 마지막으로, 예정 교리는 모든 영광을 하나님께 돌려드리기 위한 가장 필수적인 유익으로서 겸손을 배양한다.

---

6 Calvin, 『1559년 라틴어 최종판 직역: 기독교 강요』, 3.21.1.
7 Calvin, 『1559년 라틴어 최종판 직역: 기독교 강요』, 3.21.1.

겸손이 없으면 하나님의 영광에 이르지 못한다. 겸손하게 될 때에야 비로서 하나님에게 빚진 마음을 진심으로 느낄 수 있다. 예정론은 "우리를 충분히 겸손하게 해서 마땅히 낮아질 만큼 낮아지게 하고 우리가 얼마나 하나님께 많은 빚을 지고 있는지 진심으로 느끼게 하는 최고의 교리"이다.[8] 그러므로 예정 교리는 하나님께서 베푸시는 은혜의 유익이라는 차원에서 접근해야 한다.

만일 이러한 접근법이 아니라면 그것은 그저 예정론을 탐구하는 이들에게 호기심만을 조장하고, 이해할 수 없는 교리를 이해하려고 노력하는 자와 같이 "출구를 찾을 수 없는 미궁"에 빠지게 된다.[9] 예정은 하나님의 작정하심 가운데 있기에 유한한 피조물은 그것을 다 알 수 없다. 그 이유를 네 가지로 생각해 볼 수 있다. 첫째, 알려주신 것은 우리의 수준에 맞추어 주신 것이므로, 하나님이 스스로 예정을 아시는 것처럼 알 수는 없다. 둘째 하나님이 알려주신다고 해도 다 이해할 수 없다. 인간은 유한하기 때문이다. 유한은 무한에 이를 수 없다. 셋째, 하나님은 예정의 어떤 부분들을 우리에게 감추어 두셨기에 이성적 피조물은 드러나지 않은 뜻을 알 수 없다. "주님이 자기 속에 감추어 두고자 원하신 것들을 사람이 무뢰하게 다가가 자세히 살펴 들고 지혜의 숭고함을 그 영원성 자체로부터 들춰내려고 하는 것은 그릇"되다. 마지막으로, 예정교리는 우리의 유익을 위해 주어진 것이지 모든 것들을 드러내려는 것이 아니다. "하나님은 심중에 헤아리시며 자기의 뜻을 쫓아 드러내고자 하셨던 은밀한 것들을 자기 말씀으로 밝히 제시하셨다. 그것들이 우리와 관련하여 유익한 한에 있어서 우리에게 알려 주시고자 헤아리신 것이다."[10] 그러므로 예정 교리는 은혜의 유익 즉 하나님의 위대하심과 자비하심을 찬미토록 하기 위해 주신 교리이다.

---

8 Calvin, 『1559년 라틴어 최종판 직역: 기독교 강요』, 3.21.1.
9 Calvin, 『1559년 라틴어 최종판 직역: 기독교 강요』, 3.21.1.
10 Calvin, 『1559년 라틴어 최종판 직역: 기독교 강요』, 3.21.1.

2.2 성경에 기초함

예정 교리는 어떤 신학적 관점을 가지고 만들어 낸 고안물이 아니라 성경이 친히 가르친다. 성경이 예정을 가르친다면 성경이 말하는 데서 예정을 이해하고 멈추는 데서 멈추어야 한다. 성경이 "예정에 관하여 하나님의 말씀이 밝히 알려 주는 것 외에 다른 지식을 추구하는 것은 제정신을 잃고 길 없는 광야를 향하여 나서는 것이다."[11] 모세는 말했다.

> 감추어진 일은 우리 하나님 여호와께 속하였거니와 나타난 일은 영원히 우리와 우리 자손에게 속하였나니 이는 우리에게 이 율법의 모든 말씀을 행하게 하심이니라(신29:29).

예정론을 이해함에 있어서 가장 중요한 성경적 명제가 있다. 그것은 "감추어진 지식은 하나님께 속한 것이다"라는 사실이다. 칼빈은 예정 교리를 묵상할 때는 성경의 울타리 안에서 절제된 지식을 추구해야 할 것을 강조한다. "자기의 마음과 귀를 열어 자기를 향한 하나님의 모든 말씀"을 듣도록 하되, 하나님은 당신의 "은밀한 비밀들을 침범"하지 않도록 성경의 "울타리" 안에 머물도록 하신다.[12]

2.3 예지 예정의 오류

예정 교리에 대한 믿음은 경건에 이른다. 칼빈은 말하기를, "경건한 사람으로 여겨지고자 원하는 사람은 아무도 감히 예정을 덮어놓고 부정하지는 않는다."고 했다. 반면 자유주의자들은 예정 교리에 "트집"을 잡아 그 교

---

11 Calvin, 『1559년 라틴어 최종판 직역: 기독교 강요』, 3.21.2.
12 Calvin, 『1559년 라틴어 최종판 직역: 기독교 강요』, 3.21.3.

리의 신비를 부정하고자 한다. 그들은 하나님의 예지와 예정을 섞어서 마치 예정이 예지에 근거하여 발생한 선택인 것처럼 이해한다. 모든 것을 미리 아신 하나님께서 인간이 스스로의 의지를 사용하여 구원을 선택할 것을 미리 보시고 그에 따라 구원을 주기로 선택하셨다는 것이다. 하지만 이러한 관점은 예지와 예정의 관계를 잘못 이해한 결과이다. 예정과 예지는 "모두 하나님께 속한 것으로 여기지만 그렇다고 해서 예정을 예지에 종속시키는 것은 앞뒤가 맞지 않다."[13]

예정을 예지에 종속시킬 때 위험한 발상이 떠오를 수 있음을 지적한 칼빈의 관점은 그의 사후 야코부스 아르미니우스(Arminius, 1560-1609)에게서 정확히 재현 되었다. 아르미니우스는 제네바의 베자에게서 개혁주의 신학을 배우고 네덜란드의 레이던 대학(Leiden University)에서 신학 교수로 재직하게 된다. 법률가였던 디릭 코른헤르트(Dirck Coornhert, 1522-1590)의 예지 예정론 신학을 비판하기 위해 선임되었다가, 오히려 그의 글을 연구하던 중 예지 예정론을 지지하면서 개혁주의로부터 이탈했다. 이에 같은 대학교 신학부 교수였던 고마루스(Franciscus Gomarus, 1563-1641)는 아르미니우스의 예지 예정론을 비판하며 아르미니우스의 신학을 정죄했다. 하지만 아르미니우스의 제자들(항론파, Reomonstrants)은 그의 사후 개혁주의의 신학에 문제가 있다고 항의하여 5가지 중요한 논제를 제시하는 바, 소위 5대교리라 불리는 전적타락, 무조건적 선택, 제한 속제, 불가항력적 은혜, 그리고 성도의 견인 교리를 문제 삼았다. 표면적으로 그들은 죄의 근본적인 원인이 하나님이 아니라 사람에게 있다고 강조하였지만, 그들의 주장의 기저에는 자유의지에 대한 긍정이 깔려있다. 즉 구원의 주도적 역할은 하나님의 은혜가 아니라 인간의 자유 의지다.

하지만 개혁주의 예정론은 처음부터 예정이란 하나님의 자유로운 작정에 의해 일어난 것이지 피조물의 자유의지에 대한 예지의 결과가 아니라는

---

[13] Calvin, 『1559년 라틴어 최종판 직역: 기독교 강요』, 3.21.5.

사실을 인식했다. 웨스트민스터 신앙고백서는 예지와 예정의 관계에 대해 3장 1항과 2항에서 다음과 같이 기록한다.

> 1항, 하나님께서는 영원전부터 하나님 자신의 뜻의 가장 지혜롭고 거룩한 계획에 의해서 일어날 모든 것을 자유롭고 불변하게 작정하신다. 그렇지만 그 때문에 하나님께서 죄의 조성자가 아니시며 피조물의 의지가 침해당하는 것도 아니며, 제2원인들의 자유나 우연성이 제거되는 것도 아니고 오히려 확립된다.

> 2항, 하나님께서는 가정된 모든 조건에서 발생할지 모르는 혹은 발생할 수 있는 것은 무엇이든지 아실지라도, 그는 어떤 것을 작정하실 때, 그것을 장래일로 예지했거나 그런 조건들에 근거해서 발생할 것이라고 예지했기 때문에 어떤 것을 작정하신 것이 아니다.[14]

그렇다면 왜 아르미니우스주의자들은 예정을 예지에 기초한 것이라고 주장한 것일까? 칼빈의 답변으로 거슬러 올라가면, 그것은 예지와 예정에 대한 오해에서 비롯된다. 그는 다음과 같이 말한다.

> 우리가 예지를 하나님께 돌려 드릴 때, 이는 모든 것이 그의 눈앞에 항상 있었으며 영구적으로 그렇게 머물러 있으므로 그의 지식에는 미래의 것도 과거의 것도 없으며 모든 것이 현재의 것이라는 사실을 의미한다. 우리의 마음에 담긴 것들이 기억에 의해 우리 앞에 나타나듯이 하나님은 개념을 통해 모든 것을 마음속에 품으실 뿐만 아니라 그것들을 실제로 자기 앞에 놓인 것들로서 바라보시고 분별하신다는 점에서 모든 것은 현재의 것이다. 이 예지는

---

[14] R. C. 스프로울, 『웨스트민스터 신앙고백 해설』, 이상웅·김찬영 공역 (서울: 부흥과개혁사, 2011), 107.

세상의 모든 영역과 모든 피조물에 이르기까지 확장된다.[15]

하나님에게 예지는 현재적이다. 과거와 현재와 미래의 사건들은 모두 현재적으로 이해된다. 지나간 과거라고 하여 지나간 지식이 되는 것이 아니다. 미래의 사건이라고 하여 아직 하나님앞에 알려지지 않거나 실현되지 않을 지식이 되지 못한다. 하나님께는 과거나 현재, 미래에 일어날 모든 것이 현재적인 지식으로 존재한다. 이는 단순히 미래적 사건에 대해 아는 단순한 정보의 획득이나 기억이 아니다. 오히려 하나님 자신이 어떻게 행하실 것인가에 대한 모든 지식 또한 포함된다. 이러한 의미에서 예지란 하나님 자신이 행하실 모든 일들과, 영원부터 이미 아시는 하나님의 모든 지식을 가리킨다.

예지가 하나님이 자신과 세상의 모든 피조물에 대하여 현재적으로 아는 모든 지식이라면 예정은 기뻐하시는 뜻에 따라 행하신 "하나님의 영원한 작정"이다.[16] 하나님의 주권을 강조하는 것이 인간의 자유의지를 박탈하고 마치 모든 죄의 조성자가 하나님인 것처럼 묘사하는 것은 예정론을 전혀 이해하지 못한 것이다. 칼빈이 말하는 하나님의 주권은 하나님의 전폭적인 은혜를 강조하는데 초점이 맞추어져 있다. 다윗은 시23에서, 여호와께서 "내 영혼을 소생시키시고 자기 이름을 위하여 의의 길로 인도"하신다고 고백하였다. 인간은 죄로 타락하여 "하나님을 알되 하나님을 영화롭게도 아니하며 감사하지도 아니하고 오히려 그 생각이 허망하여지며 미련한 마음이 어두워졌"다(롬 1:21). 그럼에도 불구하고 하나님께서는 자신의 이름을 위해 우리를 의의 길로 인도 하신다. 하나님이 아브라함을 선택한 이유도 같은 이유에서였다. 하나님은 모든 "민족의 미래의 처지가 그의 선택에 달려 있음을 분명히 하"시기 위해 아브라함의 선택을 통해 당신의 영원한 작정의 어떠하심을 보이셨다.

---

15 Calvin, 『1559년 라틴어 최종판 직역: 기독교 강요』, 3.21.5.
16 Calvin, 『1559년 라틴어 최종판 직역: 기독교 강요』, 3.21.5.

마치 마른 줄기와 같은 아브라함의 인격 가운데서, 다른 백성들은 버림을 받는 중, 한 백성이 특별히 선택된다. 그 원인은 분명히 드러나지 않지만, 다만 모세는 후손들이 자랑을 일삼지 못하게 하기 위해서, 그들이 뛰어난 것은 오직 하나님의 거저 베푸시는 사랑 때문이라고 가르치고, 그들의 해방의 원인을 그 사랑에 돌리면서, 하나님이 "네 조상들을 사랑하신 고로 그 후손인 너를 택하시고"(신 4:37)라고 선포한다.[17]

이스라엘 후손들을 택하신 원인은 그들의 조상들을 사랑하신 하나님의 주권적 은혜에 기인한다. 다시 말해 예정의 동인은 하나님의 은혜와 사랑이다. 어떤 누구도 자신의 택함을 자랑할 수 없다. 만일 하나님의 예정이 인간의 자유의지에 대한 예지의 결과라고 주장한다면 하나님을 그저 천국과 지옥을 만들고 저 뒤에 물러서서 방관하고 계시는 분으로 전락시킨 스토아 철학자들의 이론과 다를 것이 없다. 그러므로 이중 예정을 부정하는 이들은 표면적으로 볼 때 하나님을 죄의 조성자가 아닌 것으로 주장하는 듯 보이나 오히려 "선택하고 유기하는 자유로운 권리를 하나님에게서 박탈하려고 안간힘"을 쓰고 있는 것이나 다름없다.[18]

2.4 공로주의 배격

하나님의 주권과 은혜에 대한 강조는 공로주의를 배격한다. 칼빈은 하나님의 예정 즉, 영원한 작정이 인간의 공로가 아니라 하나님의 기뻐하시는 뜻에 따라 된 것임을 보여주기 위해 상당한 분량의 성경 구절을 인용하고 해설한다. 신명기 7장에서 진술하듯 하나님이 이스라엘 백성들을 택하신 것은 그들의 수효가 많기 때문이 아니라 다만 그들을 사랑하심으로 말미암

---

[17] Calvin, 『1559년 라틴어 최종판 직역: 기독교 강요』, 3.21.5.
[18] Calvin, 『1559년 라틴어 최종판 직역: 기독교 강요』, 3.22.1.

는다. 조상들을 사랑하셔서 후손들을 택하셨으니(신 10:14-15), 온전한 덕성을 갖추지 못한 야곱을 사랑하심(신 47:4)은 공로 없이 주어지는 하나님의 은혜를 보이고자 하심이었다. 하나님은 택하신 자기 백성을 버리지 않으신다(삼상 12:22). 이사야의 말씀처럼 때로 죄를 지어 버림받은 것 같은 상황에 처할 때조차도 하나님은 자기 백성을 택하신즉 "싫어하여 버리지 아니하"신다는 것을 끝까지 붙들기를 원하신다(사 41:9).

> 마치 징계가 더욱 가혹해지고 마치 예루살렘이 버림을 당한 것과 같았어도, 혹은 포로가 되는 것이 마치 선택의 단절인 것 같았어도, 선택은 비록 그것에 대한 표징들이 항상 나타나지는 않는다고 하더라도 불가침한 것으로 남는다.[19]

사도 바울은 성경 본문들을 통해 예정론 교리를 증명하기 위해 한 장 전체(제22장)를 할애한다. 중요한 점은 22장의 주요 논제가 공로주의에 대한 반박이라는 점이다. 칼빈은 창세 전의 선택이 택함 받은 자의 공로에 따른 은혜가 아니라 하나님의 무조건적 은혜에 기인한다고 주장한다. 에베소서 1:4 말씀은 이 주장을 증명하는데 매우 중요한 역할을 한다. "곧 창세 전에 그리스도 안에서 우리를 택하사 우리로 사랑 안에서 그 앞에 거룩하게 흠이 없게 하시려고."(엡 1:4). 창세전 "택함받은 자들"이라는 언급을 통해 바울은 구원에 있어서 인간의 공로의 가치를 철저히 제거한다.[20] 창세 전에 존재하지 않았던 이들에게 무슨 공로가 있는가? 또한 "거룩하게 흠이 없게 하시려고" 부르셨다는 것은 선택을 예지로부터 도출하는 오류를 반박한다. 창세 전에 거룩케 하시기 위해 부르셨다면 선택에 있어서 인간의 행위의 영역이 배제되기 때문이다. 디모데후서 1:9의 말씀처럼 "하나님이 우리를 구원하사 거

---

19 Calvin, 『1559년 라틴어 최종판 직역: 기독교 강요』, 3.21.5.
20 Calvin, 『1559년 라틴어 최종판 직역: 기독교 강요』, 3.22.2.

룩하신 소명으로 부르심은 우리의 행위대로 하심이 아니요 오직 자기의 뜻과 영원 전부터 그리스도 예수 안에서 우리에게 주신 은혜대로 하심"이다. 선택의 원인이라는 관점에서 하나님의 은혜와 인간의 행위는 상충 된다. 하나님은 그저 자신의 기뻐하시는 뜻에 따라 은혜를 베풀기를 원하신 것이지 선행하는 공로들에 보상하는 차원에서 선택을 하시는 것이 아니다. 칼빈은 에베소서 1:5의 "그의 기뻐하심을 따라"라는 말씀을 통해 그 사실을 논증한다. "그러므로 선택의 전체 핵심"은 인간의 자유의지에 의한 공로가 아니라, 하나님의 은혜에 있다. 이것이 에베소서 1:6의 말씀처럼, '우리가 하나님의 은총을 찬송하게 하려는 데 있다'는 말씀이 곧바로 덧붙여진 이유다.[21]

2.5 이중 예정

예정은 두 가지 방식으로 이루어져 있다. 어떤 이들은 자녀로 삼으셔서 영생으로, 또 어떤 이들은 영원한 죽음으로 선택된다. 전자를 선택이라 하고 후자를 유기(遺棄, reprobation)라 한다. 선택의 동인이 하나님의 사랑이라면 유기의 원인은 무엇인가? 하나님의 저주인가? 그렇다면 아르미니우스주의자들의 말대로 하나님은 공의롭지 못하고 불공평한 분이시고 말 것이다. 유기의 원인에 관련하여 세 가지를 주목할 필요가 있다. 첫째, 유기의 동인(動因) 역시 하나님의 은혜를 드러내시고자 하는 목적에 맞닿아 있다. 칼빈은 유기의 선택이 하나님의 은혜를 드러내는 목적을 가진다고 말한다. 유기에 대한 선택 속에 "더 한층 특별한 하나님의 은혜가 현저히 나타난다." 이스마엘은 아브라함의 아들로 한 혈통의 언약 백성에 속해 있었지만 결론적으로 이스라엘에서 끊어졌다. 에서는 야곱의 가족에 속해 있었지만 선택을 받지 못했다. 시편의 말씀처럼 하나님은 "요셉의 장막을 버리시며 에브라임 지파를 택하지 아니하시고 오직 유다 지파와 그가 사랑하시는 시온 산을 택하"

---

21 Calvin, 『1559년 라틴어 최종판 직역: 기독교 강요』, 3.22.3.

셨다(신78:67-68).

둘째, 유기의 직접적인 원인은 선택받지 못한 자들의 불충 때문이다. 이스마엘과 에서가 하나님의 자녀됨으로부터 끊어진 이유는 그들이 "자기들에게 하나님의 언약을 신실하게 실천해야 할 조건이 부과되었음에도 불구하고 불충하게 그것을 위반하였"기 때문이다.[22] 칼빈이 언급한 단어, "불충"은 죄의 뿌리를 일컬음에 다름 아니다. 유기의 원인은 하나님이 불공평하거나 죄를 조성하셨기 때문이 아니라 인간의 죄악의 뿌리인 불충 때문이다. 하나님은 인간을 자신의 형상대로 지으셨다. 하나님의 영광을 드러내는 찬미의 도구로 만드셨다. 하나님의 형상대로 지음 받았다는 사실은 인간이 하나님의 형상을 나타내도록 계획되었음을 의미한다. 하지만 최초의 사람 아담은 하나님의 말씀에 순종하여 영광을 돌리는 것이 아니라 불충으로 인하여 야망과 교만이 일어나 하나님을 모욕하고 대적하기에 이르렀다. "사람들에게 유기가 일어나는 것은 그들의 불경건과 부정(不正)과 배은망덕에 기인하므로 그들 자신의 탓에 돌려져야 한다."[23]

마지막으로 유기의 근본적인 원인은 하나님의 은밀한 계획이다. 인간의 자유의지와 죄악이 유기의 유일한 원인은 아니다. 만약 그렇게만 말한다면 이 역시 예지 예정론을 뒷받침하는 주장이 되고 말 것이다. 예지 예정론자들은 하나님의 사랑과 인간의 회개 가능성을 염두에 두고서 하나님의 선택과 유기를 부정한다. 여기에는 두 가지 오류가 내재한다. 처음에는 예지에 기초하여 예정을 하였다고 함으로써 선택을 인정하는 듯 보이지만, 작정의 무게 중심을 하나님의 주권이 아니라 인간의 행위에 두게 됨으로 점점 선택과 유기에 대한 보류 가능성에 문을 열어주거나 또는 단순히 인간의 자유의지의 결과로 선택을 설명하려 한다. 그들에 따르면 미래의 어느 시점에서 인간이 회개할 수도 있기 때문에 하나님은 그들에 대해 선택이나 유기 자체

---

22 Calvin, 『1559년 라틴어 최종판 직역: 기독교 강요』, 3.21.6.
23 Calvin, 『1559년 라틴어 최종판 직역: 기독교 강요』, 3.24.14.

를 보류하실 수 있다는 것이다. 칼빈은 그들의 오류를 날카롭게 지적한다.

> 이에 대해서 우리의 대적자들은, 하나님은 사람들을 전적으로 배척하지 아니하시고 온화함 가운데 참으시기 때문에 혹시 그들이 회개할 수도 있으므로 그들을 향한 마음을 정하지 않으신 채로 계신다고 일고의 가치도 없는 응수를 한다. 이는 마치 하나님이 오래 참으시는 가운데 "멸하기로 준비된"(롬 9:22) 자들의 회심을 기다리고 계시다고 말하는 것과 다르지 않다 …

또한 자유주의자들은 하나님의 오래 참으심은 바로에게 적용되지 않는데, 왜냐하면 바로가 스스로의 의지로 죄의 결과를 자초했기 때문이라고 주장한다.

> 그리고 우리와 입장을 달리하는 자들은 사도가 여기에서 하나님은 '멸하기로 준비된 진노의 그릇'과 함께 '긍휼의 그릇'을 예비하셨다고 전하는 것에는 마땅한 이유가 없지 않다고 지적하면서, 이는 구원의 찬송을 하나님께 돌리고 그 공로를 그의 것이라고 확정하는 동시에 멸망의 죄과는 비난을 스스로 자초하는 자들 자신의 의지에서 비롯된다는 사실을 우리에게 알려 준다고 주장한다.[24]

예지 예정론자들은 성경 본문에 대한 온전한 해석에 실패한다. 자유의지를 높이는 자들은 자유의지를 표명하는 듯한 본문만을 취하여 근거로 삼기 때문이다. 하지만 예정 교리에 대한 칼빈의 설명은 처음부터 끝까지 성경이 말하는 데서 시작하고 성경으로 증명하면서 끝을 맺는다는 점에서 탁월한 성경적 해석학에 기초하고 있다. 사도 바울은 하나님을 "하고자 하시는 자를 긍휼이 여기시고 하고자 하시는 자를 완악하게 하시"(롬 9:18)는 분으로

---

[24] Calvin, 『1559년 라틴어 최종판 직역: 기독교 강요』, 3.23.1.

묘사한다. 완악하게 하고 멸하기로 준비된 그릇의 대표적인 예는 애굽의 왕 바로다(롬 9:17). 이 본문이 말하고자 하는 바는 바로의 강퍅함의 원인이든지 인간의 죄악이든지 간에 선택을 받지 못한 궁극적인 이유는 하나님의 은밀한 계획 때문이다. 하나님의 뜻은 존재하는 모든 것의 원인이시다.

하나님이 모든 것의 원인이라는 것이 죄의 원인이라는 것을 의미하지 않는다. 선택과 유기의 원인은 하나님이시지만 죄의 원인은 사람이다. 그리하여 하나님의 예정은 어떤 이들이 불경하게 말하는 것처럼 하나님을 죄의 조성자로 돌리지 않는다. 그저 인간이 "죄로 인하여 사악해졌으므로 하나님께 오직 가증할 수 밖에 없다. 그러므로 그에게서 이러한 판단을 받는 것이 독재자의 잔인함에 기인하는 것이 아니라 가장 공평한 의의 이치에 따른 것이다. 만약 주님이 죽음에 이르도록 예정하시는 자들이 본성의 상태에 의해 모두 죽음의 심판에 속하여 있다면, 그들이 자기들에 대한 불공평을 두고 불평할 거리가 무엇이 있겠는가?"[25] 더 나아가 칼빈은 비록 죄의 조성자는 사람이라고 할지라도, 그 모든 이들이 하나님의 은밀한 계획 가운데 되었음을 강조한다. 하나님의 은밀한 계획 없이는 어떤 선택도 어떤 유기도 있을 수 없다. 그러므로 택함 받은 자의 부르심은 하나님의 은혜로 말미암고 불충한 자의 유기는 하나님의 은밀한 계획 가운데 스스로 파멸을 자초하는 것이다.

2.6 경건의 교리

칼빈의 예정 교리에 대한 제롬 볼섹의 비판은 하나님을 무자비한 분으로 만든다는 데 있다. 하지만 위에서 살펴본 바와 같이 칼빈의 예정 교리에서 그러한 흔적을 조금도 찾아 볼 수 없다. 오히려 예정 교리는 겸손을 배양하고 참된 경건을 배태한다. 칼빈은 예정교리를 다루는 마지막 장(24장)에서

---

25 Calvin, 『1559년 라틴어 최종판 직역: 기독교 강요』, 3.23.3.

그 사실을 유감없이 드러낸다. 칼빈이 다루는 성경 본문들은 매우 흥미로운데, 여기서는 하나님의 예정 교리가 인간의 회개를 무의미하게 만들지 않는다는 것을 보여주는 두 개의 본문만을 다루고자 한다. 첫 번째 본문은 에스겔 22:11이다. "나는 악인이 죽는 것을 기뻐하지 아니하고 악인이 그의 길에서 돌이켜 떠나 사는 것을 기뻐하노라." 악인이 죽는 것을 기뻐하지 않는다는 것은 다른 말로 하나님은 죄인이 회개하기를 원하신다는 뜻이다. 에스겔의 의도는 비록 모든 이들에게 주어진 말씀이지만 그 말씀이 적용되는 대상은 택함받지 않은 자들이 아니다. 그가 "의도한 참 뜻은 오직 회개하는 자들에게만 은총의 소망을 일으키는 데 있다." 그 소망이란 죄인이 회개하기만 하면 하나님께서 용서하실 준비가 되어있음을 보여주는 것이다. 그럼에도 불구하고 그 말씀은 "모든 사람의 마음을 감동시키지" 않는다. 그렇다면 하나님은 악인이 돌이키기를 기뻐하신다고 말씀하면서도 동시에 그들이 회개할 수 있도록 마음에 감화를 일으키지는 않는 분이란 말이 성립한다. 이 난점을 어떻게 해결할 것인가? 칼빈은 본문이 이중적인 목적을 가지고 있음을 발견한다. 본문은 선택된 자와 유기된 자에게 각각 다른 목적을 제시하고 있다. "하나님의 외적인 음성은" 순종하지 않는 자들에게 핑계하지 못할 근거를 제시하고자 함이며, 택함 받은 자들에게는 "사람들을 자기와 화목하게 하시는 그의 은혜에 대한 참된 증언"을 토대로 소망과 확신을 가지고 회개할 것을 촉구하기 위함이다.[26] 또 다시 칼빈은 다음과 같이 진술한다.

> 그러므로 죄인의 죽음이 하나님을 기쁘시게 하지 못한다는 선지자의 교훈은 신자들에게는 그들이 회개에 이르면 그들 앞에 하나님의 은총이 즉시 마련되어 있다는 점을 확신시키고, 불경건한 자들에게는 그들이 하나님의 관용과 자상하심에 대해서 반응하지 않음으로 인하여 그들 자신의 범죄가 배가된다는 점을 인식시키려는 뜻에서 계획되었다는 것을 깊이 고려하도록 하

---

26 Calvin, 『1559년 라틴어 최종판 직역: 기독교 강요』, 3.24.15.

자. 따라서 회개는 언제든지 하나님의 자비에 상응해서 함께 일어난다. 진정 에스겔 자신은 물론 모든 선지자와 모든 사도는 회개가 누구에게 주어지는지를 분명히 가르치고 있다.[27]

에스겔 선지자의 중심 생각은 택함 받은 백성들이 회개하는 데 있다. 그들로 하여금 참된 회개로 이끌기 위해 에스겔 선지자는 하나님이 용서하시는 분임을 강조하고자 했다. 다시 말해 용서하시는 하나님의 은혜에 대한 강조는 말씀을 들으나 마음에 감화가 일어나도록 허락되지 않은 이들에게 적용되는 것이 아니라 말씀을 듣고 감화를 받게 될 택함 받은 백성에게 제한된다.

이 해석의 원리는 두 번째 본문인 딤전2:4의 "하나님은 모든 사람이 구원을 받으며 진리를 아는 데에 이르기를 원하시느니라"는 말씀에서도 동일하게 적용된다. 자유의지를 주장하는 이들은 이 본문이야말로 하나님은 모든 이들이 선택의 대상이 되어 "구원의 가르침을 깨닫게" 될 것이라는 사실을 보여준다고 믿는다. 하지만 그들은 바울의 의도를 이해하지 못한다. 칼빈에 따르면 이 본문을 이해하기 위해 문맥을 고려해야 한다. 바로 앞 구절인 디모데전서 2:1-2에서 바울은 신앙과 관계가 없는 "임금들과 높은 지위에 있는 모든 사람을 위하여" 기도할 것을 권면하고 있다. 본문에서 언급된 임금들과 높은 지위에 있는 이들이 바로 디모데전서 2:4에서 언급한 모든 사람들이라는 것이다. 그렇다면 모든 사람은 세상에 존재하는 개개인 모두를 지칭하는 것이 아니라, 차라리 사회적 지위들을 의미하는 계층들을 일컫는 것이다. 요약하면, 본문에서 바울은 "어느 계층의 사람들에게도 구원에 이르는 길을 닫지 아니하셨으며 자기의 자비를 널리 베푸셔서 그 길에 서지 못할 자가 아무도 없게 하셨다는 데 있다."[28] 따라서 본문 해석으로부터 세

27　Calvin, 『1559년 라틴어 최종판 직역: 기독교 강요』, 3.24.15.
28　Calvin, 『1559년 라틴어 최종판 직역: 기독교 강요』, 3.24.16.

가지 결론을 추론할 수 있다. 첫째, 본문은 모든 개인들이 구원을 얻는 지식에 이를 수 있다는 가능성을 제시하는 것이 아니라 하나님께서 모든 계층의 사람들에게 구원을 베푸시고자 한다면 구원을 얻지 못할 자가 없을 것이라는 하나님의 자비하심을 드러낸다. 둘째, 본문은 말 그대로 "죄인들이 돌이켜서 은총을 간구하면 하나님은 그것을 베푸실 준비를 하고 계심을 공표"하는 것이지 모든 죄인들에게 은총을 간구하는 심령을 부어주신다는 말은 아니다. 마지막으로 하나님께서는 모든 계층의 사람들, 특히 "눈이 멀어 천국의 가르침에 맞서서 광기를 발하는 임금들과 높은 지위에 있는 자들"이라고 할지라도 그들에게 하나님은 원하시기만 하면 구원을 베풀 자유가 있다는 것을 보여주고자 하신다.[29] 즉 구원의 가능성이 아니라 하나님의 주권과 자유를 강조하고 있다.

"진실로 회심은 하나님의 손에 있다." 선택된 자만 하나님께 대한 회심의 감화가 주어진다. 예정 교리는 하나님의 주권을 통해 성도의 경건의 반응을 초래한다. 그러므로 "바울과 함께 이 위대한 심오함 앞에서 두려워 떠는 것으로 결론을 삼도록 하자."[30] 개혁주의 예정론을 폭넓게 연구한 로레인 뵈트너(Loraine Boettner, 1901-1990)는 예정은 목적뿐만 아니라 방법까지 포함한다고 말한다.

> 예정론을 믿게 되면 아무 일에나 노력하지 않게 될 우려가 있다고 하는 반론은 수단과 전혀 관계없이 목적만 예정된 줄 아는 잘못된 생각에서 나온 것이다. 그러나 사실은 독립된 몇 개의 사건들이 여기저기 산발적으로 예정된 것이 아니고 상호연관성과 연쇄적 반응을 가진 일련의 사건 전체가 예정된 것이다. 각 부분들이 모두 합쳐져서 하나님의 계획 안에서 한 단위를 이루는 것이다. 따라서 만일 수단이 실패하면 목적도 실패하는 것이다. 사람이 추수

---

29 Calvin, 『1559년 라틴어 최종판 직역: 기독교 강요』, 3.24.16.
30 Calvin, 『1559년 라틴어 최종판 직역: 기독교 강요』, 3.24.16.

할 것을 목적하신 하나님은 사람이 씨뿌리는 것도 목적하셨으며 어떤 사람을 구원하기로 예정하신 하나님은 그가 복음을 듣고 믿어 회개할 것까지도 예정하셨다. 하나님께서 그의 수고에 대해 어떤 결실을 맺게 하실지 모르기 때문에 전도사업을 할 수 없다고 생각하는 사람이 있다면 그는 마치 봄을 맞이 하고도 가을의 추수가 흉작일는지 풍작일는지 알 수 없어서 전답을 기경(起耕)하지 않는 농부처럼 어리석은 사람일 것이다. 그러나 하나님은 충실한 준비와 노력에 대해서는 풍성한 수확도 거두게 해주신다는 것이 일반적 공리(公理)이다. 따라서 우리가 주님을 섬기면서 주님이 설정하신 방법들을 부지런히 사용하다 보면 우리는 하나님께서 그가 예정하신 목적을 성취하시기 위해 이런 방법들도 예정하셨다는 위대한 진리를 발견하고 큰 격려를 받게 될 것이다.[31]

방법에 대한 예정은 사람으로 하여금 게으름을 피게 만드는 것이 아니라 오히려 하나님의 뜻이 이루어질 수 있도록 열심을 내게 만든다.

---

31 로레인 뵈트너, 『칼빈주의 예정론』, 홍의표 옮김 (대구: 보문출판사, 2017), 314-315.

9장

칼빈의 율법관

: 경건의 교리

1. 율법

1.1 율법의 목적

앞에서 다룬 예정 교리로부터 인간은 행위로 구원을 받을 수 없다는 결론이 자명해졌다. 따라오는 결론은 율법의 행함이 구원의 공로가 될 수 없다는 것이다. 그렇다면 성경은 율법에 대해 뭐라고 말씀하고 있는가? 사람이 율법의 의를 만족시킬 수 있는가? 전 인류는 의지의 자유를 상실한 노예의지의 상태가 되었다.[1] 죄의 노예가 되어 필연적으로 죄를 지으나 또한 자발적으로 죄를 지으니 아무도 율법을 지킬 자가 없다.

율법이 지켜질 수 없다고 해서 율법의 목적이 사라지는 것은 아니다. 율법의 목적은 중보자 그리스도의 필연성을 지시한다. 아무도 율법의 의를 행할 수 없으므로 중보자 그리스도의 은혜가 필요함이 율법을 주신 목적이다.[2]

---

[1] John Calvin, 『1559년 라틴어 최종판 직역: 기독교 강요』 2권. 문병호 역(서울: 생명의말씀사. 2020), 2.5.1.

[2] 문병호는 율법의 중보자 그리스도에 관하여 다음 작품에서 잘 설명한다. Byung-Ho Moon,

율법의 목적을 고려하지 않을 때, 구약과 신약의 구분과 통일성을 이해하는 데 실패한다. 신구약 성경을 날카롭게 분리하는 반율법주의적 이단이 등장한다. 또는 중보자의 필연성이 아니라면 율법은 그저 행위를 구원의 요소에 더하는 수준의 신율법주의 혹은 반펠라기우스주의를 조장할 뿐이다. 전자(반율법주의)는 구약의 것은 다 지나갔으며 구약의 하나님을 공의만 있는 하나님, 무서운 하나님이라고 가르친다. 그들은 구약의 성도들과 신약의 성도들이 구원 받는 방식이 다르다고 주장한다. 후자(신율법주의)는 구약과 신약을 약속과 성취의 관점에서 보는 것이 아니라 그저 동일한 율법으로 이해한다. 구약에도 언약백성이 있었듯 신약에도 언약백성이 있으며 그 언약백성들에게 주어진 행위의 법이 율법이라고 주장함으로써, 신약의 성도들도 구약의 성도들과 마찬가지로 행함으로 언약 백성됨을 보이라고 말한다. 반율법주의는 구약과 신약을 철저히 분리시키는 반면 신율법주의는 구약과 신약의 구별을 제거한다. 하지만 이러한 관점들은 구약과 신약, 율법과 복음의 관계를 성경적 관점에서 이해하지 못한 소치(所致)다. 루터는 복음과 율법을 올바로 구분할 줄 아는 사람이 참된 신학자라고 말한 바 있는데 정말 그러하다. 구약은 중보자 그리스도를 안내하는 하나님의 말씀이요 신약은 옛 언약의 성취다. 구약과 신약의 성도들이 구원받은 방법은 동일하다. 구약이나 신약이나 중보자 그리스도를 믿는 믿음이 구원에 필수적인 요소임을 인정하지 않는다면, 재세례파와 같이 언약의 통일성을 파괴하게 되고 말 것이다.[3]

Christ the Mediator of the Law: Calvin's Christological Understanding of the Law as the Rule of Living and Life-Giving (Milton Keynes, UK: Paternoster Press, 2006).

[3] 칼빈은 재세례파가 구약의 할례와 신약의 유아 세례 사이에 공통점이 없다고 함으로써 언약의 통일성을 파괴하는 것에 대해 비판하며 다음과 같이 말한다. "그들은 자기들이 세례와 할례의 유사함 때문에 과도하게 얽매이고 제한을 당하고 있다고 느끼기 때문에 이 두 표징의 가장 큰 차이점을 부각시켜 그것들 사이에 공통된 것이 아무것도 없는 것처럼 보이게 함으로써 그것들을 나누려고 갖은 애를 쓴다. 그들은 이 둘이 다른 것들을 의미한다고 말한다. 각각의 언약이 아주 다르며, 각각의 언약 아래서 아이들을 불러냄도 같지 않다고 주장한다. 그들은 할례는 죽임의 형상이지 세례의 형상은 아니라는 구실을 내세우면서 양자의 차이점을 입증하려고 의도한다." Calvin, 『1559년 라틴어 최종판 직역: 기독교 강요』 4권. 문병호 역(서울: 생명의말씀사. 2020), 4.16.10.

칼빈은 율법을 다루기 전, 『기독교 강요』 2권 6장에서 중보자의 필연성을 다룬다. 하나님은 택한 백성에게 은혜를 베풀기 위해 중보자를 세우셨다. 중보자가 없이는 구약 백성들에게서도 용서나 은혜의 소망을 베푸시지 않았다.[4] 비록 구약의 백성들이 희생제물을 통해 죄를 씻는 의식을 행하였으나 그것 역시 그리스도께서 성취하신 속죄를 통한 구원을 가리키는 것에 다름 아니다. 중보자 없이는 "하나님의 자비를 맛볼 수"도 없고 하나님의 아버지 되심에 "감동을 받을 수도" 없다. 아담의 타락 이후 자연인의 상태에서는 머리이신 그리스도께서 계시지 않았기에 하나님을 아는 지식은 소멸되었다.[5] 그리스도께서 중보자가 되셔서 우리에게 은혜가 베풀어질 수 있는 이유는 그분이 언약의 머리이시기 때문이다.

언약의 머리로서의 중보자 그리스도는 율법의 목적을 이해하는 열쇠이다. 죄로 타락한 인류에게 율법은 그리스도를 지시한다. 구약 시대의 의식법이 대표적인 예이다. 의식법은 구약 시대의 제사 제도로 하나님이 받으시는 예배가 중보자 그리스도를 통해서만 이루어짐을 지시하고, 그와 같이 그리스도께서 죄를 멸하고 구원을 성취하실 사건을 예표한다. 하나님이 제정하신 화목제가 중보자 그리스도를 의미하는 것이 아니라면 "가축의 기름에서 취한 혐오스러운 악취를 봉헌하는 것보다 더 어리석고 하찮은" 것도 없을 것이다. 의식법의 제정은 구약 성도들을 귀찮게 하고자 함이 아니요 "마음을 기울이게 하는 영적인 무엇," 즉 중보자를 가리키기 위함이다.[6] 율법에 기록된 희생제사는 "하나님의 진노를 누그러뜨리기" 위한 목적을 가지는 바 그리스도의 희생이 속죄의 유일한 길이라는 약속을 선언한다.[7] 의식법뿐 아니라, 구약의 선지자들은 메시야가 다윗의 나라에서 태어날 것을 예언했다. 그 이유는 유대인들이 약속의 예언을 따라 그리스도께로 시선을 돌려

---

4 Calvin, 『1559년 라틴어 최종판 직역: 기독교 강요』, 2.6.2.
5 Calvin, 『1559년 라틴어 최종판 직역: 기독교 강요』, 2.6.3.
6 Calvin, 『1559년 라틴어 최종판 직역: 기독교 강요』, 2.7.1.
7 Calvin, 『1559년 라틴어 최종판 직역: 기독교 강요』, 2.7.2.

구원을 소망하도록 하셨기 때문이다.

1.2 세 가지 용법

율법은 세 가지 용법을 가진다. 첫째는 도덕법을 통해 죄인을 정죄하는 기능으로서의 용법이다. 이 기능은 소극적 의미와 적극적 의미로 나누어진다. 먼저 소극적인 의미에서 율법은 하나님께서 받으시는 의가 무엇인지를 드러냄으로써, 인간의 불의에 대해 경고하고 비난하며 정죄한다.[8] 율법을 통해 사람은 스스로 "자기애(自己愛)"에 눈이 멀어있음을 발견하고 자신의 "연약함과 불순종에 대한 지식과 고백에" 이르게 된다. 마틴 로이드 존스는 인류의 자기애를 자기 표현으로 묘사하면서 다음과 같이 비판했다.

> 자아 표현을 숭배하는 사조에 뿌리를 둔 신앙관은 죄에 대해 철저하게 긍정적입니다. 이러한 신앙관을 가진 사람들은 방어적이라기보다는 오히려 공격적인 방법을 사용합니다. 기독교 신앙이 제시하는 어떤 것에 대하여 저항하는 것이 아니라 일단 기독교 신앙과 그 신앙을 따르는 모든 사람들을 공격합니다. 단순히 자신의 방식을 변호하는 것에 만족하지 않고 자신의 삶이 유일한 가치를 지닌 삶이라고 스스로를 추켜세웁니다.[9]

죄로 타락한 인류는 자기애에 빠져 죄의 비참한 상태를 보지 못할 뿐 아니라 정죄에 대한 성경의 가르침을 비판하고 대항한다. 칼빈은 이 부분을 일찍감치 잘 지적하였다. "자기 자신의 헛됨에 대해 책망받지 않는다면 자기 자신의 힘을 과도하게 신뢰하여 우쭐거리게 될 것이며 자기 자신의 방식대로 자의적으로 그것을 측량하는 한 결코 그 변변찮음에 대해 의식할 수

---

[8] Calvin, 『1559년 라틴어 최종판 직역: 기독교 강요』, 2.7.6.
[9] David Martin Lloyd-Jones, 『타협할 수 없는 진리』, 김효남 옮김 (서울: 지평서원, 2010), 21.

없게 될 것이다." 죄로 부패한 본성은 율법을 맞닥드릴 때에 자신의 오만을 발견하게 된다. 인간의 교만과 위선이라는 병은 "삶의 율법"이라는 저울에 달아져야만 치유의 가능성이 열리게 된다. 율법이 죄악을 고발하지 않는 한에서는 자신의 악을 발견할 수 없는 것이다.[10]

정죄의 기능은 적극적인 의미에서 두 가지 유익을 포함한다. 첫째 유익은 죄인의 처지를 고발하는 데서 멈추지 않고, 죄인으로 하여금 그리스도를 바라보도록 안내하는 역할을 수행한다. 칼빈은 어거스틴의 말을 인용한다.

> 우리는 연약하기 때문에 율법의 명령들을 행하고자 애쓸수록 그 아래에 매여 지쳐 간다. 그때 율법은 우리에게 지시하여 은혜의 도움을 간청하는 방법을 알게 한다.[11]

> 주님 그렇게 행하옵소서. 자비로우신 주님, 그렇게 행하옵소서. 이루어질 수 없는 것을 명령하옵소서. 오직 당신의 은혜로써 이루어질 수 있는 것을 명령하옵소서. 그리하여 사람들이 자기들의 힘으로 그것을 이룰 수 없으므로 모든 입이 막히고 아무도 그들 자신을 위대하게 보지 말게 하옵소서. 모든 사람이 작은 자들이 되게 하시고 온 세상이 하나님 앞에서 죄인인 것을 알게 하옵소서.[12]

적극적인 의미에서 율법은 정죄를 통해 하나님의 은혜로 도피하도록 만든다. 칼빈은 어거스틴에게서 한 발자국 더 나아간다. 그에 따르면 어거스틴은 정죄의 기능이 가져다주는 두 번째 유익을 깊이 있게 기술하지 않았다. 이는 그가 두 번째 유익을 첫 번째 유익에 포함되어 있다고 보았거나, 두 번째 유익을 파악하지 못했거나, 또는 그것을 표현할 말이 부족했기 때문이다.

---

10 Calvin, 『1559년 라틴어 최종판 직역: 기독교 강요』, 2.7.6.
11 Calvin, 『1559년 라틴어 최종판 직역: 기독교 강요』, 2.7.9. 재인용.
12 Calvin, 『1559년 라틴어 최종판 직역: 기독교 강요』, 2.7.9. 재인용.

정죄의 기능이 가진 두 번째 유익이란 유기된 자들에게 적용되는 것으로, 속사람의 갱신까지는 아니어도 공포를 가하여 유기된 자들의 양심이 고통을 느끼게 함으로써 "하나님의 심판"이 공명정대함을 선포한다는 것이다. 유기된 자들은 하나님의 심판을 피하기 위해 갈망하기 마련인데, 이것이 도리어 그들로 하여금 "응당 자기들 탓으로 돌려야 할 것이 무엇인지를 자기들 속에서 폭로하게 된다."[13] 요약하면 정죄의 기능은 죄인의 불의를 정죄하고, 하나님의 은혜를 바라보게 하며, 하나님의 공평하심을 인정하게 만든다.

두 번째 용법은 죄악을 억제하는 기능이다. 이 기능은 두 종류의 대상에게 적용된다. 첫째는 인간 사회의 질서이다. 율법은 징계와 형벌에 대한 선언을 통해 사람으로 하여금 죄를 짓는 것을 제지한다. 비록 하나님에 대한 두려움과 복종에 따라 죄를 짓지 않는 것일지라도, 그들의 마음에 품은 악한 생각들을 실행하지 못하게 한다. 만약 이러한 기능이 아니라면 사람은 언제든지 자신의 정욕과 악한 생각에 따라 행동하게 되고 말 것이며, 그 결과 사회의 질서는 파괴되고 말 것이다. 더 주목할 만하게도 두 번째 죄의 억제 기능은 하나님의 백성들에게도 적용된다. 이 경우 율법의 역할은 하나님의 자녀로서 언약 백성이기는 하지만 아직 성령으로 거듭나지 않은 상태에서 거듭나기까지의 상태에 이르기까지에 적용된다. 하나님의 자녀들도 "부름을 받기 전 성결의 영이 없이 육체의 어리석음 가운데 자유 분방하게 행하는 동안에는 이 초등교육을 받는 것이 유익"하기 때문이다.

> 만일 주님이 이러한 처방으로 길을 내지 않으시면 그렇게 될 것이다. 하나님은 자기 나라의 유업을 주시고자 지정하신 자들을 즉시 중생시키지 아니하실 경우 자기의 방문 때까지는 율법의 사역을 통하여 그들을 두렵게 함으로써 지키신다. 이는 하나님의 자녀들에게 있어야 할 순결하고 순수한 두려움

---

13 Calvin, 『1559년 라틴어 최종판 직역: 기독교 강요』, 2.7.9.

이 아니라 그들이 받아들일 분량에 맞추어 참 경건에 이르도록 가르치기에 유용한 두려움이다.¹⁴

그리하여 하나님의 백성으로 부름을 받게 될 때 율법의 "규율을 낯선 것이라고 여길 만큼 아주 우매하거나 무지"하지 않는 상태가 될 수 있다. 사도 바울이 디모데전서 1:9-10에서 말씀하고 있는 것처럼, 율법은 육체의 정욕이 "무분별하게 끓어오르"는 것을 억누르는 "고삐"와 같다.¹⁵ 하나님의 자녀들이 "성령에 의해 중생되어 하나님을 사랑하기 시작할 때까지" 율법은 하나님의 자녀들의 마음을 억제하여 하나님에 대한 경외감을 가지게 만든다.¹⁶

마지막으로 세 번째 용법은 율법의 고유한 용법과 결부되어 있는 것으로 성령이 내주하는 신자의 상태에 적용된다. 앞의 두 가지 용법 모두 중요한 의미를 지니지만, 칼빈이 가장 강조한 용법은 세 번째 용법이다. 이는 그가 세 번째 용법을 앞의 두 가지 용법들에 비해 상당한 분량을 할애하여 신자의 경건을 설명한다는 점에서 그러하다. 그는 세 번째 용법을 "주요할 뿐만 아니라 율법의 고유한 목적에 더욱 가까운 것으로" 묘사한다.¹⁷ 데이비드 존스(David Clyde Jones)에 따르면 칼빈이 사용한 "주요하고 고유한"(principal and proper)이라는 단어는 이미 루터에 의해 사용되었다. 하지만 둘 사이에는 미세하면서도 결정적인 차이가 있다. 루터는 율법의 "주요하고 고유한" 기능을 칼빈이 처음에 언급한 첫 번째 용법, 즉 정죄의 기능에 적용했다. 루터에게 율법의 주요한 임무는 "원죄와 원죄로부터 오는 죄악을 드러내는 것"이다.¹⁸ 또한 루터는 율법을 두 가지 용법으로 제한하였는데, 즉 정죄와 억제

---

14 Calvin, 『1559년 라틴어 최종판 직역: 기독교 강요』, 2.7.11.
15 Calvin, 『1559년 라틴어 최종판 직역: 기독교 강요』, 2.7.10.
16 Calvin, 『1559년 라틴어 최종판 직역: 기독교 강요』, 2.7.11.
17 Calvin, 『1559년 라틴어 최종판 직역: 기독교 강요』, 2.7.12.
18 Timothy J. Wengert, Mark Granquist, Mary Jane Hemig, Robert Kolb, Marc K. Mattes,

의 기능이 그것이다. 반면 칼빈은 "주요하고 고유한" 기능을 세 번째 용법에 적용한다. 실상 칼빈은 1536년의 『기독교 강요』의 초판에서는 율법의 세 번째 용법에 대해서 "사소하지 않은 용도"라고 표현하였는데 1539년의 2판에서 보다 적극적인 표현으로 바꾸었다. 존스에 따르면 이것은 율법의 세 번째 용법에 대한 칼빈의 관점에 발전이 있었음을 의미한다.[19] 문병호에 따르면, 칼빈은 "신자들을 위한 율법의 용법을 가장 귀하게 여긴" 반면, 루터는 그것을 인정하지 않았으며, 루터의 후예들은 이 문제를 두고서 격렬한 논쟁을 벌인 끝에 멜랑히톤에 의해 작성된 『아우구스부르크 신앙고백서에 부치는 변증서』에서 제3용법을 인정하되 율법의 정죄에 기능을 강조하는 문구를 삽입하게 된다.[20] 루터와 그의 후예들에게 제3용법은 그리 중요한 의미가 아니었다는 점이 드러난다.

존스와 문병호의 평가는 왜 칼빈이 율법을 다루는 2권 제7장에서 율법을 삶의 규범으로 소개하며 시작하는지를 설명해준다. 칼빈은 첫 머리말을 다음과 같이 쓰며 시작했다.

> 아브라함의 죽음 이후 약400년이 지나서 율법이 더해진 목적은(갈3:17) 우리가 지금까지 계속해서 살펴보았던 것에 비추어 유추해 볼 때 택함 받은 백성을 그리스도로부터 떼어 놓으려는 것이 아니라 그들의 마음을 그가 오실 때까지 준비시키고 나아가 그를 향한 갈망에 불을 붙이며 그에 대한 기대를 확정시킴으로써 그가 오심이 더욱 지체되더라도 상심치 않게 하려 함이었다.[21]

---

and Jonathan Strom, eds., *Dictionary of Luther and the Lutheran Traditions* (Grand Rapids, MI: Baker Academic, 2017), 415.
[19] 데이비드 존스, "제13장, 율법과 그리스도의 영," 『칼빈의 기독교 강요 신학』, 나용화 외 옮김, 데이비드 W. 홀 & 피터 A. 릴백 편집 (서울: 개혁주의신학사, 2009), 390(389-410).
[20] Calvin, 『1559년 라틴어 최종판 직역: 기독교 강요』, 각주 411.
[21] Calvin, 『1559년 라틴어 최종판 직역: 기독교 강요』, 2.7.1.

서론에서 율법을 경건하고 올바른 삶의 규범으로 제시하며 시작한 것은 율법에 대한 칼빈의 이해가 경건에 초점을 맞추고 있음을 보여준다. 그는 세 번째 용법을 설명함에 있어서 다시금 서론에서 꺼낸 말을 되풀이 하고 율법의 유익을 상술한다.

> 성령의 지도로 감동을 받고 생기를 얻어 하나님께 순응하고자 갈망하지만, 여전히 율법 가운데 두 가지 면에서 유익을 얻는다.[22]

삶의 규범으로서의 율법은 성령의 내주 가운데 있는 신자들에게 하나님께 순응하고자 하는 경건에 대한 열망을 실행할 수 있는 유익을 두 가지 측면에서 제공한다. 첫째는 신자들에게 "주님의 뜻이 어떠한 지를 날마다 더욱 잘 그리고 더욱 확실히 배우도록" 가르친다. 가르침의 사역은 신자들이 하나님의 뜻을 알고 그 뜻에 순응해 가는 과정을 의미한다. 둘째 유익은 권고의 사역이다. 하나님의 종으로서 신자들은 "율법을 빈번히 묵상함으로써 경성하여 순종"에 이를 뿐 아니라 더 나아가 "강하여지며" 때로 연약함으로 인하여 실족할 때에는 "육체의 채찍"인 율법을 통해 영적 무기력과 게으름으로부터 돌이키게 된다.[23] 율법은 가르침과 훈계와 책망과 바르게 함으로 모든 선한 일을 위해 신자들을 준비시킨다.[24]

1.3 율법의 중보자 그리스도

칼빈은 율법의 세 번째 용법에 대해 계속해서 부연 설명을 이어간다. 앞에서 살펴본 바와 같이 칼빈은 율법을 다루기 전 중보자의 필연성을 다루었다. 그런 다음 율법의 3용법을 상술했다. 중요한 사실은 칼빈이 율법에 대한

---

22 Calvin, 『1559년 라틴어 최종판 직역: 기독교 강요』, 2.7.12.
23 Calvin, 『1559년 라틴어 최종판 직역: 기독교 강요』, 2.7.12.
24 Calvin, 『1559년 라틴어 최종판 직역: 기독교 강요』, 2.7.14.

설명을 마무리 하면서 다시금 율법의 중보자 그리스도의 중요성을 역설하며 마무리한다는 점이다. 율법은 그 자체로서 선할 뿐만 아니라 고유한 기능(정죄, 억제, 규범)을 발휘하지만, 더 중요한 기능은 중보자를 지시한다는 데 있다. "진정 다윗은 자기가 율법 안에서 중보자를 붙잡고 있었다는 사실과, 그가 없다면 어떤 즐거움도 달콤함도 없다는 사실을 특별히 보여준다."[25] 그리스도는 "율법 아래에 있는 자들을 속량하시고" "우리로 아들의 명분을 얻게" 하기 위해 친히 율법아래에 속하셨다. 율법의 저주, 즉 율법을 온전히 행하지 않는 자들이 멸망에 처하게 되는 양심의 속박가운데 노예상태로 있는 자들을 속량하시기 위해 친히 율법에 매이셨다. 이러한 의미에서 율법은 폐하여지지 않았으며, 단지 죄로 인한 노예 상태가 폐지된 것이다. 그리스도는 "율법이나 선지자를 폐하러 온" 것이 아니라 "완전하게" 하기 위해 오셨다. 바리새인들의 율법주의를 꼬집으시니 제자들 가운데 율법을 폐하러 온 줄로 알고 오해한 이들이 있었다. 그리스도께서는 그들의 오해를 막기 위해, "천지가 없어지기 전에는 율법의 일점 일획도 결코 없어지지 아니하고 다 이루리라."고 말씀하셨다(마 5:17-18). 비록 의식법의 경우, 그 의식들은 폐지되었으나, 사용이 폐지된 것이지 의식의 효과까지 사라진 것은 아니다. 왜냐하면 그 의식법들조차 "그리스도의 은혜에 기초"되어 있기 때문이다. 따라서 그리스도가 오시기 이전에조차 의식법이 함축하고 있는 은혜의 유익은 대단히 큰 것이었으며, 그리스도의 죽으심으로 의식법들의 사용이 폐지된 후에는 의식법의 "힘과 효과를 인치"셨다.[26] 그러므로 구약의 유대인들은 그리스도의 영광을 희미하게 비추던 의식법들 속에서 의식 자체로부터 은혜를 받은 것이 아니라 의식법이 의미하는 실체이신 그리스도 안에서 은혜를 얻었다.[27]

---

25 Calvin, 『1559년 라틴어 최종판 직역: 기독교 강요』, 2.7.12.
26 Calvin, 『1559년 라틴어 최종판 직역: 기독교 강요』, 2.7.16.
27 Calvin, 『1559년 라틴어 최종판 직역: 기독교 강요』, 2.7.17.

2. 도덕법

2.1 도덕법의 구현을 통한 경건한 사회

루터파는 경건의 올바른 균형으로부터 이탈했다. 독일 경건주의가 그 단적인 예다. 18세기 유럽의 기독교는 30년 종교전쟁(1618-1648)으로 종교에 대한 반감이 많았다. 30년 전쟁 이후 사람들은 국가와 종교의 관계에 분리를 주장했고, 이단들에 대해 관용의 정책을 추구했다. 종교에 대한 불신과 이단에 대한 관용이 신앙의 나태를 초래하자, 루터파는 정통 시대의 신학을 메마른 신학으로 규정하고 이에 대한 회의감으로 경건주의 운동을 태동시킨다. 독일의 경건주의 태동 배경은 과연 메마른 개혁파 스콜라 신학때문인가? 후스토 L. 곤잘레스와 같은 학자는 프로테스탄트 스콜라주의가 18세기 말 점차 쇠퇴하고, 신조주의 정신이라는 부정적인 유산을 남겼다고 주장한다. 독일의 경건주의는 교조주의와 철학자들의 합리주의에 대한 반동이라는 것이다. 하지만 이러한 관점은 개혁파 스콜라 신학자들을 교조주의자들로 몰아갈 뿐만 아니라 개혁파의 경건의 개념을 오해한다. 독일의 경건주의는 복음와 율법, 신학과 삶, 이론과 실천의 관계를 본의 아니게 이원화 시켰을 뿐만 아니라, 경건 의식을 공동체가 아니라 협소한 의미의 개인의 주관적인 경건 개념으로 환원시켰다. 헤르만 바빙크가 잘 지적한 것처럼, 18세기의 루터파 경건주의는 "주관적 경건을 그 출발점으로 삼았고, 그 무게중심이 객관에서 주관으로 옮겨졌다."[28]

반면 16-17세기 개혁파 신학자들은 로마 가톨릭 교회의 왜곡된 종교체계를 벗겨내고 성경적인 경건한 삶의 체계를 재건했다. 개혁주의 도덕법을 이해하려면 개혁파 신학자들이 지니고 있었던 세 가지 원리를 명심할 필

---

[28] Herman Bavinck, *Reformed Dogmatics*, 박태현 역, 『개혁교의학』 전4권 (서울: 부흥과개혁사, 2012), 1:229.

요가 있다. 첫째, 하나님을 아는 참된 지식을 배제한 윤리는 성경적인 경건에 이르지 못한다. 경건은 실천주의적 혹은 윤리주의적 도덕을 말하지 않는다. 하나님에 대한 참된 지식과 그 지식에 기초한 올바른 삶이 참된 경건이다. 하나님을 아는 지식이 없다면 올바른 삶을 살 수 없다. 어거스틴이 말한 것처럼, "사랑은 지식을 뒤따르므로" 하나님에 대한 충만한 지식이 없다면 "우리의 사랑은 불안전하다."[29] 둘째, 개혁파는 하나님을 아는 참된 지식을 토대로 경건한 그리스도의 공동체를 만들고자 했다. 그들에게 경건이란 단순히 한 개인의 거룩한 삶의 여정을 의미하지 않았다. 오히려 칼빈의 『기독교 강요』 초판에서 십계명을 해설하고 가르치고자 했던 것은 바로 이와 같은 이유에서였다. 이후 개혁파 신학자들은 하나같이 십계명의 중요성을 인식하고서 그에 따른 삶의 교리를 교회에 가르치고 적용하기 위해 부단한 노력을 기울였다. 칼빈은 제네바로 돌아오자 마자(1541) 교회 헌법을 만들었는데, 이것은 "종교와 시 당국자들이 각각 독특하지만 그럼에도 부분적으로 겹치는 영역에 대한 사법권을 행사하고 함께 협력하며 도와주는 기독교 공화국을 규정"하고 있다.[30] 존 낙스가 제네바에 망명왔을 당시 남긴 말이 유명하다.

> 다른 장소에서 그리스도가 신실하게 설교되긴 하지만 그 행실과 태도와 신앙생활이 이토록 신실하게 개혁적인 곳은 다른 곳에서는 발견한 적이 없다.[31]

후일 프란시스 툴레틴은 자신의 대작 『변증 신학 강요』에서 쓴 헌사에서 유사한 말을 시당국에 남겼다.

---

29 Calvin, 『1559년 라틴어 최종판 직역: 기독교 강요』, 2.7.5, 재인용.
30 스캇 마네치, 『칼빈의 제네바 목사회의 활동과 역사』, 신호섭 옮김 (서울: 부흥과개혁사, 2019), 61.
31 마네치, 『칼빈의 제네바 목사회의 활동과 역사』, 345, 재인용.

> 하나님이 출중한 지도자인 여러분에게 언제나 자비를 베풀어 주시기를, 이 공화국을 가능한한 오랫동안 안전하게 지켜 주시기를, 여러분을 온갖 종류의 복으로 부요하게 하시되 지혜와 능력의 주도적인 신으로, 경건과 정의의 신으로 여러분을 주장하사 여러분의 모든 계획이 하나님의 지극히 거룩한 이름에 영광을 돌리고 이 나라에는 유익을 수여하고 교회에는 복을 제공하길 바랍니다. 아멘.[32]

셋째, 개혁주의 경건을 이해하려면 율법과 복음의 관계를 잘 이해할 필요가 있다. 어떤 점에서 율법은 폐지되었으며 신약시대에도 여전히 유효한 율법은 무엇인가? 칼빈의 진술에서 살펴본 것처럼 구약의 율법이 폐지된 것은 의식법과 시민법이지 도덕법은 아니다. 또한 의식법조차도 의식의 사용이 폐지된 것이지 그 힘과 효력은 그리스도의 구속사적 성취에 의해 인쳐졌다. 시민법 역시 폐지되었지만 법의 정신은 신약에서도 고스란히 남아 적용된다. 도덕법의 경우에 정죄의 기능은 구약이나 신약의 신자들에게 더 이상 적용되지 않는다. 구약 성도들에게 정죄의 효력과 힘은 폐지되었고, 신약 성도들에게는 성취를 통해 폐지되었다. 반면 도덕법은 복종의 법이라는 점에서는 폐지되지 않았다.[33] 도덕법으로서의 율법은 구약이나 신약 성도들에게 매 한 가지로 삶의 규범으로 주어졌다.

자카리아스 우르시누스(Zacharias Ursinus, 1534-1583)는 『하이델베르크 요리문답 해설』(The Commentary of Dr. Zacharias Ursinus on the Heidelberg Catechism)에서 율법의 폐지가 어떤 점에서 이루어졌으며 또 지금까지 유효한 이유가 무엇인가를 알기 위해서 복음와 율법의 차이점을 알아야 한다고 주장했다. 그에 따르면, 율법은 순종에 따른 상급을 약속한다. 하지만 그러한 순종은

---

32 프란시스 튤레틴, "튤레티누스의 헌사," 『변증 신학 강요』, 박문재 · 한병수 옮김 (서울: 부흥과 개혁사, 2017), 36.
33 자카리아스 우르시누스, 『하이델베르크 요리문답 해설』, 원광연 옮김 (파주: C파주: CH북스, 2018; 2쇄), 783.

하나님께 공로의 질료가 되지 못한다는 점에서 복음과 크게 달라 보이지 않는다. 하지만 복음과 율법 사이에는 근본적인 차이점이 존재하는데 크게 네 가지다. 첫째, 계시의 양식이라는 점에서 율법은 본성적으로 심겨 있는 것인 반면, 복음은 아담의 타락 이후 계시로 알려졌다. 둘째, 가르침이라는 관점에서 율법은 하나님의 공의를 선포하지만 복음은 하나님의 긍휼을 선포한다. 셋째, 조건과 약속이라는 관점에서 율법은 인간의 완전한 의와 순종이라는 조건 하에 영생과 선한 것들이 약속되어 있다. 반면 복음은 그리스도께서 우리를 대신하여 "행하신 순종"을 믿음으로 수납하는 것이 조건이며 그에 따른 영생의 약속이 보장된다. 그리하여 "믿음은 새로운 순종이라는 조건과 뗄 수 없는 끈으로 연결되어 있다." 마지막으로 효과의 측면에서 율법은 진노를 이루어 사망을 선언하는 반면, 복음은 생명을 이루어 성령의 생명을 선포한다.[34]

2.2 순종과 상급에 대한 칼빈의 이해

『하이델베르크 요리문답 해설』에서 보았듯이 도덕법은 순종이라는 조건에 따라 상급을 약속한다. 이는 누군가가 쉽게 오해하듯이 인간의 행위에 따른 상급을 의미하는 공로주의 혹은 행위 구원을 가리키는 것이 아니다. 하나님은 스스로 자기 백성과 언약을 맺으시고 그 약속에 따라 갚으신다. 따라서 순종에 대한 상급을 받는 것은 순종의 댓가 때문이 아니라 하나님의 은혜로 말미암는다. 이러한 관점은 칼빈의 입장과 다르지 않다. 칼빈은 하나님께서 신자들로 하여금 의를 사랑하고 불의를 미워하도록 하기 위해 "약속들과 위협들"을 제시하셨다고 주장한다. 마치 아버지가 자녀에게 상급을 통하여 아버지를 사랑하고 찾도록 이끄는 것처럼 하나님은 상급을 약속으로 허락하셨다. 주의 계명에 순종하는 자는 내세뿐만 아니라 현세에서도

---

34 우르시누스, 『하이델베르크 요리문답 해설』, 786.

상급을 누리게 된다. 반면 말씀을 거스를 경우 형벌을 면할 수 없다고 선언하신다. 실로 율법에는 "현세의 복들과 저주들에 대한 목록이 열거되어 있다." 칼빈은 율법의 제재와 그로 인한 저주에 대해서는 많이 언급하지 않는다. 차라리 그는 "하나님이 율법 준수를 얼마나 기뻐하시는지를 더욱 분명히 밝히"는데 집중한다.[35] 동일한 의미에서 칼빈은 십계명 설교에서 하나님의 벌하심이 은혜보다 어울리지 않는 것은 아니지만 하나님의 선하심이 더 크다는 것과 실상 자신의 선함과 자비하심이 알려지기를 원하신다고 말한다.[36] 유사한 표현이 율법에 대한 그의 서술에서도 발견된다. 그는 다음과 같이 진술한다.

> 이러한 율법에 대한 찬사들은 어느 한 부분도 율법에 대한 모욕을 담고 있지 않고 하나님의 자비하심에 대한 찬미를 더욱 빛나게 하는 데 매우 큰 작용을 한다. 이렇듯 우리가 우리 자신의 불의와 사악함 때문에 율법을 통하여 우리 앞에 놓인 복된 삶을 누리지 못하게끔 방해를 받게 된다는 사실이 분명히 드러난다. 그리하여 율법의 보조없이 우리를 도와주시는 하나님의 은혜가 더욱 달콤하게 되고, 우리에게 그 은혜를 부여하시는 그의 자비가 더욱 아름답게 된다. 이로부터 우리가 배우는 것은, 하나님은 반복해서 우리에게 복 주시며 새로운 선물들을 쌓아 주심에 있어서 결코 지치지 아니하신다는 사실이다.[37]

흥미롭게도 이 본문은 칼빈이 정죄의 기능을 서술할 때 기록한 것이다. 칼빈은 율법이 정죄의 기능을 가지고 있다고 해서 율법 자체에 나타나는 하나님의 자비와 사랑까지 외면해서는 안된다는 것을 말한다. 이러한 칼빈의

---

[35] Calvin, 『1559년 라틴어 최종판 직역: 기독교 강요』, 2.8.4.
[36] John Calvin, *John Calvin's Sermons on the Ten Commendments*, ed. and trans. Benjamin W. Farley (Grand Rapids: Baker, 1980), 78.
[37] Calvin, 『1559년 라틴어 최종판 직역: 기독교 강요』, 2.7.7.

글은 질서 정연한 것처럼 정리되어 있지 않다는 인상을 남긴다. 칼빈은 앞에서 했던 말을 뒤에서 반복하기도 하고, 신학적 항목들을 어떤 것은 심도 있게 다루는가 하면, 어떤 것은 간단히 언급만하고 지나가기도 하며, 그에 대한 이유를 상술하지 않기도 해서 때로 그의 글들의 요점들을 일목요연하게 파악하기가 어려울 때가 많다. 더 나아가 일정한 순서에 따라 질서 정연하게 진술하는 것이 아니라 감화에 사로잡혀 진술하는 듯한 모습도 종종 나타난다. 이는 칼빈의 글이 신학적 체계가 허술하다는 것을 의미하지 않는다. 오히려 칼빈의 서술 가운데 그가 얼마나 하나님의 사랑과 자비를 늘 묵상하고 생각했는지를 보여주는 대목이다.

2.3 경건의 시작은 하나님에 대한 지식과 사랑

칼빈에게 경건이란 인간의 마음에서 우러나오는 신에 대한 사랑이 아니다. 오히려 하나님을 위해 살도록 창조되어 경건한 삶을 통해 하나님께 영광을 돌려야 한다는 하나님의 뜻을 알리시고 순종할 수 있도록 부어주신 하나님의 사랑에 기초한다. 율법 준수에 대한 하나님의 지대한 관심은 인간의 창조 목적을 아는 것에 맞닿아 있다. 이는 삶의 규범으로 주어진 십계명을 이해하는 데 중요한 해석학적 실마리를 제공한다. 십계명은 인간이 지킬 수 있기 때문에 주신 것이 아니라 하나님의 백성으로서 마땅히 지켜야 하는 것이므로 명령되어진 것이다. 하나님의 형상대로 지음 받은 인간이 하나님의 영광을 드러내는 거울로서의 역할을 하기 위한 가장 올바른 방법은 하나님의 말씀에 순종하는 것이다. 데이비드 존스는 "은혜에 기초하여 율법을 이해하였는가를 알아보는 가장 확실한 증거는" 십계명 해설에서 찾아볼 수 있다고 하였는데,[38] 이 말은 사실이다. 왜냐하면 칼빈은 십계명 준수의 1차적인 근원을 하나님의 사랑에서 찾기 때문이다.

---

38 데이비드 존스, "제13장, 율법과 그리스도의 영," 408.

칼빈은 율법의 본질을 경건하고 올바른 삶의 규범으로 정의했다. 경건과 올바른 삶은 완전히 동일한 의미는 아니다. 경건은 하나님 앞에서의 거룩함을, 올바른 삶은 이웃에 대한 사랑의 의무를 각각 가리킨다. 이에 따라 칼빈은 1-4계명을 경건에 연결시키고 5-10계명을 올바른 삶에 연관짓는다.[39] 경건은 예배에서 시작된다. 그렇지 않다면, 인간이 행하는 모든 행동들은 참된 의로 인정될 수 없다. 칼빈에게 경건은 예배에서 시작되며, 그 예배란 하나님에 대한 경외를 의미한다. "하나님에 대한 경외가 없다면 사람들은 그들 가운데 공평과 사랑을 지켜갈 수 없을 것이다."[40] 칼빈은 하나님에 대한 계명과 이웃에 대한 계명을 다음과 같이 묘사한다.

> 그러므로 우리는 하나님에 대한 예배를 의의 시작이자 근본이라고 부른다. 그것이 제거된다면 그들 가운데 추구되는 공평과 절제와 절조가 무엇이든 간에 하나님 앞에서는 어리석고 하찮을 따름일 것이다. 우리는 하나님에 대한 예배를 원천과 영이라고 부른다. 왜냐하면 사람들은 그것을 통하여, 하나님을 옳고 그른 것을 가리는 심판자로 경배하면서, 서로 악을 행하지 않고 절조 있게 살아가는 것을 배우게 되기 때문이다.[41]

율법의 강령은 "마음을 다하고 목숨을 다하고 힘을 다하여 하나님을 사랑하고 이웃을 우리 자신과 같이 사랑"하는 데 있다(눅10:27; 마22:37, 39). 하나님의 사랑과 선하심을 맛보지 않는 자는 하나님을 사랑할 수도 없고 이웃을 사랑할 수도 없다. 그러므로 십계명을 순종할 수 있게 만드는 근원은 하나님의 사랑이다. 칼빈은 그의 십계명에 관한 설교에서 계명의 순종의 시작과 근원과 기초와 뿌리는 하나님의 사랑이라고 강조했다.[42] 이는 마치 하나님

---

39 Calvin, 『1559년 라틴어 최종판 직역: 기독교 강요』, 2.7.1, 각주 374.
40 Calvin, 『1559년 라틴어 최종판 직역: 기독교 강요』, 2.8.11.
41 Calvin, 『1559년 라틴어 최종판 직역: 기독교 강요』, 2.8.11.
42 Calvin, *John Calvin's Sermons on the Ten Commendments*, 45.

을 아는 지식이 없이는 인간이 자신의 비참한 처지를 알 수 없고, 또다시 자신의 상태를 알 때에야 비로소 하나님의 거룩함과 탁월하심을 알게 된다는 원리와 같다. 하나님을 아는 지식과 인간을 아는 지식이 밀접하게 연관되어 있는 것처럼, 이웃 사랑이라는 순종의 근원은 하나님의 사랑이다.

4부
청교도 개혁주의: 삶의 교리

10장 청교도의 율법 이해: 앤서니 버지스(1600-1663)와 윌리엄 스트롱(d. 1654)

11장 청교도의 성경교육: 로버트 에벗(Robert Abbot, 1588-1662)의 소요리 문답서

12장 청교도의 준비교리: 조나단 에드워즈(1703-1758)

10장

청교도의 율법 이해

: 앤서니 버지스(1600-1663)와 윌리엄 스트롱(d. 1654)[1]

1. 행위언약 교리에 대한 선행 연구

행위언약 교리는 에덴 동산에서 최초 언약의 머리였던 "하나님과 아담" 사이에 맺어진 언약의 관계, 순종에 따른 보상으로서의 영생, 불순종에 대한 형벌의 위협 등의 주제와 관련된다(창 2:16-17). 17세기 중반에 작성된 웨스트민스터 신앙고백서가 행위언약과 은혜언약을 명확히 구분함으로써 행위언약 교리를 발전시킨 후[2] 이 교리는 정통 개혁주의 신학에서 일반 상식이

---

[1] 본 글은 2019년에 「역사신학논총」 34에 게재된 글로, 책의 목적에 맞추어 글을 수정 및 편집하여 책에 포함시켰음을 밝힌다. 원 논문을 위해 다음을 보라. 류길선, "앤서니 버지스와 윌리엄 스트롱의 율법 이해: 행위언약의 빛에서 본 율법과 은혜의 조화," 「역사신학논총」 34(2019), 155-183.

[2] The Confession of Faith and Catechisms, Agreed upon by the Assembly of Divines at Westminster:Together with Their Humble Advice Concerning Church Government and Ordination of Ministers (London: Robert Bostock, 1649), 13. 웨스트민스터신앙고백서는 행위언약과 은혜언약을 구별한다. 이 구별에 의해, 행위언약교리는 언약신학에 매우 중요한 위치를 차지하게 되었을 뿐 아니라 개혁주의 성경해석학에 주요한 원리를 제공했다. 다음을 보라. I. John Hesselink, On Being Reformed: Distinctive Characteristics and Common Misunderstandings (Ann Arbor, Mich: Reformed Church Press, 1983), 102; Lyle D. Bierma, German Calvinism in the Confessional Age: The Covenant Theology of Caspar Olevianus (Grand Rapids: Baker, 1996), 11; Joel R. Beeke and Mark Jones, A Puritan

되었다.³ 그러나 일각에서는 행위언약 교리의 본질과 기원에 관해 수많은 주석학적·신학적 의문을 제기했는데 그들에 의하면 성경도, 종교개혁자들도 아담과의 언약을 일체 언급하지 않았다는 것이다.⁴

이런 신학적 논의 가운데 칼빈과 칼빈주의자들 사이의 비연속성을 주장하는 신정통주의 학자들은 행위언약 교리를 강력히 비판하는 주류를 형성했다.⁵ 칼 바르트(Karl Barth)는 "[언약신학]은 성경에 기초를 두고 있

Theology (Grand Rapids: Reformation Heritage Books, 2012), 217. 임원택은 프란시스 로버츠(Francis Roberts, 1609-1675)의 언약신학 안에 나타난 기독론적 구조들, 특별히 그리스도의 중보자직에 관한 사례연구를 통해, 17세기 개혁주의 신학자들이 언약신학을 정교화시켰음을 주장했다. 좀 더 최근에, 칼빈의 언약사상과 관련하여, 원종천은 칼빈의 언약사상에 나타난 구원론적 개념을 부각시킴으로서 칼빈 언약신학의 본질적 내용과 위치를 조명했다. 임원택,"프란시스 로버츠의 언약신학", 한국복음주의역사신학회,「역사신학 논총」2(2000): 157-175; 원종천, "칼빈 언약사상의 본질적 개념과 신학적 위치", 한국복음주의역사신학회,「역사신학 논총」1(2007): 161-192.

3 Mark W. Karlberg, Federalism and the Westminster Tradition: Reformed Orthodoxy at the Crossroads (Eugene, OR: Wipf & Stock Publishers, 2006), 1.

4 Ernest F. Kevan, The Grace of Law: A Study in Puritan Theology (Grand Rapids: Baker, 1965). 112. 관련된 논의를 위해 다음을 보라. Richard A. Muller, "The Covenant of Works and the Stability of Divine Law in Seventeenth-Century Reformed Orthodoxy: A Study in the Theology of Herman Witsius and Wilhelmus à Brakel," Calvin Theological Journal 29/1 (1994): 75-100; J. Mark Beach, Christ and the Covenant: Francis Turretin's federal theology as a defense of the doctrine of grace (Göttingen: Vandenhoeck & Ruprecht, 2007).

5 Karl Barth, Church Dogmatics, vol. IV: The Doctrine of Reconciliation, part 1, trans. G.W. Bromiley (Edinburgh: T. & T. Clark, 1956); Holmes Rolston III, John Calvin versus the Westminster Confession (Richmond, VA: John Knox, 1972); idem, "Responsible Man in Reformed Theology," Scottish Journal of Theology, 23/2 (1970), 129-156; James B. Torrance, "Covenant or Contract : A Study of the Theological Background of Worship in Seventeenth-Century Scotland," Scottish Journal of Theology, 23/1 (1970), 51-76; idem, "The Covenant Concept in Scottish Theology and Politics," Covenant Connection (2000), 143-162; idem, "Strength and Weaknesses of the Westminster Theology," in The Westminster Confession, ed. Alisdair Heron (Edinburgh: Saint Andrews Press, 1982), 40-53; idem, "Calvin and Puritanism in England and Scotland-Some Basic Concepts in the Development of 'Federal Theology,'" in Calvinus Reformator, ed. B J Van Der Walt (Potchefstroom: Potchefstroom University for Christian Higher Education, 1982), 264-277; David N. J. Poole, The History of the Covenant Concept from the Bible to Johannes Cloppenburg: De Foedere Dei (San Francisco: Mellen Research University Press, 1992); Michael McGiffert, "Grace and Works: The Rise and Division of Covenant Divinity in

지 않으며 종교개혁의 성경적 유산에서 어긋난다"라고 주장했다.[6] 바르트의 의견을 따르며 셔만 이스벨(R. Sherman Isbell), 마이클 맥기퍼트(Michael McGiffert), 제임스 토렌스(James B. Torrance), 홈즈 롤스톤 3세(Holmes Rolston III), 데이비드 풀(David N. J. Poole) 등의 신정통주의 학자들은 행위언약은 은혜언약과 다르게, 율법의 조건에 따른 법적 계약을 의미한다고 비판했다.[7]

그러나 다수의 개혁주의 신학자들은 행위언약 교리에 대한 신정통 학자들의 견해를 일축했다. 특별히 개혁파 신학자들에 따르면 행위언약은 결코 구원의 공로적 조건을 표방하는 행위구원론을 내포하지 않는다. 오히려 청교도 신학자들에게서 발견되는 언약신학은 하나님의 주권과 인간의 순종의 관계를 조화로운 관점에서 이해했다.[8]

Elizabethan Puritanism," Harvard Theological Review, 75/4 (1982), 463-502; idem, "From Moses to Adam: the Making of the Covenant of Works," Sixteenth Century Journal, 19/2 (1988), 131-155; R. Sherman Isbell, "The Origin of the Concept of the Covenant of Works," Master's thesis, Westminster Theological Seminary, 1976.

6 Barth, *Church Dogmatics*, vol. IV, 56.
7 Isbell, "The Origin of the Concept of the Covenant of Works," 6; Torrance, "Covenant or Contract," 52; Rolston III, John Calvin versus the Westminster Confession, 16; Poole, The History of the Covenant Concept from the Bible to Johannes Cloppenburg,180.
8 이와 같은 주장들은 다음의 학자들에게서 발견된다. Kevan, The Grace of Law, 112 Everett H. Emerson, "Calvin and Covenant Theology," Church History, 25/2 (June 1, 1956), 137; John Von Rohr, The Covenant of Grace in Puritan Thought, AAR Studies in Religion, 45 (Atlanta, Ga: Scholars Press, 1986), 54. 행위언약 교리의 타당성에 관해 코넬리스 베네마(Cornelis P. Venema)는 신정통주의의 왜곡된 전제로 인해 행위언약 교리를 폐기하는 우를 범치 말아야 함을 지적했다. 리처드 멀러(Richard A. Muller)는 행위언약의 성경적 타당성을 입증하며 행위언약은 "결론적으로 도출되는(consequent) 교리"의 전형적인 예로서, "일련의 성경 중심 본문들에 대한 충분한 시험과 비교로부터 도출된 결론"이라고 명시했다. Cornelis P. Venema, "Recent Criticisms of the 'The covenant of works' in the Westminster Confession of Faith," Mid-America Journal of Theology, 9/2 (1993), 165-198; Muller, "The Covenant of Works and the Stability of Divine Law," 75. 행위언약의 성경적 토대에 관한 입장은 다수의 17세기 개혁파 정통신학자들의 글들에서 확인되었다. 다음을 보라. Beeke and Jones, A Puritan Theology, 218-9. 이 외에, 언약신학을 칼빈과의 연속성상에서 보는 자료를 위해 다음을 보라. Peter Allan Lillback, The Binding of God: Calvin's Role in the Development of Covenant Theology (Grand Rapids: Baker Book House, 2001), 287; Bierma, "The Origins of the Federal Theology in 16th Century Reformation Thought," Calvin Theological Journal 26/ 2 (1991), 484; Stephen J Casselli, Anthony Burgess'

필자는 버지스와 스트롱의 행위언약교리에 나타난 율법의 개념은 은혜와의 극단적 이원론이 아닌 절묘한 조화를 도출한다는 것을 증명한다. 본고의 진행 순서는 다음과 같다. 먼저 언약적 관점에 있어서 버지스와 스트롱 간의 유사성과 차이점을 비교 검토하면서, 행위언약에 나타난 율법에 대한 이들의 정의를 분석할 것이다. 이어서 이 두 신학자가 율법주의 및 반율법주의에서 발견되는 율법과 은혜의 양극단을 어떻게 이해하는지 살펴본다. 마지막으로 율법이 은혜와 어떻게 조화되는지 고찰함으로서 개혁주의 행위언약 교리의 빛 아래에서 균형 있는 율법의 관점을 제시하고자 한다.

2. 행위언약의 의미

2.1 버지스와 스트롱의 공통점

율법이 언약의 형태로 인간에게 수여되었다는 점에서 율법은 언약적 관점에서 이해된다. 이 점은 버지스와 스트롱의 언약 개념에서 분명하게 나타난다. 비록 율법과 언약의 개념은 구별되는 것이지만 이 둘은 서로 분리되지 않고 연관된다. 요컨대, 버지스와 스트롱은 율법의 의미를 언약의 주체자들인 하나님의 자발적 언약 체결과 그에 따른 인간의 순종에서 찾았다.[9]

버지스에 따르면 타락 전 아담에게 주어진 율법은 주어진 동기가 다르다는 점에서 언약과 구별된다. 율법이 "전능한 힘"을 가지시고 인간에게

Vindiciae Legis and the "Fable of Unprofitable Scholasticism" a Case Study in the Reappraisal of Seventeenth Century Reformed Scholasticism (Philadelphia: Westminster Theological Seminary, 2007), iv.

9 Anthony Burgess, Vindiciae Legis: or, A Vindication of the Morall Law and the Covenants, From the Errorurs of Papists, Arminians, Socinians, and More Especially Antinomians (London: James Young, 1646),124; William. Strong, A Discourse of the Two Covenants: Wherein the nature, differences, and effects of the covenant of works and of grace are... discussed (London : J.M, 1678), 22.

"복종"을 요구하시는 하나님으로부터 말미암았다면, 언약은 다함없는 "하나님의 사랑"에 기인한다. 언약은 하나님이 율법을 "완화시키시는(mollify)" 수단인 동시에 아담의 순종에 상 주시기 위해 자발적으로 "개입하시는" 수단이다.10 좀 더 구체적으로, 언약에 함축된 의미는 율법, 유언(a testament), 언약의 차이점을 통해 세분화된다. 먼저 율법은 율법 아래에 있는 당사자들 사이에 "동의(consent)"를 함축하지 않는다는 면에서 약속 및 언약과 구별된다. 비록 율법의 조건을 충족시킨 이들에게 보상이 주어질지라도, 그것은 "절대적인" 것이 아니라 율법과 약속에 따른 "우연한(accidental)" 결과이다. 반대로 언약은 언약 체결 당사자들 사이에 "협정(agreement)"과 "약정(stipulations)"을 전제한다. 협정과 약정은 두 언약의 당사자들이 지켜야 할 "약속"을 내포한다. 이런 의미에서 언약은 "우정언약(a Covenant of friendship)"이라 불린다. 따라서 언약적 관점에서 율법은 하나님으로부터 상을 얻는 조건이 되고 그 결과 인간의 동의는 언약 체결 시 주요한 역할을 한다. 이런 면에서 언약은 쌍방적이다.

　버지스는 약속을 의미하는 '디아데케(diatheke[유언〈testament〉])'에 대한 주해를 통해 언약의 쌍방적 속성을 더 분명히 드러낸다. 언약이 유언(약속)과 구별된다는 사실로 인해 일각에서 의문이 제기되었다. 일부학자들은 왜 언약을 의미하는 히브리어 단어가 70인역에서 유언(약속)을 의미하는 '디아데케'로 번역되었는지 질문했다. 이 혼동에 대해 버지스는 간단히 답한다. 이유인즉 "언약이 '디아데케'로 불리는 이유는 이 단어가 엄격한 의미로 쓰인 것이 아니라, '디아티테마이(diatithemai[명령〈order〉, 처분〈dispose〉])'의 넓은 의미로 쓰였기 때문이다."11 다시 말해 비록 "언약"이라는 단어가 '디아데케'로 번역되었을지라도, 디아데케의 의미는 언약의 쌍방적 동의를 배제시키는 유언을 의미하지 않는다. 버지스에 의하면 비록 언약이 인간의 동의를

10　Burgess, Vindiciae Legis, 119.
11　Burgess, Vindiciae Legis, 122.

필연적으로 수반하지만 언약의 유효성은 인간의 동의가 아닌 하나님의 의지에 의존한다. 물론 반박의 여지는 있다. 요컨대 하나님이 아담과 언약을 맺으신다면, 하나님은 언약에 묶이실 것이고, 결국 하나님의 주권은 언약의 조건들에 제한될 수 있지 않느냐는 문제가 발생한다. 하지만 버지스는 다음과 같이 답한다.

> 만일 하나님이 인간에게 선한 것들을 주실 수 있다면, 하나님은 그들에게 상을 주시기로 약속하실 수도 있다. 그러므로 주시는 것 및 주시기로 약속하는 것은 모두 자유로움과 통치의 행위들이지, 하나님의 주권을 침해하는 것이 아니다. 하나님이 주신다고 해서, 또한 주시기로 약속한다고 해서 자신의 통치를 잃으시는 것이 아니다. 약속의해 유발된 인간의 순종은 불완전하다. 하지만 하나님께는 그렇지 않은데, 하나님은 우리에게 의무를 지시는 것이 아니라, 스스로에게 묶이시는 것이기 때문이다. 우리는 받게 될 선한 것들을 주장할 권리를 가지고 있지 않은데, 왜냐하면 그러한 상들은 하나님의 약속에 기인하기 때문이다. 하지만 하나님은 자기 자신도 자신의 말씀도 부인하실 수 없으므로, 우리는 담대하게 나아갈 수 있다.[12]

하나님의 자유와 주권은 약속 안에 계속해서 유지된다. 아담의 순종은 하나님이 그에게 주셨을 행복과 선한 것들에 합당한 자격을 갖추지 못한다. 아담이 하나님의 약속과 말씀에 의존하는 믿음을 가졌을 때, 그 믿음은 그리스도를 받아들이는 "기관(organ)"이 아니라 아담의 행위로서 간주되었다. 그럼에도 행위로서의 믿음조차 아담 안에 공로의 요소가 있다는 것을 함축하지 않는데 왜냐하면 "비록 그것[언약]은 행위언약이었지만, 결코 공로를 의미하지 않기" 때문이다.[13] 그러므로 어떤 식으로든 하나님은 아담의 순종

---

12 Burgess, Vindiciae Legis, 123.
13 Burgess, Vindiciae Legis, 125-6.

을 이유로 영생을 하사할 아무런 의무를 지지 않으신다.

언약의 일방성과 쌍방성에 대한 유사한 구별이 스트롱에게서도 나타난다. 첫째, 스트롱은 언약의 쌍방적 속성을 2가지 측면인 우정언약(foedus amicitiae)의 차원과 언약 체결 시 아담의 동의의 필연성 차원에서 이해한다. 먼저 우정언약이라는 용어는 언약의 두 당사자들이 결코 불화하지 않는 것을 전제한다.[14] 우정언약에서 죄 없는 상태에 있는 아담은 언약의 규정들을 지킬 수 있었을 뿐만 아니라, 하나님은 자신의 약속과 언약에 자발적으로 매일 수 있었다. 심지어 아담의 동의는 언약을 타당하게 만드는 데 "필수적"이다.[15] 버지스처럼 스트롱은 여기에서 율법, 유언, 그리고 언약을 각각 구별한다. "율법"과 "유언"은 인간 당사자의 동의를 필요치 않는 반면, "언약"은 상호 동의가 있어야만 한다.[16] 살펴본 바와 같이 우정언약의 의미와 아담의 동의의 필연성으로부터 언약이란 인간의 편에서의 행위를 배제하지 않고 오히려 요구하는 쌍방적 성격을 지닌다.

둘째, 스트롱은 언약의 쌍방성뿐 아니라 일방성도 강조한다. 비록 인간 편에서의 동의가 언약에 필수적인 요소이긴 하지만 인간의 동의는 하나님의 "명령"에 따른 결과이다. 따라서 아담의 동의는 의무적인 것 외에 그 무엇이 아니었다. 이런 점에서 스트롱은 언약 체결 시 발생하는 인간 편에서의 동의의 필연성은 하나님의 주권의 빛에서 볼 필요가 있다고 주장한다.

> 사람은 창조와 규정이라는 이중적 끈에 의해 하나님께 매여 있다. 사람에게 있어서 언약은 자연적/필연적인 반면, 하나님에게는 자발적이다. 그러므로 하나님은 자신의 피조물이 미래에 변절할 것을 막기 위해 우리의 모든 상상을 뛰어넘는 방식으로 피조물을 자신에게 속박시킨다. 한편에선 우리가 하나님에게 묶이고, 다른 한편에서는 하나님이 우리에게 매이신다. 창조주 하

---

14 Strong, A Discourse of the Two Covenants, 1.
15 Strong, A Discourse of the Two Covenants, 131.
16 Strong, A Discourse of the Two Covenants, 241.

> 나님은 절대적 주권을 가지신다. 하지만 인간은 스스로 순종을 만들어 낼 수 있다고 생각지 말아야 한다. 하나님은 스스로 보상해 주기를 기뻐하신다.[17]

인간 편에서의 동의는 "창조와 약정(stipulation)이라는 이중적 예속" 때문에 자연스럽고 필연적인 것이다. 따라서 아담의 모든 후손들이 자연적으로는 창조 때문에, 자발적으로는 약정의 효력 때문에 하나님에게 예속된다. 하나님의 창조적 주권으로 인해 하나님의 의지는 인간의 자발적 동의의 기초다. 다시 말해 인간이 언약에 귀속되는 것은 하나님의 주권적 의지로 말미암는다. 원종천에 따르면 청교도들의 언약 개념은 "하나님의 주권과 은혜"의 전제 위에서 "인간의 적극적 참여와 책임을 유도"하기 위해 하나님의 율법의 중요성을 강조했다.[18] 언약의 쌍방적 속성, 즉 하나님과 인간이 상호 간에 예속되기로 동의하는 것은 하나님의 주도권의 우선성을 방해하지 못한다.

셋째, 율법의 요구에 대한 아담의 순종은 하나님께서 약속하신 상급의 원천일 수 없다. 어떤 공로적 요소도 언약에 개입되지 않는데 왜냐하면 타락 이전에서조차 아담은 "하나님의 거룩하심"을 만족시킬 만한 어떤 것도 지니지 않았기 때문이다. 하나님은 아담이 율법을 준수할 수 있도록 하기 위해 "약속"과 "위협"이 더해진 행위언약을 개시하셨다. 따라서 언약은 "하나님이 주신 은혜들을 자신의 최상의 피조물이 실천할 수 있도록, 순종의 재료와 기회를 주시고자 하셨던 하나님의 사랑에 기초한다."[19]

행위언약에 대한 버지스와 스트롱의 정의에서 살펴본 것처럼 인간은 언약 체결의 행위를 통해서 어떤 의로움도 취득할 수 없다. 버지스와 스트롱 모두 언약의 은혜로운 속성을 강조한다. 동시에 두 신학자 모두 행위언약에

---

17 Strong, A Discourse of the Two Covenants, 1 – 2.
18 원종천, "16세기 영국 청교도 언약사상 형성의 역사적 배경", 한국복음주의역사신학회, 「역사신학 논총」1(1999): 216.
19 Strong, A Discourse of the Two Covenants, 3-4.

내포된 아담의 순종을 율법의 조건으로 간주함으로 인간의 율법 준수의 당위성을 역설한다. 이런 점에서 그들은 아담의 순종이 하나님의 주권과 은혜를 통해 주어진 언약의 약속들을 획득할 수 있었다는 사실에 동의한다.

2.2 버지스와 스트롱 간의 언약 개념의 차이점

버지스와 스트롱의 언약에 대한 정의는, 하나님의 절대적 주도권과 인간의 자발적 순종을 조화시킨다는 면에서 공통점을 가지지만 그렇다고 그들 사이에 중요한 차이점이 없는 것은 아니다. 미리 언급하자면, 그 차이점은 다음과 같다. 첫째, 행위언약에 대한 스트롱의 접근은 버지스에 비해 좀 더 율법과 복음의 대조적 관계에 초점을 맞춘다. 물론 스트롱은 율법과 복음의 관계를 이원론적으로 이해하거나 율법이 복음에 배치된다고 여기지 않는다. 오히려 언약에 대한 스트롱의 정의는 율법과 복음에 대한 사도 바울의 이해를 따른다. 스트롱은 다음과 같이 말한다. "하나님이 아담과 맺은 언약 속에는 생명나무가 인으로 작용하는 약속된 생명이 있었고 선악을 알게 하는 나무에 의해 인쳐진 사망이 있었다."[20] 스트롱은 로마서 5장, 갈라디아서 3장, 에베소서 2장에 대한 해설을 통해 율법과 복음의 속성을 설명한다. 이 본문들은 사도 바울이 율법 아래 있는 저주와 그리스도 안에 있는 복을 각각 묘사했던 성경 말씀들이다.[21]

둘째, 첫 번째 차이점과 유사하게 스트롱은 모든 인류의 머리인 아담의 속성을 부각시킨다.[22] 버지스도 아담과 그리스도의 머리 됨을 언급하지만, 스트롱의 강조점은 모든 인류에게 임하는 율법의 저주에 놓여 있다. 저주 아래에서 모든 사람은 선한 행실로 "자신의 의를 확립"하기를 바란다.[23] 인

---

20 Strong, A Discourse of the Two Covenants, 1.
21 Strong, A Discourse of the Two Covenants, 2.
22 Strong, A Discourse of the Two Covenants, 1, 2, 4.
23 Strong, A Discourse of the Two Covenants, 25.

간 본성에 관한 스트롱의 관점을 고려해 볼 때 우리는 스트롱이 율법을 옹호하는 반면, 율법보다는 복음에 독보적인 위치를 부여하고 있음을 쉽게 알 수 있다.

지금까지 살펴본 버지스와 스트롱 간의 언약 개념의 비교를 통해, 우리는 그 둘 모두 행위언약의 빛에서 율법을 하나님의 은혜에 귀속시킴으로써 율법과 은혜의 조화를 꾀하고 있음을 살펴보았다. 행위언약 교리의 쌍방적/일방적 속성을 유지하면서, 버지스와 스트롱은 행위의 의를 부정함과 동시에, 언약의 조건성을 보존하고자 했다. 행위언약에 존재하는 고유한 율법은 은혜와 필연적인 대척점에 서 있지 않다는 점이 분명하다. 또한 버지스와 스트롱 간의 유사점과 차이점을 주목하면서 우리는 17세기 개혁파 정통신학의 행위언약 교리가 만장일치 한다고 주장하는 오류를 피해야 함을 깨닫는다. 행위언약 교리는 특별한 방법이나 독립된 개념이 아니라 통일성과 다양성을 내포한 가족적인 관계성 속에서 이해되어야 한다. III 단원에서 볼 것처럼, 개혁파 전통에서 수립된 행위언약 교리는 율법과 복음의 극단적 이원론을 거절한다. 따라서 우리는 반율법주의와 율법주의의 양극단을 직면하여 버지스와 스트롱이 어떻게 율법과 은혜의 관계를 이해하는지를 살펴볼 것이다.

3. 율법주의와 반율법주의의 이원화 비판

버지스와 스트롱은 율법과 은혜의 관계에 대해 똑같은 관점을 가지지 않는다. 좀 전에 살펴본 그들의 율법 이해의 차이점은 다시금 율법과 은혜의 관계에 관한 그들의 관점을 형성한다. 유의해야 할 점은 은혜에 대한 강조가 율법의 중요성을 간과하지 않는다는 점이다. 우리는 버지스와 스트롱이 각각 율법주의와 반율법주의의 극단을 율법과 복음의 잘못된 구별에서 찾는 것을 어렵지 않게 발견한다.

3.1 율법주의와 반율법주의에 대한 버지스의 비판

버지스는 율법주의와 반율법주의 모두가 율법에 대한 남용에서 기인한다고 비판한다. 율법은 "사람이 그것을 적법하게만 쓰면 선한"(딤전 1:8) 것이다. 이 본문을 토대로, 버지스는 율법을 남용하는 율법주의의 오류들을 나열한다. 이러한 남용은 (1)"사람이 그것[율법]을 헛된 논쟁거리로 바꿀 때," (2)"율법을 육체의 자랑으로 삼을 때," (3)"율법을 폐지하거나 부인할 때," (4)"율법을 오석할 때," (5)"율법을 그리스도와 갈라놓을 때," (6)"율법을 칭의의 근간으로 삼을 때," 발생한다. 버지스에 따르면 (4)번, (5)번, (6)번은 모두 로마 가톨릭의 오류와 연관된다. (4)번의 경우, 율법의 가치를 외적 행동에만 국한시키고자 했던 바리새인처럼, 가톨릭 전통은 율법의 의미를 "과도히 영적인 의미"에만 한정시킨다. 바리새인들은 율법을 "의무적인 것이 아니라, 책망의 수단"으로 만들어 인간의 능력을 의무에 대한 기준으로 삼는다." 이 설명에 따르면, 사람이 자신의 능력으로 율법을 충족시키는 것이 가능하다. (5)번은 "그리스도를 율법과 완전히 혼합"시켜서 율법을 그리스도와 대치"되게 만들어버린 유대인들의 치명적인 오류들을 가리킨다. (6)번은 "율법에 의한 칭의"를 의미하는바 "복음의 의"를 알지 못하는 사람들과 율법을 구원의 수단으로 읽는 사람들이 "자력구원자"가 되는 경우이다.[24]

한편, 율법과 복음의 양극화의 또 다른 부류는 반율법주의인데, 로마 가톨릭의 행위-의(the works-righteousness) 구원론에 대한 반동으로 발생한다.[25] 버지스에 따르면 이 두 극단적인 관점들은 분리되지 않고 상호 간에 연관된다. 버지스는 로마 가톨릭과 반율법주의의 오류를 15가지로 나열하는데 이

---

[24] Burgess, Vindiciae Legis, 16-19. (1)번은 목회자들이 주의해야 할 일반적인 실수를, (2)번은 율법 준수를 통해 복 받기를 바라는 유대인들의 오류를, (3)번은 율법을 부정하는 말시온주의자들과 마니교도들의 잘못들을 가리킨다.

[25] Burgess, Vindiciae Legis, 19.

모든 오류들에 대한 버지스의 결론은 다음과 같이 요약될 수 있다. 2가지 국면 즉 칭의와 성화라는 관점에서 "율법에 의한 칭의는 율법과 은혜의 본질을 왜곡시킨다." 율법에 의한 칭의는 "은혜의 본질"과 칭의 교리를 파괴한다. 로마 가톨릭은 인간 안에 새겨진 "내재적 거룩함"을 은혜의 본질로 여긴다. 이 내재적 거룩함을 통해 사람이 구원을 받게 된다는 것이다. 그리스도가 아니라 인간의 "인내" 또는 "소망" 그 자체가 칭의의 공로적 원인이 된다.[26] 결과적으로 로마 가톨릭의 내재적 거룩함의 교리는 칭의의 기초로서의 그리스도의 순종과 의를 우리에게 전가한다는 그리스도의 의의 전가 교리를 무너뜨린다.

율법주의와 반율법주의에서 발생하는 율법의 남용 사례를 지적한 후, 버지스는 율법주의와 반율법주의 속에 있는 율법과 복음의 잘못된 구별을 나열한다. 첫째, 율법주의와 관련하여 로마 가톨릭은 주장하기를, 그리스도는 "더 완벽한 율법들" 가령 "기도에 대한 명령" 및 기도 시 중보자 "그리스도를 부르는 것"과 같은 율법들을 추가시켰다고 한다. 둘째, 행위언약은 지속되나 은혜는 물러간다는 좁은 의미의 율법만을 로마 가톨릭은 고수한다. 셋째, 구약시대의 조상들은 죽자마자 천국에 올라가지 못했던 반면, 그리스도의 죽음 이후에서야 비로소 천국으로의 길이 구약시대의 조상들과 우리에게 열리게 되었다고 그들은 주장한다.[27]

버지스의 분석은 로마 가톨릭과 반율법주의자들이 각각 어떻게 율법을 남용했는지를 잘 드러낸다. 로마 가톨릭은 율법의 의를 강조함으로 그리스도의 의의 전가교리를 무너뜨리고, 반율법주의는 율법을 은혜의 영역에서 배제시켰다. 그럼에도 불구하고 앞에서 살펴본 바와 같이 버지스의 행위언약 교리는 언약에 있어서의 인간 참여의 필연성을 강조하고, 율법의 왜곡에 대한 그의 강한 비판은 주로 반율법주의의 오류에 초점을 맞추었다.

---

[26] Burgess, Vindiciae Legis, 19-24.
[27] Burgess, Vindiciae Legis, 232-3.

3.2 율법주의와 반율법주의에 대한 스트롱의 비판

반면, 스트롱은 행위언약의 저주를 강조함으로써 행위를 통해 구원을 얻고자 하는 인간적 바람을 표방하는 율법주의를 반박한다. 스트롱은 율법에 대한 왜곡된 관점이 율법의 의를 추구하는 이들에게서 쉽게 발생할 수 있음을 발견한다. 스트롱은 갈라디아서 3장을 주해하면서 사람은 본성상 율법 아래에 놓여 있길 원한다고 강조한다. 이 본문에서 두 종류의 사람이 구별된다. 첫째 사람은 "지금 있는 예루살렘"으로서 하갈을, 둘째 사람은 "위에 있는 예루살렘"으로서 사라를 의미한다. 전자는 행위언약으로서의 율법을 순종함으로써 의를 추구하는 사람들을, 후자는 그 어떠한 자신들의 의를 의존하지 않고, 오직 그리스도의 은혜를 신뢰하며 복음을 받아들이는 기독교를 각각 의미한다.[28] 스트롱에 따르면 행위-의의 개념은 바리새인들 가운데 지배적인 신념이었다. 하지만 곧 이러한 율법적 의는 행위언약과 은혜의 혼합물로 바뀌었다. 이 혼합의 대표적인 사례가 로마 가톨릭이다. 가톨릭은 선행을 사람이 하나님 앞에서 의롭다 함을 얻는 수단으로 둔갑시켰다. 로마 가톨릭의 관점에서 "중생의 사역(opera renatorum)," 즉 "회심 이후의 선행은 의의 원인이 되고, 그리스도는 단지 부족한 부분을 보충하게 될 것"이다.[29]

이에 대한 증거로서 스트롱은 마가복음 10:20에 등장하는 젊은 청년에 대한 로마 가톨릭의 해석을 예로 든다. 가톨릭의 가르침에 따르면, 젊은 청년은 율법을 모두 이행했을 뿐 아니라 "그 이상의 노력(supererogation)," 즉 율법에 요구된 것 이외의 행위를 했다. 따라서 예수의 의는 공로적 원인이 되는 반면, "내재적 의"는 칭의의 원인으로 작용한다는 것이다.[30] 자연히 행위언약 아래에 있는 사람들은 의의 획득을 위해 행위를 쫓아 살기 마련이다. 스트롱은 다음과 같이 말한다.

---

[28] Strong, A Discourse of the Two Covenants, 22.
[29] Strong, A Discourse of the Two Covenants, 24.
[30] Strong, A Discourse of the Two Covenants, 25.

오늘날까지도 많은 천주교인들은 금식하여 자신의 몸을 쇠약하게 하고, 깨어 기도하며, 자신들의 몸을 채찍질하고, 순례여행을 지속한다. 그들은 모든 소유물을 가난한 자들에게 주고 스스로 자원하여 가난에 처한다. 수도원과 은둔처에 자신을 가두고, 이생의 모든 안락으로부터 벗어나 은둔생활을 한다.[31]

스트롱은 로마 가톨릭이 바리새인처럼 칭의의 공로적 원인을 추구하고 있다고 비판한다. 율법과 은혜를 혼합한 또 다른 경우가 "믿음을 행위로 이해하는" 사람들에게서 발견된다. 이 경우에 믿음은 "율법에 의한 의도 아니고, 그리스도의 의의 전가에 의해서도 아니라 우리 의의 질료로서 하나님께 받아들여진다."[32] 즉, 이들은 믿음을 그리스도의 사역과 분리된 오직 하나님에 의해서 인정된 공로적 의로 여긴다. 심지어 행위-의의 유혹은 "위에 있는 예루살렘"인 기독교 교회에 속한 성도들에게도 존재한다. 물론 기독교인은 자신들의 의를 "더러운 넝마쪽(filthy rags)"으로 여기고, 행위-의를 삼간다. 그럼에도 불구하고 신자들에게조차 "아담과 그의 후손들에게 있었던 욕구, 즉 "경향(inclination)"과 "씨앗(seed)"이 존재한다. 스트롱은 이러한 의에 대한 욕구의 씨앗이 이 땅에 사는 동안 완전히 없어지지 않을 것이므로 기독교인들이 그러한 인간 본연의 "경향"을 조심해야 한다고 강하게 경고한다.[33]

한편 스트롱은 "율법과 선지자는 요한의 때까지"라는 누가복음 16장의 본문을 토대로, 율법은 세례 요한의 때에 만료되었기에 소용없는 무용지물에 불과하다고 주장하는 반율법주의를 경계한다. 스트롱은 이런 반론들을 3가지 측면에서 반박한다. 첫째, "율법과 선지자는 요한의 때까지"라는 표현은 율법과 선지자의 완전한 폐기를 의미하지 않는다. 이는 그 말씀 바로 뒤

---

31 Strong, A Discourse of the Two Covenants, 27.
32 Strong, A Discourse of the Two Covenants, 24.
33 Strong, A Discourse of the Two Covenants, 24.

절인 누가복음 16:17에서 나타나는 바와 같이, 그리스도께서 16절의 말씀을 오해하지 않도록 하시기 위해 "율법의 한 획이 떨어짐보다 천지가 없어짐이 쉬우리라"하고 말씀하시기 때문이다.[34] 둘째, 누가복음 16:16은 그리스도를 예표해 왔던 의식법의 시행과 선지자들이 요한의 때까지임을 묘사하고 있다. 셋째, 마침내 그리스도께서 오셨기에, 율법과 선지자는 물러가는데, 중요한 점은 "폐기"로써가 아니라 "탁월한 방법"으로써 그러하다. 이는 마치 율법이 그리스도 계시의 더 위대하고 충만한 진전에 비교해 볼 때, 더 어두워져 보이는 것과 같은 원리이다.[35] 스트롱은 몽학선생이라는 단어를 통해서 도덕법이 이 세상 끝까지 지속된다는 점을 분명히 한다.[36] 원종천에 따르면 이러한 율법과 은혜의 관계는 칼빈 언약사상에 두드러진 특징이기도 하다.[37] 이러한 성경적·신학적 토대 위에서 스트롱은 율법을 행할 의무를 저버리는 이들이 축조해 낸 율법과 복음의 왜곡된 구별을 비판함으로써 율법주의와 반율법주의의 양극화 현상을 극복한다.

요약하자면, 버지스는 율법을 등한시하는 반율법주의자들을 적극적으로 비판하면서 율법의 유용성을 강조한 반면, 스트롱은 행위-의의 욕구에 반대하여 율법의 의를 조심할 것을 경고한다. 이러한 차이점에도 불구하고 두 신학자 모두 한편으로는 율법주의의 극단을, 다른 한편으로는 반율법주의의 극단을 피한다. 율법과 복음의 관계의 극단에 대한 그들의 반박은 리처드 멀러의 주장을 확고히 뒷받침해 준다. 멀러가 주장하는 바와 같이 율법주의와 반율법주의에서 나타나는 언약주의의 양극화는 "궁극적으로 언약신학자들의 역동적 이해의 손실을 가져오고 믿음과 순종의 관계에 대한 섬세한 통합적 이해를 간과하고 만다."[38] 지금까지 우리는 버지스와 스트롱의

---

[34] Strong, A Discourse of the Two Covenants, 107.
[35] Strong, A Discourse of the Two Covenants, 107.
[36] Strong, A Discourse of the Two Covenants, 108.
[37] 원종천, "칼빈 언약사상의 본질적 개념과 신학적 위치", 164.
[38] Muller, "Covenant and Conscience in English Reformed Theology," 334.

글을 통해 율법주의와 반율법주의의 양극화가 결국 율법과 은혜에 대한 획일적이고 편협한 구별로부터 말미암는다는 사실을 발견했다. 다음 소단원에서 우리는 버지스와 스트롱이 어떻게 율법과 은혜의 관계를 획일적인 방법이 아닌 역동적인 이해로 접근하는지 율법과 복음이라는 언약의 관계를 통해 조명해 볼 것이다.

4. 율법과 복음의 참된 구별을 통해 본 율법과 은혜의 조화

4.1 율법과 복음에 대한 버지스의 구별

버지스와 스트롱은 율법과 은혜의 양극화의 잠재적 위험을 지적하면서, 율법과 복음의 참된 구별이 율법과 은혜의 관계를 이해하는 데 매우 중요한 역할을 한다고 강조한다. 실로, 율법은 은혜와 불가분의 관계에 있다. 이를 고려할 때, 버지스와 스트롱 모두가 율법과 복음의 분명한 구분을 시도하는 것은 어찌 보면 당연한 일이다.

버지스는 율법의 남용과 왜곡은 율법과 복음에 대한 "잘못된 구별들"로부터 초래된다고 믿는다. 3단원에서 본 것처럼, 로마 가톨릭이 율법과 복음을 혼합했을 때, 결국 그들은 은혜보다 율법에 극단적인 우월성을 부여했다. 이런 관점에 반대하여 버지스는 행위언약은 은혜에 대한 율법의 우선권을 표방하는 것이 아님을 분명히 한다. 비록 율법이 은혜언약에 속할지라도 "어떤 의미에서 율법과 복음은 서로 반대되고, 대치된다."[39] 그는 칼빈의 말을 의존한다.

기독교강요 2권 9장에서 칼빈은 말하길, 복음과 율법을 비교하지 않는 이들,

---

[39] Burgess, Vindiciae Legis, 229.

행위의 공로와 의의 전가를 비교하지 않는 이들 가운데에 오류가 있다고 한다. 칼빈에 따르면, [복음과 율법 사이의] 대조 또는 대립은 배제되지 말아야 하는데, 왜냐하면 사도는 율법이란 하나님이 우리에게 요구하시는 삶의 규범으로, 만일 우리들이 율법을 지키지 못한다면 어떤 소망의 근거도 우리에게 허락되지 않는다고 몇 번이고 거듭해서 강조하기 때문이다. 하지만 그가 "모든 율법이 행해진다(quum de tota lege agitur)"라고 말할 때, 이는 율법이 좀 더 넓은 의미로 취해져야 한다는 것을 의미하므로, 율법을 오직 명료성의 차원에서만 복음으로부터 구별한다.[40]

율법과 복음의 대조는 단순히 율법과 복음의 양립불가능성을 내포하는 것이 아니라 오히려 복음과 율법의 조화로움을 불러일으키는 "동등한 비교"를 지시한다. 참된 비교를 통해 율법과 복음이 각각 "넓은" 의미와 "좁은" 의미로 달리 이해되어야 한다는 것이다. 예를 들어 넓은 의미로서의 율법은 은혜언약의 경륜가운데 포함되어 죄인을 그리스도에게로 인도하는 선한 기능을 가진다(은혜언약). 반면, 율법이 좁은 의미로 사용될 경우, 율법은 정죄의 기능을 가진 도덕법으로 이해된다(행위언약). 따라서 만일 우리가 "율법"을 좁은 의미로 취함과 동시에 그 율법을 "은혜언약"으로 간주한다면 우리는 "행위언약"을 "믿음"으로 혼동하게 된다. 마찬가지로, "복음"이라는 단어가 마가복음 1:1에 사용된 것처럼 넓은 의미로 취해지면 그것은 "그리스도의 교리와 가르침"을 함축하는 "전체의 교리"지칭한다. 반면, 같은 단어가 누가복음 2:10에서 사용된 것처럼 좁은 의미로 취해진다면 그것은 "평화의 복음, 하나님의 은혜의 복음"이라 일컬어진다.[41] 다시 말해 복음이 넓은 의미로 사용될 때 그것은 예수를 통한 구원뿐 아니라 삶 전반에 걸친 삶의 교리를 포괄하는 반면, 좁의 의미로는 그리스도를 통한 구원에 한정되는 것

40　Burgess, Vindiciae Legis, 229.
41　Burgess, Vindiciae Legis, 241.

이다. 버지스에게 있어서 모세언약은 유대인과 이방인들이 그리스도를 찾도록 시행된 은혜언약이다.

버지스는 언약의 관계 속에서 인간 행위의 역할이 얼마나 손쉽게 축소될 수 있는지 잘 알고 있었다. 결국 버지스는 이러한 선행에 대한 오해를 경계하여 로마 가톨릭보다 반율법주의자들에 맞서 언약 교리를 전개했다는 것은 너무나 자명하다. 버지스에 따르면 "율법에 대한 순종은 하늘을 향해 가는 길인 것처럼, 비록 그것이 원인(causa)으로서는 아닐지라도, 하늘 왕국을 향한 길(via ad regnum)"이다. 사람의 선행은 그리스도와 같은 구원의 길을 의미하지도 않고, 구원의 "원인이나 공로"로서 작용하지도 않는다. 오히려 선행은 "생명의 활동 또는 과정"을 의미한다. 따라서 버지스는 선행이란 그리스도의 은혜로 의롭다 함을 얻은 자들의 삶 속에 명백히 드러나야만 한다고 믿는다. 왜냐하면 은혜언약 아래에서 율법이 신자들로 복음에 약속된 선한 것들을 모두 받도록 이끌기 때문이다. 바로 이점에 있어서 버지스는 은혜는 율법에 대한 인간의 순종과 대립되지 않고 그 반대도 마찬가지라고 믿는다.

4.2 율법과 복음에 대한 스트롱의 구분

스트롱이 율법의 이중적 목적을 구분한 것처럼 스트롱도 율법을 좁은 의미와 넓은 의미로 나누어 구분한다. 그는 다음과 같이 말한다.

> 우리는 율법이 성경에서 2가지 방식으로 취해짐을 생각해 봐야 한다. 시내산에서 하나님이 주신 율법은 2가지 목적을 가졌다. (1) 율법은 넓게 이해되는데, 왜냐하면 시내산에서 하나님이 전달하신 전체의 교리는 교훈 및 약속들과 함께 주어졌고, 따라서 은혜는 마음에 기록된 율법이며, 이 율법이란 우리를 목양하시는 그리스도의 편지이다. (2) 율법이 좁은 의미로 취해지는 경우에 율법은 의의 교범을 정하고 개인의 완벽한 순종의 조건하에 영생을 약속한다. 그래서 사도는 말하길, 율법은 믿음과 달라서, 율법의 의는 말하길

그가 이것을 행하면 살리라 라고 말한다. 이제 우리가 시내산에서 주어진 도덕법을 첫 번째 의미(넓은 의미)로 취한다면, 그 율법은 은혜언약이다. 반면, 우리가 율법을 좁은 의미로 취한다면, 그것은 행위언약이다.[42]

스트롱은 율법을 하나님의 이중적 목적의 관점에서 이해한다. 시내산의 도덕법은 넓은 의미에서 은혜언약으로서 율법 속에 약속을 내포한다. 반면 율법이 좁은 의미로 취해질 경우에는 행위언약 외에 달리 무엇이 아니다. 이렇듯 행위언약의 목적은 행위-의에 기초하여 의를 추구하는 육체적 이스라엘을 좌절시키고 구속사에 흐르고 있는 은혜언약의 경륜을 드러내는 것이다. 스트롱에 따르면, 은혜언약은 율법의 시대(시내산으로부터 그리스도의 오심까지)와 복음의 시대(그리스도의 오심과 재림)에 있어서 각기 다른 방식으로 시행되었다. 이 언약의 경륜에 따라 행위언약으로서의 율법은 율법 아래 나시고 언약의 모든 요구를 성취하신 그리스도 안에서 폐지되었다. 따라서 율법은 더 이상 신자들에게 칭의의 원인으로 작용하지 않는다.[43]

스트롱은 율법의 세 번째 기능인 "규범"으로서의 율법을 묘사하면서 믿음과 순종의 관계, 그리고 율법과 복음의 관계를 역동적으로 이해한다.[44] 규범으로서의 율법은 다시금 두 측면 "안에 있는 규범"과 "밖에 있는 규범"으로 나뉜다. 내적 규범으로서의 율법은 성령의 손 안에 있는 회심의 "도구"로서 신자들이 "본성상 하나님의 율법을" 소유한다는 것이 아니라, 오히려 성령이 그들의 마음에 "거룩함과 순종의 규범"을 심어놓으셨음을 의미한다. 성령에 의해 율법은 인간의 본성을 변화시키고 "내적 규범에 상응하는 내적인 성향"을 공급한다. 그러므로 회심의 능력은 성령의 손을 통하여 율법을

---

42 Strong, A Discourse of the Two Covenants, 88.
43 Strong, A Discourse of the Two Covenants, 84.
44 스트롱에 따르면, 복음에 대한 율법의 용법은 크게 세 가지로, "죄를 발견하는 안경," "죄를 억제하는 굴레," "마지막으로 "사람을 순종의 길로 인도하는 규범"이 있다. Strong, A Discourse of the Two Covenants, 90-102.

포함하는 "하나님 말씀의 모든 부분"으로부터 온다. 한편 "밖에 있는 규범"으로서의 율법은 사람을 참된 의무에로 인도한다. 이 율법은 순종의 규범을 공급한다. 스트롱은 다음과 같이 단언한다.

> 복음의 은혜로서 우리가 율법에 순종할 능력을 얻게 되고, 그 능력은 점점 더 증가하게 된다. 그 능력은 우리의 본성과 행위가 천국에서 온전하게 되어, 율법의 의가 우리안에 온전히 이루기까지, 그리스도 예수의 날에 시작하신 그의 선한 일을 이루시기까지 지속된다. 그리하여 율법은 신자들에게 규범으로써 남아, 폐지되는 것이 아니라 복음에 의해 확립된다.[45]

> 비록 율법이 중생되지 않은 이들에게 행위언약으로 또 아담과 맺은 언약의 저주로 작용하나, 율법은 복음의 하녀이며, 모든 복음 또는 새로운 순종의 유일한 규범이다. 율법을 수행할 능력은 복음으로부터 말미암으나, 의무의 이행은 율법으로부터 말미암는다. 걷는 능력은 복음으로부터 오지만, 우리가 걸어가야 할 길은 주의 교훈으로 말미암는다.[46]

버지스는 선행을 할 능력은 은혜에 기인하나 그 규범을 지킬 의무는 율법에 명시되어 있다는 점을 명확히 한다. 더욱이 그는 복음의 은혜는 우리가 율법에 순종할 수 있는 힘을 지속적으로 공급하며 복음은 율법을 폐하지 않고 도리어 세운다고 강조한다.

지금까지 우리는 버지스와 스트롱의 작품을 통해 어떻게 율법이 은혜와 조화를 이루는지 살펴보았다. 버지스와 스트롱의 행위언약 교리에서 발견되는 율법과 은혜의 통합적인 관계를 고려할 때 신정통주의 신학자들이 경고했던 행위언약 교리의 율법주의적 위험성은 현명하지 못한 분석임이 드

---

45 Strong, A Discourse of the Two Covenants, 105.
46 Strong, A Discourse of the Two Covenants, 106.

러난다. 이러한 학자들은 율법과 은혜의 미묘한 관계를 이해하는 데 실패하여 율법-복음의 구별을 무시함으로, 이신칭의 교리뿐 아니라 그리스도의 의의 전가 교리를 무너뜨리는 과오를 범할 수 있었다.[47] 칼버그(Karlberg)가 지적하듯이 율법과 복음의 구별이 "적절히 이해되고 적용된다면, 그것은 무지몽매와는 거리가 멀다.[48] 이로 보아 행위언약 교리가 율법과 은혜 간의 극단적인 이원화를 초래한다는 주장은 전혀 설득력이 없다.[49]

5. 소결론

행위언약의 빛에서 본 율법과 복음의 관계는 매우 미묘하고 복잡하다. 그럼에도 행위언약 교리는 언약의 당사자인 하나님의 주권과 인간의 자유로운 순종 사이에 절묘한 관계를 깊이 있게 다루고 있다. 언약을 통해 하나님은 자발적으로 인간과의 언약 관계 속으로 들어가시나, 자신의 기쁘신 뜻을 따라 언약을 맺으심으로 절대적 주권을 잃지 않으신다. 오히려 언약을 통해, 언약한 인간을 하나님의 기쁘신 뜻 가운데로 인도하신다. 이러한 행위언약의 일방적/쌍방적 속성을 잘 표현하고 있는 것은 다름 아닌 율법이다. 본고는 행위언약 교리를 통하여 율법과 은혜의 관계를 이해하고자 노력했다. 살펴본 바와 같이 율법과 은혜는 상반되는 개념이 아니라, 어느 한쪽도 없어서는 안 되는 불가분의 관계 속에 놓여 있다. 복음 없이 율법을 이해할 수 없고 율법 없이 복음의 진수를 경험할 수 없다.

구속의 경륜 속에 나타난 행위언약의 신학적/실천적 함의를 제고하면

---

47 Mark W. Karlberg, "Reformed Interpretation of the Mosaic Covenant," Westminster Theological Journal, 43/1(1980), 57.

48 Karlberg, "Reformed Interpretation of the Mosaic Covenant," 57.

49 Torrance, "Covenant or Contract," 67; Poole, The History of the Covenant Concept from the Bible to Johannes Cloppenburg, 183.

서 본고를 크게 세 가지로 요약해 본다. 첫째, 버지스와 스트롱의 행위언약 개념을 통해, 우리는 언약 체결의 당사자인 하나님과 사람 사이에 존재하는 언약의 일방적·쌍방적 속성을 통해 율법이 은혜와 상충되지 않음을 증명했다. 언약에 수반되는 인간의 자발적 동의와 선행은 공로주의를 표방하는 것이 아니라 오히려 하나님의 주권적 의지와 사랑의 결과를 보여 준다. 버지스와 스트롱은 줄곧 행위언약에 나타난 율법의 의미를 은혜의 결과로서 파악한다. 이로부터 율법이 은혜를 토대로 세워진 것임이 자명하다.

둘째, 율법주의와 반율법주의 양극단은 율법에 대한 왜곡된 관점으로부터 말미암는데, 왜곡된 율법 이해가 결국 잘못된 율법-복음 구별을 초래하게 된다. 따라서 행위언약의 율법을 올바로 이해하지 않는다면, 은혜언약과 복음을 이해한다는 것은 가히 불가능한 일이 될 것이다. 이것이 바로 멀러가 주목하듯 "개혁주의 행위언약 교리의 중심적 쟁점이 행위언약 및 은혜언약의 머리에 관한 문제"인 이유이다.[50] 비록 행위언약은 폐지되었으나 행위언약의 율법은 은혜언약 내에서 규범의 기능을 유지한다. 따라서 믿음과 율법의 이원론적 구원론을 초래했던 율법주의와 반율법주의에 대항하여 개혁파 정통에서 율법이 기독교의 믿음을 변호하는 데 중요한 역할을 한 것은 전혀 놀랍지 않다.

마지막으로 우리는 율법과 복음을 비교함으로써 율법과 은혜의 미묘하나 매우 중대한 구별들을 관찰했다. 율법과 복음의 구별은 상호 간의 불일치를 조장하는 것이 아니다. 오히려 율법과 복음의 역동적 관계를 드러냄으로 율법과 은혜의 조화를 이끌어 낸다. 위에서 살펴본 바와 같이 율법과 은혜의 양립가능성은 율법이 복음에 복속되어 있다는 사실에서 분명해진다. 은혜언약의 시대에 율법의 기능은 율법과 은혜의 조화를 드러낸다. 칼버그가 지적한 것처럼 "율법과 은혜의 상반된 원리는 시행의 원리에 따라 양립 가능한데" 왜냐하면 율법은 "칭의의 수단"이 아니라 이스라엘 백성에게 죄

---

50 Muller, "The covenant of works and the Stability of Divine Law," 94.

를 깨닫게 하고 그리스도를 지시하기 위한 것이기 때문이다.[51] 그러므로 율법과 복음의 올바른 구별은 율법과 은혜의 관계에 대한 획일적인 이해가 아닌 통합적인 조화를 산출한다.

율법과 은혜의 조화는 버지스가 인용한 루터의 말을 상기시킨다. 루터는 "율법과 복음을 어떻게 구분할지를 아는 사람은 하나님께 감사드릴 것이며 자신이 신학자임을 알 것이다"(Qui scit inter Legem et Evangelium distinguere, gratias agat Deo, et sciat se esse Theologum)라고 했다.[52] 누가 성경의 훌륭한 해석자인가? 그는 바로 "율법과 복음 사이에 달콤한 조화와 일치"를 보여 주는 사람이다.[53]

---

[51] Karlberg, "Reformed Interpretation of the Mosaic Covenant," 56.
[52] Burgess, Vindiciae Legis, fol. A3r.
[53] Burgess, Vindiciae Legis, fol. A3r.

11장

청교도의 성경교육

: 로버트 에벗(Robert Abbot, 1588-1662)의 소요리 문답서[1]

1. 서론

지금까지 교리 교육에 대한 연구들은 대부분 웨스트민스터 표준문서와 하이델베르그 요리 문답에 집중되었던 반면,[2] 청교도 개개인이 일구어 놓

---

[1] 본 글은 2022년에 「역사신학논총」 40에 게재된 글로, 책의 목적에 맞추어 글을 수정 및 편집하여 책에 포함시켰음을 밝힌다. 원 논문을 위해 다음을 보라. 류길선, "청교도 성경 교육: 로버트 에벗(Robert Abbot, 1588-1662)의 소요리 문답서에 대한 분석," 「역사신학논총」 40(2022), 141-176.

[2] 박찬호, "존 파이퍼의 '기독교 희락주의': 웨스트민스터 소요리문답 1번과 관련하여," 「한국개혁신학」 14(2010): 195-227; 이은선, "한국장로교단들의 웨스트민스터 신앙고백서와 대소요리문답의 수용」, 51(2016): 174-213; 이윤석, "웨스트민스터 표준문서에 담긴 성화의 의미에 대한 고찰" 「한국조직신학회」 45(2016): 47-83; 이은규, "기독청소년을 위한 커리큘럼으로서 웨스트민스터 소요리문답에 관한 연구," 26(2011): 247-275; 김홍만, "하이델베르크 요리문답서와 웨스트민스터 소요리문답서의 비교: 회심과 성화 용어를 중심으로," 40(2013): 8-39; Jan. Van Vliet, "Experiencing Our Only Comfort: A Post-Reformation Refocus in the Heidelberg Catechism," *Puritan Reformed Journal* 6/2(2014), 149-170; Allen. Stanton, "Seeds of Truth Planted in the Field of Memory: How to Utilize the Shorter Catechism," *Puritan Reformed Journal* 6/2(2014), 270-283; Lane. Keister, "The Sabbath Day and Recreations on the Sabbath: An Examination of the Sabbath and the Biblical Basis for the 'No Recreation' Clause in Westminster Confession of Faith 21.8 and Westminster Larger Catechism 117," *The Confessional Presbyterian*, 12(2016), 161-172; Anthony. Milton, "A Missing Dimension of European Influence on English Protestantism: The Heidelberg

은 좀 더 쉽고 효과적인 요리문답서들에 대한 연구는 거의 없었다. 최근 씰만(Jacob Thielman)이 웨스트민스터 소요리문답서에 대한 쉬운 교리 해설서를 작성했던 청교도 존 윌리스(John Wallis, 1616-1703)의 작품을 다룬 것[3]을 제외하고는 찾아보기 어렵다. 본 장은 청교도 신학자였던 로버트 에벗(Robert Abbot, c. 1588-c. 1662)의 소요리 문답서를 분석하는데 목적을 둔다. 에벗은 가정에서 부모가 자녀에게 교리교육을 할 수 있는 소요리 문답서를 작성하였다.[4] 현존하는 그의 작품들은 주로 교황주의의 오류들을 지적하고 영국의 분리주의자들인 브라운파에 반대하여 영국 교회의 정당성을 옹호하는데 초점이 맞추어져 있다.[5] 이는 그의 소요리 문답서가 중요하지 않다는 것을 의미하지 않는다. 아래에서 볼 것이지만, 그의 소요리 문답서는 청교도 성경 교육의 방법과 실천적 적용이라는 점에서 탁월한 면모를 보여준다. 필자는 에벗의 소요리 문답서가 가정에서의 효과적인 성경교육 모델을 제공함을 증명한다. 이를 위해 먼저, 에벗이 견지하고 있는 소요리 교육의 필요성을 고찰한다. 그 다음, 소요리 문답서의 구조를 간략히 분석한다. 마지막으로 소요리 문답의 방법론을 실천적 의미에서 분석하고 주요한 요점들을 도출할 것이다.

Catechism and the Church of England, 1563-1663," *Reformation & Renaissance Review*, 20/3(2018), 235-248; Nathan Eshelman, *The Westminster Larger Catechism with Scripture Proofs* (Pittsburgh, PA: Crown & Covenant Publications, 2019).

[3] Jacob Thielman, "John Wallis's Brief and Easie Explanation in the Context of Catechesis in Early Modern England," *The Westminster Theological Journal*, 80/2(2018), 335-353.

[4] Robert Abbot, *Milk for Babes; or a Mother's catechism for her children… Whereunto also annexed, three sermons, etc* (J. Legatt for P. Stephens, 1646).

[5] 에벗은 교황주의와 반(半)펠라기우스주의에 반대하여 정통 개혁주의 교리를 발전시켰다. Whitney G. Gamble, *Christ and the Law: Antinomianism at the Westminster Assembly* (Grand Rapids, MI: Reformation Heritage Books, 2018), 22-23.

2. 교리 교육의 필요성

에벗이 작성한 소요리 문답서는 싸우스윅 햄프셔(Southwick Hampshire)의 호노리아 노르톤(Honoria Norton)이라는 귀부인의 후원 가운데 작성되었다. 에벗은 헌사를 양해의 말을 건네며 시작하는데 이는 교리 교육의 필요성을 묘사하기 위함이다. 그에 따르면 소요리 교육의 특징은 설교와 비교된다.

> 설교가 교훈과 훈육과 위로를 위해 사람에게 말하는 것이라면, 교리교육은 주로 교훈을 위해 사람에게 말하는 것입니다. 설교가 종교의 한 지체를 몸으로 확장하는 것이라면 교리교육은 전체를 요체(sum)로 응축하는 것입니다. 설교는 모든 종류의 사람들을 위한 것이고, 교리교육은 어린이와 배우지 못한 이들을 위한 것입니다.[6]

에벗은 소요리 교육의 대상이 어린이와 무지한 이들이라고 말한다. 어린이는 이해력이 많지 않은 부류를 말하고, 무지한 이들이라는 것은 배운 적이 없는 종들을 일컫는 것으로 여겨진다.[7] 소요리 교육의 대상은 가르치는 내용과 방법에 있어서 간결한 형태로 가르칠 것을 강조한다. 에벗은 이 작품을 "엄마의 능력으로부터 어린이의 능력"을 고려하여 만들었다. 노르톤 부인에게는 소요리 문답서를 가르칠 만한 자녀는 없었지만 그녀의 손주들에게 이 작품이 유용할 것이라고 에벗은 말한다. 또한 소요리 교육의 반복

---

6 Robert Abbot, "To His much Honoured Patronesse, the Lady Honeria Norton of Southwick in Hampshire: All Happinesse here and here-after," in *Milk for Babes; or a Mother's catechism for her children⋯ Whereunto also annexed, three sermons, etc* (J. Legatt for P. Stephens, 1646).

7 에벗은 또 다른 헌정사를 두 명의 친구에게 쓰는데, 거기에서 그들의 자녀들이나 종들에게 이 교리교육서를 가르칠 것을 권하고 있다. Robert Abbot, "To his much honoured Friends, mary Lady Bakere, of Susfinghurft: and Unton Lady Dering, of Surrendon-Dering in Kent," in *Milk for Babes; or a Mother's catechism for her children⋯ Whereunto also annexed, three sermons, etc* (J. Legatt for P. Stephens, 1646).

성도 중요하다. 에벗은 이 책을 유용하게 사용한다면, "은혜가 조금씩 그들 위에 이슬처럼 떨어질 것"이라고 말한다. 마치 디모데가 어렸을 때 그의 어머니와 외조모가 성경을 가르쳤던 것처럼(딤후1:5), 손주들이 방문할 때마다 "의심할 바 없는 원리들"로 그들을 훈련한다면 "그들은 후에 그런 할머니가 있었다는 것에 대해 하나님께 감사하게" 될 것이다.[8] 요약하면, 소요리 교육은 자녀들의 신앙의 훈련을 위해, 쉽고 간결하게 가르치되 일상에서 반복하여 가르칠 필요가 있다.

그는 두 번째 헌사(다른 두 명의 친구들에게 쓴)에서 자신의 소요리 문답이 아이들의 유익을 위해 읽혀지길 바란다고 강조한다. 에벗은 자신의 책이 가진 몇 가지 결점을 시인하는 데 곧, "간결성, 평범함, 불완전함" 등이 그것이다. 하지만 이러한 결점에 대한 변명은 실상 어떤 것도 단점을 의미하지 않는다. 소요리 문답을 간결하게 만든 이유는 소요리 문답을 대요리 문답의 전신으로 만들었기 때문이다. 하나님이 "건강과 생명과 여유"를 허락하신다면 어린아이들뿐 아니라 교회 전체에서 다룰 수 있는 좀 더 방대한 분량의 대요리 문답을 만들 계획이었다. 평범함은 교리 교육을 시행하는 부모와 참여하는 자녀들이 쉽게 접근할 수 있도록 만들었음을 의미한다. 불완전함과 관련하여, 에벗은 소요리 문답서에 자신의 목소리가 부족함을 시인한다. 하지만 그것은 마음까지 그런 것은 아니었다. "여러분이 소요리 문답서로 자신과 자녀들의 마음을 따뜻하게 할 때," 에벗은 "그것이 성공할 수 있도록 기도로" 함께 하겠다고 말한다.[9] 따라서 에벗이 언급한 불완전함이란 자신의 의견과 주장들을 가급적 장황하게 서술하지 않았음을 가리킨다.

교리 문답서의 유익은 노르톤 부인이나 독자들 개인의 필요에 제한되지 않는다. 오히려 교리교육은 그 역사가 오래 되었으며 따라서 역사적 기독교를 확고히 세우는 기초가 된다. 에벗에 따르면 홍수 이전에 아담은 아벨에

---

[8] Abbot, "the Lady Honeria Norton of Southwick in Hampshire,"…
[9] Abbot, "To His much Honoured Friends, Mary Lady Bakere, of Susinghurft: and Unton Lady Dering, of Surrendon-Dering in Kent,"…

게 교리를 가르쳤다. 아벨이 믿음으로 제물을 드렸다고 말할 때, 그 믿음은 말씀을 받아들이는 행위라고 봐야 한다. 당시에는 말씀이 기록되지 않았기에, 아담은 아벨에게 교리를 가르쳤다는 사실이 드러난다. 아브라함은 종들에게 교리를 가르쳤는데, 그가 가르친 교리는 "율법의 요체"이자 "복음의 요체"로 발견된다. 아브라함의 교리들은 그의 가족에게 "달콤한 열매"였다. 아브라함의 아들은 기도하러 나갔으며 기꺼이 자신을 희생하기로 내어놓았다. 그의 종은 이삭의 아내감을 만났을 때 감사를 드렸고, 주인의 일을 마치기 전에 먹지 않았다. 아브라함의 말에 순종하여 모든 종들은 롯을 구출하는 일에 자신들의 생명을 무릅쓸 준비가 되었다. 율법의 시대에 하나님은 교리교육을 통해 그들의 자녀들에게 말씀을 가르치도록 명령하셨다. 그 말씀을 대단히 엄수하였기에 랍비들은 안티오쿠스의 박해시 예루살렘에서 교리교육을 한 가정이 400가정보다 적지 않았다고 기록한다.[10] 복음의 시대에는 데오빌로와 아볼로가 교리교육을 받았다. 하나님은 교리를 배우는 이들에게 "모든 좋은 것을 함께"(갈 6:6) 할 수 있는 큰 상급을 약속하셨다. 이제 교리 교육은 "종교의 근간에 대한 더 구별된 지식"을 가져다 주었고, 그리스도 이후에 교리교육은 "기독교를 확립하기 위한 유일한 방법"이었다.

교리교육의 역사와 필요성은 당시 영국의 혼란한 상황과 밀접한 연관을 가진다. 에벗은 다음과 같이 말한다.

> "우리는 이 혼란한 시대에 기초가 강력하게 버림받고 그들 가운데 어떤 것들은 흔들리는 반면, 초월적인 구조들, 그러니까 반구조적인 것들은 최고의 압력으로 고정되어져 가고 있음을 발견합니다. 어떤 면에서, 옛 철학자들과 신(新) 스콜라학자에 대해 말하기를, 그들의 논쟁 소리가 하나님의 귀를 메워서 하나님이 그들의 기도를 들을 수 없다고 한 것처럼, 우리에 대해 그렇게 말해지는 것이 아닌가 싶습니다. 그러므로 우리가 확실한 기초들을 향상시

---

10 Abbot, "the Lady Honeria Norton of Southwick in Hampshire,"…

키고, 절대적인 필요들을 상기시킬 것이 필요합니다. 나무껍질을 찾는 것을 지속하는 것이 필요합니다; 우리는 나무를 잃고 잔가지를 유지하고 있습니다. 우리는 뿌리가 주는 수액과 위안을 잃고 있습니다."[11]

에벗은 교리에 대한 강조를 스콜라주의자들의 논쟁으로 여기는 분위기를 경계하면서 교리를 멸시하는 풍조를 마치 뿌리 없이 잔가지만 앙상하게 남은 모습에 빗대어 비판한다. 이런 점에서 그의 작품이 반율법주의가 횡횡하던 1640년대 중반에 출판되었다는 점은 주목할만하다. 반율법주의는 구약의 율법과 신약의 복음의 연속성을 단절시키고, 구약의 시대는 행위를 통하여 구원받지만 신약 시대에는 오직 믿음을 통하여 구원받는다고 강조하고, 믿음 이후에 발생하는 죄악된 행동은 회개할 필요가 없다고 주장한 이단 분파였다. 1643년 웨스트민스터 총회의 39개 신조의 개정작업으로 시작하여 1646년에 신앙고백서가 완성되기까지 반율법주의 논쟁은 지속되었다. 1643년 7월에 시작된 웨스트민스터 총회에서도 반율법주의는 여전히 주요한 사안이었다. 같은 해 8월, 웨스트민스터 총회는 의회에 보고하기를 이미 반율법주의 교리가 "무지한 백성"에게 전염병처럼 퍼지고 있다고 진술했다.[12] 1646년 총회 회원이었던 토머스 가타커(Thomas Gataker)는 당시 반율법주의 논쟁에 뛰어들어 반율법주의의 문제점을 비판하였다.[13] 다시 말해 에벗의 작품은 정확히 반율법주의 논쟁을 거쳐 웨스트민스터 신앙고백서가 만들어지던 시기에 출판된 것이다. 에벗은 자녀를 위한 엄마의 요리문답 서두에서 엄마의 멘트를 다음과 같이 적는다. "착한 아이야, 나는 깊은 슬픔 가운데 빠진 세상에 너를 낳았다."[14] "깊은 슬픔 가운데"라는 표현은 두 가

---

11 Abbot, "the Lady Honeria Norton of Southwick in Hampshire,"…
12 Gamble, *Christ and the Law: Antinomianism at the Westminster Assembly*, 41.
13 Thomas Gataker, "To the Christian Reader," in *A Mistake or Misconstruction, Removed*… (London, 1646). 당시의 반율법주의들의 주장에 관하여 다음을 보라. Gamble, *Christ and the Law*, 43-56.
14 Abbot, *Milk for Babes*, 1.

지를 의미할 수 있는데 첫째는 죄로 타락한 세상을 의미하고 둘째는 잉글랜드 교회가 당면하고 있는 교리교육의 부재 현실을 반영한다. 에벗에게는 교리 교육이야말로 정통신앙을 계승하고 혼탁한 시대에 복음의 진리에 바로 세울 수 있는 길이었다.

3. 소요리 문답서의 구조

에벗은 헌사 이전에 책 맨 앞에 성찬식을 준비하기 위해 부모가 가정에서 자녀들에게 가르쳐야 할 간결한 형태의 소요리 문답을 제공한다. 그런 다음 본론에서는 동일한 구조의 소요리 문답을 매우 논리적이고 구체적으로 묘사한다. 즉, 동일한 구조로 되어 있으면서도 전자는 특별한 목적에 따라 간결하게 작성되었고, 후자는 부모가 자녀들에게 가르쳐야 할 성경 교육용으로 이야기체의 형식을 따라 제작되었다. 책의 구조와 관련하여 에벗의 요리문답은 총 45문으로 되어 있다. 1-7문은 신론과 인간의 창조 목적을, 8-18문은 십계명을, 19-20문은 인간의 타락(인간론)을, 21-24문은 기독론을, 25-26문은 구원론을, 27-33문은 성례론을, 마지막으로 34-45문은 기도 및 주기도문을 다룬다. 소요리문답의 구성 요소와 분량의 문제는 논문의 세 번째 단원에서 실천과 적용의 의의를 살피기 위해 좀 더 자세히 설명할 것이다. 따라서 이 단원에서는 성찬을 위한 소요리문답의 내용과 구조를 간단히 살펴본다.

3.1 성찬을 위한 요리 문답

에벗은 성찬식 요리문답 신론에 해당하는 부분, 즉 성부, 성자, 성령과 삼위일체에 대한 신앙을 간단한 질문과 답변 형식으로 시작한다. 예를 들어 "너를 누가 만들었니?," "누가 너를 구속했니?," "누가 너를 거룩하게 하니?"에 대한 질문에 답변은 각각 하나님 아버지, 예수 그리스도, 그리고 성령이다. 이 질문들에 대한 종합으로 "얼마나 많은 하나님이 있니?"라는 질문에 대해 "세 위격으로 계시며, 우리 그리스도인들에게는 한 하나님 한 분 외에는 없습니다"라고 답한다.

요리문답 5번부터는 위에서 언급한 삼위 하나님의 사역을 구체화시켜서 질문을 세분화 한다. 내용을 요약하면 하나님은 선하신 분이며 우리는 그분을 섬기기 위해 창조되었다. 하나님을 섬기기 위한 방법으로 십계명이 인간에게 주어졌다. 에벗은 제1계명부터 제10계명까지 일문 일답 형식의 단순한 내용으로 나열한다. 그런 다음 성자 하나님에 대한 구체적인 진술로 들어가 질문을 던진다. "너는 이러한 명령들을 지킬 수 있니?" 답변은 "아니요. 제가 할 수 있는 것을 해 보겠지만, 저는 매일같이 그 명령들을 표현할 수 있는 것보다 더 많이 어깁니다." 율법을 지키지 못하는 결과가 무엇인가에 대한 질문에 하나님의 저주라는 답변이 뒤따른다. 자연스럽게 그 저주로부터 탈출할 수 있는 방법에 대한 질문을 제시한다. 답변은 간단하다. "우리 주 예수 그리스도로만"이다. 성부에게서 성자에 대한 주제로 넘어간 다음, 성자의 인격과 사역에 대한 질문과 답변을 다룬다. 내용을 요약해 보면 그리스도는 "하나님의 영원한 아들"로서 우리를 위해 "사망의 고통을 당하셨다." "그리스도가 하나님이면서 어떻게 죽을 수 있는가?"에 대한 질문에 "그분은 하나님과 사람이신데, 하나님으로서는 죽지 않으셨지만 사람으로서는 나의 죄를 위해 죽으셨고, 나의 칭의를 위해 다시 살아나셨습니다"라고 답한다. 곧바로, 그리스도의 죽음과 부활의 효력이 전 인류에 미치는지에 대한 질문이 나오고 "오직 참된 믿음을 가진 이들만이 구원받는다"고 답한다. 참된 믿음이란 "그리스도에 대한 영혼의 의존"이며 이 믿음은 "복음의 설교로 나의 마음속에 성령이 역사하신" 결과이다.

이렇게 성부, 성자, 성령의 사역을 구원의 주된 원리에 맞추어 설명한 후 에벗은 개혁주의에서 강조하는 은혜의 방편을 성례 교리에 대한 접점으로 삼는다. 믿음이 신자 안에 확증되는 방법은 "설교된 복음"을 듣고, "성례"에 참여하는 것이다. 에벗은 성례를 세례와 성찬으로 구분하고 각각의 유익이 무엇인지를 짚어준다. 요컨대 세례의 유익은 그리스도 안에서의 새로운 상태, 죄 사함, 회개, 믿음 행위가 있으며, 성찬의 유익은 그리스도의 몸과 보혈을 믿음으로 받는 것이다. 이러한 성례를 준비하기 위해 회개, 믿음, 감사, 사랑을 행하는지를 시험해야 한다. 그런 다음 에벗은 주기도문에 대한 문답을 진행하고 마친다.[15]

3.2 더 간결한 형태의 요리문답

소요리 문답의 제목은 "아기들을 위한 모유, 또는 신학의 요체를 통하여 아이들에게 먼저 알려주기에 적합한 기독교의 주된 구원의 원리들이 제시되고 설명되고 적용된, 자녀들을 위한 엄마의 요리문답서"이다. 제목에서 잘 나와 있듯이 에벗은 가정에서 부모들이 보다 간결하고 쉬운 방식을 따라 자녀들에게 요리문답을 가르칠 수 있도록 만들었다. 이러한 목적 때문인지 에벗은 성찬식 준비를 위한 요리문답에서 "처음에 열어야 할 더 간결한 요리문답"이라는 표제 하에 몇 가지 질문과 답변을 제공한다. 도입부는 "종교의 요체를 한 문장으로 말해 보거라"는 질문으로 시작한다. 답변은 "믿음으로 칭의된 죄인이 거룩한 삶을 필연적으로 살아가야 하는 것입니다"이다. 이 문장으로부터 세 가지 유의사항을 고려할 필요가 있다고 에벗은 덧붙인다. 첫째, 죄인이라 함은 "너의 위험"을 일컫는바, "이 세상과 올 세상의 비참함에 놓여있다"는 사실을 인식하는 것이다. 둘째, 믿음으로 칭의 받았다는 것은 "너의 구원"을 가리킨다. 이것은 "그리스도 안에서 은혜 언약에 따른 용서와 약속된 모든 것들"을 의미한다. 마지막으로 거룩한 삶을 살아야 하는 것은 "너의 의무"인데, 이는 사랑으로 역사하는 믿음에 따른 삶을 일컫

---

15 Abbot, "A Catechism for Children, thorough the Chief Points of the Body of Divinity, to Prepare them for the Lords Supper," in *Milk for Babes; or a Mother's catechism for her children… Whereunto also annexed, three sermons, etc* (J. Legatt for P. Stephens, 1646).

는다.[16]

에벗은 가장 단순한 형태의 일문일답 형식의 요리문답을 좀 더 구체적으로 제시한다. 이번에는 "종교의 요체를 네 마디로 표현해 보거라"는 질문으로 시작한다. 네 마디는 "나의 출생과 타락과 중생과 영화"이다. 출생(Generation)은 그 기원이 하나님이라는 사실을, 타락(Degeneration)은 아담 안에서 온 인류가 비참 가운데 처하여 있음을, 중생(Regeneration)은 자신이 그리스도 안에서 새로운 피조물로서 율법의 저주로부터 구원받고 복음의 축복을 받게 된 것을, 마지막으로 영화(Glorification)의 삶은 영광의 상태에 이르기까지 새로운 삶을 살아가는 것을 각각 의미한다. 흥미로운 사실은 내용상 처음에 제시한 형태의 것과 크게 다를 것이 없지만, 에벗이 사용하고 있는 단어들이 신학적 용어들로 구성되어 있다는 점이다. 이는 요리 문답 교육에 참여하는 부모와 자녀들이 신학적 용어에 좀 더 쉽게 다가갈 수 있도록 의도한 것으로 보인다. 마지막으로 에벗은 동일한 질문에 대해 성경 말씀 형태의 답변을 제시하고, 근거 본문으로 디도서 1:1, 디모데후서 1:13, 베드로후서 1:6, 역대하 28:9, 갈라디아서 5:6을 제공한다. 그런 다음 마지막에 다음과 같이 쓴다. "이 설명들 가운데 어떤 것도 상호간에 상충되는 것이 아니라 종속됩니다. 만일 당신이 그러한 가르침 아래에서 필연적으로 믿어져야 할 것과 실천되어야 할 것을 이해했다면, 모든 것이 잘 될 것입니다."[17] 믿음의 내용과 실천의 적용은 에벗이 제시한 소요리 문답의 내용과 구조의 핵심이 가장 효과적으로 가르칠 뿐만 아니라 삶의 적용을 반영하고 있음을 보여준다.

---

16 Abbot, "A Briefer Catechisme to be Opened at First," in *Milk for Babes; or a Mother's catechism for her children… Whereunto also annexed, three sermons, etc* (J. Legatt for P. Stephens, 1646).

17 Abbot, "A Briefer Catechisme to be Opened at First,"…

4. 소요리 문답의 방법론

4.1 알기 쉬운 비유의 사용

에벗의 소요리 문답서가 매우 특별한 이유는 엄마의 입장에서 어린 자녀에게 건네야 할 구체적인 부연설명을 통해 교리의 핵심을 알기 쉽게 비유를 통해 전달한다는 점이다. 그는 아이에게 교육할 때 엄마의 바람을 최대한 부드러운 목소리로 표현한다.

> 나는 네가 고백에 의해서만 아니라 은혜의 능력으로 그리스도의 지체가 되는 것을 보고 싶단다. 왜냐하면 너는 하나님의 지식과 우리 주이자 구원자이신 예수그리스도 없이는 그렇게 될 수 없기 때문이야. 사랑하는 엄마의 마음 속 깊은 곳에서, 창조된 본성, 부패한 본성, 그리고 회복된 본성에 대해 너의 상태를 알려주고 싶어. 너 자신에 관한 이러한 것들 속에서, 너는 하나님과 네 자신을 알게 되고, 네 자신과의 친밀함으로부터 벗어나 그리스도 안에서 하나님과의 연합으로 자라나게 될 것이며, 그리하여 생명을 가지게 될 거야.[18]

소요리 문답의 처음 질문과 답변으로는 창조주가 하나님 아버지라는 사실을 가르친다는 점에서 여느 요리문답서와 다르지 않지만, 에벗은 곧바로 엄마의 부연 설명을 더한다. "그래 맞아 그러니 너를 만드신 분이 주님이라는 것을 믿으렴." 하나님이 창조의 주체라는 것을 믿는 것은 두 가지에 있어서 매우 중요하다. 첫째는 "누가 너를 만들었는지를 살펴보는 것"이며 둘째는 "그것이 하나님이라는 사실을 견지"하는 것이다. 먼저, 나를 만드신 분이 누구인지를 살펴보면, 일의 영광이 하나님께 돌아가고 자연을 보존하는 분은 하나님이라는 것을 깨닫게 된다. "어린양은 암양에게서, 새끼 닭은 암탉

---

18 Abbot, *Milk for Babes*, 1.

에게서 나오는 것처럼," 자연은 모든 것이 돌아가야 할 근원에 대해 가르친다. 이로부터 인간은 본성상 얼마나 어리석은지를 알게 되는데, 이는 우리가 "우리의 창조주가 아닌 다른 것을 살펴보려는 경향이 있"음을 알게 되기 때문이다.[19] 인간이 근면 성실로 얻게 되는 모든 삶의 방법들이 있지만 인간은 창조주를 알기를 원하지 않는다.

둘째, 하나님이 우리를 만드신 창조주이심을 견지해야 한다. 무신론자들은 "그토록 연약한 지지층을 가진 턱뼈이든지," 음식을 소화시키는 "위의 열에 대한 설득력 있는 이유를 줄 수 없"다. 심지어 인간은 스스로에 의해 만들어진 것도, 더 나아가 부모님에 의해서 만들어진 것도 아니다. "너를 낳은 네 아버지나 너를 임신한 네 엄마인 나조차도 무엇이 낳은 것인지 무엇을 임신한 것인지를 알지 못해." "그러면 남은 것은 오직 네가 하나님으로부터 난 것임을 인정해야 하지 않겠니?"[20] 분명 아버지와 어머니에 의하여 자녀가 출생되었음에도 자녀를 출생한 부모조차 그 일이 어떻게 일어난 일인지 알지 못한다고 엄마가 아이에게 가르치고 있는 것이다. 엄마의 부연설명은 결국 인간 스스로는 인간을 만든 분이 누구인지 깨달을 수 없고, 그로 인하여 창조주 하나님께로 눈을 돌려야 한다고 강조한다.

자연 지식으로 하나님을 깨달을 수 없다는 것은 칼빈과 개혁주의 신학에서 강조해 왔던 점이다. 개혁주의 신앙고백서들이 기록된 목적은 대체로 공교회의 신앙고백의 일치가 절실했기 때문이기도 하지만 동시에 그 이면에는 이단 사상과 잘못된 가르침을 반박하기 위한 목적도 포함하고 있다. 주요 개혁주의 신앙고백서들, 예를 들어 웨스트민스터 신앙고백서와 하이델베르그 요리문답서는 고대 자연 철학자들의 사상들을 반박한다. 에벗의 소요리 문답서도 세속철학과 이단적 사상들에 대한 내용들을 경계하는 진술들을 담고 있다. 다만 차이점이 있다면, 에벗의 소요리 문답서에는 어린 나

---

[19] Abbot, *Milk for Babes*, 2.
[20] Abbot, "A Mothers Catechisme for Her Children," 3-4.

이에 속하는 자녀들에게 주로 무신론자들에 대한 문제점을 지적하기 위해 적절하고 풍부한 비유를 담고 있다는 점이다. 예를 들어, 천지 창조는 "우연히" 또는 "저절로" 된 것이 아니다. 우연이란 모름지기 질서에 반대되는 것인데, "네가 볼 수 있 듯, 모든 곳에는 훌륭한 질서가" 있다. 세상은 "저절로" 만들어진 것도 아닌데, 이는 "날개 위에 그려진 나비," "말의 단단한 피부를 뚫고 피를 빠는 작은 모기의 빨대"만 봐도 알 수 있다. 오히려 우리는 여호수아 때에, 태양이 기브온에 머물고 달이 아론의 골짜기에 머물고, 아하스의 해시계에 태양이 10도가 물러간 것을 관찰하게 된다.[21] 그러므로 하나님이 없는 사람들은 하나님을 빼버린 채 모든 피조물을 자신의 힘과 이성으로 설명하려 들지만, 우리들은 반드시 그 모든 자연 세계에 관하여 하나님께 물어야 한다. 하나님이 만드신 피조물을 "사용하는 방법"을 배우고 "남용하기를 두려워"해야 한다.[22] 이와 같은 비유의 사용은 에벗의 소요리 문답서 전체에서 풍부하게 나타나고 있다.

4.2 성경 본문에 충실한 설명

에벗의 소요리 문답서는 성경 본문과 예시들로 가득 차 있다. 그의 책 전반에 걸쳐서 에벗은 성경 본문에 근거하여 교리를 제시하고, 교리의 원리를 주요 성경본문으로 해설하고, 교육자의 수준에 맞추어 걸맞는 비유를 제시한 후 다시금 성경의 예화들을 제공하는 식으로 교육서를 전개한다. 위에서 설명한 성부, 성자, 성령의 사역에 관해, 에벗은 풍부한 성경의 말씀과 예시들을 제공했다. 이는 삼위일체에 대한 신앙고백에 있어서 있어서도 마찬가지다. 에벗은 어떻게 하나님이 한 하나님이면서 세 인격으로 계실 수 있는지를 설명한다. 그는 다음과 같이 말한다.

---

21 Abbot, "A Mothers Catechisme for Her Children," 20.
22 Abbot, "A Mothers Catechisme for Her Children," 21.

요단강으로 가보거라. 그러면 너는 하늘이 열리는 것을 보게 될 거야. 그곳에서 아버지는 하늘로부터 소리를 보내시고, 아들은 세례를 받으시고, 성령은 비둘기처럼 내려오셔서 세 인격을 이루셨어. 네 자신의 세례를 생각해보렴. 그러면 너는 다시금 삼위로 계신 아버지와 아들과 성령의 이름으로 교회에 입회한 것을 보게 될 거야. 우리의 증거들을 고려해 보렴. 그러면 너는 하늘에 증언을 하는 세 분, 즉 성부, 말씀, 그리고 성령을 가지고 있다는 것과 셋이 하나라는 것을 알게 될 거야. 비록 하나님의 본체 안에 세 이름 혹은 인격이 있고 하나님이라 불리는 많은 것들이 있지만 우리 그리스도인들에게는 오직 하나님 한 분밖에 없단다.[23]

에벗이 사용한 성경 본문들은 마태복음 3:16, 17, 마태복음 2:8, 요한일서 5:7, 고린도전서 8:5-6이다. 에벗은 삼위일체에 대한 본질적인 설명을 순전히 성경 본문으로부터 가져온다. 물론 삼위일체에 대한 기독교의 전통의 비유, 즉 본체와 빛과 열이라는 소재를 사용하지 않는 것은 아니다. 에벗은 석탄불을 예로 든다. "이 하늘의 신비는 석탈불에서 희미하게 드러날" 수도 있다. 석탄의 물체, 석탄의 빛, 석탄의 열이 있지만, 그것은 오직 불붙은 석탄 외에 달리 무엇이 아니다. 석탄에 불이 붙자마자, 석탄 자체와 빛과 열 이렇게 셋이 있게 된다. 이렇듯 하나님의 본질에서도 성부, 성자, 성령이 있다.[24] 두 번째 비유는 인간 자체에서도 발견된다. 에벗은 다음과 같이 쓴다. "그래, 그것은 너 자신에게서도 드러날 수 있어. 네가 이 세상에 태어나자마자 하나님에게는 피조물이자, 네 부모님에게는 아이이고, 네 왕에게는 백성이지만 너는 한 사람이지. 그래서 하나님도 하나님이시자 마자(즉, 모든 영원부터), 그분은 아버지, 아들, 성령이시나 여전히 한 하나님이셔."[25] 삼위일체에 대한 에벗의 묘사는 정통 삼위일론의 관점에서 보면 엇나가는 듯한 인상을

---

[23] Abbot, "A Mothers Catechisme for Her Children," 8-9.
[24] Abbot, "A Mothers Catechisme for Her Children," 9.
[25] Abbot, "A Mothers Catechisme for Her Children," 10.

남긴다. 하나의 존재가 맡은 직분이나 역할에 따라 각기 다른 모습으로 비칠 수 있는 양태론적 묘사이기 때문이다. 하지만 에벗은 양태론을 지지하지 않는다. 중요한 점은 교육을 받는 아이가 스스로 생각해 볼 수 있는 여지를 마련하기 위해 양태론적 묘사를 사용하였다는 점이다. 삼위일체를 이해하기 쉽게 가르치고자 했던 에벗의 의도를 고려할 필요가 있다. 그럼에도 불구하고 만약 이러한 양태론적 묘사를 사용했더라면 추가적으로 그러한 묘사의 한계를 지적하는 문구를 넣어주었더라면 더 좋았을 것이라는 아쉬움이 남는다.

에벗은 요리문답에 대해 반드시 그에 해당하는 성경본문을 제시하고, 본문에 따른 핵심 교리를 여백에 적는다. 그의 소요리 문답서 전체에 인용된 본문만 수천 절에 이르고, 본문들은 교리 내용을 지지하는 의미로 해설한다. 예를 들어 신론에 대한 설명 이후 에벗은 요리문답 7문에서 "너는 어떻게 하나님을 섬겨야 하니?"라는 질문을 던진다. 답은 간단하다. "하나님이 자신의 율법에서 명령한 것처럼이요"이다. 에벗은 그리스도인의 삶에 있어서 신명기 12:32과 시편 118:4을 본문으로 제시한다.[26] 그런 다음, 여백에 "하나님께서 받으셔야 하는 섬김의 방법을 찾아야 하"며 그 방법이란 오직 "그분의 율법에 의하여"라는 교리를 제공한다. 이를 설명하기 위해 에벗은 성경 본문들로부터 다양한 예시들을 가져온다. 그가 사용한 성경 본문들은 민수기 23:9, 이사야 1, 2, 시편 50, 예레미야 6:16, 출애굽기 25:40, 히브리서 8:5, 민수기 15:39, 신명기 12:8, 에스겔 20:18, 마태복음 15.9, 이사야 29:13, 골로새서 2:23, 욥기 4, 이사야 1, 레위기 10:1, 2, 사무엘상 15:15, 사사기 9:27, 로마서 8:7, 갈라디아서 5:14, 로마서 12:9 등이다.[27] 중요한 점은 에벗이 제시한 근거 본문들은 역시 성경 본문에 대한 단순한 인용이 아니라 본문들에 대한 상호 관계를 고려한 상태에서 교리 교육 시행자와 참여

---

26 신12:32, "내가 너희에게 명령하는 이 모든 말을 너희는 지켜 행하고 그것에 가감하지 말지니라." 시118:4, "이제 여호와를 경외하는 자는 말하기를 그의 인자하심이 영원하다 할지로다."
27 Abbot, "A Mothers Catechisme for Her Children," 29, 31.

자들이 성경 본문들을 충분히 묵상할 수 있도록 의도했다는 점이다. 에벗이 사용한 본문들과 본문에 대한 해설은 그가 특정 교리를 옹호하기 위한 일방적 혹은 근거 없는 증거본문으로 사용하지 않았다는 것을 보여준다.[28] 더 나아가 교리 교육 시행에 참여하는 부모와 자녀들에게 교리의 최종 근거가 그저 사람이 지어난 사변이나 의견이 아니라 성경 본문에 맞닿아 있다는 사실을 인식할 수 있도록 돕는다.

5. 실천과 적용의 모델: 실천적인 앎과 삶의 규범

5.1 실천적인 앎

소요리 문답의 실천적인 측면에 대한 강조는 신학적 지식의 경건성에 대한 에벗의 논의에서 나타난다. 에벗은 창조주 하나님에 대해 살펴보는 것과 그것을 확신하는 일을 언급한 다음, 이것을 실천 및 적용하기 위한 방법을 구체적으로 제시한다. 에벗에 따르면 하나님이 인간을 창조하신 분이라는 사실로부터, 하나님은 "네 안에 있는 무엇이든지 알고 계신다"는 사실을 깨달아야 한다. 하나님은 "비밀한 생각들"과 "감추어진 욕망"도 아신다. "하나님은 사탄과 너의 악한 마음이 네 속에 새겨놓은 모든 무질서들을 보실 수 있다. 이것은 너로 하여금 그러한 하나님을 위반한 것에 대한 두려움 가운데에서, 그리고 너를 만드신 그분의 영예를 위한 모든 일들을 행할 결심을 가지고 살도록" 만든다. 그러므로 너희가 먹든지 마시든지 무엇을 하든

---

28 멀러는 성경본문과 교리의 관계에 있어서 17세기 개혁파 정통 신학자들이 교리를 끼워 맞추기 위한 "임의적인 본문의 선택이 아닌, 주해적 전통에서 제기된 신학적 사안들에 대한 이해를 반영"한다고 언급했다. 윌리엄 에임스는 하이델베르그 요리문답에 관한 주석에서 성경 본문에 기초하여 주해작업을 거쳐 교리를 제시하는 방식을 취했다. Richard A. Muller, "Toward the Pactum Salutis: Locating the Origins of a Concept," *Mid-America Journal of Theology*, 18 (2007): 47(11–65). Jan Van Vliet, "Experiencing Our Only Comfort," 151.

지 다 네 하나님의 영광을 행하라는 말씀처럼, "생각과 말과 행실에 있어서 하나님의 영광을 위해" 해야 한다. 에벗은 자녀로 하여금 창조주 하나님을 즐거워할 수 있도록 시편과 욥기서의 본문을 여백에 기록해 두고서, 엄마가 아이들에게 그 말씀들을 묵상할 수 있도록 엄마의 편의를 고려한다. 이를 통하여, 하나님께서 아이의 마음에 하나님의 "선한 말씀"을 사랑하는 마음을 주실 것을 기대한다.[29]

소요리 문답의 첫 번째 질문에 대한 대화체의 부연설명은 창조주 하나님에 대한 지식에 관해 칼빈이 가르친 그것과 동일하다. 칼빈은 『기독교 강요』를 하나님을 아는 지식으로 시작한다. "궁극적으로 참되고 견실한 지혜로 여겨질 만한 우리 지혜의 요체 거의 전부는 하나님을 아는 지식과 우리 자신을 아는 지식, 두 부분으로 이루어진다."[30] 하나님을 아는 지식을 통해 인간은 "우리 각자의 무지, 공허, 무능, 연약함, 요컨대 타락과 부패"를 깨닫게 되고 "지혜의 참 빛"이 오직 하나님께만 있음을 인식하게 된다.[31] 또한 칼빈은 제1차 신앙교육서에서 우리가 "성경에서 '보이지 않는 것들에 관한 숙고'라고 불리는 하나님의 사역 안에서 하나님을 찾고 그 흔적을 추적해야 한다"고 말한다. 그로 인하여 "우리는 확고한 질서 속에서 이 매우 거대하고 복잡한 다양성을 구성하시며 영원히 그것을 통치하시는 하나님의 지혜를 묵상"하게 된다. 또한 "하나님의 선하심을, 즉 이 우주 만물이 창조된 그리고 계속해서 그것이 존속되는 원인 자체를 묵상"하게 된다.[32] 칼빈은 "그러므로 우리는 하나님의 말씀에 이르러야 하는데, 그 말씀에서 하나님은 자기의 사역으로부터 우리에게 표현되신다. 한편 그 사역 자체는 우리의 판단의 타락으로부터가 아니라 영원한 진리의 규범으로부터 숙고된다"고 말한

---

[29] Abbot, "A Mothers Catechisme for Her Children," 4-5.
[30] John Calvin, 『1559년 라틴어 최종판 직역: 기독교 강요』 1권, 문병호 역, (서울: 생명의말씀사. 2020), I.1.1.
[31] Calvin, 『1559년 라틴어 최종판 직역: 기독교 강요』, I.1.1.
[32] 존 헤셀링크, 『존 칼빈의 제1차 신앙교육서』, 34-35.

다.³³ 칼빈이 언급한 진리의 규범은 결국 하나님의 말씀에 다름 아니다.

　창조주 하나님에 대한 교리를 다룬 후 에벗은 중보자 그리스도에 대한 설명으로 나아간다. 내용은 아담의 죄로 잃은 바 되었다는 것, 그리스도께서 너를 위해 오셔서 생명을 내려놓으셨다는 것, 따라서 우리의 몸과 영혼이 하나님의 영광을 위해 살아가야 한다는 것 등을 묘사한다. 에벗은 이 원리를 보다 쉽게 설명하기 위해 다음과 같이 쓴다. "만일 네가 어떤 것을 산다면, 그것이 네 몸의 건강을 위한 것이든, 혹은 네 영혼의 건강을 위한 것이든 너는 그것의 평안을 기대할 거야. 그리스도에 대해서도 같다고 생각을 해 봐. 그러면 너는 너를 위해 죽으시고 다시 사신 그를 위해 기꺼이 살려고 할 거야."³⁴ 성령에 대한 설명에서도 하나님을 아는 지식과 실천은 함께 간다.

> 거룩하게 된다는 것이 무엇일까!? 그것은 거룩하게 만들어지는 것이지. 그런데 내가 너에게 누가 너를 거룩하게 하느냐고 물을 때, 그것은 너를 거룩하게 만든다는 것이야. 이것이 성령의 사역이야. 그러므로 바울은 고린도 교인들에게 말하기를, 그들의 상태가 변화되었을 때, 그들은 우리 하나님의 성령으로 거룩하게 되었다고 했어. 이제 성령은 너를 죄로부터 해방시키고 은혜를 주심으로 거룩하게 하셔. 만일 네가 훌륭하고 좋은 친구들에게 잔치를 베푼다면 너는 먼저 먼지를 털어내고 거미줄을 깨끗이 쓸어내고, 그 다음 너의 카펫과 방석들, 그리고 다른 장신구들을 깔아놓을 것처럼, 성령도 파괴의 대비자루, 망치, 그리고 말씀의 불을 취하셔서 너의 지배적인 죄들을 회개와 심판의 영으로 씻어내시고, 그런 다음 너를 믿음에 의해 그리스도께서 거하실 거룩한 성전으로 만드시기 위해 성령의 은혜를 주신단다.³⁵

　삼위일체에 대한 묘사와 비유 후에도 에벗은 곧바로 적용을 제시한다.

33　존 헤셀링크, 『존 칼빈의 제1차 신앙교육서』, 35-36.
34　Abbot, "A Mothers Catechisme for Her Children," 5-6.
35　Abbot, "A Mothers Catechisme for Her Children," 6-7.

본문의 말씀과 비유들은 이론적으로만 아니라 실천적으로 적용되어야 삼위일체 신앙에 대한 효과를 발하게 된다. 소요리 교육의 완성은 가르침에 대한 단순한 정보와 지식을 습득하는 데서 그치는 것이 아니라, 마음으로 받아들이는데 있다. 에벗은 그 방법을 두 가지로 제시한다. 첫째는 성경을 붙드는 것이다. 엄마는 다음과 같이 말을 이어 간다. "성경의 진리에 의문이 드는 유혹을 받니? 조금도 양보하지마: 왜냐하면 모든 성경은 하나님의 영감으로 된 것이거든. 그리고 또 그것은 어두운 데를 비추는 등불과 같아서 너희가 주의해야 하는 확실한 말씀이야."[36] 삼위일체에 대한 신앙을 붙잡는 두 번째 방법은 경건한 기도이다. 몸과 마음에 결함이 있을 때, "너의 신실하신 창조주인 하나님 아버지에게 기도"하면 하나님께서 "너의 몸으로 그를 섬기게 하기 위해 너의 지체들을 온전케 하실 것"이다. 하나님께 죄를 지었을 때, "너의 신실하신 구속주이신 성자 하나님께 기도"하면 "아버지의 사랑"과 "성자의 공로"와 "성령의 역사"로 "양심에 인친 용서"를 받을 수 있을 것이다. 예수님의 이름을 믿는 믿음의 결여로 구원자이신 성자 하나님께 죄를 지었다면, 성령 하나님께 간구하라. 그러면 성령께서 너를 그리스도에게 인도하시고 그분과 하나 되게 하실 것이다.[37] 에벗에게 성부, 성자, 성령에 대한 기도는 삼위일체 신앙이 현실과 동떨어진 이론이 아니라 삶 속에서 인격적인 경험으로 체득되는 실천적인 방법과 적용의 필수적인 수단이다.

하나님의 전능성(almighty) 또는 충족성(self-sufficiency)에 대한 설명도 단순한 지식에서 머물지 않는다. 에벗에 따르면 하나님은 "기술," "의지," "능력"에 있어서 전능하시다. 기술이라 함은 모든 것을 아는 것을 의미하고, 의지라 함은 "선한 모든 것을 의지"하시고, 능력이란 그의 의지에 따라 "모든 것을 행하는 것"을 가리킨다.[38] 여기에서 에벗은 지식의 하나님이 의지하신 것을 실행하실 때, 그 모든 것이 선하다는 것을 강조한다. 특별히 에벗은 전

---

36 Abbot, "A Mothers Catechisme for Her Children," 10.
37 Abbot, "A Mothers Catechisme for Her Children," 10-11.
38 Abbot, "A Mothers Catechisme for Her Children," 16.

능하신 하나님의 능력에 대하여 다음과 같이 말한다.

> (아이야) 이에 대한 진지한 생각은 너를 겸손케 하고 인도하며 위로하는 것이 란다. 그것은 하나님의 강한 손 아래에서 너를 겸손하게 할 거야. 능력은 두려워 하는 마음을 낳고, 두려움은 겸손을 낳는단다. …중략… 또한, 여기로부터 너는 혼신을 다해 너의 성화와 구원을 위한 하나님의 전능한 능력을 느끼기 위한 노력으로 인도될 거야 …중략… 마지막으로 이 묵상으로부터, 앞으로 다가올 어떤 역경에도 뛰어난 위로를 가지게 될 거야.[39]

에벗이 말하는 역경이란 몸이 병으로 인하여 쇠약해지고, 메마른 육체가 되며, 잿더미로 변하는 것 등을 포함한다. 이러한 재난과 역경에도 불구하고, "전능하신 하나님은 후일에 너를 세우시고, 너의 눈으로 너의 구속자를 보게 하실 수 있으시다." 전능하신 하나님의 능력을 알고 믿는 것은 "하나님의 영광과 너의 영원한 위로"를 위한 것이다.[40]

에벗이 강조하는 지식과 실천의 관계는 신학을 단순한 지식이 아니라 진정한 앎(knowing)으로 이해했던 개혁주의 신학적 전통 위에 서 있다. 칼빈은 제네바 요리문답에서 사람의 제일 된 목적에 대한 답변으로 "그를 창조하신 하나님을 아는 것이다"라고 진술했다. 창조주 하나님을 아는 것은 단순한 정보나 지식을 의미하는 것이 아니라, 인격적으로 아는 것을 의미한다. 이것이 웨스트민스터 소요리 문답에서 발전하여 "하나님을 영화롭게 하며 영원토록 그를 즐거워 하는 것"이라는 실천적인 함의를 가지게 된다. 바빙크는 개혁주의 관점에서 하나님에 대한 앎이란 "인격적인 관심의 요소와 개입과 마음의 활동을 내포하는 것"이라고 정의한다.[41] 삼위일체 하나님에 대한 신앙도 동일하다. 칼빈은 삼위일체 하나님에 대한 신앙을 이해하지 않는다면

---

39 Abbot, "A Mothers Catechisme for Her Children," 18-19.
40 Abbot, "A Mothers Catechisme for Her Children," 19.
41 Herman Bavinck, 『개혁교의학 개요』, 원광연 옮김 (고양: 크리스챤다이제스트, 2006), 23.

텅 비고 공허한 하나님의 이름만이 우리의 머리 속을 떠다닐 것이라고 하였다.[42] 이에 칼빈은 우리의 생각이나 말이 하나님의 말씀이 다다르는 한계를 넘어가지 않도록 경계해야 한다고 강조한다.[43] 에벗에게도 삼위일체 신앙은 단순한 지적 동의가 아니라 의심이 찾아올 때 성경을 붙듦으로, 삼위 하나님께 대한 기도로 체득되는 실천 신학이다.

5.2 삶의 규범으로서의 율법

소요리 문답서의 실천적 성격은 십계명, 성례, 그리고 기도에 대한 요리문답의 위치와 분량과 실천적 의미에서 더욱 분명해진다. 십계명의 위치와 관련하여 다소 차이는 있지만, 일반적으로 개혁주의 신앙고백서나 요리문답서들은 십계명에 관한 설명이 후반에 위치하는 경우, 그 취급이 미미한 경우, 혹은 해설이 매우 단순한 형태로 되어 있는 경우로 구분될 수 있다. 하이델베르그 요리문답서의 경우 십계명과 주기도문에 대한 해설은 풍부한 반면, 마지막 부분에서 할애하고 있다.[44] 웨스트민스터 신앙고백서와 대요리 및 소요리 문답서는 큰 틀에서 보면 신론, 인간론, 기독론, 구원론, 그리고 종말론 순서로 되어 있고, 십계명에 대한 구체적인 해설은 발견하기 어렵다. 교육서의 구조에 있어서, 에벗의 것과 가장 유사한 형태의 순서를 가진 것은 칼빈의 『제1차 신앙교육서』이다. 칼빈은 십계명을 신앙교육서의 전반부에 위치시키고, 삶의 규범으로서의 율법을 조명한다. 그는 인간의 타락(인간론)을 다룬 후 십계명을 취급하지만, 기독교 강요에서 다룬 것과는 달리 십계명 해설이 매우 소박하다. 반면 에벗의 소요리교육서는 십계명을 먼저

---

[42] Calvin, 『1559년 라틴어 최종판 직역: 기독교 강요』, 1.13.2.
[43] Calvin, 『1559년 라틴어 최종판 직역: 기독교 강요』, 1.13.21.
[44] Zacharias Ursinus, *The Commentary of Dr. Zacharias Ursinus on the Heidelberg Catechism* (Cincinnati: T.P. Bucher, 1851).

해설한 후 인간론을 취급하고 해설이 매우 구체적으로 부연되어 있다.[45] 종합하면, 에벗의 소요리 문답서는 다른 개혁주의 신앙교육서나 요리문답서들에 비해 십계명을 가장 앞에 위치시킨다. 이는 에벗이 삶의 규범으로서의 십계명을 요리문답에서 얼마나 중요하게 여겼는지를 보여준다.

십계명, 성례, 기도에 관한 내용이 상당한 분량을 차지하고 있다는 점도 실천과 적용에 대한 면모를 엿보게 한다. 에벗의 소요리 문답서에서는 십계명에 관한 요리 문답은 제8문에서 18문까지, 총11문답으로 되어 있고, 성례론은 제27문에서 33문까지 총 7문답으로 마지막 기도에 대한 해설은 제34문에서 45문까지 총12문답으로 이루어져 있다. 전체 소요리 문답이 총45문답이라는 점을 감안하면 위의 세 가지 주제는 총30문답 즉, 2/3 를 차지하고 있다. 책의 분량으로 고려해 봐도 십계명, 기도, 성례론 부분에 대한 해설이 압도적이다. 신론은 34쪽, 십계명은 38쪽, 인간론은 15쪽, 기독론은 22쪽, 구원론은 19쪽, 성례론은 46쪽, 기도는 48쪽의 분량을 각각 차지한다. 십계명과 성례론과 기도의 요리문답 및 해설 분량을 합하면, 총132쪽에 달한다. 전체 222쪽 가운데 약 60퍼센트를 차지한다.

더 나아가 내용 면에 있어서 위에 언급한 세 가지 주제는 그리스도인의 삶과 불가분리의 관계 속에 놓여있다. 지면을 고려하여 여기에서는 십계명과 기도에 대한 해설 가운데 한 가지씩의 예만을 취하여 증명하고자 한다. 먼저 십계명에 있어서 6계명의 살인하지 말라는 말씀에 관해 에벗은 그 의미를 두 가지로 나누어 설명한다. 첫째는 물리적인 살인이며 둘째는 영적인 차원에서의 살인이다. 살인하지 말라는 것은 단순히 사람의 생명을 해치는 것이 아니라 생명을 보호하는 것을 의미한다. 제6계명에서 "하나님은 네 자신과 네 이웃의 생명의 보존을 요구하신다." 사람에게는 "이중적인 생명"이

---

45 Thomas Watson, *A Body of Practical Divinity Consisting of Above One Hundred and Seventy Six Sermons on the Lesser Catechism Composed by the Reverend Assembly of Divines at Westminster: with a Supplement of Some Sermons on Several Texts of Scripture* (London: Thomas Parkurst…, 1692).

있는데, "영혼의 생명"과 "육체의 생명"이 그것이다.[46] 영혼을 해치는 것은 자신과 이웃을 죄악에 넘겨주는 것을 의미한다. 만약 형제가 죄악으로 치우칠 때에는 막아주는 것이 영혼을 보존하는 것이니, 이는 "죄가 오직 영혼을 죽이는 것"이기 때문이다.[47] 몸을 해쳐서도 안되는데, 이러한 살인의 종류는 "질투," "분노," "증오," "악의"에 의해 일어난다. 그러한 살인은 "비웃고 경멸하며 화가 가득한 표정에 의한 안색"으로 나타나고, "삿대질이나 모욕적으로 뒤돌아서는" 육체의 행위로 등으로 나타난다.[48] 즉, 그러한 악덕들 자체가 사람 속에 일어나는 살인행위라고 보는 것이다. 죄로 인해 살인이 발생한다고 할 때, 악덕으로 인하여 자신이 자신의 살인자가 됨을 경계하고 있다.

교육학적 의미에서 볼 때, 영적인 차원에서의 살인의 의미를 강조하고 있는 에벗의 관점은 칼빈과 우르시누스의 관점에 비해 좀 더 발전적인 모습을 보여준다. 칼빈은 살인하지 말라는 명령의 목적이 모든 이들의 안전에 유의하는 것이라고 말한다.[49] 여기에서 모든 이들이란 주로 이웃이나 형제를 일컫는다. 칼빈은 이웃의 생명을 해치지 않는 것 뿐만 아니라 그들의 안전에 유의하는 것이라고 함으로써 적극적으로 율법을 해석한다. 칼빈의 주요 관심은 자신이라기 보다는 이웃의 생명에 집중되어 있다. 칼빈과 유사하게 우르시누스에게도 제6계명의 목적이란 사람을 해치지 않는 것과 사람에게 도움을 베푸는 것이다.[50] 그러면서도 우르시누스는 칼빈에게서 좀 더 발전하여 자기 자신을 죽이는 것을 포함시킨다. 그는 "이 계명의 요체는 어떤 외적인 행위로 우리 자신의 생명이나 다른 이들의 생명을 해치거나, 힘이나 속임수나 소홀히 대함으로 우리 자신이나 다른 이들의 육체적 안전에 해를

---

46 Abbot, "A Mothers Catechisme for Her Children," 54.
47 Abbot, "A Mothers Catechisme for Her Children," 55.
48 Abbot, "A Mothers Catechisme for Her Children," 55.
49 Calvin, 『1559년 라틴어 최종판 직역: 기독교 강요』, 2.8.39.
50 Ursinus, *The Commentary of Dr. Zacharias Ursinus*, 585.

가해서는 안된다는 것"이라고 말한다. 또한 "네 자신이나 다른 이들을 살인하고자 하는 어떤 욕망도 표현하거나 드러내지 말아야 한다." 같은 맥락에서, 이웃에 대한 도움은 "너 자신과 다른 이들을 도와야 한다"는 사실을 내포한다.[51] 에벗은 비록 칼빈과 우르시누스처럼 타인에 대한 살인도 조심해야 한다는 사실을 언급하지만, 그의 주 관심은 주로 마음에 일어나는 악덕으로 인한 자기 살인에 집중되어 있다.[52] 그는 살인하지 말라는 계명을 적용하면서 다음과 같이 진술한다.

"그러므로 (내 사랑하는 아이야) 너의 마음이 도축장으로 만들어진 것이 아님을, 그리고 너의 손이 살인의 도구로 만들어진 것이 아님을 주의하거라. 세상에서 영혼과 몸의 살인을 보는 것은 두려운 일이란다. 사역자들은 잘못된 교리로 찌르든지 혹은 가르침의 결핍으로 굶기든지 하여 영혼들을 살인하기도 한다. 어느 기독교 살인자들은 일천 개의 죄악에 빠지도록 설득하고 장려하며 실행함으로써 다른 이의 영혼을 살인하지. 또한 사람의 육체에 있어서 시기, 증오, 그리고 악의는 또 어떠하니? 비웃음, 멸시, 무례는 어떻고? 사지와 자유를 해치고, 많은 생명들을 하나님이 실족지 않게 하신 사람들의 마음을 실족케 하여 생명을 해치는 일은 어떻고? 네 영혼은 그들의 모의에 가담하지 말거라. 자비와 사랑으로 자신을 고백하거라. [그러면] 분노 없이 원수를 바라보고, 시기 없이 그의 번성을 보고, 복수심 없이 그의 잘못들을 참아줄 수 있을 거야."[53]

인용된 본문에서 알 수 있듯이 살인하지 말라는 말씀이 사람을 죽이는 물리적인 행위에서 설명되기보다, 오히려 일상에서 일어나기 쉬운 마음의 감정 등으로 확대하고 적용된다. 예컨대, 이웃에 대하여 시기하는 마음을 가

---

51 Ursinus, *The Commentary of Dr. Zacharias Ursinus*, 584-585.
52 Abbot, "A Mothers Catechisme for Her Children," 56-57.
53 Abbot, "A Mothers Catechisme for Her Children," 56.

지면, 이는 본인 스스로를 살인하는 것이나 마찬가지다. 이는 살인의 의미를 어린 아이들의 마음 속에서 발생할 수 있는 악덕들을 경계하고 다스리기 위한 목적에 실천적으로 적용한 것이다. 에벗은 교리 교육을 실시하는 부모와 자녀들이 일상에서 그러한 악덕들에 대해 진지하게 고민하고 훈련할 수 있도록 유도하고 있다.

끝으로, 성례와 기도의 관계는 에벗에게 매우 중요한 의미를 갖는다. 이는 개혁주의 전통에서 각각 성례와 기도를 별도의 주제로 다룬다는 점에서 부각된다. 칼빈은 기도를 믿음과 연관지어 다룬다. 칼빈에게 기도란 "자기의 궁핍함에서 스스로를 구조할 수 있는 방책들" 가운데 하나이다.[54] 이런 점에서 칼빈에게 "기도는 믿음과 뗄 수 없을 정도로 연결되어 있"다고 한 헤셀링크의 지적은 옳다.[55] 하이델베르그 요리문답서는 기도를 감사의 부분으로 간주한다. 우르시누스는 제116문에서 기도의 필요성에 대해 다음과 같이 답한다. "그것[기도]은 하나님께서 우리에게 요구하시는 감사의 주요 부분이기 때문입니다. 또한 하나님께서는 그분의 은혜와 성령을 신실한 바램을 가지고 지속적으로 그분에게 간구하며 그것들로 인하여 감사하는 이들에게 주실 것이기 때문입니다."[56] 우르시누스에게, 기도가 필요한 이유는 하나님이 감사를 요구하시기 때문이며 동시에 기도란 감사 기도를 통하여 하나님께서 은혜를 주시는 방편이기 때문이다. 칼빈과 우르시누스는 기도를 은혜의 방편으로 삼는다는 점에서 공통점을 가진다. 이 점은 에벗에게도 마찬가지다. 소요리문답 34문에서 "기도는 믿음이 자라나게 만드는 훌륭한 수단이 아닙니까?" 라고 묻는다.[57] 그에 따르면 기도는 믿음을 증가시키는 "강력한 수단"이다.[58] 에벗에게도 기도는 은혜의 수단으로 작용하고 있

---

54 헤셀링크, 『존 칼빈의 제1차 신앙교육서』, 77.
55 헤셀링크, 『존 칼빈의 제1차 신앙교육서』, 361.
56 Ursinus, *The Commentary of Dr. Zacharias Ursinus*, 619.
57 Abbot, "A Mothers Catechisme for Her Children," 174.
58 Abbot, "A Mothers Catechisme for Her Children," 175.

다. 하지만, 에벗은 믿음과 성례와 기도를 별도의 주제로 다루기 보다 밀접한 연속선 상에서 다룬다. 성례론을 취급하기 전에 에벗은 구원론을 다루면서 믿음은 "설교된 복음을 듣고 성례를 사용함으로써" 강해진다고 언급한다.[59] 성례론 다음에 기도와 주기도문 해설이 이어진다. 중요한 사실은 에벗이 기도를 성례론과 연결시킨다는 점이다. 이것은 에벗이 성례론을 다룬 후 기도에 대한 요리문답을 가져오는 이유를 설명해 준다. 에벗은 소요리 문답 34문에서 "기도는 너의 믿음이 자라게 하는 탁월한 수단이 아니니?"라고 묻는다. 계속해서 에벗은 "하나님의 말씀과 성례는 달콤한 수단"이지만 "기도 없이는" 그러한 은혜를 효과적으로 만들 수 없다고 주장한다.[60] 그는 기도의 적용에서 말한다. "그러므로 (내 아이야) 만일 네가 믿음을 가지고 그 믿음을 풍부하게 가지려면 마땅히 이것[기도]을 다른 모든 수단들[말씀과 성례]에 더히야 함을 명심하거라. 오, 하나님의 말씀과 성례를 가진다는 것은 얼마나 편안한 일인지 모른다. 하지만 이러한 것들은 결코 하나님의 복된 도움 없이는 너의 영혼에 친근하게 역사하지 않는단다. 이것들은 기도에 의해서만 얻어지는 것이란다."[61] 요약하면 성례는 믿음을 자라게 하고, 기도는 성례를 효과적으로 신자의 마음에 작용하게 하는 은혜의 수단이다.

칼빈과 우르시누스와 에벗 모두 일반적인 의미에서의 기도를 다룬 후 주기도문에 대한 해설로 넘어간다는 점에도 공통점을 보인다. 하지만 앞의 두 학자들은 성례와 기도의 직접적인 연관을 언급하지는 않는 반면, 에벗은 은혜의 방편으로서의 성례를 언급한 다음 은혜를 받는 수단으로서의 기도를 넣어 성례와 주기도 사이에 다리를 놓는다. 물론 이러한 차이점이 나타나는 이유는 소요리 교육 대상에 차이가 있기 때문일 것이다. 하지만 그 미세한 차이점은 실천적인 적용에 대한 에벗의 높은 관심을 부각시키는데 충분하다. 즉, 에벗은 성례에 임하는 자녀들이 기도로 준비하여 경건한 마음을 준

---

59 Abbot, "A Mothers Catechisme for Her Children," 125-126.
60 Abbot, "A Mothers Catechisme for Her Children," 174.
61 Abbot, "A Mothers Catechisme for Her Children," 176.

비할 수 있도록 경건의 훈련을 의도하고 있다.

6. 소결론

에벗은 가정에서 엄마가 자녀들에게 실제적인 성경 교육을 할 수 있도록 하기 위한 목적으로 소요리 문답서를 썼다. 그는 17세기 중반의 신학적 분위기, 즉 교리 교육의 중요성이 멸시되고 있던 시대에 성경교육이야 말로 정통 신앙을 계승하고 교회의 신앙적 통일성을 확립하기 위한 최선의 길이라고 믿었다. 효과적인 교리 교육을 위하여 간결한 방식을 따라 소요리 문답과 해설을 제공했다. 또한 소요리 문답서의 구조를 몇 가지 더 간결한 형태로 제공함으로써 문답서의 핵심과 윤곽을 쉽게 이해할 수 있도록 만들었다. 논지를 뒷받침하기 위해 장황한 해설을 늘어놓기보다, 교육 대상자를 배려하여 고의로 "부족"하게 만들었다.

또한 에벗은 반드시 알아야 할 교리의 기초 지식을 해설하고 성경 교육 과정에서 습득한 지식을 인격적인 지식으로 승화할 수 있는 구체적인 방법들을 제시했다. 먼저 교리 교육의 시행자인 부모들과 어린 자녀들의 눈높이에 맞추어 교리에 대한 이해도를 높이기 위해 비유를 풍부하게 사용했다. 둘째, 그는 철학자들의 논증들을 일일이 언급하지 않으나 일상의 언어를 통해 세속적 세계관의 관점들을 꼬집고 성경적 논증과 근거 본문들을 해설하고 풍부한 성경의 예시들을 제공함으로써 교리 교육에 참여하는 부모와 자녀들에게 성경에 대한 믿음과 확신을 가지고 교리 교육에 임할 수 있도록 하였다. 셋째, 에벗의 교육적 관점은 개혁주의 전통에서의 교리 교육의 발전을 반영한다. 그는 개혁주의 전통을 따라 신학적 지식, 예컨대 삼위일체에 대한 지식을 그저 허공에 맴도는 이론에 불과한 것이 아니라 기도를 통해 인격적으로 경험될 수 있는 것임을 강조하고 이를 위한 효과적인 적용점을 제공하였다. 넷째, 방금 위에서 언급한 교리 교육의 발전에 이바지 했다는 사실로부터 에벗의 소요리 문답은 교리가 메마르거나 죽은 신학의 대변인인 것처럼 묘사하는 오늘날의 자유신학자들의 비판을 일축시킨다. 마지막으로 십계명과 기도에 대한 해설에서 볼 수 있듯이 에벗은 습득한 교리를 삶 속에서 구체적으로 적용할 수 있는 방법들을 제시했다. 단적인 예로 소요리 문답서에서의 십계명의 위치는 삶의 규범에 대한 강조를 드러낸다. 특별히 제6계명을 교리 대상자들의 일상에서 흔히 일어날 수 있는 자기 살인에 적용한 점은 자녀들의 일상에서 일어날 수 있는 현실의 문제를 고려한 것이다. 더 나아가 기도 생활을 권장함으로써 자녀들의 삶 속에 은혜의 유익이 "이슬"처럼 떨어져 믿음 안에서 자라가는 경건의 삶을 산출했다.

12장

청교도의 준비교리

: 조나단 에드워즈(1703-1758)[1]

1. 청교도 준비교리에 대한 오해

청교도들의 준비 교리는 몇몇 학자들에 의하여 비난을 받았다. 페리 밀러(Perry Miller)는 토머스 후커와 같은 청교도가 인간의 준비로 하나님이 은혜를 받을 수 있다고 함으로써, 청교도들이 그들의 준비주의(preparationism)로 인해 개혁주의 또는 칼빈의 신학으로부터 이탈하였다고 비판하였다.[2] 밀러를 따르며, 노먼 페티트(Norman Pettit), 로버트 캔달(Robert T. Kendall) 등의 학자들은 후커의 교리가 오직 은혜를 강조한 칼빈의 구원 교리와 다르다고 하였다.[3] 한편 칼빈에 대립되는 준비주의자 논제에 속하지는 않지만,

---

[1] 본 글은 2022년에 「한국개혁신학」 74에 게재된 글로, 책의 목적에 맞추어 글을 수정 및 편집하여 책에 포함시켰음을 밝힌다. 원 논문을 위해 다음을 보라. 류길선, "개혁주의적 관점에서 본 조나단 에드워즈의 준비교리: 초자연적 은혜와 자연적 수단의 활용 관계," 「한국개혁신학」 74(2022), 134-171.

[2] Perry Miller, "The Marrow of Puritan Divinity," *Errand into the Wilderness* (New York: Harper and Row, 1964), 87n154.

[3] Norman Pettit, *The Heart Prepared: Grace and Conversion in Puritan Spiritual Life* (New Haven: Yale University Press, 1966); R. T. Kendall, *Calvin and English Calvinism in 1649* (Carlisle, U.K.: Paternoster, 1997).

조나단 에드워즈의 준비교리를 청교도 선조들의 것과 구별되는 것으로 주장하는 학자들도 있다. 스위니(Douglas A. Sweeney)는 에드워즈의 준비교리가 "그의 청교도 선조들의 복음주의적 관행으로부터 다소 벗어나" 있다고 주장했다.[4] 유사하게 한동수는 조나단 에드워즈가 그의 청교도 선조들의 "정형화"된 준비주의를 따르지 않았다고 주장했다.[5]

칼빈에 대립되는 준비주의자 논제를 주장하는 이들은 잘못된 전제 위에서 청교도의 준비교리를 오해한다. 비록 후커가 겸손이 준비되지 않으면 어떠한 믿음도 주입될 수 없다고 하였을지라도,[6] 그와 다른 뉴잉글랜드 신학자들은 자유의지적인 믿음을 강조하는 아르미니우스주의자가 아니었을 뿐만 아니라, 하나님의 주권과 인간의 행동이 대립되지 않는다는 개혁파 정통주의의 일반적인 주장들을 공유했다. 실제로 칼빈은 율법의 용법을 설명하면서 도덕법이 신자의 회심에 영향을 끼칠 수 있음을 언급한 바 있다. 그는 다음과 같이 말한다.

> 이와 같이 사람은 자기의 불의로 말미암아 응당 자기에게 영원한 죽음이 임박하다는 것을 의식하게 되고 철저히 경악에 빠져서 구원의 유일한 피난처이신 하나님의 자비에로 회심하게 된다. 그리하여 사람은 자신이 율법에 대해 빚진 것을 다 지불할 능력이 없음을 깨닫고 자신에게 절망하면서 멈추어 서서 다른 곳으로부터 오는 도움을 간청하고 기다리게 된다.[7]

---

4 Douglas A. Sweeney, *Jonathan Edwards and the Ministry of the Word: A Model of Faith and Thought* (Downers Grove, IL: InterVarsity Press, 2009), 118.
5 한동수, "조나단 에드워즈의 구원론에서 영적 교만과 겸손의 문제,"「한국개혁신학」, 72 (2021): 101-102.
6 Thomas Hooker, *The Soules Humilliation* (London, UK: Andrew Crooke, 1638), 145. cf. 한동수, "조나단 에드워즈의 구원론에서 영적 교만과 겸손의 문제," 100-101.
7 John Calvin,『1559년 라틴어 최종판 직역: 기독교 강요』2권, 문병호 역, (서울: 생명의말씀사, 2020), 2,8,3.

비키와 존스에 따르면, '칼빈에 대립되는 준비주의자' 논제는 "하나님의 주권이 인간의 책임 및 행동과 양립할 수 없다"는 잘못된 전제 위에 서 있다.[8] 뿐만 아니라 청교도의 후예인 조나단 에드워즈에게는 마치 그러한 준비교리가 없는 것처럼 묘사하는 것은 칼빈 및 그의 청교도 선조와의 연속성을 고려하지 않은 결과다. "영혼을 구원하는 문제에 있어서 하나님의 주권에 대한 에드워즈의 존중은 교구민들로 하여금 신적 은혜를 위해 준비하도록 하는 그의 헌신을 약화시키지 않았다."[9] 마지막으로, 청교도의 준비교리에 대한 강조를 준비주의자로 규정하고 마치 구원에 대한 인간의 능력을 강조하는 것처럼 주장하거나, 조나단 에드워즈에게 준비교리가 없는 것처럼 묘사하는 것은 청교도의 준비교리가 발전하게 된 17세기 반율법주의의 배경을 고려하지 않은 결과이다.[10]

청교도의 준비교리는 논의의 주제가 매우 다양하고 복잡하다. 하나님의 주권과 인간의 행위 사이의 관계라는 점에서 하나님의 작정, 예정, 언약, 자유의지, 복음과 율법의 관계 등의 주제들과 연관된다. 본고는 청교도의 준비교리와 관련하여 조나단 에드워즈의 개혁주의를 살펴보는데 만족하고자 한다. 본 논문은 에드워즈의 준비교리가 개혁주의의 핵심 주제인 하나님의 은혜와 인간의 행위 사이의 조화를 꾀하는데 맞추어져 있음을 증명한다. 이를

---

8 Joel R. Beek & Mark Jones, "Puritan Preparatory Grace," in *A Puritan Theology* (Grand Rapids, MI: Reformation Heritage Books, 2012), 452.

9 Wilson H. Kimnach, Kenneth P. Minkeman, & Douglas A. Sweeney, "Editors' Introduction" in *The Sermons of Jonathan Edwards: A Reader*, eds. Wilson H. Kimnach, Kenneth P. Minkeman, & Douglas A. Sweeney (New Haven, CT: Yale University Press, 1999), xxxvii.

10 Beeke and Johns, "Puritan Preparatory Grace," in *A Puritan Theology* (Grand Rapids, MI: Reformation Heritage Books, 2012), 455. 페리 밀러(Perry Miller)에 따르면 17세기 뉴잉글랜드의 청교도들은 언약신학을 사용하여 과학과 이성의 조화를 추구하고자 한 결과 하나님의 주권 사상을 버리고, 하나님의 자유와 능력을 인간과의 언약에 종속시킴으로써 칼빈의 신학으로부터 이탈하였다. 더 나아가 밀러는 에드워즈가 언약신학과 완전히 결별함으로써 칼빈의 신학으로 회귀하였다고 주장하였다. 밀러의 입장에서 뉴잉글랜드의 청교도들 엄밀한 의미에서 칼빈주의자가 아니었으며, 오직 조나단 에드워즈만이 뉴잉글랜드의 칼빈주의자로 간주될 수 있다. Miller, "The Marrow of Puritan Divinity," 98.

위해 본 장은 세 가지 질문들에 답하는 형식으로 전개한다. 첫째, 믿음을 준비한다는 말의 의미는 무엇인가? 둘째, 회심의 준비는 무엇을 의미하는가? 셋째, 회심의 수단으로서의 율법의 기능과 관련하여 개혁파 선조와 에드워즈의 관점 사이에 공통점은 무엇인가? 이 순서를 따라 필자는 믿음에 대한 에드워즈의 관점이 잘 나타나 있는 그의 설교, "믿는 자는 구원을 받을 것이다"를 분석하며 시작한다. 그런 다음 회심의 준비의 의미를 살펴보기 위해 "회심의 실재"를 분석하고 마지막 단원에서 에드워즈의 준비교리가 칼빈 및 개혁파 정통의 신학과 근본적인 통일성을 이루고 있음을 드러내기 위해, 청교도와 에드워즈가 직면했던 역사적 배경 즉, 반율법주의 사상의 문제를 거론한 후 이에 대한 대응으로 수단의 필요성을 강조하기 위해 인과적 원리를 부각시켰던 에드워즈의 관점을 드러낼 것이다.

2. 구원을 위한 믿음의 준비의 의미: 믿음과 구원의 관계

믿음은 구원에서 어떤 의미를 지니는가? 믿음과 구원의 관계에 대한 에드워즈의 관점은 그의 많은 작품들 속에서 나타나지만, 그의 관점이 가장 명확하게 드러나는 작품은 그의 후반기 작품에 해당하는 "믿는 자는 구원을 받을 것이다"(He That Believeth Shall Be Saved)라는 설교이다. 이 설교는 1951년 에드워즈가 스톡브릿지 선교를 시작할 당시에 인디언들을 대상으로 한 설교였으며 인디언 청중들을 고려하여 복잡한 교리들을 압축하여 한 설교였기에, 설교의 형식과 내용이 매우 직선적이면서도 믿음에 대한 핵심 교리들을 압축하고 있다.[11]

---

[11] Wilson H. Kimnach, Kenneth P. Minkeman, & Douglas A. Sweeney, "Editors' Introduction," xviii.

2.1 믿음의 의미: 마음이 그리스도에게로 감

에드워즈는 믿음과 구원의 관계에 대해 매우 간결하면서도 분명한 요점들을 제시하며 시작한다. 마가복음 16:15-16[12]의 믿는 자는 구원을 받으나 믿지 않는 자는 정죄를 받는다는 말씀을 근거로 믿음과 구원의 각각의 의미와 상호관계를 해설한다. 설교의 구조를 보면 먼저 그리스도를 믿는다는 말의 의미와, 그 다음 어떻게 그리스도를 믿는 것이 구원의 유일한 길인지에 대한 예리한 설명으로 이루어져 있다. 에드워즈는 그리스도를 믿는 믿음의 의미를 다음과 같이 묘사한다. "어떤 사람에게 있어서 그리스도를 믿는다는 것은 마음을 다하여 그에게로 오는 것, 그를 자신의 구원자로 삼고 자기 자신을 그에게 드리는 것, 그의 백성 가운데 하나가 되며 그를 기쁘시게 하기 위하여 그리스도를 전적으로 의존한다는 것입니다."[13] 믿음이란 마음으로 의존하는 것과 연관되며, 보다 실제적인 표현으로 말하자면 마음으로 그리스도에게 가는 것을 의미한다.

에드워즈가 믿음의 의미를 마음을 다하여 그리스도에게로 가는 것, 또는 그리스도를 의존하는 것이라고 하는 배경에는 형식적인 신앙생활을 하는 거짓 신앙에 대한 경계가 자리하고 있다. 스톡브릿지 선교 이전에 에드워즈의 신학 및 목회사역에서 일어났던 일들을 고려한다면, 참된 믿음의 의미가 그리스도를 의존하는 마음에 있다는 에드워즈의 강조는 이해할 만하다. 에드워즈가 『신앙의 정서』(Religious Affection) 서문에서 고백하는 것처럼 그는 신학을 공부하기 시작한 이후부터 참된 신앙의 본질에 대해 특별한 관심을 가졌다.[14] 또한 그의 목회 사역 가운데 1734-1735년과 1740-1741년 사이

---

12 막16:15-16. "너희는 온 천하에 다니며 만민에게 복음을 전파하라 믿고 세례를 받는 사람은 구원을 얻을 것이요 믿지 않는 사람은 정죄를 받으리라."

13 Jonathan Edwards, "He That Believeth Shall be Saved (1751)" in *The Sermons of Jonathan Edwards: A Reader*, eds. Wilson H. Kimnach, Kenneth P. Minkeman, & Douglas A. Sweeney (New Haven, CT: Yale University Press, 1999), 112.

14 Jonathan Edwards, "Author's Preface," ed. Paul Ramsey, vol. 2 of *The Works of Jonathan*

에 노샘프턴에서 일어난 두 차례의 대각성 운동과 곧바로 생겨나기 시작한 위선적인 신앙의 모습들로부터 에드워즈는 참된 신앙과 거짓된 신앙 사이의 구별에 촉각을 곤두세웠다. 에드워즈에 따르면 지난 역사 속에서 하나님의 부흥의 역사를 막기 위해 사탄이 선택한 방법은 거짓 신앙이었다. 사탄은 "루터와 츠빙글리에 의해 시작된 종교개혁의 확산을 막기 위해" 거짓 신앙의 방법을 사용했다.[15] 노샘프턴에서 일어난 두 번의 대부흥도 성공의 기미를 보이다가 소멸하고 만 것은 마귀들이 거짓 신앙의 방법을 통하여 반격하였기 때문이다.[16] 더 나아가 에드워즈는 1년 전인 1750년에 노샘프턴 교회에서 해임되면서 성도들에게 그들의 잘못과 신앙생활 시 주의해야 할 사항 등을 날카롭게 지적하고 그리스도의 심판대 앞에 설 것을 항상 명심하여 성도의 관심을 딴 곳이 아니라 하나님께로 돌릴 것을 당부했다.[17] 요약하면 에드워즈에게 있어서 참된 믿음의 핵심은 형식적이거나 겉모양만 열심 가득한 신앙생활이 아니라 진정으로 마음을 다하여 그리스도를 의존하는 데 있다.

그리스도에 대한 마음의 의존은 단순히 슐라이어마허의 그것처럼 신에 대한 의존 감정을 가리키는 것이 아니다. 오히려 에드워즈가 언급하는 마음의 의존은 개혁주의의 원죄개념에 밀착되어 있다. 즉, 죄로 부패한 인간의 비참한 상태에 대한 지식에서 배태된 마음의 의존을 의미한다. 에드워즈에 따르면 마음으로 그리스도를 믿는 이들은 크게 두 가지를 깨닫는다.[18] 첫째, 자신들의 상태가 얼마나 악하고 비참한지를 발견한다. 자신의 비참한 처

Edwards Online, 84.

15 Edwards, "Author's Preface," 86-87.

16 Edwards, "Author's Preface," 87.

17 Jonathan Edwards, "A Farewell Sermon Preached at the First Precinct in Northampton, After the People's Public Rejection of Their Minister… on June 22, 1750," in *The Sermons of Jonathan Edwards: A Reader*, eds. Wilson H. Kimnach, Kenneth P. Minkeman, & Douglas A. Sweeney (New Haven, CT: Yale University Press, 1999), 212-241.

18 에드워즈는 이 두 가지 지각을 명시하지 않지만, 설교 본문의 내용은 두 가지 내용을 가리키고 있다.

지를 알지 못하는 이들은 그리스도께 나아올 수 없다. 마치 "위태로이 아픈 상태에 있는 것을 알지 못하는 환자가 자신이 아주 건강하다고 생각할 때, 그는 그를 치료할 의사에게 전심으로 가지 않을 것"과 같다.[19] 반면 비참한 상태에 대한 인식을 가진 이들은 곧바로 "비참으로부터 (그들을) 구원할 구원자의 필요성"을 보게 된다. 그들은 스스로를 구원할 수 없다는 것을 알게 되고, 만일 그리스도께서 그들을 구원하시지 않는다면 사망에 이를 수밖에 없음을 깨닫는다. 더 나아가 그리스도를 믿는 이들은 그들의 죄를 대신하여 죽은 그리스도의 영광의 탁월성으로 인하여 자신들의 죄가 완전히 사하여진다는 확신에 이른다.[20] 유사한 관점이 에드워즈의 『신학묵상집』 726번의 "견인"이라는 주제로 쓴 글에서도 발견된다. "믿는 자의 영혼은 자신의 연약함과 무력함, 적들을 대항할 영혼의 무능력" 등을 확신하고 "자신을 그리스도에게 맡긴다."[21]

둘째, 참된 믿음을 가진 이들은 그리스도의 사랑스러움으로 인하여 그리스도를 사랑하게 된다. "그리스도를 사랑하지 않는 이들은 구원받기 위하여 결단코 온 마음으로 그에게 오지 않는" 반면, "그리스도를 진실로 믿는 이들은 자신들을 그의 백성으로서 그에게 드린다."[22] 그리스도의 은혜를 받은 이들은 그리스도의 영광의 아름다움을 보고 더욱 그리스도를 사랑하여 마음을 드리기에 더욱 힘쓴다는 것이다. 신자들은 마음을 드리되 그리스도를 위하여 기꺼운 마음으로 내어 드린다. 그들은 그리스도를 위하여 모든 것을 버린다, "모든 죄악들"과 "세상"을 자발적으로 떠나 보낸다. 더 나아가 "그리스도를 버리느니 차라리 부모, 아내와 자녀, 형제와 자매, 집과 전토, 아니

---

19 Edwards, "He That Believeth Shall be Saved (1751)," 113.
20 Edwards, "He That Believeth Shall be Saved (1751)," 113.
21 Jonathan Edwards, *The "Miscellanies,": Entry Nos. 501-832*, ed. Ava Chamberlain, vol. 18 of WJE(2000), 352-53.
22 Edwards, "He That Believeth Shall be Saved (1751)," 114.

그뿐만 아니라 그들 자신의 생명까지도 기꺼이 버린다."[23]

2.2. 구원의 길: 그리스도와의 연합

에드워즈는 믿음의 의미를 설명한 이후 곧바로 믿음이 어떻게 구원의 길이 될 수 있는지를 설명한다. 여기에서 에드워즈가 집중하는 주제는 의의 질료가 되시는 그리스도의 공로이다. 에드워즈는 말하길 "구원받은 모든 이들은 오직 그리스도로 인하여 구원받는다. 하나님은 그들을 전적으로 그리스도 때문에 구원하신다"고 강조한다. 그는 계속해서 "그리스도께서 우리를 위하여 그것을 행하셨다"고 말한다. "그리스도로 인하여"(for Christ)와 그리스도께서 "모든 것을 다 행하셨다"는 표현은 매우 중요하다.[24] '그리스도로 인하여'(for Chirst)라는 말은 인간에게는 아무 공로가 없고 오직 그리스도를 통해서만 구원이 있다는 것을 의미한다. 하나님께서 언약의 중보자로서 그리스도만을 택하셨고, 따라서 하나님의 목적에 따라 유일한 구원의 길로 제시된 분은 그리스도이시다. 이 사실을 증명하기 위해 에드워즈는 아담이 실패했던 행위언약의 의미를 조명한다. "아담이 타락하지 않았더라면, 그는 자신의 공로와 선행으로 인하여 영생을 받았을 것입니다. 그러나 이제 우리는 타락하여 우리의 선행을 잃어버렸으므로 오직 그리스도로 인하여 구원을 받습니다."[25] 아담이 순종했더라면 그 약속으로 영생을 얻었을 공로와 선행은 죄로 타락한 인간에게 더 이상 가능하지 않다. 더 나아가 인간이 선한 행동을 한다고 하여도 구원받을 수 없는 것은 그 "선함이 악에 대한 값을 무를 수 없기 때문이다."[26] 오직 그리스도만이 "죄에 대한 값을 치르시고 구원

---

23 Edwards, "He That Believeth Shall be Saved (1751)," 114.
24 에드워즈는 이 표현을 이 설교 전체에 걸쳐서 사용한다.
25 Edwards, "He That Believeth Shall be Saved (1751)," 114.
26 Edwards, "He That Believeth Shall be Saved (1751)," 114.

을 위해 충분한 것을 행하셨다."²⁷ 에드워즈는 "믿음은 우리가 필요한 모든 선을 위해 그리스도를 의존하고 특별히 이러한 종류의 선은 우리 영혼의 구원을 위하여 절대적으로 필요한 것"이라고 강조한다.²⁸

에드워즈는 어떻게 그리스도의 공로가 신자에게 전가되는지를 설명하기 위해 그리스도와의 연합 교리를 설명한다. 그리스도에게로 가는 이들은 그리스도에게 연합되어 있는 자들이며 그와 같이 그에게 속하기에 그로 인하여 구원을 받는다, "하나님은 마음이 그(그리스도)에게 오지 않는 이를 그리스도에게 속한 자로 보지 않으신다."²⁹ "그리스도를 믿는 자들은 그들의 마음이 그리스도에게 연합되어 있다." 그리스도는 나무요 그를 믿는 자는 가지다. 그리스도는 남편이며 신자는 그의 아내로 불리는데 이는 "신자들의 마음이 그리스도에게 연합되어 있기 때문"이다. 이처럼 하나님이 선한 사람을 구원하시기를 기뻐하시는 이유는 그들의 선행 때문이 아니라 오직 그리스도와의 연합으로 말미암는다. 따라서 믿음은 구원의 질료가 아니며 믿음의 행동은 오직 그리스도와의 연합 가운데 있는 자에게서 발견되는 표지이다. 즉 마음이 그리스도에게로 가지 않는 이들은 구원받지 못하는데 이는 그들이 연합되어 있지 않기 때문이다. 홀리필드(E. Brook Holifield)가 잘 묘사한 것처럼 에드워즈의 칭의 교리의 핵심은 그리스도와의 연합 교리에 있다.³⁰

---

27 Edwards, "He That Believeth Shall be Saved (1751)," 115.
28 Edwards, *The "Miscellanies," (Entry Nos. 501-832), vol. 18 of The Works of Jonathan Edwards*, ed. Ava Chamberlain (New Haven: Yale University Press, 2003), 352-53. 에드워즈는 행하신 순종 역시 의의 전가의 내용으로 삼는데, 이는 언약신학적 관점에서 이해하고 있기 때문이다. Jonathan Edwards, *"Miscellanies"* No. 322, vol. 13 of *The Works of Jonathan Edwards*, ed. Thomas A. Schafer (New Haven, CT: Yale University Press), 303.
29 Edwards, "He That Believeth Shall be Saved (1751)," 115.
30 에드워즈는 선행의 원리를 믿음 자체가 아니라 그리스도와의 연합으로 이루어진 관계에 둔다. E. Brooks. Holifield, "Edwards as Theologian," in *The Cambridge Companion to Jonathan Edwards*, ed. Stephen J. Stein (Cambridge: Cambridge University Press, 2007), 152. 유사한 관점이 믿음과 선행의 관계에 관한 웨스트민스터 총회의 열띤 논쟁에서 발견된다. 총회 신학자들은 네 개의 집단으로 나뉘었는데, 첫째 그룹은 선행이란 믿음에서 나오는 것이 아니라 그리스도와의 연합으로부터 나온다고 하였다. 둘째 그룹은 믿음이 은혜의 성향을 행하고 발휘하고 일깨우다고 하였다. 세 번째는 믿음과 선행 모두 중생의 결과이므로, 선행은 믿음

에드워즈는 연합의 주도적 원인을 이 설교에서 언급하지 않지만, 그의 전적타락이라는 개혁주의의 교리적 관점에서 구원의 원인과 그리스도와의 연합의 주도적 행위가 인간 자신의 믿음이 아니라 하나님의 주권적인 사역에 속한다는 것을 짚고 넘어가는 것은 매우 중요하다. 작정하시고 은혜를 주시고 그리스도에게로 연합하게 하는 주체는 신자가 아니라 하나님이시다. 에드워즈는 그의 설교 『구속을 통해 영광 받으시는 하나님』(God Glorified in the Work of Redemption)에서 "그리스도가 우리의 것이 되게 하고, 우리가 그에게로 오며, 그에게 연합하게 하시는 분은 하나님이시다"라고 주장했다. "그리스도에게 가까이 가는 믿음을 우리가 받도록 하시는 것"은 하나님께 속한다.[31] 에드워즈는 공로주의를 철저히 배격함과 동시에, 믿음으로 그리스도에게 나아갈 것을 강조한다. 구원의 질료가 그리스도의 공로이며 공로의 내용이 그리스도의 고난을 통한 죄의 값을 무름과 행하신 모든 선행이라는 점, 그리고 그리스도와의 연합 교리에 대한 에드워즈의 관점은 믿음과 구원의 관계에 관한 에드워즈의 견해가 근본적으로 개혁주의의 전통에 서 있음을 드러낸다.

이와 함께 에드워즈가 예정론적으로 구원론을 전개하지 않는다는 사실도 주목할 필요가 있다. 에드워즈는 택한 자만 구원을 받는다거나 그리스도를 믿는 자는 이미 그리스도와 연합되어 있다는 식으로 접근하지 않는다.

의 결과가 아니라 중생의 열매라고 하였다. 마지막 그룹은 믿음을 선행의 뿌리라고 말할 수 있다고 주장하며, 이는 그리스도와의 연합에 기초하고 있기 때문이라고 하였다. 네 가지 입장에는 미묘한 차이가 있으나, 공통적으로 선행이 믿음 자체가 아니라 그리스도와의 연합에 기초하고 있다는 사실에는 동의하고 있다. Whitney G. Gamble, *Christ and the Law: Antinomianism at the Westminster Assembly* (Grand Rapids, MI: Reformation Heritage Books, 2018), 122-123. 이러한 의미에서 웨스트민스터 총회는 신앙고백서 11장 3항에서 칭의시 믿음의 행동의 필요성을 강조하면서도 하나님의 선물로 주어진 도구적 원인일 뿐, 칭의의 형식적 원인은 그리스도와 그분의 구속 사역이라고 단언하였다. WCF 11.3.

31 Jonathan Edwards, "God Glorified in the Work of Redemption, by the Greatness of Man's Devpendence upon Him, in the Whole of It(1731)" in *The Sermons of Jonathan Edwards: A Reader*, eds. Wilson H. Kimnach, Kenneth P. Minkeman, & Douglas A. Sweeney (New Haven, CT: Yale University Press, 1999), 68-69.

에드워즈는 분명 그와 같은 개혁주의적 예정론을 견지하였지만, 목회자와 설교자로서의 에드워즈의 관심은 어떻게 하면 청중들로 하여금 거짓 신앙을 버리고 참된 믿음을 통하여 구원을 얻도록 할 수 있을까에 있었다. "에드워즈는 개혁신학의 전 영역을 잘 알고 맞추어져 있었던 반면, 목회자로서의 그의 주요 관심은 영혼을 천국으로 목양하는 데 있었다."[32] 그는 설교 전반에 걸쳐 계속해서 믿는 자는 마음으로 그리스도께 가는 자이며, 그들이 구원을 받을 수 있는 것은 그들의 선행 때문이 아니라 참된 구원의 질료인 그리스도의 공로 때문이며, 그와 연합되어 있기 때문이라고 강조했다. 설교자 에드워즈에게 있어서 믿는다는 것, 믿음을 준비한다는 것, 더 낫게는 '마음으로 그리스도께 간다'는 것은 청중들에게 매우 실제적이고 실천적인 마음의 각성과 행동을 유발하기 위한 표현이었다.[33]

3. 회심의 준비

에드워즈는 죄로 인해 부패한 인간의 행위는 어떠한 이유로도 구원에 합당한 값이 될 수 없음을 강조하면서도 믿음을 '마음으로 그리스도에게 가는 것'이라고 주장함으로써, 삶의 회개 없이도 천국에 들어갈 수 있다고 믿으며, 거짓 신앙으로 구원을 받을 수 있다고 생각했던 이들을 경계했다. 그의 설교 "거룩의 길"에서도 스스로 거룩하다고 믿으면서 당연히 천국에 들어갈 것이라고 생각하는 이들의 어리석음을 비판했다.[34] 이와 같은 거짓 신앙

---

32 Wilson H. Kimnach, Kenneth P. Minkeman, & Douglas A. Sweeney, "Editors' Introduction," xxxvii.
33 이러한 목회적 관심으로 인하여, 에드워즈는 "그의 청중들이 경건에 참여하도록 동기부여 하기 위한 많은 방법들을 사용했다." Wilson H. Kimnach, Kenneth P. Minkeman, & Douglas A. Sweeney, "Editors' Introduction," xxxix.
34 Jonathan Edwards, "The Way of Holiness (1722)" in *The Sermons of Jonathan Edwards: A Reader*, eds. Wilson H. Kimnach, Kenneth P. Minkeman, & Douglas A. Sweeney (New

에 대한 에드워즈의 경계심은 회심의 준비교리에 대한 강조로 이어졌다. 그 대표적인 예가 그의 "회심의 실재"(The Reality of Conversion)라는 설교에 잘 드러난다.

이 설교에서 에드워즈는 회심(conversion)과 중생(rebirth)을 교호적인 의미로 사용한다. 그에 따르면 "회심 또는 중생의 교리는 기독교의 위대하고 근본적인 교리 가운데 하나이다." 사람이 이 교리를 알아야 할 "무한히도 중요한" 이유는 "사람의 회심 또는 거듭남"은 "구원에 절대적으로 필수적이기" 때문이다. 회심 또는 중생은 성경이 분명히 증거하는 있는 교리이다.[35] 에드워즈가 회심을 중생과 동일한 의미로 여긴다는 것은 회심의 준비를 이해하는데 매우 중요한 단서를 제공한다.[36] 중생은 인간 본성으로부터 비롯된 자생적 능력에 의해서가 아니라, 하나님의 주권적인 역사에 의하여 발생하는 구원의 효과이기 때문이다. 에드워즈가 교리의 처음 부분에서 언급하는 것처럼 이 설교의 목적은 회심을 체험하지 못하거나 회심 교리에 의심을 품는 "자연인" 혹은 "불신자"들에게 회심이 실재한다는 사실을 증명하는데 있다.[37] 다시 말하면 회심 또는 중생은 하나님의 초자연적 역사로 말미암아 발생하는 사건이라는 것을 보여주고자 한다.

먼저 에드워즈는 자연인과 불신자의 관점에서 회심의 실재를 증명하기 위해 이성과 경험의 방법을 통해 접근한다. "이성은 사람이 거룩하지 않은 본성으로 그의 창조주와 연합할 수 없으며 그를 즐거워할 수 없다고 가르친다." 인간의 본성이 죄악 가운데 있기에 하나님과 반대되는 본성으로 인하

Haven, CT: Yale University Press, 1999), 9.

[35] Edwards, "The Reality of Conversion(1740)," 83.

[36] 김효남 박사에 따르면, 17세기에는 구원의 서정의 요소들이 오늘날과 같이 명확한 질서의 체계로 확립되지 않았다. 이는 에드워즈에게도 유사하게 적용되는 것으로 보인다. 다음을 참고하라. Hyonam Kim, *Salvation by Faith: Faith, Covenant, and the Order of Salvation in Thomas Goodwin(1600-1680)* (Göttingen: Vandenhoek & Reuprecht, 2019), 164-167; 김효남, "개혁파 언약사상과 청교도 준비교리," 12.

[37] Edwards, "The Reality of Conversion(1740)," 83-84.

여, "하나님이 죄인을 혐오하실 뿐만 아니라 사람도 하나님을 혐오할 것이다." 인간의 경험도 "인류가 보편적으로 거룩하지 않은 본성으로 태어나고, 그리하여 그들이 본성의 변화에 의한 것이 아니고서는 거룩해질 수 없다는 것을 보여준다."[38] 더 나아가 "수많은 사람들 속에" 거룩한 삶으로의 변화가 분명히 발생한 것이 많은 이들의 눈에 명백히 드러나 보인다. 이는 특별히 "악명높은 자"들의 변화와 "순교자"의 삶 속에서 두드러진다. 지나간 역사를 살펴보면 "악명높고, 방탕한 삶을 살고, 모든 종교를 경멸하며 온갖 종류의 불경과 방탕으로 삶을 살고, 사람이라기 보다는 짐승과 마귀처럼 보이는 많은 이들이 이후에 놀랍게 변화된" 경우들이 많이 있었다.[39] 순교자들에게서도 동일한 현상이 일어난다. "선한 양심과 그리스도의 영광을 위하여 그러한 고난들을 견딤 속에서 아주 큰 삶의 변화와 마음의 거룩함을 드러내는 것은 마음의 변화의 위대한 증거이다." 그들은 엄청난 박해자의 고문에도 불구하고, "그리스도를 버리기보다 모든 것을 겪으며 죽음에 이르는 고난을 견디기를 선택했다."[40]

 에드워즈가 죄인의 변화와 순교자의 인내를 강조하는 것은, 회심이 실재할 뿐만 아니라, 그 모든 변화가 하나님의 역사였음을 강조하기 위함이다. 부패한 본성을 바꾸고 인간의 본성의 한계를 넘어서는 일은 사람에 의해서가 아니라 하나님에 의한 역사이다. 에드워즈가 자연인을 대상으로 회심의 증거를 펼치는 논리는 인간의 전적인 타락이라는 전제 위에 서 있다. 본성의 부패로 회심의 역사를 기대할 수 없는 인간에게 하나님의 초자연적인 역사로 인하여 얼마든지 본성이 변화할 수 있을 뿐만 아니라 본성의 것을 넘어서는 놀라운 효과가 나타난다. 죄로부터의 회심뿐만 아니라 그리스도에 대한 사랑에 대해서도 마찬가지다. 에드워즈는 계속해서 다음과 같이 말한다. "비록 그리스도가 보이지 않는 대상이라 할지라도 그리스도에 대한 사

---

38 Edwards, "The Reality of Conversion(1740)," 85.
39 Edwards, "The Reality of Conversion(1740)," 86.
40 Edwards, "The Reality of Conversion(1740)," 87.

랑처럼 사람 속에 그토록 크고 가시적인 효과들을 가지게 만드는 그러한 종류의 사랑은 이 세상에 없습니다. 이것은 그들 속에 사랑을 주입하시면서 사람의 마음속에 일어난 신적인 역사의 증거입니다."[41]

회심에서 하나님의 초자연적 역사를 강조하는 에드워즈의 관점을 어떻게 이해할 것인가는 개혁주의 전통의 연속성이라는 점에서 매우 중요한 문제이다. 스위니는 에드워즈의 초자연적 역사에 대한 강조가 청교도의 관점으로부터 다소 벗어나 있다고 주장했는데, 이는 그가 보기에 초기 뉴잉글랜드 목회자들은 에드워즈에 비해 은혜의 수단들을 더 강조하였기 때문이다.[42] 실제로 에드워즈는 그의 『영적 일기』(Diary)에서 "뉴잉글랜드 사람들과 옛 잉글랜드의 비국교도들이 경험했던 특별한 단계의 회심을 체험하지 못한다"고 진술했다.[43] 이를 근거로 스위니는 에드워즈가 목회 사역을 통해 "참된 회심이 주로 초자연적"이라는 사실을 발견하였다고 지적하며 에드워즈의 작품들인 『놀라운 회심 이야기』(A Faithful Narratives)와 그의 윤리적 작품 모음 가운데 "비판적인 영에 대조되는 사랑"(Charity Contrary to a Censorious Spirit)이라는 글을 예시로 제시한다.[44]

하지만 에드워즈가 초자연적 역사에 대해 대단히 강조하였다고 말하는 것이 그가 회심의 자연적 수단을 청교도들에 비해 덜 강조하고 있음을 의미하지는 않는다. 이미 청교도들은 하나님의 주권적 역사를 인정하고 있었으며 회심의 역사가 하나님의 초자연적 역사라는 사실을 부인하지 않았다. 그러면서도 그들은 하나님께서 수단을 통해 계획하신 일을 이루어 가신다는 관점을 견지했다. 존 플라벨(1628-1691)은 "타락한 사람이 하나님의 초자연

---

[41] Edwards, "The Reality of Conversion(1740)," 89.
[42] Sweeney, *Jonathan Edwards and the Ministry of the Word*, 118.
[43] Jonathan Edwards, "Diary," in *Letters and Personal Writings*, ed. George S. Claghorn, vol. 16 of WJE(1998), 779.
[44] Sweeney, *Jonathan Edwards and the Ministry of the Word*, 118, 119n24.

적 역사 없이 그리스도께 나아가는 것이 불가능하다"고 했다.⁴⁵ 그러면서도 동시에 "법적인 준비가 필요한데 이는 비중생자들은 그들의 상태가 슬프고 비참한 데도 불구하고 일반적으로 근거없는 자신감과 즐거움으로 가득차 있기 때문"이라고 하였다.⁴⁶ 그는 율법이 우리를 납득시키고 그리하여 우리를 그리스도에게 합당하게 준비시키는 능력을 갖고 있는 것을 인정했다. 하나님의 초자연적 역사와 자연적 수단에 대한 인간 편에서의 반응 사이의 조화로운 관계는 에드워즈에게도 마찬가지다. 에드워즈는 "영적 일기"에서 비록 뉴잉글랜드 청교도들이 제시한 회심의 단계를 경험하지 못했지만, 어떻게 해서 "청교도 선조들이 그러한 단계를 거쳐서 회심에 이르게 되었는지를 만족할만하게 발견할 수 있을 때까지 연구를 멈추지 않을 것이라고 결심했다."⁴⁷ 비록 에드워즈가 하나님의 주권을 강조하여 회심에서의 초자연적 역사를 강조하면서도 그가 수단의 중요성을 계속해서 강조하고 있다는 사실을 간과하지 말아야 한다.

이를 고려할 때, 설교 "회심의 실재"의 이론 부분에서 하나님의 주권적 사역, 즉 초자연적 역사를 강조하는 반면, 적용 부분에서 자연인이 회심을 위해 준행해야 할 원리들을 제시한다는 것은 놀라운 일이 아니다. 그는 "자연적 상태에 있는 이들에게 성실하게 회심을 추구할 것"을 권면하면서 그 방법들을 무려 17가지로 제시한다.⁴⁸ "회심하기 위하여 그대가 해야 할 몇 가지 지침들"은 다음과 같다. 성령의 역사와 은혜의 수단의 관계에 관한 몇 가지 주요 제안들을 살펴보면 첫째, 회심의 가능성에 대하여 의심하지 말고 하나님의 뜻을 따를 것 둘째, 앞으로 얻게 될 유익들을 더 이상 미루지 말고, 지금 당장 성령의 은혜를 사모할 것이다. 그는 정확히 다음과 같이 말한다.

---

45 Beeke and Johns, "Puritan Preparatory Grace," in *A Puritan Theology* (Grand Rapids, MI: Reformation Heritage Books, 2012), 445, 재인용.
46 Beeke and Johns, "Puritan Preparatory Grace," 444, 재인용.
47 Edwards, "Diary," 779.
48 Edwards, "The Reality of Conversion(1740)," 92.

"당신이 하나님의 성령의 영향들을 가지기 위한 방법은 당신이 모든 지정된 수단들을 사용하는 것이며 지혜의 문을 지켜보고 문설주에서 기다리는 것입니다."[49] 에드워즈에게 회심의 준비교리는 성령의 역사가 은혜의 수단들을 최대한 활용할 때 일어난다는 것을 강조한다. 셋째, "부패한 본성에 아주 어려워 보이는 것들에 순응하기 까지는 회심을 얻을 희망적인 방도를 기대하지 말아야 한다."[50] 예를 들어, "회심에 필수적인 많은 것들이 그들의 존재, 즉 그들의 교만으로 인하여 그들에게 매우 어려워 보인다." 그럼에도 불구하고 "만일 당신이 구원하는 회심을 얻으려 한다면, 반드시 당신에게 어려워 보이는 이러한 것들[하나님의 거룩한 말씀들 가운데 있는 명령들]에 승복해야 한다."[51] "하나님에 대한 의무만이 아니라 사람에 대한 의무를 행하는 방법으로도 회심을 추구"해야 한다.[52] 하나님이 회심의 수단을 위해 지정한 수단들은 하나님에 대한 의무와 사람에 대한 의무를 위한 것들로 구분되며, 전자에는 "성경 읽기, 기도, 설교 듣기, 예배 참석" 등이 있으며, 후자에는 "사람에 대한 공평과 사랑의 의무" 등이 속한다.[53] 에드워즈는 사람에 대한 선의를 회심의 한 수단으로 인정하지만, 이것은 선행사상이나 공로주의에 입각한 것이 아니라 하나님이 마땅히 모든 인간에게 주신 일반은총적 윤리이기 때문이다. 참된 회심은 거룩한 성도들의 삶에 대한 단순한 모방이 아니라, 규범을 위하여 세워진 하나님 자신의 거룩한 말씀이다.[54] 에드워즈는 14번째 지침에서 "회심을 위한 수단들의 사용에 있어서 철저히 노력하라"고 말한다.[55] 그런 다음 16번째와 17번째 지침에서 그러한 수단들에 최대한 주의 집중한 후에 자신들이 행한 것들에 집착하거나 신뢰하지 말

---

49 Edwards, "The Reality of Conversion(1740)," 93.
50 Edwards, "The Reality of Conversion(1740)," 93.
51 Edwards, "The Reality of Conversion(1740)," 94.
52 Edwards, "The Reality of Conversion(1740)," 97.
53 Edwards, "The Reality of Conversion(1740)," 97.
54 Edwards, "The Reality of Conversion(1740)," 98-99.
55 Edwards, "The Reality of Conversion(1740)," 101.

것을 주의시킨다.⁵⁶

어떻게 율법이 신자에게 그러한 납득의 능력을 가지고 있는가? 율법 자체에 그 능력이 함유된 것이 아니라 그 효력을 적용하시는 성령이 효과적인 원인으로 계시기 때문이다. 회심하지 않은 불신자, 자연인에 대한 에드워즈의 준비교리의 요점은 그들이 준비하면 은혜를 수여받는다는 로마교회의 준비교리를 주장함이 아니다. 오히려 준비교리의 핵심은 성령의 일반 사역에 있다. 성령은 자연인이 중생 이전에 말씀과 율법을 통해 죄에 대한 자각을 일으키신다. 정확히 이러한 의미에서, 도르트 총회에 참석했던 영국 대표들은 다음과 같이 말했다. "아직 칭의받지 못한 이들의 마음속에 말씀과 성령의 능력에 의하여 자극된 회심 혹은 중생으로 이끄는 어떤 내적인 효과들이 있다."⁵⁷ 율법을 통하여 죄를 깨닫고 그리스도를 바라보게 만드나 회심은 성령의 역사로 말미암는다.

4. 인과의 원리

4.1 반율법주의의 역사적 배경

청교도의 회심 교리를 준비주의로 오해하는 이유는, 회심 교리의 원리를 칼빈의 율법(도덕법) 개념에서 분리하여 공로주의와 연관시키고 17세기의 역사적 배경에 대한 이해 없이 접근하기 때문이다. 웨스트민스터 총회신학자들은 39개신조를 개정하면서 제13조에 명시된 "칭의 이전 준비행위에 관하여"에 약간의 개정 작업을 거쳐 다음과 같이 진술한다.

---

56 Edwards, "The Reality of Conversion(1740)," 10.
57 Joel R. Beeke and Mark Johns, "Puritan Preparatory Grace," 458.

칭의와 성령의 영감 이전에 이루어진 행위는 그리스도에 대한 믿음으로부터 나오지 않는 까닭에 하나님을 기쁘시게 하지 못한다. 그것은 사람이 은혜를 받기에 충족시키지도 못하고, [스콜라신학자들이 말하는 것처럼] 합력적 은혜를 받을 만하지도 않다. 차라리 그것은 하나님께서 뜻하시고 이루도록 명령하신 것으로서 행해진 것이 아니기에, 우리는 그것들이 죄악되다는 것을 달리 의심하지 않는다.[58]

총회 신학자들은 칭의 이전의 준비행위, 즉 회심이나 믿음은 논리적 순서에 따라 수반되는 것이지만 여전히 죄악된 상태에서의 인간의 행위에 속한 미흡한 것임을 인정하였다. 보편적으로 청교도들에게 은혜를 위한 준비란 죄인이 율법을 통하여 그리스도의 필요성을 인식하는 것이었다. 이러한 의미에서 청교도의 회심교리는 칼빈이 제시한 율법의 세 가지 용법 가운데 제1용법과 긴밀한 연관을 가진다. 칼빈은 율법(도덕법)을 3용법으로 구분하고 제1용법을 정죄의 기능으로 "하나님의 의를 드러냄"으로써 사람이 자신의 "연약함과 부정함"을 깨닫게 하는 것으로 설명한다.[59] 정죄의 기능은 불신자와 신자에게 모두 적용될 수 있는데, 심지어 "유기된 자"(the reprobate)에게도 적용된다. 비록 그들이 "하나님의 자녀와 같이 중생되는 데까지 나아가지는 않을지라도" 그들은 율법의 두려움에 의하여 "양심"의 자책을 경험하고[60] 더 나아가 "자신의 능력에 대한 어리석은 편견을 버릴 때에 자기들이 오직 하나님의 손에 의해서 서고 존재한다는 것을 깨닫게 되어" 피난

---

[58] 이탤릭체는 총회신학자들이 영국 국교회의 39개 신조의 원본에 수정을 가한 부분을 강조하기 위해 필자의 의도로 표기된 것이다. 39개 신조 원문에는 칭의와 죄악되다는 단어에 각각 '그리스도의 은혜'와 '죄성을 가진다'로 표현되어 있다. 다음을 참고하라 Gamble, *Christ and the Law: Antinomianism at the Westminster Assembly*, 126, 130.

[59] John Calvin, 『1559년 라틴어 최종판 직역: 기독교 강요』 2권. 문병호 역(서울: 생명의말씀사. 2020), 2.7.6.

[60] Calvin, 『1559년 라틴어 최종판 직역: 기독교 강요』, 2.7.9.

처이신 그리스도에게 피하게 된다.⁶¹

칼빈이 제시한 율법의 3용법은 청교도들에 의해 그대로 계승되었다. 청교도들은 칼빈이 제시한 제1용법, 즉 죄의 정죄와 그리스도를 안내하는 기능을 "복음적"(evangelical) 용법으로, 제2용법인 죄의 억제 기능은 "시민적"(civil) 용법으로, 신자를 권고하는 율법의 기능을 "규범적" 용법으로 각각 가르쳤다.⁶² 하지만 청교도들은 율법의 폐기를 주장했던 반율법주의 사상의 위험을 고려하면서 율법의 기능을 회심의 과정에 있어서 중요한 수단으로 간주해야 할 필요성을 인식하고, 구원의 서정에 있어서 논리적 인과성의 원리를 강조하였다. 즉, 청교도들의 준비교리는 기본적으로 율법을 통한 공로주의 사상을 배격하고 반율법주의에 반대하여 구원의 서정에 있어서 인과성의 원리를 설명하는 데 초점이 맞추어져 있다. 웨스트민스터 신학자들 사이에 다소 차이가 존재하는 반면,⁶³ 다수의 청교도들은 반율법주의자들의 관점에 반대하여 믿음 이전의 회심의 필요성을 역설하였다. 1643년 1월, 새뮤얼 러더포드는 의회 앞에서 한 그의 설교에서 믿음 앞에 오는 죄의 대한 감각의 근거를 부정하는 반율법주의의 의문을 다음과 같이 진술했다. "하지만 죄와 부족에 대한 감각 없이 그리스도에게 갈 수 없는 것이라면, 그리스도에게로 가기 이전에 이미 가지고 있었던 것 위에 세워지고 기초되는 것이 아닙니까?" 러더포드에 의하면 이것이 개혁파 청교도와 반율법주의의

---

61 Calvin, 『1559년 라틴어 최종판 직역: 기독교 강요』, 2.7.8. 율법의 두 번째 기능은 불의한 자로부터 공적 공동체를 보호하는 것으로 형벌의 두려움을 통해 죄를 억제하는 용법이다. 이 용법은 불신자의 내적인 마음의 자극을 일으키는 것이 아니라 단지 외적인 행동으로부터 그들의 손을 삼가하게 만들기에, "결과적으로 실로 그들을 더 나아지지도 않고 하나님 앞에서 더 의로워지지도 않는다." Calvin, 『1559년 라틴어 최종판 직역: 기독교 강요』, 2.7.10. 율법의 세 번째 용뼈은, "주요할 뿐만 아니라 율법의 고유한 목적에 더욱 가까운 것으로서," 거듭난 신자들에게 적용되는 것으로, 신자들을 가르치며 권고하는 기능을 가진다. 이는 거듭난 신자가 하나님의 백성으로 마땅히 살아가야 할 규범으로서의 기능을 의미한다. Calvin, 『1559년 라틴어 최종판 직역: 기독교 강요』, 2.7.12.

62 Joel R. Beeke and Mark Johns, "The Puritans on the Third Use of the Law," in *A Puritan Theology* (Grand Rapids, MI: Reformation Heritage Books, 2012), 556-557(555-571).

63 Gamble, *Christ and the Law: Antinomianism at the Westminster Assembly*, 115.

사이에, 그리고 성경의 권위와 관련하여 개혁파와 교황주의 사이에 존재하는 질문이었다. 공로주의를 겨냥한 반율법주의적 사상에 대하여 러더포드는 "수단과 동기들"은 믿음의 "형식적 원인"이 아니며 오히려 형식적 원인은 그리스도라고 답했다. 한편 죄에 대한 감각은 "그리스도에게로 이끌리고 종용되는 강한 동기"로 작용한다.[64]

청교도들은 반율법주의에 반대하여 회심이 죄사함에 필연적이라는 사실은 논리적 순서를 따라 정립되어야 하고 회심 없이 믿음이 있을 수 없다고 주장했다.[65] 존 플라벨(John Flavel, 1628-1691)은 "비중생자들은 비록 슬프고 비참한 상태에 있을지라도 일반적으로 근거 없는 확신과 즐거움으로 가득차 …있"기 때문에 회심을 위하여서는 율법의 준비적인 수단이 필요하다고 주장했다.[66] 유사하게 토머스 가타커는 회심을 중생으로부터 나온 가지이자 효과라고 주장했다. 마치 천둥과 번개와 같은 원리로서 동시에 발생하지만 전자는 후자에 뒤이어 파악된다.[67] 이 경우 회심은 믿음과 칭의에 매우 적합한(fitted into) 요소이다. 마치 재판관이 자기 아들의 죄를 발견한 후 죄를 사면해 주었지만 아버지로서 그 아들의 죄를 기뻐하지 않으며 아들이 행실을 고칠 때에 받아준다. 그에 따르면 중생한 사람은 "죄에 대한 자각과 죄의 뉘우침을 가지지 않을 수 없다."[68] 윌리엄 스트롱은 율법은 성령에 의해 인간의 본성을 변화시키고 "내적 규범에 상응하는 내적인 성향"을 공급함으로 회심의 능력은 성령의 손을 통하여 율법을 포함하는 "하나님 말씀의 모든 부분"으로부터 온다고 주장했다.[69] 이와 같이 회심은 인간의 지성과 의지

---

[64] S. Rutherford, A Sermon Preached to the Honourable House of Commons at Their Late Solemne Fast, Wednesday, Jan. 31, 1643 (London: R. Cotes, 1644), 31-32.
[65] 웨스트민스터 총회 신학자들의 회심의 준비에 대한 자세한 논의를 위하여, 다음을 참고하라. Gamble, *Christ and the Law: Antinomianism at the Westminster Assembly*, 115-118.
[66] 재인용, Beeke and Johns, "Puritan Preparatory Grace," 444(443-461).
[67] Gamble, *Christ and the Law: Antinomianism at the Westminster Assembly*, 116.
[68] Gamble, *Christ and the Law: Antinomianism at the Westminster Assembly*, 116.
[69] Strong, *A Discourse of the Two Covenants*, 105.

에 의해 파악되는 현상으로 설명되고, 일반적으로 그러한 현상이 있은 후에야 믿음을 가졌다고 인정되는 것과 같은 원리로 이해되었다.

4.2 에드워즈: 인과의 원리에 따른 은혜의 수단의 필요성

에드워즈 역시 회심 이전에 어떤 선한 행위도 없다고 주장하였고,[70] "하나님의 진노가 하나님의 자유로운 은혜를 부여받는 것에서가 아니라 죄인이 '진지하게 회개'하기만 하면 하나님의 진노가 풀릴 것이라고 생각하는 사람은 '새로운 율법'을 만드는 것이라고 단언했다"[71] 하지만 청교도들이 공로주의를 표방하는 아르미니우스주의와 율법의 폐지를 주장했던 반율법주의의 양극단의 이단적 사상에 직면해 있었던 것처럼,[72] 에드워즈 또한 반율법주의의 문제점을 잘 인식하고 있었다. 그는 『신앙의 정서』에서 회심의 본질에 관한 자신의 논지를 뒷받침하기 위해 수많은 청교도들의 글들을 인용하였으며 특별히 반율법주의에 대한 러더포드의 비판과 플라벨의 글들 역시 잘 알고 있었다.[73] 러더포드는 반율법주의, 열광주의, 환상종교(visionary religion)를 비판하기 위해 쓴 *A Survey of the Spiritual Antichrist*을 썼는데, 이 작품은 에드워즈에 의해 인용되었다.[74] 이는 에드워즈가 자신의 청교도 선조들이 행했던 반율법주의자에 대한 날카로운 지적을 잘 알고 있었음을 의미하며, 이는 다시 그가 개혁파 정통 신학의 연속선상에서 회심에

---

70 Edwards, Miscellanies n. 797, "That there is no good work before conversion vol. 18.
71 Wilson H. Kimnach, Kenneth P. Minkeman, & Douglas A. Sweeney, "Editors' Introduction," xxvi.
72 17세기 영국 청교도들이 직면했던 아르미니우스주의와 반율법주의의 역사적 배경을 위해 다음을 보라. Whitney G. Gamble, *Christ and the Law: Antinomianism at the Westminster Assembly*, 11-37.
73 플라벨은 다른 청교도들에 비해 잘 알려진 바가 없으나, 에드워즈는 플라벨이 남긴 다수의 작품에 대해 잘 알고 있었으며 "거룩한 플라벨 경"으로 칭했다. Edwards, "Author's Preface," 52-53, 60, 61.
74 Edwards, "Author's Preface," 72.

서 발생하는 인과 관계의 중요성을 인식하고 있었음을 가리킨다.

에드워즈는 반율법주의와 열광주의가 밀접한 연관을 가진다고 보았는데, 이는 당대의 무절제한 목회자들이 성도들을 부추겨 성경보다 예언과 환상 등의 직접적 계시에 의존하도록 유도하였기 때문이다.[75] 에드워즈는 브레이너드가 즉각적인 회심을 강조했던 열광주의자들을 반율법주의자들로 여기고 있음을 잘 알고 있었다. 열광주의자들과 반율법주의자들은 분명 그 교리에 있어서 구분되었으나, 브레이너드에게 있어서 열광주의자들은 반율법주의자들처럼 율법의 수단을 무시한 채 회심이 "갑작스런 섬광처럼" 일어날 수 있다는 관점을 견지했다. 반율법주의의 문제점에 대한 브레이너드의 우려는 즉각적인 회심을 강조했던 부흥주의자들의 설교에 대한 에드워즈의 지적을 드러내는데 유용하게 사용되었다.[76] 비록 에드워즈는 하나님의 초자연적 역사를 강조하였으나 특별계시로서의 성경 이외에 직통계시를 추구하는 열광주의 혹은 율법의 중요성을 간과하는 반율법주의에 반하여, 하나님이 사용하시는 은혜의 수단들이 무시되길 원하지 않았다.

수단과 효과 사이의 인과성에 대한 에드워즈의 강조는 언약에 대한 그의 관점에서도 드러난다. 초기에 에드워즈는 구원언약과 은혜언약 사이에 어떤 구별을 두지 않았으나 1723년 아르미니우스주의에 반대하여 믿음을 은혜언약의 조건이 아니라고 언급하였다. 반면, 1733년에는 반율법주의자들에 반대하여 에드워즈는 믿음을 은혜 언약 안에 들어가는 조건(condition)이라고 주장하였다.[77] 전자의 경우 공로주의 사상에 반대하여 믿음을 언약의

---

75 Sweeney, *Jonathan Edwards and the Ministry of the Word*, 137.

76 Norman Pettit, "Editors' Introduction" in *The Life of David Brainerd*, ed. Norman Pettit, vol. 7 of WJE (1985), 7.

77 Edwards, *The "Miscellanies,"* 13:198-99. 언약의 조건 개념의 발전에 관한 논의를 위해 다음을 보라. Michael J. McClymond and Gerald R. McDermott, *The Theology of Jonathan Edwards* (New York: Oxford University Press, 2011), 324-326; Cornelis van der Knijff and Willem van Vlastuin, "The Development in Jonathan Edwards's Covenant View," *Jonathan Edwards Studies*, 3, no. 2(2013): 269-281.

조건이 아니라고 했던 반면, 후자의 경우 수단의 중요성을 강조하기 위해 조건으로서의 믿음을 언약에 따른 인과적 원리로 제시한 것이다.

에드워즈는 많은 곳에서 회심의 본질을 논할 때, 율법이 회심에 있어서 가지는 인과의 원리를 자주 설명한다. 에드워즈는 『신학묵상집』에서 회심의 발생 시 나타나게 되는 일련의 과정을 다음과 같이 묘사한다.

> 행동이 있기 전에 원리가 있어야 합니다. 변화의 결과인 행동이 있기 전에 죄인의 마음 속에 형성된 변화가 있어야만 합니다. 그렇습니다. 거룩함이 운동하기 전에 거룩함의 원리가 있어야 합니다. 그렇습니다. 이 변화는 본질상 믿음의 행위 이전만이 아니라(효과 이전의 원인으로써) 시간상에서도 그러합니다. 그리스도를 구원자로서 받아들이는 것이 연속적인 행위라면, 마음의 생각과 행동은 반드시 그 다음을 따르기 마련입니다. 이것은 분명히 그렇습니다.[78]

에드워즈는 회심의 최초 변화 과정을 영혼의 성화, 즉 거룩하게 됨에 둔다. 이 변화로 인하여 마음에 변화가 일어나고 그에 따라 참된 믿음의 행동이 나타난다. 이러한 일은 "성화 이전에는 일어날 수 없다." 또한 "그리스도를 죄로부터의 구원자로서 받아들이기 이전에 죄에 대한 증오가 있어야만 한다." 하지만 이것 역시 성화 없이는 일어날 수 없다. 거룩하게 됨 이후에, 그리스도를 "받아들이는 행동"이 뒤 따른다.[79] 여기에서 에드워즈는 불신자가 죄에 대한 증오를 해야만 반드시 회심에 이른다고 말하는 것이 아니다. 오히려 중생된 자에게 일어나는 회심의 과정으로서 율법을 통한 죄의 증오 현상이 나타나는 인과의 원리를 진술하는 것이다.

인과 관계에 대한 서술이 그의 『신학묵상집』 27b "회심"에서도 발견된

---

[78] Jonathan Edwards, "Conversion," in Miscelan…, 245.
[79] Jonathan Edwards, "Conversion," in Miscelan…, 245.

다. 에드워즈에 따르면 신자는 구원을 얻기 위해 영혼의 기관들 속에서 그리스도에 대한 영접이 있어야 한다고 주장한다. 그러한 영접은 "복음에서 가르침 받은 것을 믿는 것"을 내포하고, 이와 같이 믿는 것은 의지의 동의를 전제로 한다. 의지의 동의란 영혼의 성향(disposition)이 복음의 가르침들과 조화롭게 반응하여 나타나는 현상이다. 사람이 "실제적으로 믿기 전에 구원을 받을 수 없다"고도 말할 수 있으며, 더 나아가 "구원받기 전에 거룩한 삶을 실제로 살아야 한다고"도 말할 수 있는데, 이는 성경이 증명하고 있다. 하지만 에드워즈는 다음의 내용을 추가한다. 즉 거룩한 삶이란 결국 거룩한 삶 속에 내재된 "믿는 성향"을 일컫는 것 외에 달리 무엇이 아니다.[80] 에드워즈는 회심이 발생하는 가장 원초적인 장소를 영혼의 성향에 두고 있다. 이를 두고 세간의 학자들은 '성향'이라는 단어를 에드워즈의 성향 구원론의 근거로 제시하지만 에드워즈는 그러한 의도 가운데 성향을 이해하지 않는다. 오히려 에드워즈의 의도는 그의 개혁파 선배들처럼 택자의 회심이 인간의 영혼을 중생의 사역을 통해 거룩케 하시는 성령의 초자연적인 역사이면서도 그 과정에서 일어나는 일련의 원리와 현상간의 인과 관계를 설명하고자 하는데 있다.[81] 에드워즈는 『신학묵상집』 2번에서 "능동적 회심" 또는 "실제적 회심"을 "마음의 운동이나 행사"라고 표현하며 두 가지 관점, 즉

---

[80] Jonathan Edwards, "Conversion," in Miscelan… vol. 13 , 214.

[81] 성향의 대한 에드워즈의 관점은 이미 툴레틴과 마스트리흐트가 언급한 성향의 관점과 매우 유사한 것으로 나타난다. 툴레틴은 회심을 수동적 회심과 실제적 회심으로 구분하고, 전자를 성향적(habitus) 회심으로, 후자를 실제적 회심(actus)으로 칭했다. 그에 따르면 논리적인 의미에서 수동적 회심(성향적)이 능동적 회심(실제적)에 앞서는데, 이는 성향이 믿는 것을 가능하게 하는 원리로서 하나님의 선물로 주어지는 것이기 때문이다. 반면 수동적 회심은 능동적 회심을 유발하는데, 능동적 회심에서 이 경우 믿음은 내적 믿음을 외부로 꺼내는 도구적 원인으로 작용한다. 마찬가지로, 마스트리흐트는 믿음을 하나님에게로 향해지는 "내적 성향"으로 간주하였는데, 그가 믿음을 성향이라고 표현한 이유도 같은 맥락에서 이해된다. Jonathan Ewdards, "1746/7 letter to Josheph Bellamy," in *Letters and Personal Writings*, ed. George S. Claghorn, vol. of *The Works of Jonathan Edwards*. New Haven, CT: Yale University Press, 1998, 217. Joel R. Beeke & Mark Jones, "The Puritans on regeneration," 465(463-480); Adriaan C. Neele, *Petrus van Mastricht (1630-1706): Reformed Orthodoxy: Method and Piety* (Leiden: Brill, 2009) 94, 110.

'죄에 대한 회개'와 '하나님께로 돌아서는 것'이라고 하였다.[82]

은혜의 수단을 인과적 원리에 따라 설명하는 에드워즈의 관점은 자연적 본성에 대한 관점에서도 나타난다. 에드워즈는 『신학묵상집』 533번, "자연법"에서 롬2:14-15이 율법을 가지고 있지 않으나 본성상 율법에 속한 것들을 행하는 자연인의 상태를 묘사하고 있다고 주장한다.[83] 그는 다음과 같이 쓴다.

> 사람이 본성의 빛에 의하여 하나님의 법이 그들에게 알려지도록 하기 위해서 두 가지가 필수적이다. 본성의 빛은 이러한 것들이 그들의 의무라는 사실, 즉 그들이 옳다는 것, 그들 속에 정의와 공평이 있다는 것, 그리고 그 반대는 불의하다는 것뿐만 아니라, 그러한 일들을 행하는 것이 하나님의 뜻이며, 그 반대를 행하는 것은 하나님을 불쾌하게 하신다는 것을 발견해야 한다 …중략… 이방인들은 이 두 가지 요소를 모두 갖추었다. 그들의 본성적 양심은 이 방식을 따라 후자를 증거한다. 본성적 양심은 옳지 않거나 불의한 것과 형벌 사이에 관계와 상응이 있다는 것을 제시한다. 이것은 본성적으로 사람으로 하여금 그것을 기대하게 만든다.

동일한 의미에서 사람이 "불의에 의한 큰 희생자"라고 여길 때, 그는 "형벌이 없을 것이라고 생각하는 것을 싫어한다." 이리하여 죄를 지은 사람은 죄인들이 마땅히 치러야 할 형벌을 충족시키지 않을 때 시기한다. "양심의 감각"이 그 자신으로 하여금 "악의 보복자"가 되게 하고, "하나님"에 대해서도 그와 같이 생각하게 만든다. 또한 하나님은 자연의 섭리 가운데 이방

---

82 Jonathan Edwards, "'Tis the same active conversion or motion of the soul that there is in justifying faith, which active conversion yet, as it respects the term, is," in The "Miscellanies,": Entry Nos. 501-832. Edited by Ava Chamberlain, vol. 18 of the Wroks of Jonathan Edwards (New Haven, CT: Yale University, 2000), 215.

83 Jonathan Edwards, "Miscellanies" No. Law of Nature," in Misceelan… vol. 18, 77.

인들에게 "그가 불의의 보복자"라는 사실에 대해 많은 증거들을 주셨다. 이와 같이 본성의 빛은 사람으로 하여금 세상을 다스리는 하나님을 "공의로운 분으로 더욱 쉽게 믿을 수 있도록, 그래서 그들이 불의를 미워하도록 만든다.[84]

지금까지 말한 모든 점을 고려해 볼 때, 에드워즈의 준비교리는 그의 청교도 선조들의 사상과 일치한다. 비키와 존스는 청교도의 준비교리에서 8가지 긍정적인 교훈들을 나열한다, 복음의 값없는 제공, 인간의 공로를 배척했던 개혁파 견해, 자연인에게 말씀의 설교를 통한 성령의 일반 사역에 대한 강조, 죄인들에게 작용하는 율법의 역할, 거듭남의 비밀, 창조주와 구원자로서의 하나님의 영광, 구원에 있어서의 그리스도의 충분성, 그리고 마지막으로 준비교리가 성경적이라는 교훈 등이다. 마찬가지로 이 모든 내용들이 에드워즈의 준비교리에서 발견된다. 에드워즈는 초자연적 은혜에 대한 강조 못지 않게, 자연적 수단의 사용을 강조하였다. 그러면서도 은혜의 수단들을 강조하나 공로주의를 표방하지 않으며, 은혜의 수단의 사용이 초자연적 은혜와 대립하는 것도 아니며, 불신자에게 끼치는 율법의 용법이 성령의 일반 은혜의 결과임을 주장했다. 성령의 특별 은총과 일반 은총, 초자연적 은혜와 자연적 수단 사이, 즉 하나님의 절대 주권과 인간의 순종 사이에 율법을 통한 인과적 원리를 제시함으로써 율법에 대한 양극단적 견해들인 아르미니우스주의와 반율법주의의 문제를 지적하고 성도들을 참된 믿음으로 인도하기 위해 노력했다는 점에서, 에드워즈가 주장하는 준비교리는 그의 개혁주의 청교도 선조의 관점과 다르지 않다고 하겠다.[85]

---

84 Edwards, "Law of Nature," 77.
85 Beeke and Mark Johns, "Puritan Preparatory Grace," 458.

5. 소결론

　칼빈에 대립되는 준비주의자 논제는 하나님의 주권과 인간의 책임이 양립 불가능하다는 전제 위에 서 있다. 밀러의 주장을 일부 반박하면서도 일단의 학자들은 조나단 에드워즈는 은혜의 수단을 강조했던 청교도와는 달리, 초자연적 은혜를 더욱 강조하였다고 함으로써, 에드워즈가 그의 청교도 선조들의 준비교리를 따르지 않았다고 강조했다. 학자들의 논의를 고려하면서, 본고는 하나님의 주권과 율법에 대한 인간의 순종이라는 개혁주의의 핵심 논제를 바탕으로 에드워즈의 준비교리를 분석하였다. 먼저 믿음의 준비에 대한 에드워즈의 관점을 살펴보며 시작했다. 에드워즈는 믿음을 마음이 그리스도에게로 향하는 것이라고 정의함으로써 동적인 의미로 사용하였고, 이러한 의미에서 믿음의 준비라는 말은 구원에 이르는 믿음을 어떻게 준비할 것인가에 대해 다루었다. 이 논의를 통해 에드워즈는 인간 행위의 준비를 통한 공로를 표방하지 않고, 오히려 목양적 차원에서 거짓 신앙을 가진 이들을 일깨우고 성도들로 하여금 구원에 이르도록 하기 위한 목적 가운데 준비의 필요성을 역설했다.

　회심의 준비에 대한 에드워즈의 관점 역시 마찬가지다. 칭의가 성화를 산출하는 것이 아니듯 회심을 위한 수단이 회심에 합당한 공로를 제공하는 것이 아니다. 회심의 수단에 대한 에드워즈의 강조에 거짓 신앙을 가진 이들에 대한 경계심이 작용하고 있음을 살펴보았다. 에드워즈는 위선자들의 신앙을 지적하고, 더 나아가 불신자에게 초자연적인 회심의 역사가 실재하다는 것을 증명하였다. 하지만 에드워즈는 초자연적 역사를 강조하면서도 그러한 은혜를 받기 위한 수단들을 적극적으로 활용할 것을 권면하였다. 율법은 불신자에게 죄와 심판에 대해 가리키고, 죄인으로 하여금 그리스도를 바라보게 만드는 역할을 한다. 이러한 점에서 하나님의 초자연적 역사 혹은 절대 주권적 은혜를 강조하는 것이 은혜의 수단들을 활용하는 것과 대립하지 않는다.

청교도의 회심 교리를 준비주의로 오해하는 이유는 율법의 용법을 행위 구원론, 혹은 공로주의와 연관시키기 때문이다. 하지만 청교도들과 에드워즈 그 누구도 율법을 통한 행위 구원론을 주장하지 않았다. 청교도들은 칼빈을 비롯한 개혁주의 신학자들이 주장한 율법의 용법을 고스란히 전수 받았으며 율법을 통한 성령의 일반 은총을 강조하였다. 한편에서는 율법주의를 견지한 아르미니우스주의를 비판하면서 율법 자체가 어떤 복음의 능력을 가지고 있다는 점을 반박했다. 또 다른 한편에서는 율법의 폐기를 주장했던 반율법주의자들을 반대하여 하나님께서 은혜를 수여하실 때에 은혜의 수단들을 멸시하거나 폐지하는 것이 아니라, 오히려 사용하신다고 주장했다. 반율법주의자들의 주장을 경계하며 청교도들은 자연적 인과의 원리에 따라 율법이라는 은혜의 수단이 회심의 본질에 있어서 매우 중요한 역할을 한다고 보았다. 에드워즈 역시 아르미니우스주의와 반율법주의의 오류를 익히 잘 알고 있었다. 특별히 반율법주의를 즉각적인 회심의 가능성을 주장한 열광주의자들 및 신비주의자들 문제점과 연결시키면서, 하나님의 초자연적 역사가 은혜의 자연적 수단들을 무시하는 행동으로 이어지는 것을 경계하였다. 이에 따라 에드워즈는 율법이 회심에 있어서 가지는 인과의 원리를 강조했다. 그는 율법이 불신자 혹은 자연인의 본성에 인간의 죄악과 그에 따른 심판을 고발하고, 자연인은 본성적으로 그와 같은 죄의 보복을 인정하게 된다고 증명하였다. 믿음의 준비에 대한 에드워즈의 관심과 회심의 초자연적 은혜와 자연적 수단의 활용에 대한 균형잡힌 관계와 반율법주의에 대한 경계 위에 제시된 인과성의 원리는 에드워즈의 준비교리가 하나님의 주권적 은혜와 율법에 대한 인간의 순종 사이의 조화를 꾀하고 있음을 보여준다. 다시 말해 에드워즈의 준비교리는 개혁주의의 입장을 고수하고 있으며 칼빈과 개혁파 정통, 특별히 청교도의 신학 위에 서 있다.

5부
17세기 정통 스콜라 개혁주의: 신학의 체계화

13장 개혁파 스콜라 신학서론: 페트루스 판 마스트리흐트(1630-1706)

14장 개혁파 스콜라 성경교리: 프란시스 툴레틴(1623-1687)

15장 개혁파 스콜라 언약 교리: 요하네스 콕세이우스(1603-1669)

13장

개혁파 스콜라 신학서론

: 페트루스 판 마스트리흐트(1630-1706)[1]

1. 서론

본 글의 목적은 신학의 이론과 실천적 측면을 종합함으로써 개혁파 정통의 신학적 모델을 구현한 마스트리흐트의 신학 서론을 분석하는 것이다. 근대 초기 (c. 1685-1725), 철학과 과학 분야의 급진적 운동들의 물결에 직면하여,[2] 마스트리흐트는 신학과 경건, 설교와 신학, 성경과 이성, 그리고 성경과 교리의 종합을 이룩했다. 구속의 의미와 경건을 열망했던 에드워즈가 성경 다음으로 읽어야 할 책으로 마스트리흐트의 『이론과 실천』을 꼽은 것도 이와 같은 맥락에서다.[3] 하지만 아직까지 그에 대한 연구는 소수의 작품들

---

[1] 본 글은 2021년에 「한국개혁신학」 70에 게제된 글로, 책의 목적에 맞추어 글을 수정 및 편집하여 책에 포함시켰음을 밝힌다. 원 논문을 위해 다음을 보라. 류길선, "17세기 개혁파 정통주의의 신학과 실천의 관계성 연구: 페트루스 판 마스트리흐트의 신학 서론을 중심으로," 「한국개혁신학」 70(2021), 48-82.

[2] 토드 레스터, "영역자 서문," 『마트리흐트의 이론과 실천 신학: 신학서론』, 박문재 역 (서울: 부흥과개혁사, 2019), 31.

[3] Jonathan Edwards, "1747/7 Letter to Joseph Bellamy," The Works of Jonathan Edwards 73 vols. ed. George S. Claghorn (New Haven: Yale University Press, 1998). 마스트리흐트의 신학은 에드워즈의 언약신학에 지대한 영향을 끼쳤다. 다음을 보라. Adriaan C. Neele,

에 그치고 있으며, 그 가운데 신학의 이론과 실천의 관계를 규명하는 작품은 거의 없다.[4]

필자는 마스트리흐트가 신학의 본질을 성경 계시로부터 도출하여 신학 전체가 이론과 실천의 관계 속에 놓여 있도록 신학 서론을 개진하고 있음을 증명한다. 신학서론이 이론과 실천의 원리를 제공한다면, 나머지 모든 신학 체계는 이론과 실천의 적용이다. 독자의 이해를 위해 필자는 본고에서 다루려고 하는 마스트리흐트의 『이론과 실천 신학』 제2판에 나타난 논의 전개 방법과 구성을 살펴봄으로써 논의의 장을 열고, 본격적인 담론으로 넘어가 신학의 본질에 관한 마스트리흐트의 관점을 신학방법론과 신학의 정의

"Appendix VIII: Mastricht and Edwards", in Adriaan C. Neele's Petrus van Mastricht (1630-1706): Reformed Orthodoxy: Method and Piety (Leiden: Brill, 2009): 316‒-20. Cf. William S. Morris, The Young Jonathan Edwards: A Reconstruction (Brooklyn: Carlson, 1991), 247, 284, 564.

4 마스트리흐트의 『이론과 실천신학』 1권이 영역으로 2018년에 출간되었고, 국문 번역은 2019년에 출간되었다. 아직 6권의 출간을 기다리고 있는 것을 고려하면, 현재까지 출간된 저술들이 그다지 많지 않다는 것은 전혀 이상하지 않다. 지금까지 연구된 저술들은 리차드 멀러의 작품들, 아드리안 닐(Adriaan C. Neele)의 박사 논문과 소논문, 아자 하우드리안(Aza Goudriaan)의 저서, 그리고 기타 몇몇 학자들의 소논문들이 있으며, 한국의 경우, 가장 최근에 마스트리흐트의 성경 묵상에 관한 연구 논문이 나온 바 있다. 하지만 이 모든 작품들 가운데 이론과 실천의 관계를 집중적으로 해제하는 시도는 없었다. Richard A. Muller, *After Calvin*, 한병수 역, 『칼빈 이후 개혁신학』 (부흥과개혁사: 서울, 2014; 2쇄, 2014); Neele, Adriaan C. Petrus van Mastricht (1630-1706): Reformed Orthodoxy: Method and Piety (Leiden: Brill, 2009); idem, "The Class of 1652 of the Academia Voetiana," The Confessional Presbyterian 15 (2019): 41-48; idem, "The Reception of John Calvin's Work by Petrus van Mastricht(1630-1706)" in Church History and Religious Culture 91 (2011): 149-163; Aza Goudriaan, Reformed Orthodoxy and Philosophy, 1625-1750: Gisbertus Voetius, Petrus van Mastricht, and Anthonius Driessen (Leiden: Brill, 2006); Steven J. Duby, "Divine Simplicity, Divine Freedom, and the Contingency of Creation: Dogmatic Responses to Some Analytic Questions," Journal of Reformed Theology 6/2 (2012): 115-142; Allen Stanton, "Whether Regeneration be Necessarily Connected with Baptism?: Petrus van Mastricht and the Efficacy of Infant Baptism," Mid-America Journal of Theology 29 (2018): 129-147; Andrew M. Leslie, "Retrieving a Mature Reformed Doctrine of Original Sin: A Conversation with Some Recent Proposals," International Journal of Systematic Theology 22/3 (2020): 336-360; 최신광, "17세기 개혁주의 안에서의 성경 묵상에 관한 연구: 페트루스 판 마스트리흐트(Petrus van Mastricht)의 『이론과 실천 신학』(Theoretical-Practical Theology)을 중심으로," 전도와 신학 35 (2020): 88-109.

를 통해 분석한다. 그 다음 신학의 원리로서의 성경을 실천과 적용을 중심으로 살펴본 후, 신학 서론의 마지막 부분인 신학의 구분(The Distribution of Theology)은 간단히 요약하며 마무리 할 것이다.

2. 『이론과 실천 신학』 제2판의 논의 전개 방법과 구성: 이론과 실천의 관계

신학서론의 내용을 다루기 전에 먼저 마스트리흐트의 『이론과 실천 신학』 제2판의 논의 전개 방식과 구성을 살펴볼 필요가 있다. 이는 이론과 실천의 관계에 대한 그의 관점이 작품의 전개 방법과 내용의 배열 또는 구성 속에 고스란히 드러나기 때문이다. 먼저 방법론과 관련하여, 마스트리흐트는 석의, 교리, 변증, 실천이라는 사중 모델(fourfold model)을 사용하여 신학서론을 전개한다. 이러한 방식은 마스트리흐트가 처음부터 독창적으로 개발한 것이라기 보다는 이미 개혁주의 선조들의 신학 방법론에 뿌리를 두고 있다.[5] 마스트리흐트가 1699년판 헌사에서 밝히는 것처럼, 위트레흐트의 신학부 교수들이었던 푸치우스, 카롤루스 더 마츠(Carous de Maets, 1597-1651), 호른베크 등과 같은 신학자들은 개혁신학과 참된 실천의 결합을 위해 부단한 노력을 기울였다.[6] 아드리안 닐(Adriaan C. Neele)에 따르면 토마스 아퀴

---

[5] 칼빈의 『기독교 강요』와 신앙교육서는 성경 석의와 기초적인 교리의 뼈대를 제공했다. 동시대인들인 버미글리와 무스쿨루스의 보편신학 논제들(Loci Communes)은 정통주의의 신학 서론의 세부적인 기초를 제공했으며 17세기 정통주의 신학자들은 다양한 이단과 분파들의 공격에 맞서 올바른 개혁신학을 고수하기 위해 논쟁적인 부분을 발전시켰다. Richard A. Muller, *Post-Reformation Reofrmed Dogmatics: The Rise and Development of Reformed Orthodoxy, ca. 1520 to ca. 1725*. 4 vols. 2nd ed., (Grand Rapdis: Baker, 2003), 1:105-107; hereafter PRRD I.

[6] Petrus van Mastricht, Theoretical-Practical Theology, 박문재 역, 『마스트리흐트의 이론과 실천 신학』, (서울: 부흥과개혁사, 2019), 200. 본고는 편의를 위하여 국문 번역본을 사용하였으며, 번역되지 않은 부분은 마스트리히트의 라틴어판을 사용했다.

나스(1225-1274)의 『신학대전』(Summa theologica)과 『순수 신학 개요』(Synopsis purioris theologiae, 1625)에서 배웠던 변증 및 조직신학과 더불어 "스콜라주의적인 논쟁, 랍비들의 해석을 함께 다룬 성경 석의, 경험적이고 실천적인 신학에 대한 푸치우스와 호른베크의 강조 등이 마스트리[히]트의 신학적 사고를 형성하는 데 기여했"다.[7] 실천적인 부분은 개혁파 정통주의가 이론과 사변에 머물러 있는 것이 아니라, 처음부터 신학이 경건을 함유하고 있다는 개혁주의 신학의 모토를 강화하고 발전시킨 것이다.[8] 따라서 마트스리히트의 개혁주의 선배들에게서 성경 석의, 교리, 논쟁, 실천의 요소들을 발견하기란 어렵지 않다.

사중 모델 전개 방식과 함께 주목해야 할 사실은 마스트리흐트가 신학 전체의 방법론적인 배열을 제시함으로써 신학 주제들의 위치를 쉽게 파악할 수 있도록 의도했다는 점이다. 그의 작품을 개괄적으로 해부해 보면, 제1부는 신학의 본질, 원리, 구분으로 이루어진 신학 서론으로 시작한다. 그 다음 신학 체계의 이론적 측면인 믿음이라는 주제 하에, 신앙의 대상인 하나님의 속성, 작정, 섭리, 구속, 경륜 등을 다룬다. 제2부와 제3부는 신학체계의 실천적인 부분으로서 각각 일반적인 의미에서 구체적인 의미로 나아가는 방식을 취한다. 예를 들어 2부의 주제인 도덕적인 것들은 일반적인 의미에서 믿음의 실천에 관한 내용들을 다루며, 여기에 포함된 내용은 본질, 규범, 속성, 실천적인 부분들로 구성된다. 구체적인 의미의 믿음의 실천에서는

---

[7] 아드리안 닐, "페트루스 판 마스트리흐트 (1630-1706): 생애와 활동,"『마트리흐트의 이론과 실천 신학: 신학서론』, 박문재 역 (부흥과개혁사: 서울, 2019), 45. 푸치우스가 마스트리흐트에게 끼친 영향에 관해 다음의 논문을 보라. Neele, "The Class of 1652 of the Academia Voetiana", 41-48, 202.

[8] 이 점은 개혁파 정통주의를 루터파 경건주의와 구별시킨다. 필립 야콥 스페너(Philip Jacob Spener, 1635-1705)를 중심으로 시작한 루터파의 경건주의는 스콜라적 정통주의에 대한 반작용으로 출범했다. 그는 개신교 전통의 교리를 지지하였으나, 교리가 신앙을 대체할 수 없다고 함으로써, 교리와 신앙, 이론과 실천 사이에 이분법적인 관점을 견지했다. 스페너에 영향을 받은 독일의 경건주의는 신학과 경건 사이에 구별을 두었고, 현대신학의 슐라이어마허에까지 이른다. 반면, 종교개혁자들과 개혁파 정통주의 학자들은 교의학과 경건사이에 긴장을 두지 않았으며, "이론과 실천, 배움과 경건의 통합"을 지향했다. Muller, 『칼빈 이후 개혁신학』, 289-290.

신앙, 그리고 이웃에 대한 정의와 불의 등을 다룬다. 이러한 이론과 실천의 관계, 그리고 일반과 구체적 의미로의 구분을 따르는 신학 논제의 배열은 17세기 개혁파 정통주의가 추구한 일반적인 신학 논제 방법론이었다.

『이론과 실천신학』 제2판의 주제 구성 역시 그의 개혁파 선조들의 영향을 받았다. 마스트리흐트가 보다 완성된 형태의 신학서론을 작성하기 위해 2부를 첨가한 것은 윌리엄 에임스(William Ames, 1576-1633)의 영향을 반영한다.[9] 에임스는 그의 작품 『신학의 정수』(the Merrow of Theology)를 두 권으로 구분하여, 1권에서 신학의 본질과 조직신학의 내용을 포괄하는 이론을, 2권에서 순종과 덕행들을 포함한 실천을 취급한다.[10] 또한 그는 퍼킨스의 영향이 농후하게 베어 있는 『양심의 사례들』(Conscience with the Power and Cases)에서 양심의 본질(1권), 실제적인 양심의 사례 또는 표징(2권), 그리고 기독교의 삶의 미덕들(3권)을 다룬다.[11] 에임스의 방법을 따라 마스트리흐트는 1699년 판본에 추가된 "도덕신학 개요"에서 믿음을 주제로 하여 순종, 양

---

[9] 엘리자베스 통치 시대에, 에임스는 경건의 삶을 강조하는 청교도 운동에 지배적인 영향을 받으며 참된 회심을 경험했다. 그는 프랑스 위그노였던 피터 라무스(Peter Ramus)의 철학과 교육학적 체계를 수용하면서, 가장 경건한 비국교도(Nonconformist) 가운데 한 사람으로 정평이 났으며, 경건에 있어서 자신의 스승들을 넘어섰다. Jan van Vliet, The Rise of Reformed System: The Intellectual Heritage of William Ames (Paternoster, Kindle Edition, 2014), 64-65.

[10] William Ames, The Marrow of Sacred Divinity, Doawne out of the Holy Scriptures, and the Interpreters thereof, and Brought into Method (London: Edward Griffin for Henry Overton…, 1642).

[11] 에임스는 『양심의 사례들』 서문에서 퍼킨스의 지대한 영향을 언급하며 시작한다. William Ames, Conscience with the Power and Cases thereof Devided into V. Books. Written by the Godly and Learned, Wiliam Ames, Doctor, and Professor of Divinity, in the Famous University of Franeker in Friesland, Translated out of Latine into English, for more Publique Benefit ([Leyden and London]: Imprinted [W. Christianes, E. Griffin, J. Dawson], 1639), A3-2. 퍼킨스는 이미 양심론에 관한 책을 출판한 바 있다. William Perkins, A Discourse of Conscience wherein is set downe the nature, properties, and differences thereof: as also the way to get and keepe good conscience. ([Cambridge]: Printed by John Legate, printer to the Universitie of Cambridge, 1596). 퍼킨스의 실천신학적 기여와 양심론의 의의에 관해 다음의 논문을 보라. Mark R. Shaw, "The Marrow of Practical Divinity: A Study in the Theology of William Perkins" (Ph.D. Diss., Westminster Theological Seminary, 1981).

심, 덕행, 겸손 등의 기독교의 미덕들을 서술한다. 또한 "진리의 대적들"을 맞서기 위한 준비로, 제3부 "금욕신학 개략"(Sketch of Ascetic Theology)이라는 주제를 더함으로써, 경건의 실천(Exercise of Piety)을 삶의 모든 영역 속에 적용하기를 시도한다. 비록 제2부와 제3부의 내용을 확장하고자 했으나, 그의 의도가 독자들로 하여금 "좀 더 실천적인 것들"에 관심을 기울이도록 하는 것이었으므로, 마스트리흐트는 그의 책이 지나치게 방대해지지 않도록 유의했다.[12] 그 결과 『이론과 실천 신학』 제2판은 초판(1698)에 비해 더 완전하고 균형 잡힌 이론과 실천의 신학 체계를 갖추게 되었다. 이와 같이, 마스트리흐트는 개혁파 선조들의 신학 방법론을 토대로 신학의 주제와 내용이 적정한 위치와 배열에 따라 실천적 원리와 적용으로 이어지는 방법과 체계를 유지, 발전, 완성시켰다.

3. 신학의 본질: 신학 방법론과 신학의 정의

마스트리흐트는 성경 석의에 기초하여 신학의 본질을 크게 세 가지 정리(theorem)를 통해 다룬다. 신학방법론에 대한 정의, 정의되는 대상으로서의 이론적 실천적 기독교 신학에 대한 정의, 그리고 마지막으로 신학의 정의가 그것이다. 신학의 본질에 대한 내용이 구체적이며 방대하고 중복된 부분들이 있으므로, 본 글의 목적상 신학과 실천의 관계를 풍성하게 드러내고 있는 신학 방법론과 신학의 정의를 구체적으로 분석하고, 유사한 내용이 반복되는 두 번째 정리는 다루지 않는다.[13]

---

12 마스트리흐트, 『이론과 실천신학』, 209-210.
13 신학의 본질에서 마스트리흐트가 제시하는 두 번째 정리는 신학의 정의 대상이다. 마스트리흐트는 정의(the definitio)를 단정의 범위 혹은 본질적/범위적 속성들의 목록으로 보는 반면, 정의의 대상(the definitum)을 정의가 적용되는 대상으로 본다. 마스트리흐트, 『이론과 실천신학』, 232 fn. 1과 2. 마스트리흐트는 신학의 본질과 성격을 다루고 있는 신학의 정의를 다루기 전에, 신학이 정의되는 대상으로서의 기독교 신학을 교리적, 변증적, 실천적으로 논한다. 신학

3.1 신학 방법론

마스트리흐트는 디모데전서 6:2-3[2c-4)[14]에 대한 성경 주해로부터 신학의 본질을 도출하고 기독교 신학이 어떻게 이론적이고 실천적인지 묘사한다. 간단히 석의 내용을 살펴보면, 본문은 크게 두 가지 교훈, 즉 참된 신학과 거짓 신학에 대한 교훈을 내포한다. 먼저 참된 신학과 관련하여, 디모데전서 6:2c의 "이것들을 가르치고 권하라"는 말씀에서 "이것들"이란 그동안 사도 바울이 서신 전체에서 가르쳤던 거룩한 신학으로 기독교 신학을 포괄하는 교리를 가리킨다. 기독교 신학을 전하는 방법은 두 가지인데, 곧 참된 신학을 "가르침"으로 성도의 지성에 정보를 제공하고, "권함"으로 청중의 의지를 움직여 지성에서 인식한 것을 실천에 옮기도록 하는 것이다. 여기서 권함을 의미하는 헬라어 단어, "파라칼레인"은 "권하다," "간청하다," "위로하다"를 의미하며, 이 역할은 파라클레인이라는 단어에서 파생된 "보혜사"의 역할과 동일한 의미를 지닌다. 마스트리흐트는 요한 타르노프(Johann Tarnov)의 말을 인용하여 다음과 같이 쓴다. "즉, 이것은 신학 전체를 이론 부분과 실천 부분으로 나누어 서술함으로써 이 둘이 신학의 두 가지 본질적인 부분을 구성해야 할 뿐 아니라, 신학 전체를 이루고 있는 각각의 구성 부분에서도 각각의 신학 주제와 관련해서도 이론과 실천을 함께 다

의 정의 대상이란 딤전6장의 석의에서 살펴본 것처럼 이론적이며 실천적인 기독교 신학이다. 마스트리흐트는 이론적 실천적 기독교 신학이 필요한 이유는 무엇인가? 왜 기독교 신학은 이론적이며 실천적이어야 하는가? 일반적인 의미에서 신학이란 명칭은 어디에서 유래했는가? 기독교 신학과 자연 신학의 관계는 무엇인가? 등의 내용들을 교리적으로 분석한 이후, 변증 부분으로 넘어가, 이교도 신학, 자연신학, 그리고 로마 가톨릭의 스콜라주의 신학의 문제와 한계를 지적한 후, 학교에서 사용하는 계시신학으로서의 스콜라주의 신학의 유익함을 묘사한다. 그 다음 실천적인 부분에서 다루는 내용들은 첫 번째 정리인 신학방법론에 대한 논의와 유사한 점이 많다. 마스트리흐트, 『이론과 실천신학』, 246-283.

14 "너는 이것들을 가르치고 권하라 누구든지 다른 교훈을 하며 바른 말 곧 우리 주 예수 그리스도의 말씀과 경건에 관한 교훈을 따르지 아니하면 그는 교만하여 아무것도 알지 못하고 변론과 언쟁을 좋아하는 자니 이로써 투기와 분쟁과 비방과 악한 생각이 나며"

루어야 한다는 것을 보여주는 것이다."[15] 결론적으로 신학 전체(이것들)가 이론(가르침 혹은 교리)과 실천(권면 혹은 적용)으로 이루어져야 한다.

둘째 거짓 신학과 관련하여, 본문은 세 가지를 피할 것을 말씀한다. 먼저 피해야 것은 거짓 교훈으로, 사도 바울은 참된 교훈과 거짓교훈을 구별할 수 있는 네 가지 지침을 제공한다. 거짓 교훈은 다른 교훈(딤전 6:3a), 즉 "그릇된 것"을 가르치고, 사도들과 선지자들의 가르침에서 벗어나 어떤 내용을 가감 및 변경하고(딤전 6:3a), 하나님의 능력과 지혜이신 그리스도를 올바르게 가르치지 않으며(딤전 6:3b), "경건에 따른 교훈"을 전하지 않는다(딤전 6:3c). 두 번째 피해야 할 대상은 "교만하여 아무것도 알지 못하"는 거짓 교사들이다(딤전 6:4a). 마지막으로 위에서 언급했던 거짓 교훈과 거짓 교사들의 열매와 결과인 투기와 분쟁 등을 피해야 한다(딤전 6:4b).[16] 참된 신학과 거짓 신학의 구별에 대한 성경 석의로부터 마스트리흐트가 계속해서 강조하는 원리는 올바른 교훈과 경건이라는 이론과 실천의 완벽한 결합이다. 성경 본문은 신학 자체가 이미 이론과 실천을 내포하고 지향하며, 이에 따라 이론과 실천의 관계는 분리된 영역이 아니라 신학의 모든 주제들 속에 함께 스며들어 있다.

성경 석의에서 이론과 실천의 완벽한 결합을 강조했다면, 마스트리흐트는 교리 부분에서 이론과 실천 사이의 질서를 강조하는 신학 방법론에 대한 논의로 시작한다. 그에 따르면 신학이 "특정한 질서 안에서 가르쳐져야 한다"는 신학 방법론이 교리적으로 배태된다. 신학의 방법은 "신학과 실천이 언제나 보조를 같이 해서 함께 동행할 수 있게 해 주"며 실천이 신학을 뒤따르는 식으로 함께 해야 한다. 성경은 질서와 체계의 방식을 따라 신학이 가르쳐져야 한다고 계속해서 천명하고 있다. 성경 석의에서 언급한 것처럼, 먼저 가르치고 그 다음 권하는 순서가 뒤따른다. 성경은 언약을 만사에 구비

---

15 마스트리흐트, 『이론과 실천신학』, 233-234.
16 마스트리흐트, 『이론과 실천신학』, 234-236.

된 언약(삼하 23:5), 즉 질서의 언약으로 묘사한다. 인정받은 일꾼은 진리의 말씀을 옳게 구분하며(딤후 2:15), 예배는 합리적인 방식에 따라 배열되었기 때문에 "합당한" 예배로 불린다(롬 12:1). 십계명, 주기도문, 교리문답인 히 6:1-2, 그리고 바울 서신 대부분은 신학의 체계적인 배열을 보여주는 대표적인 예다. 성경의 논제들이 여기 저기 흩어져 있기에, 이것들을 "질서와 방법을 따라 배열하는 것은" 필수적인 작업이다. 이단들의 은밀한 침투에 직면하여 초대 교회가 신학을 체계적으로 배열하기 시작한 결과, 사도신경, 니케아 신조, 에베소 신조, 칼케돈 신조, 그리고 교부들의 저술들이 작성되었다. 또한 중세 신학자들(다마스쿠스의 요한, 롬바르두스, 대 알베르투스, 토마스 아퀴나스, 스코투스, 보나벤투라 등)과 종교개혁자들(츠빙글리, 루터, 멜랑히톤, 칼뱅, 불링거, 무스쿨루스, 아레티우스, 버미글리, 우르시누스, 잔키우스 등)의 저술들도 신학 논제들을 하나의 체계로 배열하고자 했다.[17]

개혁주의 신학의 조직적 체계는 하나님이 인간을 이성적 존재로 창조하셨다는 사실에 기인한다. 루이스 벌코프(Louis Berkhof, 1873-1957)는 신학의 조직적 구성에 관하여 하나님이 부여하신 "인간의 이성은 개별적인 진리들을 그저 수집하는 데만 만족하지 못하고 그 진리들을 상호관계 속에서 봄으로써 그것들을 분명하게 이해하고 싶어 한다. 본능적으로 이성은 상호 무관한 진리들을 모으고 분석하고 종합하여 그것들의 상호관계를 분명하게 만든다"고 하였다.[18] 이것은 마스트리흐트가 신학 방법론의 중요성을 세 가지 이유로 확증하는 이유와 동일하다. 첫째, 하나님은 인간을 이성을 가진 존재로 창조하여, "질서와 체계를 지향하는 성향을 수여"하셨다. 그로써 "하나님이 모든 질서와 체계의 근원"이라는 사실을 보여주시고, 모든 일이 질서 있

---

[17] 마스트리흐트, 『이론과 실천신학』, 236-238. 마스트리흐트는 중세 신학자들의 저술들을 옹호하는 것이 아니라 체계의 필요성에 대한 예시로서 제시하고 있다. 오히려 마스트리흐트는 위에 언급된 중세 신학자들이 철학적 신학을 추구한 교황주의자들이었다고 비판한다. 다음을 보라. 마스트리흐트, 『이론과 실천신학』, 263-264.

[18] Louis. Berkhof, Systematic Theology, 권수경·이상원 역, 『조직신학』(고양: 크리스챤다이제스트, 2002; 2쇄), 21.

게 운행되도록 하셨다. 둘째, 신학이 성경 전체에 흩어져 있다는 사실은 "교리들을 서로 부합하는 방식으로" 구성할 것을 요구한다. 마지막으로 신학 방법의 중요성은 그 방법이 지니고 있는 유익에 기인한다. 마스트리흐트는 방법의 유익과 탁월성을 다음과 같이 진술한다.

> 그렇다면 방법은 무엇인가? 방법은 가르쳐야 할 주제들에 명료성을 부여하고, 그 주제들을 하나의 연쇄로 연결시킴으로써 논리적 추론에 대한 지식을 통해 쉽게 기억할 수 있게 해 주고, 어떤 것이 빠졌을 경우에는 쉽게 복원할 수 있게 해 준다. 게다가 방법은 논증에 탁월성과 우아함을 더해 준다. 필로[Philo Judaeus]의 말에 의하면, 방법이 없이는 "지식 없는 지식"이 생겨나기 때문이다. 신학적인 문제에서 그런 유익을 거부할 권리가 과연 우리에게 있는 것인가?[19]

신학 방법의 유익함은 자연스럽게 어떤 방법이 가장 적절한 지에 대한 논의로 이어진다. 성경석의에 기초하여 마스트리흐트는 바울 사도가 디모데에게 권한 방법, 즉 참된 신학을 가르친 다음 권하는 방식이 가장 뛰어나다고 주장한다. 참된 신학이란 사람이 믿어야 할 가르침을 서술하고 행해야 할 것들을 제시한다. 이에 따라 가장 탁월한 신학 방법론은 먼저, 건물 전체의 기초와 같은 작업으로서 신학의 논제들을 성경을 통해 증명하고 합리적 이성으로 확증하며, 논제의 모든 구성 요소들을 설명하는 것이다. 성경 석의를 토대로 교리의 기초 작업이 끝나면 그 다음 거짓 교리에 대항하여 변증 과정을 통해 성경의 참된 교훈이 올바르다는 사실을 증명한다. 마지막으로 "적용과 실천 없이는 앞에서 한 모든 작업은 철저히 무익한 것"이 되므로 이론과 실천을 결합해야 한다.[20]

---

[19] 마스트리흐트, 『이론과 실천신학』, 239-240.
[20] 마스트리흐트, 『이론과 실천신학』, 240-241. 마스트리흐트가 제시하는 최선의 방법이란 『이론과 실천 신학』에서 개진하는 4중 모델 방법론과 정확히 일치한다. 여기에서 우리는 마스트리흐

3.2 신학의 정의

신학의 정의는 처음부터 마지막까지 이론적이며 실천적인 내용을 담고 있다. 마스트리흐트는 진술하기를, "이론적이면서 실천적인 기독교 신학은 그리스도로 말미암아 하나님을 위해[향해] 살아가는 것에 관한 가르침[doctrine], 달리 말하면 경건에 따른 가르침(딤전 6:3)이자 경건에 따른 진리의 지식(딛 1:1)"이라고 했다. 성경은 신학 전체가 인간의 삶을 하나님을 향하도록 하는데 집중한다고 가르친다. 신학의 이론을 의미하는 가르침이란 경건에 따른 진리의 지식을 의미하며, 경건이란 하나님을 위해 사는 삶에 다름 아니다.[21] 신학의 정의에서 중요한 단어와 문구는 가르침 혹은 "교리"(doctrine), "하나님을 향해 살아가는 것,"(living for God) 그리고 "그리스도를 통하여"(through Christ)이다. 신학이 교리라고 불리는 이유는 "오성, 지식, 지혜, 명철, 기술" 등과 같이 철학에서 사용되는 용어들을 배척하고 차별화시키기 위함이 아니라, 오히려 이 모든 용어들을 포괄하는 단어이기 때문이다. 또 다른 이유는 신학의 기원이 계시에 기초하기 때문이다. 다른 모든 학문들은 감각과 경험에 기초하여 귀납적 추론의 방식을 취하여 완성에 이르는 반면, "하나님을 위해 살아가는 법"은 처음부터 위로부터 내려오며 하나님의 "가르침과 계시"에 의존한다.[22]

신학이 "살아가는 것"을 의미한다는 사실은 몇 가지 근거를 지닌다. 첫째, 인간의 삶 전체를 도덕적·윤리적으로 형성하는 학문 분과가 존재하지

트의 4중 모델 신학 방법이 딤전6:2c에 기초하고 있으며, 성경과 이성적 원리의 관계를 긴밀하게 연관시키고, 논리성이라는 학문의 원리를 신학적 원리에 도입하고 있음을 확인할 수 있다.

21 마스트리흐트, 『이론과 실천신학』, 283-285.
22 마스트리흐트, 『이론과 실천신학』, 286-287. 동일한 정의가 에임스에게서도 발견된다. 에임스는 신학의 본질에 대한 논의를 신학의 정의로 시작하기를, "신학이란 하나님을 위한 삶의 교리"라고 진술한다. 신학이 교리라고 불리는 이유는 "지성, 과학, 지혜, 기술, 명철이라는 명칭"이 신학에 속하지 않았기 때문이 아니라". 이 규율이 자연과 인간의 발명으로부터가 아닌 신적 계시와 제도로 말미암기 때문이다. 복음은 사람으로부터가 아니라 하늘로부터 즉 계시에 의해 형성된 것이다. Ames, *The Marrow of Sacred Divinity*, 1-2.

않기에 삶의 교리는 신학에 속한다. 둘째, 성령은 하나님의 말씀과 함께 인간의 모든 행위를 형성한다. 마지막으로 가장 고귀한 학문으로서의 신학의 대상은 그에 마땅한 고귀한 대상을 가지게 되는데, 그 대상이란 다름 아닌 삶이다. "삶은 가장 보편적인 행위로서 모든 행위의 토대이고, 삶 없이는 어떤 행위도 존재할 수 없"다. 하지만 신학은 단순히 살아가는 것에 관한 교리라고 할 수 없는데 왜냐하면 삶의 궁극적인 목적은 "하나님을 지향"하는 것이기 때문이다. 하나님이 없이는 인간의 삶의 모든 행위가 온전한 방향으로 나아 갈 수 없으며 이러한 삶의 방향을 알려주는 학문은 신학 외에 존재하지 않는다.[23]

마지막으로 신학이 참된 기독교 신학이 되려면 반드시 "그리스도를 통한" 삶을 수반해야 한다.[24] 하나님을 향해 사는 삶은 다른 종류의 신학에서도 찾아 볼 수 있다. 하지만 인간의 삶은 "오직 그리스도 안에서만 하나님을 기쁘게 해 드릴 수 있다." 그리스도가 행하시고 당하신 의의 전가로 인해, 성령께서 우리 속에 들어오심으로, 그리스도 안에 있는 자마다 살아난 존재가 되었다. 그리스도 안에 있지 않는 자마다 어떠한 선행도 행할 수 없으며 오히려 죄를 짓지 않을 수 없는 상태에 머물러 있다. 그리스도의 몸된 지체들은 머리가 공급해 주는 힘을 통해 참된 열매를 맺는다. 더 나아가 그리스도께서는 삶의 모범을 친히 보여주셨으며 우리 속아 살아 역사하셔서 모든 곳에서 "그리스도의 겸비와 순종과 거룩함과 의"를 드러내심으로 우리 속에 "그리스도의 생명"을 나타내신다.[25]

---

23 마스트리흐트, 『이론과 실천신학』, 287-288.
24 마스트리흐트, 『이론과 실천신학』, 289. 기독교 신학 이외에도 삶을 강조하는 신학들이 있어 왔다. 카이퍼에 따르면, 이교, 이슬람교, 로마 가톨릭과 같은 종교들은 일반적으로 하나님과의 관계, 인간과의 관계, 그리고 세계와의 관계를 포괄하는 통일성을 함축한다. 이교는 피조물 속에서 하나님을 찾고 예배한다. 이슬람교는 하나님을 경배하되 하나님을 피조물로부터 고립시킨다. 로마 가톨릭은 하나님과 인간 사이에 제도로서의 교회를 중간 매개체로 세운 결과 하나님을 향한 직접적인 예배와 삶을 단절시키다. Abraham Kuyper, *Lectures on Calvinism*, 김기찬 역, 『칼뱅주의 강연』(경기: CH북스, 2019), 11-12.
25 마스트리흐트, 『이론과 실천신학』, 290-291.

신학의 정의에서 반드시 주목해야 할 사실은 신학의 정의가 구원론적인 성격을 함축하고 있다는 점이다. 이는 신학의 구원론적 성격이 마스트리흐트가 이해하는 실천의 의미를 분명히 밝혀주기 때문이다. 이론적 실천적 신학은 단순한 도덕적 교훈과 적용에 머무는 것이 아니라 최종적인 목적으로 하나님의 영광을 지향한다. 이미 "그리스도를 통하여 하나님을 향해 사는 삶의 교리"라는 정의에서 살펴본 것처럼, 신학은 이론에 머물러 있는 것이 아니라 하나님을 향한 삶이라는 실천론적 목적과 방향성을 내포하고 있다. 이것이 마스트리흐트가 신학의 정의에서 신학의 목적을 다루는 이유이다. 그에 따르면, 하나님을 향해 사는 삶의 교리는 두 가지로 구분되는 데 첫째는 하나님의 영광과 관련하여 "제대로 살아가는 것"이며, 둘째는 인간의 구원과 관련하여 "복되게 살아가는 것"이다. 마스트리흐트는 다음과 같이 진술한다.

> 신학의 목적과 관련해서 최고의 목적은 하나님의 영광이고(고전 10:31; 잠 16:4; 롬 11:36) 두 번째 목적은 우리의 구원이라는 것(벧전 1:9)은 확증된 것임에 틀림없다는 것이다. 하지만 이 두 목적은 우리의 추론에서처럼 그 실질적인 내용이 그렇게 다르지 않다. 우리의 구원은 우리가 하나님과 연합되어 교제하고 하나님을 누리는 것이고(우리의 구원은 이런 것이다), 그렇게 함으로써 하나님을 우리의 최고의 선이자 우리의 궁극적인 목적으로 인정하고 송축하는 것이라는 점에서 하나님께 영광을 돌리는 것 이외의 다른 것에 있지 않기 때문이다.[26]

마스트리흐트에게 실천이란 경건에 따른 지식으로서 두 가지 측면, 즉 궁극적으로는 하나님께 영광을 돌리고 신자 개인에게는 하나님과의 연합을 통해 누리는 구원의 복락이자 열매 맺는 과정이다. 이런 의미에서 멀러는

---

[26] 마스트리흐트, 『이론과 실천신학』, 291.

마스트리흐트와 빌헬무스 아 브라켈(Wilhelmus a Brakel)에게 실천이란 단순히 경건의 훈련들을 위한 보조적 수단으로서의 "기술 혹은 기술에 대한 연구"를 가리키는 것이 아니라고 지적한다. 오히려 실천은 "하나의 목표, 특별히 구원의 목표를 지향하는 역동적인 지식을 의미하는 것이다."[27]

궁극적 목적으로서의 하나님의 영광과 신자 개인의 구원의 복락이 구분된다는 사실로부터 제기되는 문제는 실천의 무게 중심이 어디에 놓이는가 하는 것이다. 예컨대 헤르만 비치우스(Herman Witius, 1636-1708))와 요하네스 콕세이우스(Johannes Cocceius, 1603-1669))도 신학의 실천적 국면을 두 가지 의미의 구속사로 이해했다.[28] 판 아셀트(William van Asselt)에 따르면 비치우스는 구원의 경륜을 구속의 역사보다 개인의 구원 서정에 반추하는 경향을 보인다. 콕세이우스는 구속의 역사적 과정을 신자 개인의 신앙 상태와 연관 짓는다.[29] 마찬가지로 마스트리흐트도 구원의 최종 목적인 하나님의 영광과 신자 개인에게 발생하는 구원의 서정 모두 언급하지만 그의 주 관심은 어떻게 하나님이 교회사 가운데 구원의 지식을 보존하고 강화시켰는지를 묘사하는데 있다.[30] 토드 레스터(Todd M. Rester)가 잘 지적한 바와 같이 마스트리흐트의 관심은 교리적인 논쟁보다는 "하나님과 구원에 대한 진리의 보존과 전승에" 있다.[31] 이는 그가 구속사의 점진적 발전보다는 신구약의 언약적 통일성에 강조점을 두고 있음을 보여준다. 아자 하우드리안은 은혜 언약에 대

---

27 Muller, 『칼빈 이후 개혁신학』, 288.

28 Herman Witsius, The Economy of the Covenants, between God and Man, Comprehending a Complete Body of Divinity, trans. William Crookshank, 2 vols. (Edinburgh: John Turnbull, 1803), III.i.1.1-5 (1:285-287).

29 Willem J. van Asselt, *The Federal Theology of Johannes Cocceius, 1603-1669*, trans. Raymond A. Blacketer (Leiden; Boston; Koln: Brill, 2001), 295n 11.

30 이 점은 은혜언약에 대한 마스트리흐트의 서술에서 드러난다. 은혜언약과 관련하여 Mastricht, Theoretico-practica theologia: qua, per singula capita theologica, pars exegetica, dogmatica, elenchtica & practica, perpetua successione conjugantur, 3rd ed. (Utrecht: Apud W. van de Water, 1724), III.12-V.1 and 2, VIII.1-4를 보라.

31 토드 레스터, "영역자 서문," 34.

한 마스트리흐트의 역사적 조사는 "단일한 언약 형태"에 초점을 맞추고 있다고 주장한다.[32] 즉 단일한 은혜 언약에 대한 믿음이 마스트리흐트의 주 관심사였다는 것이다. 아드리안 닐에 따르면 이 점은 믿음의 위치에 대한 마스트리흐트의 관점을 그의 개혁주의 동료들로부터 구별 짓는다.

> 마스트리흐트에게 믿음은 (1) 은혜언약, (2) 신론, (3) 나머지 교리 체계를 위한 진입 지점이다. 그러므로, 그리스도로 말미암고 성경에 의해 규정된 하나님을 향한 삶의 기술은 여기에서 부가적인 차원, 즉 믿음을 얻는다. 마스트리흐트는 믿음으로 말미암는 하나님을 향한 삶에 관심을 가졌다. 물론 여느 17세기 개혁주의 신학자들도 믿음의 확신을 고수하였지만 마스트리흐트는 분명하게 초기 개신교 개념으로 돌아갔다. 이러한 조직적인 원리들-신학의 구분과 믿음의 확신-은 구원 얻는 믿음(De Fide Salvifica)의 위치에 기여했다.[33]

마스트리흐트에게 하나님을 향한 삶에 대한 관심에 있어서 중요한 요소는 믿음이다. 구원의 서정 전반에 강조점을 두었던 그의 동료들과는 달리 마스트리흐트는 하나님을 향하여 방향이 설정된 성향(habitus)로서의 믿음의 본질에 무게 중심을 두었다.[34] 그가 당대의 개혁파 정통 신학자들과는 달

---

[32] Gourdriaan, *Reformed Orthodoxy and Philosophy*, 223, 222.

[33] Neele, *Petrus van Mastricht*, 110. 마스트리흐트는 그의 책을 크게 신학의 본질과 신학 체계로 나누고, 신학의 본질 마지막 논의에서 신학의 구분을 다룬다. 그 다음 신학 체계에 대한 논의로 넘어가는데, 이 부분은 믿음과 실천으로 세분화된다. 아드리안 닐이 언급한 신학의 구분과 믿음의 확신이라는 조직적인 원리들은 마스트리흐트가 신학의 본질에서 신학의 체계로 넘어가는 진입 지점에서 믿음을 다룬다는 점을 강조한 것이다. 닐이 잘 지적한 것처럼, 마스트리흐트는 신학의 본질에서 실천으로 나아가는 과정에 믿음의 역할이 부각되는 방식의 구조를 취하고 있다. 다음을 보라. 마스트리흐트, 『이론과 실천신학』, 211-212.

[34] Neele, *Petrus van Mastricht*, 94, 110. 신학과 믿음의 논제 위치에 관한 정보를 위해, Neele, *Petrus van Mastricht*, 95-111을 보라. 성향(habitus)에 대한 더 많은 정보를 위해 다음의 글을 참조하라. Victor Babajide Cole, *Training of the Ministry* (Bangalore, India: Theological Book Trust, 2001), 5-10.

리 초기 개념으로 돌아갔다는 것은 그리스도와의 연합에 대한 칼뱅의 관점을 지지했다는 것을 의미하는 바, 칼뱅은 믿음으로 말미암는 그리스도와의 연합이 성령의 역사에 의해 이루어진다고 보았다. 하지만 여기에서 개혁파 정통주의가 일반적으로 가졌던 구원의 서정에 대한 관심과 마스트리흐트의 믿음에 의한 그리스도와의 연합에 대한 강조를 분리나 대립으로 볼 필요는 없다. 비록 구원의 서정에 있어서 구원의 적용순서에 대한 이해에 차이점이 발견되지만, 칼빈 이후 개혁신학의 개혁파 신학자들은 대부분 구원의 서정 순서를 그리스도와의 연합 교리에 기초시키고 있다. 이러한 점에서 마스트리흐트와 그의 개혁파 동료들 사이에 존재하는 차이점이란, 마스트리흐트가 실천에 대한 특별한 관심으로 인해 그리스도와의 연합에 있어서 믿음이라는 요소를 강조하고 있다고 평가하는 것이 옳다.[35] 마스트리흐트에게 믿음이란 신학의 실천에 있어서 그리스도와의 연합을 향한 시작점으로 작용한다. 다시 말해, 마스트리흐트에게 실천은 궁극적인 하나님의 영광을 지향하면서도 그의 주 관심은 신자의 믿음과 훈련과 성장이라는 실천적이고 목회적인 사안에 맞추어져 있다. 그의 실천적인 논의들이 "주로 교리의 개인적인 수용 혹은 적용을 다루"는 이유가 바로 여기에 있다.[36]

---

[35] 이 논의는 상당히 중요한데, 왜냐하면 칼빈의 그리스도와의 연합에 대한 접근방식과 종교개혁 이후 개혁파 신학자들이 구원의 서정에 대해 구성한 방식이 다르다는 주장이 있어왔기 때문이다. 칼빈은 믿음을 통한 그리스도와의 연합을 강조한 반면, 개혁파 신학자들은 그렇게 하지 않았으며 구원의 서정의 순서를 달리 인식했다는 것이다. 이와 같은 주장을 하는 논문들은 다음과 같다. Julie Canlis, "Calvin, Osiander, and Participation in God," *International Journal of Systematic Theology* 6/2 (2004): 169-184; Charles Partee, *The Theology of John Calvin* (Louisvile: Westminster/John Knox, 2008). 이 작품들과 주장들에 관련된 멀러의 비판은 개혁파 정통 신학자들의 통일성과 다양성을 이해하는 데 유용한 관점을 제공한다. Richard A. Muller, *Calvin and the Reformed Tradition*, 김병훈 역, 『칼빈과 개혁 전통』(지평서원: 서울, 2017), 343-408.

[36] 멀러, 『칼빈 이후 개혁신학』, 288.

4. 신학의 원리: 성경

앞에서 살펴본 것처럼, 마스트리흐트가 신학의 본질을 성경 본문의 석의로부터 도출하고 있다는 사실은 이론적 실천적 신학과 교리의 기초가 성경이라는 신학의 원리에 있음을 지시한다. 이제 우리는 신학의 원리로서의 성경과 실천의 관계를 집중 조명하기 위하여 신학의 원리로서의 성경의 위치와 성경론 대부분을 차지하고 있는 석의, 교리, 변증 부분들은 생략하고 곧바로 실천적인 부분에 집중할 것이다.[37]

변증부분에 비교해 볼 때 마스트리흐트가 다루는 성경의 실천 부분은 양이 상대적으로 적다. 하지만 이것은 실천과 적용이 약하다는 것을 의미하지 않는다. 오히려 마스트리흐트가 제시하는 성경의 실천적인 적용은 그 어느 곳에서보다 더 치밀하고 구체적이며 세분화 되어 있다. 마스트리흐트는 실천들의 논리적 연관성, 신자들의 실제적인 삶 속에서 당면할 수 있는 문제들을 고려한 실천의 적실성, 세분화 된 실천 방법의 구체성 등을 고려하면서 모든 종류의 실천을 도출하고 적용하고자 했다. 이는 성경에 관련된 실천에 대해 그가 제시한 열 가지[38] 용도에 잘 나타나 있다. 마스트리흐트에 따르면, 첫 번째 용도는 청중들로 하여금 성경의 권위를 인식하게 하는 것이다. 이를 위해 교회의 박사들과 목회자들은 성경의 신적 권위를 청중들에

---

[37] 마스트리흐트는 성경을 석의, 교리, 변증을 통해 확립 및 증명한 후, 실천부분에서는 성경의 신적 권위가 어떻게 적용될 수 있는지에 대한 실천적 용법을 다룬다. 성경에 대한 석의, 교리, 변증 부분을 간략히 요약하면 다음과 같다. 마스트리흐트는 딤후3:16-17에 대한 성경 석의로 시작하여, 성경이 하나님을 위해 살아가기 위한 완전한 규범이라는 교리를 도출하고 세부적인 내용으로 성경의 용어, 정경, 기원, 속성 등을 논한다. 그 다음 변증 부분은 성경의 권위를 반대하거나 전적으로 인정하지 않는 부류를 불신자들(unbelievers)과 유사기독교(pseudo-Christians)로 구분 한 후, 그들의 오류를 지적한다. 불신자들과 관련하여, 이성이 부패하지 않았다고 주장하는 이교, 성경이 오염되었다고 말하는 이슬람교, 신약은 영감 되지 않았다고 비판하는 유대교의 주장들을 각각 반박하며 성경의 신적 권위를 증명하고, 그 다음 유사 기독교로 분류되는 열광주의자들, 소시니안들, 교황주의자들을 반대하여 성경의 신적 영감, 성령의 조명의 본질, 인간 이성의 오류성, 성경의 필연성, 우월성, 완전성, 명료성들을 구체적으로 논한다.

[38] 마스트리흐트는 실천 부분 시작에서 성경에 관련된 실천이 여덟 가지 용도로 요약된다고 주를 달았으나, 사실상 10가지 용도를 서술하고 있다.

게 "반복적으로 진지하게 역설하고 강조해서 사람의 말이 아니라 하나님의 말씀(사실이 그러하기 때문에)으로 받아들이게" 해야 한다. 이것이 기독교 신앙의 가장 "기본적인 원리"이다.[39] 마스트리흐트가 성경의 신적 권위를 강조해서 가르쳐야 한다고 주장하는 이유는 목회적 관점과 동떨어져 있지 않다. 그는 다음과 같이 개탄한다.

> 기독교회의 담장 너머만이 아니라 담장 안의 가장 중심부에도 성경의 이러한 권위를 알지 못하거나 심지어 부정하는 자들의 수가 얼마나 많은가! 또한 성경의 이러한 권위에 흠집을 내고자 하는 자들의 수가 얼마나 많은가! 끝으로 성경의 이러한 권위를 의심하는 자들의 수가 얼마나 많은가! 게다가 이 문제와 관련해서 조금의 의심도 갖지 않고 성경의 이러한 권위를 늘 변함없이 믿고 확신하는 그리스도인을 거의 찾아볼 수 없다는 것은 두말할 필요도 없다.[40]

목회 현장에 있어서 마스트리흐트는 누구보다도 성도의 입장을 잘 이해하고 있었다. 그가 그토록 성경의 신적 권위를 강조하고, 이것을 성도의 삶 속에 적용하고자 다양한 방법들을 제시하는 이유도 그와 같은 목회적 관점이 작용하기 때문이다. 그는 성경의 권위를 단언하고 역설하는 방법을 세 가지로 제시한다. 첫째는 성도들에게 성경 자체의 자증과 성령의 내적 확신을 통해 가르치고, 둘째는 외부적 공격에 대응하여 성경의 신적 기원에 대한 근거 제시하며, 마지막으로 성경의 권위에 대해 발생할 수 있는 성도들의 의심들을 제거하는 일이다.

성경의 두 번째와 세 번째 실천은 하나님의 말씀을 사랑하거나 반대하는 것과 관련된다. 두 번째 실천은 목회자가 "하나님의 말씀에 대한 사랑,"

---

[39] 마스트리흐트, 『이론과 실천신학』, 414.
[40] 마스트리흐트, 『이론과 실천신학』, 414.

즉 "성경에 대한 애정"을 촉발하도록 해야 한다.[41] 마스트리흐트는 성경에 대한 참된 사랑의 동기, 의미, 방식, 효과들을 언급한 후 그 사랑을 불러일으키는 수단들을 네 가지로 제시한다. 첫째, "하나님의 말씀을 자주 깊이 묵상함으로써 말씀의 탁월성, 유익성, 필요성"을 더욱 알아갈 수 있다. 둘째, 기도를 통한 하나님의 조명하심으로 말씀의 "놀랍고 기이한 것들"을 깨닫게 된다. 세 번째 수단은 하나님의 말씀으로 인하여 얻게 될 열매에 대한 기대감이다. 마지막으로 말씀 사역은 성경에 대한 사랑을 불러일으키는 데 매우 중요한 역할을 한다. 세 번째 실천의 용도는 하나님의 말씀을 사랑하지 못하도록 하는 것들로서, 하나님의 말씀을 "경멸," "멸시," "혐오," "소홀히 함," "저항과 비판"이 있으며 이러한 것들을 조심하고 지양하는 실천을 의미한다.[42]

성경의 네 번째에서 일곱 번째에 이르는 실천은 하나님의 말씀 연구, 말씀 읽기, 말씀 듣기, 들은 말씀에 대한 해석과 연관된다. 마스트리흐트가 주목하는 것은 이러한 것들을 어떻게 구체적으로 실천할 수 있는 지이다. 먼저 말씀 연구를 위한 방법으로서, "말씀에 대한 진실한 사랑과 소원"을 가지고서 말씀 연구에 임해야 한다. 또한 모든 염려를 내려놓고, "말씀을 배우고 행하고자 하는 목표가 합당"해야 하며, 말씀을 자신에게 부지런히 적용함으로서 스스로를 살피고, 범사에 말씀에 집중해야 한다. 말씀을 연구한 후에 뒤따르는 다섯 번째 실천은 말씀을 읽는 것과 연관된다. 마스트리흐트에 따르면 말씀을 읽을 때엔 "경외하는 마음으로 고요한 가운데서 주의 깊게 읽음으로써" 말씀이 심령 속에 들어올 수 있게 하고, 말씀을 깨달으며, 열심을 가지고 읽음으로써 말씀이 즐거움이 되게 하고, "자원하는 마음," "믿음," "합당한 감정," "성실," "순전한 심령"으로 말씀을 받아야 한다. 여섯 번째 실천은 말씀을 듣는 것인데 마스트리흐트는 그 방법으로 세 가지를 제시

---

41 마스트리흐트, 『이론과 실천신학』, 419.
42 마스트리흐트, 『이론과 실천신학』, 423-424.

한다. 첫째는 심령의 준비이다. 이를 위한 구체적인 실천방식은 다섯 가지로 세분화 되는 바, 곧 "하나님의 임재에 대한 묵상," "선입견과 악덕"의 제거, 말씀에 대한 "열망," 말씀에 대한 절대적 순종, 마음을 준비케 하시는 성령의 역사를 위한 간구이다. 말씀 듣기 실천을 위한 두 번째 방식은 "우리의 심령이 합당한 상태에" 있도록 하는 것이다. 마지막 세 번째 방법으로서 말씀을 들은 후에 뒤따르는 의무, 즉 기억, 되새김, 반복적 담화, 지속적 실천 등이 있다.[43] 일곱 번째 용도는 각각 성경해석을 실천하는 일이다. "성경을 읽고 듣고 온갖 방법으로 연구하다고 해도 성경의 참된 의미를 알지 못한다면" 아무 유익이 되지 않는다. 따라서 "성경해석이 반드시 뒤따라야 한다." 해석은 성경 본문의 본래적 의미를 탐구하는 학문적인 성격, 실천적인 효과를 추구하는 목회적인 성격, 그리고 이 두 가지 모두에서 유익을 구하는 개인적인 성격으로 구분될 수 있다. 이러한 성경해석이 필요한 이유는 "가련한 심령"이 "경건한 해석을 통해 그 참된 의미를 확실하게 붙잡"을 수 있기 때문이다.[44]

나머지 세 가지 실천은 각각 묵상, 담화, 준행이다. 마스트리흐트가 언급한 묵상은 "하나님의 말씀이 참된 의미를 우리의 지성 속에서 포착할 뿐만 아니라 그 말씀의 힘을 우리의 마음 속에서 경험하기 위한 목적으로 우리 심령의 모든 기능을 활성화하고 집중하는 것"을 의미한다. 묵상한 다음에는 아홉 번째 실천으로 성경에 관해 다른 사람들과 대화하는 것이며 열 번째 실천은 말씀을 지키고 준행하는 것이다.

마스트리흐트가 제시한 열 가지 실천 방법은 신적 권위의 강조, 말씀 사랑, 말씀에 대한 경솔한 태도 삼가, 말씀 연구, 읽기, 듣기, 해석, 묵상, 담화, 준행의 순서로 요약된다. 그가 강조하는 실천의 동기와 목적과 적용을 분석해 보면, 주로 첫 번째에서 세 번째에 이르는 실천은 목회자에게, 네 번째에

---

[43] 마스트리흐트, 『이론과 실천신학』, 424-430.
[44] 마스트리흐트, 『이론과 실천신학』, 424-431.

서 열 번째에 이르는 실천은 신자 개인에게 적용되는 것들임을 알 수 있다. 또한 성경에 대한 실천 방법론은 일반적인 명제에서 구체적인 명제로 세분화 되는 방식을 취한다. 본고에서는 일일이 언급하지 않았으나 그의 실천 방법들은 서로 간에 긴밀한 연관을 가지고 있으며 논리적 순서에 따라 실천을 일반에서 특별한 상황들에 연결하여 구체적인 사례들을 제공한다.

5. 신학의 구분

신학서론의 마지막 부분은 신학의 구분(The Distribution of Theology)이다. 신앙의 규범인 성경에 따라 "하나님을 위해 살아가는 방법"을 구성하는 부분은 믿음과 사랑이다. 마스트리흐트는 딤후1:13, "믿음과 사랑으로 내게 들은 바 바른 말을 본받아 지키고"라는 말씀을 석의하여 "바른 말의 본"을 신학 체계의 내용으로 간주하고, "믿음과 사랑"을 신학의 부분으로 이해한다. 믿는 것은 "믿어야 하는 것"과 연관되고, "사랑"은 "행하거나 지켜야 하는 것"과 연관된다.[45] 간략한 석의로부터, 마스트리흐트는 신학의 부분이 믿음과 사랑으로 이루어져 있다는 교리를 이끌어 낸다. 여기에서 그가 주목하는 부분은 믿음과 사랑의 의미와 관계가 어떠한가 하는 점이다. 믿음이란 단순한 대상에 대한 믿음이나 믿는 행위만을 가리키는 것이 아니라 이 두 가지 요소 모두가 결합되어 있는 것을 의미한다. 사랑이라는 단어 속에 "모든 신학의 실천적 의무"가 내포되어 있듯 믿음은 믿음의 대상과 행위를 포함한다. 비록 믿음과 행위의 본성이 다를지라도 "이 둘은 사용과 적용"에서 항상 동행한다. 더 나아가 이 둘은 논리적 원리에 따라 질서를 가진다. 믿음이 앞서 가고 실천이 뒤에 놓이게 된다. "생명의 원리"가 있은 후에야 "생명

---

[45] 마스트리흐트, 『이론과 실천신학』, 445-447.

을 보장해 주는 행위와 실천"이 배태되기 때문이다.[46]

마스트리흐트에게 믿음과 사랑의 신학 구분은 믿음이 오직 이론만을, 사랑이 단지 실천만을 의미한다는 것을 말하지 않는다. 오히려 믿음 자체 내에 이론과 실천이 동행하고 사랑 속에도 이론과 실천이 동행한다. 또한 믿음과 사랑의 두 요소는 신학의 모든 논제들과 세부적인 조항들 가운데 작용하고 있다. 이 두 부분들은 "신학 전체를 구성하는 본질적인 부분"일 뿐 아니라 "신학의 각각의 개별적인 요소와 정확하게 대응하는 부분이라는 것도 의미한다. 왜냐하면 우리가 1장에서 이미 보여 주었듯이 신학의 모든 조목마다 이론(또는 믿음) 부분과 실천 부분을 가지고 있기 때문이다."[47] 믿음이 첫 번째 자리에 위치하고 사랑이 두 번째 자리에 배정된다는 것은 이 둘의 속성이 서로 다르며 둘의 관계가 원리적인 순서에 다라 규정된다는 것을 의미하며, 이 순서를 따라 모든 논제들 속에서 믿음과 사랑이라는 이론과 실천이 항시 동행하고 있다는 것을 보여준다. 따라서 믿음만을 다루고 사랑을 소홀히 하거나, 믿음이 아니라 믿음에 관한 논쟁에 열을 올린다거나, 믿음의 행위는 도외시 한 채 믿는 대상에 대한 믿음 혹은 신뢰에만 매진하는 행위는 기독교 신앙의 본질적인 부분인 믿음과 사랑을 갈라 놓는다.[48]

지금까지 살펴본 마스트리흐트의 신학 서론에 대한 분석은 그가 어떠한 방식으로 신학 전체를 신학과 실천의 관계에 귀속시키는지를 확인하게 해 준다. 딤전6:2-3로부터 신학의 본질이 이론적 실천적이어야 함을 제시한 후

---

[46] 마스트리흐트, 『이론과 실천신학』, 450-451. 마스트리흐트가 신학의 부분을 믿음과 사랑으로 구분하는 근저에는 소시누스주의자들과 아르미니우스주의자들의 잘못된 관점에 대한 경계가 자리하고 있다. 마스트리흐트에 따르면, 반(反)삼위일체론을 주장하는 소시누스주의자들은 그리스도의 영원한 신성을 제거하기 위한 목적으로 신학의 두 부분을 각각 하나님에 관한 것과 그리스도에 관한 것으로 나눈다. 아르미니우스주의자들의 신학 구분법도, 외관상 소시누스주의자들의 것과 달리 보일 뿐, 실상 그리스도를 유일한 구속주로 인정하지 않는다는 점에서 유사한 관점을 견지한다. 그 결과, 이들의 신학 구분은 "하나님과 그리스도를 믿는 믿음에 의해서 구원받는다는 것을 완전히 뒤엎는"다. 마스트리흐트, 『이론과 실천신학』, 452-453.

[47] 마스트리흐트, 『이론과 실천신학』, 451.

[48] 마스트리흐트, 『이론과 실천신학』, 453-454.

신학의 원리인 성경의 신적 권위를 증명하여 신학의 타당성을 입증하였다. 건축물을 위한 단단한 기초 작업을 끝낸 후 신학의 이론과 실천을 각각 믿음과 사랑으로 구분 및 적용함으로써, 두 개의 주추를 반석 위에 두어 신학의 체계를 위한 서론 작업을 마무리 짓는다. 신학의 본질과 원리가 반석이라면, 신학의 구분은 신학 체계라는 기둥을 위한 두 개의 주추다.

6. 소결론

현대주의 비평가들은 개혁파 정통주의 신학을 "건조하고, 엄격하고, 죽었고, 연역적이고, 사색적이고, 형이상학적이고, 작정론적이고, 예정론적이고, 율법주의적이고, 아리스토텔레스적이고, 증거 본문 방식을 취하고, 합리주의 성격과 철학적인 성격을 가졌다"고 주장한다.[49] 하지만 이러한 주장들은 17세기 개혁파 정통 신학자들이 사용했던 신학 자료들이 대단히 방대하며 다양할 뿐만 아니라, 문헌들의 사용에 있어서도 정통 신학자들 사이에 다양한 차이들이 존재한다는 사실을 간과한다.[50] 또한 개혁파 정통주의 신학자들이 가지고 있었던 경건, 목회적 관심, 그리고 특별히 성경에 대한 이해로부터 동떨어져있다.

정통주의 학자들은 종교개혁과 개혁신학 선조들로부터 물려받은 신학을 성경 석의의 기초하여 교리와 경건의 종합을 일구어 내었다. 대표적인 인물로 마스트리흐트는 푸치우스, 퍼킨스, 에임스, 호른베크 등과 같은 개혁파 정통 신학자들의 실천적 관점과 신학 방법론을 수용하여, 신학의 본질이 신학과 실천의 결합에 있음을 증명했다. 신학과 실천의 관계가 신학의 정의에서 분명하게 드러난다. 신학은 그리스도를 통하여 하나님을 향해 사는 삶의 교

---

49 Muller, 『칼빈 이후 개혁신학』, 115; idem, 『칼빈과 개혁 전통』, on the Object and Principle of Theology, *Church History*, 55/2(1986), 194, fn. 5.
50 Muller, 『칼빈 이후 개혁신학』, 116.

리이다. 신학이 교리인 이유는 신적 기원이 하나님의 계시에 기초하기 때문이다. 하지만 신학은 단순한 교리에서 머물지 않는데, 이는 신학의 목적이 하나님의 영광을 위한 삶을 지향하기 때문이다. 더 나아가 참된 기독교 신학은 신자의 머리로서 몸된 지체들에게 삶의 에너지와 자양분을 공급해 주시는 그리스도를 믿는 믿음으로 말미암아 배태된 삶을 산출한다. 마스트리흐트는 믿음을 삶의 실천에 있어서 매우 중요한 요소로 보았기에 믿음이라는 주제를 신학 서론과 신학 체계 전반 사이에 이음새 역할을 하도록 위치시킨다. 신학 서론이 이론이라면, 나머지 신학 체계는 실천이며, 그 가운데 연결고리는 믿음이다.

마스트리흐트는 이론과 실천 신학의 타당성을 신학의 원리인 하나님의 말씀에서 찾고 성경의 실천적인 적용을 구체적으로 제시했다. 단순히 성경 교리를 이론적으로 설명하는 데 그치는 것이 아니라, 성도의 삶 속에 발생할 수 있는 이단의 공격, 신앙의 나태, 의심 등을 고려하여 구체적인 실천 및 적용 방안을 모색했다. 더 나아가 신학을 믿음과 사랑으로 구분하여, 이론과 실천의 관계가 어떻게 신학 체계 전반에 걸쳐 적용되는지를 보여줌으로서 신학이 이론적이고 실천적이어야 한다는 당위성에 쐐기를 박는다.

마스트리흐트의 신학서론에 대한 연구는 그동안 있어왔던 다양한 오해들, 예를 들어 종교개혁의 인문주의와 대립되는 개혁파 정통의 스콜라주의, 칼뱅과 대립되는 칼뱅주의자들, 메마르고 건조하며 죽은 개혁주의 신학, 중세 스콜라주의와 학문적 스콜라주의 사이의 구분을 이해하는 데 실패함으로써 개혁파 정통신학이 성경보다 철학을 우위에 두어 사변적인 신학이 되었다고 하는 주장, 이론과 학문에 갇혀서 중요하지 않은 신학적인 사안들로 논쟁하기를 좋아한다는 오해들을 한꺼번에 불식시킨다. 그는 신학의 본질, 원리, 구분을 통해 이론과 실천의 관계를 규명함으로써 개혁주의 신학과 실천의 관계의 견고성을 강화시켰다. 이와 같이 마스트리흐트의 신학 서론에 대한 연구는 그 어느 때보다 삶에 대한 요구가 쇄도하는 이 시대와 한국 교회에게 17세기 개혁주의 정통 신학을 경험할 기회를 제공하고 이론과 실천,

교리와 경건의 종합을 구현한 개혁주의 신학의 실천정신을 보여준다.

위에서 살펴본 것처럼, 마스트리흐트는 얼마든지 사색적 혹은 철학적일 수 있었던 신학서론을 성경의 원리로부터 출발하여 이론과 실천의 종합을 추구했다. 논증 자료로서의 성경의 중요성은 마스트리흐트의 신학서론에서 성경의 위치와 성경론에 대한 석의, 교리, 변증 부분들에 대한 분석에서 잘 드러난다. 그는 먼저 신학 서론에서 신학의 본질과 논제(loci) 배치의 원리에 관해 설명할 필요가 있었다. 이에 신학의 본질 다음에 신학의 원리로서의 성경을 다룬다. 성경이 신학 서론의 두 번째 위치에 배치되어 있지만 이것은 권위의 순서가 아니라, 논리적 순서에 따른 결과이다. 이는 앞에서 다룬 신학의 본질이 성경에 의존하고 있을 뿐만 아니라 성경의 권위를 증명하는 것이 뒤따라야 한다는 논리적 순서를 고려한 것이다.[51]

---

[51] 마스트리흐트, 『이론과 실천신학』, 309-413.

14장

개혁파 스콜라 성경교리

: 프란시스 툴레틴(1623-1687)

1. 17세기 개혁주의 성경론의 발전

　개혁파 신학자들은 신학을 개진할 때 몇 가지 논증의 원천 자료들을 사용했는데, 순서상 신학적 권위에 대한 상대적 중요성을 고려했다. 앞에서 살펴본 신학의 원리로서의 성경에 대한 마스트리흐트의 설명은 개혁주의 성경론과 크게 다르지 않으며 주요 골자들은 칼뱅의 『기독교 강요』와 유사한 전개 방식을 취하고 있다. 칼빈은 『기독교 강요』에서 하나님을 아는 지식을 다룬 후 성경이라는 주제를 다루는데, 성경 자체의 객관적·주관적 증거와 이성적 증거로 구분하여 때때로 교부들을 사용하면서 성경의 권위를 증명한다. 또한 『기독교 강요』는 당대 신학자들, 멜랑히톤, 불링거, 부써의 성경 주석들을 참고하고, 교부들의 작품을 대거 인용하며, 이성적인 타당성을 인정하였다. 더 나아가 프랑스의 국왕 프랑수아 1세에게 보낸 헌정사에서 나타는 것처럼 비록 『기독교 강요』가 "경건을 형성하는 데 필요한" 근본적인 것들을 가르치는데 목적이 있었으나 이단들과 로마가톨릭의 잘못된 주장들

에 맞서 변증적인 성격을 내포하고 있다.[1]

유사하게 개혁파 정통주의 학자들이 사용한 연구 자료들은 "신학적 권위"에 따라 성경과 주석, 고전적인 신조와 개혁주의 신앙고백서, 교부들, 중세 및 종교 개혁 학자들을 포괄하는 신학적 전통, 논리학과 수사학적 방법론에 연관된 철학적 전통과 이성의 순서로 배열될 수 있다. 이로부터 세 가지 사실을 발견하게 된다. 첫째, 칼빈과 개혁파 정통주의 모두 성경을 가장 탁월하고 중요한 논증 자료로 삼았다.[2] 둘째, 칼빈 이후 17세기 개혁파 정통 신학자들은 보다 정교한 체계의 기독교 교리를 발전시켰다. 셋째, 신학적 발전의 이유와 관련하여 가장 중요한 사실은 17세기 개혁주의는 복잡하고 다양한 역사적 문맥 속에서 신학을 체계화했다는 점이다. 멀러는 다음과 같이 진술한다.

> 16세기 초반 삼십 년에 시작된 종교개혁과 17세기 후반과 18세기 초반에 걸쳐 일어난 탈(脫)고백신학 사이에서, 개신교 신앙(religion)과 신학, 교회와 지성의 문화는 상당한 발전을 이루었다. 신앙고백과 신학의 구성이라는 관점에서 볼 때, 이렇게 발전하는 과정에 개신교의 제도적 유형이 등장하였다 할 수 있다. 이러한 발전은 로마 가톨릭에서 벗어난 종교개혁 시대의 역사적 유산에 기초를 두며, 종교개혁 1세대와 2세대들이 대부분 작성한 신앙고백 문서들을 통해 신앙적이고도 교리적인 정체성을 형성하였다.[3]

17세기 개혁파 신학자들은 종교개혁의 유산에 기초를 두면서도 교리를 체계화 및 제도화 하는 과정에서 종교개혁 1세대와 2세대들이 작성해 놓은

---

[1] John Calvin, 『1559년 라틴어 최종판 직역: 기독교 강요』 1권. 문병호 역 (서울: 생명의말씀사. 2020), 118.

[2] Richard A. Muller, *After Calvin*, 한병수 역, 『칼빈 이후 개혁신학』 (부흥과개혁사: 서울, 2014; 2쇄), 116. ,

[3] Richard A. Muller, *Calvin and the Reformed Tradition*, 김병훈 역, 『칼빈과 개혁 전통』 (지평서원: 서울, 2017), 25.

신앙고백 문서들을 통합하여 17세기라는 역사적 문맥에 따라 교리적인 정체성을 확립했다. 예를 들어 제네바 목회자들은 칼빈의 『제네바 교회 교리문답』(The Catechism of the Church of Geneva, 1541)이 신조보다는 신학적 입문서에 적합하다는 사실을 깨달은 후, 그 책의 "축소된 역본 사용을 승인"하였으며 제네바 청년들을 가르치기 위한 "더 작은 교리문답"을 저술하기도 했다.[4] 또한 17세기라는 역사 안에 강하게 자리하고 있던 교황주의, 아르미니우스주의, 소시니우스주의, 아미랄두스주의 등와 같은 비정통적인 신학사상들에 맞서기 위해서 개혁파 정통 신학자들은 중세의 스콜라적 방법론을 도입하여 종교개혁의 유산을 방어할 수 있었다.[5]

더 나아가 칼빈은 성경이라는 주제를 논할 때, 구체적인 교리적 체계를 사용하여 다루지는 않았다. 반면 17세기 정통주의 학자들은 성경론을 신학서론에서 별도의 논제로 분류하여 구체적으로 논하였는데 이는 역사적 문맥과 깊은 관련을 맺는다. 예컨대, 종교개혁 초기에는 성경의 원문인 히브리어의 모음부호 논쟁이 크게 부각되지 않았다. 하지만 16세기 말엽, 벨라르미누스(Robert Bellarmine, 1542-1621)와 같은 로마 가톨릭 변증학자들은 종교개혁자들이 불가타역본을 비판하고 히브리어와 헬라어 원문의 중요성을 강조하면서 모음부호의 수정 가능성을 인정하게 되자, 사본들이 오류로 가득하다는 것을 주장하고 성경의 권위보다 성경을 해석하는 교회의 권위를 강조하는 성경론을 내세웠다. 그 이후 1590년대부터 로마 가톨릭의 논증을 비판하며 개혁주의 진영에서 성경의 무오성을 강조하는 시도들이 일어나기 시

---

[4] 스캇 마네치, 『칼빈의 제네바 목사회의 활동과 역사』, 신호섭 옮김(서울: 부흥과개혁사, 2019), 504.

[5] 대표적인 인물인 프란시스 툴레틴이다. 멀러에 따르면, 툴레틴은 두 전통을 통합하여 개혁파 정통 신학을 집성하였다. 그는 중세 말기의 스콜라 신학의 방법론과 종교개혁 신학이라는 두 가지 전통의 균형을 시도했다. 이는 스콜라 신학의 내용을 도입했다는 말은 아니다. 그저 스콜라주의의 방법론을 통해 16세기의 종교개혁 신학을 옹호했다는 것을 의미한다. Muller, "Scholasticism Protestant and Catholic," 195.

작했다.⁶ 17세기 학자들의 조직신학 책에서 성경론이 신학 서론 다음에 위치하고 이러한 논쟁들에 대해 성경의 무오성을 증명하기 위해 노력했던 것은 우연이 아니었다.

칼빈과 칼빈 이후의 개혁파 정통주의 신학자들의 사이의 발전적 관계는 17세기 개혁주의의 성경론에 상당한 발전이 있었음을 유추할 수 있게 만든다. 그렇다면 17세기 개혁파 성경론을 대변하는 학자는 누구인가? 수많은 개혁파 정통주의 신학자들이 있겠지만, 그중 가장 으뜸으로 꼽히는 사람은 프란시스 툴레틴(Francis Turretin, 1623-1687)이다. 이탈리아 출신의 툴레틴은 교황주의, 아르미니우스주의, 소시누스주의, 그리고 소뮈르 학파의 신학에 반대하면서 개혁파 정통주의 시대의 스콜라적 신학방법론을 집대성했다. 툴레틴은 종교개혁 이후 시대에 소위 스콜라 신학이라 불리는 개혁파 정통 신학의 발전의 정점에 서 있는 인물이다.⁷ 그 결과 나오게 된 작품이 『변증신학 강요』이다. 우리는 이 작품에서 성경 교리에 대한 툴레틴의 해설이 대단히 정교하고 짜임새가 있다는 사실을 발견하게 된다.

툴레틴의 중요성에 불구하고 지금까지 그에 대한 연구는 거의 이루어지지 않았다. 툴레틴에 대한 이름은 많이 들어보았으나 그가 어떤 사람이었는지에 대해서 독자들은 거의 들어본적이 없을 것이다. 무엇보다 성경론에 관한 개혁파 사상의 발전에서 그가 차지하는 위치에 대한 연구는 발견하기 어렵다. 이 장에서는 툴레틴의 성경론을 연구하여 개혁주의 역사에서 그 고유한 의의를 살피려 한다. 이 작업을 위해 먼저, 툴레틴의 생애를 간단히 서술하며 시작할 것이다. 그런 다음, 툴레틴의 성경론을 분석한다. 툴레틴은 상당한 분량을 할애하여 성경론을 취급한다. 신학의 원리로서의 성경으로부터 시작하여 성경의 신적 권위와 무오성, 번역본의 권위문제, 그리고 성격의 속성들(완전성, 명료성), 성경 읽기, 성경해석, 성경해석에 대한 교부들의 권위

---

6 Richard A. Muller, "Scholasticism Protestant and Catholic: Francis Turretin on the Object and Principle of Theology," *Church History*, 55/2(1986), 355-381.

7 Muller, "Scholasticism Protestant and Catholic," 195.

등을 매우 구체적으로 다룬다. 지면을 고려하여 본서에서는 성경의 신적 권위와 관련한 주제들만을 고찰할 것이다. 그리하여 17세기 개혁주의의 성경론의 어떠함을 드러낼 것이다.

2. 프란시스 툴레틴(Francis Turretin, 1623-1687)의 생애

툴레틴의 가문은 이탈리아의 루카(Lusca)출신의 귀족 집안으로, 개신교 신앙은 툴레틴의 조부 때부터 시작되었다. 툴레틴의 증조부 레굴루스 툴레티니(Regulus Turrettini)는 1547년에 아들 프란시스(Francis)를 낳았는데, 이 사람이 그의 가문에서 최초의 개신교 신자가 되었다. 프란시스는 신앙을 위해 집과 재산을 버려두고 망명자가 되었다. 당시 개신교인들의 형편이 그러하듯 순례의 여정은 순탄치 않았다. 그러다가 제네바에 정착하여 살던 중 1627년에 제네바 시민권을 얻고, 이듬해에는 제네바의 60인 의회의 구성원이 되었다.[8] 하지만 이듬해인 1629년 3월 15일에 세상을 떠나고 만다. 그는 많은 재산을 제네바의 구빈원, 장학기관, 그리고 공공기관에 기탁하고 세상을 떠났다.[9] 그는 슬하에 여러 자녀들을 두었는데 첫째 아들 베네딕트 툴레티니(Benedict Turrettini)가 바로 툴레틴의 아버지이다.

툴레틴의 부친은 1588년 11월 9일에 취리히에서 태어나 1631년에 세상을 떠났다. 그는 생전에 유명한 목회자와 교수로 명성을 얻었다. 1620년에

---

[8] James R. Wilson, "Biographical Sketch of the Author: Francis Turrettin," *Turrettin on the Atonement of Christ* (New York: Board of Publication of the Reformed Protestant Dutch CHurch, 1859), 1-2. 툴레틴의 생애에 관하여 다음을 참조하라. James T. Dennison Jr, "The Life and Career of Francis Turretin," in Institutes of Elenctic Theology, 3 vols., trans. George Musgrave Giger, ed. James T. Dennison, Jr (Phillipsburg, NJ: P&R Publishing, 1997), 653-661.

[9] E. 드 뷔데, 『프랑수아 투레티니 평전』, 권경철, 강금희 옮김 (군포: 도서출판다함, 2021),

는 프랑스에서 피에르 뒤 몰랭(Pierre du Moulin)[10]이 의장으로 있던 알레스 총회(the Synod of Ales)가 열렸는데, 이때 베네딕트 툴레틴은 제네바 대표로 파견되었다. 당시 프랑스 교회가 아르미니우스주의의 위협을 당면하게 되자, 교회의 지도자였던 뒤 몰랭이 칼빈주의를 지키기 위해 알레스 총회를 열고 도르트신경(the Conon of Dort)을 채택하기로 결정한 것이다.[11] 베네딕트는 매우 경건했으며 결단력, 학식, 관대함, 그리고 웅변 실력이 매우 뛰어난 사람이었다.

1623년에 태어난 툴레틴은 어린 시절부터 학문에 타고난 소질을 보였다. 그의 천재성을 알아보았던 부친은 자신의 삶이 얼마 남지 않음을 깨달았을 때 8살 된 아들 툴레틴을 옆에 앉혀놓고 말했다고 한다. "이 아이에겐 하나님의 인이 새겨져 있다." 툴레틴은 학문에 대한 열정이 대단했을 뿐 아니라, 신학 공부에 전념하면서 당대에 유명한 선생들에게서 수학할 수 있는 기회를 얻었다. 그에게 가장 유명한 선생은 이탈리아 루카(Lucca)출신인 존 디오다티(Jean Diodati, 1576-1649)였다. 그는 1589년에 출생하여 일찍감치 개신교 신앙을 받아들이고 제네바로 이주하였는데 19세의 나이에 제네바 대학의 히브리어 교수로 지명되었다.[12] 디오다티는 칼빈과 베자의 뒤를 이어 제네바의 정통 신학을 이어 받아 도르트 총회(the Synod of Dort, 1619)와 소뮈르 대회(the Convention of Saumur)에서 중요한 역할을 했으며, 신학과 성경번역에도 큰 공헌을 했다. 툴레틴에게 큰 영향을 끼친 두 번째 인물은 데오도

---

10 뒤 몰랭은 도르트 총회의 프랑스 총대로 참여하였으며, 전통적인 개혁파 사상을 주장했다. 그는 아르미니우스주의와 17세기의 가정적 보편 구원론을 주장했던 소뮈르 학파의 모이즈 아미로(Moses Amyraut)에 반대하여 그리스도의 죽음의 효력은 모든 이들이 아니라 택함 받은 이들에 한정된다고 주장했다. 자세한 내용을 위해 다음을 참고하라. Muller, 『칼빈과 개혁 전통』, 215-271.

11 이오갑, "칼빈 500년-역사 속의 칼빈과 그의 현재성," 「신학사상」, 145 (2009), 65-96.

12 William A'Beckett, *A Universal Biography: Including Scriptural, Classical and Mytological Memoirs, Together with Accounts of Many Eminent Living Characters: The Whole Newly Complied and Composed form the Most Recent and Authentic Sources, in Three Volumes, Volume 1* (London: Isaac, Tuckey, and Company, 1836), 80.

레 트론친(Theodore Tronchin, 1582-1657)이었다. 그 역시 도르트 총회의 회원이었으며 제네바의 신학적 명성에 많은 기여를 했다. 트론친은 디오다티를 이어 제네바 아카데미의 히브리어와 신학 교수를 역임했다.[13] 디오다티와 트론친은 제네바 목사회에서 가장 유명한 개신교 리더들이었다.[14]

가정에서의 수학 과정을 마친 후 툴레틴은 스위스 북부 지역인 홀랜드의 작은 도시인 레이든(Leyden)으로 가서 공부 했다. 폴리안더(Polyander), 리베(Rivet), 살마시우스(Salmasius), 헤인시우스(Heinsius), 트리글랜드(Trigland), 부트(Voet), 호른벡(Hoornbeek), 그리고 골리우스(Golius)와 같은 당대의 유명한 학자들에게서 수학할 수 있었다. 1645년 툴레틴은 파리로 가서 팔카르(Falcar), 드렐린코트(Drelincourt), 알베르티니(Albertini), 블론델(Blondel)과 같은 사람들을 만났으며, 가쎈디(Gassendi)의 수하에서 물리학과 천문학을 연구했다. 그 다음 방문한 지역이 소뮈르(Saumur)였는데 이 지역은 개신교 대학으로 유명했다. 그곳에서 툴레틴은 소위 소뮈르 학파로 알려진 인물들인 플라카에우스(Placaeus), 아미랄두스(Amyrauld), 카펠루스(Capellus)와 같은 이들의 강의를 들었다. 1648년 툴레틴은 집으로 돌아와 제네바 교회의 목사가 되었으며 이탈리아인 회중의 설교자가 되었다. 1650년에는 제네바 당국이 그에게 철학 분과장을 몇 번이나 제안했다. 이후 레이든에서 목회자로 와 줄 것을 요청하여 1년간 레이든에서 목회를 하였으나 트론친이 자신을 대신할 사람으로 툴레틴을 불러들여, 1653년에 제네바 아카데미의 신학과 학장을 맡게 되었다. 그는 공적인 설교 단상에서 교황주의, 소시니안주의, 그리고 아르미니우스주의를 비판하곤 했다.[15]

툴레틴은 1664년부터 본격적인 저술 작업에 돌입했다. 그 해에 툴레틴은 교황주의를 비판하고 개혁주의 신학을 증명하는 책을 출판했다. 2년 후인 1666년에는 그리스도의 속죄론에 관한 논문을, 1674년는 설교집을 출간

---

13 마네치, 『칼빈의 제네바 목사회의 활동과 역사』, 61.
14 마네치, 『칼빈의 제네바 목사회의 활동과 역사』, 29, 60-61.
15 Wilson, "Biographical Sketch of the Author: Francis Turrettin," 4-6.

하였는데 대중으로부터 큰 찬사를 받았다. 무엇보다 같은 해에 그는 『변증 신학 강요』(Institutio Theologiae Elencticae)를 출간했다. 툴레틴은 이 책이 출간 되기를 원하지 않았으나 주변 기독교 학자들의 요청이 쇄도하여 어쩔 수 없이 출간하기로 했다. 1687년에는 로마교회와의 단절의 필요성을 역설하는 책을 출판했다.

말년에는 이탈리아의 피드몬트(Piedmont)와 프랑스(France)에서의 개신교 박해로 인해 힘든 시간을 보내야 했다. 프랑스에서는 1685년 낭트칙령의 철회와 함께 수백 개의 교회당이 파괴되고 개신교도들은 축출되었다. 1687년에 갑작스레 임한 질병으로, 그는 죽음에 가까웠음을 깨달았다. 그는 자신의 아들에게 네 가지를 당부했는데 곧, "교회에 대한 관심," "진리에 대한 사랑," "겸손," 그리고 "사랑"이었다. 죽음의 고통이 임박했을 때, 옆에 서 있던 이들은 툴레틴의 마지막 설교였던 "은혜의 보좌로 담대히 나아갑시다"라는 말을 상기시켜 주었다, 마지막 숨이 끊어지기 전 그는 외쳤다. "갑시다 갑시다!"(Eamus, eamus!). 이내 그는 조용히 잠들었다.[16]

3. 툴레틴의 성경론

3.1 신학의 원리; 말씀의 필연성과 성경의 필요성

성경은 신학의 유일한 원리이다. 이 말은 신학과 성경의 긴밀한 관계를 암시하는데, 왜냐하면 신학의 출발점이 성경이기 때문이다. 신학과 성경의 관계를 이해하려면, 먼저 신학이 무엇을 의미하는지 알 필요가 있다. 툴레틴에 따르면 신학은 "하나님의 말씀"의 일부이든지, 혹은 "하나님에 관한 말씀"의 일부가 아니라 "하나님의 말씀"과 "하나님에 관한 말씀" 모두를 지칭

---

[16] Wilson, "Biographical Sketch of the Author: Francis Turrettin," 8-10.

하는 용어이다. 그는 "신학은 하나님이 가르치고 하나님을 가르치고 하나님께 인도하는 것"이라 했던 아퀴나스의 말을 인용하며 신학의 근원은 "하나님에 의하여," 신학의 대상은 "하나님에 관하여," 신학의 목적은 "하나님을 향하고 하나님께 이르는 것"이라고 정의한다. 이러한 의미에서 신학은 이중적인 원리를 가지고 있다. 첫째는 존재의 원리로서 하나님 자신이며 인식의 원리로서 하나님의 말씀이다.[17] 이 원리들은 근본적으로 신학의 원리가 사람이나 교회가 아니라 하나님의 말씀하심 자체에 있다는 것을 의미한다.

하나님의 말씀이 신학의 유일한 원리라면, 말씀이 필연적이라는 사실이 뒤따른다. 말씀은 우리의 구원을 위해 필연적인가? 계시의 필연성을 거부하는 이들은 이성의 능력만으로 충분히 행복할 수 있다고 믿는다. 하지만 정통적인 교회는 말씀의 필연성을 고수해 왔다. 말씀의 필연성은 세 가지에 의해 입증된다. 첫째는 하나님의 선하심이다. 하나님은 자신의 선하신 목적을 위해 인간에게 이성으로 알 수 없는 영역을 계시하신다. 둘째 구원에 있어서 전적으로 무능한 처지에 놓인 인간의 부패한 상태는 말씀의 필연성을 반증한다. 마지막으로 인간의 이성을 통하여서도 말씀이 구원에 필연적이라는 사실이 입증된다. "신을 경배하는 방식이 신에게서 주어지는 계시에 의존하고 있다는 사실"은 "이방인들"이나 "야만인들"도 인정하는 바이다.[18]

말씀의 필연성은 다시금 기록으로 보존된 성경의 필요성을 지시한다. 툴레틴에 따르면 교황주의자들은 성경의 필요성을 부인한다.

> 우리가 첫 번째 질문에서 말씀의 필연성을 입증했던 것처럼 여기서는 기록된 말씀인 성경의 필요성에 대해 교황주의자들의 주장을 반박하며 다루고자 한다. 이는 그들이 자신들의 기록되지 않은 전통과 교황 자신의 절대적인 심판자적 지위를 더 용이하게 확립하기 위해 성경의 권위를 실추시킨 것처럼,

---

[17] 프란시스 툴레틴, 『변증 신학 강요』, 박문재 · 한병수 옮김 (서울: 부흥과개혁사, 2017), 119.
[18] 툴레틴, 『변증 신학 강요』, 120.

동일한 이유로 성경이 교회에 실제로 유용하긴 하나 필연적인 것은 아님을 입증하기 위해 다각도로 성경의 필요성을 파괴하는 일에 익숙해져 있기 때문이다(Bellarmine, VD 4.4, PP. 119-122). 호시우스 추기경은 "성경이 쓰이지 않았다면 더 좋았을 것이라"는 동일한 불경한 연사를 내뱉기에 주저함이 없었다.[19]

로마 교회는 교회의 권위를 성경의 권위보다 우위에 둔다. 따라서 성경의 권위를 실추시키기 위해 성경의 필요성을 거부한다. 교황주의자들은 '기록되지 않은 말씀'과 '기록된 말씀'이 다르다고 믿는다.[20] 왜냐하면 기록되지 않았던 것이 기록이 되었다면 기록 전과 후에는 반드시 차이가 있을 것이라고 전제하기 때문이다. 또한 그들은 모세 시대 이전에는 기록된 말씀이 없었고, 모세 시대 이후에 개종한 이방인들은 성경을 접할 수 없었으며, 바벨론 유수기에는 성경 없이도 교회가 보존되었다고 주장한다.[21]

툴레틴은 로마 교회의 주장에 존재하는 근본적인 오류를 지적한다. 그에 따르면 기록되기 이전에 존재했던 하나님의 말씀과 기록된 말씀은 동일하다. 이것은 그 둘의 관계가 속(genus)과 종(species)의 구분이 아니기 때문이다. 즉 그 둘은 어느 하나는 기원이고 또 다른 하나는 그 기원으로부터 후차적으로 파생된 원리가 아니다. 오히려 그것은 우연한 차원에서 이해되어야 한다. 하나님의 뜻 가운데 "하나님이 원하기만 했다면 이후로도 동일한 방식으로 가르칠 수 있었을 테지만 오직 '신적인 의지에 따라서'라는 우연적인 차원에서 하나님의 말씀이 기록되게 된 것은 하나님이 보기에 더 타당한 명분을 가졌"던 것이다. 결국, 성경에 대한 신적 의지와 결정은 성경이 교회의 토대가 된다는 것을 보여준다. "성경이 없다면 교회는 지금 존재할 수 없었을 것이다. 그러므로 하나님은 성경에 매이지 않지만, 우리는 성경에 매이

---

19 툴레틴, 『변증 신학 강요』, 122.
20 툴레틴, 『변증 신학 강요』, 123.
21 툴레틴, 『변증 신학 강요』, 124-125.

게 했다."²² 하나님의 말씀이 기록된 것은 하나님의 의지에 따른 경륜적 시행의 결과이다.

그렇다면 성경의 필요성은 어떻게 증명되는가? 툴레틴은 세 가지를 제시한다. 첫째, 말씀의 보존이다. 인간의 기억력은 취약함에도 불구하고 성경은 놀라울 정도로 순수하고 온전하게 보존되었다. 둘째, 말씀의 변론이다. 성경은 사탄의 속임수와 부패로부터 보호되었다. 셋째, 말씀의 전파이다. 신앙의 규범으로서의 성경은 지리와 연대에 상관없이 전파되어져야 한다.²³ 툴레틴이 제시한 세 가지 증명들(보존, 변호, 전파)은 성경의 필요성을 증명하는 근거들이다.

3.2 성경의 자증성

툴레틴은 성경의 신적 권위의 기원을 하나님에게서 찾는다. 성경은 하나님에게 기원을 두고 있기에 신적이다. 그렇다면 어떤 것이 참으로 믿을만한 하나님의 말씀인가? 성경의 신적 권위는 믿어야 할 "교리"와 행해야 할 "명령" 가운데 있어서 성경이 스스로 보증하는 "권리와 위엄"을 가리킨다. 무오한 하나님의 말씀은 "인간에게 믿음과 책무를 요구하는 최상의 권한"을 가진다. 툴레틴에 따르면 이 무오한 진리는 두 가지로 구분될 수 있다. 첫째는 "본래적인 진리"로서 "인간적인 증언의 유무와 무관하게 그 자체와 일치하고 항상 동일한 말씀 자체의 믿음직한 속성"이다. 둘째는 "부대적인 진리"로 성경에 대한 "인간의 평가 또는 판단"이다.²⁴ 성경의 본래적인 진리는 인간적인 증거를 필요로 하지 않고, 언제나 하나님의 말씀 자체로서의 속성을 선언한다. 이는 성경의 신적 권위가 다른 곳이 아니라 성경 자체가 스스로 선포하고 있는 가르침에 기초하고 있음을 의미한다.

---

22 툴레틴, 『변증 신학 강요』, 122-123.
23 툴레틴, 『변증 신학 강요』, 123-124.
24 툴레틴, 『변증 신학 강요』, 129.

성경은 하나님의 감동으로 된 것(딤후 3:16)으로 스스로 신적 권위를 선포할 뿐 아니라 그에 대한 증거들도 제시한다. 성경은 자체적으로 "신성의 부정할 수 없는 증거를 제공하는" 표지들을 가진다. 그에 따르면 성경은 두 가지 형태, 즉 외적 표지와 내적 표지들을 드러낸다. 외적 표지들은 고대성, 보존, 진실성, 그리고 순교자들의 지속적인 출현 등이다. 성경은 이방의 어떤 문헌들이 따라올 수 없을 만큼 그 기원이 오래되었다. 또한 그토록 오랜 기간동안 소멸의 위협에도 불구하고 오늘날까지 보존되었다. 필사자들은 스스로의 잘못을 은폐하지 않았다. 마지막으로 순교자들이 지속적으로 출현한다는 사실은 말씀의 신성에 설득당한 결과이다. 툴레틴은 한걸음 더 나아가 "가장 강력한" 증거로 내적 표지를 제시한다. 내적 표지들은 성경의 내용, 스타일(문체), 형식, 목적, 결과의 관점에서 살펴볼 수 있다. 첫째, 내적 표지는 성경의 내용에 관계된 것으로 이성으로는 발견할 수 없는 진리들, 예를 들어 "삼위일체, 성육신, 그리스도의 만족, 죽은 자들의 부활 등과 같은 신비들," 미덕에 관한 "교훈들의 거룩성과 순수성," 그리고 "예언들의 확실성"을 의미한다. 둘째 표지는 스타일(문체)과 관계된 것으로, 차별없이 주어진 말씀의 "무게와 확고한 강직성에서 발산되는 신적인 위엄"이다. 셋째 표지는 성경의 형식에 관련된 것으로 "예언들과 모형들의 성취"의 의미에서 신구약 성경이 구속사를 가리키고 있다는 사실로부터의 일치와 조화이다. 넷째 표지는 성경의 목적인 하나님의 영광과 인간의 구원 및 거룩함에 초점이 맞추어져 있다. 다섯째 표는 결과와 관련되어 영혼에게 끼치는 감화력이다.

이러한 표지들은 개혁주의 전통에서 객관적으로 증명된 특징이었다.[25] 칼빈은 『기독교 강요』에서, 성경의 객관적 확실성을 위해 태고성, 모세의 기록, 기록자들의 고백, 예언과 성취의 기록, 성경의 보존과 전승, 성령의 교훈을 받은 신약 저자들의 기록, 감화력 등으로 근거를 삼는다.[26] 칼빈에 의하

---

25 Henk van den Belt, *The Authority of Scripture in Reformed theology: Truth and Trust* (Brill: Leiden · Boston, 2008), 217.
26 John Calvin, 『1559년 라틴어 최종판 직역: 기독교 강요』 1권, 문병호 역 (서울: 생명의말씀사,

면, 성경의 자기 증거(자증성)는 객관적 증거로서 증명될 수 있다. 첫째, 성경의 감화력이다. 성경은 생생한 영향을 미치고 당신의 마음을 관통하여 골수에 새겨진다. 둘째, 성경에는 사람이 스스로 품을 수 없는 문장들로 가득 차 있다. 셋째, 성경은 한 개인의 임의적인 저술이 아니라 세대를 이어 전해 내려온 영원하신 하나님에 관해서 받아들인 것으로 고대적인 근원을 가진다. 넷째, 성경 기록자들은 개인적인 관심사가 아니라 하나님의 말씀을 기록했다. 다섯째, 성경을 하나님의 말씀으로 확증하는 기적들은 선지자들, 그리스도, 그리고 사도들이 하나님의 말씀의 권위를 증명하기 위해 사용했던 것들이다. 여섯째, 성경에 기록된 예언은 역사적으로 성취되었음에, 하나님의 말씀임을 주장한다. 일곱째, 성경은 모든 시대를 통해 역사적으로 보전되어 왔다. 여덟째, 성경은 고유한 언어로 보존되었을 뿐만 아니라 번역을 통해 널리 전파되었다.

성경의 자증성에 대한 칼빈과 툴레틴의 관점 사이에는 내용상의 큰 차이점은 없지만 미세한 차이가 존재한다. 칼빈과 다르게 툴레틴은 성경의 자증성에 따른 객관적 근거들을 좀 더 구체적으로 외적 표지와 내적 표지로 나누어 설명한다는 점이다. 왜 이러한 구분을 하고 있는가? 두 가지 이유가 있다. 첫째, 외적 표지들은 불신자들을 위하여 제시되었다. 그는 다음과 같이 말한다.

> 표증들은 외적인 것과 내적인 것으로 구성된다. 외적인 표증은 비록 실체의 온전한 입증에는 충분하지 않지만, 실체를 확인하고 불신자로 하여금 확신하게 만드는 것에서는 커다란 중요성을 갖는다. 그러나 논증의 주된 지점은 내적인 표증에 있다.[27]

2020), 250-265. 문병호는 칼빈 안에 있는 성경의 자증성을 네 가지, 즉 태고성, 저자의 감동, 예언의 영, 그리고 성경의 감화력으로 제시한다. 문병호, 『30주제로 풀어 쓴 기독교 강요: 성경교리정해』 (서울, 생명의 말씀사, 2011), 57-59.

27 툴레틴, 『변증 신학 강요』, 130.

툴레틴에게 외적 표지는 불신자들로 하여금 성경의 신적 권위를 인정하게 만드는데 중요한 역할을 한다. 그렇다면 내적인 표지를 따로 제시한 이유는 무엇인가? 우리는 툴레틴이 성경의 권위를 논하기 위해 했던 말에 귀를 기울일 필요가 있다. 그는 성경의 권위에 대한 질문, "성경은 진실로 확실하고 신적인 것인가?"라는 질문에 대해 다음과 같이 묘사한다.

> 첫 번째 물음은 성경이 하나님의 감동으로 된 믿음의 최고 토대라는 사실을 결코 모순되지 않는 진리로 간주하는 그리스도인들 중에서는 불필요한 물음이다. 그럼에도 불구하고 오늘날의 그리스도인들 중에는 이토록 신성한 진리의 약화를 모든 방면에서 도모하는 무신론자와 자유사상가가 대단히 많다. 그러므로 우리의 믿음이 적절한 시기에 불경한 자들의 악마적인 트집을 불식시킬 정도로 강화되는 것은 우리의 구원에 가장 중요한 일이다.[28]

툴레틴이 성경의 자증성을 진술하면서 염두에 두고 있는 대상은 "오늘날"의 그리스도인들 가운데 성경의 신적 권위를 부인하고자 하는 "무신론자와 자유사상가들"이다. 여기서 무신론자나 자유사상가들은 교회 밖의 사람들이 아니라 교회 내부의 사람들이라는 점을 기억할 필요가 있다. 그렇다면, 내적 표지는 "가장 강력한" 증거로서 교회 내에서 자유주의를 추구하는 이들의 믿음을 교정하고, 연약한 신자들의 믿음을 강화하기 위한 목적으로 서술된 것이다. 요약하면 툴레틴이 외적 표지와 내적 표지로 구분하여 성경의 신적 권위를 증명하는 이유의 저변에는 첫째, 불신자들에게 성경의 신적 권위를 인정하게 만들기 위함이며, 둘째, 성경의 신성에 대한 그리스도인들의 믿음을 강화하고자 함이었다.

---

[28] 툴레틴, 『변증 신학 강요』, 129.

3.3 성경의 영감: 기록적 영감

어떤 의미에서 성경은 무오한가? 툴레틴은 무오하다는 말의 의미를 역사와 규범이라는 측면에서 이해한다. 역사 또는 성경 속 네러티브들은 "좋은 것이든 나쁜 것이든," 옳든 그르든지 간에, 모든 것이 참되다. 또한 말씀 가운데 너무나 참되어서 "도덕의 규범"으로 주어진 말씀들은 오류가 없다. 하지만 성경의 모든 내용이 "규범적 진정성"을 가진 것은 아니다.[29] 규범적 의미에서 성경에는 인간 저자의 실수들이 발견될 수 있다. 성령의 영향을 받았다고 해도 성경 기록자는 윤리적 의미에서 실수를 범할 수 있다. 하지만 규범적 의미에서가 아니라 기록 자체에 있어서는 무오하다. "기록에 있어서 실재와 언어 모두와 관련하여 사도들이 성령에 의해 행하고 영감을 받았기 때문에 모든 오류에서 자유롭게 되었고 그들의 기록은 진실로 참되고 신적인 성격을 가지게 된 것"이다.[30]

흔히 17세기 개혁파의 성경론을 기계적 영감설로 치부하는 경향이 있다. 기계적 영감설이란 마치 옆에서 문장을 불러주면 기록자가 있는 그대로 기계적으로 옮겨 적는 영감의 방식을 가리킨다. 이 경우 기록자들은 개인적인 생각이 전혀 가미됨 없이 그저 일방적으로 하나님의 편에서 내려오는 계시를 받아 적는다. 하지만 툴레틴의 진술을 살펴보면, 결코 기계적 영감설 자체를 지지하고 있는 것처럼 보이지 않는다. 이것은 툴레틴이 선지자들과 사도들의 증언이 진실하다는 것을 증명하는 모습에서 잘 나타난다. 그에 따르면 기록자들의 증언에 오류가 포함될 수 있었다면, 그것은 그들이 타인의 증거들을 이해하지도 못한 채 단순히 받아들여 기술한 경우, 내용 자체가 모호하고 까다로워서 그들이 이해할 수 없었던 경우, 그리고 기록자들의 정신적·육체적 질병으로 인해 올바른 판단이 어려울 경우이다. 하지만 성경

---

29 툴레틴, 『변증 신학 강요』, 129.
30 툴레틴, 『변증 신학 강요』, 129-130.

기록자들은 그러한 오류들에 빠지지 않았다. 왜냐하면 그들은 "불확실한 소문"이나 "부정확한 지식"이 아니라 "가장 확실하고 가장 자세히 살핀 지식" 가운데 수용한 내용을 적었기 때문이다. 또한 그들은 자신들이 직접 목격하고 경험한 사건들을 진술했다. 셋째, 그들은 모호하고 사색적인 것들이 아니라 "눈 앞에서 펼쳐지고 지각으로 인지할 수 있는 사실들"을 기록했다. 마지막으로, 그들의 정신이 비정상적인 상태에 빠지지 않았다는 것은 그들이 사용했던 "언어와 삶"이 증거해 준다.[31] 이 네 가지 증거들은 성경 기록자들이 성경을 기록할 때에, 자신들의 연구를 통해 얻은 확실하고 경험적인 지식을 바탕으로 성경을 기록했다는 것을 보여준다. 다시 말해 성경 기록자들은 구술의 영감가운데 말씀을 기록할 때, 그들의 연구와 생각들이 하나님의 뜻 가운데 사용되었음을 툴레틴은 의연중에 인정하고 있다.

툴레틴은 기록적 영감을 주장한다. 기록자들은 말씀을 기록할 때 "지극히 사소한 개별적 사안들에 있어서" 조금의 실수도 범하지 않았다. 그리하여 그들이 적은 모든 내용들은 역사적으로 신뢰성을 확보한다. 주목할만 하게도 툴레틴은 성경 기록시에 성령의 영향을 염두에 두고 있다. 성경이 기록되는 순간에 성령의 영향이 강하게 역사했다고 보는 것이다. "성령은 그들을 모든 진리 가운데로 이끌어 오류를 범하지 않게" 했다.[32] 그리하여 역사적 서술들 가운데 오류가 전혀 없다. 성경 기록에 오류가 없다는 것이 기록자들의 행위들조차 오류가 없다는 것을 의미하지 않는다. 규범적인 행위들에 있어서는 성령의 영향이 "우주적"이거나 "항구적"인 것이 아니어서 선지자들과 사도들의 행위에는 죄악된 것들이 발견되기도 한다. 다윗은 우리야를 죽이고 그의 아내 밧세바를 빼앗았다(삼하 11:1-27). 나단 선지자는 하나님께 묻지 않고 성전을 복구하는 일에 자신의 생각을 제시하여 실수를 범했다(삼하 7:3). 베드로는 유대인을 의식한 나머지 위선적인 행동을 하고 말았다

---

31 툴레틴, 『변증 신학 강요』, 133-134.
32 툴레틴, 『변증 신학 강요』, 139.

(갈2:11-14).[33]

성경의 기록적 영감은 성경의 원본에 해당한다. 사본에 대한 필사자와 인쇄자에게는 그러한 영감이 작용하지 않는다. 그렇다면 원본이 사라지고 사본만 남아 있는 이 시대의 성경은 무오한 하나님의 말씀일 수 있는가? 그 이유는 성경의 복사 과정을 감독하신 하나님의 섭리 때문이다. 사본에는 다양한 오류들이 포함될 수 있지만, 그러한 오류들은 판본들의 비교와 성경들의 비교를 통해 교정되고 원본에 가까운 본문으로 복원될 수 있다. 성경 필사자들의 오류가 있다고 해도 그것을 교정할 수 있도록 하나님은 섭리하신 것이다. 그러므로 "모든 기록자를 무오한 자로 간주하는 것이 아니라 하나님의 섭리가 그들을 지도하여 올바른 독법이 언제나 찾아질 수 있도록 했기 때문에, 이 성경이 다른 어떤 책보다 순수성에 있어서 훨씬 뛰어난 책이라는 것은 필연적인 사실이다."[34]

3.4 성경의 무오성

초대교회에도 그랬겠지만, 툴레틴이 살던 시대에는 성경의 신적 권위를 인정하지 않는 이들이 많았다. 툴레틴은 그들을 세 부류로 구분한다. 무신론자, 이방인, 그리고 교회의 이름을 가졌으나 자유주의 사상을 가진 이들이다. 세 번째 부류의 사람들은 다시금 세가지 종류의 부류로 나누어진다. 성경이 완전하지 않다고 하면서 사적인 계시를 주장하는 열광주의자들, 무신론을 반대하지만 원본의 오류를 지적하고 불가타 역본의 권위를 내세우는 교황주의자들, 그리고 성경의 권위를 약화시키기 위해 모순되어 보이는 성경 본문들을 비판하는 자유주의 사상가들이다. 이들의 주장에 맞서서 툴레틴은 성경의 무오성에 대한 근본적인 질문을 다루어야 할 것을 강조한다.

---

[33] 툴레틴, 『변증 신학 강요』, 139.
[34] 툴레틴, 『변증 신학 강요』, 144.

그것은 사본들의 특정한 문제, 필사자나 출판인의 부주의로 인해 발생한 필사본의 오류 등이 아니다. 이러한 것들은 이미 미미한 문제점들이 인정된다. 질문의 요지는 사본이나 편집된 판본이든 상관없이 "모든 성경 문헌들이 이문들, 성경 자체, 또는 병행구절 비교를 통해 회복되고 수정될 수 없을 정도로 심각한 보편적 부패와 오류들이 없느냐"는 것이어야 한다. 툴레틴은 그러한 정도의 모순이나 오류는 없다고 답한다.[35]

툴레틴은 성경의 무오성을 몇 가지 단계를 거쳐 증명하는 것으로 보인다.[36] 첫째, 성경은 그 기원에 의해 부패를 생각할 수 없다. 성경은 하나님의 감동으로 되었기에 부패하지 않았다. 하나님은 "성경 기록자로 하여금 오류를 범하고 기억력이 떨어지게 했거나 회복 불가능한 손상이 성경에 스며들게" 하지 않으셨기 때문이다.[37] 두 번째 단계에서는 성경의 원본의 무오성과 사본의 진정성을 밝힌다. 하나님의 섭리 가운데 하나님은 "무엇을 성경에 기록해야 할지에 대해 성경을 기록하는 이들에게 영감을 불어넣고" 성경을 소멸시키려는 이들에 손에 두지 않으시고 순수하게 보존하셨다. 또한 유대인들은 성경의 사본들을 "미신적일 정도"로 주의를 기울여 보존했고, 마소라 학자들은 사본들에 변질을 방지하기 위해 "모음부호 울타리를" 삽입했다. 더 나아가 다수의 사본들이 존재한다는 것은 일부 사본의 부패가 인정될 지언정 모든 사본이 부패할 수 없다는 것을 반증한다.

세 번째 단계에서는 성경에서 발견되는 모순들에 대한 해설이다.[38] 겉으로 모순되어 보이는 성경의 본문들을 해설함에 있어서 우리는 성경의 무오성을 증명하기 위한 툴레틴의 놀라운 해석학적 통찰을 발견한다. 비록 툴레틴이 다양한 논증들을 통해 성경의 무오성을 강조하지만 성경에 대한 해

---

[35] 툴레틴, 『변증 신학 강요』, 140-141.
[36] 툴레틴은 성경의 무오성을 증명하기 위해 여러 가지 내용들을 단계별로 나열하고 있으나 분명한 구분을 드러내놓고 말하지는 않는다.
[37] 툴레틴, 『변증 신학 강요』, 141-142. 툴레틴은 여기에서 한 가지 이유를 더 제시한다. 그것은 성경이 모순이나 부패로부터 자유롭지 않다면 성경은 신뢰성을 가질 수 없다는 것이다.
[38] 툴레틴, 『변증 신학 강요』, 142-143.

석학적 탁월성, 당대 문헌에 대한 섭렵, 히브리 문화에 대한 탐구, 원어에 대한 날카로운 이해, 성경 본문들의 조화를 추구하는 절묘함은 실로 놀라움을 금치 못할 정도다. 여기에서 일일이 그 모든 예들을 살펴볼 수는 없다. 다만 그의 성경적 해설의 탁월함을 잘 드러내는 몇몇 본문과 해석들을 소개하는 것으로 충분할 것이다. 툴레틴에 따르면, 성경에서 발견되는 모순들은 "외견상"의 문제이지 "실질적인" 모순은 아니다. 이 모순을 해결하려면 반대되어 보이는 것들을 "동일한 기준에 따라 동일한 방향으로 향하여 동일한 시간에 동일한 것들과 비교"해야 한다. 예를 들어 칭의에 대한 관점에 있어서 야고보와 바울의 주장은 달라 보인다. 야고보는 칭의를 행위에 돌리고 바울은 칭의를 믿음에 돌린다. 그 이유는 "야고보가 사후에 선언되는 결과의 칭의에 대해서 언급한 반면, 바울은 사전적인 원인의 칭의에 대해서 언급하고 있기 때문이다." 누가복음에서 "자비로운 자가 되라"(눅 6:36))고 말씀하고 있는 반면, 신명기는 "너는 긍휼히 여기지 말라"(신 19:13)고 했다. 전자는 개개인에게 한 말씀이고 후자는 공직자에게 대해 하신 말씀이다. 예수께서 언제는 제자들에게 "너희와 항상 함께 있지는 않는다"(마 26:11)하시고 또 다른 때에는 "세상 끝날까지 너희와 항상 함께 있을 것이다"(마 28:20)라고 하셨는데 이는 전자의 경우 인성에 따라 하신 말씀이고 후자는 신성에 따라 하신 약속이었다.[39]

툴레틴의 해석학적 통찰력은 단순히 자신의 발견이라기 보다는 당대 문헌들에 대한 깊은 연구들의 결과이다. 그는 당대의 주요한 문헌들을 연구하여 성경의 무오성을 증명할 수 있었다. 성경의 무오와 관련하여 가장 까다로운 문제는 성경에 기록된 숫자와 연대에 관한 것들이다 어떤 누구도 이 문제들로부터 자유롭지 못하다. 그렇다고 이것이 성경에 오류가 있다는 것을 증명하는 것은 아니다. 툴레틴은 그 모든 난제들을 설명하지 못하는 것은 우리의 무능력 때문이라고 말한다. 그리하여 "모순을 억측하는 것보다

---

[39] 툴레틴, 『변증 신학 강요』, 143.

우리 자신의 무지를 인정하는 것이 더 현명한 처신"이다. 그에 따르면 성경은 모든 역사를 상세하게 기록하지 않았다. 때로 중요치 않은 것들은 생략하기도 했다. 이 부분에 있어서 툴레틴은 피터 마터의 글이 가장 잘 설명하고 있다고 극찬하며 그의 글을 인용한다.

> 연대기에 있어서 모호한 본문들이 있지만, 이것을 해명하기 위해 거룩한 본문에 오류가 있다는 식으로 말하지는 말아야 한다. 왜냐하면 자신의 자비에 따라 거룩한 문헌이 우리를 위해 보존되길 원하는 하나님이 그 문헌을 우리에게 온전하고 부패되지 않은 상태로 주었기 때문이다. 그러므로 우리가 연도를 나타내는 숫자에 있어서 설명할 수 없는 부분이 있다면 우리는 우리의 무지를 시인함이 마땅하고, 거룩한 문헌은 너무도 간결하게 진술하고 있어서 계산이 들어가야 할 부분이 좀처럼 언급되지 않는다는 사실을 상기해야 한다...[40]

> 이[성경의] 역사에서 왕에게 할당된 연수가 서로 일치하지 않는 경우가 종종 발생한다. 그러나 이러한 종류의 의문은 다양한 방식으로 해소될 수 있다. (1) 하나의 동일한 연도가 두 사람에게 돌려지는 경우는 두 사람 중 누구에 의해서도 그 연도가 만기되지 않았기 때문이다. (2) 자녀들이 일정 연도를 부모와 더불어 다스리는 것으로 묘사된 경우는, 그 연도가 지금은 부모의 통치 기간으로 돌려지고 있지만 그 때에는 자녀와 통치 기간으로 돌려졌기 때문이다. (3) 권력의 공백기가 발생했던 경우, 그 공백기가 지금은 이전 왕에게로 돌려지지만 그 때에는 자녀에게 돌려졌기 때문이다. (4) 사악하고 독재적인 지도자가 통치한 경우도 있는데, 이런 경우에는 그들의 통치 기간이 생략되고 그들이 통치한 나머지 기간들도 산정되지 않는다.[41]

---

40 툴레틴, 『변증 신학 강요』, 144, 재인용
41 툴레틴, 『변증 신학 강요』, 144-145, 재인용

당대 문헌에 대한 그의 해박한 지식은 눅3:36에 등장하는 가이난 (Caninan)에 대한 이름에 대한 해석에서도 잘 드러난다. 이 이름은 살라의 아버지이자 아르박삿의 아들로 등장한다. 하지만 툴레틴에 따르면 이 이름은 원본에는 없는 것이었다. 그는 초대 교회사가 유세비우스로 거슬러 올라간다. 유세비우스의 글에 따르면, 데메트리우스 연대기는 '가이난'이라는 단어가 필사자의 부주의로 인해 삽입되었다고 밝힌다. 누가가 살던 당시 70인역은 상당한 권위를 가지고 있었기에 누가는 70인역과 일치하는 입장을 견지하기 위해 '가이난'을 삽입하였다는 것이다. 그럼에도 불구하고 원래 이 이름은 원본에는 존재하지 않는다. 그 이유는 첫째, 모세의 기록에는 가이난에 대한 언급이 없다. 둘째, 갈대아 의역본은 창세기와 역대기에서 모두 가이난을 생략한다. 셋째, 요세푸스(Flavius Josephus, A.D. 37- d. 100), 유세비우스가 언급한 고대 바빌로니아 역사가 베로수스(Berosus, c. B.C. 3), 그리고 유세비우스가 인용한 기독교 역사가 아프리카누스(Sextus Julius Africanus, c. 160-c. 240) 조차 가이난이라는 이름을 언급하지 않는다. 넷째, 가이난의 생애가 삽입될 경우 그리스도의 족보에 큰 혼란이 가중될 것이다. 마지막으로 그 어떤 사본들에도 가이난의 이름은 발견되지 않는다. 데오도르드 드 베자는 가장 오래된 사본에서도 가이난의 이름이 발견되지 않음을 증거한다. 또한 제임스 어셔(James Ussher, 1581-1656)는 자신의 『거룩한 연대기』에서 "아르박삿의 아들 가이난에 대하여"라는 글을 썼다. 이 글에 따르면 어셔는 기음과 악센트 기호가 없는 가장 오래된 헬라어-라틴어 역본을 읽은 적이 있는데, 그곳에서도 가이난 이라는 이름을 찾지 못했다고 진술했다. 프랑스 칼빈주의자였던 조제프 스칼리제르(Joseph Scaliger, 1540-1609)도 유세비우스의 연대기 서문에서 가이난의 이름이 가장 오래된 누가복음 사본에서 발견되지 않았다는 점을 확증했다. 그럼에도 불구하고 이러한 오류는 사소한 것이며 모세 오경을 통해 얼마든지 수정될 수 있는 것이기에 히브리어 성경의 순수성을 의심할

필요는 없다.⁴²

또한 툴레틴은 유대의 문화와 관습을 잘 알고 있었다. 히브리 문화에 대한 지식은 마태와 누가가 진술한 예수 그리스도의 계보에 관한 불일치를 조화롭게 해석할 수 있는 방법을 제공했다. 히브리 관습에 따라 남편의 족보를 기술하고, 누가는 마태의 생략된 부분이 보완되길 원하여 모계를 따라 예수 그리스도의 조상을 추적했다. 더 나아가 누가가 기술한 계보는 마리아가 아니라 요셉에게 돌려진다고 툴레틴은 말한다. 이는 유대문화에서 결혼하지 않은 여성의 경우는 부모나 형제의 계보에 속한 것으로 간주되는 반면, 결혼 이후에는 남편의 족보를 따르기 때문이다. 당시 여성의 가계를 따라 계보를 조사하는 것은 유대인의 관례가 아니었다. 이러한 유대인의 문화로 인해 '어머니의 가족은 가족이 아니다'라는 유대인의 경구가 생겨났다.⁴³ 유사하게 마태는 야곱을 요셉(예수의 육신의 아버지)의 아버지로 묘사하는 반면(마 1:16), 누가는 헬리를 요셉의 아버지로 소개한다(눅 3:23). 그 이유는 한 아들에게 아버지가 관점에 따라 다르게 이해될 수 있기 때문이다. 이때 야곱은 요셉의 자연적 아버지일 수도 있고, 혹은 요셉을 입양한 양아버지일 수도 있다. 비근한 예가 성경에 자주 발견된다. 므낫세와 에브라임은 요셉의 아들이었으나 야곱의 양아들이 되었다. 보아스와 룻 사이에서 태어난 오의 자연적 아버지는 보아스이지만, 법적 아버지는 룻의 첫 남편이었던 말론이다.⁴⁴ 이와 같은 예들은 수없이 발견된다. 툴레틴은 이를 증명하기 위해 계속해서 성경의 본문들을 열거하며 해설한다.

마지막으로 툴레틴은 성경 원어의 의미와 사용법에 대해 해박한 지식을 가지고 있었다. 그는 시편 22:16("개들이 나를 에워쌌으며 악한 무리가 나를 둘러 내 수족을 찔러났이다")에 등장하는 단어 כארי(카리)("사자처럼" 혹은 "찌르다"의 의미를 가짐)의 가운데 붙은 알렙(א)과 마지막 모음인 '와우'(ו)와 '요드'(י)의 차이, 그

---

42 툴레틴, 『변증 신학 강요』, 145-146.
43 툴레틴, 『변증 신학 강요』, 146.
44 툴레틴, 『변증 신학 강요』, 146-147.

리고 첫 자음 카프(כ) 아래에 붙은 모음 카메츠에 주목한다. 그에 따르면 이 단어는 자음 벹트(ב) 뒤에 알렢(א)이 삽입음으로 추가된 것으로 변칙이 발생했다. 또한 끝에 붙은 요드(י)는 와우가 요드로 바뀐 경우다. 요드로 바뀌게 되면 그 단어의 의미는 "그들이 취했다"가 되는데, 이는 시편 22:16이 그리스도가 원수들에 의해 당할 고난과 수치를 예고한다는 점에서 올바른 의미가 될 수 없다. 그리고 첫 자음 아래에 붙은 카메츠는 이 단어의 의미를 이해하는데 중요한 단서를 제공하는데 왜냐하면 이 단어가 쓰인 경우는 성경 전체에서 단 두 번뿐이기 때문이다. 하나는 시편 22:16이고, 또 다른 하나는 이사야 38:13("주께서 사자 같이 나의 모든 뼈를 꺾으시오니")이다. 카메츠가 붙은 이 단어는 후자의 본문에서 "사자 같이"로 해석 된다. 하지만 시편의 경우 "사자 같이"라는 단어는 어울리지 않는 해석이다. 이에 마소라 사본은 이사야와 시편 기자가 사용한 단어의 함의가 다르다는 것을 지적한다. 이에 동의하며 툴레틴은 단어를 "사자 같이"로 읽는다면 본문은 "나의 손발을 사자같이"로 해석 되어 의미론적인 단절이 발생한다고 주장한다. 그러므로 이 단어는 "그들이 찔렀다"로 해석되어야 한다. 툴레틴은 '요드'가 '와우'로 읽혀지는 사례를 증거로 제시한다. 마소라 학자들의 문헌을 수집했던 야콥 벤 하임(Jacob Ben-Haiim, c.1470-b. 1538)은 카리(כארי)가 카루(כארו)로 읽혀질수 있음을 본문의 난외주에 기록하고 있다. 마찬가지로, 네덜란드 역사가이자 유대인 개종자 요하네스 이사쿠스(Johannes Issacus, 1571-1639), 볼프강 카피토 (Wolfgang Fabricius Capito, 1473-1541), 콤플루툼 대역 성경, 그리고 유대인 길버트(Gilbert Genebrard, 1535-1588) 등도 그러한 용법을 증언한다.[45]

    툴레틴이 성경의 무오성에서 중요시 여기는 것은 비록 사본들이나 역본들에 필사자의 부주의로 실수가 발생할 수 있지만, 그러한 오류들은 전체 내용에 지장을 주는 것이 아닌 미미한 것들이며 더 나아가 얼마든지 사본들의 비교 대조를 통해 그 미미한 오류들 조차 교정이 가능하다는 점이다. 이

---

[45] 툴레틴, 『변증 신학 강요』, 150-151,

러한 그의 관점이 가장 잘 나타나고 있는 본문에 대한 해설은 창세기 46:27과 사도행전 7:14이 언급하고 있는 야곱 가족의 숫자이다. 창세기 본문은 70명을 언급하고 사도행전 본문은 75명으로 표기한다. 어떻게 이 본문들을 조화시킬 수 있는가에 대해 그는 기존에 알려진 세 가지 답변을 제시한다. 첫째 답변은 두 본문은 비교 대상이 아니라는 점이다. 모세가 산정한 숫자는 야곱의 허리에서 출생하지 아니한 이들(예, 며느리들)을 제외하면 70명이 된다. 반면, 스데반은 요셉이 많은 수의 이스라엘 백성들이 애굽으로 넘어왔는지를 보여주고 싶어서 야곱의 며느리들까지 포함하고자 하였기에 75명이라고 기록했다. 그러므로 숫자의 기준을 달리 산정한 본문들은 서로 비교하여 옳고 그름을 따져서는 아니된다. 둘째, 누가복음에 기록된 단어 '다섯'을 의미하는 '펜테'(πέντε)는 필사자의 오류로 인해 쓰인 것이다. 원래 스데반 혹은 누가는 펜테가 아니라 "그들 모두," 혹은 "합하여"를 의미하는 단어 판토스를 썼을 것이다. 왜냐하면 이 단어는 창세기 46:27에 쓰인 "모두"와 일치하기 때문이다. 즉 필사자의 부주의로 인해 판토스가 펜테로 대체된 것으로 오해를 받은 것일 뿐 성경의 진정성에는 전혀 오류가 없다. 그러므로 이 본문들의 차이점들은 본문들과의 비교를 통해, 그리고 믿음의 유비를 통해 해소될 수 있다.

마지막 답변은, 스데반이 히브리어 본문을 따르지 않고 당시 널리 통용되던 70인역을 이용했기에 75인으로 기록했다고 보는 관점이다. 여기에서 성경 본문들의 조화는 전혀 문제될 것이 없다. 왜냐하면, 스데반이 70인역을 따르던, 혹은 필사자의 부주의로 인해서건 75인이라는 숫자는 성경 본문들에 의해 교정될 수 있기 때문이다. "성경은 성경에 의해서 해명해야 하고, 문제는 히브리어 원문에 의해 쉽게 고쳐질 수" 있다.[46] 놀랍게도 툴레틴은 마지막 세 번째 답변에 대해서조차 긍정적인 입장을 보인다. 쉽게 말해 스데반이나 누가가 70인역을 사용한 것은 문제될 것이 없다는 것이다. 더 중

---

[46] 툴레틴, 『변증 신학 강요』, 156-158,

요한 것은 신약 성경의 기록들 조차 만약 오류로 발견되는 것이 있다면 구약 성경의 본문에 의해 교정될 수 있다는 사실이다. 툴레틴은 이 세 가지 답변들 가운데 어느 하나를 특정해서 가장 합리적인 답변이라고 말하지 않는다. 그의 관심은 본문들의 비교들을 통해 외관상 모순으로 보이는 오류들을 충분히 해명하고 교정할 수 있기에, 필사본이나 판본들조차 하나님의 무오한 말씀으로 받아들일 수 있다는 것이다.

4. 소결론

툴레틴의 성경론에 대한 고찰로부터 우리는 17세기 개혁주의 성경론에서 그가 남겨놓은 기여점을 몇 가지로 결론지을 수 있다. 첫째, 툴레틴은 신학의 논증에 있어서 성경의 자료를 가장 큰 권위로 이해한다. 그에게 성경은 신학의 유일한 원리이며, 모든 이성적 판단은 성경이라는 잣대위에 놓여 있다. 둘째, 17세기의 역사적 상황은 성경의 무오성을 인정하는 않는 다양한 무리들로 인해 성경의 권위가 공격을 받고 있었음을 보여준다. 툴레틴은 그 상황에서 불신자들에게 성경의 신적 권위를 변증하고, 믿음이 연약하여 성경의 권위를 인정하지 않는 신자들에게 성경의 대한 믿음을 강화하기 위해 노력했다. 셋째, 로마 가톨릭 교회의 영감 교리의 문제점과 허구들을 예리하게 꼬집고 개혁주의 성경론의 탁월성을 증명했다. 넷째, 소위 기계적 영감으로 오해 받는 17세기 스콜라 정통주의 학자들의 성경론에 어느 정도의 오해를 풀어주었다. 이미 살펴본 것처럼, 툴레틴의 글 어느 부분에서도 기계적 영감에 대한 설명을 찾아보기 어렵고, 심지어 유기적 영감의 부분들이 발견된다. 다섯째, 성경의 무오성 교리를 방어함에 있어서 그는 실로 탁월한 성경학자였다. 성경의 무오성을 증명하기 위해 그가 사용한 해석학적 원리, 당대에 통용되었던 방대한 분량의 문헌 인용, 유대 문화와 성경 언어에 대한 해박한 지식, 그리고 성경 본문의 해석에 있어서 성경이 성경을 해석해야 한다는 원리를 강조하여 성경 본문들의 조화를 설명하는 데 큰 공헌을 하였다. 이 모든 공헌들을 고려할 때, 17세기 개혁파 정통신학자들을 스콜라주의자로 규정하고 성경보다 이성을 강조하는 이들로 묘사하는 이들의 주장들은 전혀 지지를 받지 못한다.

15장

개혁파 스콜라 언약 교리

: 요하네스 콕세이우스(1603-1669)

1. 콕세이우스에 대한 오해

콕세이우스의 언약신학은 개혁파 전통에서 매우 특이한 해석학적 관점을 드러낸다. 그의 언약 신학은 분명 개혁파 선조들의 영향을 받았으면서도 구속사를 구원의 서정보다는 역사적인 측면에서 이해하고 그에 따라 성경을 해석한다는 점에서 독특한 점을 보인다.[1] 이로 인하여, 당대에 그의 신학이 개혁파 정통으로부터 이탈했다는 주장들이 있어 왔다. 예컨대, 푸치우스는 콕세이우스의 언약신학에 나타나는 역사적 측면에 대한 강조는 정통신학에 위협이 된다고 주장했다. 그는 콕세이우스의 관점을 데카르트 철학에 영향을 받은 것으로 이해를 하였다. 푸치우스는 데카르트의 주관주의(subjectivism)는 성경의 객관적인 권위를 훼손한다고 믿었다. 그러한 푸치우스에 비교해 볼 때 콕세이우스는 데카르트를 향하여 공격적 자세를 취하지 않았으며, 더 나아가 콕세이우스의 제자들은 데카르트의 철학을 대담하게

---

[1] Willem J. Van Asselt, *The Federal Theology of Johannes Coccelus, 1603-1669*, trans. Raymond A. Blacketer (Leiden; Boston; Koln; Brill, 2001), 94, 93, and 106.

수용하는 듯 보였다.² 유사한 비판이 후대에 칼 바르트(Karl Barth)와 같은 학자에 의해 지속되었다. 바르트는 콕세이우스의 신학이 전통적인 신앙에 위협을 가한다고 믿었는데 이는 그의 역사적 관점이 구속사에 대한 그리스도의 성취 사건의 중요성을 저하시킬 우려가 있다고 보았기 때문이다.³ 또한 콕세이우스의 언약신학에서 중심을 차지하고 있는 행위언약 교리는 성경에서 발견할 수 없는 근거없는 신화(mythology)에 불과하다고 비판했다.⁴

하지만 콕세이우스에 대한 위의 관점들은 반박을 받아왔다. 에버하드 부쉬(Eberhard Busch)는 콕세이우스의 언약신학의 핵심은 행위언약이 아니라 은혜언약의 관점에서 봐야 한다고 주장했다.⁵ 찰스 맥코이(Charles S. McCoy)는 콕세이우스의 신학의 중심사상은 은혜언약이나 행위언약이 아니라 "하나님의 교리"(the doctrine of God)라고 강조했다. 인류를 향한 구원의 계획이라는 하나님의 교리가 은혜와 행위의 관계를 설명하는 열쇠라는 것이다.⁶ 그런가 하면 맥코이는 개혁파 정통주의자들이 스콜라 신학을 선호한 반면, 콕세이우스의 신학은 반-스콜라주의적이라고 평가하기도 하였다.⁷ 판 아셀트는 콕케이우스의 역사적 관점은 인간 이성에 기초한 해석이나 합리주의로부터 나온 것이 아니라 성경으로부터 도출한 것이라고 주장했다.⁸ 콕세이우스의 신학을 정통주의에 속하는 것으로 보는 학자들의 주장들에는 관점의 차이가 있으나, 정통주의에 대한 관점을 어떻게 이해할 것인가에 대한 해석을 요구한다. 리처드 멀러(Richard A. Muller)는 그 관점들을 종합적으로 이해

---

2 Van Asselt, *The Federal Theology of Johannes Cocceius*, 87, 93.
3 Van Asselt, *The Federal Theology of Johannes Cocceius*, 9.
4 Van Asselt, *The Federal Theology of Johannes Cocceius*, 9-10.
5 Van Asselt, *The Federal Theology of Johannes Cocceius*, 11.
6 Van Asselt, *The Federal Theology of Johannes Cocceius*, 12-13.
7 Charles S. McCoy, "The Covenant Theology of Johannes Cocceius" (Ph.D. Diss., Yale University, 1956), 39-40; idem, "Johannes Cocceius: Federal Theologian," in Scottish Journal of Theology, 16 (1963), 354; Richard A. Muller, After Calvin: Study in the Development of a Theological Tradition (Oxford: Oxford University Press, 2003), 36.
8 Van Asselt, *The Federal Theology of Johannes Cocceius*, 102-103.

하여 광의의 의미에서 정통주의를 이해해야 한다고 강조한다. 즉 콕세이우스를 정통주의에서 이탈한 것으로 보는 관점들은 개혁파 정통 신학을 너무 협소하게 바라보았기 때문에 발생한 오해이다.[9]

학자들의 논쟁을 고려할 때 우리는 몇 가지 질문을 마주하게 된다. 첫째, 콕세이우스의 언약 신학에서 가장 핵심적인 주제인 구속사는 어떤 의미를 가지는가? 그의 관점은 성경적인가 아니면 비성경적인가? 혹은 그의 언약 신학은 정통 개혁파 신학으로부터 벗어나 있는가 아니면 그 속에 위치하는가? 더 나아가 그의 구속사적 관점은 스콜라 정통 신학자들의 관점과 동떨어져 있는가 아니면 그렇지 않은가? 이러한 질문들은 우리를 콕세이우스가 견지했던 구속사의 정의, 성경에 대한 해석학적 방법, 그리고 개혁파 전통 안에서의 콕세이우스의 위치를 설명하는데 중요한 안내 역할을 한다.

필자는 본 연구를 통해 콕세이우스의 관점이 비록 구속사에 대한 특이한 해석을 드러낼지라도, 이러한 그의 신학이 개혁파의 성경적 해석의 원리뿐만 아니라 개혁파의 신앙과 전통 안에서 언약 신학의 체계화를 이루었음을 증명한다. 이 작업을 위해 이번 장은 가장 먼저 구속사에 대한 일반적인 이해와 더불어, 언약신학에 대한 개혁파 정통 신학자들의 차이점을 간단히 서술하며 시작한다. 그런 다음, 콕세이우스의 생애를 간략히 살펴본다. 생애에 대한 묘사는 콕세이우스가 개혁파의 성경교사였음을 보여준다. 마지막으로 콕세이우스의 작품인 『하나님의 언약과 약속의 교리』(*The Doctrine of the Covenant and Testament of God*)를 간략히 요약하여 그의 언약 신학의 요체를 보여줌으로써, 그의 신학이 개혁파 정통에 서 있음을 드러낼 것이다.

---

9 Richard A. Muller, Post-Reformation Reformed Dogmatics: The Rise and Development of Reformed Orthodoxy, ca. 1520 to ca. 1725, Vol 1: Prolegomena to Theology (Grand Rapids: Baker Academic, 2003), 79.

2. 구속사에 대한 개혁파의 이해

구속사는 하나님이 인간의 역사 속에서 어떻게 구원을 이루어가시는가를 다룬다. 여기에서 구속이라는 단어는 잘 이해할 필요가 있다. 구속이 사회의 발전과 인간의 행복의 차원에서 이해된다면 그러한 구원은 사회 진화사상, 혹은 사회복음의 역사로 전락한다. 어떤 이들은 구원의 역사를 하나님의 자기 사랑과정 혹은 자기 협력과정으로 이해한다. 예컨대 러시아 정교회 신학자 니콜라스 페드로프(Nicolai Fedrov, 1829-1903)는 과학과 환경 등의 문제를 주요 관심사로 두고, 진화론적 발전과정을 옹호하여 이 사회가 보다 높은 지성을 향하여 진화하고 있다고 주장한다. 그의 견해에 따르면 인간은 두 가지 이유 때문에 죽음을 맞이하는데, 하나는 인간의 내적인 물질적 유기체로 인해 재생 능력이 제 기능을 하지 못할 경우이며 또 다른 이유는 외부적인 원인으로 예기치 못한 환경에 노출되어 파괴되는 것이다. 전자의 죽음을 극복하기 위해 인간 유기체에 대한 심리학적인 통제가 요구되고, 후자의 죽음은 과학을 사용하여 자연적인 재앙을 통제하게 때 극복될 수 있다. 그에게 인간은 진화의 정점이다.[10] 페드로프의 관점에서 인간 사회의 진화는 하나님의 자기 사랑 과정이다. 이 관점은 범신론을 지향하는데, 왜냐하면 하나님은 존재(being)이 아니라 인간안에서, 그리고 인간을 통해서 되어져 가는(becoming) 존재이기 때문이다.

사회복음의 관점도 크게 다르지 않다. 사회복음은 구원을 인간의 평등과 자유의 실현, 이를 위한 박애주의와 연관 짓는다. 사회복음의 문제점은 성경에서 말하는 죄를 인정하지 않음에 따라 인간의 죄를 속죄하기 위해 오신 예수그리스도의 십자가 사건을 달리 이해한다는 것이다. 사회복음에는

---

10 Nikolai Berdiaev (2008) "The Religion of Resurrection: N. F. Fedorov's "Philosophy of the Common Task, "Russian Studies in Philosophy, 47:2, 65-103, DOI: 10.2753/RSP1061-1967470204; 페드로프에 대한 독일 역사가 마이클 하게 마이스터의 강연을 보라. https://www.youtube.com/watch?v=RAezHLqCl9A.

창조와 구속만 있고, 타락과 영생의 개념은 없으며 하나님은 인간의 행복을 위해 존재하는 이신론적 존재로 치부 된다. 사회진화 사상은 범신론을 사회복음은 이신론적 경향을 띄고 있으나, 이 둘 모두 구속의 역사를 성경의 관점이 아니라 인간 이성의 관점에서 접근한다는 의미에서 공통점을 가진다.

구속사는 성경에 기록된 언약의 관점에서 이해되어야 한다. 17세기 개혁파 신학자들에게 구속사는 창세 전에 이루어진 성부와 성자 사이의 구속 언약, 아담의 타락 후에 시행된 은혜 언약에 대한 성자의 성취, 그리고 성취된 구원을 적용하시는 성령의 사역의 역사다. 이로부터 성경적인 구속 개념은 크게 두 가지 관점에서 이해된다. 첫째는 개인에게 적용되는 구원의 서정(ordo salutis)이다. 구원의 서정이란 영원전에 택정하심을 받은 이들이 하나님의 부르심을 입어(소명) 성령의 능력으로 새생명(중생)을 얻고 말씀을 통하여 회개에 이르고(회심) 마음으로 믿어(믿음) 의에 이르고(칭의) 하나님의 아들이라 일컬음을 받고(양자) 성령의 거룩하게 하심을 따라 그리스도의 몸으로 자라가며(성화) 믿음의 인내(견인) 가운데 하늘 나라에서의 영생(영화)에 이르는 과정을 말한다. 두 번째 개념은 하나님의 구속 계획이 역사 속에서 어떻게 성취되는지에 관한 것이다. 17세기 개혁파 신학자들은 구속 사역이 이 땅에서 어떻게 시행되는지를 보여주기 위해 성경에 묘사된 예언 및 역사와 세속의 역사를 종합하여 설명했다. 구속사에 대한 두 가지 개념들은 17세기 개혁파 스콜라주의 신학자들에 의해 지지를 받았다. 구원의 서정과 구원의 역사의 의미는 언약신학의 관점에서 이해되었다. 기스베르투스 푸치우스, 요하네스 콕세이우스, 프란시스 툴레틴, 페트루스 판 마스트리흐트, 헤르만 비치우스, 그리고 영국의 청교도인 윌리엄 에임스, 웨스트민스터 신앙고백서, 뉴잉글랜드 청교도, 그리고 청교도의 후예 조나단 에드워즈에 이르기까지 언약 신학은 그들의 작품들 속에 빠짐 없이 등장한다. 칼버그(Mark W. Karlberg)에 따르면, 개혁파 언약신학의 가장 두드러진 특징은 "성경적-신학

적 방법"을 통해 구속을 "유기적-역사적"으로 이해하는 것이다.[11]

3. 개혁파 정통 신학자들 사이의 차이점

이러한 공통점에도 불구하고 구속에 대한 그들의 관점사에는 차이점이 존재한다. 그 이유는 두 가지 때문이다. 첫째, 그들에게 끼친 신학적 영향들이 조금씩 달랐다. 유스덴(Eusden)에 따르면 위에 언급한 대부분의 신학자들이 개진한 언약신학은 윌리엄 에임스에게로 거슬러 올라간다. 푸치우스의 제자였던 마스트리흐트는 그의 『이론-실천 신학』에서 언약신학적 관점에서 구속사를 풀어내었는데, 그의 관점 속에는 콕세이우스의 언약신학의 흔적이 발견된다.[12] 푸치우스와 콕세이우스는 신학과 정치적인 노선의 차이로 인하여 생전에 날카로운 논쟁을 벌였고 그들의 제자들 역시 상호 간에 격렬한 논쟁을 이어갔다. 하지만 푸치우스의 제자들 가운데 한 사람인 비치우스는 근본적으로 푸치우스의 언약사상을 따르면서도 동시에 콕세이우스의 구속사 개념을 받아들여 푸치우스와 콕세이우스 사이의 신학적 긴장을 해소하고자 했다.[13] 17세기 개혁파 정통주의의 언약 사상은 18세기의 조나단 에드워즈에게로 전수되었다. 에드워즈는 예일대 시절에 언약 사상의 백미를 드러내는 책으로 유명한 에임스의 『신학의 정수』를 교과서로 배웠을 뿐 아니라 마스트리흐트의 언약신학을 대변한다고 볼 수 있는 『이론-실천 신학』을 성경 다음으로 뛰어난 작품으로 이해했으며 푸치우스와 비치우스의

---

11 Mark W. Karlberg, *Federalism and the Westminster Tradition* (Eugene, OR: Wipf & Stock, 2006), 1; idem, "Reformed Interpretation of the Mosaic Covenant," WTJ 43 (FALL 1980): 2.

12 John E. Eusden, "'Introduction' of William Ames," in The Marrow of Theology, ed. and trans. John E. Eusden (Boston: Pilgrim Press, 1968), 65.

13 J. Mark Beach, "The Doctrine of the Pactum Salutis in the Covenant Theology of Herman Witsius," in Mid-America Journal of Theology 13 (2002): 103.

글 또한 알고 있었다. 이를 고려할 때 에드워즈의 작품들과 설교들 속에 언약사상이 깊이 베어 있다는 사실은 전혀 놀랍지 않다.

개혁파 정통주의 학자들 사이에 차이점에 존재하는 두 번째 이유는 구속사에 대한 강조점이 달랐기 때문이다. 푸치우스는 구원의 서정이라는 관점에서 구속사를 이해하는 경향이 강하다. 툴레틴은 은혜언약의 시행과 성취의 관점에서 그리스도를 통한 언약의 성취에 무게를 두었다. 그에 따르면 구약에서 복음이 약속된 것이라면 신약의 복음은 성취된 것이다.[14] 툴레틴에 비해, 마스트리흐트는 은혜언약의 시행 과정을 구체적으로 제시함으로써, 신학과 교회가 역사속에서 어떻게 발전하게 되었는지에 집중한다. 마스트리흐트는 그리스도에 대한 지식이 구속의 역사 가운데 어떻게 점진적으로 보존되고 발전하게 되었는지를 보여줌으로써 구원지식이 갱신되고 점진적으로 확대되고 있는 모습을 보여준다. 마지막으로 콕세이우스는 위에 언급한 학자들과 비교할 때, 구속사를 가장 역사적인 측면에서 이해했다.[15] 더 중요한 사실은 그의 신학이 데카르트 철학에 영향을 받은 것이 아니라 성경이 말씀하고 있는 구속의 역사 자체로부터 나온 결론적인 신학이었다는 점이다. 이러한 사실은 그의 생애가 성경에 대한 원문의 의미와 그 해석에 많은 관심을 보이고 있다는 점으로부터 분명해 진다.

4. 콕세이우스의 생애

콕세이우스는 개혁주의 전통 안에서 성경을 연구했던 성경 학자였다. 그는 개혁주의 신앙이 자리를 잡았던 브레멘(Bremen)에서 태어나 신학교육

---

[14] Francis Turretin, Institutes of Elenctic Theology, 3 vols, trans. George Musgrave Giger, ed. James T. Dennison, Jr., (Phillipsburg, NJ: P&R Publishing, 1992–1997), XII.v.24 (2:201).

[15] 다음을 참고하라. Gilsun Ryu, *Federal Theology of Jonathan Edwards: An Exegetical Perspective* (Bellingham, WA: Lexham Press, 2021), 23–71.

을 받으며 자랐다. 브레멘에 있는 동안 문헌학, 신학, 그리고 철학을 배웠으며, 23살이 되었을 때는 프레네커 대학(the University of Franeker)에서 저명한 교수(Sixtinus Amama, 1593-1629)의 지도하에 히브리어와 동양어를 배웠다. 또한 그의 스승 가운데 마티아스 마르티니(Matthias Martini, 1572-1630)의 지도하에 라틴어, 헬라어, 갈대아어, 시리아어, 그리고 아랍어를 습득할 수 있었다. 그 결과 콕세이우스는 터키(Turks)의 종교에 관한 논문을 썼는데, 이 논문은 헬라어로 작성된 것으로 이슬람교의 경전인 쿠란(the Qur'an)에 대한 언어 및 신학 주석들을 포함하고 있다.[16]

1626년 프레네커 대학에서 공부를 시작한 콕세이우스는 개혁파 스콜라 학자였던 요하네스 마코비우스(1588-1644)와 청교도 윌리엄 에이스(William Ames, 1575-1633)[17]를 알게 되었다. 그는 마코비우스의 지도하에서 신학 박사학위를 받았으며, 청교도 박해로 망명 왔던 에임스는 이미 1622년부터 프레네커 대학의 교수로 있던 터였다. 아셀트에 따르면 콕세이우스의 실천신학이 이때 이루어진 에임스와의 만남에 의해 형성되었을 것이라고 한다.[18] 1630년에는 브레멘에서 문헌학을 가르쳤는데, 그는 신학에 있어서 문헌학 연구의 중요성을 역설했다. 6년 후인 1636년에 콕세이우스는 네덜란드로

---

[16] Willem J. van Asselt, "Biographical and Historical Introduction: Covenant, Kingdom, and Friendship, Johannes Cocceius's Federal Framework for Theology," in *The Doctrine of the Covenant and Testament of God: Johannes Cocceius(1603-1669)*, trans. Casey Carmichael, intro. Willem J. van Asselt (Grand Rapids, MI: Reformation Heritage Books, 2016), xv-xvi.

[17] 폴란드 출신인 마코비우스는 엄격한 스콜라주의자로 타락전 예정론(supralapsarianism)의 지지자였다. 개혁파 예정론은 두 가지 관점, 즉 타락전 예정론과 타락후 예정론으로 나뉜다. 전자는 하나님이 선택에 대한 작정을 타락에 대한 작정보다 먼저 하셨고, 그 다음 타락을 허용하기로 작정하셨다는 관점이다. 타락전 예정론의 경우, 유기에 대한 하나님의 선택이 포함되어, 이중예정 즉 선택과 유기에 대한 하나님의 작정을 강조한다. 반면 후자는 타락에 대한 허용에 대한 작정이 선행하고, 그 다음 선택에 대한 작정이 뒤따른다. 타락 후 예정론은 타락에 대한 허용이 먼저 작정되었다는 점에서 유기에 대한 작정이 별도로 취급되지 않는다. 이로 인하여 이중 예정이 아닌 단일예정으로 이해된다. 김종희, "타락후예정론, 개혁교회의 신앙고백적 입장인가?" 「개혁논총」, 53(2020), 9-34.

[18] Van Asselt, *Federal Theology of Johannes*, 27-28.

돌아가 프레네커 대학에서 히브리어와 동양언어 교수가 되었다. 그는 언어를 매우 강조했다. 특히 히브리어, 헬라어, 라틴어를 성령께서 사용하신 도구라고 주장하였으며 이 언어들에 대한 지식 없이는 성경을 올바로 설명할 수 없을 뿐만 아니라 신학을 실천하는 일도 불가능하다고 말했다. 7년간의 언어학 교수를 역임한 후 1643년에는 신학 교수로 임명되었으며 다수의 작품을 출판하였다. 그는 네덜란드의 '자연법의 아버지'로 불리는 휴고 그로티우스(Hogo Grotius)에 반대하는 작품을 비롯하여 전도서와 욥기 주석, 그리고 언약신학에 관한 작품, 그리고 소시니우스주의자들과 예수교도들에 대한 반박서들을 썼다.[19]

1650년에는 홀랜드의 레이든 대학(the University of Leiden)으로 거취를 옮겼다. 이 대학은 당시에 개혁파 신학에 있어서 국제적인 거점 역할을 하고 있었다. 콕세이우스는 그곳에서 19년간을 거하면서 다량의 작품들을 썼다. 안타깝게도 콕세이우스는 1669년 레이든에 불어닥친 전염병의 희생자가 되고 말았다.

콕세이우스의 생애에 대한 기록은 그의 신학에 몇 가지 특징들을 제공한다. 첫째, 콕세이우스는 신학함에 있어서 언어와 문헌학을 강조했다. 이는 신학을 인문학적으로 읽는다는 말이 아니다. 오히려 신학을 위해 사용된 언어들을 밝히 알아야 성경을 올바로 해석할 수 있으며 또한 해석한대로 우리의 삶에 적용할 수 있음을 의미한다. 실제로 콕세이우스는 이슬람 경전인 쿠란에 대해 해박한 지식을 가지고 있었으며 이슬람교의 문제점을 잘 파악하고 있었다. 뿐만 아니라 히브리어와 헬라어를 잘 이해하여 성경 원문에서 말하고자 하는 의미를 올바로 이해할 수 있었다. 둘째, 구속의 역사에 대한 해석은 성경에 대한 이해로부터 말미암는다. 아래에서 볼 것이지만 그는 사사로운 의견을 가지고 세상의 역사를 해석하려고 하지 않았다. 오직 성경이 묘사하고 있는 역사를 성경에 기록된 약속과 성취의 관점에서 이해하고자

---

[19] Van Asselt, "Biographical and Historical Introduction," xvii-xviii.

했다. 마지막으로 콕세이우스는 이론과 실천의 관계를 통전적으로 이해했다. 마코비우스의 신학과 에임스의 신학을 모두 받아들임으로써 신학과 실천의 관계를 보다 온건한 형태, 혹은 균형 잡힌 관점을 가지고 접근함으로써 개혁파 신학의 지평을 넓혔다. 이는 마코비우스나 에임스의 신학이 콕세이우스의 것에 비해 덜 균형적이라는 뜻은 아니다. 오히려 콕세이우스의 신학이 개혁파 스콜라 신학과 개혁파 청교도 신학을 적절하게 수용하여 신학과 실천의 관계에 대한 폭 넓은 스펙트럼을 제공했다는 것을 의미한다. 콕세이우스의 언약신학에 영향을 끼친 세 가지 영향력을 꼽으라고 한다면, 그것은 개혁파 스콜라신학, 개혁파 청교도신학, 그리고 그 가운데 가장 지대한 영향력은 성경이었다.

5. 콕세이우스의 작품 해설

5.1 언약의 정의

제1장은 언약의 정의에 대해 분석한다. 콕세이우스에 따르면, 언약이라는 단어는 구약의 ברית(베리트)에서 왔다. 하지만 이 단어는 사람들이 일반적으로 해석하는 '자르다'(to cut)의 의미가 아니라 '선택하다'(choose)로 이해되어야 한다. 왜냐하면 이 히브리어의 일반적인 용례는 '자르다'가 아니라 '선택하다'이기 때문이다. 예를 들어 전쟁에서 평화협정(an agreement of peace)라는 단어를 사용할 때, 이 협정에서는 조건에 대한 선택의 의미가 작용한다. 이 때 선택은 상호간에 호혜(互惠)와 선택에 대한 의도를 수반한다. 예를 들어, 아브라함은 에스골과 아넬의 형제인 마므레와 언약을 맺었다(창 14:13). 이스라엘의 법은 아모리인들과의 언약을 금지한다(출 34:12-13, 15; 신 7:2). 요나단은 다윗과 사랑의 언약을 맺었다(삼상 18:3). 이로부터 언약은 평화를 위한 것, 즉 "평화의 언약"(ברית שלום)이라는 사실이 입증된다 (사54:10).

평화협정을 위한 선택은 두 당사자의 정당하고 동등한 규정과 약속에 확립된다. 그리고 이 협정을 위한 표징들(signs)이 더해진다. 이 표징들은 "언약과 제재"를 강하게 상기시키는 힘을 가지고 있으며, 표징의 방법들은 조약을 맺는 것, 동물을 죽이는 것, 혹은 잘려진 동물의 조각 사이로 지나가는 방식 등이 있다(렘 34:18). 이 의식은 언약을 맺은 당사자의 피와 생명이 언약을 지키지 못했을 경우 위험에 처함을 의미한다.[20]

하나님과의 언약은 사람들 사이에 맺어진 것과 다르다. 하나님의 언약은 일방적인 성격을 가진다는 점에서 사람의 언약과 다르다. 언약의 주도권은 하나님에게 있다. 사람은 상호간의 유익을 위해 언약을 맺는 반면, 하나님은 그저 자신의 백성을 위해 언약을 맺으신다. 하나님의 언약은 하나님의 사랑을 받는 방법을 선언하는 것 외에 달리 무엇이 아니다. 사람의 편에서 그 방법을 사용하기만 한다면 그는 "하나님의 우정"(the friendship of God) 속에 거하게 될 것이다. 하나님의 사랑과 은혜를 받는 방법이라는 점에서 하나님의 언약은 일방적(one-sided)인 성격을 가진다. 일방적인 성격이 전제된 언약을 뒤따라 쌍방적(two-sided)인 성격이 온전히 이해된다. 하나님이 자기 백성에게 언약을 맺을 때, 인간 편에서는 그 방법을 선택(choose)하는 일이 필요하다. 이사야 45:22, 시편 27:8, 베드로전서 3:21, 요한복음 3:21-22 등은 하나님을 찾는 자들에게 상을 주시는 하나님에 대해 묘사한다. 이사야 1:18은 하나님에게 믿음으로 돌아오는 자를 가까이 하신다고 묘사하고 있다.[21]

이 관점은 잘 이해할 필요가 있는데, 인간의 편에서 언약을 지켰기 때문에 은혜와 선물을 주신다는 것이 아니다. 콕세이우스는 성경이 의를 얻는 방법을 두 가지로 제시한다고 주장한다. 하나는 "행위"이고 또 다른 하나는 "은혜"이다. 하지만 이것은 행위를 통한 구원의 가능성을 말하는 것이 아니

---

20 Johannes Cocceius, *The Doctrine of the Covenant and Testament of God: Johannes Cocceius(1603-1669)*, trans. Casey Carmichael, intro. Willem J. van Asselt (Grand Rapids, MI: Reformation Heritage Books, 2016), 19-20.

21 Cocceius, *The Doctrine of the Covenant*, 22-24.

다. 콕세이우스는 로마서 11:6의 "만일 은혜로 된 것이면 행위로 말미암지 않음이니 그렇지 않으면 은혜가 은혜 되지 못하느니라"는 말씀을 통해, 행위의 법과 은혜의 법을 언급한다. 신자가 믿음안에서 행한 행위는 그의 행위의 능력때문이 아니라 하나님의 은혜의 결과다. 이 두 법의 차이점이 로마서 4:4-5에 잘 나와 있다.

> 일하는 자에게는 그 삯이 은혜로 여겨지지 아니하고 보수로 여겨지거니와 일을 아니할지라도 경건하지 아니한 자를 의롭다 하시는 이를 믿는 자에게는 그의 믿음을 의로 여기시나니

행위하는 이에게 상급이 주어지는 것은 은혜 때문이 아니라 갚아야 할 빚(debt)에 따른 결과다. 인간의 행위들은 행위언약에 속하는 것으로써 그 행위들을 의롭게 하지 못한다. 행위로 의로움을 받으려면 그 행위를 온전히 수행해야 하는데, 타락한 인간은 그렇게 할 수 없다. 하지만 믿음이란 행함을 주장하는 이들이 아니라 스스로 죄인이며 악한 자를 칭의하시는 하나님을 믿는 사람들을 의롭게 한다.[22]

5.2 행위언약

행위언약은 하나님이 에덴동산에서 아담과 맺으신 언약을 말한다. 창세기 3:3, "동산 중앙에 있는 나무의 열매는 하나님의 말씀에 너희는 먹지도 말고 만지지도 말라 너희가 죽을까 하노라"는 말씀에는 순종에 대한 보상과 불순종에 대한 형벌의 위협이 내포되어 있다. 콕세이우스는 행위언약을 구약 본문이 아니라 신약 본문에서 그 원리를 설명하며 시작하고 뒤에 가서 아담의 언약사건을 구체적으로 다룬다. 그에 따르면 행위언약(foedus

---

[22] Cocceius, *The Doctrine of the Covenant*, 26.

operum) 또는 "하나님과의 우정"(friendship with God) 언약은 의(righteousness)가 행위(ex operibus)로 말미암는다는 것을 의미한다.[23] 행위 언약은 성경의 두 가지 진술로부터 요약될 수 있다. 갈라디아서 3:12에서처럼, "율법을 행하는 자는 그 가운데서" 산다. 또한 갈3:10에서처럼, "누구든지 율법 책에 기록된 대로 모든 일을 항상 행하지 아니하는 자는 저주 아래에 있는" 자이다. 행하면 살고 행하지 않으면 죽는다는 것이 행위언약의 주요 골자이다. 행위 언약 안에는 "율법," "약속," 그리고 "위협"(threat)이라는 언약적 요소가 수반된다. 율법이란 하나님의 사랑을 받는 방법을 가르치고, 이 방법에 따라 주어진 약속은 하나님의 사랑과 자비이며, 그리하여 위협은 죄에 대한 필연적인 결론으로 작용한다.[24]

콕세이우스는 하나님에 의해 주어진 자연의 법과 기록된 법이 동일하다고 주장한다. 율법은 히브리어 토라(תורה)에서 왔으며 계시를 의미하나, 특별히 "의의 목적"이나 방법을 가리킨다. "행위의 법"과 "하나님의 말씀"은 상호간에 연합되어, 궁극적으로 사람이 행해야 할 것을 요구한다. 그것은 (1) 사람이 "해야 할 것"을 두 가지 측면에서 지시한다. 즉 지켜야 할 것을 적극적으로 행하며 금지된 것은 피해야 한다. (2) 율법 책에 기록된 모든 것을 행해야 한다. (3) 사람의 마음 속에 쓰여진 율법을 행해야 한다. 이러한 의미에서 율법책에 기록된 것들은 아담에게 주어진 "자연법"(natruae lex)과 다른 것이 아니다. 예를 들어 안식일을 지키라는 명령이 이스라엘 백성들로 하여금 율법을 듣고 묵상하도록 주신 법이라는 한에서는 자연법과 율법은 동일하다. 콕세이우스는 다음과 같이 쓴다.

> 모든 율법들이 근본적으로(radicaliter) 자연의 법에 포함된다는 것은 분명하다. 왜냐하면 모세와 사도는 첫 사람(original man)에게 약속된 생명을 기록된

---

[23] Cocceius, *The Doctrine of the Covenant*, 27.
[24] Cocceius, *The Doctrine of the Covenant*, 27-28.

율법에 따라 행한 행위에 연관시키고, 우리가 아담 안에서 빠지고 그리스도 안에서 자유게 된 사망과 저주를 기록된 율법을 행하지 않는 사람에게 연관시키기 때문이다. 실로, 생명이나 사망의 원인인 율법의 한 법이 있음이 필연적이다. 그러므로 생명 또는 기록된 법의 명령들을 포함하는 자연의 법과 십계명은 동일하다.[25]

율법과 자연법을 동일시 하는 이유는 무엇인가? 이것은 콕세이우스에게 씌워진 오해처럼, 그가 자연법이나 행위의 법을 통해 인간이 구원을 획득하거나 어떤 의를 얻을 수 있다가 말하는 것이 아니다. 오히려 그는 자연법과 행위언약을 동일한 것으로 간주하여 모든 인류가 행위언약 아래에 갇혀 있음을 말하고자 한다. 인간 행위에 대한 콕세이우스의 관점은 부정적이다. 기서이 그가 계속해서 아담이 순종하지 않을 시에 발생할 수 있는 위협에 대해서 말하는 이유이다. 행위언약은 완전한 순종을 요구하므로 죄를 범한 이들에게 그에 상응하는 형벌을 초래한다. 아주 미미한 잘못이라 할지라도 하나님께는 신성모독과 경멸적인 것이 된다.[26]

순종시에 얻게 되는 상급에 대해서도 마찬가지다. 콕세이우스에 따르면, "약속과 의무 사이의 조화"는 하나님의 사랑을 받는 것을 즐거워 하는 것에서 이루어진다. "하나님의 대한 우리의 사랑"이 "하나님에 대한 영원한 즐거움"을 받을만한 이유는 아니다. 그러므로 하나님의 약속이 인간의 의무에 의존하는 것처럼 생각하지 말아야 한다. 왜냐하면 하나님의 약속과 인간의 의무는 모두 하나님의 의지(the will of God)에 뿌리를 두고 있기 때문이다.[27] 상급에 대해 콕세이우스는 다음의 세 가지를 언급한다. 첫째, 우리는 빚진 자들이다. 이는 우리가 하나님 없이는 아무것도 행할 수 없을뿐만 아니라 넘치는 혜택들을 고맙게 여겨야 한다는 점에서 그렇다. 둘째, 만일 우

---

25 Cocceius, *The Doctrine of the Covenant*, 28-29.
26 Cocceius, *The Doctrine of the Covenant*, 31.
27 Cocceius, *The Doctrine of the Covenant*, 41.

리가 아무것도 빚진 것이 없다고 하더라도 우리는 하나님께 의무를 다할 수 없다. 왜냐하면 하나님은 우리로부터 아무것도 받지 않으시기 때문이다(욥 41:2, "너는 밧줄로 그 코를 꿸 수 있겠느냐 갈고리로 그 아가미를 꿸 수 있겠느냐."; 롬 11:35, "누가 주께 먼저 드려서 갚으심을 받겠느냐."). 그러므로 순종은 그저 자기 자신에게 유익할 따름이다(욥 22:2-3; 35:7). 셋째, 행위와 상급 사이에는 어떤 관계도 없다(롬 8:18, "생각하건대 현재의 고난은 장차 우리에게 나타날 영광과 비교할 수 없도다").[28]

5.3 행위언약 폐지론

콕세이우스의 언약교리에서 가장 특이한 관점 중 하나는 행위언약의 폐지 교리이다. 그에 따르면 행위언약은 점진적인 과정을 거쳐서 구약의 역사 속에서 폐지되었다. 그는 로마서 6:14, "죄가 너희를 주장하지 못하리니 이는 너희가 법 아래에 있지 아니하고 은혜 아래에 있음이라"는 말씀이 신약에서의 행위언약의 폐지를 가리킨다고 말한다. 또한 로마서 3:21, "그는 이제는 율법 외에 하나님의 한 의가 나타났으니 율법과 선지자들에게 증거를 받은 것이라"는 말씀은 하나님의 의가 율법으로부터 나타난 것이 아니라는 사실을 보여준다. 따라서 행위언약은 신약시대에 더 이상 그 효력을 발휘하지 못하고 구약의 역사 가운데 폐지의 단계들을 거친다. 행위언약은,

1. 생명을 줄 수 있는 가능성에 관하여, 죄로 인해 폐지되었다.
2. 정죄에 관하여, 약속 안에서 믿음으로 제시된 그리스도로 인해 폐지되었다.
3. 공포(terror) 또는 사망과 속박의 위협에 관하여, 죄의 사면에 대한 새언약의 선포로 인해 폐지되었다.
4. 죄와의 싸움에 관하여, 육체의 사망으로 인해 폐지되었다.

---

[28] Cocceius, *The Doctrine of the Covenant*, 47.

5. 창조된 것들에 관하여, 죽은 자의 부활로 인하여 폐지되었다.[29]

코세이우스는 위에서 언급한 다섯 단계의 행위언약 폐지 교리를 자신의 책 제3장부터 마지막 장인 제16장에 이르기까지 매우 자세하게 논한다. 그에 따르면 첫 번째 폐지는 아담이 죄를 지음으로 언약을 비효과적으로 만들었을 때 발생했다. 로마서 7:10의 말씀과 같이, 생명에 이르게 할 계명이 사망에 이르는 율법이 되고 말았다. 고린도전서 15:56이 증언하는 것처럼 율법은 죄의 권능이 되었다. 갈라디아서 3:21은 만일 살게 하는 율법을 주셨다면, 그 의는 율법으로 말미암았을 것이라고 말씀하지만, 인간은 육신으로 인하여 그 율법을 행할 수 없다. 그러면 누가 구원을 얻을 수 있는가? 사람으로서는 할 수 없다(마 19:25-26).[30] 코세이우스는 행위언약의 첫 번째 폐지 단계에 속하는 주제들 즉 아담의 죄, 자유의지, 죄책, 아담의 후손들의 상태, 사망 등에 관해 성경본문들로부터 해설하고 그 의미를 밝힌다.

두 번째 단계는 은혜언약에 의한 행위언약의 폐지이다. 비록 행위언약은 폐지되었을지라도 순종에 대한 의무는 남아있다. 하지만 사람은 타락 이후에 어떤 선한 행위도 행할 수 없다. 만일 하나님의 지혜와 은혜가 아니었더라면 그는 하나님과의 화목의 기회를 얻을 수 없었을 것이다. 하나님은 자기의 공의의 목적을 위해 사람을 즉시로 벌하지 않으셨다. 이는 인간에게 자비를 베풀고자 하셨던 하나님의 영광스러운 지혜와 자비 때문이다. 이 자비에 의하여 두 번째 단계의 폐지가 발생한다. 즉 정죄는 사라지고 죄인을 은혜 언약으로 받아들이신다. 은혜언약은 하나님과 죄인인 사람 사이에 맺어진 협정이다. 이 언약 안에서 하나님은 중보자를 믿음 안에서 회개와 믿음을 요구하심으로써 신자에게 주어질 의와 유업들에 대한 당신의 자유롭고 은혜로운 목적을 선언하신다.[31] 그렇다면 은혜언약을 맺으시는 원인은

---

[29] Cocceius, *The Doctrine of the Covenant*, 58-59.
[30] Cocceius, *The Doctrine of the Covenant*, 59.
[31] Cocceius, *The Doctrine of the Covenant*, 71-72.

무엇인가? 그것은 엡1:5이 말씀하고 있는 것처럼, 하나님의 "기쁘신 뜻"이다. 갈3:8은 "하나님이 이방을 믿음으로 말미암아 의로 정하실 것을 성경이 미리" 알았다고 말씀한다. 성경의 저자는 성령이시므로, 아브라함 이전에 성령께서는 하나님께서 작정하신 것을 보셨던 것이다. 무엇이 "가장 영광스러운 이유"였는지를 승인하고 선택하는 뜻이 계셨다.[32]

행위언약의 세 번째 단계의 폐지는 새 언약(the New Covenant)의 선언을 통해서 발생했다. 새 언약은 죄를 사면하여 공포와 노예상태로부터 죄인들을 사면했다. 새 언약은 신약(New Testament)에 종속적인 단어이다. 신약이 교회에 대한 하나님의 구원 계획에 대한 표현이라면, 새 언약은 신약에서 선포된 선을 주장할 권리를 인증하는 신적 약정(divine stipulation)이다.[33] 성경은 이 신적 약정에 대해 앞으로 일어나게 될 확정된 시간에 앞서는 시간에 대해 묘사한다. 에베소서 1:10에서 그리스도 안에서 통일되게 하신다는 말씀은 "때가 찬 상태에서의 시행" 혹은 "마지막 때의 통치"를 의미한다. 여기에서 쓰인 '시행'이나 '통치'를 의미하는 헬라어 단어 '경륜'(오이코노미안)은 확정된 시간을 의미하는 '페리테스미안'을 앞서는 시간들을 가리키는 용어이다. 하박국 2:3, "묵시는 정한 때가 있나니"에서 정한 때에 해당하는 단어를 לַמּוֹעֵד라고 썼는데, 이 단어는 앞으로 결정된 시간까지 기다려야 한다는 것을 말한다. 마찬가지로 다니엘 11:27("때가 이르지 아니하였으므로")과 다니엘 11:35("마지막 때까지 이르게 하리니 이는 정한 기한이 남았음이라")에서도 동일하게 앞으로 이루어질 확정된 시간까지 기다려야 할 것을 묘사한다.

시간에 대한 이해로부터 콕세이우스는 은혜의 약속이 이중적인 경륜(오이코노미안)을 갖는다는 것을 강조한다. 첫째는 앞으로 오실 "그리스도에 대한 기대"에 있어서 주어진 약속이다. 이 때의 약속은 "전에 바라던"(hoped before) 그리스도를 기대하는 상태를 묘사한다. 에베소서 1:12와 사도행전

---

[32] Cocceius, *The Doctrine of the Covenant*, 81.
[33] Cocceius, *The Doctrine of the Covenant*, 170-171.

26:6-7에서처럼 그리스도를 기다리면서 약속 아래에서 살았던 사람들에게 은혜의 약속이 막연하게 주어졌다. 두 번째는 "계시된 그리스도에 대한 믿음"에 있어서 주어진 약속이다. 갈라디아서 3:23의 "믿음이 오기 전"이라는 표현에서 알 수 있듯이 구약의 경륜은 그리스도에 대한 믿음을 가지기 이전과 가지기 시작한 이후의 상태로 구분될 수 있다. 그렇다면 믿음이 온 후에는 전에는 그저 바라던 소망이 계시된 그리스도에 대한 믿음으로 발전하게 된다.[34] 은혜언약과 관련하여 두 경륜들의 차이점은 그리스도에 대한 계시의 점진성에 달려 있다. 첫 번째 경륜에속한 신자들은 아직 하나님의 아들을 보지 못했으며, 죄가 사면되는 복음과 화목의 말씀을 듣지 못했다. 이 기간에는 그들 자신이 아니라 그들의 후손에게 주어진 것들을 바라봐야 하는 염려와 소망이 존재했다. 또한 그리스도가 그것들을 모두 제거하기 까지는 다소 어두움이 존재했다. 그리하여 이 시기는 부분적으로 "진노"와 "엄중하심"의 시기로 불리고 부분적으로는 하나님의 관대하심의 시기로 불리기도 한다. 은혜언약의 경륜은 역사의 모든 과정이 중보자에 대한 계시에 이르기까지 점차적으로 드러난다는 사실을 보여준다.[35]

네 번째 단계에서 행위언약은 "죄에 대한 투쟁"가운데 폐지된다. 죄에 대한 투쟁은 육체의 죽임을 통해 발생한다. 죄에 대한 투쟁은 성화와 관련된다. 우리는 중생(regeneration)에 의해 새로운 피조물이 되었고, 그리스도 안에서 의롭다 함을 얻었다. 칭의로 말미암은 화목(reconciliation)은 성화의 유익을 산출한다. 콕세이우스는 이 성화를 헬라어 단어 '아나카이노씬', 즉 갱신(renewal)으로 이해한다. 성화란 악덕으로부터의 정결(purification)과 미덕에 대한 지속적인 갱신이다.[36] 콕세이우스는 신자의 성화과정 속에서 행위언약의 폐지가 발생하는 이유를 무려 15가지로 제시한다. 간략히 나열해 보면, 그리스도께서 우리를 하나님 앞에서 거룩하고 흠이 없게 하시려

---

[34] Cocceius, *The Doctrine of the Covenant*, 171-173.
[35] Cocceius, *The Doctrine of the Covenant*, 192-193.
[36] Cocceius, *The Doctrine of the Covenant*, 321.

고 택하셨다(엡 1:4). 그리스도는 마귀의 일을 멸하기 위해 오셨다(요 13:8). 그는 우리를 불법에서 속량하시고 깨끗케 하시며 선한 일을 열심히 하는 자기 백성을 만들기 위해 자신을 우리에게 내어 주셨다(딛 2:14). 그리스도께서 단번에 죄를 위해 죽으심은 우리를 하나님 앞으로 인도하시기 위함이었다(벧전 3:18). 그리스도는 우리를 죄로부터 자유롭게 하기 위해 오셨다(요 8:34, 36). 또한 믿음을 통해 우리의 마음이 정결하게 하기 위해(행 15:9), 자신의 영을 통해 자기 백성들 안에 사시기 위해(롬 8:2, 5, 7-9), 하나님 아버지의 아들들을 위해(마 5:45), 그리스도를 믿는 이들이 하나님께 영광을 돌리게 하기 위해, 하나님의 약속을 받게 하기 위해, 모든 시험과 유혹 가운데 하나님의 위로를 믿을 수 있도록, 그리고 하나님의 영광에 대한 소망을 가지고 살도록 하기 위해 오셨다.[37] 성화에 대한 의무는 율법 아래에 놓이는 것을 의미하는 것이 아니다. 이미 콕세이우스가 말한 것처럼 율법아래에서 자유롭게 된 하나님의 자녀들이 성령의 법 아래에서 하나님의 영광을 위한 목적을 위해 살아가도록 하신 삶의 교리이다. 히브리서 12:14은 화평함과 거룩함 없이는 아무도 주를 보지 못할 것이라고 말씀한다. 마찬가지로 마태복음 5:8은 마음이 청결한 자가 하나님을 볼 것이라고 말씀한다. 이 모든 말씀들은 데살로니가후서 2:13에 잘 집약되어 있다. 하나님은 구원의 시작부터 우리를 택하셨고, "성령의 거룩하게 하심과 진리를 믿음으로 구원을 받게" 하신다.[38] 성령으로 거룩함을 받은 이들은 율법 아래에 놓여 있지 않은데, 이는 그들이 그리스도 안에서 생명의 영의 법 아래에서 죄와 사망의 법으로부터 자유롭게 되었기 때문이다.[39]

하지만 행위언약의 효력이 신자의 성화 과정에서 완전히 사라지는 것은 아닌데, 이는 두 가지 측면에서 그러하다. 첫째는 육신의 정욕과의 싸움이며, 이것의 목적은 믿음을 증명하는 데 있다. 고린도전서 15:56은 "사망

---

37 Cocceius, *The Doctrine of the Covenant*, 321-323.
38 Cocceius, *The Doctrine of the Covenant*, 321-324.
39 Cocceius, *The Doctrine of the Covenant*, 325.

이 쏘는 것은 죄요 죄의 권능은 율법"이라고 했다. 죄는 율법을 통해 사망에 대해 권능을 가진다. 왜냐하면 율법은 죄를 "드러내고 자극하고 저주하기" 때문이다. 중생한 자 속에 여전히 악을 향한 경향이 남아 있을 때, 이를 두고 "육체 가운데" 있다고 말한다. "육체의 소욕은 성령을 거스르고, 성령은 육체"를 대적한다. 둘째, 행위언약은 문자 그대로 육신의 "비참함" "죽음"에 연관된다. 이러한 것들 역시 부분적으로는 하나님을 영화롭게 하기 위해, 부분적으로는 믿음과 의로움을 시험하기 위해, 그리고 부분적으로는 죄의 억제와 제거를 위해 남아있다. 행위언약의 부정적인 결과들이 신자들에게 긍적적인 작용을 일으키는 방식으로 행위언약은 신자들의 성화 과정에 연관된다.

행위언약의 폐지를 성화의 단계와 연결시키는 콕세이우스의 관점은 그의 목회적 관심을 드러낸다. 판 아셀트는 다음과 같이 묘사한다.

> 콕세이우스는 여기에서 목회적 전문성을 보여준다. 중생한 사람은 완벽한 개인이 아니다. 아무도 이생에서 그렇게나 성취를 이루어 더 이상 나아지게 될 것을 바라지 말아야 할 사람은 없다. 투쟁은 잠재적으로 그리고 실재적인 투쟁 모두에서 지속된다. 이러한 이유로 중생은 아리스토텔리스적인 미덕, 가령 절제, 즉 '소프로쒸네'이든지, 성향(habitus) 또는 습관(custom)이 아니라 성령의 영으로부터의 선물이다.[40]

콕세이우스에 따르면 행위언약 교리를 부정하는 이들은 "하나님과 율법의 거룩함을 영화롭게 할 뿐만 아니라 의에 대한 투쟁과 갈망 그리고 영생에 대한 바램을 자극하기 위해, 모든 사람이 죄를 가진다고 가르치는 건전한 교리를 욕되게 만든다."[41]

행위언약 폐지의 마지막 단계는 종말론과 연관된다. 행위언약은 죽은 자

---

[40] Van Asselt, *Federal Theology of Johannes Cocceius*, 49.
[41] Cocceius, *The Doctrine of the Covenant*, 338.

의 부활에서 완전히 그 효력을 멈춘다. 율법의 효력은 에녹과 엘리야처럼 살아있는 채로 하나님께로 옮겨질 때를 제외하고는 부활 이전에 육체의 죽음이 먼지로 돌아갈 때까지는 지속된다. 하지만 행위언약의 효력과 죄의 열매는 은혜언약의 마지막 효과인 그리스도의 부활을 통해 제거된다. 그리스도와의 연합에 의해 생명의 부활이 있다. 이를 두고 성경은 그리스도께서 죽은 자의 첫 열매가 되셨다고 표현한다(고전 15:20). 그리스도께서 부활하심으로 그의 자녀들이 다시 살게 된다. 우리가 다시 삶이 없다면 그리스도께서 부활하지 않으셨을 것이다. 그리스도께서는 우리의 보증인(Sponsor)과 머리(Head)로써 죽었다가 다시 살아나셨다(고전 15:13). 우리의 옛사람은 십자가에 못 박혔고, 우리는 그 안에서 할례를 받았으며 "그를 통하여" 그리고 "그 안에서" 다시 살게 된다. 우리의 머리이신 그리스도 안에서 그분의 공로에 의해 중생과 죄의 파괴가 우리에게 전가된다. 아무도 자신의 공로로 생명의 부활을 얻을 자 없다. 왜냐하면 둘째 아담에 의해 살게 되었기 때문이다(고전 15:22).[42] 그리스도와의 연합을 통한 영적 부활로 인하여 행위언약의 효력은 완전히 멈춘다.

콕세이우스는 죽은 자의 부활은 영적인 부활과 연관된다. 그에 따르면, 영적인 부활은 다름 아닌 "교회의 부활"을 의미하고 이는 다시금 두 가지 영적인 부활를 지시한다. 첫 번째 교회의 영적 부활은 "그리스도의 승천 이후, 복음의 전파를 통한 이방인들의 회심" 사건을 가리킨다. 죽은 자의 부활은 이 세상에 믿지 않는 이방인들이 복음을 통하여 영적인 생명을 얻는 것을 말한다. 두 번째 영적인 부활은 오류와 죄악의 상태에 있던 세상의 환원(reduction)이다. 특별히 요한계시록 20:5, 6:12-14에 나와 있는 것처럼 적그리스도가 드러난 이후에 사망의 영향들에서 회복의 역사가 일어날 것인데, 그 중에서도 특별히 유대인들 가운데 복음을 인정하는 이들이 나타나게 될 것이다.[43] 마지막으로 행위언약은 불신자의 마지막 심판을 위한 목적에 연

---

42 Cocceius, *The Doctrine of the Covenant*, 358.
43 Cocceius, *The Doctrine of the Covenant*, 364-365.

관된다. 영원한 형벌이 행위언약을 따라 불신자들의 부활에 작용한다.[44] 신자의 경우에 행위언약은 영적인 부활 이후 그 효력을 멈추며 세상의 역사의 오류들이 회복되고 유대인들로 하여금 복음을 인정하게 되는데 작용하며, 불신자의 부활에서는 심판의 때에 내려질 형벌에서 효력을 발한다.

지금까지 콕세이우스의 설명을 따라 행위언약의 폐지를 다섯 단계에 걸쳐서 살펴보았다. 행위언약의 폐지는 일련의 연속적인 단계를 역사적인 측면에서 보여주고 있다. 판 아셀트는 행위언약이 역사적 진전의 방식을 따라 폐지된다고 묘사한다.

> 그것들은 단번에 이루어지는 사건을 가리키는 표현들이다. 그것들은 단계적 차이들이나 발전의 개념을 배제하는 것으로 보인다. 그럼에도불구하고 콕세이우스는 단계적인 진전을 암시하는 용어들을 사용한다. 폐지는 점진적으로 그리고 점점 더 구원이 신자들 사이에 인식되어지는 단계들에 의해 진행한다. 이것은 한 단계가 뒤에 남겨지고 진전이 다음 단계를 향하여 만들어지는 구원의 과정을 암시한다. 구원의 과정은 행위언약의 관점에서 잘 묘사될 수 있다- 은혜 언약 도식: 행위언약의 요소들은 부정적인 발전(negative development)을 거치며 더 큰 것에서 더 약한 것으로 진행하는 반면, 은혜 언약의 요소들은 긍정적인 발전을 거치며 약한 것에서 더 큰 것으로 진전한다.[45]

6. 소결론

행위언약에 대한 콕세이우스의 묘사에서 네 가지 특징을 발견한다. 첫째, 그의 언약교리에서 인간의 행위를 공로로 간주하는 것을 발견할 수 없

---

[44] Cocceius, *The Doctrine of the Covenant*, 371-372.
[45] an Asselt, *Federal Theology of Johannes Cocceius*, 276.

다. 타락 이전 아담과 맺은 행위언약에서 상급의 원인은 인간의 순종이 아니라 하나님의 기뻐하시는 뜻에 기초한다. 처음부터 마지막까지 콕세이우스는 행위언약의 무게 중심을 인간의 행위가 아니라 하나님의 의지와 사랑에 두고 있다. 행위언약은 "경이로운 자비와 은혜" 및 "공의로운 심판"에 드리워진 하나님의 목적과 영광을 드러내고자 했던 하나님의 자유로운 행위였다.[46] 둘째, 행위 언약에 대한 해석이 이성적 사유에서 나온 것이 아니라 성경 본문에 대한 주해와 다양한 본문들의 연관성을 고려해서 나온 것임을 발견한다. 콕세이우스의 논증의 방식은 철학적 원리를 따르는 것이 아니다. 그렇다고 인간이 이성적 사유를 통해서 언약교리를 설명하지도 않는다. 오히려 그는 성경 본문에서 언약 교리라는 주제를 추출하고 그 의미를 성경 본문들의 연계 과정을 통해 보여주었다. 히브리어와 헬라어 원문에 대한 박식한 이해와 원어들의 용례에 대한 깊고 풍부한 이해를 통해 성경 원문에서 말하고자 하는 바를 정확하게 짚어내고, 그와 유사한 예를 보여주는 다수의 본문들을 설명함으로써 언약교리를 성경적으로 설명하였다. 셋째, 콕세이우스의 중심 교리는 행위언약이 아니라 은혜언약이다. 그는 행위 언약의 폐지를 은혜언약의 빛이 점점 더 구속의 역사 속에서 점진적으로 드러나는 것을 보여주기 위해 설명했다. 그는 노련하고 지혜로운 신학자처럼 조직신학의 모든 교리들을 아우르면서 은혜언약의 탁월성을 증명했다. 마지막으로, 그의 언약신학적 체계는 구속사를 단순히 역사적인 단계의 발전으로만 설명한 것이 아니라 개인에게 끼치는 구원의 서정의 관점을 적지 않게 강조했다는 점도 간과해서는 안된다. 구약에 약속된 그리스도, 그리고 신약에서의 성취라고 하는 단순한 대조법이 아니라, 그리스도를 통해 성취된 은혜언약이 어떻게 새 언약을 통해서 점진적으로 신자들의 성화의 삶과, 세상의 역사 가운데 있는 이방인들 및 유대인들에게 적용되는지, 그리고 행위언약이 불신자들에게 어떤 효력을 미치는지를 그는 보여 줄 수 있었다.

---

[46] Coccejus, *The Doctrine of the Covenant*, 57.

6부
19-20세기 개혁주의: 기독교 세계관

16장 북미의 개혁주의: 벤자민 B. 워필드(1851-1921)의 칼빈주의

17장 화란의 개혁주의: 카이퍼(1837-1920)와 바빙크(1854-1921)의 기독교 세계관

18장 개혁주의 성경론: 바빙크(1854-1921)와 워필드(1851-1921)의 성경론 비교

16장

북미의 개혁주의

: 벤자민 B. 워필드(1851-1921)의 칼빈주의[1]

1. 칼빈주의 정의

워필드에게 칼빈주의는 크게 세 가지 용례를 함축한다. 첫째, 칼빈주의는 단순히 칼빈 자신의 가르침을 의미한다. 두 번째 용례는 루터주의와 구분되는 개혁파 교회의 "교리 체계"를 가리키고, 이러한 의미에서 개혁파 교회는 칼빈주의 교회로 불릴 수 있다. 마지막 세 번째는 칼빈주의를 넓은 의미에서 해석하여 신학, 윤리 철학, 사회, 정치, 예술 등을 아우르는 사상을 의미한다. 이 세 가지 중에서, 워필드는 두 번째 용법인 개혁파 교회의 교리 체계가 칼빈주의의 가장 중심적인 의미를 내포한다고 주장한다. 하지만 첫 번째와 세 번째 용법들을 간과하거나 외면하는 것은 아닌데, 이는 워필드가 취하는 칼빈주의의 용례들이 한결 같이 모두 개혁파 내에서의 칼빈주의를 내포하기 때문이다. 이 점은 아브라함 카이퍼(1837-1920)의 칼빈주의와 비교

---

[1] 본 글은 2021년에 「역사신학논총」 39에 게재된 글로, 책의 목적에 맞추어 글을 수정 및 편집하여 책에 포함시켰음을 밝힌다. 원 논문을 위해 다음을 보라. 류길선, "개혁주의 유산으로서의 칼빈주의 개념 고찰: 벤자민 B. 워필드의 칼빈주의 이해를 중심으로," 「역사신학논총」 39(2021), 137-175.

할 때 두드러지는 특징 가운데 하나이다. 카이퍼에 따르면 칼빈주의는 크게 네 가지 용법으로 구분된다. 첫 번째는 가톨릭 진영에서 비난삼아 부르는 분파(sectarian)를, 두 번째는 예정 교리를 칼빈주의와 동일시 하는 형태의 고백주의(confessional) 종파를, 세 번째는 "칼빈주의 침례교" 또는 "칼빈주의 감리교" 등과 같은 교단 명칭을, 그리고 마지막으로 역사적, 철학적, 정치적 의미의 학문적 명칭을 각각 의미한다.[2] 카이퍼는 이 마지막 용법을 하나님과 인간과 세상의 관계에 대해 포괄적인 세계관 및 인생관을 설명할 수 있는 칼빈주의의 진정한 의미라고 보았는데, 이는 그가 칼빈주의를 삶의 전 영역, 예컨대 정치, 사회, 문화, 예술, 학교에 적용하고자 했기 때문이다. 이런 의미에서 카이퍼의 칼빈주의는 워필드가 제시한 칼빈주의 용법 중에 가장 넓은 의미로 사용된 세 번째 용법에 속한다.

워필드가 분류한 칼빈주의의 용례들이 모두 개혁파 교회에 적용될 수 있다는 점과, 워필드가 개진하는 칼빈주의의 요체가 개혁파 교리 체계에 있다는 사실을 고려한다면, 두 가지 원리가 발견된다. 첫째, 워필드는 칼빈주의를 매우 포괄적인 의미에서 사용한다. 그가 언급한 교리 체계는 예정론과 같은 특정 교리나 혹은 단순한 교리의 배열이나 구조를 의미하지 않는다. 앞으로 볼 것이지만, 워필드가 말하는 교리 체계는 칼빈의 신학적 사상의 영향 가운데 경건이라는 주제를 중심으로 발전한 교리 체계, 더 쉽게 말하면 경건의 체계를 의미한다. 이로부터 자연스럽게 파생되는 두 번째 원리는 그가 경건의 체계를 교회 공동체 전체에 적용하기 위해 유기적인 성격의

---

[2] Benjamin B. Warfield, *The Works of Benjamin B. Warfield, Volume 5: Calvin and Calvinism* (Grand Rapids: Baker Book House Company, reprinted 1981), 353; Abraham. Kuyper, *Lectures on Calvinism*, Peabody (MA: Hendrickson Publishers, 2008), 4. 이러한 의미의 칼빈주의를 소위 신칼빈주의라고 부른다. 아브라함 카이퍼와 헤르만 바빙크를 필두로 시작된 신칼빈주의 하나님의 주권이 온 세상의 영역에 작용하고 있으며, 신자와 불신자의 세계관 사이에 근본적인 대립(antithesis)을 전제하는 칼빈주의 운동이다. Nathaniel Gray Sutanto, "Reveiw of *Neo-Calvinism and the French Revolution* by James Eglinton and George Harinck," *The Journal of Theological Studies* 66 no. 2(2015): 864-866; James P. Eglinton, *Trinity and Organism: Towards a New Reading of Herman Bavinck's Organic Motif* (London: T&T Clark, 2012), 19.

칼빈주의를 추구하고 있다는 점이다.

2. 경건

칼빈주의의 두 번째 용법인 개혁교회의 교리 체계는 경건이라는 주제를 근간으로 삼는다. 그 이유는 칼빈주의는 펠라기우스주의나 루터주의처럼 개인의 견해를 말하는 것이 아니라 경건 사상의 형태 또는 경건의 교리 체계를 가리키기 때문이다.[3] 칼빈주의라는 용어에 대한 워필드의 이해에서 가장 핵심적인 단어는 경건이다. 워필드는 그의 한 평론지에서 칼빈주의의 요체를 종교 혹은 경건으로 보았다. 한마디로 말해서 "칼빈주의는 순수한 종교이다." 그것은 단순히 육의 모양을 지닌 기도의 자세가 아니라 "정신과 마음"을 가진 태도이다.[4] 순수한 종교로서의 칼빈주의는 하나님을 의존하는 마음을 가지고서 "모든 생각, 모든 감정, 모든 행위," 즉 지성과 마음과 의지를 지속적으로 하나님 앞에 내려놓는다. 칼빈주의는 "하나님에 대한 철저한 의존과 구원에 있어서 하나님의 자비만을 신뢰하는 겸손의 자세"를 함양하는 믿음의 종교다. 이 세상에 존재하는 모든 종교는 오직 두 가지 구분되어 있는데, 그것은 "믿음의 종교"와 "행위의 종교"이다.[5] 이 두 유형의 종교적 형태가 펠라기우스와 어거스틴의 논쟁에서 나타났다. 전자는 인간의 능력을 의존하는 종교를 후자는 하나님을 전적으로 의존하는 종교를 각각 대변한다.[6] 어거스틴의 세계관은 인간의 죄책과 무능을 강조하면서 하

---

[3] Warfield, *Selected shorter writings*, 2:411.

[4] Benjamin B. Warfield, *Selected shorter writings of Benjamin B. Warfield: Professor of Didactic and Polemic Theology Princeton Theological Seminary 1887-1921*, ed. John Edward Meeter (Nutley, N.J.: Presbyterian and Reformed Pub. Co., 1970), 1: 389.

[5] Warfield, *Selected shorter writings*, 1:390.

[6] Warfield, *Selected shorter writings*, 1:390-391.

나님의 무한한 사랑을 강조하는 칼빈주의 체계와 동일하다.[7] 칼빈주의는 믿음의 종교인 반면, 이 세상에는 참된 종교가 하나도 없다.[8]

3. 유신론

칼빈주의가 순수한 상태의 종교라는 사실 즉 하나님 앞에서의 경건 체계라는 사실로부터 칼빈주의는 유신론을 근본 원리로 삼는다. 이는 워필드의 새로운 발견이 아니다. 이미 칼빈은 자신의 『기독교 강요』 초판의 제목에 경건의 요체(the Whole Sum of Piety)라는 단어를 사용하여 기독교 강요를 "경건에 힘쓰는 사람을 위한 책"이라고 명시해 놓았다.[9] 칼빈처럼 워필드에게 종교와 참된 경건은 정확히 일치하는 단어다. 칼빈주의의 형태 혹은 형식을 이루고 있는 원리는 무엇인가라는 질문에 워필드는 유신론(theism)이라고 답한다. 칼빈주의의 근본원칙으로서의 유신론은, 죄악된 피조물과 하나님과의 관계를 동반에 대한 "비통한 깨달음"과 함께 "하나님의 위엄에 대한 깊은 이해"에 놓여 있다.[10] 워필드는 칼빈주의의 근본원리를 다음과 같이 진술한다.

> 주저함 없이 하나님을 믿고서 자신의 생각, 감정, 의지에서, 즉 개인적, 사회적, 종교적인 모든 관계들을 관통하는 자신의 모든 생활, 지성, 도덕의 모든 범위 안에서 하나님이 자신에게 하나님이 되실 것이라고 결정한 사람은 자신의 생각과 삶에 작용하는 외부적인 원리들을 관장하고 있는 가장 엄격한 논

---

[7] Warfield, *Selected shorter writings*, 2:411. 워필드는 칼빈주의라는 주제로 쓴 한 글에서 칼빈주의의 역사의 기원을 죄와 은혜에 대한 기독교의 교리 논쟁이 치열했던 4세기 이후로 본다.

[8] Warfield, *Selected shorter writings*, 1:392.

[9] 1536년 판 책의 원제는 다음과 같다. 『기독교 강요, 경건에 대한 요체 거의 전부와 구원의 교리를 앎에 필요한 모든 것, 경건에 힘쓰는 모든 사람에게 가장 합당한, 최근에 편집된 작품』. 문병호, "본서의 이해를 돕는 역자의 논단," 27.

[10] Warfield, *Calvin and Calvinism*, 354.

리적 힘에 의해, 바로 그 경우의 필요성에 의해 칼빈주의자이다. 그래서 객관적으로 말하면, 칼빈주의에서 유신론은 자신의 정당성에 이른다. 주관적으로 말하면, 종교적인 관계는 자신의 순수성을 확보한다. 구원론적으로 말하면, 개신교 종교는 마침내 자신의 완전한 표현과 확실한 안정을 발견한다.[11]

유신론은 전적으로 "목적론적 우주의 개념" 안에서만 정당성을 발견한다. 세상에서 일어나는 일련의 과정들은 전적으로 하나님의 계획 가운데 이루어지는데, 왜냐하면 하나님이 모든 피조물의 "조성자, 보존자, 통치자"로서 "궁극적 원인"이시기 때문이다. "종교적인 관계"는 오직 "하나님에 대한 절대적 의존의 자세가 단순히 기도 행위와 언어에서만이 아니라," "지성적, 감정적, 실행적인 삶의 모든 활동들을 통해 지속될 때에만" 순수성에 도달한다.[12]

4. 유기적 원리

워필드가 말하는 유신론이 유기적 관점을 내포하고 있다는 사실은 주목할 만하다. 워필드는 유기적 관점을 통하여 칼빈주의를 포괄적으로 적용하고자 했다. 이는 칼빈주의 유신론과 다른 개신교 사상들의 관계에서, 그리고 교회 공동체에 대한 그의 관점에서 분명히 드러난다. 먼저, 유기적 관점은 워필드가 칼빈주의 유신론이 다른 개신교 사상들과 완전히 별개의 개념이 아니라고 하는 주장에 대한 근거를 제공한다. 칼빈주의는 어떤 생물학적 종이 다른 종들로부터 다른 것처럼 간주되는 것이 아니다. 오히려 "완전히 발전한 표본이 동일한 종의 불완전하게 발전한 표본과 다른 것"과 같다.[13] 서

---

11 Warfield, *Calvin and Calvinism*, 354-355.
12 Warfield, *Calvin and Calvinism*, 355.
13 Warfield, *Calvin and Calvinism*, 355.

로의 부족을 충족시키기 위해 다양한 유신론, 종교, 개신교가 있는 것이 아니라 "오직 하나의 유신론, 종교, 개신교"가 있다.[14] 따라서 칼빈주의가 다른 개신교 사상들을 배척하지 않고 끌어 안는다는 것은 놀라운 일이 아니다. 칼빈주의는 "하나님을 믿는 누구든지, 그의 영혼의 안식 가운데 하나님에 대한 철저한 의존을 인정하는 누구이든지, 구원에 대한 모든 사상 속에서 오직 하나님께 영광(soli Deo gloria)이라는 개신교 고백의 반향(echo)을 심중으로 듣는 사람은 누구이든지," 그가 자신을 뭐라고 부르든 간에 혹은 지적인 곤란으로 인해 그의 논리적 이해가 혼동되는 것과 상관없이 그 모든 이들을 "암시적으로" 칼빈주의자임을 인정하고, "모든 참된 경건(religion)"에 "몸체"를 부여하는 근본적인 원리들을 허용하도록 함으로써 "명시적인 칼빈주의자가 될 것"을 요구한다.[15]

워필드는 칼빈주의 교리체계를 교회 공동체의 신앙생활에 적용하고자 했다. 그는 1903년 프린스턴 신학교에서 했던 신학생들의 종교적인 문화에 관한 강연에서 다음과 같이 말한다.

> 제가 지금 주장하고 있는 바는 신학교의 벽 밖에서나 안에서와 상관없이 그러한 어떤 예배들도 제공할 수 없는 것에 관한 것, 하나님의 은혜에 의해 여러분의 종교적 본성 속으로 훨씬 더 깊게 들어가게 만들고, 확고하고 일관되며 지속적인 기독교적인 성격의 구조물을 위한 훨씬 더 넓은 기초를 놓을 수 있는 것에 관한 것입니다. 저는 여러분들에게 신학교에 의해 제공된 명시적인 은혜의 수단의 계발에 성실함을 보여서, 은혜의 수단들 안에 살고 그 은혜의 수단들을 더 충만하고 부요한 유기적인 종교적 생활이 되도록 권면하고 있는 것입니다 …중략… 우리들과 같이 가깝고 친밀한 유대안에서 함께 묶인 모든 사람들은 유기적인 삶을 가져야 합니다. 그리고 만일 그들을 함께

---

14 Warfield, *Calvin and Calvinism*, 356.
15 Warfield, *Calvin and Calvinism*, 356.

묶는 결속이 근본적으로 종교적인 성격을 가진다면, 이 유기적 삶은 근본적으로 유기적인 것이어야만 합니다. 우리가 만일 이 유기적인 종교 생활에 우리 자신의 삶의 전력을 다하지 못하고 명시된 수단들의 완전한 표현을 다하지 못한다면, 우리는 그러한 상황들 속에서 우리의 특권의 정상(top)을 누리고 있지 않는 것입니다. 그 어떤 사적인 종교생활의 부요함도, 유기체의 지체들에 있는 자발하는 종교 예배의 풍부함도 적절한 경로들을 통해 얻는 가장 충만하고, 부요하며 가장 열렬한 유기적인 종교 생활의 표현에 대한 필요성을 대신하거나 대체할 수 없습니다. 그러므로 형제들이여, 저는 여러분들에게 최대의 진지함을 가지고 신학교에서 제공된 공적인 은혜의 수단들을 활용하고, 그것들을 학교의 유기적 종교 생활의 계발과 표현을 위한 도구들로 만들 것을 권면합니다.[16]

워필드는 신학생들이 은혜의 수단을 통해 진정한 경건의 생활을 전력을 다하여 추구해야 한다고 강조한다. 데이빗 웰스(David F. Wells)에 따르면 워필드가 신학교에서 제공된 공적 은혜의 수단들을 강조한 이유는 프린스턴 신학생들이 신앙을 하나님과의 개인적인 동행으로 이해하는 경향이 있기 때문이었다.[17] 워필드는 신학생들이 은혜의 목회자로서 다른 이들을 돌보고 인도할 수 있는 그리스도의 청지기가 되기 위해 필요한 훈련에 최선을 다해 임할 것을 강조한다. 비록 워필드가 개인적 경건 훈련을 보다 강조한 측면이 있으나 이는 개인의 영적성장의 성취는 안수라던지, 가르치는 교수라던지, 혹은 동료에 의해서가 아니라 개인의 영적인 노력 없이는 종교적인 성장이 어렵다고 보았기 때문이다.[18] 웰스가 잘 지적하는 것처럼 워필드는 신학생들이 지성과 감성과 의지, 즉 전인적인 차원에서 하나님 앞에서의 종교생활을 할 수 있어야 하며, 이를 위해서는 개인적인 신앙생활만이 아니라

---

16 Warfield, *Calvin and Calvinism*, 2:477.
17 Wells, 『개혁주의 신학: 현대 개혁주의 역사』, 117.
18 Warfield, *Calvin and Calvinism*, 2:481.

공동체 의식이라는 연대 의식을 가지고 함께 하나님이 주신 은혜를 고양시켜 나가야 함을 역설한다.

더 나아가 하나님의 영광이라는 목적론적 의식을 담고 있는 유기적 관점은 워필드에게 포괄적인 개혁주의 세계관을 제공한다. 워필드는 "칼빈주의"라는 주제로 쓴 글에서 칼빈주의의 실제적인 영향력을 크게 다섯 가지 관점에서 묘사한다. 칼빈주의의 개인과 사회에 끼친 윤리적 생활, 교회와 국가에서 실현된 자유와 대중 정부(popular government), 공공의 지성과 교육의 표준, 순교자들에 의해 입증된 진리의 능력, 그리고 그리스도의 왕국 확장을 위한 선교적인 열정과 헌신 등이 바로 그것이다.[19] 비록 워필드가 포괄적인 세계관으로서의 칼빈주의를 카이퍼만큼 풍부하고 상세하게 논의하지는 않지만, 이러한 논의를 다루고 있다는 사실만으로도 그의 칼빈주의 개념이 얼마나 폭넓게 사용되고 있는지를 보여 준다는 점에서 의의가 크다.

워필드는 "칼빈주의에 대한 오늘날의 태도: 그 원인과 의미"라는 글에서 칼빈주의를 세 가지 명제로 제시한다. 첫 번째, 칼빈주의는 "유신론"이며, 칼빈주의 개념의 정점은 "경건"에 있고, 마지막으로 칼빈주의는 "순수하고 확고히 표현된 복음"이다.[20] 세 번째 명제에서 순수하고 확고하게 표현된 복음이라는 것은 더 순수하고 발전된 상태의 높은 종교적 원리를 보여 주는 유기적 원리에 다름 아니다. 이러한 점에서 워필드가 강조하는 두 번째 유형의 칼빈주의, 즉 개혁교회의 교리 체계는 칼빈의 사상을 대변하는 첫 번째 유형의 칼빈주의, 그리고 정치, 문화, 예술, 학문 등을 아우르는 포괄적인 세계관으로서의 칼빈주의를 모두 내포하고 있으며, 그 모든 유형들을 통일하는 교집합적 매개는 개혁 교회의 교리 체계의 정점인 경건이라 할 것이다.

---

19 Warfield, *Calvin and Calvinism*, 2:442.
20 Warfield, *Calvin as a Theologian and Calvinism Today*, 21-23.

5. 다양한 교파 및 종파와의 비교: 로마 가톨릭 교회, 루터주의, 아르미니우스주의

칼빈주의의 개념에서 워필드가 처음부터 마지막까지 계속해서 강조하는 주제가 경건이라는 사실은 단순히 인간의 종교적인 노력이나 삶에 대한 실천을 말하고자 함이 아니다. 오히려 참된 경건은 하나님을 아는 지식으로 말미암고, 성경이라는 외적 원리와 성령의 내적 증거가 함께 역사할 때에야 비로서 발생한다. 하나님의 영광 앞에 압도당한 그리스도인들은 가장 순수한 형태의 종교에서만 보일 수 있는 참된 경건을 산출한다. 가장 순수한 형태의 종교라는 차원에서 칼빈주의는 로마 가톨릭 교회, 루터주의, 그리고 아르미니우스주의로부터 구별되는 교리체계다. 그렇다면 워필드는 칼빈의 신학과 칼빈주의를 어떠한 방식을 통해 다른 종파들과 비교하고, 칼빈주의의 특별함을 드러내는가?

5.1 로마 가톨릭

칼빈의 대부분의 교리에서 경건이라는 주제가 발견되지만, 하나님에 대한 지식에서만큼 경건이 강조되는 곳도 없다. 칼빈에게 "하나님이 대한 지식과 하나님에 대한 경배는 함께 가"는 주제들이다.[21] 하나님을 아는 지식에 관한 교리를 분석하면서 워필드는 칼빈의 글이 로마 가톨릭 교회의 문제점을 인식하고 있음을 지적한다. 칼빈은 제네바에서 종교개혁으로 부름 받은 이후 "로마 가톨릭교회와 재세례파들"로 인해 발생한 신학적 논쟁에 참여했다.[22] 로마 가톨릭교회에 대한 비판과 관련하여 워필드가 주목하는 칼빈의 관심은 예배이다. 종교개혁의 리더로서 칼빈은 로마 가톨릭의 "모든

---

21 Selderhuis, ed., *The Calvin Handbook*, 418.
22 Warfield, "Calvin's Doctrine of the Knowledge of God," 29.

'의지적 예배(will-worship)'를 배제하고 '형식적인 예배'를 정죄하기 위한 길을 준비하기 위한 길"을 모색한다. 이런 맥락에서 『기독교 강요』 초반부터 칼빈은 하나님을 아는 지식에 관해 논증하면서, 자연인으로서의 죄인은 자신의 종교를 스스로 형성할 수 없음을 강조한다. 오히려 "신적 의지가 참된 종교가 순응해야 할 영속적인 규칙이다." 만일 인간이 "하나님을 예배하는 방법들을 새로이 고안"한다면, 그것은 하나님에 대한 "경멸을 보여주는 것으로 하나님을 기쁘시게 할 수 없다."[23]

워필드는 계속해서 자연계시에 관하여 칼빈이 『기독교 강요』에서 언급한 말들을 대거 인용한다. "하나님은 자연속에 만연해 계시는데, 경건한 마음으로 바라볼 때, 자연이 하나님이시다(1.5.5)." "어떤 인간도 하나님의 드러나심을 부인할 수 없다(1.5.1)." "하나님은 자신을 풍성하게 드러내신다(1.5.7)." 그렇다면, 워필드는 왜 그토록 자연계시에 대한 칼빈의 열정에 주목하는가? 그는 다음과 같이 답한다. "그는 단순히 사색적인 정교함들에 빠지거나 '주제넘는 호기심'의 자극으로 자신의 탐구를 수행하는 것으로부터 아주 멀어서, 오히려 실천적인 경건의 동기가 항상 있었으며 그의 생각을 지배하고 있었다."[24]

이는 성경교리에 대한 관점에서도 동일하다. 칼빈은 성경을 "믿음과 삶에 대하여 신적으로 주어진 규범"으로 이해했다. 칼빈이 성경의 교리를 믿음과 관련시킨 것은 로마 가톨릭 교회가 트리엔트 공의회를 통하여 외경들을 공식적으로 정경에 포함시켰던 역사적 문맥에서 이루어졌다.[25] 이에 워필드는 칼빈이 "성경의 모든 책들의 정경성을 고수했다"는 것을 증명한다.[26] 더 중요한 사실은 성경 자체의 정경성 문제 이후에 나오는 성경의 권위 문제를 다루는 성령의 내적 증거 교리이다. 로마 가톨릭의 성경교리에

---

23 Warfield, "Calvin's Doctrine of the Knowledge of God," 38-39.
24 Warfield, "Calvin's Doctrine of the Knowledge of God," 41.
25 Warfield, "Calvin's Doctrine of the Knowledge of God," 48-49.
26 Warfield, "Calvin's Doctrine of the Knowledge of God," 53.

대한 비판은 성령의 증언 교리에서 더 부각된다. 소위 성경의 권위문제에 있어서 로마 교회는 "성경이 권위로 확립될 수 있는 것은 오직 교회에 의한 것"이라고 주장했고, 이에 반대하여 "개신교는 성경에 호소"하였다. 여기에서 워필드는 칼빈이 지나치게 교리적으로 성경론을 다루지 않는다고 강조한다. 그 이유는 "실천적인 목적을 위하여 실천적인 사람들에게 글을 쓰는 실천적인 사람으로서, 칼빈은 자신이 가장 중요한 것으로 제기했던 문제들의 국면에 주목하는 데 실패할 수 없었기" 때문이다.[27] 워필드는 칼빈이 성령의 증언 교리를 "일반적인 믿음의 교리"와 결부시키고 있음을 주목한다. 왜냐하면 칼빈에게 성령의 증언 "교리는 독자적인 교리가 아니라 그의 체계 가운데 있는 다른 교리들과의 관계속에 서"있기 때문이다.[28] 다시 말해, 성령의 증언 교리는 성경이 하나님의 말씀이라는 사실을 받아들이는 믿음의 교리와 다르지 않다. 워필드에 의하면, 칼빈이 성령의 내적 증거 교리를 믿음의 교리와 연결하는 이유는 "칼빈의 마음 가운데, '참된 믿음'"이 자리하고 있기 때문이다.

워필드는 하나님을 아는 지식, 하나님의 교리, 삼위일체, 그리고 창조 교리 전반에 걸쳐서 로마 가톨릭적 배경을 간간이 언급한다. 표면적으로 볼 때, 칼빈이 전개하는 교리의 내용들 저변에는 로마 가톨릭 교회의 왜곡된 관점들이 자리하고 있다. 하지만 워필드는 칼빈의 주요 목적이 그리스도인들의 경건을 자극하고 촉구하는데 있음을 단 한순간도 놓치지 않는다. 다시 말해, 비록 워필드는 로마가톨릭의 문제점을 적나라하게 언급하지는 않지만, 하나님을 아는 지식과 참된 예배의 관계를 통해 로마가톨릭의 문제점을 인식하고 있는 동시에 독자로 하여금 경건의 열망을 가질 수 있는 방식으로 글을 전개하고 있다.

---

27 Warfield, "Calvin's Doctrine of the Knowledge of God," 71.
28 Warfield, "Calvin's Doctrine of the Knowledge of God," 72.

5.2 루터주의

워필드가 칼빈주의의 유기적 포괄성을 강조하는 이유는 그동안 지속되어 왔던 칼빈주의에 대한 오해를 불식시키고 칼빈주의의 정당성을 확보하고자 하는 그의 변증적 의도와 관련이 깊다. 그는 한 평론지에서 칼빈주의자들이 유별난 견해를 수호하기 위해 논쟁하기를 좋아한다는 주장들은 과거의 칼빈주의에 대한 문헌들을 살펴볼 때 근거가 없는 것이라고 반박한다. 칼빈주의를 옹호하기 위해 적을 공격하는 일들은 예상외로 찾아보기가 어려울 뿐만 아니라 칼빈주의를 공격하는 학자들의 글은 많았다.[29] 유사하게 루터주의와의 차이를 통해 칼빈주의를 규명하려고 했던 학자들의 논의 가운데 칼빈주의의 형식적 원리를 예정론에서 찾으려는 이들도 있었다. 이러한 관점은 칼빈주의의 논리적 귀결들 가운데 여러 가지들 중 하나에 불과한 교리를 형식적 원리로 오해한 결과로 말미암는다.

루터주의에 대한 워필드의 관점은 루터에게로 거슬러 올라간다. 워필드가 루터에 대해 매우 긍정적인 시각을 견지한다는 것은 주목할 만하다. 그는 다음과 같이 쓴다.

> 아무도 그만큼 인류의 눈앞에 자기의 마음과 영혼과 생애에 드러난 사람은 없다. 하늘이 개듯이 천둥이 치듯이 그는 그의 모든 감정을 숨기지 않고 적나라하게 표현했다. 따라서 말하는 것이 기록되는게 두려워하는 그의 청중과 친구들에게 깊은 감동을 주었다. 따라서 어떤 사람도 그렇게 혹독하게 심판대 앞에 선 적이 없다. 어떤 사람도 그렇게 어려운 상황에 처해보지 않았으며, 여러 가지 유혹을 그만큼 받은 사람도 없다. 주님이 지켜 주신다는 '신

---

[29] 그 한 예로서, 워필드는 19세기 초, 톰린(Tomline)을 시작으로 코프레스톤(Copleston), 웨들리(Whately), 스텐리 훼버(Stanley Faber), 리차드 왓슨(Richard Watson) 등과 같은 학자들이 칼빈주의에 반대하는 글을 썼다고 주장한다. Benjamin B. Warfield, 『칼빈 · 루터 · 어거스틴』, 한국칼빈주의연구원 편역 (서울: 기독교문화협회, 1986), 45.

앙의 힘으로' 그는 일생을 살았다.³⁰

워필드는 루터가 교회에 세계를 위해 세운 업적은 "깊은 사랑과 존경을 받아 마땅하다"고 강조한다. 특별히 믿음으로 의롭게 된다는 이신칭의 교리는 사도 바울 이후 루터의 종교개혁에 이르러서야 온전한 성경적 교리로 자리매김 되었다.³¹ 물론 워필드는 루터의 관점에 문제가 없다고 생각하지 않는다. 루터는 성찬론에 있어서 그리스도의 살과 피의 실재적 현존을 주장하여 로마 가톨릭의 잔재를 보여주었다. 그로 인한 논쟁이 "칼빈의 정통주의"로부터 루터교를 이원화 시켰다. 그럼에도 불구하고, 루터는 자신의 잘못을 솔직하게 인정하는 사람이었고, 1세대 후 루터주의자들은 자신들이 "정통주의에서 벗어났을 때"³² 루터가 칼빈의 교리를 주저하지 않았음을 스스로 밝혔다.³³ 워필드는 루터와 루터파의 주요 논점이 그들 사이의 신학적 논쟁에도 불구하고 근본적으로 크게 다르지 않다고 주장한다. "루터가 주장한 교리는 비록 그가 칼빈이 한 것과 같은 설명과 적용과 예를 들지 않았다고 할지라도 대부분이 칼빈적인 것과 비슷하다고 할 수 있다."³⁴

마찬가지로 칼빈주의와 루터주의의 근본적인 차이는 예정론에 있는 것이 아니다. 이미 칼빈 이전에 예정론은 중세교회에서 보편적으로 다루어져 왔다.³⁵ 앞에서 살펴본 것처럼, 칼빈주의를 대변하는 "형식적 원리"와 "뿌리"는 유신론이며 예정론은 이 형식적 원리에 기초하여 나온 논리적 귀결들 가운데 하나일 뿐이다.³⁶ 워필드에 따르면 루터 역시 예정론에 대한 열정이

---

30 Warfield, 『칼빈 · 루터 · 어거스틴』, 251.
31 Warfield, 『칼빈 · 루터 · 어거스틴』, 252-253.
32 여기에서 워필드가 언급하는 정통주의란 칼빈주의 정통 신학을 가리킴.
33 Warfield, 『칼빈 · 루터 · 어거스틴』, 255.
34 Warfield, 『칼빈 · 루터 · 어거스틴』, 256.
35 R. 스코트 클락, "제5장, 선택과 예정: 하나님의 주권적인 표현," 『칼빈의 기독교 강요 신학』, 나용화 외 옮김, 데이비드 W. 홀 & 피터 A. 릴백 편집 (서울: 개혁주의신학사, 2009), 138-143.
36 Warfield, *Calvin and Calvinism*, 357.

남달랐던 신학자였으며 개신교 신앙에서 "주요한 학문적 진술에서 예정론의 위치를 확보해 준 사람은 칼빈이 아니라 멜랑히톤이었다."[37] 동일한 원리가 이신칭의 교리에 대한 칼빈주의적 견해와 루터파의 견해에 적용될 수 있다. 비록 루터가 믿음에 의한 칭의를 내세운 것은 사실이나, 이 교리는 "처음부터 개혁주의 신앙에서 본질적인 요소였을 뿐만 아니라, "믿음 때문에 칭의된다는 교리로 변질될 위험으로부터 벗어나 그 교리의 순수성을 확보할 수" 있도록 만든 것은 개혁주의였다.

예정론이 개혁주의와 루터주의 사이에 존재하는 절대적인 차이점이 아니라는 것을 고려할 때 두 유형들 사이에는 "종류의 차이가 아니라 정도의 차이"가 존재한다. 루터주의는 죄에 대해 철저히 슬퍼하는 감각의 산물인 반면, 칼빈주의는 자신의 영광을 다른 자에게 주지 않으시는 하나님의 위엄에 대한 반성으로부터 태어났다. 칼빈주의는 루터주의와 함께 모든 질문들 가운데 가장 통렬한 질문, 즉 "구원받기 위해 내가 무엇을 해야 하는가?"라고 묻고서, 루터주의와 동일하게 답한다. 하지만 칼빈주의를 압박하는 커다란 질문은 하나님이 어떻게 영광을 받으실 수 있는가"이다. 하나님의 영광에 대한 비전이 칼빈주의의 시작이자, 중심이며, 마침이다. 따라서 칼빈주의는 삶의 모든 영역에서 하나님의 주권에 대한 인정을 전면에 내세운다.[38]

루터주의에 대한 워필드의 이해는 개혁주의와의 차별성을 위해 이신칭의 교리에만 한정된 것으로 평가하는 경향이 있다. 즉, 루터주의에 있어서 하나님의 영광교리에 대한 이해가 없는 것처럼 묘사하는 워필드의 관점은 제고할 필요가 있다. 그럼에도 불구하고, 워필드는 기본적으로 칼빈주의를 개혁주의와 루터주의의 차이에 기초를 두고 있는 것으로 묘사한다. 개혁주의가 하나님의 영광이라는 관점에 집중하고 있다면 루터주의는 이신칭의라는 구원론적 요소에 조점을 맞추고 있다는 것이다. 이런 점에서 워필드에게

---

37 Warfield, *Calvin and Calvinism*, 357-358.
38 Warfield, *Calvin and Calvinism*, 358.

칼빈주의는 하나님의 영광을 최고의 가치로 여겼던 개혁주의적 관점과 다르지 않은 것으로 나타난다.

5.3 아르미니우스주의

칼빈주의의 주요 특징 가운데 하나는 교리의 체계가 지속적인 발전과정을 거쳐 완성되었다는 점이며, 그 한 가운데 아르미니우스주의 논쟁이 자리하고 있다는 것이다. 역사적인 관점에서 개혁 운동의 시작은 츠빙글리에게 빚을 지고 있지만, 개혁 운동의 원칙들은 칼빈의 통찰을 통해 보다 "최종적인 형태"를 갖추게 되었다. 루터주의가 개신교 진영 내에서 "좀 더 제한되고 단조로운 환경 속에" 갇혀 있던 반면, 칼빈주의는 칼빈의 신학에 기초하여 "훨씬 더 부요하고 다양한 측면"으로 발전했다. 그러면서도 칼빈주의는 "자체의 뚜렷한 성격을 지속적으로 유지하고 역사 전반에 걸쳐 놀라운 일관성을 가지고서 자체의 근본적인 특징들을 보존했다."[39] 이러한 칼빈주의의 발전은 개혁파 교회의 신앙고백서들에 나타나는데 엄밀히 말해서 개혁주의 신앙고백서들은 "칼빈의 개인적 영향의 특징을 덜 받거나 더 강하게 받았는지"에 따라 구분될 수 있다. 하지만 워필드는 좀 더 넓은 관점에서 개혁파 신앙고백서들을 아르미니우스주의의 탈퇴(ca. 1618)[40] 전후를 기준으로 구분

---

[39] Warfield, *Calvin and Calvinism*, 361.
[40] 아르미니우스가 공식적으로 개혁주의로부터 이탈한 것은 그가 1603년 라이덴 대학의 신학부 교수로 취임한 이후부터였다. 칼빈의 후계자인 베자에게서 교육을 받은 후, 네덜란드로 돌아왔을 때, 암스테르담의 교회 지도자들은 당시 칼빈의 예정론을 부인한 법률가 디릭 코른헤르트(Dirck Coornhert, 1522-1590)의 견해를 반박해 달라는 부탁을 받는다. 하지만 코른헤르트의 글을 논박하던 중 오히려 그의 견해에 동의하게 되고, 1603년 라이덴 대학 교수가 되었을 때, 아르미니우스의 이중예정론은 논란의 대상이 되었다. 워필드가 언급하는 아르미니우스적 변절은 아르미니우스의 사후(1609) 그의 후계자들이 1610년에 항변서(*Remonstrance*)를 발표하여 고마루스와 항변파의 논쟁을 종시키기 위해 소집한 종교회의 도르트 총회(Synod of Dort, 1618-1619)의 시작 년도를 가리킨다. Justo L. González, 『현대교회사』, 엄성옥 역 (서울, 은성출판사, 2012), 91-95.

한다.⁴¹ 이는 개혁주의 체계의 근본적인 개념들로부터 처음으로 심각한 이탈이 발생한 시점이기 때문이다.⁴²

워필드는 칼빈주의와 아르미니우스주의 사이의 근본적인 차이점에 선택 교리가 있음을 지적한다. 하나님이 영원 전에 인류 가운데 특정한 이들을 영생을 얻도록 선택하여 구원하기로 하셨다는 것이 칼빈주의의 선택 교리이다. 이 사실을 믿는 자는 누구이든지 간에 칼빈주의자인 반면, 그렇지 않은 이들은 아르미니우스주의의 견해를 따를 수 밖에 없다. 아르미니우스주의 교리는 두 가지로 요약된다. 첫째, 하나님의 무조건적 선택을 부인한다. 하나님은 인간의 구원을 위한 완전한 계획을 세워놓지 않으셨다. 만약 그러한 종류의 뜻이 있다면 그것은 그리스도를 믿고 자신의 신앙을 죽을 때까지 지키는 자에게는 천국을 그렇지 못한 자에게는 형벌을 받게 하신다는 것일 뿐이다. 둘째, 겉으로 보기에 하나님의 선택, 의도, 계획 등의 행위가 있었다면, 그렇게 선택으로 보이는 행동들은 하나님이 영원 전에 이미 인류의 모든 생애와 역사를 미리 내다보시고 각 개인의 믿음과 인내에 대한 예지에 근거한다는 것이다.⁴³ 따라서 칼빈주의의 선택 교리를 받아들이지 않을 경우, 아르미니우스주의의 첫 번째 견해를 주장할 수 밖에 없게 된다. 하나님이 특정한 사람을 영생을 얻도록 선택하지 않으셨고, 또 그 선택을 확실케 하기 위해 신앙과 인내의 은사를 부여하지도 않았으며, 단지 구원받을 사람의 성품을 선택하셨을 뿐이며, 그 성품에 합당한 대우를 받도록 계획하셨을 뿐이다.⁴⁴ 하지만 아르미니우스주의에서 주장하는 하나님의 뜻과 예지 교리는 선택이라는 용어에 혼동만 가할 뿐, 선택의 의미를 전혀 내포하지 못한다. 워필드는 다음과 같이 쓴다.

---

41 Warfield, *Calvin and Calvinism*, 361.
42 Warfield, *Calvin and Calvinism*, 363.
43 Warfield, 『칼빈·루터·어거스틴』, 68.
44 Warfield, 『칼빈·루터·어거스틴』, 69.

하나님께서 단지 인간의 신앙과 인내에 대한 예지에만 근거하여 인간 구원에 관한 계획이나 뜻을 세웠다고 말하는 것은 하나님께서 인간 구원에 관하여 아무런 뜻이나 계획이 없다고 말하는 것과 실제로 다를 바가 없다. 이들이 말하는 선택에서 하나님은 인간에 관하여 어떤 결정도 내리지 못하시며, 인간에게 어떤 은혜도 내려주지 못하시며, 인간에게 어떤 일도 보장하여 주시지 못한다. 이런 의미에서 선택이라는 말을 사용한다면 문제는 더욱 혼동 속으로 빠져들 수밖에 없다.[45]

워필드가 칼빈주의와 반칼빈주의 사이의 날카로운 대립을 강조하는 이유는, 톰린, 매기, 웨들리와 같은 영국 국교회주의자들과 훼버와 같은 교회 개인주의자들[46]이 자칭 칼빈주의나 아르미니우스주의로부터 구별된다고 하는 주장을 논박하고 그들 모두가 아르미니우스주의자의 반열에 속한다는 사실을 증명하기 위함이다.[47] 워필드는 아르미니우스주의의 특징을 크게 세 가지로 정리한다. 역사적 신빙성을 갖는 교리는 오직 칼빈주의와 아르미니우스주의이며 이 둘 사이의 핵심적인 논점은 영원 전에 하나님의 기뻐하시는 뜻에 따라 특정한 사람들을 택하시고 그들의 구원을 보장하는 하나님의 목적과 계획이 있는가에 달려 있다. 전자는 하나님의 선택이 실패할 수 없다고 주장하는 반면, 후자는 실질적인 하나님의 선택과 목적을 인정하지 않는다. 따라서 둘째, 아르미니우스주의가 인간의 구원에 있어서 참된 의미의 하나님의 뜻과 목적을 인정한다고 말하는 것은 오류로 나타난다. 마지막으로 국가주의와 교회 개인주의는 아르미니우스주의와 겉모양만 다를 뿐 아르미니우스주의를 지지한다.[48] 워필드가 계속해서 강조하는 것처럼 칼빈

---

[45] Warfield, 『칼빈·루터·어거스틴』, 72.
[46] 선택의 대상을 국가나 사회집단이 아니라 각 개인이라는 교리를 주장하는 입장이다. 워필드에 따르면 이러한 교회 개인주의는 단지 선택이 대상을 개인으로 보았다는 점에서만 국가주의자들과 다를 뿐, 이러한 차이점 조차 별 의미를 가지지 못한다. Warfield, 『칼빈·루터·어거스틴』, 77.
[47] Warfield, 『칼빈·루터·어거스틴』, 56.
[48] Warfield, 『칼빈·루터·어거스틴』, 84-85.

주의의 선택 교리를 반대하는 이들은 결과적으로 아르미니우스주의의 예지 예정론을 견지할 수밖에 없다.[49]

워필드는 로마 가톨릭 교회의 문제점을 칼빈의 눈을 통하여 일일이 반박하는데 관심을 두지 않는다. 오히려 칼빈을 예배와 믿음의 삶을 강조한 실천적인 신학자로 소개하며 칼빈의 중심 사상에 경건이 자리하고 있음을 증명한다. 또한 기독교 유신론에서 멀어져 있는 아르미니우스주의를 배격하고, 루터의 신학과 루터파의 관점을 비판 및 수용함으로써 칼빈주의가 편협한 교리주의에 갇힌 화석이 아니라 이론과 경건의 조화를 꾀하는 신학임을 드러낸다.

6. 소결론

워필드의 칼빈주의가 변증하는 것처럼, 칼빈 자신의 삶은 이론과 경건의 절묘한 조합으로 가득했다. 칼빈 자신이 어린 시절부터 학문과 경건에 대해 철저한 훈련을 받아 왔으며, 그의 학문과 경건의 삶은 그의 역작『기독교 강요』에 녹아들었다. 칼빈의 『기독교 강요』와 그의 주해 작품들은 한결같이 기독교 유신론, 즉 우주의 통치자로서의 하나님에 대한 신앙고백을 토대로 삶의 전 영역속에서 오직 하나님께 영광을 천명한다. 기독교의 유신론 안에서 루터주의는 칼빈주의로부터 분리된 종류가 아니라 덜 발전한 상태의 기독교 유형이다. 아르미니우스주의의 선택 교리에 치명적인 결함은 결국 하나님의 주권을 인정하는 유신론의 부재에 있다. 비록 칼빈주의조차 하나님의 뜻과 인간의 뜻이 어떻게 조화될 수 있는지에 대해 완전한 답변을 제공

---

49 Warfield, 『칼빈·루터·어거스틴』, 49. 워필드는 아르미니우스주의자들에 대한 반박뿐만 아니라, 인간의 믿음이 인간의 의지적 결정에 의해 발생하는 것이라는 웨슬리주의자들의 완전주의(perfectionism)를 비판하였다. 조윤호, "워필드의 The Higher life' 성화 교리에 대한 비판", 『갱신과 부흥』 21, (2018): 151-187.

하지 못할 지라도, 칼빈주의는 이 난제 앞에서 "하나님의 절대 주권에 귀의하지 않을 수 없고" 인간의 "이성과 감성"을 그 주권 앞에 부복시키지 않을 수 없다.[50]

지금까지의 연구를 토대로 워필드에게 있어서 칼빈주의의 정의와 의의들을 평가해 볼 수 있다. 워필드에게 있어서 칼빈주의란 하나님의 영광을 목적하는 기독교 유신론을 근간 원리로 삼아 인간의 지적 · 도덕적 · 종교적 영역의 모든 삶의 체계 속에서 참된 경건을 창출하기에 가장 적합한 형태의 교리체계이다. 이러한 정의로부터 개혁주의 유산으로서 네 가지 의의를 고려해 볼 수 있다. 첫째, 워필드는 칼빈주의의 핵심인 기독교 유신론을 명확히 규정함으로써 그동안 칼빈주의에 대한 다양한 오해들을 바로 잡고, 신학과 경건의 올바른 균형을 제시했다. 둘째, 워필드의 칼빈주의는 다른 칼빈주의자들, 예컨대 바빙크와 카이퍼의 관점보다도 더 포괄적인 개념을 내포한다. 워필드 자신이 언급한 바와 같이 그는 당대의 세 가지 관점의 칼빈주의를 모두 포용하고 있다. 셋째, 워필드는 보다 직접적으로 칼빈의 사상에 한 걸음 밀착하여 칼빈의 정신과 의도를 잘 드러냄으로써 정통 칼빈의 신학을 계승했다고 볼 수 있다. 마지막으로, 워필드는 로마 가톨릭 교회의 문제점을 칼빈의 눈을 통해 지적하면서도 칼빈의 지대한 관심이 경건에 있다는 사실을 드러내고, 아르미니우스주의를 배격하고 루터의 신학과 루터파의 관점을 비판 및 수용함으로써 이론과 경건의 조화를 꾀하는 신학임을 증명한다. 이 같은 사실은 칼빈주의가 실천과 경건이 결여된 이론 신학이라는 비판을 바로잡고, 신학과 실천의 관계에 있어서 개혁주의 유산이 남긴 탁월성을 돋보이게 한다.

---

50 Warfield, 『칼빈 · 루터 · 어거스틴』, 108.

17장

화란의 개혁주의

: 카이퍼(1837-1920)와 바빙크(1854-1921)의 기독교 세계관[1]

1. 서론

그동안 학자들은 카이퍼와 바빙크가 가진 유기적 세계관[2]이 독일의 관념론(idealism)에서 영향을 받았는지, 아니면 칼빈에게서 영향을 받았는지를 두고 논쟁해 왔다. 페인호프(Veenhof)는 카이퍼와 바빙크가 사용한 유기성에 대한 개념을 그들의 철학적 배경으로부터 도출하여, 그들의 유기적 개념이 독일의 관념론, 특별히 쉘링의 영향 아래에 있다고 주장했다.[3] 조셉 보헤

---

[1] 본 글은 2021년에 「한국개혁신학」 69에 게재된 글로, 책의 목적에 맞추어 글을 수정 및 편집하여 책에 포함시켰음을 밝힌다. 원 논문을 위해 다음을 보라. 류길선, "칼빈주의의 통일적 세계관에 대한 카이퍼와 바빙크의 연구 비교," 「한국개혁신학」, 69(2021), 101-130.

[2] 바빙크에게 유기적 세계관이란, 하나님의 의지와 능력이 세상에 작용하여 사물이 존재하고 움직이게 되며, 이 때 그러한 힘들은 기계적인 방식이나 "외부적 강제"에 의해서가 아니라, 자기의 고유한 본질을 따라 움직이며 전진 발전하게 되고, 이와 같은 방식에 따라 하나님의 생각이 이 세상에서 실현된다는 관점을 가리킨다. Herman Bavinck, Christelijke Wereldbeschouwing, 김경필 역, 『기독교 세계관』 (파주: 도서출판다함, 2020), 146.

[3] "Het organisme-begrip, zoals dit door Bavinck en Kuyper wordt gehanteerd, is gestempeld door de idealistische filosofie, met name door Schelling." "바빙크와 카이퍼에 의한 그러한 유기적 개념은 특히 쉘링(Schelling)의 관념철학으로 각인된다." Jan Veenhof, Revelatie en inspiratie: De Openbaringsen Schriftbeschouwing van Herman Bavinck in

텍(Josef Bohatec)은 신칼빈주의가 가진 유기적 개념이 국가와 교회 사이의 관계에 대한 칼빈의 관점에 기초한다고 주장했다.[4] 맷슨(Mattson)도 이에 동의하여, 카이퍼와 바빙크 모두 그들의 유기적 사상을 독일의 관념론이 아니라 개혁주의 유산으로부터 물려받았음을 증명했다. 맷슨은 페인호프의 주장을 반박하며, 관념론에 무자비한 비판을 가했던 바빙크가 관념론에서 자신의 유기적 개념을 끌어왔다는 것은 모순이며, 바빙크와 카이퍼가 사용한 "유기적"이라는 용어의 의미를 그들의 관점이 아닌 19세기 철학적 관점에서 이해하는 것은 비논리적인 발상이라고 지적했다.[5] 맷슨에 따르면 신칼빈주의의 유기적 개념은 개혁파 전통이 의존했던 목적론적·역사적 구원 경륜에 기초하여 나온 것이다. 에글린톤은 유기적 개념 자체가 관념론의 주요 특징이기는 하나, 바빙크의 유기적 개념이 칼빈의 글에 분명히 근거하고 있음을 확증하며, 맷슨의 주장에 동의했다.[6]

학자들의 논쟁은 본 장에서 살펴보려 하는 카이퍼와 바빙크의 유기적 세계관 비교 연구에 대한 출발점을 제공한다. 지금까지 카이퍼와 바빙크의 유기적 관점에 대한 논의는 학자들 사이에서 곧 잘 다루어져 왔으나 두 신학자의 관점을 비교하는 논문은 거의 없었다. 이러한 학자들의 논의를 고려하여 본 장에서는 카이퍼와 바빙크의 유기적 관점이 성경의 원리에 뿌리를 두

---

vergelijking met die der ethische theologie (Amsterdam: Buijten & Schipperheijn, 1968), 267. 에글린톤에 따르면, 독일의 철학자 헤겔과 쉘링의 유기적 개념은 "절대적 관념론"의 중심 주제이다. 일원론과 관념론은 유기성을 전제하는 바, 일원론은 개념과 실재의 차이를 지우는 한편, 관념론은 자연과 역사에 존재하는 모든 것이 어떠한 목적에 일치한다는 유기론자들의 교리에 의존한다. James P. Eglinton, *Trinity and Organism: Towards a New Reading of Herman Bavinck's Organic Motif* (London: T&T Clark, 2012), 66. 페인호프의 유기적 관점에 대한 올바른 비판을 위해 다음을 보라. Brian G. Mattson, Restored to Our Destiny: Eschatology & the Image of God in Herman Bavinck's Reformed Dogmatics, in Studies in Reformed Theology 21 (Leiden/Boston: Brill, 2012), 47-51.

4 Eglinton, *Trinity and Organism*, 75.

5 Mattson, *Restored to our Destiny*, 페인호프는 카이퍼와 바빙크의 "유기적"이라는 단어 사용은 19세기의 농후한 철학적 경향을 드러낸다고 주장했다. Veenhof, *Revelatie en inspiratie*, 267-268.

6 Eglinton, *Trinity and Organism*, 65, 78.

고 있는지, 아니면 헤겔이나 쉘링의 관념론에 기초하고 있는지를 드러내는 데 만족하고자 한다. 유기적 개념이 개혁주의 전통에 기초한다면 성경적 원리 혹은 계시 원리에 토대를 두고 있을 것인 반면, 독일의 관념론에 기초한다면, 그것은 이성주의, 혹은 관념론적 기초를 가진 것으로 드러날 것이다.

필자는 카이퍼와 바빙크가 현대주의에 맞서 계시의 원리에 입각한 유기적 관점을 통해 기독교적 통일적 세계관을 제공했음을 증명한다. 이 작업을 위해 본 장은 개혁주의 세계관의 이론을 정립했던 신칼빈주의[7] 신학자, 아브라함 카이퍼(1837-1920)와 헤르만 바빙크(1854-1921)의 기독교 세계관을 비교 분석하여 그들의 유기적 관점이 드러내고 있는 세계관의 의미를 조명할 것이다. 이를 위해, 카이퍼의 기독교 세계관을 포괄적으로 드러내고 있는 1898년의 스톤 강좌[8] 『칼빈주의 강연』과 바빙크의 스톤 강좌 주제였던 『계시 철학』의 요약판[9] 『기독교 세계관』을 비교하면서 이 두 신학자들이

---

[7] 신칼빈주의는 네덜란드에서 아브라함 카이퍼와 헤르만 바빙크가 주도 하여 진행한 경건운동이다. 주 내용은 세상을 창조하신 하나님의 주권이 온 세상의 모든 영역에 미치고 있다는 것, 기독교인과 비기독교인 간에 근본적인 근본적인 대립(antithesis)이 있다는 것을 전제하며, 개혁주의 신학을 삶의 모든 영역에 적용시키려는 운동으로 출범했다. Nathaniel Gray Sutanto, "Reveiw of Neo-Calvinism and the French Revolution by James Eglinton and George Harinck," The Journal of Theological Studies 66/2 (2015): 864-866; James P. Eglinton, Trinity and Organism: Towards a New Reading of Herman Bavinck's Organic Motif (London: T&T Clark, 2012), 19.

[8] 스톤강좌는 프린스턴 신학교의 책임자이자 임원이었던 레비 P. 스톤(Levi P. Stone)이 1871년에 교수재단을 만든 이후에 생겨났다. Peter Heslam, Creating a Christian Worldview: Abraham Kuyper's Lectures on Calvinism (Grand Rapids: Wlliam B. Eerdmans, 1998), Kindle, location 148.

[9] 바빙크는 그의 『계시 철학』에서 했던 강연 내용이 1904년에 썼던 『기독교 세계관』의 기초적인 개념을 구체적으로 정교화시킨 것이라고 언급한다. 또한 『계시 철학』에서조차 계시에 대한 내용을 다 언급할 수 없어서, 자신의 저서 『개혁교의학』 제1권을 참고할 것을 권한다. Herman Bavinck, The Philosophy of Revelation, eds. Geerhardus Vos & B. B. Warfield (New York, London, Bombay, and Calcutta: Longmans, Green, and Co., 1909), 320. 『개혁교의학』에 나와 있는 계시 개념을 위해서 한역과 영역을 위해 각각 헤르만 바빙크, 『헤르만 바빙크의 개혁교의학 제1권』(서울: 부흥과 개혁사, 2012)와 Herman Bavinck, Reformed Dogmatics, 4vols. ed. John Bolt, trans. John Vriend (Grand Rapids: Baker Academic, 2003), 1:283-300을 보라. 『계시 철학』의 강연 배경에 관해, 코리 브록(Cory Brock) & 나다나엘 그레이 수탄토(Nathaniel Gray Sutanto), "새로운 주석판에 대한 서문", 박재은 옮김·해제, 『헤르만 바빙크의

어떻게 기독교 세계관을 하나님의 주권사상 위에서 이해하고 있는지를 분석한다.

필자는 다음의 순서로 책을 개진한다. 먼저 카이퍼와 바빙크의 기독교 세계관 정의를 살펴보며 시작한다. 그 다음 기독교 세계관의 핵심으로서 두 학자의 유기적 관점을 비교한다. 마지막으로 이 두 학자의 기독교 세계관이 어떻게 통일성과 다양성의 관계를 조화롭게 이해하는지를 분석함으로써 기독교 세계관의 의의를 밝힌다.

2. 기독교 세계관 정의 : 아브라함 카이퍼와 헤르만 바빙크

2.1 아브라함 카이퍼

카이퍼는 스톤강좌 첫 강연에서 삶의 체계로서의 칼빈주의[10]라는 제목을 달았다. 그 이유는 갈수록 위태로워지는 기독교적 세계관에 대한 염려에 기인한다. 비록 종교개혁이 로마 가톨릭적인 "사제주의의 구름"을 몰아내고 "십자가의 영광들"을 완전히 드러내었을 지라도, "기독교적 요소"와 기독교가 끼친 "삶의 모든 영역에서의 유익한 영향"에 반대하여, "현대주의의 폭풍우가 이제 난폭한 기세로 떠오르고 있"기 때문이다.

이러한 현대주의적 양상은 1789년 프랑스 혁명과 직접적인 연관을 가지

계시 철학』(파주: 도서출판다함, 2019): 31-50. Cory C. Brock & Nathaniel Gray Sutanto, "새로운 주석판에 대한 서문." In Philosophy of Revelation by Herman Bavinck. 박재은 옮김·해제.『헤르만 바빙크의 계시 철학』(파주: 도서출판다함, 2019): 31-50.

10 칼빈주의라는 용어는 흔히 개혁주의라는 용어와 동의어로 사용된다. 칼빈주의 용어를 둘러싼 논쟁은 작금의 일이 아니라 칼빈의 시대로부터 이어져 왔다. 칼빈주의 용어의 용례에 관해 다음을 보라. Richard A. Muller, "Was Calvin a Calvinist?" in Calvin and the Reformed Tradition: On the Work of Christ and the Order of Salvation (Grand Rapids, MI: Baker Academic, 2012), ibook, 122-172.

며 기독교 세계관과의 투쟁을 지속한다.[11] 카이퍼는 현대주의와 기독교 사이에 존재하는 투쟁을 지켜보며 현대주의를 극복하기 위한 참된 기독교적 대안이 무엇인가를 고민하고, 그 해답을 칼빈주의에서 찾는다.

> 칼빈주의에서 제 마음은 안식을 발견했습니다. 칼빈주의로부터 저는, 이 거대한 원리들의 논쟁들이 한창인 때에, 확고하고 단호하게 저의 태도를 취하기 위한 영감을 끌어내었습니다. 그러므로, 제가 가장 영예롭게도 올해 여기에서 스톤강연을 하도록 여러분들의 교수에 의해 초대되었을 때, 저는 주제 선택에 있어서 조금도 망설일 수 없었습니다. 잠식해 오는 압도적인 현대주의를 대항하여 프로테스탄트 국가들을 위한 유일하게 결정적이며 합법적이고 일관된 변호로서, 칼빈주의 이것이 바로 제 주제여야만 했습니다.[12]

카이퍼는 현대주의의 위협에 맞서 기독교에서 포괄적이고 광범위한 힘을 가진 삶의 체계를 제시해야 한다고 역설한다. 즉, 삶을 포괄적으로 이해하고 설명할 수 있는 체계, 또는 그러한 세계관은 인간이 임의로 만들어 낸 관점이 아니라, 역사적 시험을 거쳐 포괄성과 타당성이 인정되고 증명된 것이어야 한다. 모든 인간의 삶을 반영하고 역사적으로 인정되는 세계관이야 말로 참된 삶의 체계를 제공할 수 있기 때문이다.

카이퍼에게 칼빈주의는 정확히 이러한 의미에서 삶의 체계를 제공하는 기독교 세계관이다. 그는 "이 강력한 삶의 체계는 우리 자신에 의해 창안하거나 고안될 것이 아니라 역사 안에서 그것이 스스로를 나타내는 것처럼 취해지고 적용되어야 합니다"라고 진술한다.[13] 역사적으로 증명된 칼빈주의

---

11 Kuyper, *Lectures on Calvinism*, 13. 신칼빈주의와 프랑스 혁명의 두 역사적 운동들 사이의 관계를 이해하기 위해 다음을 보라. James P. Eglinton and George Harinck, Neo-Calvinism and the French Revolution (London: Bloomsbury T&T Clark, 2014).

12 Kuyper, *Lectures on Calvinism*, 4.

13 Kuyper, *Lectures on Calvinism*, 3.

적 삶의 체계는 단지 칼빈의 신학, 혹은 칼빈을 따르는 이들의 신학적 경향이 아니라 포괄적인 기독교 세계관을 의미한다. 강영안이 정확히 지적한 것처럼 이러한 칼빈주의는 "종교개혁을 통해 순수하게 정화된 기독교"에 다름 아니다.[14] 따라서 카이퍼에게 역사적 칼빈주의는 기독교와 동일한 의미이며, 역사적으로 증명된 참된 세계관이다. 이것이 바로 카이퍼가 칼빈주의의 개념을 역사적으로 규정하는 이유이다.

그렇다면 역사적으로 규정된 기독교 세계관, 또는 칼빈주의는 무엇을 의미하는가? 카이퍼는 이 질문에 답하기 위해 자신의 시대에 통용되고 있던 칼빈주의 개념의 용법을 세 가지로 제시한다. 첫 번째 용례는 칼빈주의가 "분파"(a sectarian stigma)로 불릴 때이며 이 경우는 주로 로마 가톨릭을 추종하는 국가들에서 칼빈주의를 비난할 때 사용된다. 칼빈주의의 두 번째 용법은 "고백주의적"(confessional) 의미를 지닌다. 예정론과 같은 미리 작정하심(fore-ordination) 교리를 칼빈 신학의 핵심으로 보고 칼빈주의를 표방하는 찰스 핫지가 그 대표적인 예다. 세 번째, 칼빈주의는 교단적 용법"(denominational use)으로도 쓰이는 바, "칼빈주의 침례교"(Calvinistic Baptists), 혹은 "칼빈주의 감리교"(Calvinistic Methodists)와 같은 교단들, 각각 찰스 스펄전과 죠지 휘트필드와 같은 신학자들이 속한 교단들을 지칭한다.[15]

하지만 칼빈주의에 대한 위의 세 가지 용법들은 칼빈주의를 역사적 맥락에서 이해했다고 볼 수 없다. 카이퍼에 따르면 진정한 칼빈주의의 개념은 "분파적, 고백적, 교단적" 의미를 넘어서 학문의 이름, 즉 "역사적, 철학적, 정치적 의미"로 사용되어야 한다. 역사적이라 함은, 지난 역사 속에서 "종교개혁이 이동한 경로"를, 철학적이라 함은 "칼빈 신학의 영향으로 인해 발생한" 삶의 제 분야를 지배했던 개념의 체계를, 마지막으로 정치적이라 함은

---

[14] 강영안, "해설," 김경필 역, 『헤르만 바빙크의 기독교 세계관』 (파주: 도서출판다함, 2020), 52.
[15] Kuyper, *Lectures on Calvinism*, 3-4.

홀란드, 영국, 그리고 미국으로 이어진 정치형식으로서 국민의 자유를 보장했던 입헌 정치 운동을 각각 가리킨다.[16]

카이퍼의 스톤강좌를 주도 면밀하게 분석한 피터 헤슬램(Peter Heslam)은 그의 작품 *Creating a Christian Worldview*에서 카이퍼에게 칼빈주의란 세계관, 또는 삶의 체계임을 밝히고, 그러한 세계관의 지배적인 원리는 다름 아니라 "하나님의 주권" 개념임을 강조한다.[17] 하나님은 전 우주를 창조하신 분이시기에 그분의 모든 주권은 이 세상의 모든 삶의 체계를 설명할 수 있어야 한다는 것이 카이퍼의 기독교 세계관의 핵심이다.[18]

2.2 헤르만 바빙크

바빙크의 『계시 철학』이 그의 『기독교 세계관』의 발전이라는 점을 고려해 볼 때 우리는 강영안이 언급한 두 신학자의 작품, 즉 『계시 철학』과 『칼

---

[16] Kuyper, *Lectures on Calvinism*, 5-6. 데이비드 홀(David D. Hall)에 따르면, 칼빈과 기타 개혁주의 지도자들은 두 왕국(하나님의 나라와 세상 나라) 체계에 따라 입헌정부를 주장했다. 정부의 권력이 신적인 기원을 가질지라도 백성의 동의를 확보해야 한다는 법에 따라 시민에 의해 그 권력을 제한 받는 다는 것이다. David D. Hall, *The Puritans: A Transatlantic History* (Princeton, NJ: Princeton University Press, 2019), 25.

[17] 헤슬램의 책에 관한 간단 명료한 서평을 위해 다음을 보라. Esther L. Meek, "Embrace It or Replace It? The Christian and Culture: A Review of Peter Heslam, Creating a Christian Worldview: Abraham Kuyper's Lectures on Calvinism (Grand Rapids: Wlliam B. Eerdmans, 1998)," *Presbyterion* 24/2 (1998), 121. 칼빈 신학을 단 하나의 주제로 꼬집어 밝히는 것이 어려울 지라도, 그에게 있어서 가장 거대한 신학적 주제가 있다면 그것은 하나님의 주권 사상이다. 이 점은 루터파와 개혁파의 근본적인 차이점을 형성하며, 후자가 전자보다 더 포괄적인 세계관을 제시할 수 있었던 이유를 설명한다. 칼빈주의는 하나님의 주권 사상에 기초하여 이 세상에 존재하는 삶의 체계를 설명하려 했다. 다음을 참고하라. Alister E. McGrath, *Reformation Thought: An Introduction*, 4th ed.(Oxford, UK; Cambridge, USA: Wiley-Blackwell, 2012), 6-8.

[18] 이런 점에서 카이퍼의 스톤강좌는 그의 광범위한 작품들의 주요 주제들을 전달하고, 카이퍼의 경력에서 최고 정점에 이르렀을 무렵에 이루어졌으며, 영어권 외국 학생들을 대상으로 한 강의인 만큼, 가장 명료하게 그의 기독교 세계관을 전달하고 있다는 헤슬램의 평가는 옳다. Peter Heslam, *Creating a Christian Worldview: Abraham Kuyper's Lectures on Calvinism* (Grand Rapids: Wlliam B. Eerdmans, 1998), Kindle, location 139.

빈주의 강연』에 나타난 기독교 세계관 논의의 유사성과 차이점을 주목할 필요가 있다. 먼저 유사한 점으로는 첫째, 두 신학자들은 모두 기독교 세계관이 삶의 전 영역에 미칠 수 있음을 강조한다. 이는 그들의 논의 전개 방식에서 분명해 지는데, 예를 들어 카이퍼가 기독교 세계관으로서의 칼빈주의 개념을 제공한 다음 다섯 가지 주제, 즉 종교, 정치, 학문, 예술, 미래를 다룬 것처럼, 헤르만 바빙크도 계시에 대한 관점을 제공한 다음 철학, 자연, 종교, 기독교, 종교경험, 문화, 미래의 순서를 따라 논지를 전개한다는 점이다. 둘째, 바빙크 역시 신칼빈주의의 근본 주제인 '일반은혜'(common grace)와 '대립'(antithesis)을 기본 전제로 한다.[19]

이러한 유사함에도 불구하고 카이퍼와 바빙크의 기독교 세계관 논의에는 미묘한 차이가 있다. 강영안이 잘 구별한 것처럼, 카이퍼는 "존재의 보존"을 논의하는 "공통은혜"에 관심을 기울이는 반면, 바빙크는 계시에 대한 "인식론적 관점"에 집중하는 경향을 보인다.[20] 카이퍼는 자연 만물이 어떻게 보존 될 수 있는지를 해명하고, 그 자연 만물 속에서 인간이 받은 문화명령 사역을 어떻게 감당해야 하는가에 대한 실천적인 국면을 지향한다.[21] 반면, 바빙크의 논의는 하나님의 계시에 대한 변증적 성격을 가진다.

바빙크의 『계시 철학』과 카이퍼의 『칼빈주의 강연』의 차이점들은 바빙크의 『기독교 세계관』에도 고스란히 나타난다. 바빙크는 자신의 『기독교 세계관』을 크게 세 주제인 존재, 생성, 활동의 개념을 가지고 기독교 세계관을

---

19 강영안, "해설," 『헤르만 바빙크의 기독교 세계관』, 54. 강영안의 해설에서 사용된 '공통은혜'는 일반은혜, 또는 일반은총과 동의어로 사용되었다. 강영안은 신자와 불신자 모두에게 공통으로 주신 은혜라는 의미에서 '공통은혜'(common grace)라는 단어를 번역한다. 하지만 기존에 번역된 카이퍼의 작품은 '일반은혜'로 번역되었으며, 개혁주의 전통적 입장에서는 일반은혜 혹은 일반은총으로 번역되는 것이 일반적이다. 또한 '대립'은 세상에 존재하는 세계관과 기독교 세계관 사이에 존재하는 불일치 또는 반대 현상을 의미한다.

20 강영안, "해설," 『헤르만 바빙크의 기독교 세계관』, 54.

21 카이퍼는 그의 『일반은혜』에서 노아사건을 일반 은혜 교리의 출발점으로 삼고, 노아 언약이야말로 자연만물을 유지 보존하시는 하나님의 일반 은혜의 증가 사건이라고 강조한다. Abraham Kuyper, *Common Grace*, 임원주 역, 『일반은혜』 (부흥과개혁사), 47-95.

개진한다. 그는 다음과 같이 쓴다.

> [기독교가 이처럼 하나님과 인간, 세계와 삶에 관한 균형 있는 지혜를 제공한다는 사실은] 먼저 사유와 존재의 문제를 통해서 드러납니다. 예로부터 인류는 정신이 어떻게 우리의 의식 바깥의 사물들을 가지며, 어떻게 생각 속에서 사물들을 알 수 있는지, 그리하여 인간의 지식의 근원과 본질, 그리고 한계는 무엇인지에 관해 숙고해 왔습니다. 우리 모두가 자연스럽게 그리고 아무런 강제 없이 우리 바깥의 세계의 존재를 받아들이고, 지각과 사유를 통해 외부 세계를 우리 정신의 소유물로 만들고자 하며, 그렇게 함으로써 사물들에 대한 더 순수하고 신뢰할 만한 인식을 얻고자 한다는 점은 확실합니다. 그러나 우리의 의식으로부터 독립적인 존재의 실재성에 대한 믿음은 무엇에 근거하고 있으며, 지각과 사유를 통해 풍성해지는 우리의 의식이 존재의 세계와 일치한다는 보증은 어디에 있습니까?[22]

인류의 정신은 외부 세계에 대한 사유를 통해 존재에 대한 개념에 이른다. 문제는 이러한 세계와 삶의 관계에 있어서 '앎'과 '존재'를 서로 희생시키는 이원론적인 세계관들이 충돌해 왔다는 점이다. 한편에서는 경험주의가 "감각적 지각만을 신뢰하여" 모든 객관을 주관적 관점으로 치환하여 단지 이 세상엔 "주관적 표상들만"이 존재한다고 주장한다. 다른 한편에서는 이성주의가 객관적이지 못한 경험을 배척하고 오로지 "사유를 통해서만" 세계를 이해할 수 있다고 반격한다. 그 결과 경험주의는 유명론 및 물질주의 사상으로, 이성주의는 관념론과 일원론의 위험에 빠진다. 이러한 세계관들은 "사유와 존재의 일치"를 설명하지 못한다.[23]

위에서 언급한 경험주의와 이성주의는 주체와 객체의 관계를 잘못 이해

---

22 바빙크, 『기독교 세계관』, 82-83.
23 바빙크, 『기독교 세계관』, 83-84.

함으로 인해 진정한 학문으로서의 기능을 발휘할 수 없다. 이것이 바빙크가 그 다음 논의를 학문으로 옮겨가는 이유이다. 바빙크에 따르면, 앎과 사유, 주체와 객체는 대립되지 않고 서로 상응한다. 앎과 사유가 일치하는 그 곳에 비로소 학문은 제 역할을 찾는다. 학문이란 "하나님의 말씀의 지혜로 밝히 드러나는 것"이 인정될 때에만 비로소 진리에 대한 인식을 해명할 수 있다. 따라서 "사람이 사유를 통해서 감각적 지식으로부터 학문의 수준으로 자신을 끌어 올릴 때에 주체와 객체의 유사성"이 그 의의를 찾는다.[24] 여기에서 사용된 단어 '사유'는 인간 자신으로부터 나오는 개념이 아니라 하나님으로부터 말미암는다. 학문의 산출원리로서 하나님은 "본질적 기초 원리"이며, 따라서 사람은 출생 시에 그러한 관념을 소유한 것이 아니라 "하나님이 자신의 손으로 우리 정신에 펼쳐 보임으로써" 가지게 된 지성의 작용이다. "세계는 하나님의 생각들의 구현이다."[25]

그렇다면 모든 인식과 학문의 토대는 무엇인가? 바빙크는 그것을 하나님의 창조에 대한 고백이라고 주장한다.[26] 이 고백 가운데 "모든 지성적 인식은 감각적 지식과 함께 시작"한다. 이러한 고백은 인간 주관, 즉 감각이나 이성으로부터 나온 것이 아니라 하나님이 피조물 가운데 드러낸 그분의 계시로 말미암는다. 인간이 창조된 만물을 바라볼 때, 정확히 "자연법칙"과 "양심의 증언"은 상호간 일치한다.[27] 즉 창조주 하나님의 계시에 입각할 때에서야 비로소 인간은 자기 존재의 의미를 경험적으로 산출하게 된다. 바빙크에게 있어서 두 가지 대립되는 세계관, 즉 경험주의와 이성주의의 한계는 바로 이러한 학문을 충족시키지 못하며 오직 그것은 유신론적 세계관에 의해서만 가능하다.

지금까지 카이퍼와 바빙크의 기독교 세계관에 관한 개념을 살펴보았다.

---

24 바빙크, 『기독교 세계관』, 93.
25 Bavinck, *Reformed Dogmatics*, 1:233.
26 바빙크, 『기독교 세계관』, 91.
27 바빙크, 『기독교 세계관』, 92.

전자는 칼빈의 하나님의 주권 사상에 기초하여 기독교 세계관을 정립하고자 시도한다. 하나님의 주권 사상이 칼빈과 개혁파 신학의 역사 속에서 어떻게 모든 인생관과 세계관을 포괄할 수 있는지를 보여줌으로서 기독교 세계관의 정당성을 구축한다. 이런 점에서 카이퍼의 기독교 세계관 개념은 존재의 보존, 즉 존재론적인 측면을 강조한다. 하나님의 주권 사상은 바빙크에게도 그의 신학을 지배하는 핵심 주제이다.[28] 다만 바빙크는 종교개혁의 역사 가운데 나타난 포괄적인 삶의 체계로서가 아니라 사유와 존재 사이의 일치를 가능케 하는 학문적인 관점에서 기독교 세계관의 정당성을 증명한다.[29] 즉 하나님의 주권을 기본 전제로 전자는 역사적 실존에서, 후자는 학문적 타당성에서 기독교 세계관을 각각 변호한다.

3. 유기적 개념

3.1 아브라함 카이퍼

카이퍼는 그의 『칼빈주의 강연』에서 '유기적'이라는 단어를 자주 사용하지 않는다. 하지만 이것은 그의 글 속에 유기적 개념이 적거나 없다는 것을 의미하지 않는다. 오히려 그의 유기적 관점은 글 전체 속에 스며 있다. 그 중에서도 카이퍼의 유기적 관점은 두 가지 주제, 예컨대 칼빈주의의 유기적 성격에서, 그 다음 교회와 정치 사이의 유기적 관계에서 분명히 제시되어 있다.

---

[28] 박태현, "편역자 서문" 『헤르만 바빙크의 개혁교의학 제1권』 (서울: 부흥과개혁사, 2012), 33. 바빙크는 그의 대작 『개혁교의학』에서 "기독교의 우주성과 교회의 보편성"을 추적한다. 여기에서 사용된 기독교의 우주성은 하나님의 절대 주권 교리를 전제하고 있다.

[29] 바빙크의 학문의 원리에 관한 구체적인 서술을 참고하려면, Bavinck, *Reformed Dogmatics*, 1:207-233을 보라.

먼저 카이퍼는 칼빈주의가 광범위한 삶의 체계를 제공했음을 증명하기 위해 유기적 관점을 적용한다. 그는 다음과 같이 쓴다.

> 칼빈주의의 영역은 실제 우리가 생각하게 되는 협소한 신앙 고백적 해석 보다 훨씬 더 광범위합니다. 교회를 사람의 이름을 따라 부르는 것에 대한 혐오는, 비록 프랑스에서 개신교도들이 "위그노"로, 네덜란드에서는 "거지떼들"로, 영국에서는 "청교도"와 "장로교도"로, 북미에서는 "필그림 파더스"로 불릴지라도, 여러분의 대륙과 우리의 대륙에서 특별한 종교개혁의 형태를 지닌 이러한 모든 종교개혁의 산물들이 칼빈주의 기원을 가진다는 사실을 제기했습니다. 하지만 칼빈주의 영역의 범위는 이러한 더 순수한 계시들에 제한되지 말아야 합니다. 아무도 그러한 배타적인 규칙을 기독교에 적용하지 않습니다. 그 경계들 내에서 우리는 서유럽뿐만 아니라 러시아, 발칸반도 국가들, 아르메니아인들, 그리고 심지어 에티오피아 메넬릭 제국도 수용합니다. 그러므로 동일한 방식으로 우리는 칼빈주의의 망(fold)안에 다소 더 순수한 형태로부터 벗어나 있는 교회들을 포함시켜야 합니다.[30]

카이퍼에게 칼빈주의는 중심과 주변의 관계 속에 내포된 유기적 개념과 결부된다. 그는 종교개혁의 원리를 따르는 부분이 조금이라도 있으면 그것은 이미 칼빈주의 영역에 놓인다고 강조한다. 그 이유는 더 순수한 형태의 교회와 덜 순수한 형태의 차이가 근본적인 칼빈주의적 입장을 지우지 않기 때문이다. 오히려 그러한 차이점들, 즉 순수성의 정도의 차이는 칼빈주의의 대표적인 특징이 된다.

카이퍼가 로마 가톨릭과 루터파의 세계관을 비판하는 이유는 바로 이와 같은 취지에서이다. 카이퍼에 따르면 로마교는 "교직제"(hierarchy)에 의해 다양성을 상실하고 획일성에 잠식된다. 루터파도 이와 유사하게 군주가

---

[30] Kuyper, *Lectures on Calvinism*, 7.

교회 위에 군림하게 되어 획일성을 가지게 되는 바, 교회들의 다양성들을 설명하지 못한다. 반면 칼빈주의는 "다양한 형태와 일탈"까지도 포함하여, "더 순수한 중심과 덜 순수한 주변 사이의 투쟁에서 그 꾸준한 정신이 칼빈주의 안에 보장되어 있"다.[31] 이를 고려해볼 때 카이퍼가 영국 국교회의 39개 신조, 독립교회주의자들의 신앙고백서, 웨슬리의 감리교 등, 루터파나 소시누스주의자가 아닌 한에서 종교개혁이 포괄하는 전 분야가 모두 칼빈주의적 요소를 가진다고 진술하는 것은 전혀 이상한 일이 아니다.[32]

둘째, 카이퍼의 유기적 관점은 그의 세 번째 강연인 '교회와 정치'의 관계에서 잘 드러난다. 카이퍼가 교회와 정치의 관계를 이해하는 핵심 주제는 바로 유기적 통일성이다. 카이퍼는 칼빈주의의 정치 원리가 구원론적 의미가 아니라 우주적, 즉 "가시적이며 불가시적인 모든 영역"을 다스리시는 삼위하나님의 주권사상에 기초를 두고 있다고 주장한다. 이러한 하나님의 우주적 주권은 크게 세 가지 형태로 나타나며, 그것은 바로 국가, 사회, 교회에 대한 주권이다. 그 중에서 국가와 사회라는 주제는 카이퍼의 유기적 관점을 이해하는 데 매우 중요한 요소다. 이 둘은 구분되나 분리되지 않는다. 국가에 대한 하나님의 보편적 주권 안에서 인간은 "사회적 존재"가 된다. 하나님은 인간의 "출생방식"을 사용하셔서 모든 인류가 유기적으로 연합되도록 만드셨다. 지나간 이전 세대와 오게 될 미래 세대를 포함하는 전체 인류는 국가 안에서 유기적 통일을 유지할 수 있도록 창조되었다.[33]

하지만 카이퍼는 죄의 개입이 이러한 국가 내에서의 유기적 통일성을 무너뜨렸다고 강조한다. 죄는 인류의 유기적 통일성을 해체시키는 세력으로 등장하여 인류를 개별 국가로 나누었다. "만일 죄가 인류를 다른 구역들로 나누지 않았더라면, 아무것도 우리 인류의 유기적 통일성을 망치거나 깨뜨

---

31 Kuyper, *Lectures on Calvinism*, 8.
32 Kuyper, *Lectures on Calvinism*, 7-8.
33 Kuyper, *Lectures on Calvinism*, 66-67.

리지 못했을 것이다."³⁴ "실로 죄가 없었다면 행정관도 국가 질서도 없었을 것이다." 카이퍼는 계속해서 칼빈의 사상에 나타난 국가와 행정관의 권위에 대한 관점을 서술하면서, 국가의 권력, 법, 행정관의 권리 등은 죄의 개입으로 인해 발생한 필요악이라고 강조한다.³⁵ 하나님이 죄로 인해 좀 더 구체적으로 죄의 억제를 위해 이 땅에 세운 행정관들의 권위를 인정하였기에 칼빈은 "민주제뿐 아니라 군주제와 귀족제도 가능한 정부 형태"로 보았다. 하지만 칼빈은 "상호간의 통제아래에서 많은 사람들의 협력"을 의미하는 공화정을 추구했는데, 그 이유는 바로 "정부의 기계적 제도가 죄라는 이유로 필연적"이라고 여겼기 때문이다.³⁶ 카이퍼에게 국가의 권세는 외부로부터 죄로 인해 들어온 자연스럽지 못한 것이다. 이에 따라 국가는 인류의 유기적 통일성을 설명하는데 한계를 지닌다.

반면, 사회는 국가와는 다르게 기계적인 것이 아니라 '유기적'이다. "사회의 유기적 생명"과 "정부의 기계적 성격"사이에는 단계의 차이가 존재한다. 카이퍼는 사회의 유기적 원리를 남녀의 결혼, 자녀들의 재생산 능력, 가정 생활을 지배하는 혈육 관계, 식물의 줄기와 가지 등의 원리를 설명하면서 사회의 유기적 성격을 강조한다. 그리고 이러한 모든 것들은 창조의 원리를 따라 일반은혜의 덕분으로 자체적인 "창조의 생활을 형성하며 유기적으로 발전한다."³⁷ 여기에서 카이퍼가 말하고 있는 "유기적" 개념이 다윈의 진화론이나 쉘링과 헤겔의 관념론적 변증과정에서 발생한 생성개념으로 여겨지지 말아야 한다. 이미 위에서 언급한 것처럼 카이퍼는 사회의 모든 유

---

34 Kuyper, *Lectures on Calvinism*, 67.

35 Kuyper, *Lectures on Calvinism*, 67-71.

36 Kuyper, *Lectures on Calvinism*, 70. 카이퍼는 정치에 관한 칼빈주의적 관점을 다음의 세 가지 명제로 결론짓는다. 첫째, 피조물이 아니라 하나님만이 절대 권리를 소유하신다. 둘째, 죄는 "기계적인 치료"책으로써 통치 목적상에서 권세를 행사한다. 셋째, 사람은 하나님의 위엄으로부터 내려온 권세가 아니고서는 그러한 권세를 동료 사람에게 부릴 수 없다. Kuyper, *Lectures on Calvinism*, 72.

37 Kuyper, *Lectures on Calvinism*, 78-79.

기적 활동들이 하나님의 우주적이고 보편적인 일반은혜에 의해 유지됨을 강조하고 있다. 카이퍼는 그의 『일반 은혜』에서 노아 언약을 통하여 죄를 억제하는 하나님의 일반은혜가 더욱 증대되었음을 역설하는 바, 이러한 사회적 요소들은 근본적으로 하나님이라고 하는 절대자에게 매여 있다. 그 어떤 것도 하나님의 관계로부터 벗어날 수 없으며, 독단적으로 발전할 수 없다.[38]

3.2. 헤르만 바빙크

바빙크에게 '유기적' 개념은 사물과 현상들의 존재, 상호 관계, 작용, 발전과 연관된다. 계시하시는 하나님의 지혜와 더불어 이 세상 가운데 활동하는 분으로서의 하나님의 행동에 의해, 이 세상에 존재하는 사물, 피조물, 현상들은 자체의 복합적인 상호작용 과정을 거쳐 하나님의 목적을 향하여 전진 발전한다. 유기적 개념은 일반계시와 특별계시에 각각 적용되지만, 일반계시는 특별계시의 목적 하에 놓인다. 바빙크는 『개혁교의학』에서 다음과 같이 말한다.

> 특별계시에 대한 하나님의 목적은 훨씬 더 깊고 훨씬 더 멀리 나아간다. 그것은 다름 아니라 모든 능력과 힘을 가진 육체와 영혼의 전체성 안에 있는 인간을, 고립된 인간인 개인만이 아니라 유기적 전체로서의 인류를 구속하는 것이다. 마지막으로 그 목적은 다른 모든 피조물들로부터 따로 떨어져 있는 인류만이 아니라, 그 인류와 함께 하늘과 땅, 한 마디로, 유기적 상관성안에 있는 전체 세계를 죄의 권세로부터 빼앗고, 다시금 하나님의 영광이 모든 피조물에서 빛나도록 하는 것이다.[39]

---

38 다윈주의가 하나님의 영향이 작용하지 않는 독자적인 발전의 개념을 내포하고 있기에, 바빙크는 다윈주의를 "기계적"이며 "반-목적론적"인 것이라 비판한다. 다음을 보라. Eglinton, *Trinity and Organism*, 69.

39 Bavinck, *Reformed Dogmatics*, 1:346.

바빙크의 유기적 개념은 그의 『기독교 세계관』 전체에 나타나는 데, 가장 선명하게 보여주는 곳은 존재와 생성에 대해 논의하는 부분이다. 바빙크는 먼저 존재와 생성에 있어서 이 세상에 존재하는 두 가지 대립되는 세계관을 소개하며 시작한다. 첫 번째 관점은 존재만을 인정하고 사물의 생성을 부정함으로서, 생성을 객관적 사실이 아니라, "사유의 주관적 양상"으로만 여기는 관점이다. 이 관점에 따르면 사물이 생성된다는 것은 "자기 자신으로 남아 있어야 하는 동시에 다른 어떤 것으로 변화해야"함을 의미하기 때문에 생성이란 개념은 "자가당착"에 불과하게 된다. 존재를 유지한 채, 생성한다는 것은 자체 모순을 내포함으로 결국 존재만 있고 생성은 있을 수 없다는 결론에 이른다. 두 번째 관점은 생성만이 실재를 가진다고 주장한다. 이 경우 "모든 것이 흐르며 상대적이고 오직 상대적인 것만이 절대적"이 된다.[40]

바빙크는 이 두 개의 대립되는 이론들의 한계를 극복하기 위한 시도들을 묘사한다. 첫 번째 시도는 세상을 "물질적이며 목적이 없는 원자들의 기제로" 보는 원자론이다. 하지만 자연의 현상이 더 이상 분할될 수 없는 작은 입자와 그 작용으로 이루어지는 원자론은 "합목적성"을 설명하지 못하는 기계적 세계관을 표방할 뿐이므로 결코 현실 자체에 존재하는 생성의 개념을 해결하지 못한다.[41] 기계론적 일원론이라는 세계관의 한계를 극복하기

---

[40] 이러한 의미의 생성을 주장한 철학자는 헤겔이었는데, 바빙크는 헤겔의 입장이 존재의 개념을 희생시키고 있다고 비판하고 있다. 바빙크는 『기독교 세계관』에서 헤겔에 대한 지속적인 비판을 멈추지 않는다. 실제로, 바빙크는 헤겔의 생성 개념이 "원자들을 살아 있는 것"으로 말했을 때, 그의 견해가 물활론적이었음을 비판한다. 물활론이란 모든 물질이 그 자체로 살아있거나 세계 영혼의 작용에 참여함으로써 살아 있다는 입장을 견지하는 관점이다. 이런 점에서 헤겔의 유기적 개념은 범신론적 의미를 지닌다. 하나님은 되어가는 존재이며, 그 존재는 다양한 부분으로 나뉜 다음, 다시금 통일체로 응집된다. 에글린톤은 바빙크가 『기독교 세계관』에서 "유기적"이라는 단어의 의미를 설명하는 이유에 대해, 바빙크가 자신의 주장이 쉘링과 헤겔의 "무비판적인 상속자"가 아님을 증명할 필요를 느꼈기 때문이라고 밝히면서 헤겔의 범신론적 세계관에 대한 바빙크의 비판을 서술한다. 바빙크, 『기독교 세계관』, 127; Eglinton, *Trinity and Organism*, 67-71. 김경필은 헤겔의 변증법적 관념론을 그의 각주에서 짤막하게 소개한다. 바빙크, 『기독교 세계관』, 119 fn. 49; 126 fn. 61.

[41] 바빙크, 『기독교 세계관』, 120.

위한 시도로서 반대진영에서 동력적(dynamic) 또는 에너지 세계관을 제시했다. 동력론은 힘에서 물질이 파생되어 나온다고 보는 세계관으로 역본설(力本說, dynamisme)이라 일컫는다. 역본설(力本說, dynamisme)은 힘을 모든 만물의 근원으로 보는 것이며, 따라서 이 힘으로부터 물질이 파생된 것으로 보는 물활론적 세계관이다. "이 이론에 따르면 사물의 근본 요소들은 비질료적이며 점적인, 즉 공간의 특정 점들에서 발견되며, 특정한 힘을 지니고 있는 힘의 중심점들(krachtcentra), 혹은 뒤나미들(dynamiden)"이며, 이 뒤나미들을 통해 "공간이 물질로 채워지는 현상"이 발생한다.[42] 이 세계관의 문제점은 단순한 존재가 힘 안에 존재한다고 할 때, "그 힘들의 중심점 혹은 뒤나미드에게" 객관적 실재성을 제공할 수 없다는 점이다. 바빙크에 따르면, 이러한 힘의 요소들은 지각 불가능하며, 따라서 사변적인 것에 머무른다. 에너지론도 마찬가지 이유로, "객관적 실재성"에 관해 언급할 수 없는데 왜냐하면 그러한 에너지란 오직 추론으로서만 가능할 뿐 실증적으로 확인할 수 없기 때문이다. 이러한 세계관은 결국 "초월적 실재론"에 빠지고 만다. 만일 힘이나 에너지로부터 "질료적 실체"를 추론하는 것이 불가능하다면, "환상설"이라는 회의주의만이 남을 따름이다.[43] 그러므로 기계적 세계관이나 역본설 또는 에너지론은 각각 세계의 존재와 생성의 관계를 설명하지 못한다.

그렇다면 세계의 존재와 생성을 설명할 수 있는 대안은 무엇인가? 바빙크에 따르면, 오직 성경적 세계관만이 그 모든 세계의 관계를 설명할 수 있다. "성경은 사물들이 하나님의 각종 지혜인 그의 생각들로부터 나왔기 때문에, 서로가 그 각각의 종류와 이름을 따라 구분되며, 그것들의 다양성 속에서도 여전히 하나이며 그것들의 하나 됨 속에서 여전히 다양하다고 가르"친다.[44] 존재와 생성의 관계, 더 나아가 세계의 통일성과 다양성을 설명할 수 있는 유일한 대안은 다름 아닌 성경이 말하고 있는 계시다. 성경의 따르

---

42 바빙크, 『기독교 세계관』, 124-125.
43 바빙크, 『기독교 세계관』, 125-126, 128-130.
44 바빙크, 『기독교 세계관』, 131-132.

면 모든 사물이 하나님에 의해 창조되고 보존된다. 하나님으로부터 나왔기에 통일성을 유지하면서도 하나님의 각종 지혜에 따라 다양성이 파생되었다. 세계의 통일성과 다양성은 각각 존재와 생성의 문제로 이어지고, 존재와 생성의 문제는 다시금 합목적성으로 설명될 수 있다. 이러한 합목적성은 기계론적 세계관이 설명할 수 없었던 한계이다. 그 반대편에 서 있는 역본설적 세계관도 관념론적 추상에 빠져, 존재 자체에 대한 회의주의를 극복하지 못한다. 이에 반해 성경적 세계관은 참된 합목적성을 제시할 수 있다.

> 그러므로 우리가 기계론적 세계관과 역본설적 세계관을 유기적인 세계관으로 대체할 때에만 통일성과 다양성, 존재와 생성이 자기의 자리로 돌아오게 됩니다. 유기적 세계관에 의하면, 세계는 단조롭게 한 종류로 이루어져 있는 것이 아니라, 존재의 충만함, 현상들의 풍성한 변화, 피조물의 다체로운 다수를 포함합니다.... 세상에는 무생물과 생물, 비유기적인 것과 유기적인 것, 영혼이 없는 것과 영혼이 있는 것, 의식이 없는 것과 의식이 있는 것, 물질적인 피조물들과 정신적인 피조물들이 있으며, 이것들은 각기 종류가 다르나, 그럼에도 전체의 통일성 안에서 그 모두가 받아들여집니다.[45]

유기적 통일성은 최종목적을 향한 하나님의 능력의 개입과 구현으로 인한 결과다. 이러한 유기적 관점이 헤겔의 관념론과 특징적으로 구별되는 점이다. 하나님의 창조의 원리 가운데 사물 본성 안에 내재하는 목적인들은 자체로서의 동력인이 될 수 없다. 그 "목적인들이 사물 자체 안에서 그것들을 형성하며 주도하는 원리들(principia)"일지라, 피조물들의 이동과 발전, 그리고 사물들의 움직임에 방향을 부여하는 것은 "하나님의 능력을 통해 지속되는 힘," 즉 하나님의 활동 혹은 행동이 작용하기 때문이다.[46] 이 모든

---

[45] 바빙크, 『기독교 세계관』, 138.
[46] 바빙크, 『기독교 세계관』, 167.

세계는 실로 "하나님의 생각을 통해 만들어졌으며, 하나의 의지를 통해 이끌어지며, 하나의 목적을 겨냥하여 가고 있"다. 따라서 세계는 "기계"인 동시에 "기관"이며 "기관"인 동시에 "기계"로서, "자라가는 건축물이며 건축되어가는 몸"이자 "최고의 예술가이자 만물의 설계자가 만든 작품"이다.[47]

카이퍼가 유기적 개념을 종교와 정치의 관계를 설명하는데 많은 노력을 기울이는 반면, 바빙크의 유기적 관점은 하나님의 계시에 집중된. 하지만 두 신학자 모두 유기적 개념의 토대가 하나님이라는 점에 동의한다. 이 둘의 관점을 종합하면 유기적 개념이란 하나님의 계시로서의 성경에서 배태된 원리이다. 이는 그들의 유기적 관점이 관념론이 아니라 성경의 계시에 입각한 것임을 보여준다. 이제 유신론적 세계관과 유기적 관점이 어떻게 세계관의 통일성을 이루는지를 볼 차례다.

4. 통일성

카이퍼와 바빙크에게 기독교 세계관의 핵심 기반이 유기적 관점이라면, 두 신학자 모두 유기적 관점을 통해 세계의 진정한 통일적 관점을 제공하는데 목적을 두었다. 위에서 살펴본 것처럼 카이퍼와 바빙크는 유기적 관점을 설명함에 있어서, 각각 통일적 세계관을 온전히 제시하지 못했던 세계관들을 비판했다. 카이퍼는 로마 가톨릭과 루터파를, 바빙크는 기계론적 세계관과 역본설적 세계관의 한계를 지적했다. 하지만 카이퍼와 바빙크의 관심은 그러한 이론들에 대해 맹비난을 쏟아내기 위함이 아니다. 오히려 비성경적인 세계관들의 한계를 지적하고, 세계의 통일성을 설명할 수 있는 기독교 세계관의 정당성을 밝히기 위함이었다. 이는 세계관의 3요소라 할 수 있는

---

[47] 바빙크, 『기독교 세계관』, 168.

하나님, 인간, 세계의 관계에 대한 그들의 설명에서 분명해 진다.[48] 지면을 고려하여 본 단원에서는 카이퍼의 하나님과 인간의 관계만을 다룬 후, 이어서 바빙크의 관점을 다룰 것이다.

카이퍼는 통일된 삶의 체계를 제공하기 위한 조건으로 먼저 "하나님과 우리의 관계"를 조명한다. 그는 세계관이 포괄적인 통일성을 제공하려면, 그것은 반드시 하나님과의 관계를 드러낼 수 있어야 한다고 주장한다.

> 그러므로 첫 번째 주장은 그러한 삶의 체계는 하나님과 우리의 관계에 대한 특별한 해석에서 그 출발점을 발견할 것을 요구합니다. 이것은 우연적인 것이 아니라 필연적인 것입니다. 만일 그러한 행동이 우리의 전 생애를 인쳐야 할 것이라면, 우리의 삶이 통일성, 즉 흩어져 있는 포도 덩굴이 아니라 포도 덩굴이 나오는 뿌리에서 안에서 나뉘지 않고 포괄적으로 놓여 있는 우리의 의식의 지점에서 출발해야 합니다. 물론 이 지점은 우리 인간 생활에서 유한한 모든 것과 그 생활 너머에 있는 무한 사이의 대립에 있습니다. 여기에서만 우리는 우리의 인간 생활의 다른 흐름들이 스스로 나오고 구별되는 공통의 원천을 발견합니다.[49]

하나님과 인간과의 관계는 통일적 세계관에 있어서 "우연적인" 것이 아니라 "필연적인" 요소이다. "인간의 개인적 실존의 가장 깊은 곳으로부터 발생하는 역사적 행위들만이 삶의 전체를 아우르고 요구된 영속성을 소유

---

[48] 카이퍼에 따르면, 세계관이란 현재의 인간에게 힘을 공급하고 미래에 대한 확신을 제공할 수 있는 전포괄적인 원리 체계를 제공할 수 있어야 한다. 이교, 이슬람교, 로마교, 현대주의와 같은 종교와 사상은 하나의 원리로부터 모든 인간 생활에 관여하는 삶의 체계를 제공하는데, 칼빈주의를 비롯하여 이러한 세계관들엔 일반적으로 적용되는 조건이 있다. 이 조건이란 하나님과의 관계, 인간과의 관계, 그리고 세계와의 관계에 대하여 통일성을 부여할 수 있는가에 달려 있다. Kuyper, *Lectures on Calvinism*, 11.

[49] Kuyper, *Lectures on Calvinism*, 11.

한다."⁵⁰

하나님과 인간의 관계는 비단 기독교만이 아니라 이 세상의 종교들에도 적용된다. 카이퍼에 따르면 그러한 세계관들은 네 가지로 나뉜다. 첫째, 이교는 "피조물 안에서" 하나님을 상정하고 예배한다. 이는 가장 저급한 "정령론"으로부터 가장 "고도의" 불교에 적용된다. 하지만 이교는 피조물 위에 독립적으로 계신 하나님의 존재 개념에 오르지 못한다. 두 번째 세계관은 이슬람교이다. 이슬람교는 "반이교도 개념"으로 규정되는 바, 피조물과 하나님 사이의 모든 관계를 끊어버린다. 즉 하나님을 피조물로부터 고립시키고 단절시킨다. 세 번째 그룹은 로마교로서, 교직제와 교회 기관을 통해 하나님과 피조물 사이의 매개물을 놓는다. 이 경우에 하나님은 "신비적 중간 고리"를 통해 피조물과 관계를 맺는다. 그럼에도 불구하고, 이교, 이슬람교, 로마교 모두는 절대자를 인간의 관계 속에 배치시킴으로 자기만의 고유한 삶의 체계를 형성한다.⁵¹

하지만 이러한 종교들이 생산해 낸 삶의 체계들은 불완전한 것으로 남는다. 비록 그러한 세계관들이 하나님과 인간의 관계를 설명 할지라도 그 두 대상 사이의 직접적인 교제를 설명하지 못하기 때문이다. 반면, 칼빈주의는 하나님과 인간 사이의 가장 심오한 관계를 설명한다. 칼빈주의는 "이교처럼 피조물 안에서 하나님을 찾지 않는다. 이슬람교처럼 하나님을 피조물로부터 고립시키지 않는다. 로마교처럼 하나님과 피조물 사이에 매개적 연합을 두지 않는다." 오히려 "하나님은 성령 하나님으로써 피조물과의 직접적인 교재를 맺으신다." 카이퍼는 이것이 바로 칼빈의 예정론의 중심이자 핵심이라고 말한다. 왜냐하면 "영원에서의 평화의 경륜에 전적으로 일치하는 한에서만 하나님과의 교제가 있"기 때문이다. 이는 창세 이전에 있었던 하나님의 영원 전의 작정, 즉 예정론은 하나님과 인간 사이의 직접적인 교제

---

50 Kuyper, *Lectures on Calvinism*, 11.
51 Kuyper, *Lectures on Calvinism*, 11-12.

를 보장해 주는 원리가 됨을 의미한다. "오직 하나님께 영광(Deo Soli Gloria)은 출발점이 아니라 결과이며, 예정론은 사람을 사람으로부터 분리시키기 위한 목적이 아니라, 영원부터 영원까지 우리의 내적인 삶에 살아계신 하나님의 직접적이고 즉각적인 교제를 보장하기 위해, 변경할 수 없이 유지되었다."[52]

인간이 하나님 앞에 서 있는 존재라는 개념으로부터 카이퍼는 인생의 참된 윤리적 의미를 발견한다. 하나님과의 직접적인 교제로부터 인간은 참된 평등을 추구한다. 하나님과의 교제 가운데 받아들이기로 인정된 "사회와 국가의 모든 계층의 사람들이 그 시대에 "삶의 중심"을 형성했다.[53] 인간 생활을 하나님 앞에 두는 칼빈주의는 "모든 남자와 여자, 부자와 가난한 자, 약한자와 강한 자, 어리석은 자와 재능이 많은 자"를 막론하고, 이 모든 이들은 "하나님의 피조물"과 "잃어버린 죄인들로써 하나님 앞에 동등한 존재로 서고 사람에 대하여 동등"한 존재이다.[54] 인간 사이의 관계는 하나님과 인간이 관계로부터 자연스럽게 파생된 결과다.[55]

헤르만 바빙크는 카이퍼가 했던 것처럼 하나님과 인간과 세계라는 요소

---

[52] Kuyper, *Lectures on Calvinism*, 12. 예정론에 관한 이 같은 관점은 바빙크에게서도 나타난다. "창조와 재창조는 시간 속에서의 하나님의 행동들이지만, 동시에 그의 영원한 작정이 구체화되는 것이기도 합니다. 그러므로 그것의 본래 이념에 충실하게 남아 있으며, 헛된 사변으로 빠지지 않는 철학은, 기독교가 우리에게 지혜와 은혜의 하나님으로서 계시하는 바, 그 동일한 하나님에게로 이끕니다." 헤르만 바빙크, 『기독교 세계관』, 115. 여기에서 바빙크는 비록 카이퍼가 사용하는 직접적인 교제와 같은 문구를 언급하지 않지만, 이미 하나님의 자기 계시를 인식하는 인간이라는 점을 강조한다는 점에서, 직접적인 교제의 의미를 내포한다고 할 수 있다. 다만 카이퍼와 바빙크의 논지의 차이가 각각 존재와 인식에 놓여 있으므로, 그 둘 사이의 공통점이 확연히 드러나 보이지 않을 뿐이다.

[53] Kuyper, *Lectures on Calvinism*, 16.

[54] Kuyper, *Lectures on Calvinism*, 17-18.

[55] 칼빈주의의 통일된 입장은 민주주의적 이상을 낳는다. 이 점이 바로 현대주의의 통일적 세계관을 대표하는 프랑스 혁명과 극명하게 대조되는 부분이다. "이것[칼빈주의]과 프랑스 혁명의 평등에 대한 거친 꿈 사이의 차이점은 파리에서의 그것이 하나님에 대항하여 통일을 이룬 행동이었던 반면, 여기의 부자와 가난한 자들 모두는 그분의 이름의 영광을 위한 공통의 열정으로 불타올라 하나님 앞에 무릎을 꿇었다는 점"이다. Kuyper, *Lectures on Calvinism*, 19.

를 구분하여 다루지는 않는다. 그럼에도 불구하고 그의 유기적 세계관은 통일적 세계관을 목적한다.

> 하나의 세계관은 그 특성상 '통일적'(einheitlich)입니다. 창조의 모든 범위들과 영역들을 전체에 속한 부분으로 파악하지 않는다면, 우리의 세계관은 온전하고 완전하지 않습니다. 물론 여기서의 주된 질문은, 우리가 그것을 이미 완전하게 발전시켰다든지 차후에 발전시킬 것인지가 아니라, 이미 파악된 세계관이 과연 조화로운 통일성을 가지고 있는가에 관한 것입니다. 그렇지만 그때에도, 종교와 철학에서, 민중과 식자층에서, 학교와 삶에서 각기 다른 세계관이 존재한다는 것은 불가능합니다. 만일 종교가 어떤 세계관을 내포하고 있으며 철학이 만물의 궁극적 토대를 추구할 때 항상 하나님을 찾는다면, 이 점들로부터 종교와 철학은 모든 차이점들에도 불구하고 내적으로 사태의 본질에 있어서는 일치하며 서로 갈등 관계에 있을 수 없다는 점이 도출됩니다.[56]

세계관으로서의 정당성은 자체 내에 있는 모든 요소들을 조화롭게 통일할 수 있는가에 유무에 달려있다. 이러한 통일성의 조건에 따라 다신론은 거부되는데 왜냐하면 다신론 자체가 이미 통일성을 상실하기 때문이다. 유일하게 이러한 통일성의 조건을 충족시키는 것은 "기독교 세계관"이다. 그 이유는 기독교 세계관이 단 "하나의 신, 곧 살아 계시고 참되신 하나님만을 인정"하며 "다신론을 뿌리에서부터" 근절하기 때문이다.[57] 따라서 넓게 보면 바빙크에겐 두 가지 세계관, 즉 "유신론적 세계관과 무신론적 세계관만이 존재"한다.[58] "우리는 두 가지 관점 중에서 한 가지를 선택해야" 한

---

56 바빙크, 『기독교 세계관』, 114.
57 바빙크, 『기독교 세계관』, 114.
58 바빙크, 『기독교 세계관』, 140. 에글린톤이 잘 지적하듯, 바빙크는 가장 기초적인 수준에서 오직 두 가지 세계관, 즉 유신론적 세계관과 무신론적 세계관만이 존재한다. 우주에 대한 삼위 하

다. 기계적 관점이 옳다면 "기적," "심리적 인과성,"[59] "이성과 의지," "양심과 자유"는 설 곳이 없다. 반면 유신론적 세계관, 즉 유기적 관점은 "세계의 다양성과 풍성함"에 답할 수 있다. 삼위일체 교리에 입각한 기독교의 유신론적 세계관은 통일성과 다양성, 그리고 존재와 생성의 관계를 온전히 설명해 낸다.[60] 하나님이 삼위일체 하나님이 아니시라면 사실상 창조는 불가능했다.[61] 또한 삼위일체적 유신론은 바빙크로 하여금 창조주와 피조물의 관계와 구별을 계속적으로 유지할 수 있도록 만드는 핵심 주제였다. 바빙크는 그의 개혁교의학 제2권에서 오직 삼위일체에 대한 고백만이 창조론을 온전히 설명할 수 있음을 주장한다. "창조론은 오직 삼위 하나님에 대한 고백의 기초위에서만 유지될 수 있다. 그것만이 한편에서는 하나님과 세상과의 관계에 있어서 이신론을 반대하고 다른 한편에서는 하나님과 세상과의 구별에 있어서 범신론을 반대하는 것이 가능하다."[62] 유사한 어조로 바빙크는 『기독교 세계관』 전반에 걸쳐 한편에서는 범신론과 일원론을, 또 다른 한편

나님의 유신론적 세계관은 무신론적 세계관을 대표하는 기계론적 세계관을 반대하여 움직인다. Eglinton, *Trinity and Organism*, 67.

59 바빙크가 사용하는 '심리적 인과성'이란 단어는 '심리적' 이라는 단어와 '인과성'이라는 단어가 합쳐진 의미이다. 인간의 심리 안에서 작동하는 원인과 동기란 기계적 원인보다 복잡하며 다양한 원인들, 즉 물리적, 심리적, 지성과 의지, 이성과 양심 등의 요소들이 작용할 수 있다. 이러한 의미에서 바빙크는 인간이 제한된 "의지 안에서 물리적 원인들과 정도에 있어서만 다른 것이 아니라 본질적으로 다른 심리적 인과성이 등장합니다. 의지의 자유는 원인들을 제외시키지 않되, 자기의 본성과 대척하고 있는 모든 원인들을 마주하며 서 있"다고 주장한다. 그러므로 기계적 관점은 심리적 인과관계에 대한 설명을 충분히 설명할 수 없다.

60 바빙크, 『기독교 세계관』, 211. 삼위일체론적 관점에서 이해한 유기성 개념은 카이퍼에게도 나타난다. 카이퍼는 그의 『일반 은혜』에서 다음과 같이 언급한다. "택자들과 인류 사이, 영혼과 육신 사이, 우리와 그리스도 사이, 그리스도와 그리스도의 왕국 사이에는 생명의 어떤 연관 관계, 유기적 연관 관계가 있다. 모든 구속 사역은 창조까지 거슬러 올라가며, 창조를 넘어 영원한 작정에 이른다. 여기서도 우리는 신적 존재 안에 있는 거룩한 삼위일체에 대한 완전하고 솔직한 고백을 유지할 필요가 있다. 성령의 사역은 성자의 사역에서 나온다. 그리고 성령과 성자, 두 위격의 사역은 성부의 창조 사역과 분리해서 생각할 수 없다. 그러므로 그리스도는 민족들의 생명과 우리의 자연적 생명과 연결되어 있다." 아브라함 카이퍼, 『일반은혜』, 68.

61 Bavinck, *Reformed Dogmatics*, 2:420.

62 Herman Bavinck, *Reformed Dogmatics: God and Creation*, Vol. II. 332.

에서는 다신론과 다원주의를 지속적으로 비판한다.[63] 기계론적 일원론과 유물론은 세계를 창조, 보존, 통치하실 뿐만 아니라 자신의 의지의 작정을 따라 택한 백성을 구원하시는 하나님의 구원 개념을 설명할 수 없다.[64]

위에서 살펴본 것처럼 존재와 생성의 관계는 합목적성을 가진다. "하나님의 생각과 법들은 모든 피조물들"의 기초이며, "피조물들을 연결하고 조직한다." 그렇다면 어떤 방향으로 그와 같이 피조물들을 앞으로 혹은 미래를 향하여 나아가게 하는가? 바빙크는 하나님의 생각과 법들에 우리의 "지성과 마음, 사유와 행동에 있어" 일치되게 하는 것은 바로 "하나님의 아들의 형상을 닮게" 하려는 목적이라고 말한다. 이 목적 안에서 그리스도인들은 서로 일치한다.[65] 기독교 세계관만이 세계와 삶의 현실에 접합한 유일한 세계관으로, 사유와 존재, 존재와 생성, 생성과 행동의 관계를 온전히 설명할 수 있다.[66] 이것이 그동안 종교개혁이 추구했던 것이며, 이 개혁주의적 관점이 사유, 존재, 생성의 관계를 "가장 명료하게 표현해 왔기 때문에," "다른 신앙고백들 보다 더욱 순수하며 따라서 개혁주의 세계관은 현시대의 높은 열망들과 울부짖는 필요들에 가장 적합"한 것으로 인정된다.[67]

---

63 Mattson, Restored to Our Destiny, 24. 삼위일체에 집중된 유기적 세계관은 바빙크의 사상에 있어서 독보적인 자리를 차지한다. 바빙크는 이 세계관으로부터 세상의 다양성과 통일성을 설명하며, 심지어 결혼과 가정의 주제에도 적용한다. James P. Eglinton, "Introduction: The Christian Family in the Twenty-First Century" in Herman Bavinck, *The Christian Family*, tr. Nelson D. Kloosterman, ed. Stephen J. Grabill (Christian's Library Press, 2012). iBooks, 12-15.

64 바빙크, 『기독교 세계관』, 203.

65 바빙크, 『기독교 세계관』, 220.

66 바빙크, 『기독교 세계관』, 227.

67 바빙크, 『기독교 세계관』, 227.

5. 소결론

지금까지 살펴본 아브라함 카이퍼와 헤르만 바빙크의 기독교 세계관에 대한 분석은 두 신학자 모두 현대주의의 위협에 맞서 계시에 기초한 유기적 관점을 통해 삶의 체계를 포괄할 수 있는 기독교 세계관을 제시하고 있음을 보여준다. 카이퍼와 바빙크의 기독교 세계관 정의는 공통점과 차이점을 동반한다. 카이퍼는 하나님의 주권 사상이 종교개혁의 역사 속에서 어떻게 모든 세계관을 포괄할 수 있는지를 보여줌으로써, 기독교 세계관의 정당성을 마련한다. 바빙크에게 기독교 세계관의 타당성은 사유와 존재 사이의 일치를 온전히 설명할 수 있는 학문적인 관점에 있다. 전자는 역사적 실존을, 후자는 학문적 타당성을 강조한다는 미묘한 차이에도 불구하고, 두 신학자의 기독교 세계관의 정의는 모두 하나님의 주권이라는 개혁주의 원리 위에서 기독교 세계관의 모델을 제시한다.

제2단원은 카이퍼와 바빙크의 유기적 개념을 살펴보았다. 두 신학자 모두 기계론적 일원론, 혹은 다윈의 진화론적 세계관을 피하면서, 유신론적 세계관(유기적 세계관)만이 세상을 보존하시는 하나님의 능력을 설명할 수 있으며, 존재와 생성, 생성과 활동의 관계를 설명할 수 있음을 제시했다. 이는 이 두 신학자의 유신론적 세계관이 성경의 원리로부터 배태된 개념임을 확증한다. 성경은 모든 사물이 하나님에 의해 창조되고 보존되기에 통일성을 유지하고, 동시에 하나님의 지혜는 만물의 다양성을 설명한다. 더 나아가 성경은 세계의 통일성과 다양성을 합목적성으로 설명해 낸다. 이것이 바로 성경의 유기적 원리가 다른 어떠한 세계관들보다 이 세상의 존재하는 모든 사물의 관계를 가장 타당하게 설명하고 있는 이유다.

마지막으로 유기적 관점은 통일성이라는 목표를 향한 세계의 발전과 진전에 대해 설명한다. 이러한 발전은 하나님의 형상을 닮아가도록 하나님이 예정해 놓으신 목적을 향한다. 카이퍼의 표현대로라면 그것은 하나님과 인간과의 직접적인 교제에서 이루어지며, 바빙크의 진술대로라면 그것은 통일성과 다양성이 합목적성을 향하여 전진하는 발전이다. 카이퍼와 바빙크 모두 하나님의 주권을 기독교 세계관의 토대로 보고 그 위에 파생된 인생관 또는 세계관만이 세상을 통일하는 삶의 포괄적인 체계를 제공할 수 있음에 동의한다. 이것이 카이퍼와 바빙크가 기독교 세계관을 통해 네덜란드의 정치, 종교, 문화, 예술, 학문, 교육에 이르기까지 다방면의 문화적 적용을 시도한 이유였다. 그들에게 삼위일체론적인 유기적 세계관은 삶의 교리이자 실천의 교리였으며 피조계에 대한 하나님의 재창조 사역에 있어서 필수적인 삶의 체계였다.

18장

개혁주의 성경론

: 바빙크(1854-1921)와 워필드(1851-1921)의 성경론 비교

1. 서론

개혁주의 경건의 원리는 기독교 세계관의 토대인 성경에 기초한다. 초대교회로부터 오늘날에 이르기까지 기독교의 심장은 성경이었다. 칼빈의 말을 빌리자면, 성경은 혼탁한 세상을 바라보는 안경이고, 죄악 가운데 어두고 복잡한 미로에서 빠져나오게 하는 실이며, 날마다 배워야 할 진리의 학교다. 성경을 통해 자신의 부패한 본성을 깨달으면 하나님의 거룩하심을 깨닫는다. 모든 진리의 규범은 하나님이 스스로 계시하신 특별 계시로서의 성경이다. 따라서 성경이 가르치는 바는 확고한 토대를 가지고 진리를 선포하며 그 진리에 따라 그리스도인들에게 삶을 살아가는 방법을 가르친다. 그리하여 온 교회가 "하나님의 아들을 믿는 것과 아는 일에 하나가 되어 온전한 사람을 이루어 그리스도의 장성한 분량이 충만한 데까지" 자라간다(엡4:13).

성경의 중요성에도 불구하고 지난 역사에서 성경의 신적 권위를 인정하지 않는 이들이 계속해서 나타났다. 초대교회에서는 펠라기우스가 대표적인 인물일 것이다. 그는 성경의 가르침을 인간의 이성과 자유의지의 관점에서 해석함으로써, 성경의 신적 권위를 실추시켰다. 중세로 넘어가면 중세 스

콜라 학자들이 성경의 무오성을 달리 이해하는 현상이 일어난다. 그들은 불가타 역본의 중요성을 강조하고 특별히 종교개혁 이후에는 개신교를 반대하여 그 역본만이 무오한 말씀이라고 주장했다. 비록 에라스무스가 불가타 역본이 로마 가톨릭 교리들을 확립하기 위해 성경 원문의 의미를 왜곡시켰던 부분을 지적했을 지라도, 그들은 자신들의 오류를 인정하기는커녕 교회의 권위를 성경 위에 둠으로써 근본적인 성경의 무오성을 부정하는 데 신학적인 근거까지 마련했다. 18세기 계몽주의 시대에는 역사 비평가들이 일어나 성경을 인간의 저작에 불과한 경건 서적 정도로 취급했다. 19세기 현대주의의 관점도 크게 다르지 않다. 이러한 설명들은 헤르만 바빙크의 글에 잘 정리되어 있다.[1]

더 심각한 문제는 개혁주의 성경론을 왜곡하는 이들이 있다는 사실이다. 대표적으로 로저스와 맥킴은 바빙크와 워필드의 영감론을 기존의 개혁파 신학자들의 관점과 다르다고 주장했다. 그들에 따르면, 바빙크와 워필드의 글은 얼마든지 성경의 오류를 인정할 여지를 남겨두고 있다. 그들은 성경의 내용과 가르침은 무오하지만, 성경의 형태인 문자에는 오류가 있다고 주장한다. 그리스도께서 성육신하신 것처럼 말씀이 육화의 과정을 통해 본질적으로 말씀의 내용은 오류가 없으나 문자의 형태에는 인간의 실수와 오류들이 포함된다는 것이다.[2] 이들은 세가지 오류를 범한다. 첫째, 그들은 바빙크와 워필드의 관점을 올바로 이해하지 못했다. 바빙크와 워필드는 성경의 내용과 형태를 구분하지만, 그 둘 모두가 하나로 연결되어 있음을 강조하고

---

1 다음을 참고하라. 류길선, "헤르만 바빙크의 성경영감과 권위에 대한 이해: 말씀의 성육신 개념을 중심으로," 「개혁 논총」(2019), 29-59.

2 Jack B. Rogers and Donald K. McKim, *The Authority and Inspiration of the Bible: An Historical Approach* (New York: Harper & Row, 1979), 393. 바빙크뿐만 아니라 성경의 내용과 형태의 구분에 대한 연구는 워필드와 E. J. 영(Young) 등에 의해서 다루어졌다. B. B. Warfield, "Inspiration and Criticism," *The Inspiration and Authority of the Bible*, ed Samuel G. Craig (Phillipsburg, NJ: Presbyterian and Reformed, 1948); E. J. Young, *Thy Word is Truth: Thoughts on the Biblical Doctrine of Inspiration*, 10th ed. (Grand Rapids: Eerdmans, 1978).

성경의 신적 영감이 그 두 요소 모두에 미친다고 주장했다. 둘째, 개혁주의의 역사 속에서 그들은 워필드와 바빙크의 성경론을 당대의 개혁파 신학자들의 관점으로부터 이원화시킬 뿐만 아니라 개혁파 전통으로부터 이탈시킨다. 마지막으로 그들은 성경의 무오성을 부정한다.

본서는 바빙크와 워필드의 성경론을 비교 분석 함으로써 개혁주의 성경론의 정수를 보여주고자 한다. 이를 위해 성경 비평에 대한 바빙크와 워필드의 관점을 살펴보고, 성경의 신적권위로서의 자증성과 주관적 인식의 원리인 성령의 내적 증거에 대해 분석할 것이다.

2. 성경 비평에 대한 바빙크와 워필드의 관점[3]

바빙크와 워필드 모두 성경 비평에 대한 현대 신학의 공격에 직면해 있었다. 바빙크의 경우 그의 스승들인 레이든 대학의 교수 스홀턴(Scholten)과 꾸우넌(Kuenen)은 독일의 성경비평의 영향을 받아, 성경의 본문들이 인간의 이성에 의해 자유롭게 판단되어져야 한다고 주장했다. 그들에게 성경은 하나님의 계시가 아니라 그저 이성으로 식별할 수 있는 무언가였다. 이 두 신학자들은 네덜란드에서 많은 지지를 얻고 있었으며, 바빙크 또한 학생으로 있는 동안 스승들의 가르침으로부터 자유롭지 않았다.[4] 레이든을 떠난 후에도, 바빙크는 두 스승에게서 배웠던 학문적 방법을 그의 기독교 신앙의 변증을 위해 활용했다.[5] 마찬가지로 워필드는 세속화가 미국 사회의 여러

---

[3] 이 글은 필자의 논문인 류길선, "성경의 신적 권위에 관한 개혁주의 해석: 헤르만 바빙크와 벤자민 워필드의 관점 비교," 「한국개혁신학」, 29(2021), 105-143의 내용을 상당 부분 편집하여 쓴 것임을 밝힌다. 일부는 그대로 인용 및 재배치 하였으나, 대부분의 경우 새로 쓴 것이며, 필요한 경우 수정 및 추가 보완 하였다.

[4] James P. Eglinton, *Trinity and Organism: Towards a New Reading of Herman Bavinck's Organic Motif* (London: T&T Clark, 2012), 161-162.

[5] Herman Bavinck, *Reformed Dogmatics*, 박태현 역, 『개혁교의학』 전4권 (서울: 부흥과개혁사,

영역에 침투했던 시대에 살았다.[6] 당시의 역사 비평은 성경에 나오는 기적이란 불가능한 것이라고 공공연하게 주장했다.[7] 그가 프린스턴 신학교의 논증신학(polemical theology) 교수로 부임하여 다양한 분파들?기독교를 자연주의적 관점에서 해석하려 하던 이들과 자유주의자들?에 맞서 투쟁했던 것은 이상한 일이 아니었다.[8] 제프리 스티바슨(Jeffrey A. Stivason)이 잘 지적한 것처럼, 워필드에게 있어서, "성경의 신적 기원 초자연적 계시로서의 성경에 대한 상실은 독일로부터 일어난 19세기 신학적 자유주의의 직접적인 결과였다."[9]

2.1 바빙크와 워필드의 계시론 이해: 자연주의의 한계

그렇다면 두 신학자는 독일의 성경 비평에 대해 어떠한 관점을 견지하는가? 두 신학자 모두 성령론에 대한 현대주의의 발상은 객관성을 상실한다고 비판했다. 바빙크는 성경의 영감론을 개진하기 전에 먼저 계시의 본질과 개념, 일반계시, 그리고 특별계시의 순서를 따라 전반적인 계시론을 다루는데, 왜냐하면 계시의 원리에서 객관성의 중요성을 제시하기 위해서이다. 바빙크는 계시에서 객관성이 없다면, 그것은 진정한 계시가 아니라고 믿는다. 이것이 바로 바빙크가 자연주의의 개념을 반박하는 이유이다. 그에 따르면, 계시를 인정하지 않는 자연주의에는 세 가지 입장, 즉 유물론, 범신론, 이신론이 있다. 첫째, 유물론은 물질적 세계만을 인정함으로 초자연적 계시는 부정

2012), 1:26.

[6] David F. Wells, 『개혁주의 신학: 현대 개혁주의 역사』, 박용규 역 (서울, 한국기독교사연구소, 2018), 119.

[7] Benjamin B. Warfield, *Selected Shorter Writings of Benjamin B. Warfield*, ed. John E. Meeter, 2 vols. (Nutley, NJ. : Presbyterian and Reformed Pub. Co., 1973), 2:125.

[8] Wells, 『개혁주의 신학: 현대 개혁주의 역사』, 125.

[9] Jeffrey A. Stivason, *From Inscrutability to Concursus: Benjamin B. Warfield's Theological Construction of Inspiration's Mode*, from 1880 to 1915 (Philadelphia, PA: P & R Pub., 2017), 22.

된다. 둘째, 자연주의는 신을 인간의 내면속으로 위치시켜 범신론과 일치한다. 마지막으로 자연주의는 이신론에서 찾아볼 수 있는데, 이신론 역시 외부로부터의 객관적 계시를 인정하지 않고 오직 그것을 판단하는 주체에 무게 중심을 둠으로서 주관주의를 벗어나지 못한다. 그 결과 자연주의는 초자연적 계시의 실재를 부정한다.[10]

마찬가지로 워필드는 바빙크와 유사하게 계시를 종교와 연관시키면서 계시의 객관성을 정당화한다. 워필드에 따르면, 계시는 하나님 자신에 관한 진리를 드러낸다는 의미를 지닌다. 계시는 종교에 부수적인 것이 아니라 필수적인 것이다.[11] 그동안 특별 계시에 대한 비판이 "신의 초월성"을 강조하는 18세기 이신론과 이신론의 분파들인 순수 합리주의(pure rationalism)및 교의적 합리주의(dogmatic rationalism)에서 일어났다. 이신론은 특별계시가 인간에게 불필요하다고 주장한다. 왜냐하면 인간의 이성으로 얼마든지 하나님을 알 수 있다고 믿기 때문이다. 하지만 이신론은 인간의 이성의 한계에 봉착하여 불가지론과 회의론으로 이어지고 결과적으로 특별계시의 가능성을 인정하는 듯한 범신론에 문을 열어준다. 범신론의 문제는 특별계시를 인정하지만 역시 신의 내재성을 강조한 나머지 창조주와 피조물의 구별을 지운다. 그러므로 초자연적인 요소는 이름만 남아있을 뿐 객관적 실재로서의 초자연성은 인정되지 않는다.[12]

바빙크와 워필드의 공통점에도 불구하고, 워필드의 관점은 특별계시의 타당성을 변증하는데 더 많은 관심을 기울인다. 그는 당대에 현존하는 계시론들을 종교의 발전 단계에 따라 구분하고, 기독교 유신론의 계시관이야 말로 가장 탁월한 것임을 증명하려 한다. 워필드에 따르면 계시론에 있어서 가장 열등한 수준의 이론이 존재한다. 이러한 종류의 이론들은 계시를 인간

---

10 Bavinck, 『개혁교의학』, 1:407-409.
11 Benjamin B. Warfield, *The Works of Benjamin B. Warfield, Volume 1: Revelation and Inspiration* (Grand Rapids: Baker Book House Company, 1981), 37.
12 Warfield, *The Works of Benjamin B. Warfield*, 1:39.

정신의 자연활동을 통해 얻어진다고 묘사한다. 전형적인 이신론적 관점이다. 하지만 이것은 하나님으로부터 피조세계에 대한 간섭을 제거하는 오류를 범한다. 다른 한편에서는 범신론적 관점에서 인간의 생각을 하나님의 생각의 전개 수단으로 이해한다.[13] 하지만 이신론과 범신론적 설명보다 좀 더 발전된 형태의 과도기적 계시론이 존재한다. 이러한 계시론은 창조주를 피조물로부터 이원화시키지 않고, 그렇다고 창조주를 피조물 속에서 완성단계로 나아가는 존재로 일치시키지도 않는다. 좀 더 구체적으로 말해서, 보다 높은 단계의 계시론은 구속의 사건을 묘사하는 이론들이다. 이 경우, 계시는 "하나님의 구속 활동"을 보여주는 "특별 섭리"를 강조한다.[14]

과도기적인 계시론은 두 번째 종류의 이론들로 우리를 안내한다. 두 번째 종류의 계시론은 계시를 인간의 마음에 직접적으로 전달하는 하나님의 영의 산물로 이해한다. 이 이론들에 따르면 계시에 의하여 하나님의 활동이 인간 내면에 확신을 가하게 된다. 이는 다시금 가장 낮은 단계에서부터 높은 단계에 이르기까지 그 상태가 구분될 수 있다. 가장 낮은 단계에서, 하나님의 영은 인간의 마음과 생각에 변화를 일으킨다. 좀 더 높은 단계의 경우 하나님의 활동은 인간의 내면에 내적 확신으로 가져다 준다. 과도기적 계시론 가운데 가장 높은단계의 설명은 하나님의 영의 활동이 하나님의 객관적 현시를 파악할 수 있다고 본다(Rothe의 견해). 그럼에도 불구하고 과도기적 계시론은 최상의 단계에 이르지 못한다.[15] 최상의 단계에 이르는 계시론은 성령의 사역을 부수적인 원인 정도로 취급하는 것이 아니라 주체적인 원인으로 묘사하는 관점이다.

---

[13] Warfield, *The Works of Benjamin B. Warfield*, 1:41.
[14] Warfield, *The Works of Benjamin B. Warfield*, 1:42.
[15] Warfield, *The Works of Benjamin B. Warfield*, 44.

3. 성경의 자증성: 객관적 원리

3.1 바빙크의 이해: 구약 성경 기록의 원리

바빙크에 따르면 구약의 선지자들은 그들이 받은 계시를 하나님의 말씀으로 인식했다. 또한 그들은 하나님께서 계시한 말씀과 개인의 생각을 구분했다. 하나님에게서 받은 말씀을 그들은 자유롭게 표현하여 기록했다. 이는 성경 기록자들이 하나님으로부터 직접 받은 말씀을 기록된 말씀 사이으로부터 분리하여 이해하지 않았다는 것을 보여준다. 즉 받은 말씀과 기록된 말씀은 "하나로 짜여져 분리가 불가능하다."[16] 즉, 성경 기록자들이 계시를 기록할 때, 그것이 한 개인의 사견으로 인한 것이 아니라 하나님으로 말미암는다. 예를 들어, 선지자들은 자신들이 받은 계시를 모세의 율법에서 도출한 것이 아니었다. 그들에게 모세의 율법은 하나님의 말씀이었으며, 모세에게 전한 하나님의 계시였다.

선지자들이 모세의 율법을 어떻게 이해했는가에 대한 논증은 하나님의 계시가 신적 영감을 통해 어떠한 방식으로 교회의 역사 속에서 지속되어왔는지를 보여준다. 구약의 역사서 기록자들은 모세의 율법을 토대로 이스라엘의 역사를 기록했지만 그 역사는 단순한 역사가 아니라 하나님의 계시사건으로서의 역사였다. 이로 인하여 역사서는 하나님의 계시와 계획을 깨닫게 하기 위한 목적으로 기록되었다.[17] 왜냐하면 구약 성경은 예언의 정신을 따라 신약시대에 일어나게 될 사건들을 기록하고 있기 때문이다. 이로 인하여 구약 성경은 신약시대에 예수그리스도와 사도들에 의해 그 권위를 인정받았다. 신약의 저자들은 구약의 말씀을 인용하고 해석하는 과정에서 심지어 구약선지자들이 생각지 못했던 의미들을 발견하고 확대하며 적용할 수

---

16 Bavinck, 『개혁교의학 1권』, 517-519.
17 Bavinck, 『개혁교의학 1권』, 520-521.

있었다.

구약 성경의 신적 영감은 예수그리스도의 증거에 의해 증명되었다. "예수의 증거는 신약 전체에서 신적이며 참되고, 오류가 없는 것으로 여겨진다."[18] 비록 예수 그리스도께서 직접 쓴 글이 남아있지 않지만 그리스도에 의해 택함받은 제자들은 직접 보고 들은 것을 다시금 기록했다. 처음에는 주로 설교와 복음 전파시에 일워졌던 것이 시간이 지남에 따라 신약 성경의 기록으로 이어졌다. 예수 그리스도의 증인으로서, 그들이 선포하고 기록한 말씀은 예수그리스도의 것과 동일한 권위를 가졌다. 사도들의 글은 초대교회부터 신적 권위를 인정받았다. 사도들이 탁월한 권능을 가졌기 때문이 아니라 오직 예수그리스도를 직접 보고 그의 음성을 들었기 때문이다. 2세기 후반에 이르러서는 대부분의 신약 성경이 정경으로 인정받게 된다. "성경 자체에 대한 성경의 가르침에 대한 이러한 연구 결과는 성경이 스스로를 하나님의 말씀으로 여기며 그렇게 공표한다는 사실로 요약될 수 있다."[19]

3.2 워필드의 이해: 사도성으로서의 신적 권위

성경의 자증성에 관한 워필드의 이해는 바빙크의 것과 다르다. 워필드는 성경이 스스로 하나님의 말씀임을 천명한다는 것을 강조하기 보다, 오히려 사도적 전통의 중요성을 강조한다. 워필드는 구약 선지자들의 기록에 대해 많은 말을 언급하지 않는다. 오히려 구약 성경이 사도들에 의해 어떻게 받아들여졌는지, 그리고 그 과정에서 성경의 영감교리가 정립되었는지에 집중한다. 그에 따르면 성경의 영감 교리는 그리스도와 신약의 저자들에 의해 만들어졌다.[20] 예수 그리스도와 제자들은 구약 성경을 주저없이 수용하였으며, 성경의 문자와 역사 등의 요소들을 모두 신적으로 신뢰할 만한 것으

---

[18] Bavinck, 『개혁교의학 1권』, 527.
[19] Bavinck, 『개혁교의학 1권』, 532.
[20] Warfield, *Selected shorter writings of Benjamin B. Warfield*, 2:617.

로 인정했다.[21] 워필드는 다음과 같이 진술한다.

> 모든 세대의 교회가 고백한 것처럼, 이 교리가 구약 못지않게 신약에도 속한다는 사실은 신약의 저자들이 스스로를 구약에 맞춘 영감에 대한 신약 기록들에 대한 자연적인 확장 때문만은 아니다. 이 확장은 그 자체로 사도들의 권위에 뿌리를 두고 있다. 그것이 단순히 사도들의 글들 속에 구현된 권위라는 의미에서만이 아니라 교회가 구약의 영감 교리를 수용한 결과 전자의 영감이 후자의 영감에 기저를 이룬다는 점에서만이 아니라, 신약 저자들이 구약에 부여했던 동일한 영감을 스스로 주장한다는 점에서 그러하다. 신약의 사역자들로서 그들은 한순간도 구약의 사역자들 못지 않게 충분했다. 그들은 자신들의 가르침의 내용과 형식에 있어서 성령이 저자라고 단언했다. 그들은 전체의 신뢰를 요구했고 그들의 전달에 대한 신적인 권위를 주장했다. 그들은 서로의 글들을 성경의 범주에 두었으며, 그 모든 성경이 하나님의 영감된 것으로 주장했다. 이와 같이 교회 교리가 이 완전한 영감을 모든 성경에 돌린 것은 사도들의 권위 때문이었다.[22]

교회의 영감 교리는 다름 아닌 예수그리스도와 사도들에 의해 형성되었다. 워필드는 기독교의 기초가 사도와 선지자에 놓여있다고 강조한다. 그러면서도 오직 예수 그리스도만이 기독교의 머릿돌이 되신다. 사도들의 권위는 교회의 배후에 서고, 예수그리스도의 권위는 사도들의 배후에 선다.[23] 성경의 권위는 교회의 권위 위에 서 있는 것이 아니다. 교회가 성경의 권위를 결정하는 것이 아니다. 오히려 정반대로 성경이 교회의 권위를 결정한다. 그러므로 성경의 권위는 "사도성"(apostolicity)에 달려있다. "사도들은 구약성경 전체를 하나님의 기록된 말씀으로 그들의 선조로부터 받았"다. 그리고

---

21 Warfield, *Selected shorter writings of Benjamin B. Warfield*, 2:618.
22 Warfield, *Selected shorter writings of Benjamin B. Warfield*, 2:618-619.
23 Warfield, *Selected shorter writings of Benjamin B. Warfield*, 2:537.

말씀이 교회에 주어졌다는 것을 추호도 의심하지 않았다.[24]

성경의 권위는 사도성에 놓여있다. 워필드는 성경의 권위에 대한 증거는 성경이 이전에 영감되었다는 사실에 있는 것이 아니라고 강조한다. 즉, 과거에 영감으로 기록된 성경은 그 권위가 사도들의 권위를 통해 더 강화된다. 하나님은 "사도들을 통한 권위 있는 표현"을 주시고 자신의 영감을 통하여 성경의 기록이 단순히 과거의 역사적 산물이 아니라 하나님의 영원하신 말씀으로 숨쉬게 한다.[25]

4. 성령의 내적 증거: 주관적 원리

4.1 바빙크의 이해: 내적 증거의 대상은 성경의 내용

바빙크가 성령으로 말미암은 신앙이 계시에 대한 인식의 원리이면서도 동시에 종교와 신학의 원리라고 말한 점은 주목할 필요가 있다. 그는 성령의 내적 증거를 단순히 성경의 신적 권위에 연결하여 이해하는데서 멈추지 않는다. 바빙크는 성령의 내적 증거를 구원론적 혹은 목적론적 관점에서 파악한다. 이러한 차원에서 그는 "성경은 수단이지 목적이 아니다"라고 과감하게 단언한다. 외적인 말씀으로서의 성경은 수단이며 목적은 내적인 말씀에 있다. "성경은 모든 사람이 주로 말미암아 배우고 성령으로 충만하게 될 때 그 목적에 이른다."[26] 다시 말해 성령의 내적 원리에 대한 바빙크의 설명은 성경이 하나님의 무오한 말씀이라는 사실 자체만을 증명하는 데 있는 것이 아니라 성경의 목적을 설명하여 구원에 이르게 하는 참된 진리에 이르게 한다는데 초점이 맞추어져 있다. 이 영역은 성령의 내적 증거를 주관주의로

---

24 Warfield, *Selected shorter writings of Benjamin B. Warfield*, 2:538.
25 Warfield, *Selected shorter writings of Benjamin B. Warfield*, 2:538.
26 Bavinck, 『개혁교의학 1권』, 646-647.

비판하는 세상의 학문의 비판의 여지를 일축시킨다. 성경의 구원론적 목적론적 특징으로 인하여, 성령의 내적 증거로 인해 성경의 신적 권위가 확립된다고 해서, "주관주의라는 비난"을 가하는 것은 부당하다.[27]

성령의 내적 증거는 신적 권위의 근거가 아니라 유효적 원인과 통로가 된다. 왜냐하면 성령의 내적 증거는 성경이 지시하는 목적론적 또는 구원론적 의미를 신자들의 마음속에 확립시켜 주는 데 있기 때문이다. 즉 단순히 성경의 신적 권위를 마음으로 인정하게 만드는 것이 아니라 성경의 내용과 진리, 즉 하나님의 구속 사건과 구원의 목적을 믿음으로 수납할 수 있게 만든다는 데 있다. 따라서 성령의 내적 증거는 지나간 교회의 전체 역사 가운데, (1)교회의 전통과 (2)신자의 경험을 통하여 하나님을 아는 지식의 통일성을 증거해 왔다. 성령은 "교회를 진리 가운데로 인도하여 모든 차이를 통과해 신앙과 하나님을 아는 지식에 하나됨에 이르게" 하고, 그렇게 형성된 "전통"은 성령에 의해 성경의 진리를 교회의 의식과 삶에 옮겨지게 하는 통로였다.[28] 마찬가지로 신자의 경험은 성령의 내적 증거의 방편으로 사용되었다. 신자가 하나님의 말씀에 순종하는 것은 맹목적인 복종이 아니라 살아 숨쉬는 성령의 사역으로 말미암는다.

> 성령의 이러한 증거는 또한 신자들의 마음 가운데 있는 성령의 전체 사역과 격리된 것이 아니라, 가장 긴밀한 관계를 맺는다. 오로지 그 사역을 통해서만 모든 교회가 생겨나고 존재한다. 구원에 대한 모든 적용은 성령의 사역이다. 그리고 성령에 관하여 증거하는 것은 신자들의 공동체에서 일하는 성령의 많은 사역들 중에 다만 하나에 불과하다 또한 성령의 증거는 새로운 계시를 주는 것이 아니라, 성경에 완전히 포함된 하나님의 진리에 관해 신자들을 견고하게 세우는 것이다.[29]

---

27 Bavinck, 『개혁교의학 1권』, 732.
28 Bavinck, 『개혁교의학 1권』, 646.
29 Bavinck, 『개혁교의학 1권』, 759.

성령의 내적 증거는 죄로 무능해진 자연적 인간이 성경의 신적 권위를 믿음 안에서 수용하게 만들뿐만 아니라 구원론적 목적이라는 관점에서 교회의 역사 가운데 존재하는 신자의 경험에 역사한다. 이러한 의미에서 바빙크는 칼빈과 개혁파 신학자들이 성령의 증거를 너무 "일방적으로 성경의 권위와 연관"지었다고 말한다. 이전 개혁파 신학자들은 성령의 내적 증거를 "하나님의 말씀으로서의 성경에 대한 주관적 보증 외에 다른 내용을 갖지 않는 것처럼" 여겼다.[30] 하지만 성경은 "성령이 교회에서 모든 기독교적 미덕들과 모든 영적 은사의 주인"이라고 가르친다. 성령의 증거는 "중생과 회심, 사죄와 신자의 자녀됨과 끊을 수 없는 연관"을 맺는다. 그러므로 성령이 신자들 속에 "증거하는 실재적인 대상"은 단순한 성경의 "역사적, 연대기적, 진리적 자료들" 자체만이 아니라 "성경에서 계시되고 그리스도 안에서 하나님이 우리에게" 주신 모든 구원하는 "진리들의 신성"이다.[31] 동일한 맥락에서 성령이 증거하는 궁극적인 대상은 "성경의 진정성, 정경성, 심지어 영감도 아니라, 성경의 신성, 그 신적 권위다."[32] 성령은 성경의 수단을 통해 성경의 목적인 구원을 신자의 마음 속에 증언한다. 이 증언이 참되다는 것은 지나간 교회의 역사와 신자의 경험속에서 입증되었고, 이러한 입증의 역사들은 다름 아닌 성령의 내적 증거가 확대된 부분들이며, 그리하여 성령의 내적 증거는 신자가 하나님이 계시하신 구원의 역사를 믿음으로 회개와 성화의 과정을 통해 자라가게 되는 것까지를 포함한다. 바빙크에게 성경의 신적 권위는 성경의 기록으로부터 시작하여 신자의 마음에 수용되는 과정, 그리고 말씀의 역사로 인해 신자들의 성화의 삶을 확증하는 단계에까지 전방위적으로 펼쳐져 있다.

---

30 Bavinck, 『개혁교의학 1권』, 771.
31 Bavinck, 『개혁교의학 1권』, 772-773.
32 Bavinck, 『개혁교의학 1권』, 775.

4.2 워필드의 이해: 자연적 지성의 교정과 믿음의 확신

워필드는 성령의 내적 증거를 죄로 타락한 인간이 어떻게 성경의 신적 권위를 수납할 수 있는지를 설명하기 위한 근거로 제시한다. 죄로 무능한 인간은 객관적 원리로서의 말씀을 믿을 수 없다. 따라서 주관적 원리로서의 성령의 증거가 뒤따라야 계시를 수납할 수 있다. 따라서 성경의 자증성과 성령의 내적 증거의 관계는 계시를 수납하는 원리에 있어서 매우 중요하다. 워필드는 성경의 객관적 증거들의 유효성을 강조하는 칼빈의 관점을 통해 성경의 신적 증거들을 인정하지 않았던 이들의 문제점을 제기한다. 아무리 성경의 객관성이 인정된다고 하여도 성령의 증언이 없으면 그것은 온전한 계시로 수납되지 않는다. 그는 다음과 같이 말한다. "우리는 이러한 질문에 대한 충분한 대답을 발견할 수 있다. 칼뱅에 따르면 성령의 증언을 떠나서는 그 어떤 증거도 성경이 하나님으로부터 왔다는 사실을 우리에게 충분히 확증하지 못한다. 성령의 증언과 별개로 존재하는 증거는 아무런 결과도 낳지 못한다."[33] 성경의 객관적인 신적 증거는 불신자에게 성경을 존중하게 만드는 효과를 발휘할 수는 있다. 하지만 신적 권위를 순전히 받아들이는 건전한 믿음에는 이르지 못한다.

워필드는 바빙크처럼 중생과 성황의 삶을 성령의 내적 증거와 연관시킨다. 중생은 성령의 증언을 통해 발생한 지성적 결과이다.[34] 흥미롭게도 워필드는 성령의 증언에 대한 칼빈의 관점을 기독교의 형식적 원리에 치중한 것으로 보는 관점을 비판하면서 칼빈이 강조했던 내적인 경건의 삶을 부각시킨다.[35] 그는 다음과 같이 진술한다.

---

[33] Benjamin B. Warfield, Calvin and Calvinism, 이경직 · 김상엽 역, 『칼뱅』 (서울: 새물결플러스, 2015), 118.
[34] Warfield, 『칼뱅』, 140.
[35] Warfield, 『칼뱅』, 140; 140 각주 80.

칼뱅이 성경의 신적 특성을 알려주는 성령의 증언과 그리스도인의 내면적 삶 사이의 상관 관계를 충분히 다루지 못했기 때문에 개혁파가 윤리적 성향을 가졌다고 생각하는 것은 칼뱅과 개혁파를 오해하는 것이다.[36]

위에서 보앗듯 바빙크는 칼빈과 개혁파 신학자들이 성령의 내적 증거를 좁은 의미로 이해했다고 지적한 바 있는데, 오히려 워필드는 그러한 관점이 칼빈을 오해한 결과라고 말한다. 이 점에 있어서 칼빈에 대한 둘의 관점은 상이하다. 필자가 보기에 워필드의 관점이 더 정확하리라 본다. 어쩌면 바빙크는 칼빈의 성경론을 협소하게 본 느낌이 없지 않아 있다. 칼빈은 하나님을 아는 지식과 성경의 렌즈를 통해 참된 경건을 도출하고자 했다. 그의 『기독교 강요』의 전체적인 맥락속에서 성경론을 읽었다면 바빙크의 관점은 칼빈의 것과 크게 다르지 않다고 볼 수 있다.

바빙크와의 유사성에도 불구하고 워필드는 처음부터 마지막까지 죄인이 성경의 신성을 어떻게 믿음으로 수납할 수 있는가에 집중한다. 그는 성령의 역사가 인간의 의식 속에 작용하는 원리를 설명함으로써 그 문제를 해결한다. 인간의 의식은 성령의 증거와 "구분"될지라도 "분리"되지 않는다. 성령은 성경의 증언을 전달하는 과정에서 인간의 본성과 기관을 깨운다. 그로 인하여 인간은 전과 다르게 작동하는 인식기관을 통해 하나님을 인식하고 인정하게 된다. 성령의 내적 증거가 있기 전에는 하나님은 그저 두려움과 증오의 대상이었다. 하지만 이제 성령의 증언을 통해 하나님을 사랑하고 하나님을 섬기고 그분을 위해 살고 그분만을 붙든다. 이렇게 마음 속에서 일어나는 성령의 사역을 성령의 증언이라 한다. 더 나아가 성령의 증언은 하나님을 더욱 신뢰하고 사랑하게 만든다. 이러한 행동들은 다름 아닌 성령의 증언으로 말미암은 효과적 결과이다.[37] 칼빈 역시 성령의 증언을 통하

---

36 Warfield, 『칼뱅』, 142.
37 Warfield, 『칼빈』, 148.

여 "죄로 아둔해진 이해를 새롭게 하는 주관적 교정"이 발생하는 것을 두고 "성령의 증언"이라고 불렀다. 칼빈이 『기독교 강요』에서 말하고 싶었던 것은 다름 아닌 "하나님이 주신 성경을 읽어나가는 그리스도인의 모습"이었다.[38]

바빙크와 워필드에게 성령의 증언은 성경에 새로운 계시의 내용을 추가하는 것이 아니라 성경의 신적 권위를 신자의 마음속에 확신시키고, 더 나아가 신자로 하여금 하나님을 신뢰하고 사랑하게 만든다. 이러한 의미에서 성령의 내적 증언이란 확신의 근거가 확신의 완전성에 관한 것이다.

5. 소결론

성경적 계시관과 자연주의 계시관에 대한 바빙크와 워필드의 관점에는 유상성과 차이점이 나타난다. 워필드는 바빙크처럼 기독교 유신론의 관점을 변증하기 위한 목적으로 계시에 대한 일반적인 서술을 시작하고, 주요 반박 대상을 이신론과 범신론으로 삼는다. 그 결과 계시에 대한 워필드의 진술 전개 방식은 바빙크와 매우 유사하다. 하지만 두 신학자 사이에 미묘한 차이가 존재한다. 바빙크의 계시론은 특별계시로서의 성경을 부정하는 이신론과 범신론의 한계를 철저히 해부하는데 대부분의 지면을 할애하는 반면, 워필드의 계시론은 역사적 발전 과정에 대한 묘사를 통해 특별 계시의 우월성과 탁월성을 보여주고자 한다. 또한 바빙크는 유신론과 자연주의 사상을 대조시키는 반면, 워필드는 초자연주의와 자연주의적 종교의 구분을 통해, 기독교의 탁월성을 강조하고자 한다. 그는 기독교를 다른 종교들과 반립적인 구도에서 이해하기 보다 기독교의 계시론의 타당성을 변증하는 데 목적을 두고 있는 것을 보인다.

---

[38] Warfield, 『칼뱅』, 151-152.

성경의 자증성과 관련하여 바빙크와 워필드의 관점 사이에 공통점과 차이점이 나타난다. 바빙크는 성경의 역사를 계시 사건으로 이해하고 교회의 고백과 신자들의 경험들은 성경이 스스로를 하나님의 말씀으로 천명하고 있다는 성경의 자증성의 요체를 설명한다. 워필드 역시 성경이 스스로 하나님의 말씀임을 천명한다는 의미에서 성경의 자증성을 설명한다. 하지만 그는 사도성을 강조함으로써 성경의 자증성을 협소한 의미로 이해하는 경향이 있다. 또한 두 신학자 모두 성령의 내적 증언이 신적 권위의 근거가 아니라 유효적 원인이라는 사실에 동의한다. 하지만 그렇게 주장하는 두 신학자의 목적은 다르다. 바빙크는 성령의 내적 증거가 주관주의라는 비난을 받을 필요가 없음을 증명하는 반면, 워필드는 성령의 내적 증언을 죄로 무능한 인간 지성의 영적 교정의 역사로 설명한다. 두 신학자 모두 칼빈과 개혁주의 전통에서 주장해 왔던 성령의 내적 증거에 대해 알고 있었다. 하지만 유기적 영감론의 발전에 이바지 한 바빙크 조차도 칼빈이 성령의 내적 증거를 협소하게 이해했다고 주장했는데, 이는 워필드의 판단에 비해 정당하지 못한 것으로 보인다. 본서에서는 칼빈의 성경론을 별도로 다루지 않았지만, 『기독교 강요』 전반의 흐름속에서 성경론을 이해한다면 워필드의 해석이 더 옳은 것으로 판단된다. 끝으로 이러한 차이점이 나타나는 이유는 바빙크와 워필드가 전혀 다른 전통 위에 서 있기 때문이 아니다. 바빙크와 워필드는 모두 성경의 권위에 대한 칼빈과 개혁파 전통의 계시관을 고수하고 있다. 바빙크는 이전의 개혁파 성경론에 유기적 설명을 통해 부족한 부분을 메우려 했고, 워필드는 칼빈의 성경관을 보다 깊이있게 이해하여 경건의 관점에서 개혁파의 성경론을 풀어 보였다고 할 수 있다. 두 신학자의 차이점은 일반은혜에 대한 강조와 특별계시의 탁월성에 대한 각각의 관심의 차이로 말미암는다. 바빙크는 은혜가 자연을 회복한다는 주제를 중심으로 일반계시를 심도 있게 다룰 필요가 있었다.[39] 일반계시에 대한 것 역시 신자에게

---

[39] 바빙크가 일반 계시에 관한 장 마지막 문장에서 표현한 것처럼, "자연은 은혜에 선행하며, 은혜

적용될 때에는 새창조의 역사 속에서 성령의 내적 증거가 영향력 있게 작용한다. 이것이 바로, 바빙크가 성령의 내적 증거를 표면적인 형식적 원리에 국한하지 않고 윤리적이며 구원론적 의미로까지 확대하여 신자의 경험과 신앙에 연결하는 이유이다. 다른 한편 워필드는 처음부터 특별계시의 초자연성을 입증하고 기독교 계시의 정당성을 변증하는 데 있었다.[40]

는 자연을 완성한다." Bavinck, 『개혁교의학』, 1:442.

[40] 워필드는 변증적인 관점에서 성경의 초자연적 성경에 대한 강조와 더불어 비평주의적 관점들을 반박해야 할 필요성을 자주 언급한다. Warfield, *Selected Shorter Writings of Benjamin B. Warfield*, 1:126. 워필드는 바빙크의 작품 『믿음의 확신』을 칭찬하면서도, 바빙크의 입장은 변증학적 요소가 약하여 믿음의 객관적 증거를 주지 않는다고 불평한다. 하지만 반 덴 벨트에 따르면, 이러한 관점은 워필드가 변증학에 대한 네덜란드 신학자들의 거부감을 이해하지 못한 것으로 말미암는다. Warfield, *Selected Shorter Writings*, 2:106-123; Henk van den Belt, "Herman Bavinck and Benjamin B. Warfield on Apologetics and the Autopistia of Scripture," *Calvin Theological Journal* 45(2010), 32-33. 변증학에 대한 워필드의 관점을 위해 다음을 보라. Benjamin. B. Warfield, "Apologetics," in *The Works of Benjamin B. Warfield, Volume 9: Studies in Theology* (Grand Rapids: Baker Book House Company, 1981), 3-21.

결론

지금까지 살펴본 개혁주의의 역사는 개혁주의에 대한 다양한 오해들을 거둬내고, 개혁주의 신학이 경건의 역사를 통해 발전했음을 드러낸다. 개혁주의는 성경에 기초한 신앙고백으로 시작하여 초대교부들의 체계화된 신학을 뿌리로 두고 발전하였다. 2장에서 살펴본 바와 같이 개혁주의 신학의 근본 교리를 제공한 사람은 어거스틴이었다. 예정론, 은총론, 자유의지론, 원죄론, 기독론, 구원론 등은 그리스도인의 경건한 삶을 지향하는 교리들이다. 실제로 어거스틴의 생애는 경건을 발견하기 위한 여정이었으며, 그가 쓴 믿음의 교리들은 삼위일체, 기독론, 성령론, 교회론이라고 하는 사도신경을 바탕으로 참된 믿음과 그에 따른 올바른 삶의 관계를 조명하고 있다.

'오직 은혜'에 대한 어거스틴의 신학은 종교개혁 시대에 루터를 통하여 재조명 되었다. 루터의 이신칭의 교리는 개혁주의 신학자들에게 중요한 영향을 주었던 반면, 성찬론 문제에 있어서 이견을 보였다. 특히 루터파의 공재설은 개혁파의 관점과는 달리 그리스도의 신성과 인성의 관계를 성경적으로 파악하지 못한 결과였으며, 멜랑히톤의 자유의지론 역시 칼빈의 것만큼 철저히 성경적이지 않았다고 볼 수 있다. 믿음과 삶의 관계에 대한 루터파의 이원론적 관점도 유사한 맥락에서 이해될 수 있다. 이에 반해 개혁파는 처음부터 교리들의 원리를 성경에서 찾고자 했다. 그들은 인문주의에 영향을 받았으나, 회심 후에는 성경적 원리를 추구하였으며 성경에 따라 교리들을 이해하고 성경적 원리에 따른 종교 개혁을 단행하였다. 츠빙글리는 루터파와의 성찬 논쟁을 통해 개혁파 성찬론을 위한 교두보를 놓았다. 파렐은 스위스 연방의 종교개혁의 선구자였으며, 칼빈을 종교개혁에 가담시킴으로써 칼빈의 신학을 목회적 차원에 접목시키는 데 중요한 역할을 했다. 칼빈은 자신이 체득하고 집대성한 신학을 목회와 종교개혁 활동을 통하여 보다 실천적이며 윤리적인 측면에 연결하여 삶와 경건의 조화를 꾀할 수 있었다. 그 외에도 칼빈에게는 수많은 협력자들이 있었다. 마틴 부써, 피터 마터 버미글리, 그리고 피에르 비레는 하나 같이 칼빈에게 신학과 종교개혁에 있어서 영향을 주고받았던 인물이었다. 이를 통해 우리는 개혁주의가 지난 역사의 과정속에서 신학의 폭과 깊이를 경험하였음을 깨닫게 된다.

개혁주의를 메마르고 건조한 신학이라고 부르는 이유 가운데 하나는 칼빈에 대한 오해들에 기인한다. 세르베투스의 처형사건을 계기로 계속된 이단들의 모함들은 카스텔리오와 볼섹과 같은 인물들에 의해 자리 매김되었다. 칼빈에 대한 부정적 이미지들은 칼빈의 교리가 죽은 신학인 것처럼 이해되는데 영향을 끼쳤다. 하지만 7-9장에서 살펴본 것처럼 그의 생애는 경건을 향한 열정으로 가득했다. 그의 예정론 교리는 스토아 학파의 이신론적이며 운명론적인 것과는 달리 성경에 기초한 교리였으며, 하나님의 주권에 대한 강조와 은혜에 합당한 삶을 창출하는 교리였다. 인간의 공로를 배척하는 한편, 참된 회개를 유발하는 교리로서, 하나님의 뜻을 이루기 위해 성도들로 하여금 열심을 내게 만드는 교리였다. 이것은 그의 율법관에서도 마찬가지다. 율법 가운데 의식법과 시민법은 폐지되었으나 도덕법은 여전히 삶의 규범으로 신약 시대를 살아가는 신자들에게 살아 역사한다. 율법 가운데 나타난 중보자 예수그리스도의 필연성은 하나님의 사랑을 가리키고, 그 사랑과 선하심을 맛볼 때에야 비로소 이웃에 대한 참된 사랑이 도출된다.

16세기 초중반의 개혁주의 신학은 16세기 후반과 17세기에 이르러 청교도와 개혁파 스콜라 정통주의자들에게 이어졌다. 10장에서 본 것처럼 웨스트민스터 총회에서 영향을 끼쳤던 청교도들은 당대에 다양한 이단 교파들(아르미니우스주의, 반율법주의, 교황주의, 반삼위일체론 등)에 직면하여 복음과 율법의 조화를 놓고 씨름하며, 참된 신학과 경건의 삶을 추구했다. 뿐만 아니라 청교도들은 신앙고백서를 교회에서 실질적으로 가르치기 위한 노력의 일환으로, 쉽고 효과적인 소요리 문답서를 제작하기도 하였다. 이는 개혁주의의 역사에 있어서 성경 교육 방법론 및 실천적인 적용에 발전이 있었음을 의미한다. 청교도들은 교회에서의 성경 교육 뿐만 아니라 삶 속에서의 참된 회심을 강조했다. 조나단 에드워즈의 준비교리에서 볼 수 있었던 것처럼, 그들은 철저히 하나님의 주권적 은혜를 강조하면서도, 그에 합당한 열매를 맺는 일에 게을리 하지 말아야 할 것을 촉구했다. 그리하여 교회 내에 있는 거짓 신앙을 가진 이들을 경고하고 주어진 삶에 최선을 다해 살아갈 것을 가르쳤다.

개혁파 정통주의 시대에서 주축을 이루는 또 한 부류는 개혁파 스콜라 신학자들이다. 17세기 중반에 이르러서 개혁주의 신학은 다양한 이단들과 철학 및 합리주의자들의 공격에 맞서서 정통 개혁파 신학을 접대성하기에 이른다. 그 중에서 페트루스 판 마스트리흐트의 『이론과 실천 신학』은 신학서론의 원리가 성경에 기초한다는 것을 명백히 보여줄 뿐만 아니라 성경과 주해, 이론과 실천, 신학과 삶의 관계를 매우 균형있게 제시하였다. 개혁주의 신학은 17세기 정통주의 시대를 걸치면서 성경을 신학 논증의 원천 자료로 제시하였다. 그로 인하여 신학서론에서 성경론의 위치를 두 번째 자리에 위치시켰는데, 신학서론에서 1장은 신학 자체의 의미에 대해서 논한다면, 그 신학의 가능성은 오직 성경이라는 원천자료를 통해서 시작된다고 보았기 때문이다. 툴레틴은 교황주의를 반대하여 개혁파 정통주의 성경론의 핵심을 서술하되 원어에 충실한 해석을 통해 성경의 영감론과 무오성 교리를 강하게 견지했다. 요하네스 콕세이우스는 행위언약 교리의 폐지와 은혜언약의 점진적 계시를 조직신학에서 분류하는 신론, 인간론, 기독론, 구원론, 교회론 등에 적용하여 해석함으로써 언약교리의 요체를 설명했다. 그의 행위언약 폐지론은 바르트와 같은 신정통주의자들에 의해 제기되어온 오해들을 불식시키고, 은혜언약의 중요성을 부각시키면서, 어떻게 신자들이 성화의 삶을 살아가야 갈지를 보여주었다.

마지막으로 우리는 19-20세기의 개혁주의의 역사를 워필드, 카이퍼, 그리고 바빙크의 비교 분석을 통해 살펴보았다. 18세기 프랑스 혁명으로 점화된 자유주의 또는 현대주의에 맞서서 개혁주의자들은 올바른 기독교 세계관으로 대응하고자 하였다. 북미에서는 워필드가 대표 주자로 나섰으며 화란에서는 카이퍼와 바빙크가 신칼빈주의를 통해 기독교 세계관을 제시했다. 그들은 모두 성경의 원리에 기초하여 유기적 세계관을 제시했으며, 특별히 기독교 세계관이란 하나님 앞에서의 경건의 체계라는 사실을 강조하고 칼빈주의를 유신론의 근본 원리로 삼았다. 비록 그들 사이에 관점의 차이가 발견되기는 하지만, 그것은 대동소이하다. 그들은 기독교 세계관을 통해 기독교의 타당성을 입증하고 탁월성을 제시하였다. 기독교 세계관의 정점은 그것이 시작하였던 성경의 원리로 돌아간다. 그리하여 본서의 마지막에서는 개혁주의 성경론을 비교하면서, 개혁주의 경건의 원리가 기독교 세계관의 토대인 성경에 기초한다는 것을 증명하였다. 지금까지 살펴본 개혁주의의 역사는 개혁주의 신학의 요체가 경건의 교리에 맞닿아 있으며, 그 교리를 성도의 삶 속에서 실천적으로 적용하기 위해 고군분투했던 역사였음을 드러낸다.

참고문헌

1장

Anderson, James. "Introductory Notice." *Commentary on the Book of Psalms by John Calvin*, Vol. 1. Grand Rapids, MI: Christian Classics Ethereal Library, 1999.

Anon. *The Confession of Faith and Catechisms, Agreed upon by the Assembly of Divines at Westminster Together with Their Humble Advice Concerning Church Government and Ordination of Ministers*. London: the Sign of the Kings Head, 1649.

Augustine, *Augustine Catechism: Enchiridion on Faith, Hope, and Charity*. Translated by Bruce Harbert. Edited by Boniface Ramsey. Hyde Park, NY: New City Press, 1999.

Barth, Karl. *Church Dogmatics, Vol. IV: The Doctrine of Reconciliation*, Part 1. Translated by G.W. Bromiley. Edinburgh: T. & T. Clark, 1956.

Bavinck, Herman. 『개혁교의학 개요』, 원광연 옮김. 고양: 크리스챤다이제스트, 2006.

Bavinck, Herman. 『개혁교의학』 1권. 박태현 옮김. 서울: 부흥과개혁사, 2012.

Bavinck, Herman. Christelijke Wereldbeschouwing. 김경필 역. 『기독교 세계관』. 파주: 도서출판다함, 2020.

Beach, J. Mark. "The Doctrine of the Pactum Salutis in the Covenant Theology of Herman Witsius." In *Mid-America Journal of Theology* 13 (2002): 101–142.

Beach, Mark. *Christ and the Covenant: Francis Turretin's Federal Theology as a Defense of the Doctrine of Grace, Reformed Historical Theology*. Göttingen: Vandenhoeck & Ruprecht, 2007.

Beale, Gregory K. "Myth, History, and Inspiration: A Review Article of Inspiration and Incarnation by Peter Enns." *Journal of the Evangelical Theological Society* 49, no. 2 (June 2006): 287–312.

Beeke, Joel R. and Jones, Mark. *A Puritan Theology*. Grand Rapids: Reformation Heritage Books, 2012. 217.

Beeke, Joel R. *Puritan Reformed Spirituality*. Grand Rapids: Reformation Heritage

Books, 2004.

Benedict, Philip. *Christ's Church Purely Reformed: A Social History of Calvinism*. New Haven, CT: Yale University Press, 2004.

Bierma, Lyle D. *German Calvinism in the Confessional Age: The Covenant Theology of Caspar Olevianus*. Grand Rapids: Baker, 1996.

Bolt, John. "Faithful Witness: A Sesquicentennial History of Central Avenue Christian Reformed Church, Holland, Michigan, 1865-2015." *Calvin Theological Journal*, 54/1 (2019): 221-224.

Bovell, Carlos R. *Inerrancy and the Spiritual Formation of Younger Evangelical Appropriation of Critical Biblical Scholarship*. Grand Rapids: Baker, 2008.

Braghi, Glanmarco. "Between Paris and Geneva: Some Remarks on the Approval of the Gallican Confession (May 1559)." *Journal of Early Modern Christianity*, 5/2 (2018): 197-219.

Calvin, John. "The Author's Preface." *Commentary on the Book of Psalms by John Calvin*, Vol. 1. Grand Rapids, MI: Christian Classics Ethereal Library, 1999.

Calvin, John. 『1559년 라틴어 최종판 직역: 기독교 강요』 1권. 문병호 역. 서울: 생명의 말씀사. 2020.

Carlos R. Bovell, *God's Word in Human Words: An Evangelical Appropriation of Critical Biblical Scholarship*. Grand Rapids: Baker, 2008.

Casselli, Stephen J. *Anthony Burgess' Vindiciae Legis and the "Fable of Unprofitable Scholasticism" a Case Study in the Reappraisal of Seventeenth Century Reformed Scholasticism*. Philadelphia: Westminster Theological Seminary, 2007.

Clemens, Deborah Rahn. "A History of Evangelical and Reformed Church Music." Prism, 8/1 (1993): 53-73.

Coppes, Leonard J. "Review of *Inspiration and Incarnation: Evangelicals and the Problem of the Old Testament*, by Peter Enns." *Mid-America Journal of Theology* 17 (Jan 2006): 291-300.

Daniel, Curt. *The History and Theology of Calvinism*. Dallas: Scholarly Repints, 1993.

Enns, Peter. *Inspiration and Incarnation: Evangelicals and the Problem of the Old Testament*. Grand Rapids: Baker Academic, 2005.

Gamble, Whitney G. *Christ and the Law: Antinomianism at the Westminster*

Assembly. 류길선 옮김. 『웨스트민스터 총회의 반율법주의 논쟁: 그리스도와 율법』. 서울: 기독교문서선교회, 2021.

Gerrish, Brian. *The Old Protestantism and the New: Essays on the Reformation Heritage*. Chicago: University of Chicago Press, 1982.

Goudriaan, Aza. "Athanasius in Reformed Protestantism: Some Aspects of Reception History (1527-1607)." *Church History and Religious Culture* 90/2-3(2010): 257-276.

Hanko, Herman. *For Thy Truth's Sake: A Doctrinal History of the Protestant Reformed Churches*. Grandville: Roformed Free Publishing Association, 2000.

Henderson, Robert W. *The Teaching Office in the Reformed Tradition: A History of the Doctoral Ministry*. Philadelphia: Westminster press, 1962.

Herman Bavinck, "초판 서문." 『개혁교의학』. 박태현 옮김. 서울: 부흥과개혁사, 2012.

Heslam, Peter S. *Creating A Christian Worldview: Abraham Kuyper's Lectures on Calvinism*. Grand Rapids, MI: William B. Eerdmans, 1998.

Hesselink, I. John. *On Being Reformed: Distinctive Characteristics and Common Misunderstandings*. Ann Arbor, Mich: Servant Books, 1983.

Hoeksema, Gertrude. *A Watered Garden: A Brief History of the Protestant Reformed Churches in America*. Grand Rapids: Reformed Free Publishing Association, 1992.

Isbell, R. Sherman. "The Origin of the Concept of the Covenant of Works." Master's Thesis. Westminster Theological Seminary, 1976.

Jamieson, John F. "Jonathan Edwards' Change of Position on Stoddardeanism." *The Harvard Theological Review* 74/1(1981): 79-99.

Karlberg, Mark W. "Reformed Interpretation of the Mosaic Covenant," *Westminster Theological Journal*, 43/1(1980): 1-57.

Karlberg, Mark W. *Federalism and the Westminster Tradition*. Eugene: Wipf & Stock, 2006.

Knegt, Chauncey. "That Christ Be Honored: The Push for Foreign Missions in the Seventeenth-Century Reformed Church in the Netherlands." *Puritan Reformed Journal*, 10/2(2018): 263-277.

Kuyper, Abraham. 『칼빈주의 강연』. 김기찬 옮김. 파주: CH북스, 2019.

Kuyper, Abraham. *Lectures on Calvinism*. Peabody, MA: Hendrickson Publishers, 2008.

Leigh, Edwards. "To the Christian and Candid Reader." *A System or Body of Divinity*. London, 1654.

Lillback, Peter Allan. *The Binding of God: Calvin's Role in the Development of Covenant Theology*. Grand Rapids: Baker Book House, 2001.

Marsden, George M. *Jonathan Edwards: A Life*. New Haven & London, Yale University Press, 2003.

Marsden, George M. *Jonathan Edwards: A Life*. 한동수 역.『조나단 에드워즈: 평전』. 서울: 부흥과개혁사, 2017; 3쇄.

Mastricht, Petrus Van. *Theoretical-Practical Theology: Prolegomena*. Vol. I, Translated by Todd M. Rester. Edited by Joel R. Beeke. and Rapids, MI: Reformation Heritage Books, 2018.

McGiffert, Michael. "From Moses to Adam: The Making of the Covenant of Works." *Sixteenth Century Journal* 19, no. 2 (1988): 131-155.

McGiffert, Michael. "Grace and Works : The Rise and Division of Covenant Divinity in Elizabethan Puritanism." *Harvard Theological Review* 75, no. 4 (1982): 463-502.

McGrath, Alister E. *Reformation Thought: An Introduction*. 최재건 · 조호영 역.『종교 개혁 사상』. 기독교문서선교회: 서울, 2017.

Michelson, Jared. "Covenantal History and Participatory metaphysics: Formulating a Reformed Response to the Charge of Legal Fiction." *Scottish Journal of Theology*, 71/4(2018): 391-410.

Moon, Byung-Ho. *Christ the Mediator of the Law: Calvin's Christological Understanding of the Law as the Rule of Living and Life-Giving*. Milton Keynes, UK: Paternoster Press, 2006.

Muller, Richard A. "Approaches to Post-Reformation Protestantism: Reframing the Historiographical Question." *After Calvin: Studies in the Development of a Theological Tradition*. Oxford University Press, 2003.

Muller, Richard A. "John Calvin and Later Calvinism: the Identity of the Reformed Tradition." *The Cambridge Companion to Reformation Theology*. Edited by D. Bagchi and D.C. Steinmetz. New York: Cambridge University, 2004.

Muller, Richard A. "The Covenant of Works and the Stability of Divine Law in Seventeenth-Century Reformed Orthodoxy: A Study in the Theology of

Herman Witsius and Wilhelmus à Brakel." *Calvin Theological Journal* 29, no. 1 (1994): 75-100.

Muller, Richard A. "Was Calvin a Calvinist?" In *Calvin and the Reformed Tradition: On the Work of Christ and the Order of Salvation*. Grand Rapids, MI: Baker Academic, 2012. ibook, 122-172.

Muller, Richard A. 『종교개혁 후 개혁주의 교의학: 신학서론』. 이은선 역. 서울: 이레서원, 2002.

Muller, Richard A. After Cavin. 한병수 역. 『칼빈 이후 개혁신학』. 서울: 부흥과개혁사, 2014.

Muller, Richard A. *Calvin and the Reformed Tradition on the Work of Christ and the Order of Salvation*. Grand Rapids, MI: Baker Academic, 2012.

Muller, Richard A. *Post-Reformation Reformed Dogmatics*. Vols. I-4. Grand Rapids, MI: Baker Academic, 2003.

Muller, Richard A. *Post-Reformation Reformed Dogmatics: The Rise and Development of Reformed Orthodoxy, ca. 1520 to ca. 1725. Vol. 1. Prolegomena to Theology*. Grand Rapids: Baker Academic, 2003.

Muller, Richard A. The Study of Theology. 김재한 옮김. 『신학 공부 방법』. 서울: 부흥과개혁사, 2018.

Poole, David N. J. *The History of the Covenant Concept from the Bible to Johannes Cloppenburg: De Foedere Dei*. San Francisco: Mellen Research University Press, 1992.

Ramus, Petrus. *Commentariorum de religione christiana libri quatuor*. Francofurti: Apud Andream Wechelum, 1576.

Reid, William Stanford. "Church History as a Reformed Theological Discipline." *The Reformed Theological Review*, 48/3(1989): 81-92.

Rivetus, Andreas. *Catholicus Orthodoxus, oppositus catholico papistae*. Leiden: Abraham Commelin, 1630.

Rogers, Jack B. and Donald K. McKim. *The Authority and Inspiration of the Bible: An Historical Approach*, 1st edition. San Francisco: Harper & Row, 1979.

Rolston III, Holmes. "Responsible Man in Reformed Theology." *Scottish Journal of Theology* 23, no. 2 (1970): 129-156.

Rolston III, Holmes. *John Calvin versus the Westminster Confession*. Richmond, VA: John Knox, 1972.

Schaff, Philip. *History of the Christian Church*. Vol. 8: Modern Christianity: The Swiss Reformation. Grand Rapids, MI: WM. B. Eerdmans Publishing Company, 1910.

Scott, James W. "The Inspiration and Interpretation of God's word, with Special Reference to Peter Enns. Part 1, Inspiration and Its Implications." *Westminster Theological Journal* 71 no. 1 (March 2009): 129-183.

Sparks, Kenton L. *Sacred Word, Broken Word: Biblical Authority and the Dark Side of Scripture* (Grand Rapids: Eerdmans, 2012), 28-29;

Sweeney, Douglas A. *Edwards the Exegete: Biblical Interpretation and Anglo-Protestant Culture on the Edge of the Enlightenment*. New Your, NY: Oxford University Press, 2016.

Thielman, Jacob. "John Wallis's Brief and Easie Explanation in the Context of Catechesis in Early Modern England." *The Westminster Theological Journal*, 80/2(2018): 335-353.

Torrance, James B. "Calvin and Puritanism in England and Scotland-Some Basic Concepts in the Development of 'Federal Theology.'" 264-277. In *Calvinus Reformator*. Edited by B J Van Der Walt. Potchefstroom: Potchefstroom University for Christian Higher Education, 1982.

Torrance, James B. "Covenant or Contract : A Study of the Theological Background of Worship in Seventeenth-Century Scotland." *Scottish Journal of Theology* 23, no. 1 (1970): 51-76.

Torrance, James B. "Strength and Weaknesses of the Westminster Theology." 40-53. In *The Westminster Confession*. Edited by Alisdair Heron. Edinburgh: Saint Andrews Press, 1982.

Torrance, James B. "The Covenant Concept in Scottish Theology and Politics." *Covenant Connection* (2000): 143-162.

Van Asselt, W. J. *Federal Theology of Johannes Cocceius(1603-1669)*. Leiden: Brill, 2001.

Warfield, Benjamin B. *Calvin and Calvinism*. Grand Rapids, MI: Baker Book House, 1981.

Warfield, Benjamin B. *Calvin and Calvinism*. Grand Rapids, MI: Baker Book House, 1981; repint.

Wells, David F. *Reformed Theology in America: A History of Its Modern*

Development. 박용규 역.『개혁주의 신학』. 서울: 한국기독교사연구소, 2018.
김요섭. "벨기에 신앙고백의 역사적 배경과 개혁주의 교회론의 특징 연구."「개혁논총」, 25(2013): 111-147.
김학관.『개혁주의 교리사』. 서울: 기독교문서선교회, 2017.
류길선, "개혁주의 유산으로서의 칼빈주의 개념 고찰: 벤자민 B. 워필드의 칼빈주의 이해를 중심으로."「역사신학논총」, 39(2021), 137-175.
류길선. "헤르만 바빙크의 성경영감과 권위에 대한 이해: 말씀의 성육신 개념을 중심으로."「개혁 논총」(2019): 29-59.
문병호.『30주제로 풀어쓴 기독교 강요: 성경교리정해』. 서울: 생명의말씀사, 2011.
문병호.『기독론: 중보자 그리스도의 인격과 사역』. 서울: 생명의말씀사, 2016.
아우구스티누스.『성 어거스틴 참회록』. 김종웅 옮김. 고양: 크리스챤다이제스트, 2007.
안용준. "시어벨트 개혁주의 미학의 역사적 의의: 기독교세계관을 중심으로."「신앙과 학문」, 20(2015): 75-102.
안인섭,『칼빈과 어거스틴: 교회를 위한 신학』. 서울: 그리심, 2009.
이상규, 이환봉, 전광식, 이신열, 황대우.『개혁신앙 아카데미』. 부산: 개혁주의학술원, 2010.
이상규.『개혁주의란 무엇인가?: 개혁신앙의 역사와 특징』. 서울: 학생신앙운동, 2020.

2장

Bavinck, Herman.『개혁교의학』1권. 박태현 옮김. 서울: 부흥과개혁사, 2012.
John Calvin, "프랑스 왕에게 드리는 글."『1559년 라틴어 최종판 직역: 기독교 강요』1권. 서울: 생명의말씀사. 2020.
John Calvin,『1559년 라틴어 최종판 직역: 기독교 강요』1권. 문병호 역. 서울: 생명의 말씀사. 2020.
McNeill, John T. "Introduction." *Institutes of the Christian Religion by John Calvin*, Vol 1. Edited by John T. McNeill. Translated by Ford Lewis Battles. Louisville, KY: Westminster John Knox Press, 2006.

3장

Augustine. "Confession of Faith." *In A Select Library of the Nicene and Post-Nicene Fathers of the Christian Church, Vol. 1: The Confessions and Letters of St. Augustin, with A Sketch of His Life and Work*. Edited by Philip Schaff. Grand Rapids, MI: WM B. Eerdmans Publishing Company, 1988.

Augustine. "Prologue." *Augustine Catechism: Enchiridion on Faith, Hope, and Charity*. Translated by Bruce Harbert. Edited by Boniface Ramsey. Hyde Park, NY: New City Press, 1999.

Battenhouse, Roy W. "성 아우구스티누스의 생애."『아우구스티누스 연구핸드북』. 현재규 옮김. Edited by 로이 배튼하우스. 고양: 크리스챤다이제스트, 1994.

Bigham, Thomas J. & Albert T. Mollegen. "기독교 윤리."『아우구스티누스 연구핸드북』. 현재규 옮김. Edited by 로이 배튼하우스. 고양: 크리스챤다이제스트, 1994.

Outler, Albert C. "그리스도의 위격과 사역." 404-434.『아우구스티누스 연구핸드북』, 현재규 옮김. Edited by 로이 배튼하우스. 고양: 크리스챤다이제스트, 1994.

Pilkington, J. G. "Translator's Preface." *In A Select Library of the Nicene and Post-Nicene Fathers of the Christian Church, Vol. 1: the Confessions and Letters of St. Augustin, with A Sketch of His Life and Work*. Edited by Philip Schaff. Grand Rapids, MI: WM B. Eerdmans Publishing Company(1988): 29-32

문병호. "본서의 이해를 돕는 역자의 논단." 16-93.『1559년 라틴어 최종판 직역: 기독교 강요』 1권. 서울: 생명의말씀사. 2020.

4장

Bratt, James D. "Christian Reformd History in German Mirrors." *Calvin Theological Journal*, 42/1(2007):9-32.

Heinz Scheible. "필립 멜랑히톤."『종교개혁과 신학자들』. 조영천 옮김. Edited by 카터 린드버그. 서울: 기독교문서선교회, 2012.

John Calvin, "To the Seigneurs of Geneva," *Letters of John Calvin. Vol. II of 4vols. Compiled from the Original Manuscripts and Edited with Historical Notes*. Translated by Jules Bonnet. Philadelphia: Presbyterian Board of Publication, 2014.

Loewenich, Walther von. *Martin Luther: The Man and His Work*.『마르틴 루터, 그 인간과 그의 업적』. 박호용 옮김. 서울: 성지출판사, 1988.

존 칼빈, "칼뱅이 마르틴 부처에게."『칼뱅 서간집 1』. 박건택 편역. 서울: 크리스천 르네상스, 2014.

필립 멜랑히톤. "멜랑히톤의 헌정사." 64-66.『신학총론』, 이승구 옮김. 고양: 크리스챤다이제스트, 2000.

헤르만 셀더하위스.『루터, 루터를 말하다』. 신호섭 옮김. 서울: 세움북스, 2016.

5장

Bavinck, Herman.『개혁교의학』4권. 박태현 옮김. 서울: 부흥과개혁사, 2012.

Bèze, Théodore de. *The Life of John Calvin*. 1-98. Translated by Francis Sibson. Philadelphia: J. Whetahm, 1836.

Gamble, Richard. "Sacramental Continuity among Reformed Refugees: Peter Martyr Vermigli and John Calvin." 97-112. In *Peter Martyr Vermigli and the European Reformations: Semper Reformanda*. Edited by Frank A. James III. Leiden · Boston: Brill, 2004.

John Calvin, "To Farel," *Letters of John Calvin. Vol. 1 of 4vols, Compiled from the Original Manuscripts and Edited with Historical Notes*. trans. Jules Bonnet(Philadelphia: Presbyterian Board of Publication, 2014), 9.

John Calvin,『1559년 라틴어 최종판 직역: 기독교 강요』1권. 문병호 역. 서울: 생명의 말씀사. 2020.

Miller, Gregory J. "훌드리히 츠빙글리."『종교개혁과 신학자들』. 조영천 옮김. Edited by 카터 린드버그. 서울: 기독교문서선교회, 2012.

Schaff, Philip. *History of the Christian Church. Vol. 8: Modern Christianity: The Swiss Reformation*. Grand Rapids, MI: WM. B. Eerdmans Publishing Company, 1910.

6장

Bèze, Théodore de. *The Life of John Calvin*. 1-98. Translated by Francis Sibson. Philadelphia: J. Whetahm, 1836.

Bucer, Martin. "*De Regno Christi: The Text Dedicated to Edwards VI, King of England, Book One.*" *Melanchthon and Bucer*. Edited and Compliled by *Wilhelm Pauck*. Philadelphia: The Westminster press, 1969.

Calvin, John. "To Viret(March 10, 1551)." *Letters of John Calvin, Vol. 2 of 4vols. Compiled from the Original Manuscripts and Edited with Historical Notes*. Translated by Jules Bonnet. Philadelphia: Presbyterian Board of Publication,

2014.

Calvin, John. "To Viret(March 8, 1546)." *Letters of John Calvin, Vol. 2 of 4vols. Compiled from the Original Manuscripts and Edited with Historical Notes*. Translated by Jules Bonnet. Philadelphia: Presbyterian Board of Publication, 2014.

Gamble, Richard. "Sacramental Continuity among Reformed Refugees: Peter Martyr Vermigli and John Calvin." 97-112. In *Peter Martyr Vermigli and the European Reformations: Semper Reformanda*. Edited by Frank A. James III. Leiden · Boston: Brill, 2004.

Gamble, Richard. "Sacramental Continuity among Reformed Refugees: Peter Martyr Vermigli and John Calvin." 97-112. In *Peter Martyr Vermigli and the European Reformations: Semper Reformanda*. Edited by Frank A. James III. Leiden · Boston: Brill, 2004.

Hyperius, Andreas. *Methodi Theologiae, siue praecipuorum Christianae religionis Locorvm Commvnivm Libri tres, ian denuo in lucem editi. Cum locuplete Rerum & uerborum praecipuè in ijsdem memorabilium Indice. Adiecta est etiam, de eiusdem D. Hyperii uita & obitu, D. VVigandi Orthii Oratio: unà cum Doctorum, de eiusdem morte Epicedijs*. Basel, Oporinus, 1568.

James, Frank A. *Peter Martyr Vermigli and Predestination: The Augustinian Inheritance of an Italian Reformer*. Epub: Oxford University, 1998.

Loewenich, Walther von. *Martin Luther: The Man and His Work*.『마르틴 루터, 그 인간과 그의 업적』. 박호용 옮김. 서울: 성지출판사, 1988.

Muller, Richard A. *Calvin and the Reformed Tradition: On the Work of Christ and the Order of Salvation*. Grand Rapids, MI: Baker Academic, 2012.

Muller, Richard A. *Post-Reformation Reofrmed Dogmatics: The Rise and Development of Reformed Orthodoxy*, ca. 1520 to ca. 1725. Vol. 1. 2nd Edition. Grand Rapdis: Baker, 2003.

Pauck, Wilhelm. "Editor's Preface." *Melanchthon and Bucer*. Edited and Compliled by Wilhelm Pauck. Philadelphia: The Westminster press, 1969.

Simler, Josiah. "Oration on the Life and Death of the Good Man and Outstanding Theologian, Doctor Peter Martyr Vermigli." In *Life, Letters, and Sermons*. Translated and Edited by John Patrick Donnelly. Kirksville, MO: Sixteenth Century Essays & Studies, 1999.

Vermigli, Peter Martyre. *The Common Places of the Most Famous and Renowned Divine Doctor peter Martyer, Divided into Foure Prencipal Parts: with a Large Addiition of Manie Theologcialal and Necessarie Discourses, Some newer Extant before*. Translated and Partlie Gathered by Anthonie Marten. Early English Books Online, 2019).

김진홍. 『피터 마터 버미글리: 신학적 평전』. 부산: 고신대학교출판부, 2018.

스캇 마네치. 『칼빈의 제네바 목사회의 활동과 역사』. 신호섭 옮김. 서울: 부흥과개혁사, 2019.

헤르만 셀더하위스. 『루터, 루터를 말하다』. 신호섭 옮김. 서울: 세움북스, 2016.

7장

Bèze, Théodore de. *The Life of John Calvin*. Translated by Francis Sibson. Philadelphia: J. Whetahm, 1836.

Calvin, John. "The Author's Preface." *Commentaries Second Epistle of Paul the Apostle to the Corinthians*. Translated by John Pringle. Grand Rapids, MI: Christian Classics Ethereal Library, 1999.

Calvin, John. "The Author's Preface." *Commentary on the Book of Psalms by John Calvin*. Vol. 1. Grand Rapids, MI: Christian Classics Ethereal Library, 1999.

Calvin, John. "To Farel." *Letters of John Calvin. Vol. II of 4vols, Compiled from the Original Manuscripts and Edited with Historical Notes*. trans. Jules Bonnet(Philadelphia: Presbyterian Board of Publication, 2014), 9.

Calvin, John. *Three Volumes of Sermons*, in Calvini opera Vol. xxxiii. 온라인 https://ccel.org/ccel/calvin/sermons/sermons.i.ii.html.

John Calvin, "73. To Farel(August 1541)." *Letters of John Calvin. Vol. I of 4vols. Compiled from the Original Manuscripts and Edited with Historical Notes*. Translated by Jules Bonnet. Philadelphia: Presbyterian Board of Publication, 2014.

Martyr, Peter. "A Letter of Peter Martyr to Calvin." In *The Life of John Calvin by Théodore de Bèze*. Translated by Francis Sibson. Philadelphia: J. Whetahm, 1836.

Richard A. Muller. After Calvin. 한병수 역. 『칼빈 이후 개혁신학』. 부흥과개혁사: 서울, 2014.

Selderhuis, Herman. Eds. *The Calvin Handbook*. 김귀탁 역.『칼빈 핸드북』. 서울: 부흥과개혁사, 2013.

Selderhuis, Herman. Eds. *The Calvin Handbook*. 김귀탁 역.『칼빈 핸드북』. 서울: 부흥과개혁사, 2013.

The American Editor. "Preface." *The Life of John Calvin by Théodore de Bèze*. Translated by Francis Sibson. Philadelphia: J. Whetahm, 1836.

Warfield, Benjamin B. *Calvin as a Theologian and Calvinism Today by Benjamin B. Warfield*. Ludgate Hill, London: Sovereign Grace Union, 1951.

Warfield, Benjamin B. *Selected shorter writings of Benjamin B. Warfield: Professor of Didactic and Polemic Theology Princeton Theological Seminary 1887-1921*. Vol. 1. Edited by John Edward Meeter. Nutley, NJ. : Presbyterian and Reformed Pub. Co., 1970.

Warfield, Benjamin B. *The Works of Benjamin B. Warfield, Volume 5: Calvin and Calvinism*. Grand Rapids: Baker Book House Company. reprinted 1981.

Wells, David F.『개혁주의 신학: 현대 개혁주의 역사』. 박용규 역. 서울, 한국기독교사연구소, 2018.

문병호. "본서의 이해를 돕는 역자의 논단." 16-93.『1559년 라틴어 최종판 직역: 기독교 강요』 1권. 서울: 생명의말씀사. 2020.

스캇 마네치.『칼빈의 제네바 목사회의 활동과 역사』. 신호섭 옮김. 서울: 부흥과개혁사, 2019.

안인섭. "칼빈의 경건 사상." 역사신학논총 11권(2006): 89-91.

한성진, "칼빈과 다양한 분파와의 관계 연구-초대 부 자료 사용과 초기 이단에 대한 언급을 덧붙여서,"「역사신학논총」 10: 64-86.

8장

Calvin, John.『1559년 라틴어 최종판 직역: 기독교 강요』 3권. 문병호 역. 서울: 생명의말씀사. 2020.

Gamble, Richard. "Sacramental Continuity among Reformed Refugees: Peter Martyr Vermigli and John Calvin." 97-112. In *Peter Martyr Vermigli and the European Reformations: Semper Reformanda*. Edited by Frank A. James III. Leiden · Boston: Brill, 2004.

Muller, Richard A. *Calvin and the Reformed Tradition*. 김병훈 역, 『칼빈과 개혁 전통』. 지평서원: 서울, 2017.

Muller, Richard A. *Christ and the Decree: Christology and Predestination in Reformed Theology from Calvin and Perkins*. Epub: Oxford University Press, 1998.

R. 스코트 클락. "제5장, 선택과 예정: 하나님의 주권적인 표현." 137-174. 『칼빈의 기독교 강요 신학』. 나용화 외 옮김. 데이비드 W. 홀 & 피터 A. 릴백 편집. 서울: 개혁주의신학사, 2009.

R. C. 스프로울. 『웨스트민스터 신앙고백 해설』, 이상웅·김찬영 공역. 서울: 부흥과개혁사, 2011.

로레인 뵈트너. 『칼빈주의 예정론』. 홍의표 옮김. 대구: 보문출판사, 2017.

9장

Bavinck, Herman. Reformed Dogmatics. 박태현 역. 『개혁교의학』 전4권. 서울: 부흥과개혁사, 2012.

Calvin, John. 『1559년 라틴어 최종판 직역: 기독교 강요』 문병호 역. 서울: 생명의말씀사. 2020.

Calvin, John. *John Calvin's Sermons on the Ten Commendments*. Translated and Edited by Benjamin W. Farley. Grand Rapids: Baker, 1980.

Lloyd-Jones, David Martin. 『타협할 수 없는 진리』. 김효남 옮김. 서울: 지평서원, 2010.

Moon, Byung-Ho. *Christ the Mediator of the Law: Calvin's Christological Understanding of the Law as the Rule of Living and Life-Giving*. Milton Keynes, UK: Paternoster Press, 2006.

Wengert, Timothy J., Mark Granquist, Mary Jane Hemig, Robert Kolb, Marc K. Mattes, and Jonathan Strom, Eds. *Dictionary of Luther and the Lutheran Traditions*. Grand Rapids, MI: Baker Academic, 2017.

데이비드 존스. "제13장, 율법과 그리스도의 영." 389-410. 『칼빈의 기독교 강요 신학』. 나용화 외 옮김. 데이비드 W. 홀 & 피터 A. 릴백 편집. 서울: 개혁주의신학사, 2009.

스캇 마네치. 『칼빈의 제네바 목사회의 활동과 역사』. 신호섭 옮김. 서울: 부흥과개혁사, 2019.

자카리아스 우르시누스. 『하이델베르크 요리문답 해설』. 원광연 옮김. 파주: CH북스, 2018.
프란시스 툴레틴. "툴레티누스의 헌사." 『변증 신학 강요』. 박문재·한병수 옮김. 서울: 부흥과개혁사, 2017.

10장

Anon, *The Confession of Faith and Catechisms, Agreed upon by the Assembly of Divines at Westminster Together with Their Humble Advice Concerning Church Government and Ordination of Ministers*. London: Robert Bostock, 1649.

Barth, Karl. *Church Dogmatics, vol. IV: The Doctrine of Reconciliation*. Part 1. Translated by G. W. Bromiley. Edinburgh: T. & T. Clark, 1956.

Beach, J. Mark. *Christ and the Covenant: Francis Turretin's Federal theology as A Defense of the Doctrine of Grace*. Gottingen: Vandenhoeck & Ruprecht, 2007.

Beeke, Joel R & Jones, Mark. *A Puritan Theology*. Grand Rapids: Reformation Heritage Books, 2012.

Bierma, Lyle D. "The Origins of the Federal Theology in 16th Century Reformation Thought," *Calvin Theological Journal* 26/2 (1991): 483-85.

Bierma, Lyle D. *German Calvinism in the Confessional Age: The Covenant Theology of Caspar Olevianus*. Grand Rapids: Baker Books, 1996.

Burgess, Anthony. *Vindiciae Legis: or, A Vindication of the Morall Law and the Covenants, From the Errorurs of Papists, Arminians, Socinians, and More Especially Antinomians*. London: James Young, 1646.

Emerson, Everett H. "Calvin and Covenant Theology," *Church History*, 25/2(1956): 136-144.

Hesselink, I. John. *On Being Reformed: Distinctive Characteristics and Common Misunderstandings*. Ann Arbor, Mich: Reformed Church Press, 1983.

Karlberg, Mark W. "Reformed Interpretation of the Mosaic Covenant," *Westminster Theological Journal*, 43/1(1980): 1-57.

Karlberg, Mark W. *Federalism and the Westminster Tradition: Reformed Orthodoxy at the Crossroads*. Eugene, Or: Wipf & Stock Publishers, 2006.

Kevan, Ernest F. *The Grace of Law: A Study in Puritan Theology*. Grand Rapids: Baker Book House, 1965.

Lillback, Peter A. *The Binding of God: Calvin's Role in the Development of Covenant Theology*. Grand Rapids, Baker Book House, 2001.

McGiffert, Michael. "From Moses to Adam: the Making of the Covenant of Works." *Sixteenth Century Journal*, 19/2 (1988): 131-155.

McGiffert, Michael. "Grace and Works : The Rise and Division of Covenant Divinity in Elizabethan Puritanism," *Harvard Theological Review*, 75/4 (1982): 463-502.

Muller, Richard A. "Covenant and Conscience in English Reformed Theology : Three Variations on a 17th Century Theme," *Westminster Theological Journal* (1980): 308-334.

Muller, Richard A. "The Covenant of Works and the Stability of Divine Law in Seventeenth-Century Reformed Orthodoxy : A Study in the Theology of Herman Witsius and Wilhelmus À Brakel." *Calvin Theological Journal*, 29/1 (1994): 75-100.

Poole, David N. J. "The History of the Covenant Concept from the Bible to Johannes Cloppenburg: De Foedere Dei." San Francisco: Mellen Research University Press, 1992.

Rolston, Holmes. "Responsible Man in Reformed Theology: Calvin versus the Westminster Confession." *Scottish Journal of Theology*, 23 (1970): 129-156.

Rolston, Holmes. *John Calvin versus the Westminster Confession*. Richmond: John Knox, 1972.

Strong, William. *A Discourse of the Two Covenants: Wherein the nature, differences, and effects of the covenant of works and of grace are...discussed*, London : J.M, 1678.

Torrance, James B. "Calvin and Puritanism in England and Scotland-Some Basic Concepts in the Development of 'Federal Theology'." In *Calvinus Reformator*. Ed. B J Van Der Walt (Potchefstroom: Potchefstroom University for christian higher Education, 1982): 264-277.

Torrance, James B. "Covenant or Contract : A Study of the Theological Background of Worship in Seventeenth-Century Scotland." *Scottish Journal of Theology*, 23/1 (1970): 51-76.

Torrance, James B. "Strengths and Weaknesses of the Westminster Theology." 40-53. In *The Westminster confession*. Edited b Alisdair Heron. Edinburgh:

Saint Andrews Press, 1982.

Torrance, James B. "The Covenant Concept in Scottish Theology and Politics." 143-162. In *Covenant Connection: From Federal Theology to Modern Federalism*. Edited by Daniel J. Elazar and John Kincaid. Lanham, MD: Lexington Books, 2000.

Venema, Cornelis P. "Recent Criticisms of the 'Covenant of Works' in the Westminster Confession of Faith." *Mid-America Journal of Theology* (1993):165-198.

Von Rohr, John R. *The Covenant of Grace in Puritan Thought*, AAR Studies in Religion, 45. Atlanta, Ga: Scholars Press, 1986.

류길선. "앤서니 버지스와 윌리엄 스트롱의 율법 이해: 행위언약의 빛에서 본 율법과 은혜의 조화."「역사신학논총」34(2019): 155-183.

원종천, "16세기 영국 청교도 언약사상 형성의 역사적 배경", 한국복음주의역사신학회, 「역사신학 논총」1(1999): 215-246.

원종천, "칼빈 언약사상의 본질적 개념과 신학적 위치", 한국복음주의역사신학회, 「역사신학 논총」1(2007): 161-192.

임원택, "프란시스 로버츠의 언약신학", 한국복음주의역사신학회, 「역사신학 논총」 2(2000): 157-175;

11장

Abbot, Robert. "A Briefer Catechisme to be Opened at First." In *Milk for Babes; or a Mother's catechism for her children... Whereunto also annexed, three sermons, etc.* J. Legatt for P. Stephens, 1646.

Abbot, Robert. "A Catechism for Children, thorough the Chief Points of the Body of Divinity, to Prepare them for the Lords Supper." In *Milk for Babes; or a Mother's catechism for her children... Whereunto also annexed, three sermons, etc.* J. Legatt for P. Stephens, 1646.

Abbot, Robert. "To his much honoured Friends, mary Lady Bakere, of Susfinghurft: and Unton Lady Dering, of Surrendon-Dering in Kent." In *Milk for Babes; or a Mother's catechism for her children... Whereunto also annexed, three sermons, etc.* J. Legatt for P. Stephens, 1646.

Abbot, Robert. "To His much Honoured Patronesse, the Lady Honeria Norton of

Southwick in Hampshire: All Happinesse here and here-after." In *Milk for Babes; or a Mother's catechism for her children... Whereunto also annexed, three sermons, etc.* J. Legatt for P. Stephens, 1646.

Abbot, Robert. *Milk for Babes; or a Mother's catechism for her children... Whereunto also annexed, three sermons, etc.* J. Legatt for P. Stephens, 1646.

Bavinck, Herman. 『개혁교의학 개요』, 원광연 옮김. 고양: 크리스챤다이제스트, 2006.

Calvin, John. 『1559년 라틴어 최종판 직역: 기독교 강요』 1권. 문병호 역. 서울: 생명의 말씀사. 2020.

Eshelman, Nathan. *The Westminster Larger Catechism with Scripture Proofs*. Pittsburgh, PA: Crown & Covenant Publications, 2019.

Gamble, Whitney G. *Christ and the Law: Antinomianism at the Westminster Assembly*. Grand Rapids, MI: Reformation Heritage Books, 2018.

Gataker, Thomas. "To the Christian Reader." In *A Mistake or Misconstruction, Removed...* London, 1646.

Keister, Lane. "The Sabbath Day and Recreations on the Sabbath: An Examination of the Sabbath and the Biblical Basis for the 'No Recreation' Clause in Westminster Confession of Faith 21.8 and Westminster Larger Catechism 117." *The Confessional Presbyterian*, 12(2016): 161-172.

Milton, Anthony. "A Missing Dimension of European Influence on English Protestantism: The Heidelberg Catechism and the Church of England, 1563-1663." *Reformation & Renaissance Review*, 20/3(2018): 235-248

Muller, Richard A. "Toward the Pactum Salutis: Locating the Origins of a Concept." *Mid-America Journal of Theology*, 18 (2007): 11-65.

Stanton, Allen. "Seeds of Truth Planted in the Field of Memory: How to Utilize the Shorter Catechism." *Puritan Reformed Journal* 6/2(2014): 270-283.

Thielman, Jacob. "John Wallis's Brief and Easie Explanation in the Context of Catechesis in Early Modern England." *The Westminster Theological Journal*, 80/2(2018): 335-353.

Ursinus, Zacharias. *The Commentary of Dr. Zacharias Ursinus on the Heidelberg Catechism*. Cincinnati: T.P. Bucher, 1851.

Van Vliet, Jan. "Experiencing Our Only Comfort: A Post-Reformation Refocus in the Heidelberg Catechism." *Puritan Reformed Journal* 6/2(2014): 149-170.

Watson, Thomas. *A Body of Practical Divinity Consisting of Above One Hundred* and Seventy Six Sermons on the Lesser Catechism Composed by the Reverend Assembly of Divines at Westminster: with a Supplement of Some Sermons on Several Texts of Scripture. London: Thomas Parkurst…, 1692.

김홍만. "하이델베르크 요리문답서와 웨스트민스터 소요리문답서의 비교: 회심과 성화 용어를 중심으로." 40(2013): 8-39.

류길선. "청교도 성경 교육: 로버트 에벗(Robert Abbot, 1588-1662)의 소요리 문답서에 대한 분석."「역사신학논총」40(2022): 141-176.

박찬호. "존 파이퍼의 '기독교 희락주의': 웨스트민스터 소요리문답 1번과 관련하여."「한국개혁신학」14(2010): 195-227.

이윤석. "웨스트민스터 표준문서에 담긴 성화의 의미에 대한 고찰."「한국조직신학회」45(2016): 47-83.

이은규, "기독청소년을 위한 커리큘럼으로서 웨스트민스터 소요리문답에 관한 연구." 26(2011): 247-275.

이은선. "한국장로교단들의 웨스트민스터 신앙고백서와 대소요리문답의 수용」. 51(2016): 174-213.

존 헤셀링크,『존 칼빈의 제1차 신앙교육서: 그 본문과 신학적 해설』. 서울, 기독교문서선교회, 2019.

12장

Beeke, Joel R. & Jones, Mark. "Puritan Preparatory Grace." In *A Puritan Theology*. Grand Rapids, MI: Reformation Heritage Books (2012): 443-461.

Beeke, Joel R. & Jones, Mark. "The Puritans on regeneration," In *A Puritan Theology*. Grand Rapids, MI: Reformation Heritage Books (2012): 463-480.

Beeke, Joel R. & Jones, Mark. "The Puritans on the Third Use of the Law." In *A Puritan Theology*. Grand Rapids, MI: Reformation Heritage Books (2012): 555-571.

Calvin, John.『1559년 라틴어 최종판 직역: 기독교 강요』2권. 문병호 역. 서울: 생명의 말씀사. 2020.

Edwards, Jonathan. "'Tis the same active conversion or motion of the soul that there is in justifying faith, which active conversion yet, as it respects the term, is." In *The "Miscellanies,": Entry Nos. 501-832*. Edited by Ava Chamberlain, 215-222. Vol. 18 of the Wroks of Jonathan Edwards. New

Haven, CT: Yale University, 2000.

Edwards, Jonathan. "1746/7 letter to Joseph Bellamy." In *Letters and Personal Writings*. Edited by George S. Claghorn, 217. Vol. 16 of The Works of Jonathan Edwards. New Haven, CT: Yale University Press, 1988.

Edwards, Jonathan. "A Farewell Sermon Preached at the First Precinct in Northampton, After the People's Public Rejection of Their Minister… on June 22, 1750." In *The Sermons of Jonathan Edwards: A Reader*. Eds. Wilson H. Kimnach, Kenneth P. Minkeman, & Douglas A. Sweeney. New Haven, CT: Yale University Press, 1999), 212-241.

Edwards, Jonathan. "Author's Preface." In *Religious Affection*. Edited by Paul Ramsey. 84-90. Vol. 2. of The Works of Jonathan Edwards Online. New Haven, CT: Yale University Press, 1959.

Edwards, Jonathan. "Diary." In *Letters and Personal Writings*. Edited by George S. Claghorn, 759-786. Vol. 16 of The Works of Jonathan Edwards. New Haven, CT: Yale University Press, 1988.

Edwards, Jonathan. "Editors' Introduction." In *The Life of David Brainerd*. Edited by Norman Pettit. Vol. 7 of The Works of Jonathan Edwards. New Haven, CT: Yale University Press, 1985.

Edwards, Jonathan. "God Glorified in the Work of Redemption, by the Greatness of Man's Dependence upon Him, in the Whole of It (1731)." In *The Sermons of Jonathan Edwards: A Reader*. Edited by Wilson H. Kimnach, Kenneth P. Minkeman, & Douglas A. Sweeney, 66-82. New Haven, CT: Yale University Press, 1999.

Edwards, Jonathan. "He That Believeth Shall be Saved (1751)." In *The Sermons of Jonathan Edwards: A Reader*. Edited by Wilson H. Kimnach, Kenneth P. Minkeman, & Douglas A. Sweeney, 111-120. New Haven, CT: Yale University Press, 1999.

Edwards, Jonathan. "Miscellanies,": Entry Nos. 501-832. Edited by Ava Chamberlain. Vol. 18 of *The Works of Jonathan Edwards*. New Haven, CT: Yale University Press, 2000.

Edwards, Jonathan. "Miscellanies." No. 322, Vol. 13 of *The Works of Jonathan Edwards*. Edited by Thomas A. Schafer, 403. New Haven, CT: Yale University Press, 1994.

Edwards, Jonathan. "The Way of Holiness (1722)." In *The Sermons of Jonathan Edwards: A Reader*. Edited by Wilson H. Kimnach, Kenneth P. Minkeman, & Douglas A. Sweeney, 1-12. New Haven, CT: Yale University Press, 1999.

Gamble, Whitney G. *Christ and the Law: Antinomianism at the Westminster Assembly*. Grand Rapids, MI: Reformation Heritage Books, 2018.

Holifield, E. Brooks. "Edwards as Theologian." In *The Cambridge Companion to Jonathan Edwards*. Edited by Stephen J. Stein. Cambridge: Cambridge University Press, 2007.

Hooker, Thomas. *The Soules Humilliation*. London, UK: Andrew Crooke, 1638.

Jones, James William. "The Beginnings of American Theology: John Cotton, Thomas Hooker, Thomas Shepard and Peter Bulkeley." Ph.D. diss., Brown University, 1971.

Kendall, R. T. *Calvin and English Calvinism in 1649*. Carlisle, U.K.: Paternoster, 1997.

Kim, Hyonam. *Salvation by Faith: Faith, Covenant, and the Order of Salvation in Thomas Goodwin(1600-1680)*. Göttingen: Vandenhoek & Reuprecht, 2019.

Kimnach, Wilson H. & Minkeman, Kenneth P. & Sweeney, Douglas A. "Editors' Introduction." In *The Sermons of Jonathan Edwards: A Reader*. Edited by Wilson H. Kimnach, Kenneth P. Minkeman, & Douglas A. Sweeney. New Haven, CT: Yale University Press, 1999.

Marsden, George M. "Perry Miller's Rehabilitation of the Puritans: A Critique." *Church History* 39, no. 1 (1970): 91-105.

Marsden, George M. *Jonathan Edwards: A Life*. New Haven & London, Yale University Press, 2003.

Middlekauff, Robert. *The Mathers: Three Generations of Puritan Intellectuals 1596-1728*. New York: Oxford University Press, 1971.

Miller, Perry. "The Marrow of Puritan Divinity." *Errand into the Wilderness*. New York: Harper and Row, 1964.

Muller, Richard A. *Calvin and the Reformed Tradition*. 김병훈 역. 『칼빈과 개혁전통: 그리스도의 사역과 구원의 순서에 대한 칼빈과 이후 개혁파의 이해』. 서울: 지평서원, 2017.

Neele, Adriaan C. *Petrus van Mastricht (1630-1706): Reformed Orthodoxy: Method and Piety*. Leiden: Brill, 2009.

Pettit, Norman. *The Heart Prepared: Grace and Conversion in Puritan Spiritual Life*. New Haven: Yale University Press, 1966.

Rutherford, S. *A Sermon Preached to the Honourable House of Commons at Their Late Solemne Fast, Wednesday, Jan. 31, 1643*. London: R. Cotes, 1644.

Stoever, W. K. B. *'A Faire and Easie Way to Heaven': Covenant Theology and Antinomianism in Early Massachusetts*. Middletown, Conn.: Wesleyan University Press, 1988.

Sweeney, Douglas A. *Jonathan Edwards and the Ministry of the Word: A Model of Faith and Thought*. Downers Grove, IL: InterVarsity Press, 2009.

Van der Knijff, Cornelis and Van Vlastuin, Willem. "The Development in Jonathan Edwards's Covenant View." *Jonathan Edwards Studies*, 3, no. 2 (2013): 269-281.

Warfield, Benjamin B. 『칼뱅』. 이경직 · 김상엽 역. 서울: 새물결플러스, 2015.

White, Charles E. "Were Hooker and Shepard Closet Arminians?" *Calvin Theological Journal* 20, no. 1 (1985): 33-42.

김효남. "개혁파 언약사상과 청교도 준비교리." 제44차 한국복음주의역사신학회 학술발표대회: 교회사에서 나타난 회심 (2021년 11월 27일 발표).

류길선. "개혁주의적 관점에서 본 조나단 에드워즈의 준비교리: 초자연적 은혜와 자연적 수단의 활용 관계."「한국개혁신학」74(2022): 134-171.

전광수. "하나님의 작정과 인간의 자유에 대한 개혁 스콜라주의의 이해: 새뮤얼 윌러드 (Samuel Willard, 1640-1707)의 하나님 속성 교리를 중심으로"「한국개혁신학」(2021): 83-123.

한동수. "조나단 에드워즈의 구원론에서 영적 교만과 겸손의 문제."「한국개혁신학」72 (2021): 83-126.

13장

Ames, William. *Conscience with the Power and Cases thereof Devided into V. Books. Written by the Godly and Learned, Wiliam Ames, Doctor, and Professor of Divinity, in the Famous University of Franeker in Friesland, Translated out of Latine into English, for more Publique Benefit*. Leyden and London: W. Christianes, E. Griffin, J. Dawson, 1639.

Ames, William. *The Marrow of Sacred Divinity, Doawne out of the Holy Scriptures, and the Interpreters thereof, and Brought into Method*. London: Edward Griffin for Henry Overton..., 1642.

Andreas Hyperius, *Methodi Theologiae, siue praecipuorum Christianae religionis Locorvm Commvnivm Libri tres, ian denuo in lucem editi. Cum locuplete Rerum & uerborum praecipuè in ijsdem memorabilium Indice. Adiecta est etiam, de eiusdem D. Hyperii uita & obitu, D. VVigandi Orthii Oratio: unà cum Doctorum, de eiusdem morte Epicedijs*. Basel, Oporinus, 1568.

Barth, Karl. *Church Dogmatics*. Vol. IV/1. Trans. G. W. Bromiley. Edinburgh: T. & T. Clark, 1956.

Berkhof, Louis. *Systematic Theology*. 권수경 · 이상원 역. 『조직신학』. 고양: 크리스찬다이제스트, 2002; 2쇄.

Bobcock, William S. "A Changing of the Christian God: The Doctrine of the Trinity in the Seventeenth Century." *Interpretation* 45/2 (1991): 134-146.

Calvin, John. 『1559년 라틴어 최종판 직역: 기독교 강요』 1권. 문병호 역. 서울: 생명의 말씀사. 2020.

Canlis, Julie. "Calvin, Osiander, and Participation in God." *International Journal of Systematic Theology* 6/2 (2004): 169-184.

Cole, Victor Babajide. *Training of the Ministry*. Bangalore, India: Theological Book Trust, 2001.

Duby, Steven J. "Divine Simplicity, Divine Freedom, and the Contingency of Creation: Dogmatic Responses to Some Analytic Questions." In *Journal of Reformed Theology* 6/2 (2012): 115-142.

Edwards, Jonathan, "1747/7 Letter to Joseph Bellamy." *The Works of Jonathan Edwards* 73 vols. Ed. George S. Claghorn. New Haven: Yale University Press, 1998.

Goudriaan, Aza. *Reformed Orthodoxy and Philosophy, 1625-1750: Gisbertus Voetius, Petrus van Mastricht, and Anthonius Driessen*. Leiden: Brill, 2006.

Isbell, R. Sherman. "The Origin of the Concept of the Covenant of Works," M.T.S. Thesis: *Westminster Theological Seminary*, 1976.

Kuyper, Abraham. *Lectures on Calvinism*. 김기찬 역. 『칼빈주의 강연』. 경기: CH북스, 2019

Leslie, Andrew M. "Retrieving a Mature Reformed Doctrine of Original Sin: A Conversation with Some Recent Proposals." *International Journal of*

Systematic Theology 22/3 (2020): 336-360.

McGiffert, Michael. "Grace and Works : The Rise and Division of Covenant Divinity in Elizabethan Puritanism." *Harvard Theological Review* 75/4 (1982): 463-502.

Morris, William S. *The Young Jonathan Edwards: A Reconstruction*. Brooklyn: Carlson, 1991.

Muller, Richard A. "Giving Direction to Theology: The Scholastic Dimension." *Journal of Evangelical Theological Studies* 28/2 (1985): 183-193.

Muller, Richard A. "John Calvin and Later Calvinism: the Identity of the Reformed Tradition." *The Cambridge Companion to Reformation Theology*. Eds. D. Bagchi and D.C. Steinmetz. 3rd ed. New York: Cambridge University, 2009: 130-149.

Muller, Richard A. "Scholasticism Protestant and Catholic: Francis Turretin on the Object and Principle of Theology." *Church History*, 55/2(1986):193-205.

Muller, Richard A. *After Calvin*. 한병수 역, 『칼빈 이후 개혁신학』. 서울: 부흥과개혁사, 2014.

Muller, Richard A. *Calvin and the Reformed Tradition*. 김병훈 역, 『칼빈과 개혁 전통』. 서울: 지평서원, 2017.

Muller, Richard A. *Post-Reformation Reofrmed Dogmatics: The Rise and Development of Reformed Orthodoxy, ca. 1520 to ca. 1725*. 4 Vols. 2nd Ed. Grand Rapdis: Baker, 2003.

Muller, Richard A. Richard A. *Post-Reformation Reformed Dogmatics*. 이은선 역.『종교개혁 후 개혁주의 교의학: 신학서론』. 서울: 이레서원, 2002

Neele, Adriaan C. "Appendix VIII: Mastricht and Edwards." *Adriaan C. Neele's Petrus van Mastricht (1630-1706): Reformed Orthodoxy: Method and Piety*. 316–320. Leiden: Brill, 2009.

Neele, Adriaan C. "The Class of 1652 of the Academia Voetiana." *The Confessional Presbyterian* 15 (2019): 41-48.

Neele, Adriaan C. "The Reception of John Calvin's Work by Petrus van Mastricht(1630-1706)." In *Church History and Religious Culture* 91 (2011): 149-163.

Neele, Adriaan C. *Petrus van Mastricht (1630-1706): Reformed Orthodoxy: Method and Piety*. Leiden: Brill, 2009.

Niebuhr, Reinhold. *An Interpretation of Christian Ethics*. New York: Harper, 1935: Meridian reprint, 1956.

Partee, Charles. *The Theology of John Calvin*. Louisville: Westminster John Knox Press, 2008.

Perkins, William. *A Discourse of Conscience wherein is set downe the nature, properties, and differences thereof: as also the way to get and keepe good conscience*. Cambridge: Printed by John Legate, printer to the Universitie of Cambridge, 1596.

Placher, William C. *The Domestication Transcendence: How Modern Thinking about God Went Wrong*. Louisville: Westminster John Knox Press, 1996.

Poole, David N. J. *"The History of the Covenant Concept from the Bible to Johannes Cloppenburg: De Foedere Dei."* San Francisco: Mellen Research University Press, 1992.

Rester, Todd M. "Translator's Preface." *Petrus van Mastricht's Theoretical-Practical Theology*. Translated by Todd M. Rester. Edited by Joel R. Beeke. Grand Rapids, MI: Reformation Herritage Books, 2018.

Rolston, Holmes. *John Calvin versus the Westminster Confession*. Richmond: John Knox, 1972.

Shaw, Mark R. "The Marrow of Practical Divinity: A Study in the Theology of William Perkins." Ph.D. diss., Westminster Theological Seminary, 1981.

Stanton, Allen. "Whether Regeneration be Necessarily Connected with Baptism?: Petrus van Mastricht and the Efficacy of Infant Baptism." *Mid-America Journal of Theology* 29 (2018): 129-147.

Torrance, James B. "Covenant or Contract : A Study of the Theological Background of Worship in Seventeenth-Century Scotland." *Scottish Journal of Theology* 23/1 (1970): 51-76.

Van Asselt, Willem J. *The Federal Theology of Johannes Cocceius, 1603-1669*. Trans. Raymond A. Blacketer. Leiden; Boston; Koln; Brill, 2001.

Van Mastricht, Petrus. *Theoretico-practica theologia: qua, per singula capita theologica, pars exegetica, dogmatica, elenchtica & practica, perpetua successione conjugantur*. 3rd Ed. Utrecht: Apud W. van de Water, 1724.

Van Vliet, Jan. *The Rise of Reformed System: The Intellectual Heritage of William Ames*. Paternoster, Kindle Edition, 2014.

Witsius, Herman. *The Economy of the Covenants, between God and Man, Comprehending a Complete Body of Divinity*. Trans. William Crookshank. 2 Vols. Edinburgh: John Turnbull, 1803.

Yazawa, Reita. "Covenant of Redemption in the Theology of Jonathan Edwards: The Nexus between the Immanent and the Economic Trinity." Ph.D. diss., Calvin Theologial Seminary, 2013.

닐. 아드리안. "페트루스 판 마스트리흐트 (1630-1706): 생애와 활동."『마트트리흐트의 이론과 실천 신학: 신학서론』. 박문재 역. 서울: 부흥과개혁사, 2019.

레스터. 토드. "영역자 서문." 30-42. In『마트트리흐트의 이론과 실천 신학: 신학서론』. 박문재 역. 서울: 부흥과개혁사, 2019.

류길선. "17세기 개혁파 정통주의의 신학과 실천의 관계성 연구: 페트루스 판 마스트리흐트의 신학 서론을 중심으로."「한국개혁신학」70(2021): 48-82.

문병호. "본서의 이해를 돕는 역자의 논단." 16-93.『1559년 라틴어 최종판 직역: 기독교 강요』1권. 서울: 생명의말씀사. 2020.

최신광. "17세기 개혁주의 안에서의 성경 묵상에 관한 연구: 페트루스 판 마스트리흐트(Petrus van Mastricht)의『이론과 실천 신학』(Theoretical-Practical Theology)을 중심으로." 전도와 신학 35 (2020): 88-109.

14장

A'Beckett, William. *A Universal Biography: Including Scriptural, Classical and Mytological Memoirs, Together with Accounts of Many Eminent Living Characters: The Whole Newly Complied and Composed form the Most Recent and Authentic Sources, in Three Volumes, Volume 1*. London: Isaac, Tuckey, and Company, 1836.

Belt, Henk van den. *The Authority of Scripture in Reformed theology: Truth and Trust*. Leiden · Boston: Brill, 2008.

Calvin, John.『1559년 라틴어 최종판 직역: 기독교 강요』1권. 문병호 역. 서울: 생명의말씀사. 2020.

Calvin, John.『1559년 라틴어 최종판 직역: 기독교 강요』1권. 문병호 역. 서울: 생명의말씀사. 2020.

Dennison Jr, James T. "The Life and Career of Francis Turretin." 653-661. In *Institutes of Elenctic Theology*, 3 vols. Translated by George Musgrave Giger.

Edited by James T. Dennison, Jr. Phillipsburg, NJ: P&R Publishing, 1997.

E. 드 뷔데. 『프랑수아 투레티니 평전』. 권경철, 강금희 옮김. 군포: 도서출판다함, 2021.

Muller, Richard A. "Scholasticism Protestant and Catholic: Francis Turretin on the Object and Principle of Theology." *Church History*, 55/2(1986):193-205.

Muller, Richard A. *Calvin and the Reformed Tradition*. 김병훈 역, 『칼빈과 개혁 전통』. 지평서원: 서울, 2017.

Richard A. Muller. *After Calvin*. 한병수 역. 『칼빈 이후 개혁신학』. 부흥과개혁사: 서울, 2014.

Wilson, James R. "Biographical Sketch of the Author: Francis Turrettin," 1-12. *Turrettin on the Atonement of Christ*. Translated by James R. Willson. New York: Board of Publication of the Reformed Protestant Dutch CHurch, 1859.

문병호. 『30주제로 풀어 쓴 기독교 강요: 성경교리정해』. 서울, 생명의 말씀사, 2011.

스캇 마네치. 『칼빈의 제네바 목사회의 활동과 역사』. 신호섭 옮김. 서울: 부흥과개혁사, 2019.

이오갑. "칼빈 500년-역사 속의 칼빈과 그의 현재성," 「신학사상」, 145 (2009), 65-96.

프란시스 툴레틴. 『변증 신학 강요』. 박문재 · 한병수 옮김. 서울: 부흥과개혁사, 2017.

15장

Beach, J. Mark. "The Doctrine of the Pactum Salutis in the Covenant Theology of Herman Witsius." In *Mid-America Journal of Theology* 13 (2002): 101-142.

Berdiaev, Nikolai. "The Religion of Resurrection: N. F. Fedorov's "Philosophy of the Common Task, "Russian Studiesin Philosophy, 47:2,65-103, DOI: 10.2753/RSP1061-1967470204.

Cocceius, Johannes. *The Doctrine of the Covenant and Testament of God: Johannes Cocceius(1603-1669)*. Translated by Casey Carmichael. Introduced by Willem J. van Asselt. Grand Rapids, MI: Reformation Heritage Books, 2016.

Eusden, John Dykstra. "Introduction." In *The Marrow of Theology by William Ames*, edited and translated by John D. Eusden, 1-66. Boston: Pilgrim Press, 1968.

https://www.youtube.com/watch?v=RAezHLqCl9A.

Karlberg, Mark W. "Reformed Interpretation of the Mosaic Covenant." *WTJ* 43

(FALL 1980): 1-57.8

Karlberg, Mark W. *Federalism and the Westminster Tradition*. Eugene, OR: Wipf & Stock, 2006.

McCoy, Charles S. "Johannes Cocceius: Federal Theologian." *Scottish Journal of Theology*, 16 (1963): 352-370.

McCoy, Charles S. "The Covenant Theology of Johannes Cocceius." Ph.D. Diss., Yale University, 1956.

Muller, Richard A. *After Calvin: Study in the Development of a Theological Tradition*. Oxford: Oxford University Press, 2003.

Muller, Richard A. *Post-Reformation Reformed Dogmatics: The Rise and Development of Reformed Orthodoxy, ca. 1520 to ca. 1725. Vol. 1, Prolegomena to Theology*. Grand Rapids: Baker Academic, 2003.

Ryu, Gilsun. *Federal Theology of Jonathan Edwards: An Exegetical Perspective*. Bellingham, WA: Lexham Press, 2021.

Turretin, Francis. *Institutes of Elenctic Theology*. 3 Vols. Translated by George Musgrave Giger. Edited by James T. Dennison, Jr. Phillipsburg, NJ: P&R Publishing, 1992-1997.

Van Asselt, Willem J. "Biographical and Historical Introduction: Covenant, Kingdom, and Friendship, Johannes Cocceius's Federal Framework for Theology." xv-xxxviii. In *The Doctrine of the Covenant and Testament of God: Johannes Cocceius(1603-1669)*. Translated by Casey Carmichael. Introduced by Willem J. van Asselt. Grand Rapids, MI: Reformation Heritage Books, 2016.

Van Asselt, Willem J. *The Federal Theology of Johannes Cocceius, 1603-1669*. Translated by Raymond A. Blacketer. Leiden; Boston; Koln; Brill, 2001.

김종희. "타락후예정론, 개혁교회의 신앙고백적 입장인가?" 「개혁논총」. 53(2020): 9-34.

16장

Alister E. McGrath, *Reformation Thought: An Introduction*, 최재건 · 조호영 역, 『종교 개혁 사상』. 기독교문서선교회: 서울, 2017.

Bavinck, Herman. *Christelijke Wereldbeschouwing*, 김경필 역, 『기독교 세계관』. 파

주: 도서출판다함, 2020.

Calvin, John. "Clear explanation of sound doctrine concerning the true partaking of the flesh and blood of Christ in the holy supper, in order to disputte the mists of Tileman Heshusiusn." In *Selected Works of John Calvin*, ed. Henry Beveridge and Jules Bonnet (Baker Book House, 1983).

Cannata, Raymond D. "Warfield and the Doctirne of Scripture." In *B. B. Warfeild: Essays on His Life and Thought* by Gary L. W. Johnson. Phillipsburg, N.J.: P&R Pub, 2007.

Eglinton, James P. *Trinity and Organism: Towards a New Reading of Herman Bavinck's Organic Motif*. London: T&T Clark, 2012.

Gerrish, Brian. *The Old Protestantism and the New: Essays on the Reformation Heritage*. Chicago: University of Chicago Press, 1982.

González, Justo L. 『현대교회사』. 엄성옥 역. 서울: 은성출판사, 2012.

Heslam, Peter S. *Creating A Christian Worldview: Abraham Kuyper's Lectures on Calvinism*. Grand Rapids, MI: William B. Eerdmans, 1998.

Jamieson, John F. "Jonathan Edwards' Change of Position on Stoddardeanism." In *The Harvard Theological Review* 74/1 (1981): 79-99.

Kim, Eun-Soo. "A Critical Reflection on the Recent Criticisms of the Old Princetonians' View of the Bible", 「개혁 논총」, 13 (2010): 11-42.

Kuyper, Abraham. *Lectures on Calvinism*. Peabody, MA: Hendrickson Publishers, 2008.

Marsden, George M. *Jonathan Edwards: A Life*, 한동수 역, 『조나단 에드워즈: 평전』. 서울: 부흥과개혁사, 2017; 3쇄.

Muller, Richard A. "Was Calvin a Calvinist?." In *Calvin and the Reformed Tradition: On the Work of Christ and the Order of Salvation*. Grand Rapids, MI: Baker Academic, 2012.

Muller, Richard A. *After Calvin*. 한병수 역. 『칼빈 이후 개혁신학』. 부흥과개혁사: 서울, 2014; 2쇄, 2014.

Muller, Richard A. *Calvin and the Reformed Tradition*. 김병훈 역. 『칼빈과 개혁 전통』. 지평서원: 서울, 2017.

Rivetus, Andreas. *Catholicus Orthodoxus, oppositus catholico papistae*. Leiden: Abraham Commelin, 1630.

Rogers, Jack B. and McKim, Donald K. *The Authority and Inspiration of the Bible:*

An Historical Approach, 1st edition. Sen Francisco: Haper & Row, 1979.

Sandeen, E. R. *The Roots of Fundamentalism: British and American Millenarianism 1800-1930*. Chicago: The University of Chicago Press, 1970.

Sutanto, Nathaniel Gray. "Reveiw of *Neo-Calvinism and the French Revolution* by James Eglinton and George Harinck." In *The Journal of Theological Studies* 66/2 (2015): 864-866.

Sweeney, Douglas A. *Edwards the Exegete: Biblical Interpretation and Anglo-Protestant Culture on the Edge of the Enlightenment*. New Your, NY: Oxford University Press, 2016.

Warfield, Benjamin Breckinridge. "Calvin's Doctrine of the Trinity." In *The Princeton Theological Review*. Vol. 7 (1909): 553-652.

Warfield, Benjamin Breckinridge. "Calvinism." In *The New Schaff-Herzog Encyclopedia of Religious Knowledge*. Edited by Samuel Macauley Jackson, D.D., LL.D. II: 359-364.

Warfield, Benjamin Breckinridge. "Calvin's Doctrine of God." In *The Princeton Theological Review*. Vol. 7 (1909): 381-436.

Warfield, Benjamin Breckinridge. "Calvin's Doctrine of the Knowledge of God." In *The Princeton Theological Review*. Vol. 7 (1909): 219-325.

Warfield, Benjamin Breckinridge. "John Calvin: The Man and His Work." In *The Methodist Review*. Vol. 58. Edited by Gross Alexander (1909): 642-663.

Warfield, Benjamin Breckinridge. 『칼빈 · 루터 · 어거스틴』. 한국칼빈주의연구원 편역. 서울: 기독교문화협회, 1986.

Warfield, Benjamin Breckinridge. *Calvin as a Theologian and Calvinism Today by Benjamin B. Warfield*. Ludgate Hill, London: Sovereign Grace Union, 1951.

Warfield, Benjamin Breckinridge. *Calvin as a Theologian Calvinism Today*. Edited by W. J. Grier. London: Sovereign Grace Union, 1909; reprint. 1951.

Warfield, Benjamin Breckinridge. *Selected shorter writings of Benjamin B. Warfield: Professor of Didactic and Polemic Theology Princeton Theological Seminary 1887-1921*. Vol. 1. Edited by John Edward Meeter. Nutley, N.J. : Presbyterian and Reformed Pub. Co., 1970.

Warfield, Benjamin Breckinridge. *The Works of Benjamin B. Warfield, Volume 5: Calvin and Calvinism*. Grand Rapids: Baker Book House Company, reprinted 1981.

Wells, David F. 『개혁주의 신학: 현대 개혁주의 역사』. 박용규 역. 서울: 한국기독교사연구소, 2018.
Zachman, Randall C. "존 칼빈." In 『종교개혁과 신학자들』. 조영천 역. 서울: 기독교문서선교회, 2012.
김재성. 『존 칼빈 성령의 신학자』. 서울: 기독교문서선교회, 2014.
류길선. "개혁주의 유산으로서의 칼빈주의 개념 고찰: 벤자민 B. 워필드의 칼빈주의 이해를 중심으로." 「역사신학논총」 39(2021): 137-175.
문병호. "본서의 이해를 돕는 역자의 논단." 『기독교 강요』. 문병호 역. 서울: 생명의말씀사 (2020): 16-93.
벤자민 B. 워필드, 『칼뱅』, 이경직·김상엽 역 (서울: 새물결플러스, 2015).
싱클레어 퍼거슨. "추천사." 10-13. 『한 권으로 읽는 워필드 신학』, 김찬영 옮김. 서울, 부흥과 개혁사, 2015.
이승구, "B. B. Warfield의 성경적 신학과의 대화" 『교회와 문화』 29 (2012): 5-6.
조윤호, "워필드의 The Higher life' 성화 교리에 대한 비판", 『갱신과 부흥』 21, (2018): 151-187.
프레드 재스펠. 『한 권으로 읽는 워필드 신학』. 김찬영 옮김. 서울, 부흥과 개혁사, 2015.

17장

Bavinck, Herman. *Christelijke Wereldbeschouwing*. 김경필 역. 『헤르만 바빙크의 기독교 세계관』. 파주: 도서출판다함, 2020.
Bavinck, Herman. Gereformeerde Dogmatiek. Vol. 1. 박태현 역. 『개혁교의학 제1권』. 서울: 부흥과 개혁사, 2012.
Bavinck, Herman. *Reformed Dogmatics. Vol. 1: Prolegomena*. Edited by John Bolt. Translated by John Vriend. Grand Rapids: Baker Academic, 2003.
Bavinck, Herman. *Reformed Dogmatics. Vol. 2: God and Creation*. Edited by John Bolt. Translated by John Vriend. Grand Rapids, MI: Baker Academic, 2004.
Bavinck, Herman. *The Philosophy of Revelation*. Edited by Geerhardus Vos & B. B. Warfield. New York, London, Bombay, and Calcutta: Longmans, Green, and Co., 1909.
Brock, Cory C. & Sutanto, Nathaniel Gray. "새로운 주석판에 대한 서문." In *Philosophy of Revelation by Herman Bavinck*. 박재은 옮김·해제. 『헤르만 바빙

크의 계시 철학』(파주: 도서출판다함, 2019): 31-50.

Eglinton, James P. "Introduction: The Christian Family in the Twenty-First Century". *The Christian Family by Herman Bavinck*. Translated by Nelson D. Kloosterman. Edited by Stephen J. Grabill. Christian's Library Press (2012): iBooks, 12-15.

Eglinton, James P. and George Harinck, *Neo-Calvinism and the French Revolution*. London: Bloomsbury T&T Clark, 2014.

Hall, David D. *The Puritans: A Transatlantic History*. Princeton. NJ: Princeton University Press, 2019.

Heslam, Peter. *Creating a Christian Worldview: Abraham Kuyper's Lectures on Calvinism*. Grand Rapids: Wlliam B. Eerdmans, 1998.

Kuyper, Abraham. *Common Grace*. 임원주 역.『일반은혜』. 서울: 부흥과개혁사, 2017.

Mattson, Brian G. *Restored to Our Destiny: Eschatology & the Image of God in Herman Bavinck's Reformed Dogmatics. In Studies in Reformed Theology* 21. Leiden/Boston: Brill, 2012.

McGrath, Alister E. *Reformation Thought: An Introduction*. 4th Ed. Oxford, UK; Cambridge, USA: Wiley-Blackwell, 2012.

Meek, Esther L. "Embrace It or Replace It? The Christian and Culture: A Review of Peter Heslam, Creating a Christian Worldview: Abraham Kuyper's Lectures on Calvinism, (Grand Rapids: Wlliam B. Eerdmans, 1998)." *Presbyterion* 24/2 (1998): 119-125.

Muller, Richard A. "Was Calvin a Calvinist?." In *Calvin and the Reformed Tradition: On the Work of Christ and the Order of Salvation*. Grand Rapids, MI: Baker Academic(2012): ibook, 122-172.

Sutanto, Nathaniel Gray. "Review of Neo-Calvinism and the French Revolution by James Eglinton and George Harinck." *The Journal of Theological Studies* 66/2 (2015): 864-866.

Veenhof, Jan. *Revelatie en inspiratie: De Openbaringsen Schriftbeschouwing van Herman Bavinck in vergelijking met die der ethische theologie*. Amsterdam: Buijten & Schipperheijn, 1968.

강영안. "해설." In *Christelijke Wereldbeschouwing*. 김경필 역.『헤르만 바빙크의 기독교 세계관』(파주: 도서출판다함, 2020): 57-66.

류길선. "칼빈주의의 통일적 세계관에 대한 카이퍼와 바빙크의 연구 비교." 「한국개혁신학」, 69(2021): 101-130.
박태현. "편역자 서문". In 『헤르만 바빙크의 개혁교의학 제1권』 (서울: 부흥과개혁사, 2012): 17-53.

18장

Bavinck, Herman. *Reformed Dogmatics*. 박태현 역. 『개혁교의학 1권』. 서울: 부흥과개혁사, 2012.

Belt, Henk van den. "Herman Bavinck and Benjamin B. Warfield on Apologetics and the Autopistia of Scripture," *Calvin Theological Journal* 45(2010): 32-43.

Benjamin. B. Warfield, "Apologetics." 3-21. In *The Works of Benjamin B. Warfield, Volume 9: Studies in Theology*. Grand Rapids: Baker Book House Company, 1981.

Eglinton, James P. *Trinity and Organism: Toward a Reading of Herman Bavinck's Organic Motif*. London: T&T Clark, 2012.

Rogers, Jack B. and McKim, Donald K. *The Authority and Inspiration of the Bible: An Historical Approach*. 1st Ed. San Francisco: Harper & Row, 1979.

Stivason, Jeffrey A. *From Inscrutability to Concursus: Benjamin B. Warfield's Theological* Construction of Inspiration's Mode, from 1880 to 1915. Philadelphia, PA: P & R Pub., 2017.

Warfield, Benjamin B. "Inspiration and Criticism." *The Inspiration and Authority of the Bible*. Edited by Samuel G. Craig. Phillipsburg, NJ: Presbyterian and Reformed, 1948.

Warfield, Benjamin B. *Calvin and Calvinism*. 이경직·김상엽 역. 『칼뱅』. 서울: 새물결플러스, 2015.

Warfield, Benjamin B. *Selected Shorter Writings of Benjamin B. Warfield: Professor of Didactic and Polemic Theology Princeton Theological Seminary 1887-1921*. 2 Vols. Ed. John Edward Meeter. Nutley, NJ. : Presbyterian and Reformed Pub. Co., 1973.

Warfield, Benjamin B. *The Works of Benjamin B. Warfield, Volume 1: Revelation and Inspiration*. Grand Rapids: Baker Book House Company, 1981.

Wells, David F. *Reformed Theology in America: A History of The Modern Development*. 박용규 역. 『개혁주의 신학: 현대 개혁주의 역사』. 서울: 한국기독교

사연구소, 2018.

Young, E. J. *Thy Word is Truth: Thoughts on the Biblical Doctrine of Inspiration*. Grand Rapids: Eerdmans, 1957, 10th printing, 1978.

류길선. "성경의 신적 권위에 관한 개혁주의 해석: 헤르만 바빙크와 벤자민 워필드의 관점 비교."「한국개혁신학」. 29(2021): 105-143

류길선. "헤르만 바빙크의 성경영감과 권위에 대한 이해: 말씀의 성육신 개념을 중심으로."「개혁 논총」(2019): 29-59.

박태현. "편역자 서문."『개혁교의학 1권』. 서울: 부흥과개혁사, 2012.